Wo das Recht gebrochen wird, stirbt die Freiheit!

(Inschrift auf dem Mahnmal in der Martin-Luther-Anlage)

HANAU

ZERSTÖRUNG UND WIEDERAUFBAU

EINE DOKUMENTATION

DES HANAUER ANZEIGER

ZUM 19. MÄRZ 1945

1985

REDAKTION UND ZUSAMMENSTELLUNG: HELMUT BLOME

© Hanauer Anzeiger Druck & Verlag, 63450 Hanau
Alle Rechte, auch die des auszugsweisen Nachdrucks, vorbehalten.

Gesamtherstellung: Hanauer Anzeiger Druck & Verlag
63450 Hanau, Hammerstraße 9
Printed in Germany 1985 · 2. Auflage 1995 · ISBN 3-9801933-4-9

Das Umschlagbild zeigt eine aus den Archiven der damaligen amerikanischen Besatzungsmacht stammende Luftaufnahme von der Hanauer Innenstadt, die einige Wochen nach dem Angriff gemacht wurde.

Auf der Rückseite ist ein Bild vom Mahnmal in der Martin-Luther-Anlage zu sehen, das an die Toten des Krieges und der Gewaltherrschaft erinnern soll. Es wurde von dem Hanauer Bildhauer Otto Craß geschaffen und am 19. März 1958 feierlich enthüllt.

VORWORT

Dieses Buch ist eine Sammlung der wichtigsten Berichte, die in den vergangenen 40 Jahren über den Untergang Hanaus am 19. März 1945 und den Wiederaufbau der Stadt im „Hanauer Anzeiger" erschienen sind. Entscheidend für den Entschluß, eine derartige Dokumentation herauszugeben, war die Anregung, daß eben das Festhalten jener Ereignisse zu der Chronik einer Stadt gehört, und eine zusammenfassende Darstellung über diese Geschehnisse bis heute fehlte.

Die Auswertung der zugänglichen Unterlagen, Tagebuchaufzeichnungen, Briefe und Gespräche mit den Zeugen dieser Zeit lassen ein eindrucksvolles Bild des schrecklichen Geschehens der Bombennacht, aber auch des Wiederaufstiegs aus den Trümmern entstehen.

Hanau steht in dieser Chronik stellvertretend nicht nur für Namen wie Coventry, Dresden, Hamburg, Köln, London, Potsdam, Würzburg, Berlin, sondern für alle von jeher im Kampf zerstörten Städte.

In der Antike war es üblich, die Städte des Gegners nach dem Sieg zu zerstören. Babylon wurde durch die Assyrer und Karthago durch die Römer völlig eingeebnet. Nur – im Zweiten Weltkrieg wurde zum erstenmal versucht, den Feind dadurch in die Knie zu zwingen, daß man seine Städte vor der Eroberung planmäßig aus der Luft vernichtete.

Diese Dokumentation soll den Lebenden – von denen die meisten den 19. März 1945 nicht erlebt haben – mahnende Erinnerung daran sein, was Menschen erdulden und im Guten wie im Bösen schaffen können.

Dank schulde ich allen Autoren, die in den vergangenen Jahrzehnten im „Hanauer Anzeiger" die Ereignisse geschildert haben. Für ihre Unterstützung danke ich Herrn Chefredakteur Helmut Blome, der die Zusammenstellung besorgte, Herrn Redakteur Werner Kurz, der sich des Themas zum 40. Jahrestag des Bombenangriffs annahm, und Herrn Major Schönherr M.A. im Militärgeschichtlichen Forschungsamt in Freiburg.

Hanau, im März 1985

Dr. Horst Bauer

Vorwort zur zweiten Auflage

Die schon im Jahre 1986 erschienene Dokumentation „Hanau – Zerstörung und Wiederaufbau" wird hiermit in einer zweiten Auflage angeboten. Sie bildet jetzt den dritten Teil einer Trilogie, in der sich die Hanauer Geschichte dieses Jahrhunderts im Zeitraum von 1932 bis in die 80er Jahre widerspiegelt.

Auf der Grundlage der Artikelserie „Hanauer Tagesgespräch vor 50 Jahren" im Hanauer Anzeiger sind dazu bereits zwei weitere Bände erschienen, von denen sich der erste mit der Zeit des nationalsozialistischen Herrschaft bis zum Ausbruch des Zweiten Weltkrieges beschäftigt. Der zweite, jetzt zum 19. März 1995, dem 50. Jahrestag der Zerstörung Hanaus, herausgegebene Band „Hanau im Zweiten Weltkrieg" schildert das Ende des sogenannten Dritten Reiches, das auch diese Stadt in Tod, Not und Elend gestürzt hat.

Diese erneut vorgelegte Dokumentation schildert nicht nur den Wiederaufbau in Hanau, sondern auch den Neubeginn in einer freiheitlichen Republik und beruft sich dabei vorwiegend auf die im Hanauer Anzeiger erschienenen Zeitdokumente.

In ihr soll sich auch etwas von jener Zuversicht manifestieren, die den Weg in eine neue, friedlichere Zukunft geebnet hat, von der wir weiter hoffen, daß sie der jüngeren Generation die schrecklichen Erfahrungen der Vergangenheit ersparen wird.

Hanau, im Februar 1995

Dr. Horst Bauer						Thomas Bauer

Vergangenheit und Gegenwart

Eine Inhaltsübersicht

Auch mit dieser Dokumentation soll nach dem Erscheinen einer ähnlichen Broschüre mit den reproduzierten Seiten der Sonderbeilage zum 250jährigen Jubiläum des „Hanauer Anzeiger" vor nunmehr zehn Jahren gezeigt werden, daß eine Zeitung über ihre Tagesaktualität hinaus als Spiegelbild geschichtlicher Epochen zeitlosen Wert mit historischen Dimensionen gewinnen kann.

Unter diesem Aspekt ist diese Broschüre zusammengestellt worden, in der sich alle Seiten wiederfinden, die sich seit dem Wiedererscheinen des „Hanauer Anzeiger" vom 1. September 1949 an mit dem 19. März 1945 und seinen Folgen bis in die Phase des Wiederaufbaus und schließlich bis zur Gegenwart beschäftigen. Dies geschieht aber auch in der Absicht, der älteren Generation ins Gedächtnis zurückzurufen, was sie damals zu erleiden und schließlich an Problemen zu bewältigen hatte; gleichzeitig aber soll den Jüngeren vor Augen geführt werden, wie sich der in den Zeitungsspalten aufgezeichnete Weg darstellt, der in diesen vier Jahrzehnten bis heute zurückgelegt werden mußte.

Es kann nicht ausbleiben, daß es in der Schilderung der auf den 19. März bezogenen Ereignisse zu Wiederholungen, möglicherweise auch zu Widersprüchen in der Aufarbeitung der tatsächlichen Ereignisse kommt, die auch bei Historikern zum Teil heute noch umstritten sind. Zahlreiche Mitglieder von Verlag und Redaktion, Mitarbeiter und Leser haben in dieser Zeit daran mitgewirkt, ein Bild aus jenen Tagen, aber auch vom stetigen Wachsen, Blühen und Gedeihen dieser Stadt zu vermitteln. Aus diesem Mosaik ergibt sich der Gesamtwert dieser Dokumentation, deren Gliederung deshalb auch in einer weitgehend chronologischen Aneinanderreihung erfolgt ist. Dort, wo es Unterbrechungen gibt, sollen verbindende Texte zum besseren Verständnis den Gesamtzusammenhang herstellen.

1. Teil   Alle jeweils zum 19. März erschienenen Sonderseiten oder im Zusammenhang damit stehenden Berichte, einschließlich einer zum 25. Jahrestag 1970 veröffentlichten Sonderbeilage. Als Abschluß die jetzt in der Tageszeitung als Verlagsbeilage enthaltene neueste Aufarbeitung des 19. März, mit der die Berichterstattung bis zum 40. Jahrestag 1985 abgerundet wird.

2. Teil   Bedeutende Daten und Ereignisse in der Nachkriegsgeschichte Hanaus finden sich in einer Reihe weiterer Berichte und Sonderseiten wieder: Die Anfänge einer demokratischen kommunalen Selbstverwaltung und der Beginn des Wiederaufbaus.

3. Teil   Sonderbeilagen, die auf herausragende Daten in der Geschichte der Zeitung zurückzuführen sind: 1969 zum 20. Jahrestag des Wiedererscheinens und einige Seiten aus der Jubiläumsbeilage 1975, die im Zusammenhang mit der Zerstörung Hanaus stehen.

4. Teil   Sonderbeilage zum 675jährigen Stadtjubiläum im Jahre 1978, in der vorwiegend die weiter zurückreichende Geschichte Hanaus behandelt wird. Die Einbettung Hanaus in den Main-Kinzig-Kreis und die Entwicklung des Großkreises in den ersten zehn Jahren seines Bestehens.

5. Teil   Hanau in Vergangenheit und Gegenwart. Das von Altem und Neuem geprägte Gesicht der Stadt, die Brandkatastrophe im Schloß Philippsruhe und ein Bericht über die Ereignisse vor inzwischen mehr als 50 Jahren bei der Machtübernahme durch die Nationalsozialisten im Jahre 1933.

6. Teil   Eine Zeittafel, in der herausragende Ereignisse in Hanau sowie in der deutschen Politik einander gegenübergestellt werden und in denen sich die Entwicklung dieser Stadt und die unserer Republik in einem nunmehr 40 Jahre währenden Prozeß der Stabilisierung demokratisch-freiheitlicher Werte niederschlägt.

Und dennoch wird Hanau leben

Zur Wiederkehr des 5. Jahrestages der Zerstörung Hanaus

Als in den Morgenstunden des 19. März über Hanau das Infermo kam, als in wenigen Minuten eine Welt versank, die Welt einer kleinen, aber schönen und betriebsamen Stadt, als die Explosionen der Minen und Bomben die Häuser einrissen wie Sandburgen, die Kinder erbaut, und der Phosphorregen den roten Hahn über das ganze Stadtgebiet setzte, da gab es nur eine Meinung: Hanau gehört der Vergangenheit an, Hanau ist eine tote Stadt, und wird nur noch weiterleben in der Erinnerung. Doch schon wenige Wochen nach dem Vernichtungssturm, als der blindwütende Mars endlich sein Schwert aus der Hand gelegt, und die Götzendämmerung auch dem Einfältigsten klar wurde, fanden sich Männer und Frauen, die ohne langes Raten daran gingen, in den Schuttberg, der geblieben war, Ordnung zu bringen. Man fragte nicht erst lange, ob es sich lohnte, aufzuräumen und aufzubauen. Nach dem ersten Schock war es jedem der „noch einmal davongekommen" war, klar, daß Hanau wieder erstehen müsse, daß man zuzugreifen und zupacken hätte, daß der Geist, der einst die Neustadt schuf, noch lebte; der Geist, den ein Dichter in die Worte prägte: „Allen Gewalten zum Trotz sich erhalten".

•

Man hat kurze Zeit nach dem Katastrophentag tatsächlich erörtert, Hanau aufzugeben und als Gegenargument die wirtschaftlichen Vorteile der Strom- und Kabelanlagen, die Kanalisation unter der Erde angeführt. War das notwendig? Im ersten Augenblick mag die materielle Kalkulation, der nüchterne Rechenstift des Fachmanns eine Rolle gespielt haben, bei der Frage, ob Hanau wieder aufzubauen ist. Aber der Entschluß entsprang doch ganz anderen Quellen als rein materiellen. Was die Hanauer zu Pickel und Schaufel greifen ließ, um Straßen und Plätze vom Schutt freizubekommen, was Männer und Frauen jeden Alters und jeden Standes zusammenstehen ließ in dem einzigen Gefühl zu helfen, und alle Kraft einzusetzen, um Hanau zu retten, das hatte mit Geldwerten und technischen Anlagen, mit den wenigen unbeschädigten Häusern nichts zu tun. Nein, hier entschied etwas ganz anderes, ein Ideelles, die Liebe zur Heimat. Diesem Gefühl gelang die Beendigung der Lethargie und der Beginn eines Wiederaufbaues. Noch bestimmen die Ruinen und Trümmer das Bild der Stadt, noch sind es oft nur Ansätze zur Neubelebung, aber Hanau ist keine tote Stadt mehr. Hanau lebt, Hanau arbeitet, Hanau ist erfüllt vom Willen, wieder eine Rolle zu spielen und den Platz unter den Städten des Rhein-Main-Gebietes wieder einzunehmen der ihr gebührt.

•

Fünf Jahre sind ins Land gegangen, fünf mal 365 Tage galt es täglich von neuem für Hanau zu leben und zu arbeiten, Steinchen um Steinchen zu fügen, damit die Stadt, die wahnsinniger Machtkitzel zum Untergang geführt, nicht für immer verloren ist. Gewiß, was gewesen, würde nicht wieder werden. Die Welt bringt nicht neues, aber sie wiederholt sich auch nicht. Die ehrwürdigen Kirchen der Stadt, sie werden in ihrer alten Form nicht wieder erstehen und wir ließen uns doch so gern grüßen von ihren Türmen. Mit welcher Inbrunst hörten wir als Kinder die Bläser vom Johanniskirchturm zur Weihnachtszeit, oder ließen uns durch die Wunderwelt des Altstädter Rathauses führen. Wie viele erlebten in dem kleinen, aber in seinen Formen so wohltuend abgestimmten Theater die Welt der Kunst. Es war eine eigene Atmosphäre hier in dieser Stadt zwischen Main und Kinzig, eine Atmosphäre, die bei aller Kleinheit und Enge auch etwas Weltweites barg. Die Eigenart der Schmuck-Industrie und die Erbmasse, die die Einwanderer von einst, die Flamen und Wallonen, hinterließen, prägte sich aus in diesem Menschenschlag eigener Richtung. Es ist ein Festhalten, eine Verbundenheit mit einer Sache, die sie die ihre nennen. Das war einst für die Emigranten ihr Glaube, der ihnen zur Heimat wurde, und das ist heute für alle Hanauer das Fleckchen Erde, das sich Hanau nennt.

•

Groß ist noch die Zahl derer, die heute noch nicht zurück können, wurden doch von den etwa 4000 Wohnhäusern beinah die Hälfte total vernichtet und ganz ohne Schaden blieb kaum ein Gebäude.

Trotz allem begann man mit dem Aufbau. Die Verhältnisse waren nicht leicht, die Nachkiegszeit mit der Geldentwertung und dem Mangel an Rohstoffen bedrohte das begonnene Werk, hemmte die Initiative, bis die Einführung der D-Mark neue Impulse schuf. Wie bei einem Kristallisationsprozeß setzte sich um den Urkern Zelle um Zelle und schon wächst der erste große Baublock mitten in der Stadt. Wie ein Magnet zieht der Stadtkern die Menschen und Unternehmungen an. Das ist gut so, denn wenn Hanau leben will, dann darf es seine Kräfte nicht verzetteln, nicht am Rande anfangen zu bauen, sondern das Herz Hanaus wieder in Gang bringen, die eigentliche Stadt muß wieder in Gang kommen, die innere Stadt muß wieder auferstehen. Das Wahrzeichen von 1945 war die Trümmerstadt, das Wahrzeichen von 1950 muß das Baugerüst sein, damit dereinst wieder Hanau das wird, was es war: eine schöne Stadt.

•

Morgen gehen wir hinaus auf den Friedhof, um der Tausende zu gedenken, die an jenem Schicksalsmorgen des 19. März 1945 ihr Leben lassen mußten. Wir können sie nicht zurückrufen, wir können kaum denen, die sie zurückgelassen, Trost geben. Aber eines bleibt uns zu tun: ihnen und uns zu geloben, für Hanau zu arbeiten. Immer da zu sein und uns einzusetzen, wenn es gilt. Erst in Zeiten der Not zeigt sich der wahre Freund. Erweisen wir uns als wahre Freunde Hanaus, damit unsere Nachfahren einst sagen können: „**Dennoch blieb Hanau am Leben**". Rü.

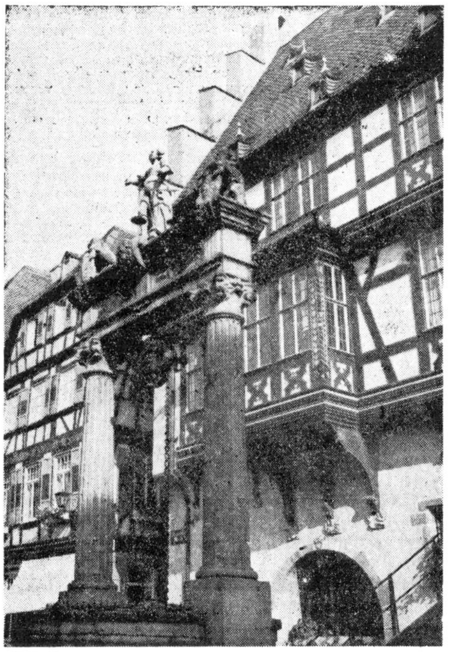

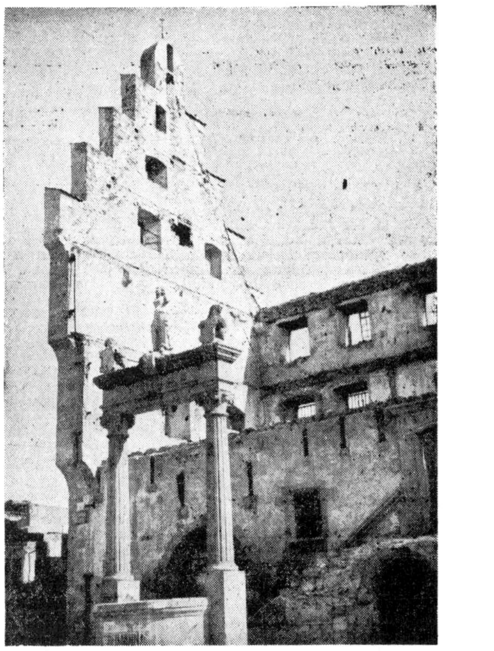

Das Altstädter Rathaus vor und nach der Zerstörung — Photo: Karl Breitenstein

Den Toten zum Gedächtnis — den Lebenden zur Mahnung!

Am 19. März 1950, heute vor fünf Jahren, war in einer Nacht voller Grauen und Schrecken das Erbe von Generationen im Wahnsinn des Krieges untergegangen. Tausende unserer Mitbürger, Frauen, Greise und Kinder, lagen unter den Trümmern ihrer Häuser, unsere stolze Stadt war zerschlagen wie nie in ihrer Geschichte. Schrecken, Leid und Jammer waren das grauenhafte Erbe einer dem Untergang geweihten Idee, die die Macht an die Stelle des Rechts zu setzen sich vermaß.

Fünf Jahre sind ins Land gegangen, Jahre ernster, harter Arbeit und großer Entbehrungen; Jahre aber auch des Fortschritts und der Bewährung des Bürgersinns. Ohne das letztere wäre es überhaupt nicht möglich gewesen, aus Schutt und Asche den Neuaufbau dieser so grauenhaft zerstörten Stadt zu beginnen.

Je weiter wir uns von jenen Schreckenstagen entfernen, um so mehr zeigt es sich, was durch Hitler und seine Taten angerichtet wurde. Menschen, die stets in guten, geordneten Verhältnissen lebten, sind über Nacht zu Bettlern geworden. Gewaltige soziologische und ökonomische Veränderungen innerhalb Hanaus Bevölkerung hat jene Unglücksnacht hervorgerufen.

Alles was wir zu tun vermögen, um die Wunden zu heilen, müssen wir gemeinsam tun, jeder an seinem Platz mit seinen Mitteln und nach seinen Kräften. Nie wollen wir die Opfer vergessen, die in jenen Schreckenstagen ihr Leben lassen mußten, nie wollen wir die Schrecken der Bombennächte vergessen, aber auch nicht aufhören, gegen die Idee eines neuen Krieges zu kämpfen, der uns und die übrige Menschheit endgültig in den Abgrund stoßen würde.

REHBEIN, Oberbürgermeister der Stadt Hanau

Stunden nach dem Angriff

Bericht eines Augenzeugen

Da trotz des in den Abendstunden des 18. März ständig zunehmenden Propellergeräusches feindlicher Flugzeuge, die scheinbar Frankfurt anflogen, bis Mitternacht kein Alarm erfolgt war, gingen wir zu Bett. Gegen Morgen weckte uns das jetzt viel stärkere Propellerrauschen aus dem Schlaf. Man hatte den Eindruck, als ob mehrere Geschwader sich über unserem Dorfe vereinigten, um vielleicht den in der Nähe befindlichen Flugplatz zu zerstören.

Plötzlich ertönte die Alarmsirene. Aus dem Bett gesprungen und nach meinen Kleidern greifend, wurde ich im gleichen Augenblick zurückgeschleudert, der Fußboden wankte, das ganze Haus erzitterte, und der Krach einer schweren Explosion war zu hören. Noch etwa drei solcher schwerer Detonationen, die wahrscheinlich von Minen größten Kalibers herrührten, schlossen sich an.

Von der Straße her hörte man aufgeregte Stimmen, die von einem in Gang befindlichen Angriff im Raume Hanau-Frankfurt berichteten, ausgedehnte Großbrände seien zu beobachten. Notdürftig angekleidet trafen wir uns zunächst im Luftschutzraum, den wir aber bald verließen, da unserem Dorfe keine Gefahr drohte.

Ein starker, brandig riechender Wind hatte sich erhoben, der in unseren Hof teilweise oder ganz verkohlte Papierreste, ja sogar angebrannte Linoleumstücke hereinwirbelte. Wie Geschützfeuer dröhnten die Bombenexplosionen.

In der Richtung von Hanau war ein seltmer Anblick wahrzunehmen. Über der ganzen Stadt schien eine weißliche, nebelartige Wolke zu lagern, die geisterhaft hin und her wogte, die Folge der ausgedehnten Flächenbrände. Ab und zu zuckten darin grelle Blitze auf, denen dumpfer Donner folgte. Das waren Detonationen von Zeitzünderbomben oder infolge der Hitze der Brände detonierende Blindgänger. Der Propellerlärm verlor sich in der Ferne.

Mit dem Milchlieferwagen fuhr ich gegen **8 Uhr nach Hanau**. Der Fahrer, ein Litauer, der nur sehr gebrochen Deutsch sprach, suchte mir begreiflich zu machen, es sei zwecklos weiter zu fahren, „Hanau ganz kaput" beschloß jeden seiner Sätze.

Als wir in die Leipziger Straße einbogen, bot sich uns ein schrecklicher Anblick. Ein ununterbrochener Zug von verzweifelnden Menschen fluteten von der Stadt heran. Die meisten nur kümmerlich bekleidet. Vielfach nur über dem Nachthemd oder Unterzeug einen Mantel oder ein anderes wärmeres Kleidungsstück tragend, die meisten ohne Kopfbedeckung, viele ohne Strümpfe, manche nur mit Pantoffeln als Fußbekleidung. Allen stand grasses Entsetzen über das furchtbare Geschehen in den von Staub oder Ruß verschmierten Gesichtern. Manche hatten Brandwunden, die nur notdürftig verbunden waren. Entweder stumm, wie geistesabwesend vor sich hinblickend, Frauen vielfach weinend und schluchzend, ihre entsetzten, oft schreiende Kinder an der Hand, kam der Zug der unglücklichen Flüchtlinge daher. Nur wenige trugen Reste ihrer Habe als Bündel im Rucksack oder Koffer mit sich, nur einige Glückliche konnten ein Wägelchen oder einen Kinderwagen dazu benutzen. Ein für jeden Zuschauer unvergeßlicher Anblick dieses Zuges von Elend und Entsetzen.

An der sogenannten Dreispitz weigerte sich der Fahrer weiter zu fahren, da ihm doch niemand in Hanau seine Fracht abnehmen werde.

Zu Fuß setzte ich meinen Weg fort. Über den Ruinen der Stadt wogte dichter Qualm, der sich als leichter Nebel herabsenkte. Ab und zu detonierten noch immer Bomben. In der Nähe der Eisenbahnerkasernen irrten auf den waldfreien Flächen und am Rand der Straße Pferde umher, die dem Feuer entgangen waren. Keuchend und hustend, das struppige Fell, Schweif und Mähne versengt, mit hervorquellenden Augen, oft aus Maul und Nüstern blutend, suchten die armen Tiere Linderung. Je näher man zur Stadt kam, umso dichter wurde der nebelartige Rauch. Ätzend erschwerte der brandig riechende Qualm die Atmung und brachte die Augen zum Tränen. Nur an einigen Stellen war es möglich, an die Innenstadt heranzukommen. Der Qualm, die Hitze, die noch immer platzenden Bomben und Trümmerberge verboten den Zutritt.

Auf Bahren und Decken, teils bewußtlos, lagen im vorderen Teil des Schloßgartens die aufgefundenen Verwundeten oder vom Rauch Vergifteten, denen hier die erste Hilfe geleistet wurde. Ein erschütterndes Bild menschlichen Elendes, wie es sonst nur bei einem Gefecht zu beobachten ist.

In großer Erregung liefen viele umher um unter den Verletzten, deren Zahl sich ständig vermehrte, nach vermißten Angehörigen zu forschen. Nicht selten begrüßten sich laut weinend Bekannte, die sich gegenseitig schon zu den Todesopfern gezählt hatten. Gefaßtere standen in kleinen Gruppen zusammen und berieten ihr ferneres Schicksal, das zunächst die Beschaffung einer Unterkunft betraf. Bei dem Umfang der Katastrophe waren alle vorgesehenen Pläne zunichte geworden.

Niedergedrückt von all den Bildern des Jammers und Elends kehrte ich zu meiner Notwohnung am Rande der Innenstadt zurück. Obwohl das Haus von einer Anzahl leichter Brandbomben getroffen worden war, hatten die Bewohner in aufopfernder Tätigkeit den Ausbruch eines Brandes verhindern und das Haus retten können. Aber übel sah es darin aus. Die meisten Fenster fehlten, Türen waren zerschmettert, Zimmerdecken durchlöchert, auf den teilweise angebrannten Fußböden standen überall Löschwasserpfützen und die Möbel lagen umgestürzt umher. An ein Wohnen in diesem Chaos war vorläufig nicht zu denken. Zufällig fand sich ein Verwandter ein, der nach meinem Verbleib forschen wollte. Mit seiner Hilfe konnte ich am frühen Nachmittag mit meiner geringen Habe nach Langendiebach zurückkehren.

Unsere Aufgabe / Von Bürgermeister Dr. Krause

Das große Unglück, das am 19. März 1945 über unsere Stadt gekommen ist, das vielen unserer Mitbürger schwerstes menschliches Leid gebracht und vielen Heim und Hof zerstört sowie schwerste Vermögensverluste zugefügt hat, kann nur dann gemeistert werden, wenn wir alle die große historische Aufgabe, die unserer Stadt gestellt ist, erkennen.

Die Geschichte vieler Städte zeigt, daß Zerstörungen, Plünderungen und große Brände im Laufe der Jahrhunderte nichts Ungewöhnliches sind. Viele Städte haben große Katastrophen schon mehrfach über sich ergehen lassen müssen. Nach großen Zusammenbrüchen gelingt der Wiederaufbau einer Stadt freilich nur dann, wenn die städtische Gemeinschaft, in der die Bürger seither lebten, erhalten bleibt. Es ist alles umsonst, wenn nicht alle Kräfte, die den Wiederaufbau fördern können, freigelegt werden und Sorge dafür getragen wird, den Bürgern, die außerhalb haben unterkommen müssen, die Möglichkeit zur Rückkehr in die Stadt zu geben. Die leitenden Männer der Stadtverwaltung haben von Anfang an ihr Hauptziel darin gesehen,

die Bemühungen um den Wiederaufbau

zu unterstützen in der Voraussicht, daß der entscheidende Beitrag zum Wiederaufbau unserer Stadt nur von der zurzeit lebenden Genaration erbracht werden wird. Das Heimatgefühl ist eine der entscheidenden Triebfedern für den Wiederaufbau. Ist die Gene-

Fortsetzung auf Seite 4

Untergang und Wiedergeburt Hanaus

Vor sechs Jahren vernichtete der Krieg in einer Nacht die blühende Stadt am Main

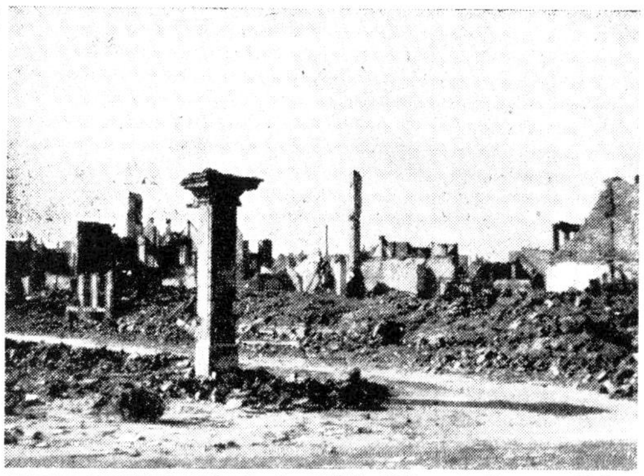

ZERSTÖRUNG Am 19. März 1945 wurde Hanau zu 86 Prozent zerstört. Unser Bild zeigt die von Bomben zerschmetterte Nürnberger Straße

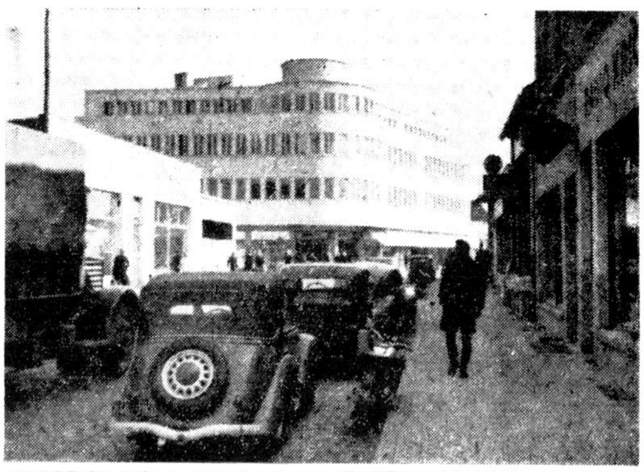

WIEDERAUFBAU Die Nürnberger Straße am 19. März 1951. Krieg oder Frieden - die Entscheidung fällt wohl nicht schwer.

Sechs Jahre sind vergangen, seitdem unsere in Jahrhunderten erbaute Stadt innerhalb weniger Minuten ausgetilgt wurde. Es war kein Erdbeben, kein Naturereignis, dem das Lebenswerk vieler Generationen zum Opfer fiel. Es war eine von Menschen heraufbeschworene, von Menschen geplante und von Menschen durchgeführte Vernichtung. Und viele tausend Menschen ließen dabei ihr Leben, kamen in den Flammen um oder wurden erschlagen von den Trümmern der Steine, die sie und ihre Vorfahren zu Häusern aufgeschichtet hatten, in denen das Leben der Familie beschützt und behütet werden sollte. Wir wollen zum Gedenken an den Tag der Vernichtung nicht versuchen, die grauenvolle Zerstörung zu schildern. Im Gedächtnis derer, die jene Schreckensnacht überlebten, ist das Geschehen ohnedies so tief eingeätzt, daß es wohl stets gegenwärtig bleiben wird. Und den Menschen, die nicht vor Flammen und Bomben zu fliehen brauchten, vermag eine Schilderung niemals das Ausmaß der Vernichtung anzudeuten, weil für eine solche Ungeheuerlichkeit noch keine Worte geschaffen wurden. Wir wollen das Ereignis in einfacher Sprache so darstellen, wie es sich im Erleben eines Hanauers wiederholte, der seinerzeit noch als Kriegsgefangener in Djelfa, einer weltvergessenen Oase inmitten der Sahara, auf baldige Entlassung in die Heimat hoffte.

*

Januar 1946. Seit acht Monaten war der Krieg zu Ende gegangen, und noch immer wußte er nichts von seinen Angehörigen, ob sie das letzte Inferno überstanden hatten oder ob sie der unerbittlichen Vernichtung doch noch zum Opfer fielen. Die Post von der Heimat benötigte etwa neun Monate, oft sogar ein ganzes Jahr, um hier in die Einsamkeit der Wüste zu gelangen. Eine seltsame Gewißheit, die aber vielleicht nur der ängstlichen Hoffnung entsprungen sein mochte, gab ihm ein, daß alles gut gegangen wäre, daß seine Angehörigen am Leben seien. So verbrachte er seine Tage in Vorstellungen und Wünschen, auf den Augenblick wartend, da ihm ein Brief seine Gewißheit bestätigen würde. Um ihn her verlief der Alltag in stumpfer Einöde, ein Leben ohne Steigung und ohne Gefälle. Er konnte dieses lautlose Vergehen der Zeit kaum mehr ertragen und suchte durch Erinnerung und Hoffnung diese zermürbende Leere zu überbrücken. Aus dem Gedächtnis heraus hatte er einen Stadtplan von Hanau gezeichnet. Den holte er in stillen Stunden hervor, um in der Erinnerung alle Gassen zu durchwandern und alle Plätze aufzusuchen, die ihm vertraut geblieben waren. Er ahnte nicht, daß all die Gassen, die er durchwanderte, und all die Plätze, die er aufsuchte, schon seit fast einem Jahr in Schutt und Asche gesunken waren. Eines Tages aber, am 27. Januar, erhielt er endlich wieder einen Brief aus der Heimat. Und da stand nun in sauberen Lettern darin geschrieben, daß er kein Zuhause mehr habe und daß Hanau mit all seinen schönen Bauten und Plätzen vernichtet worden sei. Er las diese Zeilen mehrmals, mit einer naiven Gründlichkeit, als wolle er sie auswendig lernen. Und er begriff endlich die Wirklichkeit dieser mit blauer Tinte geschriebenen Worte. Die Wirklichkeit des Geschehens, das diese Worte schilderten, konnte er jedoch nicht erfassen.

*

Januar 1948. Vor vierzehn Tagen war er heimgekehrt, das heißt angekommen in der kleinen Ortschaft, in die seine Angehörigen sich geflüchtet hatten. Zunächst hielt ihn eine Scheu vor der schonungslosen Wahrheit davon ab, seine Heimatstadt zu besuchen. Nun aber war er doch nach Hanau gefahren, war am Hauptbahnhof ausgestiegen und ging zögernden Schrittes auf die Innenstadt zu. An der Nürnberger Straße angelangt, blieb er stehen. Er hätte nicht weiter zu gehen brauchen, um zu sehen, was der ungeheuren Zerstörung entgangen war: soweit sein Auge reichte, konnte er die Innenstadt übersehen. Nichts war verschont worden, nur ein paar Kamine erhoben sich über der Trümmerhorizont, und in einiger Entfernung schimmerte die hohläugige Fassade des Rathauses am Marktplatz. Er prüfte sich, ob er erschüttert sei. Aber die Quelle seines Erlebens war ausgeschöpft, so daß er nicht einmal mehr Schmerz verspürte. Er sah sich um wie in einer traumhaften Fremde. Und doch ging er weiter, wanderte langsam durch Straßen, die kaum wiederzuerkennen waren. Kein Mensch begegnete ihm. Ringsum schwiegen die Trümmer. Erst am ausgebrannten Stadttheater erblickte er einen Mann, der damit beschäftigt war, den Bürgersteig zu kehren. In einem Torbogen des Einganges zum Theater war, wie er erstaunt sah ein kleines Verkaufsgeschäft errichtet worden. Er sprach den Mann auf dem Bürgersteig an und erfuhr, daß dieser sich hier eine neue Existenz schaffen wolle. „Irgendwie muß es ja weitergehen“, sagte der Mann. Und griff wieder zu seinem Besen, um mit kräftigen Strichen den Bürgersteig zu fegen.

*

März 1951. Nachdem er etliche Monate in fremden Städten verbrachte, war es ihm geglückt, endlich wieder nach Hanau zurückzukehren. Mit Verwunderung und Freude sah er, daß überall sich wieder neues Leben zu regen begonnen hatte. Gewiß waren auf Schritt und Tritt noch die furchtbaren Spuren des Krieges zu finden, und manche Straßen lagen nach wie vor in Trümmern. Aber die Innenstadt, die vor wenigen Jahren noch ein ein totes Viertel war, wuchs allmählich wieder empor, und in ihren Straßen herrschte wieder wie ehedem reger Verkehr. Und wieder ging er durch die Stadt, sah die neuerstandenen Häuser, schaute den Arbeitern zu, die neue Wohnstätten aufbauten, und dachte, daß man doch Achtung haben müsse vor dem Lebenswillen dieser vom Krieg so schwer heimgesuchten Stadt. Aber er empfand auch eine beklemmende Furcht, daß all das unter Mühen und Opfern Wiedererstandene einer neuen Zerstörung anheimfallen könnte, einer noch gräßlicheren Zerstörung, die nichts und niemanden verschonen würde. Wen soll man anbeten, wen bitten, ein solches Schicksal abzuwenden? Nun — so versuchte er sich zu trösten —, es ist kein Schicksal, es ist in unsere Hand gegeben, den Frieden zu erhalten. Möge ein jeder das Seine dazu beitragen, daß Stein auf Stein bleibe und das Leben aller nicht durch den Irrgeist weniger vernichtet werde.

Zum Gedenken

Heute war es, vor sechs Jahren,
Als die Stadt im Schlummer lag;
Als das Leben ward zerschlagen
Und so manches Herze brach.

Denn die Drachen in den Lüften
Spien Feuer ringsumher;
Selbst die Toten in den Grüften,
Fanden ihre Ruh' nicht mehr.

Auch die Kirchen und Kapellen
Und die Häuser stürzten ein,
Denn die Feinde in den Lüften,
Ließen nirgends Stein auf Stein.

Mag auch noch viel Zeit vergehen,
Man setzt wieder Stein auf Stein;
Aus dem Trümmerfeld erstehen,
Nach und nach die Häuserreih'n.

Laßt nie mehr die Erde beben,
Wollet friedvoll Euch bemüh'n;
Wenn die Völker einig leben,
Können Staaten neu erblüh'n.

Anna Kremar

Den Lebenden zur Mahnung

Hanaus Bevölkerung gedachte der Opfer des 19. März 1945

Viele Hanauer hatten sich am Sonntagnachmittag auf dem Friedhof eingefunden, um dort im Rahmen einer schlichten Gedenkstunde die Opfer der Schicksalsnacht des 19. März 1945 zu ehren.

Oberbürgermeister **Rehbein** erinnerte in seiner Gedenkrede daran, daß in jener unseligen Nacht alles, was von Generationen geschaffen wurde, in wenigen Minuten der Vernichtung anheim fiel. Sechs Jahre Kriegsleid habe die Bevölkerung schon vor diesem furchtbaren Ereignis ertragen müssen, habe sie eine Zeit erdulden müssen, in der das Menschenrecht mit Gewalt unterdrückt worden sei. Am heutigen Tag gelte das Gedenken aller Hanauer den Opfern, die von den Trümmern erschlagen wurden oder in den Flammen umkamen. Niemand dürfe diese Opfer vergessen, und nie dürfe sich ein solches Geschehen wiederholen.

Der Ausgangspunkt zu diesem ungeheuren Verbrechen an der Menschheit aber werde heute schon wieder von vielen vergessen. Ein neuer Krieg fordere in Asien bereits neue Opfer. Angesichts des Elends, das über das koreanische Volk hereingebrochen sei, müsse man die Frage an die Menschheit richten, ob sie denn schon wieder alles vergessen habe.

An alle, die guten Willens sind, müsse heute der dringende Appell zur Erhaltung des Friedens gerichtet werden, denn nichts sei fürchterlicher als ein neuerlicher Krieg. „Wir Deutsche“, so sagte der Oberbürgermeister, „müssen uns klar darüber sein, daß unser Schicksal nie wieder mit Waffengewalt bestimmt werden darf. Wir werden dem Andenken der Opfer nur dann gerecht, wenn wir stets und ständig für die Erhaltung des Friedens eintreten.“

Nachdem der Oberbürgermeister im Namen der Stadt an dem Gedenkstein einen Kranz niedergelegt hatte, richtete Pfarrer **Scheig** das Wort an die Anwesenden und erinnerte daran, daß Humanismus allein nicht genüge, um dieser Welt den Frieden zu erhalten. Es gehöre dazu das ehrfürchtige Beugen vor der Macht, die über uns ist. In solcher Haltung, in der dreifachen Ehrfurcht vor dem, der über uns steht, vor dem Nächsten, der neben uns geht, und vor den Toten, die unter uns ruhen, erweisen sich die Christen als realste Menschen. Worte seien hinfällig, wenn nicht die lebendige Verantwortung in uns wach erhalten werde.

Auch der katholische Geistliche, Stadtpfarrer **Diehl**, gedachte in seiner Ansprache der Toten, deren Bild lebendiger vor unseren Augen stehe als zu der Zeit, da sie noch mitten unter uns weilten. Seine Worte klangen aus in der eindringlichen Mahnung, mit allen Kräften den Frieden zu sichern.

Der Schwan — Symbol unvergänglichen Lebens

Erlebnis einer Hanauerin — In ihrem Auftrag berichtet von Franzi Fliedner

Wir sahen uns nach vielen schweren Jahren zum ersten Mal, sie, die erlebte, was ich in ihrem Auftrag erzählen will, und ich. Wir sprachen vom Leid aber auch davon, daß man es trägt und erträgt und davon, daß die Kraft zu diesem Ertragen ein Geschenk ist.

Und die Frau, die mir von ihrem Erleben erzählte, sagte, daß es zuweilen im Leben sei, als offenbare sich dem, der sehen **wolle**, ein Ausblick, eine Hoffnung, die zum Wegweiser werden könnte aus der Dunkelheit der Gegenwart in eine Zukunft, in der es wieder licht werde.

Es war an einem Vormittag kurz nach dem 19. März 1945. Das Feuer war vom Himmel gefallen, die Stadt brannte. Was jene Frau besaß, was sie und ihr Mann sich aufgebaut hatten mit Fleiß und Mühe, war zusammengestürzt. Nur das Leben war ihnen geblieben, ihnen und ihrem einen Kind. Das andere, der Junge, ist — so hoffen sie auch heute — noch irgendwo in Rußland.

Mann und Frau gingen in jenen Vormittagsstunden noch einmal dahin, wo sie bisher zu Hause waren, sie wollten suchen, ob noch etwas zu retten sei. Sie fanden nichts. Ueberall brannte es. Und dann kam ein Tiefflieger! „Schnell in Deckung“, sagte der Mann. Sie liefen über die Straße. Da sah die Frau etwas liegen auf der Erde im Schmutz, zwischen gestürzten Steinen. Es war ein großes Tuch, ehemals wohl weiß, vielleicht hingeweht im Feuersturm, vielleicht von irgendjemandem verloren auf der Flucht. Die Frau bückte sich nach dem Tuch im Straßenschmutz — sie selbst besaßen kein Tuch mehr, alles war begraben unter Trümmern oder verbrannt. Der Mann drängte: „Komm!“ Aber sie raffte das Tuch schon auf und preßte es an sich.

Als sie dann der Stadt entflohen waren und draußen, irgendwo auf dem Lande Schutz fanden und ein wenig zur Ruhe kamen, holte die Frau das Tuch hervor und sah, daß es ein großes Frottiertuch war, ganz verschmutzt und mit kleinen Brandlöchern am Rand. Sie wusch es, stopfte die Brandlöcher, und sie sah, daß sie aus dem Tuch zwei Handtücher schneiden konnte und zwei Waschlappen. Und was bedeutete das Menschen, die nichts mehr besaßen, als die Kleider, die sie auf dem Leibe trugen! Aber sie sah nun noch etwas, und das schien ihr seltsam: dies erste Stück Leinen, das sie wieder besaß, zeigte in seinem Gewebe ein Bild. Am Rand auf beiden Längsseiten wuchsen Schilfblätter empor, und eine Wasserrose war da auf jeder Seite zwischen den Blättern des Schilfes. Ueber dem Wasser, am unteren Rand des Tuches, breitete eine sinkende Sonne weithin ihre Strahlen, und auf dem Wasser glitt schwimmend ein Schwan.

„Ein Schwan!“ durchfuhr es sie, „und dieser Schwan blieb erhalten, als die Stadt in Trümmer sank. Diese Stadt — führt sie nicht in ihrem Wappen den Schwan? Nannte man sie nicht einst die Schwanenstadt?“

Wie eine Offenbarung kam der Frau plötzlich der Gedanke: Der Schwan lebt! So lebt nicht auch die Stadt, die in seinem Zeichen stand, leben, aus den Trümmern neu erstehen? Und wir alle, die alles verloren, wir sind ja diese Stadt! Wenn wir helfen, alle Kraft daransetzen, jeder an seinem Platz, vielleicht dürfen wir leben mit unserer Stadt, in unserer Stadt?

„Gott half uns“, sagte die Frau, „er gab uns Kraft und er gab uns Menschen! So wurde, was Sie nun hier sehen. Es gehört wieder uns in unserer Stadt, der Stadt mit dem Schwan im Wappen und wuchs empor mit unserer Stadt. Erzählen Sie diese Geschichte den anderen, ich bitte Sie darum. Vielleicht kann sie auch denen, die noch verzagt sind, helfen, den Weg wieder zu finden zum tätigen Leben. Und sagen Sie, ihnen auch das Goethewort, das mir nun stets im Sinn liegt, das sich bewahrheitete, das mir Mahnung bleibt und Kraft gibt: Das ist der Weisheit letzter Schluß.

Nur der verdient sich Freiheit wie das Leben,
Der täglich sie erobern muß.“

Aus Trümmern erstehen neue Häuser

Der Wiederaufbau bestimmt das Gesicht unserer Stadt

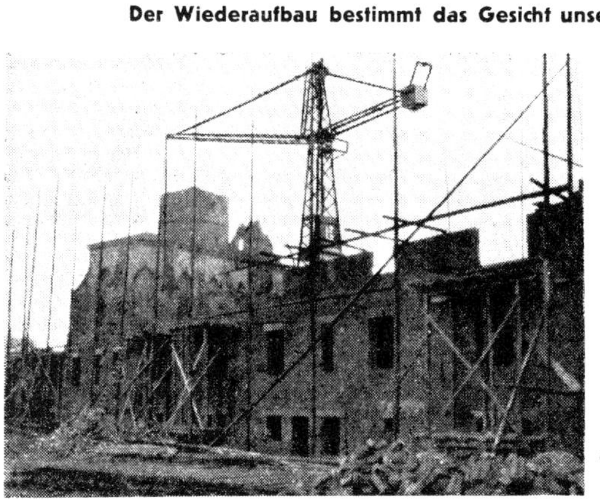

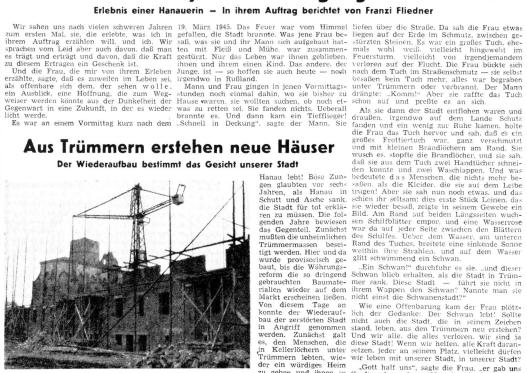

Hanau lebt! Böse Zungen glaubten vor sechs Jahren, als Hanau in Schutt und Asche sank, die Stadt für tot erklären zu müssen. Die folgenden Jahre bewiesen das Gegenteil. Zunächst mußten die unheimlichen Trümmermassen beseitigt werden. Hier und da wurde provisorisch gebaut, bis die Währungsreform die so dringend gebrauchten Baumaterialien wieder auf dem Markt erscheinen ließen. Von diesem Tage an konnte der Wiederaufbau der zerstörten Stadt in Angriff genommen werden. Zunächst galt es, den Menschen, die in Kellerlöchern unter Trümmern lebten, wieder ein würdiges Heim zu geben und ihnen so das Leben wieder lebenswert zu gestalten. Der Hafenblock wurde wieder ausgebaut, an der Französischen Allee erstand ein großer Wohnblock, und auch am Kinzigheimer Weg regten sich fleißige Hände. Nun wird am kommenden Donnerstag für den großen Wohnblock an der Nordstraße — hier werden 237 Wohnungen gebaut — Richtfest gefeiert. So wie diese Aufnahme von den Bauarbeiten an der Nordstraße hätten wir auch irgendein anderes Bauvorhaben photographieren können. Nicht nur die Stadtverwaltung in Verbindung mit Baugesellschaften und Baugenossenschaften ist um den Wiederaufbau Hanaus bemüht, sondern auch private Unternehmen erstellten Wohnhäuser und gaben der Stadt wieder ein Geschäftszentrum. Daneben erstanden Amtsgebäude wie das Arbeitsamt und das Gerichtsgebäude. Aber auch das Finanzamt konnte in der Zwischenzeit seine alte Unterkunft am Freiheitsplatz wieder beziehen. Kann es einen besseren Beweis für den ungebrochenen Lebenswillen dieser vom Schicksal so schwer heimgesuchten Stadt geben, als die Tatsache, daß anstatt der nach der Bombennacht in den Trümmern hausenden 10 000 Menschen Hanau heute wieder mehr als 30 000 Einwohner zählt?

Zum Gedenken an den Schicksalstag der Stadt Hanau

Vor sieben Jahren, am 19. März 1945, brach das Schicksal über Hanau herein. Es war jedoch nicht das Schicksal als eine Gewalt der höheren Ordnung, sondern es war die von Menschen in kühler Sachlichkeit erwogene und befohlene Vernichtung einer Stadt samt ihrer Bevölkerung. Der Ausnahmezustand, der diese Aktion moralisch rechtfertigte, hieß totaler Krieg. Das mag vielleicht, soweit uns Menschen hierüber ein Urteil zusteht, die Befehlsgeber und die Ausführenden nach den bis dahin gültigen Rechtsbegriffen entschuldigen. Angeklagt aber bleibt der Krieg, der das Menschenbild zerstörte und alle Seinswerte auflöste.

Wenige Tage vor dem Einmarsch amerikanischer Truppen mußte Hanau noch der sinnlosen Zerstörungsgewalt des Krieges zum Opfer fallen. Die Stadt, in Jahrhunderten von vielen Generationen erbaut, wurde innerhalb zwanzig Minuten dem Erdboden gleichgemacht. Noch heute begegnen wir auf Schritt und Tritt den Trümmern, die von dem furchtbaren Ausmaß der Vernichtung zeugen, und auf dem Friedhof stehen wir erschüttert vor den Gräbern derer, die in dieser Nacht ihr Leben lassen mußten. Auf schlichten Kreuzen sind ihre Namen aufgezeichnet, ganze Familien, von den Eltern bis zum jüngsten Kind.

Sieben Jahre sind seitdem vergangen. Die Wunden der Stadt beginnen allmählich zu heilen. Doch die Wunden, die dem menschlichen Leben geschlagen wurden, werden wohl immer wieder im Gedenken an die Toten aufbrechen.

Wir wollen nicht mehr die Zerstörung der Stadt in jener Nacht schildern. Das Geschehen ist allen, die es miterlebten, ohnedies im Gedächtnis eingeätzt, und denen, die davon verschont blieben, können Worte auch nicht annähernd eine Vorstellung von dieser Schreckensnacht vermitteln.

Wir wollen das Erleben dieser Zerstörung von der Zeit allmählich wandeln lassen zu einer Erkenntnis, zu der in der schmerzlichen Erinnerung fest wurzelnden Erkenntnis, daß das Geschehen sich niemals mehr wiederholen darf. Das Vermächtnis, das uns von den Toten auferlegt wurde, haben wir zu erfüllen. Wir haben den Auftrag, das zerstörte Menschenbild wieder herzurichten, und wir müssen das persönliche Erleben in uns überwinden, um zu geistiger Klärung zu gelangen.

Darum sind die Gedanken auf dieser Gedächtnisseite wohl dem gewidmet, was wir verloren, doch sie sind in ihrem innersten Gehalt dem zugewandt, was uns blieb. Aus dem Erkennen des Unverlierbaren aber mag uns die Kraft erwachsen, die wir alle aufbringen müssen, um eine Wiederholung dieses Geschehens zu verhindern.

Adriane

Ein Tag aus Blau und Gold gewoben
Nimmt Abschied von der ausgetilgten Stadt.
In stummer Klage reckt sich Eisenwerk verschroben
Empor zu ferner Gnade, die ihr Ohr verschlossen hat.
Zu brandgeschwärzten Giebeln und Konsolen
Verwesungsruch aus Kellergrüften steigt —
Geschwätzig nur das dunkle Volk der Dohlen —
Die alte schöne Stadt, sie schweigt — sie schweigt.

— — — — —

Die Straße, die Jahrhunderte den Lebensstrom getragen,
Ist tief begraben unter stürzendem Gestein.
Wildwechseln gleich die schmalen Steige sagen:
„Hier ist der Weg, er führt ins Herz der Stadt hinein."

— — — — —

Dies war das Herz: Ein Markt, das Rathaus fachwerkübersponnen,
Dort einer Kirche dämmerstiller Raum.
Durch spitzgebogte Fenster nur versonnen
Das Licht sich stahl, verbrämend jedes Heil'gen Mantelsaum.

— — — — —

Dies war das Herz. Sein Schlag ist in der Nacht verklungen,
In der die Hölle Hosiannah schrie
Dem Mord entgegen mit den phosphorblauen Zungen.
Da sank die Stadt mit ihren Kindern sterbend in das Knie.

— — — — —

Ein Mißton schrillt durch schöner Trümmer Stille:
Gesprengter Gruft vor dem Altar entsteigt ein Paar.
Fremder Soldat, am Arm die Dirne, deren seid'ne Hülle
Geplündert ist, geplündert wie die Rose im zerwühlten Haar.

— — — — —

Vergänglichkeit enteilt der ernsten Runde —

— — — — —

Du schönes Bildnis, gegen Not und Tod gefeit,
Verharrst in Anmut, ob auch manche Wunde
Versehrte deinen Arm, dein faltenschweres Kleid.
Es halten unbewußt fast deine schlanken Hände
Das Buch der Andacht, doch dein Blick ist abgewandt —
Ihn binden Buch nicht und nicht Kirchenwände,
Er sucht die waldgekrönten Berge, sucht der Kindheit Land.

— — — — —

Und wandert weiter in die unbekannte Ferne,
Die deiner Sehnsucht ihre leisen Grüße schickt —
Der Meister, der dein Bild erschuf, er hätte gerne
Mit einer Krone deine junge Stirn geschmückt —
Jedoch sein Herz hieß ihn, den Dornenkranz um deine Schultern breiten,
Er wußte wohl um dein geheimstes Leid —

— — — — —

Der Maientag mag nicht von deiner Anmut scheiden,
Und seiner letzten Amsel letztes Lied ist d i r geweiht.

Sophie Fleischhauer

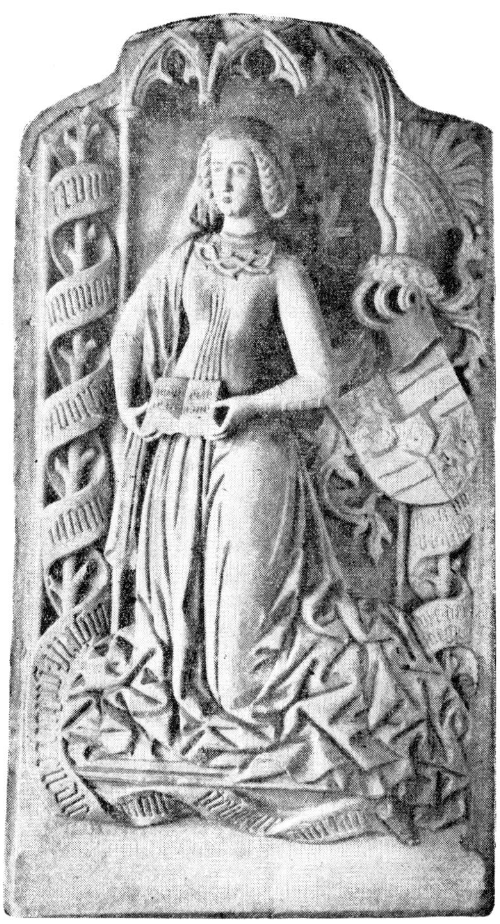

Schweres Silber

Eine Erzählung aus den Nachkriegsjahren

Als er mich ansprach, hatte ich seinen Namen längst vergessen. Wohl hatte er sich mir vorgestellt, als er sich zum Schlaf an meiner Seite niederließ, aber in mir ließ diese Höflichkeit lediglich ein leises, vielleicht spöttisches Wundern zurück. War es doch immerhin merkwürdig, daß man sich hier gegenseitig mit Namen bekanntmachte, hier, in diesem ehemaligen Bunker, in dem die Reisenden nur eine Nacht verbringen, um anderntags wieder ihre Fahrt fortzusetzen. Nur ein leises Wundern also blieb in mir zurück und selbst dieses schwand rasch, da mich die Gedanken um mein eigenes, unbekanntes Geschick, dem ich morgen entgegenfuhr, zu stark beschäftigten und keinem anderen Eindruck Raum ließen. Und nun, nachdem eine Zeit verstrichen war, während der ich mich längst im Schlaf befunden haben könnte, nun sprach er mich an und erneuerte damit das schon vergessene Wundern. Aus meiner bequemen Lage richtete ich mich halb auf und bemühte mich, das Gesicht meines Nachbarn zu erkennen. Doch in dem trüben Licht, das eine einzige müde Lampe versickerte, sah ich nur, daß es das Antlitz eines schon alten Mannes war, hager, vom Leben gezeichnet und von wirrem weißem Haar umgeben.

„Entschuldigen Sie", sagte mein Nachbar mit einer faltigen Stimme und hüstelte ein wenig, „entschuldigen Sie, daß ich Sie störe, aber ich habe den Eindruck, daß auch Sie keinen Schlaf finden können. Ist es nicht so?"

Ich murmelte etwas Unverständliches, was eigentlich als Ablehnung gedacht war, von ihm aber offenbar als Zustimmung aufgenommen wurde, denn er setzte seine Rede — wie mir schien — mit erhöhtem Eifer fort.

„Ja, ja", sagte er mit gedehnter Stimme und ließ einen Seufzer folgen, „es ist nicht mehr das Reisen wie in früheren Zeiten. Kein Wunder, daß man keinen Schlaf findet. Früher, ja, da war eine Reise, selbst wenn sie aus geschäftlichen Gründen getätigt wurde, ein Erlebnis, angefüllt mit Bildern, deren stetiger Wechsel eine wohltuende und erregende Spannung auslöste. Früher blickten die Zurückbleibenden den Scheidenden nach, mit einem leisen Gefühl des Neides und der stillen Hoffnung, es bald ihnen gleichtun zu können. Heute aber, — ach, heute ist es an uns, den Reisenden, daß wir die anderen zurückbleiben sehen und es bedauern, nicht so wie sie in einem wohlgeordneten Kreis des Alltags verweilen zu können. Denn wer reist heute schon kaum unrissenen Zielen entgegen oder gar zu seinem reinen Vergnügen? — Ich glaube, es sind nur wenige, die dieses Glück genießen. Die meisten reisen um ihres nackten Schicksals willen, fahren einem neuen, unbekannten Wohnort entgegen, fahren, um im Kriege verschollene Verwandte zu suchen oder um irgendwo endlich eine Arbeitsstelle zu erlangen. — Darf ich fragen, welchen Beruf Sie ausüben?" —

Da meine Gedanken wieder wach und ganz dem Gegenwärtigen zugewandt waren, gab ich ihm bereitwillig Auskunft, ohne allerdings hinzuzufügen, daß ich ohne Arbeit sei.

„Buchhändler . . .", wiederholte er nachdenklich und bemerkte etwas unmotiviert: „Interessant". —

„Wohl auch ohne Stellung im Augenblick?", fragte er nach einigen Atemzügen des Schweigens. Ohne meine Antwort abzuwarten, fuhr er in seiner Rede fort, seine Annahme als selbstverständlich voraussetzend:

„Ja, ja, — es ist eine dunkle, es ist eine schicksalsschwangere Zeit. Wer weiß, was sie unter neuen Schmerzen gebären will, ob es Fluch sein wird oder Segen . . . Und wir Menschen sind dieser Zeit unterworfen, sind gezwungen, all ihre Wehen mitzufühlen und mitzuleiden. — Wie viele Geschicke, vom vergangenen Krieg entwurzelt, suchen nun in kargem Gestein erneut Halt zu finden, um nicht gänzlich zu verdorren." —

Mein Nachbar schwieg eine Weile gedankentief und setzte darauf mit einer stillen Wehmut in der Stimme seine Erzählung fort:

„Schauen Sie, ich war Kaufmann, habe im Laufe meines schon langen Lebens mir einigen Besitz erworben und gedachte endlich, die Frucht meiner Arbeit zu genießen. Ich besaß ein Haus. Es war jedoch keine pompöse Villa. Es war vielleicht eher das, was man ein Eigenheim nennt, ein Häuschen mit fünf Zimmern und einer geräumigen Diele. Und doch, trotzdem dieses Heim kein luxuriöses war, beneideten mich viele Freunde darum, die eine viel größere und prunkvollere Wohnstätte ihr eigen nannten. — Wissen Sie, ich hatte meine Wohnräume mit Liebe ausgestaltet. Kein Einrichtungsgegenstand — mochte er noch so gering erscheinen — wurde von mir gekauft, ohne daß ich sorgfältig erwogen hätte, ob er zu den bereits vorhandenen passe und sich harmonisch dem Ganzen einfüge. So war mir selbst der Kauf einer holzgeschnitzten Dose ein nie verklingendes Erlebnis, und das Glück, das ich ob des neu Erworbenen empfand, kam dem eines Briefmarkensammlers gleich, der die Lücke einer Serie mit einer seltenen Marke schließen kann. Durch die zärtliche Liebe und Sorgfalt, die ich beim Kauf all dieser Dinge verwandte, schuf ich mir Stück für Stück eine gediegene Wohnungseinrichtung, — ja: gediegen, das ist wohl das rechte Wort. — Mit jedem Gegenstand verband mich etwas Persönliches, alle Truhen, Schränke und Lampen waren mir verwandt, und ich lebte unter ihnen, wie in einer Gesellschaft lieber Menschen." —

Mein Nachbar hustete ein wenig kränklich und schwieg darauf eine Weile unter hastigen Atemzügen, indes ich, der ich zuvor ob seiner Störung ungehalten war, geduldig auf den Fortgang seiner Erzählung wartete, die mich eigentümlich gefangennahm.

„Auch die Menschen", hub er nun wieder zu sprechen an, „die Freunde, die ich hin und wieder zu einer kleinen Geselligkeit in meinem Heim versammelte, waren von mir mit der gleichen Sorgfalt gewählt, auf daß sie in das gute gemäßigte Licht meines Hauses keinen gleißnerischen Glanz brachten. Diese wenigen Freunde waren wie das Holz meiner Möbel: Echt, edel, mit einer altersdunklen Maserung und von Meisterhand zu ruhigen, doch kraftvollen Formen geschnitzt. —

In diesen Menschenkreis drang kein Laut der marktschreierischen Gegenwart, nur das ewig Beständige und das Geklärte, sorgsam Gewogene fanden Eingang und wurden im Gespräch gepflegt. Demgemäß verliefen unsere Abende, in einem zur Ruhe gereiften Leben, so, wie eine ehrwürdige Standuhr mit gelassenem Schlag die Stunden der Tage und Nächte mißt . . . Ach, es waren glückliche Abende. — Deutlich sehe ich noch die Bilder vor meinen Augen: Die gedankenbergende Ecke am Kamin, die vom stetig wogenden Schein des offenen Feuers belebten Wände und Gemälde oder der gedeckte Tisch, auf dem im Kerzenlicht das festliche Silber des Bestecks und das kostbare Weiß des Porzellans in gehaltvollem Glanz schimmerten. Und was ist . . ." —

Unvermittelt brach er seine Rede ab, denn in der Umgebung verlangte jemand in heftigem, erregtem Flüstern, daß wir etwas mehr Rücksicht auf die nehmen sollten, die in dieser Nacht noch zu schlafen gedächten. Mein Nachbar schaute sich ein wenig erstaunt um, als sei er überrascht, daß noch andere Menschen in unserer Nähe weilten. Dann aber nahm er seine Erzählung wieder auf, indem er seine Stimme zum Flüstern dämpfte und sich etwas zu mir herüber neigte:

„Und was von all dem ist mir geblieben? — Mein Haus mit allem, was darinnen war, sank in Asche, nichts blieb verschont, Möbel und Teppiche, Porzellan und Silber fielen den Flammen zum Opfer. Das einzige, was ich noch habe, — doch warten Sie, ich will es Ihnen zeigen." —

Mein Nachbar kramte in einer schäbigen Ledertasche, die sein gesamtes Gepäck zu bilden schien, holte eine schmale Pappschachtel hervor und entnahm ihr einen in Seidenpapier gehüllten Silberlöffel, den er mir darauf überreichte. Ja: er g a b ihn mir nicht, er ü b e r r e i c h t e ihn mir, mit vorsichtigen Händen, so, wie der Juwelier ein kostbares brillantenbesetztes Schmuckstück überreicht, um es vom Käufer bewundern zu lassen.

„Schweres Silber", flüsterte er, und seine Blicke verfolgten in zärtlicher Sorge, wie ich den Löffel entgegennahm. In der Tat: Es war gediegenes schweres Silber. Ich wog den Löffel in der Hand, wendete ihn hin und her und bewunderte seinen edlen verhaltenen Glanz. Zwei verschlungene Buchstaben, F und G, waren kunstvoll und mit reichem Zierat in das Metall eingraviert. Es konnte auch E und G heißen, in dem matten Licht vermochte ich es nicht so recht zu erkennen. Mit einer lobenden Bemerkung reichte ich den Löffel zurück.

„Es ist schweres Silber", wiederholte mein Nachbar seine Worte, wie in kindlicher Einfalt und mit seltsamer Betonung. Dann hüllte er den Löffel sorgsam in das Seidenpapier, legte ihn in die Pappschachtel zurück und barg diese wieder in der schäbigen Ledertasche.

„Ja", seufzte er, indem er sich zurücksinken ließ, „dies ist das einzige, was mir von all dem Geschilderten übrigblieb. Es ist so wenig, und doch: wie viel ist es wiederum. — Ich weiß nicht, ob Sie mich verstehen können; vielleicht finden Sie es kindlich, mit welch liebevoller Sorgfalt ich den Löffel behandle und bei mir bewahre. Doch schauen Sie: Dieser Löffel hat für mich das Gegenständliche verloren, er ist der Schlüssel meiner Erinnerung, er besitzt die eigentümliche Kraft einer gepreßten Blume, die einem Greis längst verklungene Jugendjahre wieder gegenwärtig werden läßt. In seinem Glanz sehen meine Augen das Licht der Kerzen, das Feuer des Kamins und all das, was ich mein eigen nannte und was meine Welt war. — Doch genug davon, genug. Gute Nacht, junger Freund. Sie haben mir gut zugehört, lassen Sie mich nun noch ein wenig an meinem Kamin sitzen. Gute Nacht, und schlafen Sie wohl!" —

Etwas überrascht durch das jähe Ende der Erzählung, doch mit warmer Herzlichkeit erwiderte ich die Gutenachtwünsche meines Nachbarn und war darauf mit meinen Gedanken wieder allein. Doch diese Gedanken waren nun ruhig, gelöst von dem herrschsüchtigen Ich, in tiefer Anteilnahme verbunden mit dem Geschick meines Nachbarn, ja, all meiner Mitmenschen, die diese lastende Zeit auf ihren schmerzenden Schultern trugen. Ich dachte an das frühere Leben dieses alten Mannes, dachte wohl auch daran, ob er einst in seiner glücklichen Welt oder selbst heute, beschenkt mit einer kraftbergenden Erinnerung, nie die härteren Schicksale in seiner Umgebung vergessen habe. Doch dieser Gedankte verflüchtigte sich rasch, denn ich konnte — eingedenk der gütigen Ruhe all seiner Worte — eine solche Seelenarmut nicht mit seiner Natur verbinden. Ich gedachte der Menschen, die gleich ihm ihr Heim eingebüßt oder — wie unendlich schlimmer noch — geliebte Angehörige verloren hatten. Ach, wie viele werden es sein, wie viele, denen heute ein geringfügiger Gegenstand als kostbarster Besitz verblieb. Dem einen mochte es ein Löffel sein, dem anderen ein Schmuckstück oder ein Bild. — Ich nannte als Wertvollstes ein Buch mein eigen, Hermann Hesses „Kurgast". Wenn ich es aufschlug und den feinen Duft des bedruckten Papieres atmete, dann stiegen rings um mich her die Regale meines kleinen Buchladens wieder auf, und wenn ich in seinen Zeilen las, so wurde alles Laute still und das Grelle sanft. Die Seiten dieses äußerlich unscheinbaren Büchleins bargen für mich Erinnerung, Trost und Weisung, in ihnen lag meine Vergangenheit und meine Zukunft beschlossen.

Nachdem meine Gedanken einen solchen Kreis beschrieben hatten, kehrten sie zu meinem Nachbarn zurück. Ich sah zu ihm hinüber, doch er schlief nun, atmete tief und ruhig, selbst im Schlaf noch beschützt von den Mauern seines Hauses, die längst in Schutt gesunken waren, und gewärmt vom Feuer des Kamins, der längst dem Element zum Opfer fiel, das er zuvor in seinem Inneren gehütet hatte.

Ich wußte zu dieser Stunde noch nicht, daß dieser alte Mann schon morgen, beim Versuch den bereits anfahrenden Zug zu besteigen, seinen Tod finden sollte. Dies erfuhr ich erst zufällig, als ich am darauffolgenden Tag unverrichteter Dinge wieder zurückkehrte.

Und es war gut, daß ich es in jener Nacht noch nicht wußte, denn die Gedanken um Schicksal und Menschen hätten mich sonst wohl kaum Schlaf finden lassen.

So aber schlief ich fest und traumlos.

Helmut Schmidt

Stadt Hanau

Vorüber

Die Feierlichkeiten zum 650jährigen Stadtjubiläum sind vorüber. Es war — so würde man im Privatleben sagen — eine schlichte Geburtstagsfeier, bei der man „keine großen Umstände" machte. Und dennoch werden alle Bürger, die am Nachmittag und am Abend an den Feierlichkeiten teilnahmen, den Tag in schöner Erinnerung behalten.

Freilich: wenn man die wenigen Bürger hört, die noch von der 600 Jahrfeier erzählen können, so wird man ein bißchen traurig, denn krasser kann ein Zeitenwandel kaum in Erscheinung treten. Welch eine Hochstimmung muß damals die Bevölkerung erfaßt haben, als dieses Ereignis die ganze Stadt zu einem großzügigen Volksfest vereinte. Wir Angehörigen der jüngeren Jahrgänge müssen schon unsere Phantasie zu Hilfe nehmen, um uns vorstellen zu können, wie sich die unzerstörte Stadt in ihrem festlichen Schmuck ausnahm. Und noch schwerer fällt uns die Vorstellung, in welch verhältnismäßig sorgloser Stimmung die Bevölkerung damals dieses Fest feierte, wie sich alle Bürger zu einer fröhlichen Gemeinschaft zusammenfanden. Ein so ungetrübtes Lebensgefühl, dem die Zukunft noch verheißungsvoll erschien, ist für uns unvorstellbar geworden, nachdem die letzten Kriege das Bild einer glücklichen Menschheit zerstörten und die Furcht vor einem neuen Krieg schon wieder den Horizont verdunkelt.

Wer weiß, unter welchen Umständen unsere Stadt einst ihren 700jährigen Geburtstag feiern wird, ob die Menschheit zur Vernunft gefunden oder ob sie sich neues Unglück bereitet haben wird. Es bleibt nur zu hoffen, daß entgegen den bisherigen Erfahrungen die Vernunft sich durchzusetzen vermag. -dt.

Kind vom Auto überfahren

Es ging mit seinen Eltern spazieren

Der Sonntagsspaziergang einer Hanauer Familie endete am gestrigen Sonntag mit einem Schrecken. Die Familie ging auf einem Waldweg spazieren und kam gegen 17 Uhr an der Bundesstraße N 8 in Höhe der Ford-Werkstatt aus dem Wald heraus. Während die Eltern an der Straße stehenblieben, um ein Auto vorbeizulassen, sprang der fünfeinhalbjährige Sohn plötzlich auf die Fahrbahn. Obwohl der Fahrer des in Richtung Frankfurt fahrenden Personenwagens sofort bremste, konnte er das Anfahren des Jungen nicht mehr verhindern. Dieser wurde auf die Straße geschleudert und schwer — unter anderem am Kopf — verletzt. Ein anderer Personenwagen brachte den Jungen in das St. Vincenz-Krankenhaus.

Der Einbruch lohnte sich nicht

Unbekannte Täter verübten in den gestrigen Abendstunden einen Einbruch in ein Schuhgeschäft in der Bangertstraße. Die Einbrecher drückten eine Flurscheibe ein und gelangten über ein Glasdach in die Wohnung. Sie hatten es offenbar nur auf Bargeld abgesehen, konnten aber nur eine Geldbörse mit drei Mark Inhalt mitnehmen.

• **Das Wohnungsamt** bleibt vom 23. bis 28. Februar geschlossen. Ebenso fallen die Sprechstunden des Wohnungsamtsdezernenten am Mittwoch, dem 25. Februar, aus.

Wohin gehen wir heute?

Central-Theater: „Der Weibertausch" mit Carola Höhn und Viktor Staal.

Gloria-Lichtspiele: „Am Brunnen vor dem Tore" mit Sonja Ziemann und Paul Klinger.

Modernes Theater: „Ein Amerikaner in Paris" mit Leslie Caron und Gene Kelly.

Schloß-Lichtspiele: „Colorado" mit Maria Elena Marquès und Clark Gable.

Die Stadt Hanau bekennt ihren Willen zum Leben

Ein würdiger Festakt in der Stadthalle krönte das 650jährige Stadtjubiläum

Wenn auch unsere Stadt, die vom Schicksal vor schwere Aufgaben gestellt wurde, keine Veranlassung hatte, das 650jährige Stadtjubiläum in lauter Fröhlichkeit zu feiern, so durfte sie diesen Tag doch in würdigem Ernst und mit Stolz der Leistungen gedenken, die sie vollbrachte, seit die schlimmste Katastrophe ihrer Geschichte über sie hereinbrach. So waren alle Feierlichkeiten, die am Samstag in Hanau stattfanden, Ausdruck einer ernsten Besinnung auf die Vergangenheit und eines ungebrochenen Lebenswillens, der diese Stadt alle Schicksalsschläge überwinden ließ.

Die am Schicksal ihrer Vaterstadt interessierte Bevölkerung fand sich am Samstagabend in der fahnengeschmückten Stadthalle ein, um den Festakt zu erleben, mit dem die schlichten Feierlichkeiten zum 650jährigen Stadtjubiläum abgeschlossen wurden.

Nachdem das verstärkte Kammerorchester Ernst Winter die „Festliche Ouvertüre" von Georg Friedrich Händel gespielt hatte, begrüßte Oberbürgermeister Karl Rehbein die Gäste, unter ihnen den hessischen Innenminister Zinnkann, den Bundestagsabgeordneten Altmaier, den Regierungspräsidenten Dr. Hoch, den Vertreter des Hessischen Städteverbandes, Stadtrat Dr. Reinert, und viele andere Vertreter der Behörden, des kulturellen, geistigen und wirtschaftlichen Lebens in Hessen.

In seiner Ansprache erinnerte der Oberbürgermeister an die schweren Zeiten, die Hanau erlebte, seitdem ihm von König Albrecht I. am 2. Februar 1303 die Stadtrechte verliehen wurden. Die Stadt habe den 30jährigen Krieg und den Napoleonischen Krieg überstanden, sie sei von Pest und Hungersnot heimgesucht worden, aber immer wieder sei sie dank der Heimatliebe ihrer Bevölkerung und dank ihrer Tatkraft wieder aufgestiegen zu neuem Leben.

„Lassen Sie uns", so sagte der Oberbürgermeister, „den heutigen Tag und diese Stunde eine Mahnung sein für die Zukunft. Eine Mahnung, niemals den Krieg als geschichtliches Mittel zu werten. Diese Stunde soll uns eine Erbauung sein, aus der wir Kraft und Zuversicht für eine glückliche Zukunft schöpfen wollen. Unsere alte Stadt Hanau ist in den Bombennächten des Jahres 1945 untergegangen. Ihre Bauwerke sind zerstört, aber nicht zerstört wurde der Geist dieser Stadt und nicht zerstört die Hoffnung die uns die Kraft gegeben hat, aus den Trümmern neues Leben zu entwickeln."

„Es erfüllt uns heute mit Wehmut, wenn wir Aelteren Rückschau halten auf die Feiern, die vor 50 Jahren hier in Hanau abgehalten wurden. Als die ganze Stadt unzerstört und stolz im Flaggenschmuck prangte und in allen Sälen der Stadt sich die Hanauer Bürger drängten, um den Geburtstag ihrer Heimatstadt zu begehen. Damals befand sich unser Vaterland und damit auch unsere Stadt Hanau in einer verhältnismäßig glücklichen Lage. Eine mehr als 30jährige segensreiche Friedenszeit hatte Glück und Wohlstand geschaffen. Kein Wunder, wenn man in diesen Tagen mit ausgedehnten Festprogrammen unter Anteilnahme der gesamten Hanauer Einwohnerschaft zu einer gewaltigen Jubelfeier mit Fackelzügen und Illuminationen rüstete, die allen Teilnehmern unvergeßlich sind. Der 650. Geburtstag steht unter einem weniger günstigen Stern. Alles was in Generationen geschaffen wurde, alles was durch Fleiß und Intelligenz ihrer Bürger gestaltet war, ist in den Bombennächten des letzten Krieges untergegangen. Tausende von Hanauer Bürgern lagen unter den Trümmern der einst so stolzen Stadt Hanau."

„Es könnte vermessen scheinen, sieben Jahre nach dem Untergang eine Jubiläumsfeier zu halten. Ich halte es aber für richtig und notwendig gerade in einer Zeit schwerer Sorgen und schwerer Arbeit am Wiederaufbau, des Tages der Stadtgründung zu gedenken. Wir haben diesmal keine rauschenden Feste gefeiert, aber ich glaube, wir alle brauchen diese Stunde der Einkehr und der Rückschau, um neue Kraft zu sammeln und Rechenschaft abzulegen über das, was unsere Generation in Verantwortung vor denen, die vor uns waren, zukommt. Ich gebe der Ueberzeugung Ausdruck, daß wir vor unseren Altvordern bestehen können und die Jahre des Wiederaufbaues mit Ehren in die Geschichte unserer Vaterstadt eingehen werden".

„In einer Zeit, die überschattet ist von dem Gespenst ungelöster internationaler Probleme und überschattet ist von der Wehmut im Denken an den Untergang der alten Stadt, gilt es den Geist zu erhalten, aus dem heraus die Generationen vor uns gelebt und gearbeitet haben und den wir zu verantworten haben vor den Generationen, die nach uns kommen werden. Vergangenheit und Gegenwart ermutigen uns die Ueberzeugung auszusprechen, daß unsere Stadt ihre härteste Prüfung bestanden hat, und daß der bisher gegangene Weg des Wiederaufbaues richtig war."

„Möge ein gütiges Schicksal", so schloß Oberbürgermeister Rehbein seine Rede, „unsere Wiederaufbauarbeit zum Erfolg werden lassen, möge es unsere Stadt erhalten über alle Fährnisse der Zeit und mögen sich auch die Menschen immer eingedenk sein der Worte, die in Stein gemeißelt die Inschrift bildeten unter dem Bild der beiden Grafen von Hanau: ‚Wo Gott nicht selbst behüt' die Stadt, da hilft kein Macht noch einiger Rat.' Möge die Gnade des Schöpfers über dieser Stadt walten und den kommenden Geschlechtern Glück und Wohlstand bringen. Dies, mein heißer Wunsch zum heutigen Tag!"

Die Ehrengäste überbringen ihre Glückwünsche

Im Anschluß an die Rede des Oberbürgermeisters überbrachte Innenminister Zinnkann die Glückwünsche der hessischen Regierung, die — wie er sagte — stets bemüht sei, der vom Krieg schwer angeschlagenen Stadt zu helfen. Seit der Währungsreform habe Hanau rund 13 Millionen DM Landesbaudarlehen erhalten, wovon 2676 Wohnungen wiedererrichtet werden konnten, und bis zum Ende des Geschäftsjahres 1952 werde man noch weitere Mittel bereitstellen. Zwar müsse Hanau von den 25 000 Sowjetzonenflüchtlingen, die in Hessen erwartet werden, einen Teil in seinen Mauern aufnehmen, doch gedenke der Staat auch hier bei der Unterbringung zu helfen. Als Jubiläumsgeschenk überreichte er der Stadt ein Landesbaudarlehen von 30 000 DM, das wiederum zur Errichtung von Wohnungen dienen solle.

In einer kurzen, mit langem Beifall bedachten Ansprache, übermittelte Stadtrat Dr. Reinert die Glückwünsche des Hessischen Städte-Verbandes, während Landrat Voller im Namen des Landkreises gratulierte und Bundestagsabgeordneter Altmaier die Glückwünsche der Fraktionskollegen und des Parteivorstandes der Sozialdemokratischen Partei Deutschlands überbrachte.

Nachdem der durch Mitglieder anderer Hanauer Chöre verstärkte Oratorienverein Hanau unter Leitung seines Dirigenten Günther Bruchhaus Beethovens „Die Himmel rühmen" gesungen hatte, ergriff der Leiter des städtischen Kulturamtes, Dr. Beckers, das Wort, um in seiner Festansprache auf die entscheidende Wendung einzugehen, die Hanaus Entwicklung nahm, als König Albrecht I. die Stadtrechte verlieh. Zunächst untersuchte Dr. Beckers die Gründe, die Ulrich I. von Hanau dazu bewogen haben mochten, bei dem König die Verleihung der Stadtrechte zu erbitten, die er auch schon für Windecken, Steinau und Babenhausen erhalten hatte.

„Ein Blick auf die Karte zeigt, daß alle vier auf Ulrichs Betreiben gegründeten Städte in voneinander getrennten Gebietsteilen der ehemaligen Herrschaft Hanau liegen. Das läßt auf eine planmäßige Stadtgründungspolitik schließen, die der Territorialherr zur Stärkung seiner Macht und zur Sicherung seines Gebietes unternahm. Man hat Hanau deshalb auch eine politisch-dynastische Stadtgründung genannt. Wir

Fortsetzung auf Seite 4

Anläßlich der 650-Jahr-Feier der Stadt Hanau wurde am Samstag am Altstädter Rathaus eine Gedenktafel für den Hanauer Chronisten Wilhelm Ziegler enthüllt. Ziegler hatte im vergangenen Jahrhundert in Hanau gelebt und gewirkt und der Stadt unschätzbare Dienste für die Heimatforschung erwiesen. Oberbürgermeister Rehbein hat die Tafel — unser Bild — bereits enthüllt. Eine ansehnliche Menschenmenge und zahlreiche Gäste nahmen an dem feierlichen Akt teil. Im Vordergrund der Chor der Mittelschule, der die Feierstunde musikalisch umrahmte.

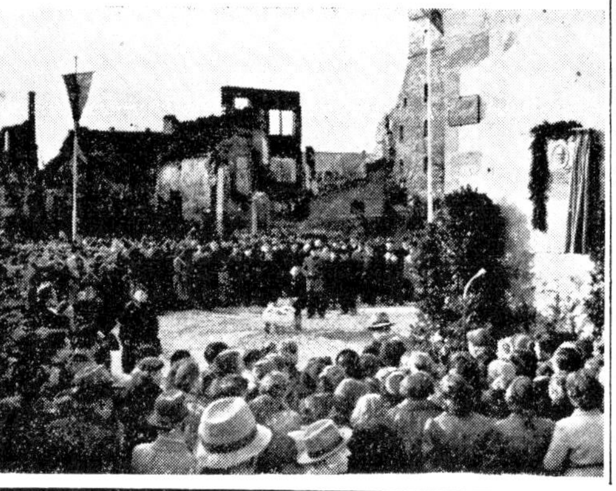

Wie wird das Wetter?

Sehr mild

Übersicht: Der hohe Luftdruck über West- und Mitteleuropa bleibt nahezu unverändert erhalten, während im Norden noch weitere Störungen nach Rußland abwandern und den Zustrom milder Meeresluft andauern lassen.

Vorhersage: Am Montag bewölkt mit gelegentlichen Auflockerungen, vereinzelt geringfügiger Sprühregen. Temperaturen zwischen 9 und 4 Grad. Zeitweise noch lebhafter Südwestwind.

Weitere Aussichten: Auch am Dienstag mild. Wetteramt Frankfurt.

MARY BURCHELL

Kleine Schwester

Cop. by Verlagshaus Reutlingen Oertels & Spörer

20. Fortsetzung

„Ich finde sie wundervoll", sagte Alix einfach.

„Ja. — Das ist natürlich." Barry sah ein wenig bedrückt aus, und wieder gingen sie ein Stück weiter. „Alix", sagte er schließlich weich, „ich glaube, es ist besser, wenn ich Ihnen jetzt etwas sage. Sie werden mit Sicherheit allerhand Geschichten über Ihre Schwester hören, und manche Leute werden sie Ihnen in rücksichtsloser Weise erzählen. Versuchen Sie, sich nicht durch sie niederdrücken zu lassen, denn, wissen Sie, es werden immer Geschichten über Menschen erzählt, die so berühmt und anziehend sind. Verächtlichen Menschen macht es Vergnügen, sie auszudenken oder zu wiederholen."

„Wollen Sie damit sagen, — daß sie unwahr sind?"

„Meine Liebe", er lachte ein wenig beunruhigt. „Ich bin nicht der Hüter von Verenas Gewissen."

Alix war still. Sie dachte an ihre wundervolle, strahlende Mutter, und an Großmamas trokkene, strenge Zurückhaltung, wenn sie von ihr sprach. Barry konnte natürlich nicht ahnen, daß das Ganze so viel tiefer ging, als verwandtschaftliche Beziehungen zwischen zwei Schwestern, die sich kaum kannten.

„Wollen Sie damit sagen, — daß sie und Mörling —"

„Nun hören Sie zu, Alix. Ich habe Nina viel zu lang gekannt, um sie zu kritisieren oder über ihre Angelegenheiten zu sprechen. Ich würde es nicht erwähnt haben, wenn ich nicht gefürchtet hätte, daß irgendjemand Sie sehr verletzen könnte." Alix drückte dankbar seinen Arm. „Die Tatsache ist, daß Mörling für sie dirigiert hat, wieder und wieder, fünfzehn Jahre lang wenigstens, und während dieser Zeit ist sie ihm, wie viele Leute glauben, sehr viel gewesen."

„Und was denken Sie, ehrlich gesagt?"

„Ich möchte darüber nicht sprechen", sagte Barry in festem Ton. Und dann, als Alix schweigsam und ernst blieb, fügte er hinzu:

„Machen Sie sich nicht zu viel Gedanken darüber."

„Ich mache mir keine Gedanken darüber", sagte Alix. „Wenigstens, ich meine — nicht unerträgliche. Ich dachte an etwas, was Großmama einmal von ihr sagte."

„Und was war das?"

„Daß sie niemals in einem anderen Menschen den Kampf zwischen Gut und Böse so klar umrissen gesehen hätte."

„Wie seltsam", sagte Barry langsam. „Es ist eine gute Beschreibung."

„Wirklich?" Alix sah plötzlich nachdenklich aus. „Vielleicht habe ich darum das Gefühl, daß ich sie immer lieben werde, was sie auch tun mag — daß immer noch etwas übrig wäre."

Mit einer schnellen Bewegung legte Barry seinen Arm um sie.

„Sie sind ein gutes Kind, Alix. Ich hoffe, Sie werden nicht verletzt werden."

Aus irgendeinem Grunde konnte sie ihn nicht fragen, was er eigentlich meinte. Dann sprach er von etwas ganz anderem, und nach einer Weile gingen sie zusammen Tee trinken, ohne daß das Thema Verena wieder berührt worden wäre.

Die Schatten wurden länger, als sie sich wieder auf den Heimweg machten, und Alix fühlte ein fast kindisches Bedauern, daß ihr Nachmittag vorbei war.

„Ich habe mich sehr gut amüsiert", sagte sie, als es ihr klar wurde, daß sie sich dem Hotel näherten. „Ich wollte, es wäre noch nicht vorüber."

„Nun, Alix —", er lachte in seiner erfreuten, belustigten Art, „wir können es doch wieder machen, — oder etwas ähnliches — wann immer Sie wollen."

„Können wir?" Sie sah ihn zweifelnd an. „Aber ich glaube, Sie gehen gewöhnlich mit viel interessanteren und klügeren Leuten aus. Und dies ist nur durch Zufall so gekommen."

„Keineswegs. Es war ganz sorgfältig arrangiert", erinnerte er sie. „Zuerst von Verena, und dann von uns."

„Oh —", Alix lächelte. „Ja, ich glaube, so war es."

„Und es wird wieder arrangiert werden, wenn Sie erlauben, und zwar ohne den Beistand von Verena."

„Ich würde es natürlich rasend gerne tun", sagte Alix offen.

„Dann ist es so gut wie abgemacht."

Er sagte nichts weiter, bis sie tatsächlich vor dem Hotel hielten. Dann wandte er sich zu ihr, und legte seinen Arm auf den Rücken des Sitzes.

„Und, Alix —"

„Ja?"

„Machen Sie nicht den Fehler, Geistreichsein und Interessantsein zu verwechseln."

Ihre braunen Augen sahen ihn ernsthaft an.

„Was soll das heißen?"

„Sie sagten eben etwas über mein Ausgehen mit Leuten, die geistreicher und interessanter wären als Sie. Geistreiche Leute können die größten Langweiler sein, wissen Sie. Wohingegen Sie niemals ein Langweiler sein können, und wenn Sie hundert Jahre alt werden."

Er stieg aus dem Auto, um ihr die Tür zu öffnen. „In Wahrheit werden Sie vermutlich eine sehr unterhaltende kleine Hundertjährige werden", fügte er hinzu, während sein Ernst sich wieder in Lächeln verwandelte.

„Oh, — danke." Alix errötete und lachte leise, während sie seine Hand nahm. „Ich danke Ihnen für das Schmeichelhafte über mein Alter — und für einen ganz herrlichen Nachmittag. Kommen Sie mit herein?"

„Nein, ich komme jetzt nicht mit herein. Ich werde in zwanzig Minuten in meinem Club erwartet. Aber Ihnen danke ich für einen herrlichen Nachmittag. Genießen Sie immer alles so aus vollem Herzen?"

„Nun —", Alix dachte darüber nach. „Nein. Nur, wenn ich etwas besonders Nettes tue, glaube ich."

„Ach so."

Er stand da neben dem Wagen, leise lächelnd, bis die große Drehtür sich hinter ihr geschlossen hatte, und die prächtigen Portale des Gloria sie verschlungen hatten.

Dann zuckte er die Achseln, und mit einem außerordentlich nachdenklichen Ausdruck setzte er sich wieder in den Wagen und fuhr davon.

Als Alix die Zimmerflucht wieder betrat, war Verena noch nicht zu Hause. Nur Prescutt war da, schreibend, wie gewöhnlich. Alix konnte sich nicht vorstellen, daß sie oft etwas anderes tat.

„Hallo", Prescutt sah auf. „Gut unterhalten?" Sie stellte die konventionelle Frage ohne Interesse für Alix' Antwort zu haben, daß sie ihren Nachmittag gründlich genossen hätte.

Alix ging, um ihre Sachen abzulegen und kam dann in das Arbeitszimmer zurück.

„Ich denke mir, Sie haben keine Ahnung, zu welcher Zeit Nina nach Hause kommen wird?"

„Keine Ahnung", sagte Prescutt.

„Sie war wohl der Meinung, daß es spät werden würde, nicht wahr?"

„Ja."

„Ich möchte wissen, ob das heißt, daß sie zum Abendessen kommt oder sehr spät am Abend."

„Es kann beides heißen." Prescutt hatte offenbar nicht die Absicht, aufschlußreich zu sein. Und dann, als Alix bereits die Hoffnung auf weiteres aufgegeben hatte, fügte sie hinzu: „Warum? Sind Sie beunruhigt über Ihr eigenes Abendessen?"

„Nun, ich fragte mich nur, was Nina von mir erwarten würde."

„Es wird ihr völlig gleichgültig sein. Sie hat wahrscheinlich mit keinem Gedanken mehr an Sie gedacht."

Alix konnte nicht umhin zu finden, daß Prescutt eine sehr unangenehme Art hatte, Dinge auszudrücken, aber bevor sie etwas sagen konnte, fuhr Prescutt fort:

„Wenn Sie meinem Rat folgen, so verlieren Sie niemals Zeit damit, sich zu überlegen, was Verena oder Mörling oder irgendjemand sonst von Ihnen erwartet. In jedem Fall wechselt das alle fünf Minuten. Sie werden sich auch daran gewöhnen."

„Ignoriert zu werden, meinen Sie?"

(Fortsetzung folgt)

Im Gedenken an die Schicksalsnacht unserer Heimatstadt

Am 19. März 1945 fiel Hanau einem furchtbaren Luftangriff zum Opfer

*

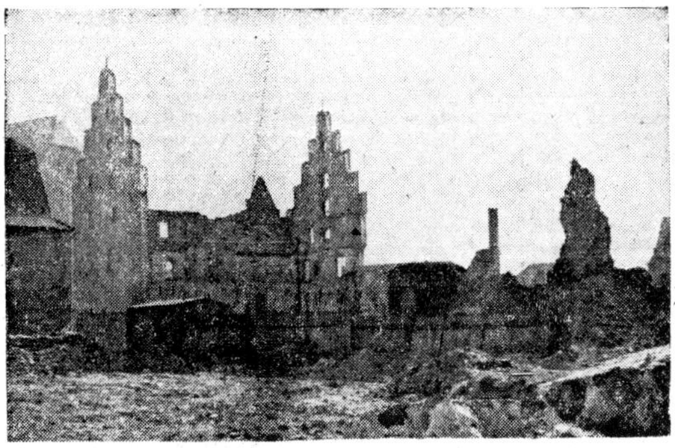

Noch heute bietet sich am Altstädter Marktplatz dieses Bild der Zerstörung. In wenigen Minuten war das Vernichtungswerk getan, aber viele Jahre dauert es, bis seine grausamen Spuren endlich beseitigt sind.

Gedenke . . .

Von Sophie Fleischhauer

Eh Frührot sanft den Horizont betaut,
Eh Leben flutet durch die narbenreichen Gassen,
Mahnt dich vom Turm der Glocke Stimme laut
Nicht dem Vergessen jenen Tag zu lassen.

Wie man ein altes Grab dem Efeu überläßt,
Bis Grab und Inschrift schwinden unter seinen
[Ranken —
Die Bilder jener Morgenfrühe halte fest,
Gib ihnen Raum in des Gedenkens Schranken.

Vergiß das Grauen und die Toten nicht,
Sei Acker für die Saat der notgetränkten Stunden —
Und doppelt dankbar atmest du im Sonnenlicht.
Gedenke! Und du kannst vom Haß gesunden.

*

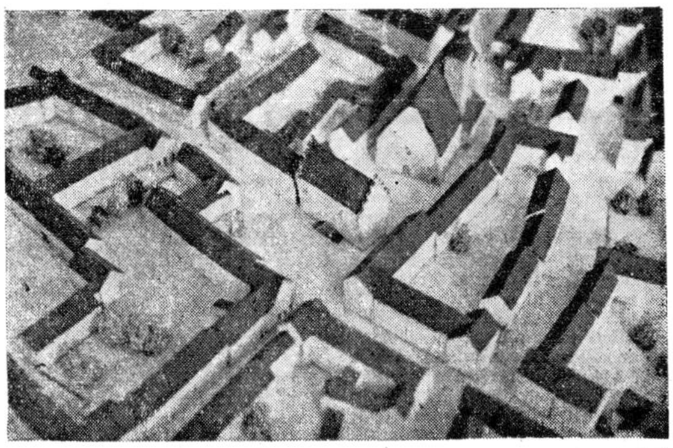

Das Modell veranschaulicht, wie die Altstadt einmal aussehen wird, wenn der Wiederaufbau beendet ist. Die Bauweise wird der heutigen Zeit angeglichen, doch der Charakter des Stadtteils bleibt erhalten.

Helle Fenster / Eine Erzählung aus drei Nächten

I.

Unter all den vielen erleuchteten Fenstern fiel dieses eine ihm so sehr auf, daß er unwillkürlich seinen Schritt verhielt, um zu ihm emporzuschauen und seinen freundlichen Blick zu erwidern. Er konnte sich zunächst keine Rechenschaft ablegen über seine so rasch erregte Aufmerksamkeit, denn es war ein schlichtes, durchaus nicht außergewöhnliches Fenster im ersten Stock eines etwa um die Jahrhundertwende erbauten Miethauses, und sein Licht strahlte keineswegs heller als das der übrigen in der nächtlichen Straße. Hinter seinen klaren Scheiben waren weitmaschige Vorhänge gespannt, die es gestatteten, das Innere des Raumes zu erkennen, und so konnte er sehen, daß eine goldbraun getönte Tapete die Wände des Zimmers bekleidete und daß von der in altmodischer Stuckarbeit verzierten Decke eine Lampe mit einem weinroten Stoffschirm herabhing, die ein inniges Leuchten aussandte.

Es war also gar nichts Absonderliches zu beobachten, was seine jäh erwachte Aufmerksamkeit hätte erklären können. Aber vielleicht ist es bei Fenstern ähnlich, wie bei den menschlichen Augen, die, selbst wenn sie Form und Farbe gemeinsam haben, sich doch wesentlich voneinander unterscheiden und stets einen Eindruck von der Seele des jeweiligen Menschen vermitteln. Mag sein, daß dies bei erleuchteten Fenstern ebenso ist, daß ihr Schein etwas von der Stimmung und dem Charakter des Raumes enthält, der hinter ihnen liegt. Jedenfalls blieb sein Blick in dem hellen Viereck dieses Fensters gefangen, und da er nur die Decke und den oberen Teil der seitlichen Wände wahrnehmen konnte, versuchte er sich die übrige Beschaffenheit des Zimmers vorzustellen, ohne daß er dabei den Wunsch verspürte, den Raum tatsächlich zu sehen, um sich von der Richtigkeit seiner Vorstellung zu überzeugen.

Seltsamerweise stand bei diesen Gedanken ein bis in alle Einzelheiten bestimmtes Bild vor seinen Augen: er sah einen altertümlichen, aus Nußbaum gefertigten Sekretär und an der gegenüberliegenden Seite eine in vergessenem Modestil gehaltene Vitrine, in der einige Likör- und Sektgläser sowie verwirrend viele, meist geschmacklose Porzellanfigürchen ein selten gestörtes Leben hinter Glas führten. An der Wand, neben dieser Vitrine, dachte er sich eine Uhr mit reichem Schnörkelschmuck und einem stetig aufblitzenden Perpendikel aus geprägtem Messing. In der Mitte des Zimmers mochte ein runder — nein: ein ovaler Tisch stehen, bedeckt mit einer gelblichen, selbstgehäkelten Decke und umgeben von plüschbezogenen Stühlen, und in der Ecke schließlich sah er einen braun gekachelten Ofen. Alles in allem also ein bescheidenes Zimmer mit jenen Erbmöbeln, von denen die Besitzer zu behaupten pflegen, daß sie „gute Stücke" seien. Dennoch machte das Zimmer, wie er es in seinen Gedanken ausgestattet hatte, einen harmonischen Eindruck, und es vermittelte ein Gefühl des Geborgenseins und der Behaglichkeit.

Demgemäß stellte er sich auch die Bewohner des Raumes vor: ein altes, schon ergrautes Ehepaar, er vielleicht ein pensionierter Beamter, ruhig und gewissenhaft, sie eine noch immer liebevolle Gattin und unermüdliche Hausfrau. Sie haben keine Kinder. Oder aber — ja, so wird es sein — der einzige Sohn ist als junger Mann einer schweren Krankheit erlegen. Die Eltern trugen sehr schwer an diesem Verlust, doch die rinnende Zeit hat ihnen Trost gebracht, mählich sind ihre Haare ergraut und ihre Gesichter gerunzelt, und nun leben sie friedlich ihr ausklingendes Leben bei Uhrenschlag und Lampenschein, fromm und ohne Angst dem näherrückenden Ende entgegenschauend.

Nachdem dieser letzte Gedanke in ihm verklungen war, stand das leuchtende Viereck des Fensters wieder hell und klar vor seinen Augen. Mit einem abschiednehmenden Blick streifte er noch einmal die Wände, die Decke und die Lampe mit dem weinroten Schirm, und dann wandte er sich ab, um seinen unterbrochenen Heimweg fortzusetzen.

Es war ein friedliches Fenster.

II.

Seit dem Alarm waren nun schon über zwei Stunden vergangen, ohne daß auch nur das leiseste Geräusch eines Flugzeuges zu vernehmen gewesen wäre. Einige Frauen wurden bereits ungeduldig und äußerten die Absicht, den Schutzraum zu verlassen und nach oben zu gehen, um sich wieder schlafen zu legen. Seltsamerweise waren es die Männer, die Ungeduldigen zur Vorsicht mahnten und empfahlen, die Entwarnung abzuwarten. Seufzend nahmen die Frauen ihre Handarbeiten auf oder vertieften sich wieder in ihre Bücher, die sie, des Lesens müde, schon zugeschlagen hatten.

Er sagte, daß er einmal nach dem rechten sehen wolle, und stieg, begleitet von wohlgemeinten Ratschlägen, die Kellertreppe empor. Aufatmend, als sei er von einer Last befreit, stand er kurz darauf im Garten, der hinter dem Hause lag. Ein großes Schweigen umfing ihn wie der Atem des Unvergänglichen. Kein Licht brannte ringsumher, alles lag in stummer Dunkelheit, so daß er kaum die Umrisse der Nachbarhäuser zu erkennen vermochte. Um so heller aber funkelten in der Tiefe des Himmels die Sterne, unzählige Diamanten, die in einem zittrigen Silberlicht glommen und von der Ewigkeit des Alls sangen. Er war der Sternbilder nicht kundig, aber er suchte den Großen Wagen und empfand eine freudige Ueberraschung, als es ihm gelang, die Sterne zu diesem ihm bekannten Sinnbild zusammenzufügen. Die Sterne, so dachte er, sandten schon vor dreitausend Jahren ihr Licht zur Erde, als Homer die „Ilias" und die „Odyssee" schrieb, als die Propheten Hosea und Jesaja durch Israel zogen, um das Volk zum tätigen Gottesglauben zu ermahnen. Und die Sterne werden auch in dreitausend Jahren noch ihr Licht herniedersenden, mag das Leben auf der Erde erloschen sein oder nicht, mag die Menschheit den Geist erkannt haben oder dem Wahn zum Opfer gefallen sein.

Krieg. Es ist Krieg zwischen den Völkern. Welch ein seltsamer Gedanke in der Ruhe dieser Nacht, die wie ein mächtiger Dom über der Erde aufragte. Er warf den Kopf zurück, als wolle er die Erinnerung an einen Traum abschütteln, der ihn mit bizarren Bildern gequält hatte. Ganz in der Nähe ließ eine Nachtigall ihre Stimme erschallen, zunächst zaghaft, dann aber immer mutiger und lauter, bis es wie Jubelklang kleiner Glocken durch die Nacht tönte. Er lauschte und lächelte.

Plötzlich hob er sein Gesicht zum Himmel. Die Nachtigall schwieg. Irgendwoher war ein leises Grollen zu vernehmen, ein gefährliches Surren, das näher und näher klang. Ein Flugzeug. Es flog unsichtbar unter den Sternen dahin. Jetzt mochte es über der Stadt sein. Er versuchte sich die Menschen vorzustellen, die jetzt dort oben im Flugzeug saßen, die Gesichter vom schwachen Licht der Instrumente fahl angeglüht. Sie spähen zur Erde nieder, ob nicht ein verräterischer Schein aufblinkt, damit sie mit den Bomben das Verderben hinabstürzen können. Sie wollen meinen Tod, dachte er, indes er unwillkürlich den Atem anhielt und sich duckte. Ich kenne sie nicht und sie kennen mich nicht. Und doch sind sie meine Feinde, bin ich ihr Feind. Vielleicht wären wir, hätten wir einander getroffen, gute Freunde geworden, Freunde, die es als furchtbaren Schicksalsschlag empfinden würden, wenn einer von ihnen an einer schweren Krankheit sterben müßte. Aber wir — sie und ich — sind einander nicht begegnet. Wir kennen uns nicht und sind doch Feinde. Das macht der Befehl. Der Befehl des Hauptmannes, des Majors, des Generals, des Feldmarschalls und schließlich der Befehl des obersten Kriegsherrn.

Ein jähes Entsetzen lähmte seine Gedanken, denn dort oben, im zweiten Stock des Nachbarhauses, war plötzlich ein Fenster hell erleuchtet. Kalt und feindselig strahlte sein Licht in die Nacht hinaus, indes hoch am Himmel noch immer das Grollen des Flugzeuges zu hören war. Um Gottes willen, dachte er, löscht doch dieses Licht, dieses gräßliche Licht! Aber in seiner Verwirrung und Angst kam es ihm nicht in den Sinn, zu rufen und die Bewohner darauf aufmerksam zu machen. Ihm schien, das Fenster leuchte schon minutenlang zum Himmel empor, und doch waren nur Sekunden vergangen, als eine Stimme im Nachbarhof laut und energisch schrie: „Licht aus!"

Erschrocken verlöschte das Licht. Schützend sank wieder die Dunkelheit auf die Häuser herab. In der Ferne verklang das Grollen des Flugzeuges. Er atmete tief auf und trat dann in das Haus zurück, um mit zitternden Knien wieder die Kellertreppe hinabzusteigen.

Es war ein furchtbares Fenster.

III.

Es war das erste Mal, daß er sich aus dem Haus wagte, seitdem er aus der Gefangenschaft heimgekehrt war, und selbst jetzt, nach vielen Wochen, hatte er gewartet, bis die Nacht einfiel und die Zerstörung der Stadt in gnädiges Dunkel hüllte.

Abend für Abend war er, als man ihn für lange Jahre hinter Stacheldraht gefangen hielt, in Gedanken daheim gewesen, war er durch alle Straßen und Gassen gegangen, die ihm von Kindheit auf vertraut waren. Und als er eines Tages die Nachricht erhielt, daß seine Heimatstadt samt seinem Vaterhaus von Bomben zerstört sei, fühlte er sich hilflos, denn nun wußte er nicht, wie alles aussehen würde, wenn er einst nach Hause käme. Dieses Gefühl der Unsicherheit, des Ausgeliefertseins an eine fremd gewordene Erde wich viele Monate nicht von ihm, bis er sich, ohne es recht zu merken, wieder daran gewöhnte, sich in Gedanken seine Heimatstadt so vorzustellen, wie sie früher aussah. Der Anblick der verheerten Stadt traf ihn darum, als er endlich heimkehrte, um so furchtbarer, denn für ihn war es, als sei das Vernichtungswerk erst wenige Tage zuvor getan worden. Und darum empfand er eine Scheu davor, die öde Stadt im unbarmherzigen Licht des Tages zu sehen.

Aber nicht nur diese Scheu hatte er. Er fürchtete auch, Menschen zu begegnen, Menschen, die ihn von früher kannten und mit ihm reden wollten. Sie redeten alle so viel, diese Menschen, und sie waren anders geworden, seitdem er sie verlassen hatte. Er wußte nicht, was er mit ihnen reden sollte, fand keine rechten Worte, und seine Verlegenheit übertrug sich schließlich auch auf seine Gesprächspartner. Als einige Freunde ihn kurz nach der Heimkehr besuchten, war die Unterhaltung bald verstummt, obwohl es so vieles gab, was sie nach all den Jahren einander zu sagen hätten. Die Freunde verabschiedeten sich betreten und mieden ihn künftig. Er verstand sie nicht mehr, seine Sprache war nicht mehr die ihre. Sie waren anders geworden. Er hatte geglaubt, die Menschen seien durch das furchtbare Erleben noch enger zusammengewachsen, aber statt dessen mußte er erkennen, daß sie nie so beziehungslos nebeneinander lebten wie jetzt, daß die Ichsucht selbst die Familien spaltete. Sie handelten, feilschten, drängten im Existenzkampf rücksichtslos andere zur Seite und hießen nur das gut, was ihnen zum Vorteil gereichte. Sie hatten schon wieder Langeweile und suchten Zerstreuung. Sie konnten nach diesem Inferno leben, ohne zu schreien oder zu schweigen. Darum fürchtete er sich vor ihnen.

Nun ging er scheu, wie ein Mann, der Verbotenes tut, durch die nächtliche Stadt, vorüber an Hausresten, die gleich riesigen Grabmälern schwarz zum Himmel emporragten. Ab und zu stolperte er über herumliegende Steine, und einmal wäre er beinahe in einen Keller hinabgestürzt, dessen Fenster zu großen Schlünden aufgerissen waren. Mühsam versuchte er zu erkennen, durch welche Straßen er ging, doch gab er es bald auf, denn in der Finsternis fand er keine Merkmale. Schließlich gelangte er auf einen kleinen Platz. Hier mußte das Rathaus gestanden haben. Richtig. Er sah jetzt die gotischen Giebel, die übrig geblieben waren und als gezackte Schatten sich gegen den Himmel abhoben. Ganz dicht trat er heran und strich mit der Hand über die brandgeschwärzten Steine. Viele Jahrhunderte stand dieses Haus hier, hatte in seinen Mauern Menschen vieler Generationen beherbergt, und nun war es, von Bomben getroffen, in wenigen Stunden niedergebrannt.

Mit einem tauben Gefühl kehrte er sich ab und schritt weiter. Plötzlich sah er, als er um die Ecke eines zerstörten Hauses bog, in allernächster Nähe ein hell erleuchtetes Fenster. Der Anblick überraschte ihn so sehr, daß er wie gebannt stehen blieb. Es mußte wohl das Fenster eines notdürftig errichteten flachen Gebäudes sein, denn er vermochte in der Dunkelheit, die es umgab, kein Dach zu erkennen. Hell sandte das Fenster sein Licht in die Nacht, das einzige Licht inmitten dieser toten Trümmer. Hinter seinen Scheiben waren noch keine Gardinen angebracht, aber ein Blumentopf — es schien eine Hyazinthe zu sein — stand innen davor und zeigte ihm, daß die Bewohner das Bedürfnis hatten, ihr kärgliches Heim zu schmücken und freundlich zu gestalten.

Lange, sehr lange stand er in der Nacht und schaute hinüber zu diesem Fenster. Und als er endlich seinen Weg, den er gekommen war, zurückschritt, bewegten ihn tiefe Gedanken. Sie bauen, dachte er, sie bauen inmitten der Trümmer. Sie haben Hoffnung . . . Morgen wird auch er den Tag ertragen können.

Es war ein tröstliches Fenster.

Helmut Schmidt

Acht Jahre gingen ins Land

Acht Jahre sind ins Land gegangen, seitdem unsere Heimatstadt in der Nacht zum 19. März 1945, wenige Tage vor dem Einmarsch alliierter Truppen, einem furchtbaren Luftangriff zum Opfer fiel. Hanau wurde — und dieses Wort fand hier eine erschütternde Verwirklichung — „dem Erdboden gleichgemacht". Im Gedenken an diesen Tag wollen wir keinen Haß erneuern, denn die Trümmer um uns her sind Zeugen dafür, daß der Haß zu Katastrophen führt. Auch wir haben unseren Teil Schuld an dieser Katastrophe, aber wir wissen auch, daß es unnötig und durch nichts gerechtfertigt war, kurz vor dem Ende des für Deutschland schon verlorenen Krieges noch viele Städte, darunter auch Hanau, im Bombenhagel zu vernichten. Hoffentlich haben viele Flieger, für die ein solcher Angriff vielleicht ein Schauspiel grandioser Zerstörung war, in späterer Zeit Gelegenheit gehabt, einmal eine Stadt wie Hanau anzusehen, um ermessen zu können, wie unsagbar grausam ein Luftangriff wehrlose Männer, Frauen und Kinder zu Tode bringt. Und hoffentlich haben diese Flieger dann ihr Gewissen nicht mit dem Gehorsam entlastet, sondern eingesehen, daß ein Krieg jeden schuldig werden läßt und allen humanen Erkenntnissen der Menschheit Hohn spricht. Niemand darf angesichts dieser verheerenden Zerstörungen in dem dualistischen Glauben verharren, ein Krieg lasse sich mit ethischen Grundsätzen verbinden, wenn er mit dem höheren Recht geführt werde. Recht und Sitte, Glaube und Religion werden im Kriege verfälscht, denn in Wahrheit gibt es niemanden, der von sich sagen könnte, daß er ohne Schuld sei. Alle helfen mit, anderen Menschen den Tod zu geben, ein Verbrechen, das wir, da es überlegt durchgeführt wird, im zivilen Leben mit „Mord" bezeichnen und durch schwerste Strafen ahnden, indes es im Kriege sogar Belohnung findet. Für alle Menschen, die diesen Krieg in nicht erlahmtem Bewußtsein erlebten, so auch für uns Hanauer, ist Krieg gleichbedeutend mit Verbrechen, ungeachtet des Grundes, den man zu seiner Entschuldigung anführen mag. Und für uns ist darum der Frieden kein Herzenswunsch, sondern eine unabdingbare Forderung.

-dt.

Das „Anzeiger-Haus" in der Hammerstraße
Wiederaufbau des kriegszerstörten Verlags- und Druckereigebäudes

Neues Leben blüht aus den Ruinen

Der dunkelste Tag in der Geschichte der Stadt Hanau war der 19. März 1945, an dem durch einen Bombenangriff unerhörte Opfer an Menschenleben und Verluste an Kulturwerten zu verzeichnen waren; der größte Teil der Stadt versank in Schutt und Asche. Diesem Zerstörungswerk waren schon einige schwere Luftangriffe vorangegangen, durch die das Verlags- und Druckereigebäude des „Hanauer Anzeigers" zunächst durch die Einwirkungen einer Luftmine am 7. Dezember 1944 schwer beschädigt und schließlich durch die Bombenangriffe am 6. Januar und 19. März 1945 zerstört wurde. Nur wenige Wochen noch währte der Krieg, dessen Schattenseiten die Stadt Hanau gerade in den letzten Tagen unerbittlich und hart zu spüren bekam.

Viele Wochen mußte an der Beseitigung des Schuttes gearbeitet werden, um zunächst einmal wieder die Möglichkeit zu schaffen, daß die Druckerei wieder in Betrieb genommen werden konnte.

Endlich gelang es, langgehegte Pläne für den Wiederaufbau in Angriff zu nehmen und die Herrichtung des Druckereigebäudes und den Wiederaufbau des Seitenbaues und des Verlagshauses durchzuführen. Mit diesen Arbeiten wurde im Frühjahr dieses Jahres begonnen. Heute, nachdem die neuen Räume ihrer Bestimmung übergeben werden konnten, kann festgestellt werden, daß die Gebäude mit der gleichen Solidität und Zweckmäßigkeit hergestellt wurden, wie sie vor der Zerstörung bestanden hatten. Der Einzug in die neuen Büros und Werkstätten war für alle Mitarbeiter ein außergewöhnliches, ein freudiges Ereignis.

Das geistige Bindemittel zwischen Stadt und Land, der Bevölkerung und den Behörden, der „Hanauer Anzeiger", hat nunmehr wieder eine seiner Bedeutung entsprechende Heimstätte, von der aus er als Förderer und Befürworter kultureller Bestrebungen, sozialen Wohlstandes und der Verständigung zwischen allen Bürgern seine Aufgabe fortsetzen kann. Nach wie vor sieht der „Hanauer Anzeiger" unabhängig von Parteigruppierungen, seine Aufgabe darin, die Bevölkerung umfassend zu unterrichten und zum kritischen Denken anzuregen, damit jeder Staatsbürger seine Pflicht zum Wohle der Gesamtheit erfüllen kann.

Bei der engen Verbindung, die zwischen der Bevölkerung von Hanau Stadt und Land mit dem „Hanauer Anzeiger" besteht, wird uns die Erfüllung der Pflichten einer Tageszeitung nicht schwer gemacht. Es ist uns ein Bedürfnis, allen Lesern und Freunden unserer Zeitung dies am Tage der Einweihung unserer neuen Arbeitsräume zu sagen.

Es steht nun wieder, das „Anzeiger-Haus" in der Hammerstraße! Acht Jahre lagen die Trümmer des alten Hauses als sichtbare Zeichen eines unheilvollen Krieges zur Schau. Es gab damals Propheten, die, als Hanau zerstört war, wissen wollten, daß unsere Stadt nie mehr an der gleichen Stelle aufgebaut werden könnte. Es gab aber auch einige tatkräftige Männer, die mutig genug waren, den Anfang zu machen, ihre Betriebe und Grundstücke vom Schutt zu räumen, um so den Grundstein zum Wiederaufbau der Stadt zu legen. Zu diesen Männern gehörte auch eine kleine Schar treuer Mitarbeiter der Druckerei des „Hanauer Anzeigers". Denn schon bald nach dem Einzug der Amerikaner wurde angefangen, den Schutt in den Betriebsräumen zu beseitigen. Damals konnte man in der Innenstadt noch nicht mit dem Wagen durch die Straßen fahren. Es waren auch nur wenig Fußgänger zu sehen. Diese Tatsache, die heute unglaublich klingt, muß erwähnt werden. Aber am Stadtrand, im Industriegelände, regte es sich, und auch dort waren Arbeiter, Angestellte, Ingenieure und Betriebsführer tätig, die aus Liebe zu ihrem Werk ohne Ansehen der Person aufgeräumt haben. Man sah, daß der Lebenswille der Hanauer Bevölkerung trotz aller Not nicht gebrochen war.

Im August 1945 war unser Betrieb schon wieder so weit hergerichtet, daß das amtliche Mitteilungsblatt der Stadt Hanau gedruckt werden konnte. Wir taten unter den primitivsten Verhältnissen unsere Pflicht und mußten bei Regenwetter die Maschinen vor Nässe schützen, um drucken zu können. Daß wir sehr lange die einzigen Verkehrsteilnehmer in der Hammerstraße waren, sei auch vermerkt. Die Innenstadt bekam erst Leben, als die Handwerksmeister und Einzelhändler anfingen, ihre angestammte Existenz im Stadtkern wieder aufzubauen. Hanau galt vorher als eine tote Stadt ohne jede Bedeutung.

Meinen alten treuen Mitarbeitern, die sich mit aller Kraft dafür eingesetzt haben, daß der Anfang zu dem heutigen Wiederaufbau meines Betriebes möglich war, sei an dieser Stelle dafür gedankt. Ich denke dabei besonders an die beiden verstorbenen Herren, Jean Becker aus Wolfgang und August Lenz aus Großauheim. Sie waren Mitarbeiter aus Leidenschaft zu ihrem Beruf und ließen sich den Glauben an den Wiederaufstieg des Betriebes nicht nehmen. Es sei heute auch allen Mitarbeitern gedankt, die jahrelang ohne zu murren in menschenunwürdigen Arbeitsräumen stets ihre Pflicht getan haben.

Den Architekten, den Herren Georg Clormann und Fritz Füller und ihren Mitarbeitern, danke ich ganz besonders dafür, daß sie bestrebt waren, das „Anzeiger-Haus" kurzfristig wieder aufzubauen. Wenn dies auch nach den alten Plänen geschehen mußte, so, wie der Gesamtbetrieb in den Jahren 1927—29 unter meiner Leitung aufgebaut wurde, so reizte es mich als Verleger doch noch genug, um sich für die Fertigstellung dieses Bauwerkes voll einzusetzen. Daß es gelungen ist, beweist die heutige Vollendung.

Den falschen Propheten von 1945 muß heute gesagt werden, daß es hoffnungsfrohe und tatkräftige Männer waren, die nicht nur in Hanau, sondern überall durch den Segen ihrer Arbeit Deutschland wieder Achtung in der Welt verschafft haben. Man erkennt immer wieder, daß der Wille des Menschen allein nicht genügt, Werte zu schaffen, es muß dem Wollen auch die Tat folgen. Hanau ist trotz schwerster Zerstörung nicht untergegangen. Hanau mit seinem „Hanauer Anzeiger" lebt.

Möge der „Hanauer Anzeiger" über die jahrhundertelange Tradition hinweg auch künftig dem Fortschritt dienen und durch alle Klippen des politischen Lebens den geraden Weg steuern. Nur so kann er gegenüber der Bevölkerung seines Verbreitungsgebietes die überlieferte Aufgabe als Heimatzeitung erfüllen.

Paul Nack
Verleger des Hanauer Anzeigers

Grußwort des Oberbürgermeisters

Die Vollendung des Wiederaufbaus der Gebäude der alteingesessenen Heimatzeitung erfüllt mich mit besonderer Freude. Der „Hanauer Anzeiger" ist in den vielen Jahren seines Bestehens zu einem wertvollen Kulturträger und zu einem Mittler im besten Sinne zwischen der Stadtverwaltung Hanau und der Bevölkerung der Stadt geworden.

Alle diejenigen, die die Stilllegung der Zeitung in den letzten Jahren des vergangenen Regimes mit ebenso großem Schmerz empfunden haben wie ich, nehmen teil an dem neu erstandenen Werk, das sich als ein wichtiger Stein einfügt in den Wiederaufbau des kulturellen Lebens der Stadt Hanau.

Es war ein schwerer Weg von der damaligen Situation bis zum heutigen Tag. In der Geschichte der Stadt gibt es keine Aufgaben von gleichem gigantischen Ausmaß, wie sie von unserer Generation gelöst werden mußten und noch in Zukunft erfüllt werden müssen. Vieles ist geschehen, um die Folgen der Katastrophe zu überwinden und einen wesentlichen Anteil daran trägt der gesunde Bürgersinn der Hanauer Bevölkerung, dessen Pflege sich der „Hanauer Anzeiger" immer zur Aufgabe gemacht hat.

Möge auf dem neu erstellten Werk der Segen des Allmächtigen ruhen.

Oberbürgermeister

Zu gleicher Zeit, da das Verlags- und Druckereigebäude des „Hanauer Anzeigers" bei Luftangriffen in Schutt und Asche sank, wurde auch ein altes Hanauer Kulturdenkmal, das Altstädter Rathaus, zerstört. Wie an anderer Stelle ausgeführt wird, besteht große Hoffnung, daß die Pläne für den Wiederaufbau des Altstädter Rathauses bald verwirklicht werden. Es soll als Deutsches Goldschmiedehaus wieder errichtet werden. — So verschwindet in der Innenstadt Hanaus eine Baulücke nach der anderen. Die Neubauten sind Zeichen eines starken Aufbauwillens. Wir alle hoffen und wünschen, daß dieser Aufbau in Frieden und Freiheit vollendet werden kann.

Niedergang und Aufstieg der Heimatpresse

Das Zeitungssterben im Dritten Reich – Nicht nur von der Tradition leben, sondern sie täglich neu schaffen

Das einst so blühende deutsche Zeitungswesen erlebte nach der „Machtergreifung" der Nationalsozialisten eine Wandlung, die unweigerlich zum Zusammenbruch führen mußte. Zunächst wurden alle Blätter verboten und Verlage geschlossen, die eine parteipolitisch den neuen Machthabern nicht genehme Richtung vertraten, und ihre Betriebe „gleichgeschaltet". Um der ganzen Aktion den Schein des Rechts zu geben, wurde erklärt, daß es sich um staatsfeindliche Blätter und Betriebe gehandelt hätte Tatsächlich konnten die übrigen, zum Teil bisher offen als demokratisch bezeichneten Zeitungen weiter erscheinen, und auch die sogenannte Heimatpresse blieb unbehelligt — nach außen hin. In Wirklichkeit setzte eine Kontrolle und eine Zensur ein, wie sie bisher Deutschland noch nie erlebt hatte. Wer sich den Anordnungen von Partei und Staat nicht fügte, mußte damit rechnen, daß ihm Beruf, Existenz und Betrieb genommen wurde. Unter solchem Drucke vollzog sich die Ausrichtung der deutschen Zeitungen, zu denen nun noch die der Nationalsozialisten gekommen waren; dieser Druck verstärkte sich mehr und mehr, denn den Nationalsozialisten war daran gelegen, alle Zeitungen auszuschalten, die nicht reine Parteizeitungen in ihrem Sinne waren. Als der zweite Weltkrieg seinen kritischen Höhepunkt erklommen hatte und Mangel an Menschen und Material in der Heimat zu Einsparungen auf allen Gebieten führte, war nach der Erklärung des „totalen Krieges" kein Raum mehr für Zeitungen außerhalb der Parteipresse. In großem Umfange wurden Stillegungen und Zusammenlegungen von Zeitungen durchgeführt, um Menschen für die Kriegsproduktion und für die Wehrmacht freizumachen. Mit einem Schlage verschwanden auf diese Art und Weise die letzten alten deutschen Zeitungen; einige erhielten nach Zusammenlegung neue Titel und neue Druckorte. Aber es sollte nicht lange dauern, da wurde es auch ihnen unmöglich gemacht zu erscheinen: Die Endphase des Krieges hatte sich zu einer Katastrophe entwickelt: Im Rhein-Main-Gebiet sammelte der größte Verlag die letzten Reste des Redaktions- und Druckereipersonals im März 1945, um sie als fliegende Kolonne auf dem Rückzug zur Herstellung von Zeitungen einzusetzen. Zu einer wirklichen Leistung kam es allerdings nicht mehr, denn die meisten an den Rückzugstraßen gelegenen Druckereien waren zerstört, und als die mühsam zusammengehaltene Kolonne über Offenbach, Hanau nach Oberhessen „auswich", löste sie sich schließlich auf und mischte sich unter die zahllosen Flüchtlinge, die vor den anrückenden Amerikanern die Landstraßen übervölkerten. Der vollkommene Zusammenbruch war da.

Daß in diesem Zeitpunkt nach einer deutschen Zeitung gerufen worden wäre, damit sie die Bevölkerung beruhige und unterrichte, wäre so unwahrscheinlich gewesen wie die Auffassung der Zivilbevölkerung, der Krieg hätte doch noch gewonnen werden können.

Erste Informationsblätter

Während auf Lastkraftwagen deutsche kriegsgefangene Soldaten von den Amerikanern in unserem Bereich in großen Massen in Lager gebracht wurden, um von dort aus in die Länder des Westens verschickt zu werden, kamen die ersten Informationsblätter der amerikanischen Armee heraus. Zugleich setzten Bemühungen ein, die öffentlichen Verwaltungen und die Zeitungsbetriebe in Gang zu bringen. Das war nicht so einfach. Denn mit den bisherigen politisch belasteten Kräften sollte nicht wieder angefangen werden. Ein ziemlich umfassender Apparat wurde errichtet zur Sicherung der Personalauslese. Und man erkannte bald, daß der Fragebogen für die nächste Zeit eine dominierende Stellung einnehmen würde — sehr gründlich war von den Siegern die Entnazifizierungsarbeit vorbereitet worden. Der Fragebogen war auch die Grundlage für die Hergabe von Lizenzen für die Eröffnung von Verlagen und für die Herausgabe von Büchern, Zeitschriften und Zeitungen. Die erste Lizenz für eine deutsche Zeitung wurde in Aachen erteilt, dann folgte Frankfurt und in weitem Abstand nach und nach die größeren Städte. An eine Wiederzulassung der früheren deutschen Heimatzeitungen hatten die Besatzungsmächte zunächst nicht gedacht; nach ihrer Auffassung waren die Heimatzeitungen nicht erwünscht, denn man glaubte, es sei möglich, in Deutschland eine Kopie des amerikanischen Zeitungswesens zu schaffen. Wie man sich bei der Erteilung von Lizenzen irrte, so irrte man auch in dieser Richtung. Es konnte daher nur eine Frage der Zeit sein, die heikle Lizenzangelegenheit anderen, also deutschen Stellen zu überlassen. Man sprach ja doch auch von der Erziehung der Deutschen zur Demokratie und wußte, daß eine Demokratie ohne freie Presse nicht möglich ist. So erhielten die neuen Parlamente und Regierungen der neuen deutschen Länder den Auftrag, Pressegesetze zu schaffen. Oft schien es so, als hätten bestimmte Kreise an der Schaffung eines Pressegesetzes kein Interesse, weil die damaligen Verhältnisse auf dem Gebiet des Zeitungswesens ein einträgliches und sicheres Monopol geschaffen hatten. Endlich erteilten die amerikanischen Besatzungsbehörden eine Generallizenz, nach der das Erscheinen von Zeitungen ohne ausdrückliche Lizenzverfahren gestattet wurde. In Hessen fiel die Generallizenz fast mit der Beschlußfassung über das Pressegesetz zusammen. Damit wurde auch für die Verleger der Heimatpresse der Weg wieder frei.

„Hanauer Anzeiger" wieder da

Am 1. September 1949 erschien nach einer Unterbrechung von acht Jahren in altem Gewande der „Hanauer Anzeiger", von der Bevölkerung und von den Spitzen der Behörden begrüßt. Welch ein Echo sein Wiedererscheinen verursacht hatte, war aber auch in den Lizenzzeitungen zu verspüren, die den Verlust von Lesern vermuteten. Ohne fremde Mittel, ohne die Hilfe der Besatzungsmacht und Militärregirung, gingen Verlag, Redaktion und technischer Betrieb daran, eine Zeitung zu schaffen, um die frühere dominierende Stellung im Hanauer Lande zurückzuerobern. Eine in Offenbach gedruckte Zeitung gab bald das Rennen auf und für die Frankfurter Blätter blieben Leser nur in einem Umfange übrig, wie er vor dem Kriege in normalen Zeiten verzeichnet werden konnte. Es herrschte die Meinung vor, daß mancher der Lizenzträger vor den Schwierigkeiten kapituliert hätte, die der Wiederherausgabe einer Heimatzeitung ohne fremde Hilfe und Unterstützung entgegenstanden. Hier mußte verlegerische Arbeit ohne Privileg und Monopol geleistet werden.

Selbstverständlich konnten Fortschritte und Erfolge nur nach und nach erreicht werden. Daß sie ohne sogenannte Werbekolonnen und ohne große Aufwendungen zur Gewinnung von Lesern erzielt wurden, bestätigten wir bereits in den ersten Septembertagen des Jahres 1949, als wir schrieben: „Was die wirtschaftliche Seite der wiedererstandenen Heimatzeitungen betrifft, so ist es klar, daß im harten Konkurrenzkampf nur die am Platze bleiben werden, die durch Leistung die Sympathie einer großen Leserschaft erwerben. Wir kennen Beispiele von früher, in denen Zeitungsverleger Werbekolonnen losschickten, die sehr rührig waren und auch große Erfolge zu verzeichnen hatten, deren Arbeit aber nach einer ganz kurzen Zeit wieder in ein Nichts zerfloß, weil die eben manchmal auch zwangsmäßig geworbenen Leser dem Blatte wieder den Rükken kehrten. Nicht alles Neue erwirbt sich die Gunst der Oeffentlichkeit. Auch im Zeitungswesen gibt es so etwas wie Tradition, eine Atmosphäre, in der der Leser lebt und das sichere Gefühl erwirbt, in der Zeitung, deren Leser er ist, einen Freund, einen Lehrer, Berater und Helfer gefunden zu haben." Und so ist der „Hanauer Anzeiger" wieder zum Bindeglied zwischen allen Bevölkerungsteilen, zwischen Stadt und Land geworden. Er hat heute wieder eine Auflage erreicht, wie er sie früher besaß, ja, seine Leserdichte ist noch größer geworden, so daß man ohne Uebertreibung sagen darf, daß keine der in seinem Bezirk vertriebenen Zeitungen eine ähnlich starke Verbreitung nachweisen kann.

wk.

Verbunden mit Stadt und Land

Mit dem Wiederaufbau des Trümmergrundstücks in der Hammerstraße schließt sich eine Lücke, die seit einigen Jahren augenfällig war. In einer der Hauptverkehrsstraßen der Stadt Hanau wird damit wiederum ein neues Gebäude das Straßenbild verschönern helfen. Wer sollte sich hier nicht aufrichtig freuen, wenn es dem „Hanauer Anzeiger" gelungen ist, einen wesentlichen Beitrag zu dem Wiederaufbau dieser Stadt geleistet zu haben.

Aus den früheren Jahrzehnten kennen wir noch alle die Ansammlungen von Menschen vor den Auslagen des „Hanauer Anzeigers". Wir erinnern uns auch noch sehr gut, daß gelegentlich kritische oder zustimmende Bemerkungen über politische Fragen zu kleinen Diskussionen auf dem Bürgersteig führten. Meinungsaustausch gehört eben zum Leben und ist in einem demokratischen Staat sogar notwendig. Mir schien der Bürgersteig nur nicht immer die geeignete Stelle für Diskussionen zu sein. Inzwischen hat sich doch manches geändert, und ich glaube, daß die Menschen heute politisch urteilsfähiger geworden sind.

Für den Bereich Hanau Stadt und Land darf wohl gesagt werden, daß sich gerade der „Hanauer Anzeiger" als Organ der Vermittlung und besseren Verständigung zwischen der Bevölkerung und dem kommunalen Sektor bewährt hat. Von der Verwaltung kann es nur begrüßt werden, wenn ihre Arbeit eine verständnisvolle Würdigung erfährt. In einem demokratischen Staat ist es auch gar nicht anders denkbar, daß Presse und Rundfunk jede Möglichkeit wahrnehmen, Mittler in politischen, wirtschaftlichen und kulturellen Fragen zu sein.

Mag unsere Zeit von noch so viel Sorgen und Spannungen erfüllt sein, eines bleibt uns und das wollen wir uns erhalten: Die Hoffnung, in Frieden und Freiheit für eine bessere und höhere Lebensordnung zu wirken. Gerade in diesem Streben stellt die Tagespresse einen besonders wichtigen Faktor dar, der keinesfalls unterschätzt werden darf. Verwaltung und Tagespresse ergänzen sich also in gewissem Sinne. Dabei ist es völlig belanglos, ob zu dem, was getan oder nicht getan wurde, positiv oder kritisch Stellung genommen wird. Das Recht der freien Meinungsäußerung steht jedem Staatsbürger zu. Es wäre nur zu begrüßen, wenn in unserem Volke von diesem Recht noch mehr als bisher Gebrauch gemacht würde. Eine gesunde Kritik auf dem Boden der Sachlichkeit kann sich nur für alle Beteiligten positiv auswirken.

Machen wir es uns in unserem ganzen Wirkungsbereich stets zum Grundsatz, was der Dramatiker Georg Büchner in „Dantons Tod" sagte: „Die Staatsform muß ein durchsichtiges Gewand sein, das sich dicht an den Leib des Volkes schmiegt!"

In diesem Sinne beglückwünsche ich den „Hanauer Anzeiger" zum Gelingen des Bauwerkes und darf der Hoffnung Ausdruck geben, daß die seit Jahren gepflegte verständnisvolle Zusammenarbeit mit der Verwaltung des Kreises sowie den Gemeinden sich weiter zum Segen unserer gesamten Bevölkerung fortsetzen möge.

Landrat W. Voller.

Bilder vom Aufbau Hanaus

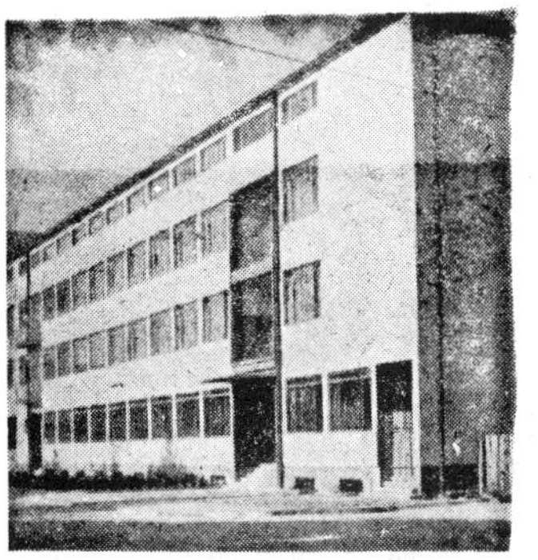

Arbeitsamt

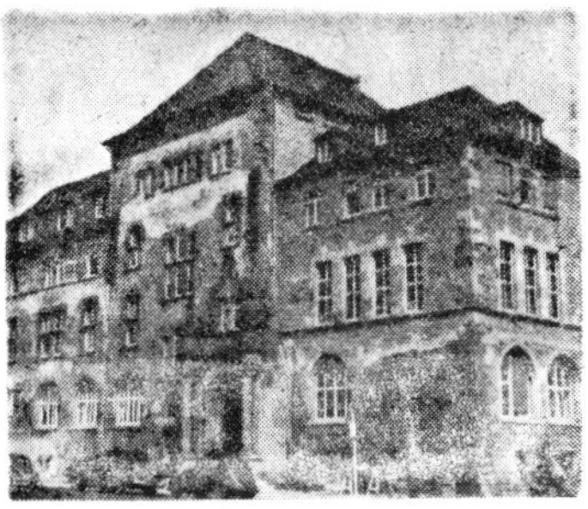

Landratsamt

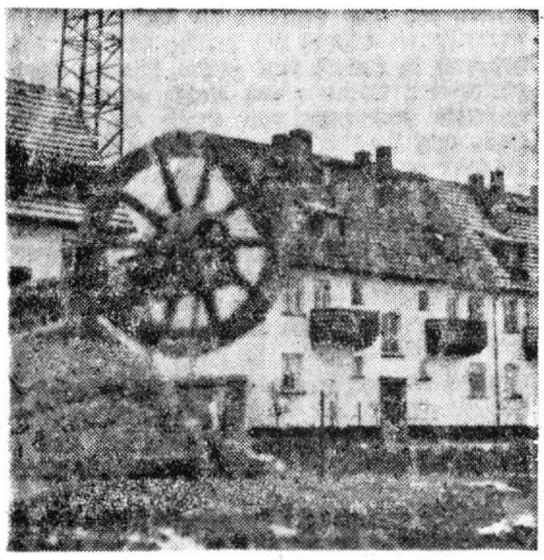

Siedlung Kinzigheimer Weg

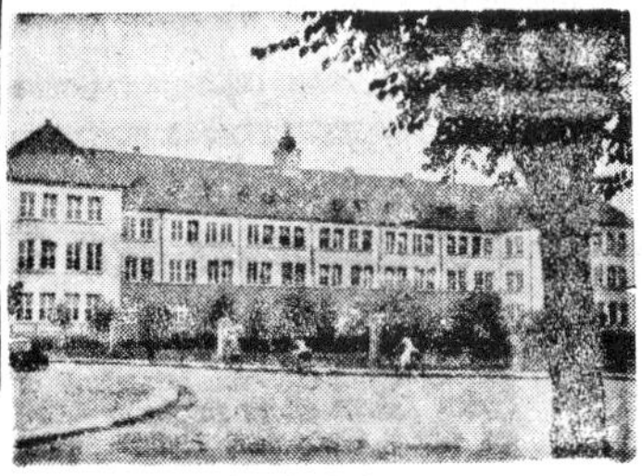

Eberhardschule

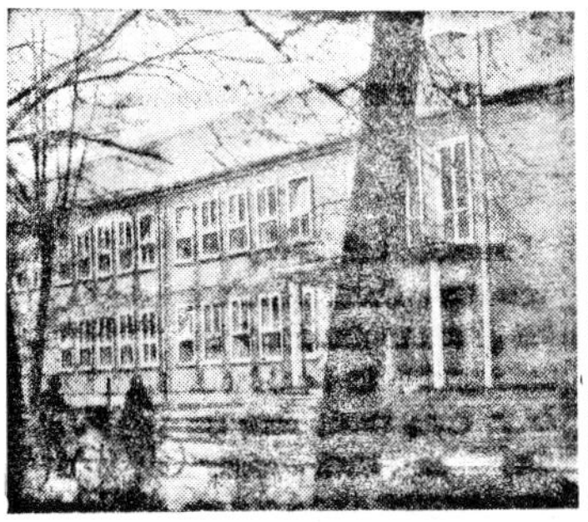

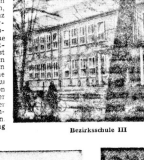

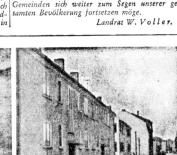

Bezirksschule III

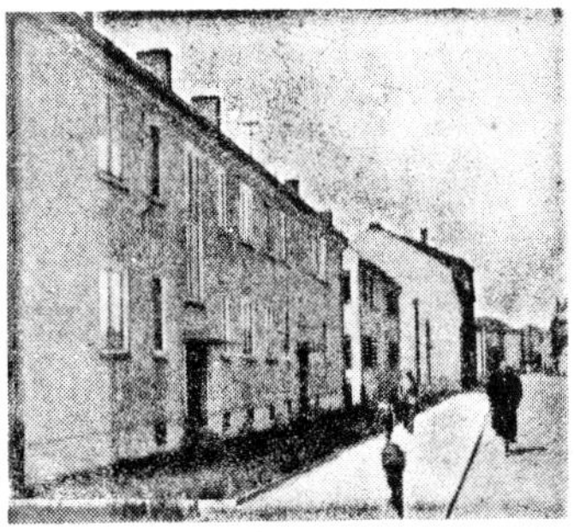

Wohnbauten in der Limesstraße

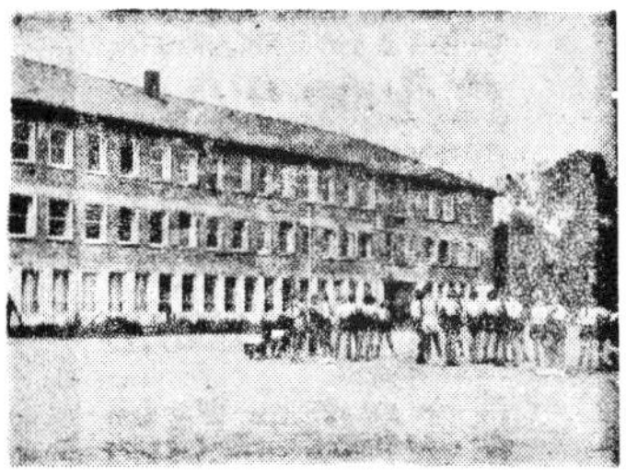

Bezirksschule I

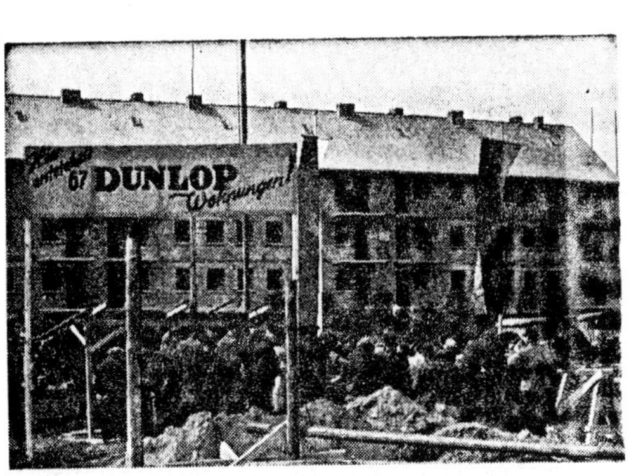

Französische Allee

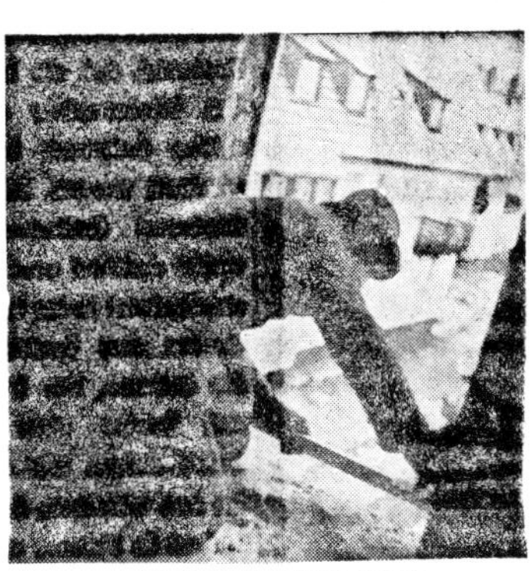

Handwerker bei der Arbeit

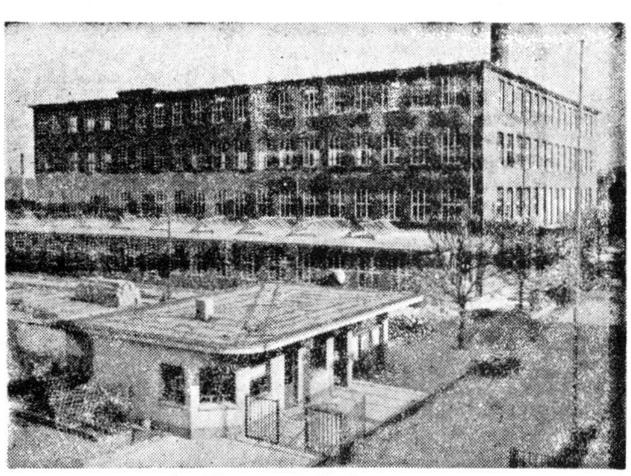

Heraeus Platinschmelze

Niemand — außer den Hanauern selbst — glaubte daran, daß die Stadt sich jemals von dem vernichtenden Schlag erholen könne. Bald nach der Katastrophe, in vollem Umfange aber nach der Währungsreform, bezeugte eine rege Bautätigkeit den ungebrochenen Lebenswillen dieser Stadt. In erster Linie galt es natürlich wieder Wohnungen zu erstellen, und zur Lösung dieses Problems wurde sowohl im Rahmen des sozialen Wohnungsbauprogramms wie auch in privater Regie vieles geleistet. Auf dem Bilde links wachsen die Wohnblocks an der Nordstraße empor, die heute schon das Stadtbild mitbestimmen und als glücklich aufgegliedert empfunden werden. Das Bild in der Mitte erinnert an den Wiederaufbau der Marienkirche, die jetzt nur mehr noch ihren Turm benötigt. Und das rechte Bild schließlich zeigt einen Blick in die Nürnberger Straße, die heute längst wieder ihre alte Bedeutung als Geschäftsstraße zurückgewonnen hat. Noch vor fünf Jahren lag die Hanauer Innenstadt völlig verödet, und auch in der Nürnberger Straße waren kaum Anzeichen einer Wiederbelebung wahrzunehmen. An diesem Beispiel wird der Fortschritt besonders deutlich.

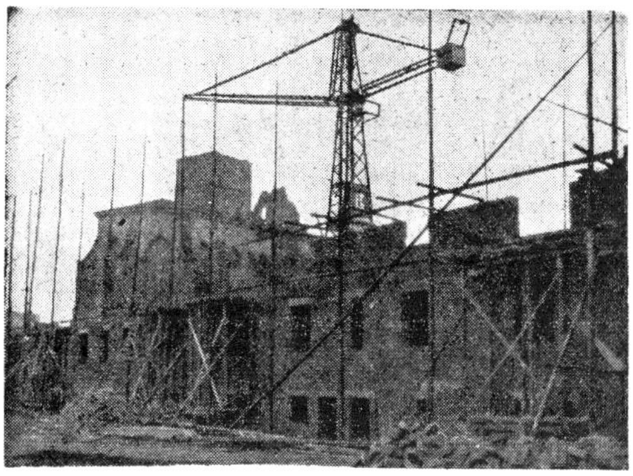

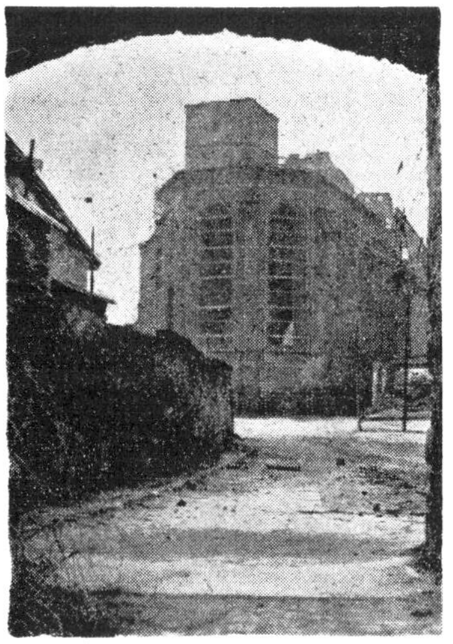

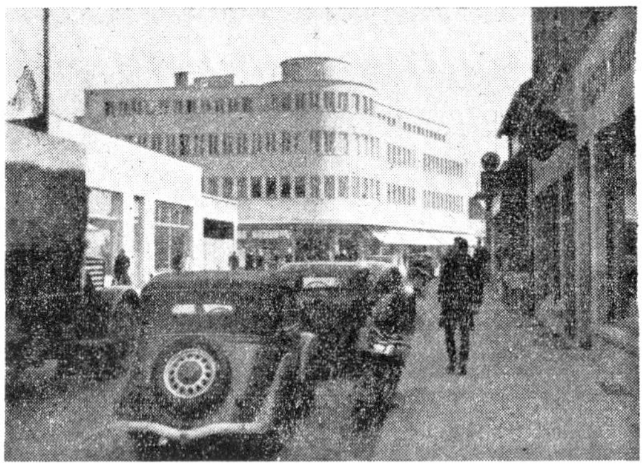

fen und zum Teil stark beschädigt worden waren.

Obwohl also gearbeitet wurde, obwohl alle mit Hand anlegten, blieb, wenn man von dem Wiederaufbau der Industrie absieht, das Gesicht Hanaus nach wie vor grausam entstellt. Erinnern wir uns doch an die ersten Monate des Jahres 1948. Gewiß, Hanau zählte bereits wieder über 24 000 Einwohner, aber ein Fremder konnte sich schwerlich vorstellen, wo diese Menschen eigentlich wohnten. Alles Leben hatte sich in die weniger in Mitleidenschaft gezogenen Außenbezirke verlagert, nach Kesselstadt, in die Freigerichtstraße und in das Lamboyviertel. Dort drängten sich die Menschen zusammen, wohnten mit ihren vielköpfigen Familien in einzelnen Zimmern oder hausten in Kellern und notdürftig hergerichteten Ruinen. Andere wiederum hatten sich aus Trümmerbacksteinen Behelfsheime erbaut, vor allem im Norden der Stadt. In der Innenstadt dagegen wohnten zum Zeitpunkt der Währungsreform nur etwa 1200 Menschen, denn hier waren ganze 107 Bauvorhaben, zum Teil auch nur behelfsmäßig, fertiggestellt worden. Eine erstaunliche Wiederaufbauleistung aber war, größtenteils in Selbsthilfe, an der Christuskirche vollbracht worden, die schon am 1. Advent 1948 eingeweiht werden konnte.

Wer damals Hanau besuchte, der mußte von der Stadt noch immer einen trostlosen Eindruck empfangen haben. Wenn ein Fremder das zerstörte Gebäude des Hauptbahnhofes verließ, erwartete ihn dort ein armseliger Omnibus der Hanauer Straßenbahn, zusammengeflickt aus vielerlei Teilen und mit Holzsitzen ausgestattet, die noch aus den zerschmetterten Straßenbahnwagen stammten. Und wenn er an der Nürnberger Straße angelangt war, konnte er die gesamte Innenstadt überblicken, denn der Krieg hatte noch nicht einmal die Fassaden stehen lassen. Kaum einem Menschen begegnete er, wenn er sich die Zeit nahm, zu Fuß die Innenstadt zu durchwandern. Das war — erinnern wir uns bitte — noch vor guten fünf Jahren.

Entscheidender Wendepunkt

Die Währungsreform war, wie auf allen Gebieten, in der Geschichte des Wiederaufbaues der entscheidende Wendepunkt. Allerdings konnten Staat und Stadt zunächst noch keine großen Sprünge machen, denn die Währungsreform hatte ja alle Mittel erschöpft. Lediglich die begonnenen Bauvorhaben, also Stadtkrankenhaus, Kulturhaus und Gebeschusschule, konnten fortgeführt werden, und auch das ging langsam genug voran. So handelte es sich bei den nach dem 20. Juni 1948 fertiggestellten Bauvorhaben in der Hauptsache um private Unternehmen. Immerhin konnte die private Bautätigkeit im Jahre 1948 erheblich zur Verbesserung der Wohnraumverhältnisse beitragen, denn der durch Umbau, Neubau und Wiederinstandsetzung gewonnene Zugang an 1135 Wohnräumen war vorwiegend ihr zu verdanken.

Im Jahre 1949 begannen sich die Verhältnisse allmählich zu normalisieren, und damit wurde auch der Bautätigkeit ein neuer starker Auftrieb gegeben, zumal Staat und Stadt wieder mehr als Bauherren in Erscheinung treten konnten. Mehrere große Projekte wurden in Angriff genommen, darunter der Schlachthof, die Wasserwerke der Stadtwerke, der Hafenblock, der erste Bauabschnitt an der Französischen Allee und weitere Wohnbauten an der Limesstraße. Auch der drückenden Schulraumnot ging es endlich zuleibe: der Wiederaufbau der Eberhardschule wurde begonnen, und ebenso waren Instandsetzungs- oder Erweiterungsarbeiten an der Bezirksschule III und der Hohen Landesschule im Gange. In diese Zeit fallen auch die ersten Flächenenttrümmerungen und — ein bedeutungsvoller Schritt — die ersten Umlegungsmaßnahmen im Sinne des Wiederaufbaugesetzes. Erwähnenswert ist ferner die Eröffnung zweier Lichtspielhäuser — Gloria-Lichtspiele und Central-Theater —, die nicht unwesentlich zur Wiederbelebung der Innenstadt beitrugen.

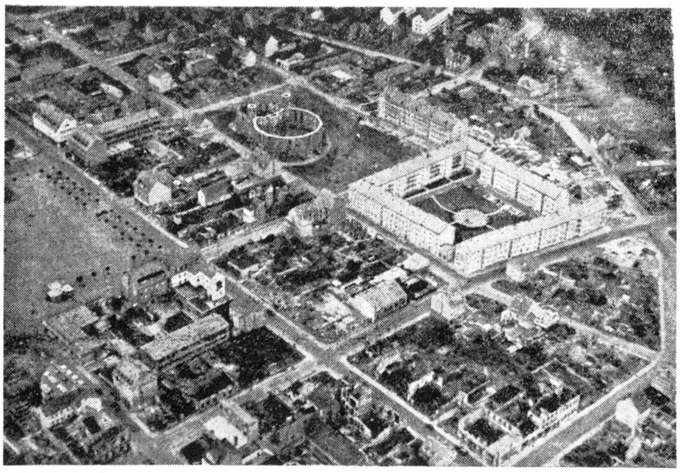

Auch dies ist ein Luftbild von der Hanauer Innenstadt, das jedoch länger zurückliegt und aus geringerer Höhe aufgenommen wurde. Bei einem Vergleich mit dem neuesten Luftbild, das auf der nebenstehenden Seite veröffentlicht ist, wird offenbar, daß sich inzwischen so manche Lücke schloß.

Wiederum konnte in diesem Jahr ein Zugang von 1363 Zimmern und 622 Küchen verzeichnet werden.

Obwohl nun seit der Währungsreform eine rege Bautätigkeit im Gange war, blieb es in der Innenstadt noch immer verhältnismäßig still. Erst im Jahre 1950 gelang es, hier eine entscheidende Wendung zu schaffen, und zwar war dies gleichermaßen das Verdienst der Stadt wie der Unternehmer: die Fertigstellung des großen Wohnblocks an der Französischen Allee ließ die Bevölkerung im Stadtkern spürbar zunehmen, und gleichzeitig lenkten Geschäftseröffnungen in der Nürnberger Straße und in der Hammerstraße wieder den Verkehr in das Zentrum. Ebenso trug die Eröffnung des wiedererstandenen Modernen Theaters hierzu bei. Überhaupt ist die Liste der Bauten im Jahre 1950 recht umfangreich: der Hafenblock wurde vollendet, der Schlachthof um eine Kleintierschlachthalle bereichert, die neue Friedhofskapelle konnte eingeweiht werden, das Arbeitsamt am Freiheitsplatz wurde bezogen, die Eberhardschule wurde größtenteils fertiggestellt, und Hanaus größter Industriebetrieb, die Deutsche Dunlop Gummi Compagnie, konnte anläßlich ihres beendeten Wiederaufbaues den Wirtschaftsminister Erhard begrüßen. Wiederum wurden in diesem Jahre 1353 Wohnräume neu erstellt. Eines der schönsten Ereignisse für die inzwischen wieder auf über 30 000 Einwohner angewachsene Bevölkerung Hanaus aber war die Einweihung der Stadthalle, die im Dezember stattfand. Nur ein Hanauer wird die Freude begreifen, mit der dieses Ereignis begrüßt wurde, denn die Stadthalle bedeutet für uns, ganz abgesehen von ihrem kulturellen Wert, so etwas wie die „gute Stube" für eine Familie. Darum schien es uns, als seien erst mit der Eröffnung unserer Stadthalle friedliche Verhältnisse eingetreten.

Einen Rekord im Wohnungsbau brachte das Jahr 1951, in dem 279 Wohnbauten errichtet wurden, und zwar waren dies in der Hauptsache die Wohnblocks an der Nordstraße, am Kinzigheimer Weg sowie die Flüchtlingssiedlungen im ehemaligen Lamboywald und an der Barbarossastraße. Der Wohnraumbestand wurde dadurch um 2766 Wohnräume und 1289 Küchen vermehrt, eine Jahresleistung, die seither nicht wieder erreicht wurde. Hanau verfügte damit wieder über mehr als 20 000 Wohnräume und über 8000 Küchen, aber es ist dabei selbstverständlich zu berücksichtigen, daß gleichzeitig auch die Bevölkerung auf rund 35 000 Einwohner anwuchs, so daß die Erleichterung auf dem Wohnungsmarkt nicht so stark spürbar war, wie man es vielleicht annehmen sollte. Dies erhellt die Tatsache, daß die Wohnraumdichte Ende 1951 pro Raum 1,7 Personen betrug gegenüber 1,85 Personen im Jahre 1946.

Neben dem Wohnungsbauprogramm wurden wiederum zahlreiche Gebäude fertiggestellt, die manche Lücke schlossen und das künftige Antlitz der Stadt ahnen ließen. Vor allem erstanden am Marktplatz, dessen Rechteck lange kahl geblieben war, die ersten Häuser: die Kreissparkasse wurde eröffnet, ebenso die Rhein-Main Bank, und an der Südostecke wuchs das „Haus zum Einhorn" empor. Die Eberhardschule, das größte Schulbauprojekt Hanaus, konnte in diesem Jahr offiziell eingeweiht werden. Auch in den beiden Krankenhäusern machte der Wiederaufbau Fortschritte. So konnte eines der wichtigsten Gebäude des Stadtkrankenhauses, die Chirurgie, im Rohbau fertiggestellt werden. Endlich erfuhr auch das kirchliche Leben einen Auftrieb, denn es war nunmehr wenigstens zwei Gemeinden vergönnt, neue Bauten einzuweihen: in der Nußallee wurde endgültig das Gemeindehaus der Wallonischen und Niederländischen Gemeinde fertiggestellt, und in der Altstadt wurde feierlich der wiedererstandene Chor des ältesten Hanauer Gotteshauses, der Marienkirche, eingeweiht werden. Noch ein bedeutendes Bauvorhaben wurde im Jahre 1951 vollendet, das zwar Hanau unmittelbar nichts anging, aber dennoch erwähnenswert ist: das Auswandererlager am Ostende der Stadt. Diese Gebäude, so hieß es damals, werden einst Hanau übereignet, wenn die Auswanderung abgewickelt ist, doch konnte die Stadt bis zum heutigen Tage dieses Glückes nicht teilhaftig werden, weil politische Mißstände aus dem Auswandererlager wieder ein Flüchtlingslager werden ließen.

Neue Schulen erstehen

Der Wohnungsbau stand auch 1952 im Vordergrund, wenn er auch den vorjährigen Rekord nicht erreichte. Im Rahmen des sozialen Wohnungsbaues wurden wiederum größere Projekte verwirklicht, und zwar an der Französischen Allee, in der Hahnenstraße, am Wallweg, im Bangert, am Kinzigheimer Weg, in der Bernhardstraße, Limesstraße und Gabelsbergerstraße sowie im Siedlungsgebiet des ehemaligen Lamboywaldes. Insgesamt wurden 718 Wohnungen mit 1630 Wohnräumen und 709 Küchen fertiggestellt. Im Bangert erlebte die dankbare katholische Gemeinde die feierliche Weihe ihrer Kirche, die im ersten Bauabschnitt wiederhergestellt war. Unterdessen wurde mit Hochdruck an den Schulen weitergebaut: die Bezirksschule I am Johanniskirchplatz konnte schon teilweise in Benutzung genommen werden, und ebenso schritten die Arbeiten am Hauptbau der Bezirksschule III in der Stresemannstraße und an der Hilfsschule in der Gärtnerstraße zügig voran. Hanau — das sei bei dieser Gelegenheit einmal gesagt— hat mit seinen Wiederaufbauleistungen im Schulwesen Vorbildliches geleistet, und das nicht nur im Hinblick auf die Vielzahl der Neubauten, sondern vor allem auch in bezug auf die mustergültige Ausstattung. Viele Städte, Frankfurt eingeschlossen, können sich hieran ein Beispiel nehmen.

Fertiggestellt wurden im Jahre 1952 keine weiteren großen Projekte, aber nichtsdestoweniger sind doch die Fortschritte beachtlich, die bei einzelnen Bauvorhaben erzielt werden konnten, so vor allem am Behördenhaus am Freiheitsplatz, an der Zeichenakademie und — hier allerdings in etwas gemütlicherem Tempo — am Kulturhaus gegenüber der Stadthalle. Auch an beiden Krankenhäusern ging es vorwärts. Diese Projekte stellen überhaupt zwei der beachtlichsten Wiederaufbauleistungen dar. Eines aber ist es noch unbedingt wert, festgehalten zu werden: in der Altstadt, in der bislang nur vereinzelt Bautätigkeit zu beobachten war, begann in diesem Jahre der Wiederaufbau in großem Stil, der erwarten ließ, daß auch dieser Stadtteil bald wieder ein geschlossenes Bild bieten wird.

Was nun das Jahr 1953 an Neubauten brachte, ist uns allen noch in frischer Erinnerung. Wieder sind es viele Wohnungen, die bezogen werden konnten: an der Französischen Allee, im Bangert, an der Hospitalstraße und in der Altstadt. Nicht zu vergessen die am Ostende der

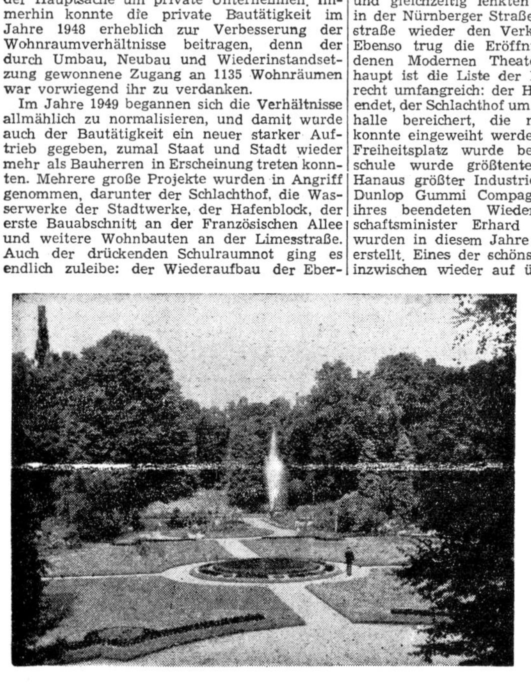

Einen wesentlichen Anteil an dem neu erstandenen schönen Stadtbild haben unsere Stadtgärtner, die sofort daran gingen, die alten Grünanlagen wieder herzurichten. So ist der Schloßgarten wie einst zu einer prächtig gepflegten Stätte der Erholung für die gesamte Bevölkerung geworden. In unwahrscheinlich kurzer Zeit wurde ferner in diesem Jahre das Gelände hinter dem Schloß Philippsruhe gärtnerisch in Ordnung gebracht, so daß den Hanauern ein Park geschenkt werden konnte, den sie bis zu diesem Zeitpunkt niemals nach Belieben betreten durften. Darüberhinaus erstanden in Hanau manche anderen alten und neuen Anlagen, wurden Grasflächen geschaffen, Bäume gepflanzt — alles in dem Bestreben, Hanau zu einer „Stadt im Grünen" zu machen. Im nächsten Jahr werden die Stadtgärtner wiederum ein großes Projekt in Angriff nehmen, nämlich die Gestaltung des eingeebneten Mainkanals am Westbahnhof, wo eine neue Grünanlage für die Hanauer Einwohner geschaffen werden soll. Vielleicht werden wir die Herbstsonne 1954 schon dort genießen können.

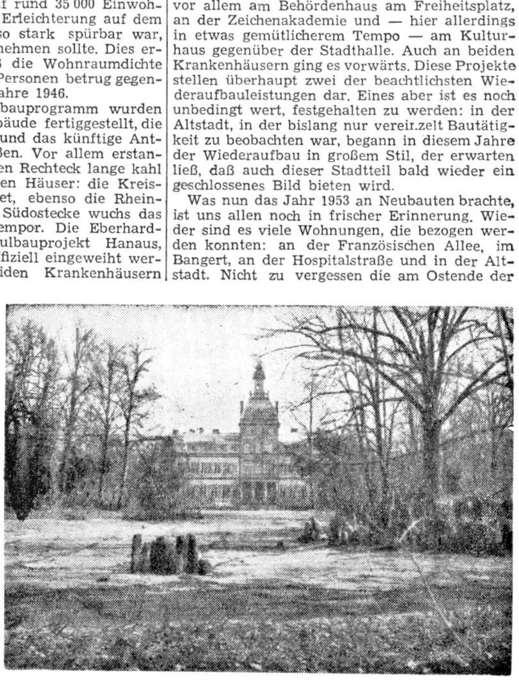

Stadt vom hessischen Staat errichteten 70 Wohnungen für Kasernenverdrängte und ehemalige Bewohner des geräumten Lazarettes in der Cardwellstraße. Fertiggestellt sind die Bezirksschule I und III sowie die Hilfsschule, doch werden für die beiden letzteren bereits Erweiterungsbauten erstellt. Vollendet wurde nunmehr auch der neue Seitenflügel der Hohen Landesschule, ein Projekt, das von Staat und Stadt gemeinsam finanziert wurde. Im Osten der Stadt, im Lamboyviertel, entstand für die evangelische Gemeinde ein neues Gemeindezentrum. Schließlich sei noch die Zeichenakademie genannt, die in diesem Jahr den Wiederaufbau beenden konnte, und das Behördenhaus, dessen mächtiges Hufeisen jetzt den Freiheitsplatz zur Ostseite hin abschließt. Stolze Bilanz: seit der Währungsreform wurden bis zum 1. Oktober 1953 insgesamt 4812 Wohnungen mit 10 615 Wohnräumen und 4655 Küchen wieder aufgebaut.

Ueberall wird gebaut

Das wäre also in großen Zügen eine Übersicht dessen, was in Hanau seit Kriegsende wiederaufgebaut wurde. Eine nur unvollkommene Übersicht, gewiß, aber sie vermittelt doch einen Eindruck von der ungeheuren Anstrengung, die Hanau unternahm, um die schlimmste Katastrophe seiner Geschichte zu überwinden. Obwohl noch vieles zu tun bleibt, macht unsere Stadt schon einen ganz anderen Eindruck, zumal allenthalben eine rege Bautätigkeit im Gange ist, die weitere Ergänzungen des Stadtbildes verspricht. Wohnbauten in größerem Stil erstehen in der Altstadt und im Raum südlich der Französischen Allee, am Marktplatz wachsen wiederum neue Häuser empor, und ebenso schließen sich in der Hammerstraße die Lücken. Einen etwas kuriosen Anblick bietet freilich noch die Nürnberger Straße mit den flachen Geschäftsbauten, die nicht „über sich hinauswachsen" wollen, aber es steht zu hoffen, daß auch hier bald der Anfang zur allgemeinen Aufstockung gemacht wird.

Hanau, die vom Krieg getilgte Stadt, gewinnt allmählich sein neues Gesicht. Es ist ein modernes Gesicht, und doch bleibt noch etwas von der architektonischen Gemütlichkeit gewahrt, die einstmals für das Stadtbild charakteristisch war. Schon haben war manchen Anblick in der neu erstandenen Stadt liebgewonnen, so etwa den großzügigen Kanaltorplatz, die harmonisch aufgegliederten Wohnbauten im Bangert, in der Altstadt und an der Nordstraße oder den beschaulichen Rückertsteg. Mögen wir, die erwachsenen Hanauer, auch hier und da noch Schmerz empfinden um einen entschwundenen schönen Winkel: die nächste Generation, bestimmt aber die dritte, wird Hanau schon so lieben, wie es nach seiner Vernichtung neu erstanden ist.

Die nächsten Pläne

Auch in nächster Zeit wird der Wiederaufbau Hanaus voranschreiten. Viele Projekte, die jetzt nur auf dem Papier Gestalt angenommen haben, werden schon im nächsten Jahr in Angriff genommen werden. Das Hauptaugenmerk wird die Stadt wohl auf den Wiederaufbau des Rathauses am Marktplatz richten, damit die Verwaltung endlich wieder in die Stadtmitte verlegt werden kann, nachdem sie jahrelang in dem von Hanau angekauften Schloß Philippsruhe nur umständlich zu erreichen war. Das Altstädter Rathaus, um dessen Fassadengestaltung schon ein lebhafter Streit aufkam, ist zwar nicht vergessen, aber die Pläne, es als Deutsches Goldschmiedehaus wiedererstehen zu lassen, wandern nun erst auf sanften und geruhsamen Wegen durch Ämter und Ministerien.

Der Wiederaufbau des Stadtkrankenhauses, der Hanau erhebliche finanzielle Anstrengungen kostet, wird fortgesetzt, und ebenso geht auch der Schulbau weiter voran, dessen größtes Projekt der Umbau und die Erweiterung der Kaufmännischen Berufs- und Handelsschule sein wird. Umfangreiche bauliche Maßnahmen wird auch die Verlegung der Freiwilligen Feuerwehr erfordern, die nach Wegzug der Polizei in die Marienstraße auf dem Gelände nördlich des Behördenhauses stationiert werden soll. Schließlich stellt die Frage der Obdachlosenunterbringung die Stadt noch vor die Notwendigkeit, ein genügend Platz bietendes Gebäude zu errichten. Wichtig, wenn auch nicht unmittelbar mit dem Wiederaufbau der Stadt zusammenhängend, ist außerdem das Projekt des Freischwimmbades, das nördlich der „Krummen Kinzig" in Angriff genommen wird.

Auch die Kirchen haben für die nächste Zeit ihre Baupläne und damit ihre finanziellen Sorgen: am Bangert soll ein Pfarrhaus entstehen, für das Gebiet zwischen Hohe Tanne und Salisbach gedenkt man, ähnlich wie im Lamboyviertel, ein Gemeindezentrum zu schaffen, und schließlich steht der Turm der Marienkirche noch auf der Wunschliste. Mit einiger Skepsis vernehmen wir die Kunde, daß das Projekt des wiederaufzubauenden Hauptpostgebäudes dem Bundespostministerium zur Genehmigung vorgelegt wurde, doch soll in der Tat im Jahre 1954 mit dem Bau begonnen werden. Der soziale Wohnungsbau wird keine Großprojekte mehr bringen, sondern sich darauf beschränken, Wohnraum für die wirtschaftlich Schwachen zu schaffen. Im übrigen soll der Bau von Eigenheimen auf jede nur mögliche Weise gefördert werden, während der Wohnungsbau mehr und mehr in die Hände der privaten Bauherren übergehen soll. Die bauliche Tätigkeit wird sich wohl wiederum auf die Altstadt konzentrieren, wo vor allem die Marktstraße als Verbindung zum Freiheitsplatz ausgebaut werden soll. Die Gestaltung des Freiheitsplatzes selbst ist noch ungewiß, denn die Planung hängt davon ab, was mit dem Stadttheater und dem Zeughaus geschieht. Der Abriß des Zeughauses war schon von den Stadtverordneten beschlossen worden, aber der Landeskonservator hat nochmals sein Veto eingelegt, so daß über das Schicksal dieses Gebäudes noch immer nicht entschieden ist.

Ansonsten sieht die Planung vor, daß Hanau mehr und mehr eine „Stadt im Grünen" wird. Zu den schönen Anlagen, die uns die Stadtgärtner schon schufen, sollen weitere kommen, so vor allem auf dem eingeebneten Mainkanal und vor dem Portal des Hauptfriedhofes. Auch der Freiheitsplatz verlangt einen gärtnerischen Schmuck, wenn sein künftiges Gesicht bestimmt ist. Besonderes Interesse verdient der Plan, Wanderwege durch Hanau zu schaffen, die der Bevölkerung Gelegenheit zu erholsamen Spaziergängen bieten.

Zum Schluß sei noch die härteste Nuß erwähnt, die es bei der künftigen Gestaltung Hanaus zu knacken gilt: die schienengleichen Bahnübergänge, die in Hanau den reibungslosen Ablauf des Verkehrs verhindern. Von der Stadt wird gegenwärtig eine Denkschrift ausgearbeitet, in der alles Material über diese Frage zusammengetragen wird. Angestrebt wird vor allem die Beseitigung der schienengleichen Übergänge am Westbahnhof, an der Rathenaustraße, am Nordbahnhof sowie des Friedberger Übergangs. Skeptiker meinen, daß bis zur Verwirklichung dieser Millionenprojekte noch viel Wasser den Main hinunterfließen werde, aber dieser Zweifel darf nicht vergessen machen, daß Hanau zusammen mit der Bundesbahn das Problem der leidigen Schranken endlich einmal lösen muß.

Wir sehen: der Wiederaufbau Hanaus ist noch lange nicht abgeschlossen, und es stehen noch viele Aufgaben bevor, die zu ihrer Bewältigung die ganze Kraft der Stadt und ihrer Bürger erfordern. Gebe Gott, daß es uns vergönnt sein wird, diese Arbeit in Frieden zu tun. -dt.

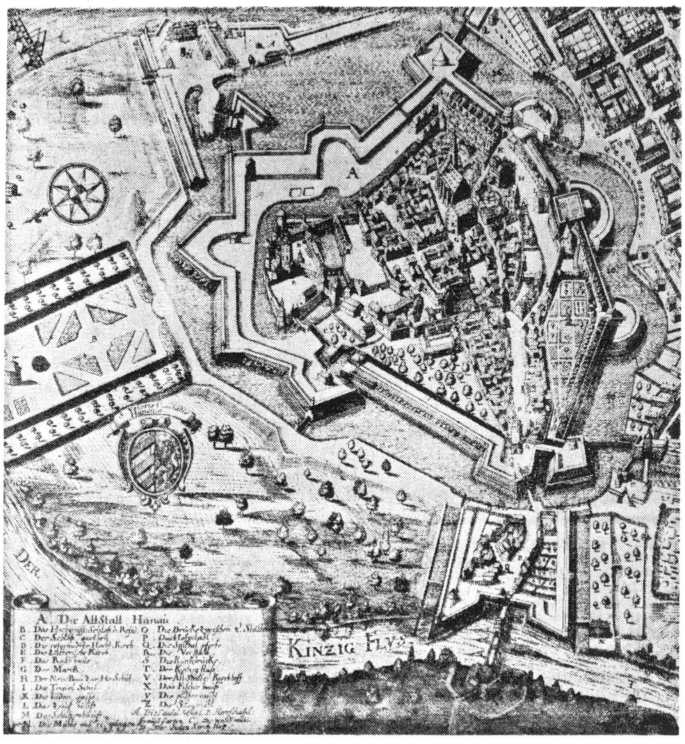

In diesem Jahr konnte Hanau sein 650jähriges Stadtjubiläum feiern. Aus dem sogenannten Dreyeicher-Plan ist hier Hanaus Altstadt zu sehen, die ebenfalls mitsamt ihren schmucken Fachwerkhäusern dem Luftangriff zum Opfer fiel. Der Wiederaufbau der Altstadt wird jetzt energisch vorangetrieben.

Hanaus kulturelle Wiedergeburt

Entscheidend war der Wiederaufbau der Stadthalle

Der unbefangene Beobachter wird gewiß bestätigen, was wir Einheimische in verständlichem Stolz von unserer Stadt behaupten: Hanau war von jeher eine kulturell äußerst regsame Stadt. Verschiedene Gründe mögen hierfür wirksam sein, so die durch die Einwanderung der Flamen und Wallonen Ende des 16. Jahrhunderts bedingte Eigenart des Volkscharakters und das seit dieser Zeit heimisch gewordene Traditionsgewerbe, die Gold- und Silberschmiedekunst, deren edler Geist gewiß eine musische Gesinnung verbreiten half. Und in jüngerer Zeit war es die unmittelbare Nähe der Großstadt Frankfurt, die in Hanau ein hohes kulturelles Niveau ermöglichte und zugleich erzwang. Hanau war dazu angehalten, ein starkes bodenständiges Kulturleben zu entwickeln, um nicht in den Sog des benachbarten Frankfurt zu geraten, und so verfügte unsere Stadt immer über eine markante Künstlerschaft und über ein Theater, das sich als Sprungbrett für große Bühnen einen ausgezeichneten Ruf erwarb.

Nach der radikalen Vernichtung unserer Stadt lag freilich auch das kulturelle Leben völlig darnieder. Das Stadttheater war zerstört, und ebenso hatte die Stadthalle das Inferno nicht überstanden. Dennoch versuchten ehemalige Mitglieder des Stadttheaters unter Leitung von Emmerich Marbod die Hanauer Theatertradition zu retten, indem sie eine „Notgemeinschaft Hanauer Bühnenkünstler" gründeten und in der notdürftig hergerichteten Reithalle an der Cardwellstraße sowie in der Sport- und Kulturhalle Operetten bzw. Schauspiele aufführten. Aber das Stadttheater Hanau in privater Direktion konnte sich nicht halten; zu gering waren die Zuschüsse, um ein Ensemble zu verpflichten, das den von früher her gewohnten Ansprüchen genügen konnte, und so schloß man am 31. März 1950 hierüber endgültig die Akten. Ein ähnliches Schicksal erlitten die Kammerspiele Hanau, die zunächst unter Leitung von Fritz Schlegel und später unter Norbert Kammil als intimes Theater eine Reihe von Schauspielen aufführten und schließlich im Jahre 1952 ebenfalls aufgeben mußten.

Für Hanaus alte Theaterfreunde brachte dies eine bittere Erkenntnis: unsere Stadt war arm geworden, zu arm, um sich die Rolle des Mäzens leisten und ein eigenes Theater unterhalten zu können. Die Stadt mußte dazu übergehen, auswärtige Bühnen zu Gastspielen zu verpflichten. Sie begann damit schon im Jahre 1949, aber da es an geeigneten Räumlichkeiten fehlte und zudem am 14. Dezember 1949 noch die Reithalle in der Cardwellstraße abbrannte, blieben die Möglichkeiten sehr beschränkt. Die entscheidende Wendung trat erst ein, als im Dezember 1950 die wiederaufgebaute Stadthalle eingeweiht wurde. Jetzt, da wieder ein festlicher Saal zur Verfügung stand, nahm das kulturelle Leben Hanaus einen rapiden Aufschwung: die „Theatergemeinde Hanau" und die 1951 wiedergegründete „Volksbühne Hanau" sammelten den Kreis der Theaterfreunde und vermittelten ihm in der Folgezeit erstklassige Aufführungen auswärtiger Bühnen, wobei in der Hauptsache die „Städtischen Bühnen Frankfurt", das Landestheater Darmstadt und das „Hessische Staatstheater" Wiesbaden gastierten. Außerhalb der beiden Abonnements gastierten mit zunehmender Beliebtheit auch die Fritz-Rémond-Bühnen aus Frankfurt.

Wieder Symphoniekonzerte

Auch das Musikleben erhielt durch die Eröffnung der Stadthalle einen starken Auftrieb. Im Herbst 1951 legte das Städtische Kulturamt das erste Abonnement für drei Konzerte auf, doch wurden die letzten Musikfreunde erst mobilisiert, als im Januar 1952 die Bamberger Symphoniker unter Joseph Keilberth gastierten. Seitdem zeichnen sich sämtliche Symphoniekonzerte, die ausschließlich von ersten Orchestern bestritten werden, durch ein fabelhaftes Niveau aus. Bleibt noch hinzuzufügen, daß das Musikleben noch bereichert wurde durch die Verpflichtung bester Kammermusikvereinigungen zu Hanauer Gastkonzerten.

Die Umstellung auf Gastspiele auswärtiger Bühnen und Orchester birgt freilich die Gefahr einer Verkümmerung der eigenen kulturellen Kraft in sich, denn die Kultur einer Stadt bewertet man schließlich nicht nach den in ihren Mauern durchgeführten Gastspielen, sondern nach den auf dem Gebiet der Kunst selbst hervorgebrachten Leistungen. Ebenso verführt das Streben nach immer höherer Qualität zu einem Ehrgeiz, der sich endlich wider die Kultur wendet, weil er, logisch fortentwickelt, in der absurden Forderung gipfelt, daß nur noch *ein* Geiger, nämlich der weltbeste, und nur noch *ein* Pianist, nämlich der weltbeste, des Anhörens wert seien. Das Städtische Kulturamt ist bemüht, dieser Gefahr durch die den einheimischen Künstlern vorbehaltenen „Hanauer Kammermusikabende" zu begegnen, und es wird auch weiterhin seine zu hoher Verantwortung verpflichtende Aufgabe darin sehen, zwischen Darbietungen auswärtiger und einheimischer Künstler das rechte Maß zu finden. Dem gleichen Bemühen entspringt die Hilfeleistung, die das Städtische Kulturamt den kulturtragenden Vereinen angedeihen läßt, wozu sich insbesondere der Oratorienverein Hanau rechnen darf.

Sorge um Kulturdenkmäler

Das Bild vom kulturellen Leben Hanaus wäre jedoch unvollständig, würden nicht die einheimischen Maler und Bildhauer erwähnt, die in ihren Ausstellungen hervorragende Leistungen zeigen und — soweit es die Mittel zulassen — vom Städtischen Kulturamt gefördert werden. Von der kulturellen Regsamkeit unserer Stadt zeugen außerdem der Wiederaufbau der stark frequentierten Stadtbibliothek, die gut besuchten Kurse und Veranstaltungen der Volkshochschule, der Mitgliedergewinn des im Jahre 1952 gegründeten Film-Clubs und — hier allerdings sind wir an der Grenze angelangt — die Kinofreudigkeit Hanaus, die sich darin äußert, daß jeder über sechs Jahre alte Hanauer im Durchschnitt monatlich zweimal ins Kino geht.

Was die kulturhistorischen Aufgaben der Stadt angeht, so bleibt man hier gegenüber den sonstigen Bestrebungen etwas zurück. Die totale Zerstörung Hanaus hat es vielleicht mit sich gebracht, daß der Sinn für die Erhaltung geretteter Werte verlorenging, aber diese Gleichgültigkeit scheint jetzt überwunden, denn die Wiederinstandsetzung des Frankfurter Tores beweist das Bemühen der Stadt, die vom Bombenhagel verschonten Kulturdenkmäler Hanaus vor dem Verfall zu bewahren. Möge es der Stadt auch bald möglich sein, dem lang gehegten Wunsch des „Hanauer Geschichtsvereins" entsprechend eine bleibende Stätte für das Heimatmuseum zu schaffen, dessen Bestände noch immer in unzureichenden Lagerräumen der Oeffentlichkeit verborgen sind. Auch dies, die Achtung vor der Tradition und die Pflege des uns anvertrauten Kulturgutes, gehört zum kulturellen Leben einer Stadt, eingedenk der Mahnung, daß nur der sich der Gegenwart würdig erweist, der seine Ehrfurcht der Vergangenheit bezeugt. hsh

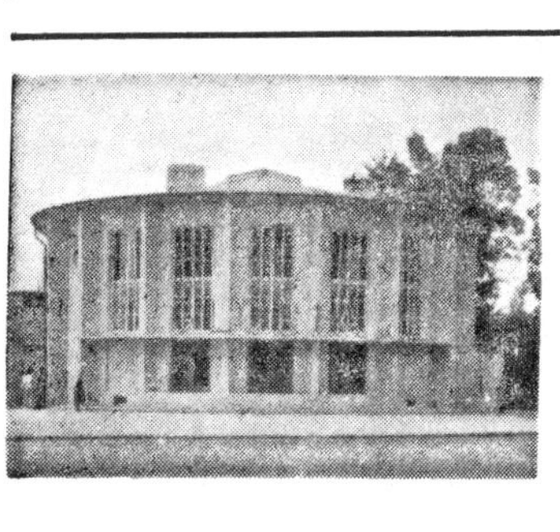

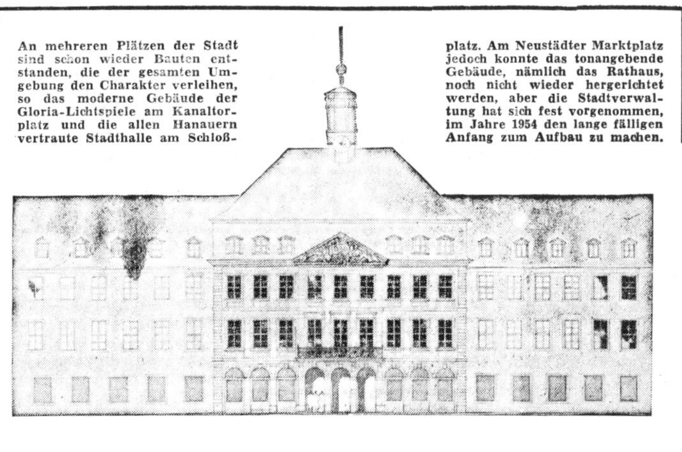

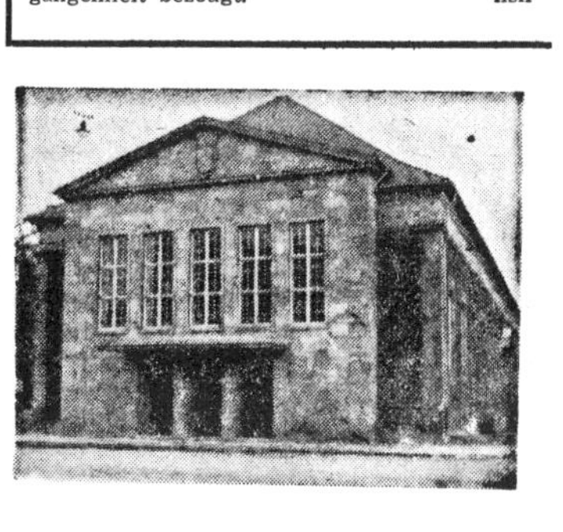

An mehreren Plätzen der Stadt sind schon wieder Bauten entstanden, die der gesamten Umgebung den Charakter verleihen, so das moderne Gebäude der Gloria-Lichtspiele am Kanaltorplatz und die allen Hanauern vertraute Stadthalle am Schloßplatz. Am Neustädter Marktplatz jedoch konnte das tonangebende Gebäude, nämlich das Rathaus, noch nicht wieder hergerichtet werden, aber die Stadtverwaltung hat sich fest vorgenommen, im Jahre 1954 den lange fälligen Anfang zum Aufbau zu machen.

Sehen Sie, so arbeiten die Zeitungsleute

Ein Rundgang durch den „Hanauer Anzeiger" — Wie die Zeitung entsteht

Der „Hanauer Anzeiger" zählt mit zu den ältesten deutschen Tageszeitungen Er erscheint jetzt im 221. Jahrgang und entstammt also einer Zeit, in der die „Intelligenzblätter" und „privilegierten Zeitungen für Staats- und Gelehrtensachen" aufblühten. Nicht viele dieser Blätter haben sich über die wechselvollen Zeiten der letzten zweihundert Jahre hinüberretten können; die meisten der unabhängigen Zeitungen älteren Ursprungs fielen dem Regime der Nationalsozialisten zum Opfer. Es sei nur an die „Königsberg-Hartungsche Zeitung", an die „Vossische Zeitung" und an manch andere mittlere Tageszeitungen erinnert, die sich bis dahin behaupten konnten. Das Zeitungsbild hat im Laufe der Zeit mancherlei Wandlungen erfahren. Aus dem reinen Mitteilungsblatt entwickelte sich die Zeitung heutiger Prägung. Die Technik hatte so erhebliche Fortschritte gemacht, daß auch im Zeitungswesen neue Methoden der redaktionellen und der technischen Herstellung Platz greifen mußten, um den Ansprüchen zu genügen und der immer stärker werdenden Konkurrenz gewachsen zu sein. Längst ist die Zeit überwunden, da der Leser glaubte, daß eine Zeitung mit Kleistertopf und Schere vorbereitet würde; längst sind an die Stelle veralteter Flachdruckmaschinen Rotationsmaschinen getreten, die mit großer Schnelligkeit die fertigen Zeitungsexemplare gefalzt und abgezählt liefern. Heute hat jede Zeitung ihre Nachrichtendienste und Mitarbeiter, die dafür sorgen, daß die einzelnen Ausgaben der Zeitung nicht nur gleichwertig gegenüber der übrigen Presse sind, sondern gewissen Eigenheiten, Bedürfnissen und Wünschen der Leserschaft weitgehend Rechnung tragen.

Moderne Nachrichtenübermittlung

Das Ziel jeder Tageszeitung ist es, umfassend und wahrheitsgemäß zu berichten und durch Eigenbeiträge zu politischen, wirtschaftlichen und kulturellen Ereignissen Stellung zu nehmen. Im Bundesgebiet und im Ausland bestehen Nachrichtenagenturen, die vielfach gegenseitig durch Verträge die Nachrichten austauschen, um ihre Abnehmer auch mit solchen Nachrichten versorgen zu können, die nicht durch eigene Mitarbeiter übermittelt wurden. Natürlich besteht zwischen den großen internationalen Nachrichtenagenturen ebenfalls ein eifriger Wettbewerb in bezug auf Genauigkeit und Schnelligkeit. Wer die Zeitungen näher betrachtet, wird finden, daß die Meldungen durch Buchstaben gekennzeichnet sind oder durch Namen von Nachrichtenagenturen. Am häufigsten lasen wir bis vor dem Kriege den Namen Reuter. Das ist das älteste englische Nachrichtenbüro, das seine Vertreter über die ganze Welt verteilte und das einen Deutschen zum Gründer hat. Paul Julius Reuter ist sogar Hesse; er wurde 1816 in Kassel geboren, arbeitete in der französischen Agentur Havas und gründete schließlich selbst eine Gesellschaft, die die Vermittlung von Nachrichten übernahm. Die Blätter waren mit den Leistungen Reuters außerordentlich zufrieden. Einen durchschlagenden Erfolg errang er durch die verblüffend schnelle Übermittlung der Ansprache Napoleons an den österreichischen Gesandten am 1. Januar 1850, die den Auftakt zu dem italienischen Kriege bildete und die in den

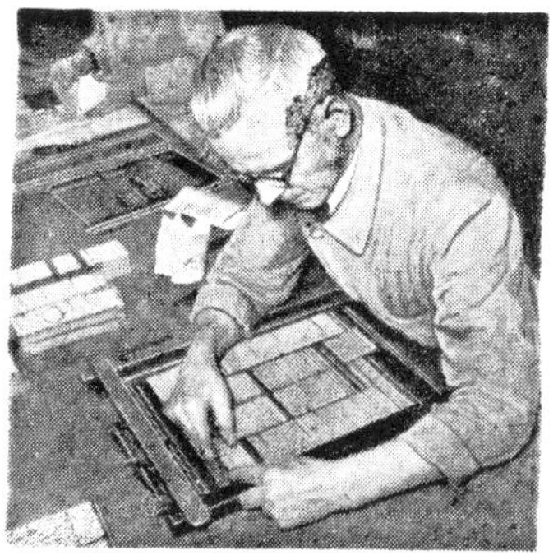

Letzte Arbeiten an der ersten Seite der Zeitung Der Metteur umbricht die Zeitung.

Fortsetzung auf der nächsten Seite

Neues Leben auch im Hanauer Sport

Die alte Turn- und Sportstadt Hanau ist wieder da

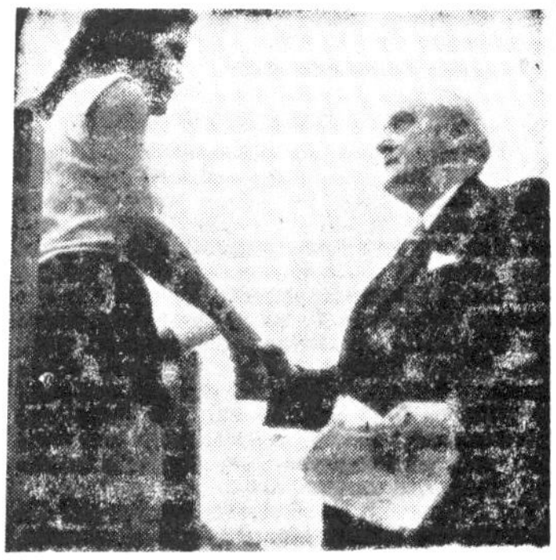

Hanaus sportfreudiger Oberbürgermeister Rehbein bei der Übergabe des Stadions Wilhelmsbad

Schwerste Wunden, die unmöglich schon vernarbt sein können, wurden auch dem einst so blühenden Hanauer Turn- und Sportleben bei der unsäglichen Katastrophe geschlagen, die noch kurz vor Kriegsende über unsere Vaterstadt hereinbrach. In Schutt und Trümmer sanken die vielfältigen Zeugen einer jahrzehntelangen unermüdlichen Arbeit auf dem weiten Gebiet der Leibesertüchtigung. Da stand keine Turnhalle mehr, da wurden Vereinsheime vom Boden förmlich wegradiert, da fielen Bootshäuser mit kaum wieder ersetzbarem Material der allgemeinen Vernichtung anheim, da lagen die einst so bevölkerten Sportplätze von Bombentrichtern zerfurcht und mit Trümmern übersät da. Ein wahres Bild des Grauens, wohin man nur blickte. Wie konnte es denn aber auch anders sein, war doch Hanau in seinem Kern so gut wie total zerstört, schien ihm doch der Lebensnerv für immer durchschnitten.

Genug des grauenvollen Erinnerns. Was wollte damals das fernere Geschick des Turn- und Sportlebens in dem leidgeprüften Stadt-Torso schon bedeuten. Das nackte Leben war wichtiger. Jeder Gedanke an die Zukunft schien absurd. Lähmende Lethargie hatte sich der wenigen tausend verbliebenen Einwohner bemächtigt. Doch das Leben ging weiter und der barmherzige Schleier des Vergessens begann sich allmählich über das schwer geschändete Stadtbild und die so hart getroffene Bevölkerung zu breiten. Gleichsam unter seinem heilsamen Schatten begann sich auch schon bald der Wiederaufbauwille zu regen. Zaghaft, tastend nur in den ersten Monaten, dann immer mehr erstarkend und alle noch so großen Schwierigkeiten meisternd, bis heute nach acht Jahren ein neues Hanau erstanden ist und Gesicht gewonnen hat, dem sagenhaften Vogel Phönix gleich buchstäblich aus der Asche aufgestiegen. Mit dem allgemeinen Wiederaufbau Schritt gehalten hat aber — wie könnte es auf so traditionsreichem Boden anders sein — so weit wie möglich auch das Hanauer Turn- und Sportleben, das sich freilich angesichts dringenderer Probleme in seinen berechtigten Wünschen und Forderungen vorerst noch bescheiden muß. Aber der Anfang ist gemacht und die ersten Erfolge haben sich bereits eingestellt.

Wiederaufbau war unsagbar schwer

Daß es bei der Wiederankurbelung des Hanauer Nachkriegssportes nicht ohne schwere Geburtswehen abging, versteht sich am Rande. Ganz von vorne anzufangen galt es, aus dem Nichts heraus mußte man es wagen, das Turn- und Sportleben wieder anlaufen zu lassen. Aus einem kräftigen Baum mit starker Krone und weitausholenden Aesten war ein kümmerliches Pflänzchen geworden, das um so bedenklicher schwankte, als ihm selbst die Siegermächte lange Zeit an die zarte Wurzel zu gehen drohten. Doch zum Glück fehlte es nicht an Idealisten, die mit sicherem Blick für die Zukunft in den fast luftleeren Raum hineinpeilten und auch persönliche Opfer nicht scheuten ohne die es in diesem ersten Entwicklungsstadium nun einmal nicht abging. Und der Erfolg sollte ihnen recht geben, ihre Mühen reichlich belohnen. Schon bald scharte sich eine stattliche Zahl zurückgekehrter Aktiver um sie, die immer mehr anschwoll, bis auf einmal trotz der schmerzlich vermißten Uebungsstätten alles wieder im Fluß war.

Und wie sieht es heute im Hanauer Sport aus? Noch ist nicht alles Gold, was glänzt. Dazu fehlen noch zu viele Voraussetzungen, die von den Vereinen beim besten Willen nicht aus eigener Kraft geschafft werden können. Lediglich der TV Kesselstadt verfügt noch über eine gebrauchsfähige Turnhalle, auf das 93er-Sportfeld legen nach wie vor die Amerikaner Beschlag, die 60er werden wohl über kurz oder lang ihren Platz an der Freigerichtstraße los, der einstige Dunlop-Sportplatz kann in seiner heutigen Verfassung als solcher nicht mehr angesprochen werden und in Rudererkreisen grollt man dem Wasserbauamt ob der Verschandelung des bei Regatten so frequentierten Maindammes. Die Passivseite, die damit noch längst nicht erschöpft ist, darf nun einmal nicht außeracht gelassen werden. Aber sehen lassen kann sich neben ihr sehr wohl die Aktivseite, die in absehbarer Zeit wohl noch eine Bereicherung durch das an der „Krummen Kinzig" projektierte Freischwimmbadgelände erfahren wird. Einbezogen soll in dieses Projekt bekanntlich auch der neue 1860er-Sportplatz werden. Doch über diese vielleicht gar nicht einmal allzu ferne „Zukunftsmusik" zurück zu bereits vollzogenen Tatsachen.

Stadion Wilhelmsbad als Visitenkarte

Zur sportlichen Visitenkarte Hanaus ist zweifellos das städtische Stadion am Wilhelmsbader Bahnhof mit seinem satten Rasenteppich, seiner Laufbahn und seinem Hockey-Nebenfeld geworden. Ein wahres Schmuckkästchen, über das man immer wieder helle Freude empfindet. Daß die weiten Zuschauerränge nicht umsonst angelegt sind, dafür sorgen in erster Linie die 93er, die mit der Erringung der letztjährigen Hessenmeisterschaft und dem anschließend erkämpften Aufstieg zur II. Liga Süd die zweithöchste Stufe im süddeutschen Fußball wiedererklommen haben und damit erneut den Namen Hanaus weit hinaustragen, der seinen guten Klang im Fußballkonzert auch in weniger guten Zeiten nach dem zweiten Weltkrieg stets behalten hat.

Glücklich dran sind auch die Hockey- und Tennisverschworenen. Im Kurpark legte der 1. Hanauer THC eine herrliche Anlage an und der Wilhelmsbader HC darf gleichfalls mit dem Spielfeld im Stadion vollauf zufrieden sein. Auch rein erfolgsmäßig gesehen ist es um das Hanauer Hockey zurzeit gut bestellt, wie ein Blick auf die Tabelle besagt. Zwar ist der Traum der THC-Damen auf Wiedererringung der Hessenmeisterschaft zur Stunde reichlich „schwebend", dafür haben die Herren aber die besten Aussichten, den Meistertitel nach Hanau zu holen. Der Wilhelmsbader HC seinerseits steht in der II. Klasse vor dem Gruppensieg und liebäugelt stark mit dem Aufstieg ins „Oberhaus".

Das turnerische Leben hat durch den Deutschen Turntag 1952 zu Pfingsten in Hanaus Mauern zweifellos neue Impulse erhalten, doch klafft im Geräteturnen zwischen den „Alten" und dem Nachwuchs noch eine große Lücke. Besser ist es auf volkstümlichem Gebiet bestellt, wo fast auf der ganzen Linie tüchtige Jugend am Werk ist und über kurz oder lang die in der Leichtathletik souverän führende Turngemeinde 1837 beachtliche Konkurrenz erhalten könnte.

Es geht vorwärts auf der ganzen Linie

Gutes ist aus dem Ringerlager zu melden, gelang doch dem SC Eiche 01 der Aufstieg zur höchsten Klasse, in der sich die Hanauer bisher gut zu behaupten verstanden. Starkes Interesse besteht erfreulicherweise auch bei der Jugend für den Ringsport, der damit um seine Zukunft nicht zu bangen braucht. Kein Boden ist dagegen in Hanau für den Amateurboxsport, der nach verschiedenen verheißungsvollen Anläufen immer wieder in der Versenkung verschwand.

Höchst erfolgreiche Aufbauarbeit haben die beiden Hanauer Rudervereine geleistet, die ihren Bootspark ständig vergrößern und über guten Nachwuchs verfügen. Dagegen grollt man im Schwimmerlager mit Recht dem in seinen alten Tagen reichlich „unsauber" gewordenen Vater Meonus, der sogar einem größeren Schwimmfest einen Strich durch die Rechnung machte. Das fehlende Hallenschwimmbad vollends ist ein leidiges Kapitel, das man am besten nicht mehr anschneidet. Es war vor fast drei Jahrzehnten, als der Schreiber dieser Zeilen einmal in einem Ausschuß zu seiner Einrichtung saß. Vor drei Jahrzehnten!

Blieben noch die Handballer, die im wiedererbauten eigenen Heim zahlen- und leistungsmäßig erstarkten Kegler und neuerlich auch die Radfahrer, die alle kräftig mitwirken und aus dem heutigen Sportbetrieb nicht mehr wegzudenken sind. Zu vergessen auch nicht die etwas bescheidenere Zahl der Fechter und Tischtennisspieler, die gleichfalls schon manchen schönen Erfolg zu verzeichnen hatten. In den Schatten gestellt werden sie aber alle von den Motorsportlern. über die sich in letzter Zeit ein wahrer Medaillenregen ergoß. Alles in allem ein Bild, das sich gut abrundet und den Wiederaufstieg des Hanauer Sportlebens dokumentiert. Erwähnen wir zu guterletzt noch beiläufig die internationalen Besuche von Wiener und schwedischen Fußballern bei Hanau 93 und von Basler Gästen bei 1860 Hanau, dann dürfte aus allem klar hervorgehen, daß unsere Vaterstadt wieder auf dem besten Wege ist, sich ihren alten sportlichen Ruf zurückzuerobern. oe

Unsere Bilder zeigen: links oben: Kampf bei der Hanauer Regatta; rechts oben: Das erste neue Boot; links unten: Hanau 93 nach errungener Hessenmeisterschaft; rechts unten: Turner enthüllten Gedenktafel in der Niederländisch-Wallonischen Kirchenruine.

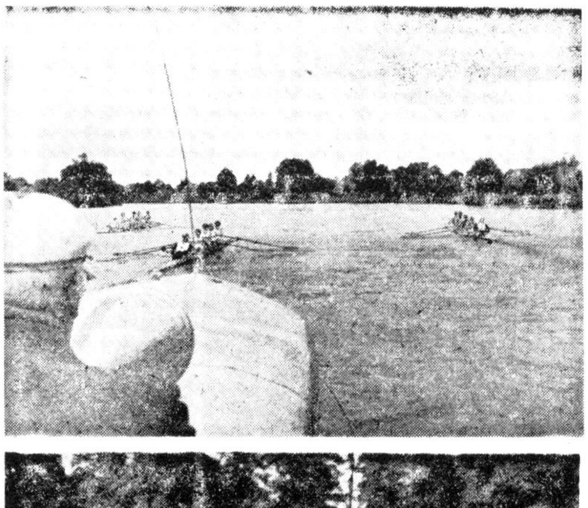

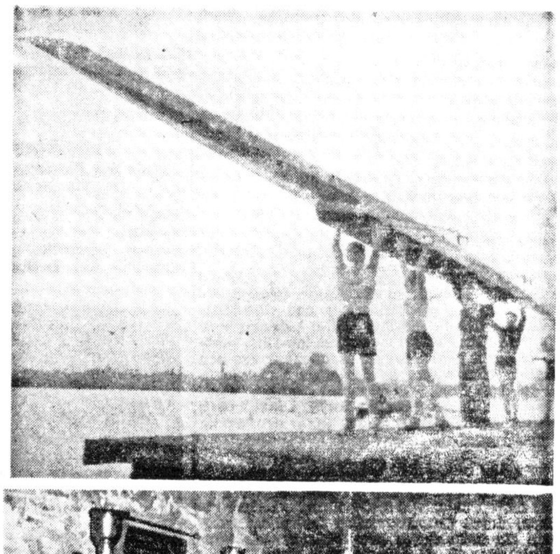

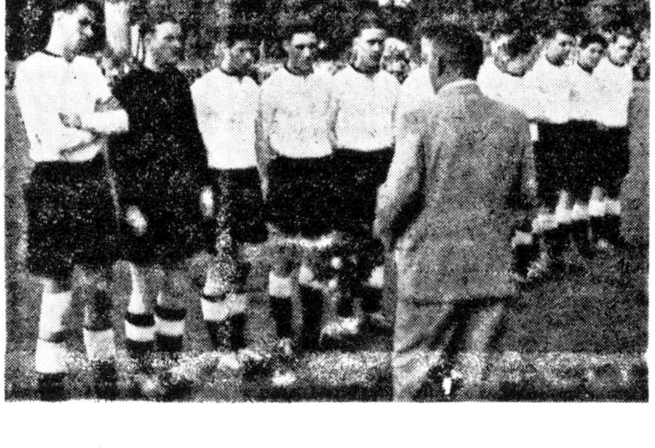

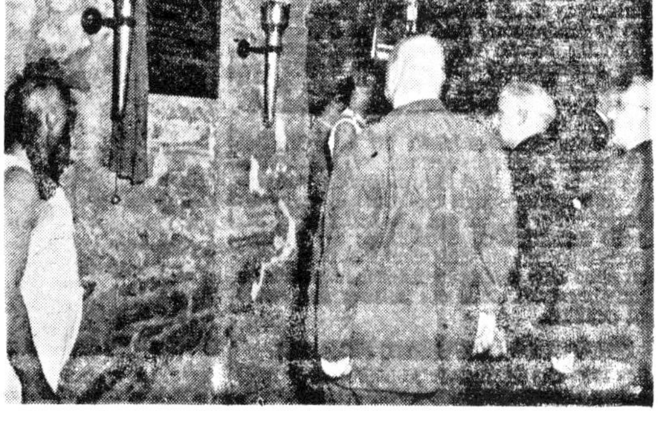

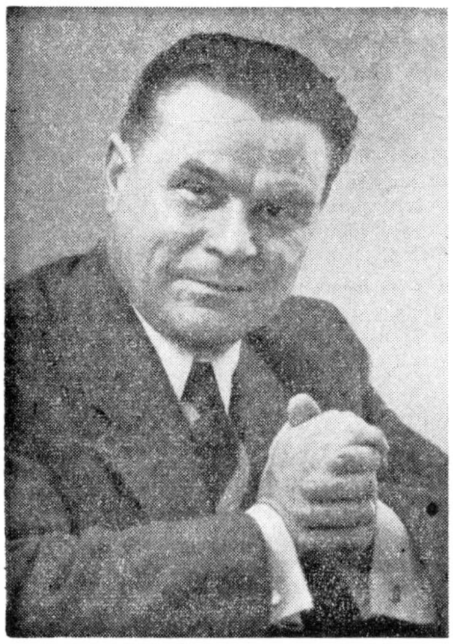

Wilhelm Kindermann
Chefredakteur, verantwortlich für Politik, zeichnet wk. und (*).

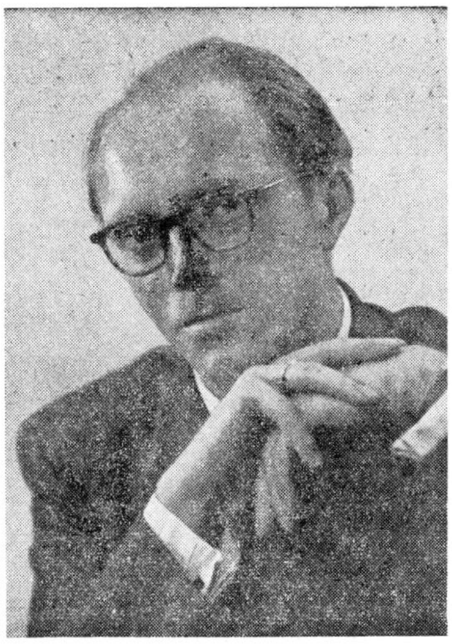

Helmut Schmidt
verantwortlich für Lokales und Feuilleton, zeichnet mit - dt. und hsh.

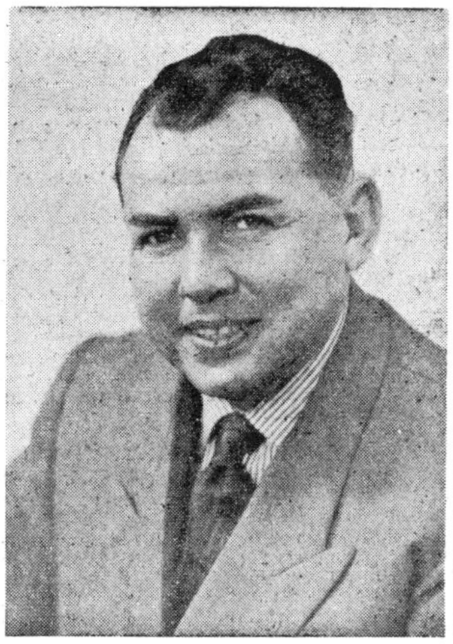

Lothar Weber
verantwortlich für Allgemeines und Wirtschaft, zeichnet mit - er.

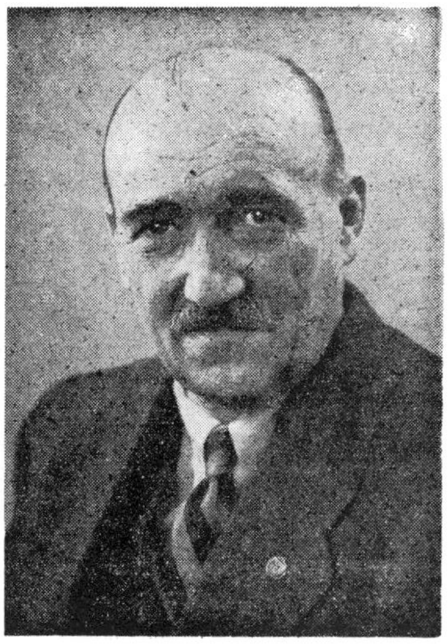

Hans Oelschläger
verantwortlich für Landkreis und Sport, zeichnet mit oe.

von Reuter bedienten Londoner Morgenblättern noch abgedruckt werden konnte. Das war die Geburtsstunde der modernen Nachrichtenübermittlung, die sich in der Hauptsache auf die Benutzung des Fernsprechers verlegte. Erst Anfang der zwanziger Jahre konnte sie dazu übergehen, den Rundfunk und die mit ihm verbundenen technischen Neuerungen für sich dienstbar zu machen.

Nur einige Namen

Ehe von diesen technischen Neuerungen im Zeitungswesen gesprochen werden soll, ist es notwendig die Bekanntschaft mit anderen Nachrichtenagenturen zu vermitteln. Wir lesen in der Zeitung UP (United Press, New York), AP (Associated Press, New York), INS (International News Service, New York), AFP (Agence France Presse, Paris), TASS (Telegrafnoje Agenstwo Sowjetskowo Sojusa, Moskau), TANJUG (Telegrafka Agencja Nova Jugoslavija, Belgrad), ANSA (Agencia Nazionale Stampa Associata, Rom), Hsinhua (Rotchinesische Nachrichtenagentur, Peking), AMUNCO (Agencia Mundial de Colaboraciones, Madrid), CETEKA (Ceskoslovenska Tiskova Kancelar, Prag), dpa (Deutsche Presse-Agentur, Hamburg), DIMITAG (Dienst mittlerer Tageszeitungen, Bonn), ADN (Allgemeiner Deutscher Nachrichtendienst) als Vermittler und Urheber von Nachrichten. Darüber hinaus bestehen noch zahlreiche Gesellschaften, z. T. vom Staate unterstützt oder selbständig, die sich mit der Verbreitung der Nachrichten befassen. Eine Zeitung wie der „Hanauer Anzeiger" verfügt über die gleichen Möglichkeiten der Nachrichtenbeschaffung wie jede ihrer Konkurrentinnen. Fernschreiber und Hellschreiber übermitteln Berichte von Ereignissen aus allen Weltteilen auf schnellstem Wege. Und da es mit dem Mittel des Rundfunks geschieht, erreichen die Meldungen zu gleicher Zeit ihre Abnehmer.

Fernschreiber und Hellschreiber

Beim Fernschreiber handelt es sich um eine regelrechte Schreibmaschine, deren Tasten sich in Bewegung setzen, wenn die Verbindung mit der Sendemaschine durch den Draht hergestellt ist. Die Maschine schreibt selbsttätig, schaltet um und unterscheidet sich in ihrer Arbeitsweise nicht von der üblichen Betätigung einer Schreibmaschine. Man hat hier den Vorteil, daß das Manuskript bearbeitungsfertig ist, d. h. abgesehen von der Kleinschreibung für alle Worte nur die notwendigen Korrekturen und Streichungen anzubringen sind, um das Manuskript druckfertig zu machen.

Der Hellschreiber empfängt die Nachrichten durch den Rundfunk. Die Arbeit, die sonst der Lautsprecher übernimmt, führt hier ein fein konstruierter Apparat aus, durch den eine kleine mit Zeichen versehene Welle in Bewegung gesetzt wird. Unter der Welle läuft ein schmaler Papierstreifen, auf dem in kleinen Buchstaben Meldungen abgedruckt werden. Soweit keine „Blattschreiber" — das sind Hellschreiber, die in gleicher Weise funktionieren wie die Fernschreiber — vorhanden sind, müssen Maschinenschreiberinnen den Text von den Streifen übertragen. In der Redaktion, wohin sie je nach dem Arbeitsgebiet (Politik, Wirtschaft, Feuilleton, Lokales, Provinz und Sport) geleitet werden, müssen die Texte druckfertig gemacht werden.

Der Weg des Manuskriptes

Jedem ist bekannt, daß die Zeitung über örtliche oder provinzielle und kulturelle Veranstaltungen durch Berichterstatter informiert wird, wenn sie nicht durch eine Vielzahl von Veranstaltungen durch Eigenberichte ihrer Redakteure in Erscheinung tritt. So stellt sich die redaktionelle Arbeit als ein Zusammenwirken vieler mechanischer und geistiger Kräfte dar, die täglich aufgeboten werden müssen, damit der Bezieher zur gewohnten Stunde seine Zeitung lesen kann.

Ein Zeitungsunternehmen ist kein Institut für Menschen, die ein beschauliches Dasein führen wollen. Hier sind Schnelligkeit, Gewandheit, Aufgeschlossenheit und Können von ausschlaggebender Bedeutung. Das trifft nicht nur auf die redaktionelle Herstellung der Zeitung zu, sondern auch auf die technische Herstellung, denn ohne eine geistig hochstehende technische Mitarbeiterschaft wäre die Zeitung von heute nicht denkbar.

Sieben Setzmaschinen klappern

Der Weg des Manuskriptes (das Wort stammt aus dem Lateinischen) nach seiner Bearbeitung in der Redaktion führt in die Maschinensetzerei, wo sieben Mergenthaler Setzmaschinen stehen, die das Setzen mit heißem Blei vollziehen. Das geschieht in der folgenden Weise: Der Maschinensetzer schlägt auf einem der Schreibmaschine ähnlichen Tastbrett die Buchstaben an, die er benötigt. Mit dem Anschlag wird eine Messingmatrize aus dem Magazin ausgelöst, die sich in einem Sammler mit den anderen Buchstaben in der Folge des Anschlages einfindet, so daß auf diese Weise Worte und daraus Zeilen entstehen. Diese Zeilen werden von einer sinnvoll konstruierten Transporteinrichtung an den Gießmund des Bleikessels der Setzmaschine gebracht, wo die Bleizeilen gegossen werden, die nacheinander die Spalten ausmachen. Hat der Maschinensetzer sein „Schiff" mit einer Spalte gefüllt, dann „hebt" er sie „aus", d. h. er stellt sie auf einen Tisch, damit für die Korrektoren ein Abzug gemacht werden kann. Die Korrektoren bemühen sich, in ihrer achtstündigen täglichen Arbeitszeit die Fehler zu beseitigen. Daß es ihnen manchmal nicht vollständig gelingt, ist nicht ihrer Böswilligkeit oder dem Druckfehlerteufel zuzuschreiben, sondern den zahlreichen Quellen, aus denen heraus von der Bearbeitung des Manuskriptes bis zum Druck Fehler möglich sind.

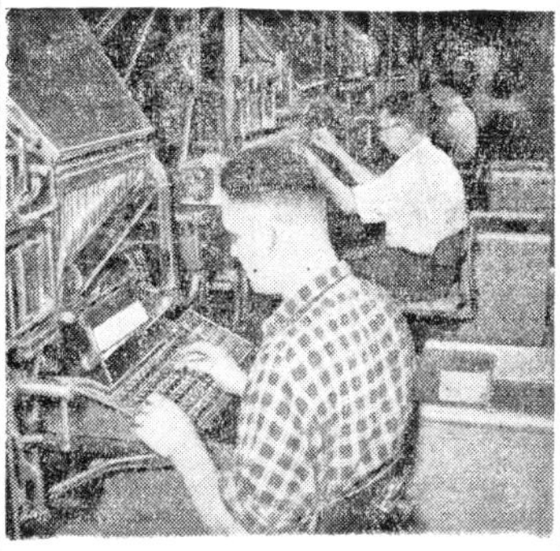

Blick in die Maschinensetzerei:
Hier klappern sieben „eiserne Kollegen"

Handsetzer unentbehrlich

Trotz des Siegeszuges des „Eisernen Kollegen", wie die Setzmaschine gerne genannt wurde, sind die Handsetzer mit wichtigen Funktionen bei der Herstellung der Zeitung betraut. Sie stehen vor ihren mit vielen Fächern versehenen Schriftkästen und greifen schnell Buchstabe für Buchstabe, um sie in einem Winkelhaken aufzureihen und „auszuschließen", d. h., zeilengrad zu machen. Diese Arbeit wird von der Setzmaschine automatisch besorgt. Auch das Ablegen der Schrift in die Kästen fällt bei der Setzmaschine weg; sie verfügt nämlich über eine Einrichtung, die genauer arbeitet als der Mensch: Das Ablegen der Matrizen bei der Setzmaschine ist ein Vorgang, den jeder Laie immer wieder bewundern muß. Aber ebenso bewundert er auch die Schnelligkeit, mit der ein Handsetzer gebrauchte Schrift wieder in den Kasten zurücklegt oder — richtiger gesagt — „ablegt". Er nimmt dabei die aus einzelnen Buchstaben bestehenden Wörter zwischen Zeigefinger und Daumen und wirft sie — ohne erst suchen zu müssen — in das richtige Fach. Im übrigen: keines der Fächer eines Schriftkastens trägt eine Bezeichnung. Jeder Setzer weiß, wo die Buchstaben liegen.

Seltsame Worte

Wiederholt wird der Besucher bei seinem Rundgang durch einem Zeitungsbetrieb auf Bezeichnungen und Worte stoßen, für die er keine Erklärung findet, wenn nicht der Fachmann ihm einige Vokabeln aus der Buchdruckersprache übersetzt. Schon die Fachausdrücke über die Schriften und den Druck sind sehr umfangreich. Daneben hat der Buchdrucker für die meisten Arbeitsvorgänge und -ereignisse ein scherzhaftes Wort. So nennt er fehlende Worte in einem Satz eine Leiche, sind Worte zuviel gesetzt worden, dann handelt es sich um eine Hochzeit. Ein Hurenkind ist ein unfachmännischer Spaltenbeginn mit einem Ausgang. Eine Jungfrau eine fehlerhafte Spalte. Passiert einem Setzer ein Mißgeschick und die Schriften purzeln durcheinander, dann entstehen Zwiebelfische.

Die Arbeit des Metteurs

Sind die für eine Abteilung der Redaktion bestimmten Artikel und Meldungen abgesetzt, haben sie alle ihre Ueberschriften erhalten, dann beginnt der „Umbruch". So bezeichnet die Fachsprache die Arbeit des Metteurs, der nach den Anweisungen des Redakteurs arbeitet. Beim Umbruch kommt es vor allem darauf an, eine wirksame Placierung und typographisch schöne Gestaltung, die zugleich dem Leser gefällig ist, zu erreichen und das Wichtigste entsprechend hervorzuheben. Auf diese Weise wird eine Seite der Zeitung nach der anderen fertiggestellt; auch die Inseratenseiten, die für das Zeitungsunternehmen wirtschaftlich von Bedeutung sind, werden nach einem bestimmten Prinzip „umbrochen".

Um die Leser auch über die letzten politischen Ereignisse oder Katastrophen unterrichten zu können, werden die politischen Seiten der Zeitung zuletzt fertig gemacht. Ihnen voran gehen die Wirtschaft, der Landkreis, die Provinz, der Sport, das Feuilleton und das Lokale. Für die Herstellung einer Tageszeitung stehen nur wenige Stunden zur Verfügung. Selbst der Laie wird begreifen, daß die schnelle Arbeit von Redaktion und technischem Betrieb sich täglich wiederholen muß, um den Druckbeginn der Zeitung nicht zu verzögern. Eine stets pünktliche Zeitung ist das erfreuliche Ergebnis einer ersprießlichen und in allen Teilen gelungenen Zusammenarbeit.

Die Seiten werden geprägt

Während es noch vor Jahrzehnten üblich war, Zeitungen auf Buchdruckmaschinen herzustellen, ist dieses Arbeitsverfahren heute vollkommen überholt. Heute werden die Tageszeitungen auf Rotationsmaschinen gedruckt. Hat der Metteur Seite für Seite umbrochen, dann werden von ihnen Matern hergestellt. Es sind das besondere Pappen, in die unter einer Prägepresse das Schriftbild der Seiten hineingedrückt wird. Von diesen Matern werden in einer Gießmaschine halbrunde Abgüsse gemacht, und zwar so viele, daß die Zeitung von der Rotationsmaschine nicht einfach, sondern zwei- oder vierfach gedruckt werden kann, wodurch die Druckzeit wesentlich verkürzt wird.

Die halbrunden Druckplatten werden auf die Zylinder der Rotationsmaschine so angebracht, daß sie zusammen beim Druck eine vollständige Zeitung ergeben, gefalzt und geschnitten. Das endlose Papier von der Rolle läuft über alle Druckzylinder und wird zuletzt durch den Falzapparat geleitet, von dem aus es auf Bändern als Zeitung auf die Packtische kommt. Nun können die Zeitungsträgerinnen ausschwärmen, Bahn, Post und Landomnibusse mit Zeitungen bedient werden. Voraussetzung ist auch hier, daß alle Zeiten eingehalten werden, zu denen die Ablieferung der Zeitung geschehen muß, wenn sie pünktlich beim Leser eintreffen soll.

Es ergibt sich also beim Rundgang durch einen Zeitungsbetrieb, daß die in den Räumen angebrachten Uhren kein Ausdruck einer spielerischen Laune oder ein Luxus sind, sondern ein ständiger Mahner, die einzelnen Etappen bei der Herstellung der Zeitung genau einzuhalten. Den Redakteuren ist vorgeschrieben, wann sie von ihrer Abteilung das letzte Manuskript an die Setzmaschinen geben können, dem Metteur, wann er die Seiten umbrochen haben muß. So hat auch der Präger der Matern, der Stereotypeur am Gießofen für die Rundplatten und erst recht der Drucker seine Termine, die eingehalten werden müssen. Zeitverluste gefährden die pünktliche Herausgabe der Zeitung. Jeder Leser sollte bedenken, daß hinter jedem Arbeitsvorgang die Zeit drängend steht und daß viele Momente — Eingang von Eil- und Blitzmeldungen, Maschinendefekte usw. hemmend auftreten. Und mit ihnen soll und muß der Zeitungsmann jeden Tag fertig werden. Das verlangt schon sein Ehrgeiz und sein Berufsstolz. wk.

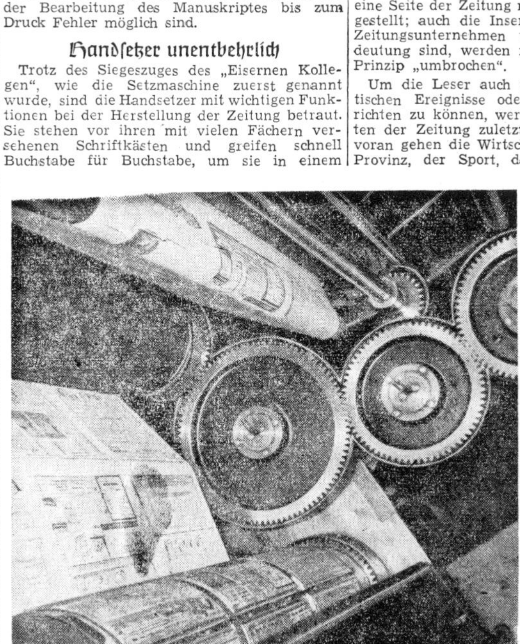

Hier sehen unsere Leser, wie die Zeitung auf der Rotationsmaschine gedruckt wird. Das weiße Papierband verläßt über Walzen den Druckzylinder

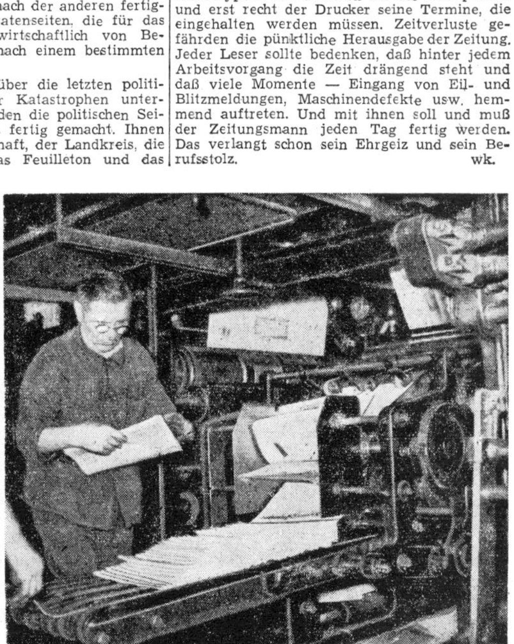

Der Rotationsmaschinenmeister prüft nach dem Andruck ein Exemplar. Aus dem Falzapparat quillen am laufenden Band die Zeitungen.

Aufblühendes Hanauer Wirtschaftsleben

Krisenzeiten sind noch immer glücklich überwunden worden

Es ist ein guter Brauch, anläßlich eines bedeutenden Ereignisses im Leben einer Stadt einmal Rückblick zu halten, Rückblick auf alle Dinge, die die Entwicklung des menschlichen Lebens auf den verschiedensten Gebieten aufzeigen. Was also liegt näher, anläßlich des vollendeten Wiederaufbaues des Verlagsgebäudes des „Hanauer Anzeigers" die Entwicklung des gesamten Hanauer Wirtschaftslebens seit dessem Wiedererscheinen bzw. seit der Währungsreform einer näheren Betrachtung zu unterziehen, da nicht nur das öffentliche Leben, sondern in ganz besonderem Maße auch das wirtschaftliche Leben einer Stadt eng mit seiner Heimatzeitung verbunden ist.

Handel und Industrie — das sind die beiden großen Erwerbszweige, auf denen das wirtschaftliche Leben einer Stadt beruht. Von einem reich gestalteten Wirtschaftsleben aber hängt die Höhe der sozialen und geistigen Kultur eines Gemeinwesens ab. „Der Handel ist die Mutter des Reichtums", sagte einmal ein bedeutender Wirtschaftler unserer Stadt, und die Jahrhunderte und auch die gegenwärtige Zeit bewiesen, wie Recht er mit diesem Ausspruch hatte. Hanau hat sich von jeher des Rufes einer bedeutsamen Handels- und Industriestadt erfreut. Dieser Ruf ist heute mehr denn je berechtigt. Weitblickende Männer seines Gemeinwesens haben in zähem Ringen und treuer Hingabe in früheren Zeiten wie auch heute die Voraussetzungen geschaffen, den Handel und die Industrie der Mainstadt zu beleben und hierdurch einen mächtigen Antrieb zur Wiedergesundung und zur Entwicklung einer reichen Zukunft zu geben.

Das durch die fast völlige Zerstörung der einst blühenden Main-Kinzig-Metropole Hanau unmittelbar nach dem Krieg stark zerrüttete Wirtschaftsleben erfuhr zunächst nur allmählich eine Besserung. Hanau hat besonders nach der Währungsreform und auch durch die Einführung der Gewerbefreiheit eine stete Aufwärtsentwicklung gezeigt, deren Ende noch längst nicht erreicht und auch noch nicht abzusehen ist. Wenn man berücksichtigt, daß so gut wie alle Hanauer Industrie-, Gewerbe-, Handwerks- und Einzelhandelsbetriebe wieder aufgebaut werden mußten, stellt diese Entwicklung bis zum heutigen Stand eine Kraftanstrengung ohnegleichen dar, an der jeder einzelne beteiligt ist, der in irgendeiner Form mit der Wirtschaft zu tun hat, an der aber auch die gesamte Bevölkerung ihren Anteil hat. Wie war es denn in den meisten Fällen nach der Geldumstellung? Die Betriebsinhaber mußten ihre Gelder weitgehend im Aufbau investieren, wodurch das Betriebskapital knapp wurde und sie gezwungen waren, von der Substanz zu leben, da ja anfangs auch die Banken durch Kredite nur wenig helfen konnten. Um so bedeutsamer war es in dieser geldknappen Zeit, daß bei dem hohen Zerstörungsgrad das Wirtschaftsleben sehr schnell wieder in gesunde Bahnen gelenkt wurde. Es darf dabei auch nicht vergessen werden, daß die Initiative zum Bauen gezwungenermaßen von der privaten Hand an die öffentliche Hand überging, obwohl der sich nicht tiefer mit der Materie befassende Betrachter laufend Neubauten gerade auf dem Gebiete der Wirtschaft erkannte. In weniger zerstörten Städten mag der Uebergang von der privaten an die öffentliche Hand augenfälliger gewesen sein als in Hanau, wo auch heute noch ständig neue Geschäftslokale entstehen und wo das ganze Jahr hindurch bei Industriebetrieben neu hinzugebaut wird.

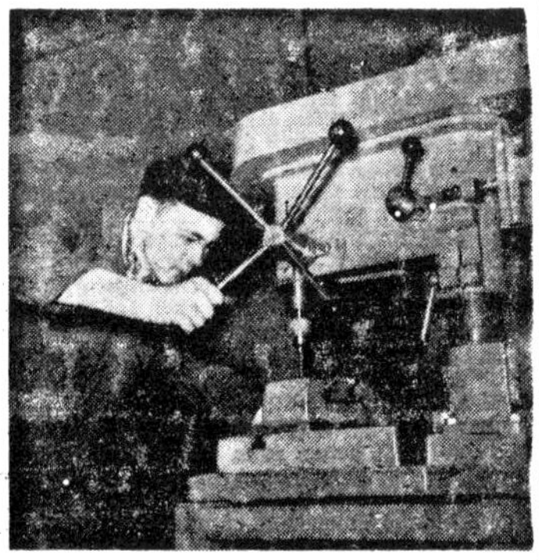

Die Feinmechanik, ein Berufszweig, in dem in Hanau zahlreiche tüchtige Facharbeiter nicht nur zu Hause sind, sondern jährlich auch neue herangebildet werden.

Zur Erläuterung und Vervollständigung des Vorhergesagten ist es unumgänglich, mit einigen Zahlen aufzuwarten, an Hand derer der wirtschaftliche Aufschwung am besten demonstriert wird. Hanau verfügt heute wieder über fast 3 000, genau 2 935 Gewerbebetriebe, in denen rund 28 000 Menschen bei einer Einwohnerzahl von 38 000 beschäftigt sind. Wenn sich auch die Verhältnisse weitgehend stabilisiert haben, so ist die Zahl der Betriebe, vornehmlich die des Einzelhandels, noch im stetigen Ansteigen begriffen. Sehr aufschlußreich sind die Zahlen aufgeteilt in Industriebetriebe (mit mehr als zehn Beschäftigten), in Handwerksbetriebe, Großhandels- und Einzelhandelsbetriebe, in Gaststätten- und Herbergsgewerbe sowie in Verkehrsbetriebe nach dem heutigen Stand und dem Stand kurz nach der Währungsreform.

Die Zahl der Industriebetriebe hat sich von 1948 mit 68 bis heute auf 79 erhöht. Davon haben zwei Betriebe mehr als 1000 und sechs Betriebe mehr als 500 Beschäftigte. Die Beschäftigtenzahl insgesamt betrug 1948 8 700, heute werden 12 000 gezählt. 1948 zählte das Handwerk 550 Betriebe, es weist heute eine Zunahme von 130 auf 680 Betriebe auf. Beschäftigt waren 1948 2 700 Menschen, heute sind es mehr als 3000. Noch deutlicher sprechen die Zahlen des Groß- und Einzelhandels, des Gaststättengewerbes und der Verkehrsbetriebe. Die Zahl der Großhandelsbetriebe hat sich seit 1948 fast verdoppelt. Sie stieg in diesem Zeitraum von 81 auf 150 an. Die Zugänge beliefen sich in dieser Zeitspanne auf 122 und die Abgänge auf 53 Betriebe. Mehr als verdoppelt hat sich die Zahl der Einzelhandelsbetriebe. Sie wies zur Zeit der Währungsreform einen Stand von 355 auf und stieg bis heute auf 729 an. Die Zugänge in diesem Zeitraum betrugen 521, die Abmeldungen 147. Um fast 400 Prozent stieg die Zahl des Gaststätten- und Herbergsgewerbes. Gegenüber 26 Betrieben 1948 zählt Hanau heute mit 126 Betrieben genau 100 mehr als damals.. Mit 135 Zugängen wird der augenblickliche Stand sogar noch überflügelt. Dem standen 35 Abmeldungen gegenüber. Ebenfalls mehr als verdoppelt hat sich die Zahl der Verkehrsbetriebe. Sie wuchs von 63 Betrieben 1948 auf 145 an und verzeichnete innerhalb von fünf Jahren 108 Zu- und 26 Abgänge. Beim Amtsgericht Hanau wurden in diesem Zeitraum 24 Konkurse und elf Vergleichsverfahren durchgeführt. Die geringe Zahl von 24 Konkursen darf darüber nicht hinwegtäuschen, daß wesentlich mehr Konkurse anhängig waren, die aber aus irgendwelchen Gründen eingestellt werden mußten.

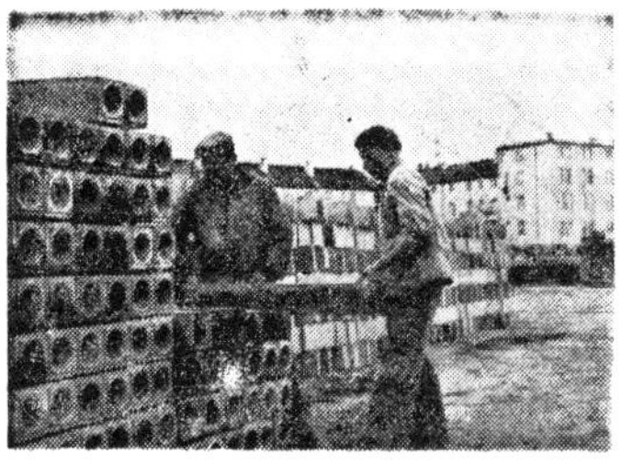

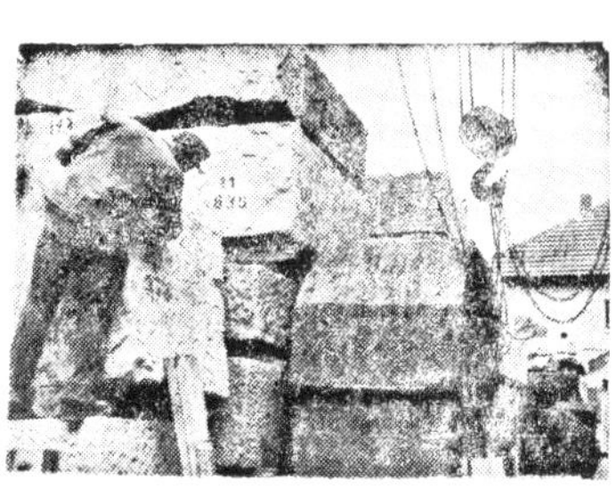

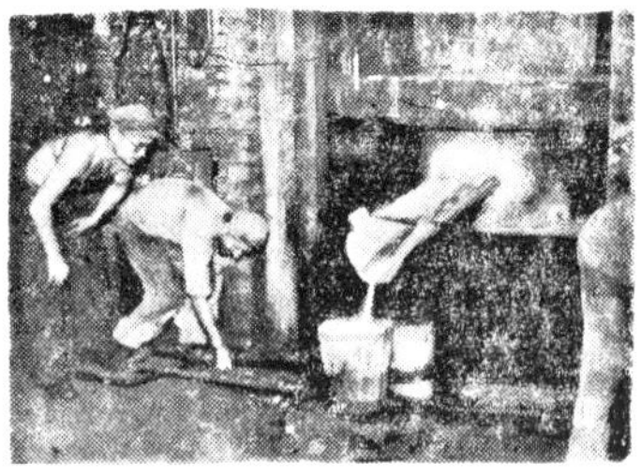

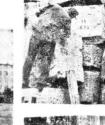

28 Millionen Mark beträgt der derzeitige monatliche Umsatz der gesamten Hanauer Industrie. Marmorblöcke (oben rechts) kommen nicht nur aus Deutschland, sondern auch aus europäischen Ländern und aus Uebersee, werden in Hanau verarbeitet und gelangen größtenteils wieder zum Export. — Mehrere Eisengießereien — Bild rechts unten zeigt die Arbeit am Schmelzofen — sind voll beschäftigt. — Auch einige bedeutende Betriebe der Hanauer Betonsteinindustrie (oberes Bild) können sich angesichts des dringendsten Bedarfs zum Wiederaufbau der Stadt nicht über Auftragsmangel beklagen.

Hanaus Industrie ist gesund

Aus den die Industrie betreffenden Zahlen ist deren Aufwärtsentwicklung augenfällig. Mit 50 Total-, 26 mittelschweren und 22 leichteren Schäden war die Hanauer Industrie, deren Vorkriegsstand etwa 104 Betriebe umfaßte, stark dezimiert. Nach dem Kriege war für diejenigen, die neu beginnen wollten, zuerst die Frage entscheidend: „Wo schnellstens ein Dach errichten, um darunter produzieren zu können?" Verkehrstechnische Erwägungen, Standort- und Absatzfragen standen erst an zweiter Stelle. Diejenigen Industrien, die Hanau nicht verließen, und diejenigen, die die Main-Kinzig-Metropole als neuen Standort wählten (auf letztere soll noch näher eingegangen werden), taten gut, denn Hanau bot und bietet ihnen ungeahnte Vorteile in vieler Beziehung. Da ist einmal die günstige Lage inmitten des Bundesgebietes und zur benachbarten Großstadt Frankfurt, da sind weiter die günstigen Tarife und geringen Gewerbesteuern, die für die Industrie eine bessere soziale und krisenfestere Lage schaffen. Da sind weiter die günstigen technischen und verkehrsmäßigen Voraussetzungen wie eigener Hafen, gutes Industriegelände, Kraftanlagen in ausreichender Zahl, Bahnverkehrsknotenpunkt, Kreuzpunkt mehrerer wichtiger Verkehrsstraßen, die, alle zusammengenommen, eine schnelle Herbeischaffung der Rohstoffe und einen schnellen Absatz gewährleisten. Nicht zu übersehende weitere Vorteile sind schließlich die große Anzahl der Facharbeiter in Hanau und den umliegenden Ortschaften, die zum größten Teil typische Arbeiterwohnsitzgemeinden sind. Mit einem Satz ausgedrückt: Hanau verbindet, wirtschaftlich gesehen, alle Vorteile einer großen Stadt mit denen des Landes.

Der heimischen Industrie gelang es auf Grund dieser günstigen Situation und Aspekte ihre Betriebe in verhältnismäßig kurzer Zeit wieder aufzubauen. Schwieriger war es für die sich in Hanau neu ansiedelnden Betriebe, denen es in erster Linie an Fabrikationsräumen fehlte und die anfangs erklärlicherweise finanziell nicht so stark waren, um ihre Betriebe sofort aus eigener Kraft aufbauen zu können. Inzwischen haben sich neben den von jeher in Hanau bestehenden Industriezweigen wie der Elektro-, Metall- und Gummi-Industrie, der chemischen, Holz-, Papier-, Edelmetall- und Tabakindustrie — um die wichtigsten zu nennen — 14 neue Industriebetriebe angesiedelt, die meist aus der Ostzone kamen bzw. Flüchtlingsbetriebe sind. Diese setzen sich zusammen aus einer Manometer-, Wasserstandsmesser- und Druckventilefabrik, die vor dem Krieg größte dieser Art in Deutschland mit früher mehr als 10 000 Beschäftigten, ferner aus einer Pumpen- und Getriebefabrik, einem feinmechanischen Betrieb, einer Feindrahtweberei, drei Textilfabriken, von denen zwei inzwischen in Konkurs gegangen sind, zwei Holzbearbeitungs- und fünf Zementwarenbetriebe.

Neue Ansiedlungsmöglichkeiten bestehen in Hanau noch genügend. Der Hafen bietet noch vielen Betrieben ausreichend Platz und auch in dem Industrieviertel im Nordosten der Stadt, an der Ruhrstraße, könnten aufbauwillige Industriezweige günstigen Standort finden. Die Stadt ebenso wie die Industrie- und Handelskammer haben sich bemüht, neue Industrien herbeizuziehen; beiden ist es zu danken, daß immerhin 14 Industriebetriebe sich am Ort ansiedelten, die ebenso wie die bisher bestehenden alle zeitbedingten Anfangsschwierigkeiten überwunden haben und als gesund anzusprechen sind, ein Umstand, der für Hanau außerordentlich glücklich ist, denn nicht überall, wo auch wesentlich größere Städte als Hanau mit Gewerbesteuern Geschäfte machen wollten, ist die Lage so gut wie in Hanau. Es liegen Beispiele dafür vor, daß große und namhafte Firmen in weit größeren Städten Schiffbruch erlitten.

Der Export. der vor der Währungsreform fast völlig still lag, hat einen ungeahnt glücklichen Aufschwung genommen. Die Umsätze haben sich seit 1948 bis heute um tausend Prozent erhöht. Führend in der Exportindustrie sind die zahlreichen Betriebe der Elektrotechnik, es folgt an zweiter Stelle der Maschinenbau, ferner die Betriebe der Eisen-, Stahl-, Blech- und Metallwarenindustrie, der Gummi- und Marmorindustrie und der Betriebe der Schmuck- und Edelsteinindustrie. Der Gesamtumsatz aller Hanauer Industriebetriebe betrug 1948 monatlich zwölf Millionen Mark, er hat sich inzwischen nach dem neuesten Stand auf über 26 Millionen Mark erhöht.

Die Bedeutung des Binnenhafens

Die besondere Bedeutung Hanaus als Industrie- und Handelsstadt ließ es angezeigt erscheinen, vor nunmehr nahezu 30 Jahren (im Oktober 1924) der Stadt am Main einen Hafen zu geben. Ein regelmäßiger Schiffahrtsverkehr bedeutet stets eine Förderung der allgemeinen wirtschaftlichen Interessen. Die meisten Städte, welche Binnenhäfen anlegten, um sich dadurch die Vorteile der Flußschiffahrt zu verschaffen, dachten zunächst mehr daran, dem Handel Gelegenheit zur Entfaltung zu geben. Es war aber bald überall als Begleiterscheinung ein lebhafter allgemeiner Aufschwung auch in der Industrie wahrzunehmen, denn die Stellung von Handel und Industrie einer Stadt, die an der Wasserstraße ansässig ist, wird gegenüber derjenigen ohne Anschluß an eine Wasserstraße stets günstiger sein und bleiben, sowohl beim Bezug von Rohmaterialien als auch für den Export der Fabrikate. Deshalb wird der Hanauer Hafen auch in Zukunft die Aufmerksamkeit weiter Handels- und Industriekreise sowie der Schiffahrttreibenden auf die günstige Lage Hanaus hinlenken, und in einem noch stärkeren Maße dann, wenn das Rhein-Main-Donau-Projekt verwirklicht sein wird, an dessen Durchführung — Beseitigung der hemmenden Schleusen, weitere Schiffbarmachung des oberen Mains — mit Hochdruck gearbeitet wird.

Stärker als gemeinhin gewürdigt wird, verklammern sich aber solche in die Stadtgeschichte als rein wirtschaftlich eintretende Probleme mit kulturellen. Insbesondere die Rolle eines Hafens erschöpft sich nicht darin, neue wirtschaftliche Kräfte auszubilden. Immer und überall werden die durch das Schiffahrtsstraßennetz zu gegenseitigem Warenaustausch verbundenen Länder auch von geistigen Banden umschlungen. Ströme geistigen Lebens ergießen sich hin und her und helfen mit den Boden bereiten, auf dem Handel und Industrie gedeihen.

Edelmetall-Industrie ringt um Aufschwung

Nicht vergessen sei zum Schluß dieser Betrachtung das Traditionsgewerbe der „Stadt des edlen Schmuckes", die Gold- und Silberwarenindustrie. Sie hatte es nach dem Zusammenbruch am schwersten sich nach der Zerstörung und den für sie ungünstigen wirtschaftlichen Begleiterscheinungen wieder emporzuraffen. Das Gewerbe mit 88 größeren und kleineren über das ganze Stadtgebiet verstreuten Betrieben war zum Erliegen gekommen. Ohne Schaden waren im ganzen fünf kleinere Betriebe geblieben. Heute zählt dieser Industriezweig, der einst den Namen Hanau in aller Welt populär machte, wieder 50 Betriebe. Die Zahl der Beschäftigten, zur Zeit der Währungsreform gerade 500 betragend, ist auf 1 200 angestiegen. Vor dem Zusammenbruch gingen jedoch mehr als 2000 Menschen diesem edlen Gewerbe nach.

Es gibt Industriezweige, die wie Zentralorgane des gesamten großen Wirtschaftskörpers in regelmäßiger Tätigkeit ihre Funktionen ausüben und unter allen Umständen ihre Produktion vollführen und zur Aufrechterhaltung des Ganzen vollführen müssen — man denke an die Kohlenförderung, an die Fabrikation gewisser Typen von Arbeitsmaschinen —, es gibt aber auch Industrien, welche nur peripherische Funktionen haben, gleichzeitig aber wie Endpunkte des Nervensystems jeder Veränderung im Allgemeinbefinden des wirtschaftlichen Volkslebens besonders unterworfen und mehr als andere ausgesetzt sind. Zu dieser Gruppe gehören die Luxusindustrien, und die Erfahrung lehrt, daß auf die verschiedenen Vorgänge, welche das Wirtschaftsleben beeinflussen, sie regelmäßig empfindlich reagiert haben. So auch die Hanauer Edelmetall-Industrie. Bei ihr kommt erschwerend noch hinzu, daß sie mit ihren Rohstoffen (Edelsteinen, Platin, Gold) von Weltmarktverhältnissen abhängig ist, daß sie besonders hochwertige Gegenstände fabriziert und für deren Absatz sich an einen bestimmten, relativ beschränkten Abnehmerkreis wendet.

Ist zur Zeit auch die Hanauer Edelmetall-Industrie durch die Ungunst der Verhältnisse niedergedrückt, so ist doch eine begründete Zuversicht auf neuen Aufschwung vorhanden. Denn Tatkraft der Unternehmer und Qualität der Arbeiter gewährleisten den Fortbestand dieser Industrie, die in nahezu 350 Jahren schwere Zeiten noch immer überwunden hat.

-Gs.

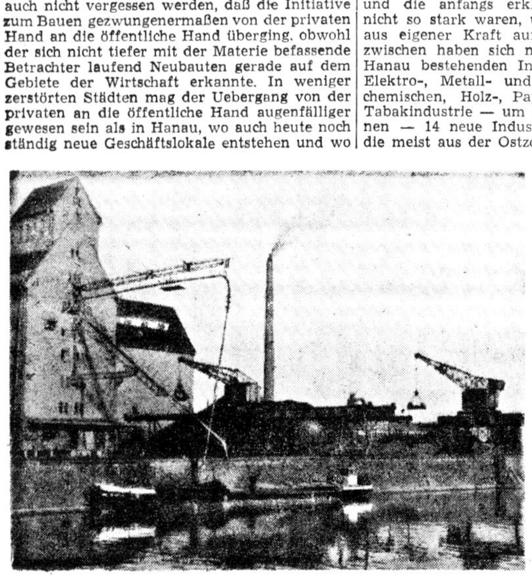

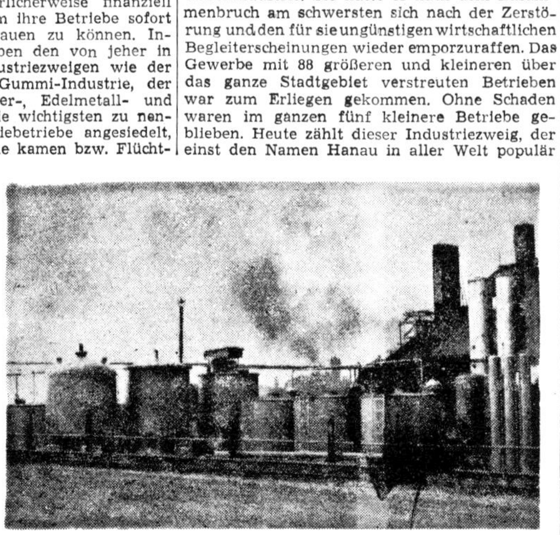

Rege ist der Betrieb im Hanauer Mainhafen, dessen Güterumschlag im ständigen Steigen begriffen ist. Kohlen, Kali und alle Rohstoffe für die Wirtschaft werden hier umgeschlagen. Die Erdölraffinerie (rechtes Bild) ist einer der größten Betriebe im Industrieviertel des Hafens.

Aus Trümmern ersteht ein neues Hanau

Ein Rückblick auf die seit Kriegsende geleistete Wiederaufbauarbeit

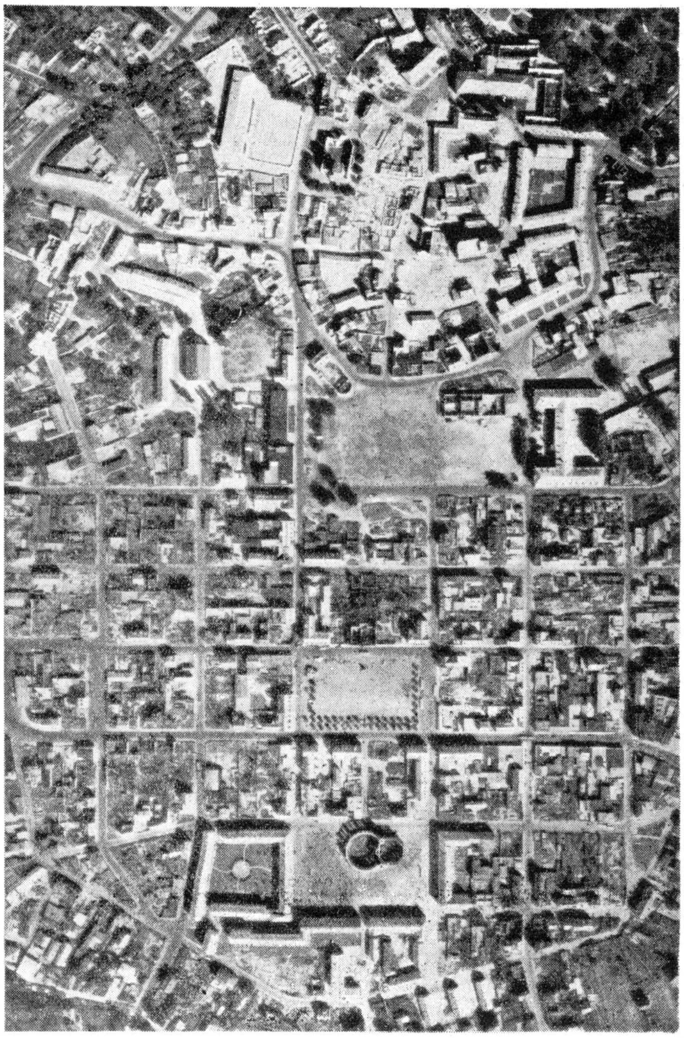

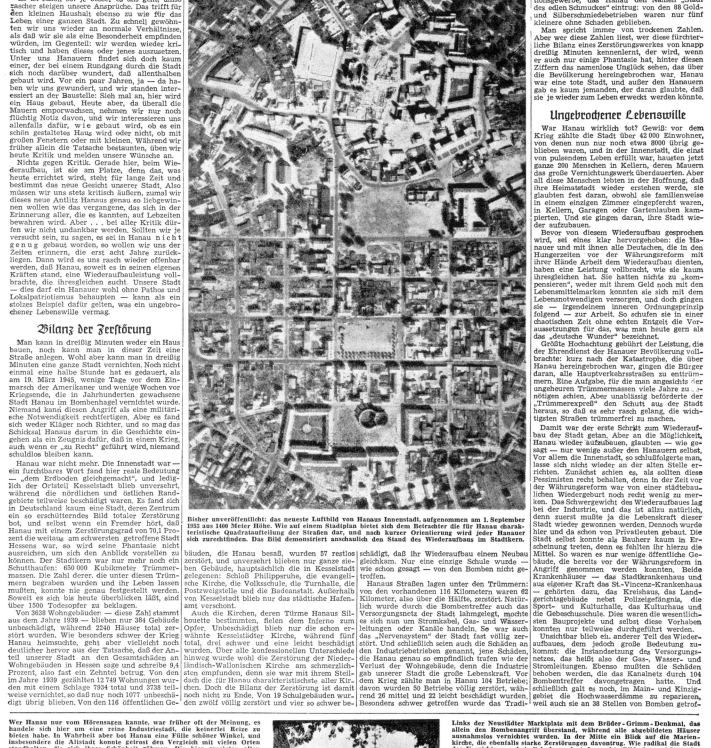

Bisher unveröffentlicht: das neueste Luftbild von Hanaus Innenstadt, aufgenommen am 1. September 1953 aus 1400 Meter Höhe. Wie auf einem Stadtplan bietet sich dem Betrachter die für Hanau charakteristische Quadrataufteilung der Straßen dar, und nach kurzer Orientierung wird jeder Hanauer sich zurechtfinden. Das Bild demonstriert anschaulich den Stand des Wiederaufbaus im Stadtkern.

Es ist schon so: je besser es uns geht, umso rascher steigen unsere Ansprüche. Das trifft für den kleinen Haushalt ebenso zu wie für das Leben einer ganzen Stadt. Zu schnell gewöhnten wir uns wieder an normale Verhältnisse, als daß wir sie als eine Besonderheit empfinden würden, im Gegenteil: wir werden wieder kritisch und haben dieses oder jenes auszusetzen. Unter uns Hanauern findet sich doch kaum einer, der bei einem Rundgang durch die Stadt sich noch darüber wundert, daß allenthalben gebaut wird. Vor ein paar Jahren, ja — da haben wir uns gewundert, und wir standen interessiert an der Baustelle: Sieh mal an, hier wird ein Haus gebaut. Heute aber, da überall die Mauern emporwachsen, nehmen wir nur noch flüchtig Notiz davon, und wir interessieren uns allenfalls dafür, w i e gebaut wird, ob es ein schön gestaltetes Haus wird oder nicht, ob mit großen Fenstern oder mit kleinen. Während wir früher allein die Tatsache bestaunten, üben wir heute Kritik und melden unsere Wünsche an.

Nichts gegen Kritik. Gerade hier, beim Wiederaufbau, ist sie am Platze, denn das, was heute errichtet wird, steht für lange Zeit und bestimmt das neue Gesicht unserer Stadt. Also müssen wir uns stets kritisch äußern, zumal wir dieses neue Antlitz Hanaus genau so liebgewinnen wollen wie das vergangene, das sich in der Erinnerung aller, die es kannten, auf Lebzeiten bewahren wird. Aber . . . bei aller Kritik dürfen wir nicht undankbar werden. Sollten wir je versucht sein, zu sagen, es sei in Hanau n i c h t g e n u g gebaut worden, so wollen wir uns der Zeiten erinnern, die erst acht Jahre zurückliegen. Dann wird es uns rasch wieder offenbar werden, daß Hanau, soweit es in seinen eigenen Kräften stand, eine Wiederaufbauleistung vollbrachte, die ihresgleichen sucht. Unsere Stadt — dies darf ein Hanauer wohl ohne Pathos und Lokalpatriotismus behaupten — kann als ein stolzes Beispiel dafür gelten, was ein ungebrochener Lebenswille vermag.

Bilanz der Zerstörung

Man kann in dreißig Minuten weder ein Haus bauen, noch kann man in dieser Zeit eine Straße anlegen. Wohl aber kann man in dreißig Minuten eine ganze Stadt vernichten. Noch nicht einmal eine halbe Stunde hat es gedauert, als am 19. März 1945, wenige Tage vor dem Einmarsch der Amerikaner und wenige Wochen vor Kriegsende, die in Jahrhunderten gewachsene Stadt Hanau im Bombenhagel vernichtet wurde. Niemand kann diesen Angriff als eine militärische Notwendigkeit rechtfertigen. Aber es fand sich weder Kläger noch Richter, und so mag das Schicksal Hanaus darum in die Geschichte eingehen als ein Zeugnis dafür, daß in einem Krieg, auch wenn er „zu Recht" geführt wird, niemand schuldlos bleiben kann.

Hanau war nicht mehr. Die Innenstadt war — ein furchtbares Wort fand hier reale Bedeutung — „dem Erdboden gleichgemacht", und lediglich der Ortsteil Kesselstadt blieb unversehrt, während die nördlichen und östlichen Randgebiete teilweise beschädigt waren. Es fand sich in Deutschland kaum eine Stadt, deren Zentrum ein so erschütterndes Bild totaler Zerstörung bot, und selbst wenn ein Fremder hört, daß Hanau mit einem Zerstörungsgrad von 70,1 Prozent die weitaus am schwersten getroffene Stadt Hessens war, so wird seine Phantasie nicht ausreichen, um sich den Anblick vorstellen zu können. Der Stadtkern war nur mehr noch ein Schutthaufen: 650 000 Kubikmeter Trümmermassen. Die Zahl derer. die unter diesen Trümmern begraben wurden und ihr Leben lassen mußten, konnte nie genau festgestellt werden. Soweit es sich bis heute überblicken läßt, sind über 1500 Todesopfer zu beklagen.

Von 3638 Wohngebäuden — diese Zahl stammt aus dem Jahre 1939 — blieben nur 384 Gebäude unbeschädigt, während 2240 Häuser total zerstört wurden. Wie besonders schwer der Krieg Hanau heimsuchte, geht aber vielleicht noch deutlicher hervor aus der Tatsache, daß der Anteil unserer Stadt an den Gesamtschäden an Wohngebäuden in Hessen sage und schreibe 9,4 Prozent, also fast ein Zehntel betrug. Von den im Jahre 1939 gezählten 12 749 Wohnungen wurden mit einem Schlage 7934 total und 3738 teilweise vernichtet, so daß nur noch 1077 unbeschädigt übrig blieben. Von den 116 öffentlichen Gebäuden, die Hanau besaß, wurden 57 restlos zerstört, und unversehrt blieben nur ganze sieben Gebäude, hauptsächlich die in Kesselstadt gelegenen: Schloß Philippsruhe, die evangelische Kirche, die Volksschule, die Turnhalle, die Postzweigstelle und die Badeanstalt. Außerhalb von Kesselstadt blieb nur das städtische Hafenamt verschont.

Auch die Kirchen, deren Türme Hanaus Silhouette bestimmten, fielen dem Inferno zum Opfer. Unbeschädigt blieb nur die schon erwähnte Kesselstädter Kirche, während fünf total, drei schwer und eine leicht beschädigt wurden. Über alle konfessionellen Unterschiede hinweg wurde wohl die Zerstörung der Niederländisch-Wallonischen Kirche am schmerzlichsten empfunden, denn sie war mit ihrem Steildach die für Hanau charakteristischste aller Kirchen. Doch die Bilanz der Zerstörung ist damit noch nicht zu Ende. Von 19 Schulgebäuden wurden zwölf völlig zerstört und vier so schwer beschädigt, daß ihr Wiederaufbau einem Neubau gleichkam. Nur eine einzige Schule wurde — wie schon gesagt — von den Bomben nicht getroffen.

Hanaus Straßen lagen unter den Trümmern: von den vorhandenen 116 Kilometern waren 62 Kilometer, also über die Hälfte, zerstört. Natürlich wurde durch die Bombentreffer auch das Versorgungsnetz der Stadt lahmgelegt, mochte es sich nun um Stromkabel, Gas- und Wasserleitungen oder Kanäle handeln. So war auch das „Nervensystem" der Stadt fast völlig zerstört. Und schließlich seien auch die Schäden an den Industriebetrieben genannt, jene Schäden, die Hanau genau so empfindlich trafen wie der Verlust der Wohngebäude, denn die Industrie gab unserer Stadt die große Lebenskraft. Vor dem Krieg zählte man in Hanau 104 Betriebe; davon wurden 50 Betriebe völlig zerstört, während 26 mittel und 22 leicht beschädigt wurden. Besonders schwer getroffen wurde das Traditionsgewerbe, das Hanau den Namen „Stadt des edlen Schmuckes" eintrug: von den 88 Gold- und Silberschmiedebetrieben waren nur fünf kleinere ohne Schaden geblieben.

Man spricht immer von trockenen Zahlen. Aber wer diese Zahlen liest, wer diese fürchterliche Bilanz eines Zerstörungswerkes von knapp dreißig Minuten kennenlernt, der wird, wenn er auch nur einige Phantasie hat, hinter diesen Ziffern das namenlose Unglück sehen, das über die Bevölkerung hereingebrochen war. Hanau war eine tote Stadt, und außer den Hanauern gab es kaum jemanden, der daran glaubte, daß sie je wieder zum Leben erweckt werden könnte.

Ungebrochener Lebenswille

War Hanau wirklich tot? Gewiß: vor dem Krieg zählte die Stadt über 42 000 Einwohner, von denen nun nur noch etwa 8000 übrig geblieben waren, und in der Innenstadt, die einst von pulsendem Leben erfüllt war, hausten jetzt ganze 200 Menschen in Kellern, deren Mauern das große Vernichtungswerk überdauerten. Aber all diese Menschen lebten in der Hoffnung, daß ihre Heimatstadt wieder erstehen werde, sie glaubten fest daran, obwohl sie familienweise in einem einzigen Zimmer eingepfercht waren, in Kellern, Garagen oder Gartenlauben kampierten. Und sie gingen daran, ihre Stadt wieder aufzubauen.

Bevor von diesem Wiederaufbau gesprochen wird, sei eines klar hervorgehoben: die Hanauer und mit ihnen alle Deutschen, die in den Hungerzeiten vor der Währungsreform mit ihrer Hände Arbeit dem Wiederaufbau dienten, haben eine Leistung vollbracht, wie sie kaum ihresgleichen hat. Sie hatten nichts zu „kompensieren", weder mit ihrem Geld noch mit den Lebensmittelmarken konnten sie sich mit dem Lebensnotwendigen versorgen, und doch gingen sie — irgendeinem inneren Ordnungsprinzip folgend — zur Arbeit. So schufen sie in einer chaotischen Zeit ohne echten Entgelt die Voraussetzungen für das, was man heute gern als das „deutsche Wunder" bezeichnet.

Größte Hochachtung gebührt der Leistung, die der Ehrendienst der Hanauer Bevölkerung vollbrachte: kurz nach der Katastrophe, die über Hanau hereingebrochen war, gingen die Bürger daran, alle Hauptverkehrsstraßen zu enttrümmern. Eine Aufgabe, für die man angesichts der ungeheuren Trümmermassen viele Jahre zu benötigen schien. Aber unablässig beförderte der „Trümmerexpreß" den Schutt aus der Stadt heraus, so daß es sehr rasch gelang, die wichtigsten Straßen trümmerfrei zu machen.

Damit war der erste Schritt zum Wiederaufbau der Stadt getan. Aber an die Möglichkeit, Hanau wieder aufzubauen, glaubten — wie gesagt — nur wenige außer den Hanauern selbst. Vor allem die Innenstadt, so schlußfolgerte man, lasse sich nicht wieder an der alten Stelle errichten. Zunächst schien es, als sollten diese Pessimisten recht behalten, denn in der Zeit vor der Währungsreform war von einer städtebaulichen Wiedergeburt noch recht wenig zu merken. Das Schwergewicht des Wiederaufbaues lag bei der Industrie, und das ist allzu natürlich, denn zuerst mußte ja die Lebenskraft dieser Stadt wieder gewonnen werden. Dennoch wurde hier und da schon von Privatleuten gebaut. Die Stadt selbst konnte als Bauherr kaum in Erscheinung treten, denn es fehlten ihr hierzu die Mittel. So waren es nur wenige öffentliche Gebäude, die bereits vor der Währungsreform in Angriff genommen werden konnten. Beide Krankenhäuser — das Stadtkrankenhaus und aus eigener Kraft das St.-Vincenz-Krankenhaus — gehörten dazu, das Kreishaus, das Landgerichtsgebäude nebst Polizeigefängnis, die Sport- und Kulturhalle, das Kulturhaus und die Gebeschusschule. Dies waren die wesentlichsten Bauprojekte und selbst diese Vorhaben konnten nur teilweise durchgeführt werden.

Unsichtbar blieb ein anderer Teil des Wiederaufbaues, dem jedoch große Bedeutung zukommt: die Instandsetzung des Versorgungsnetzes, das heißt also der Gas-, Wasser- und Stromleitungen. Ebenso mußten die Schäden behoben werden, die das Kanalnetz durch 104 Bombentreffer davongetragen hatte. Und schließlich galt es noch, im Main- und Kinziggebiet die Hochwasserdämme zu reparieren, weil auch sie an 38 Stellen von Bomben getrof-

Wer Hanau nur vom Hörensagen kannte, war früher oft der Meinung, es handele sich hier um eine reine Industriestadt, die keinerlei Reize zu bieten habe. In Wahrheit aber bot Hanau eine Fülle schöner Winkel, und insbesondere die Altstadt konnte getrost den Vergleich mit vielen Orten standhalten, die sich ihrer Schönheit rühmen. Die hier gezeigten alten Bilder mögen jedoch einen nur schwachen Eindruck von Hanaus einstigem Gesicht vermitteln, immerhin aber stellen sie den Charakter sowohl der Altstadt wie auch der in große Straßenquadrate eingeteilten Neustadt dar.

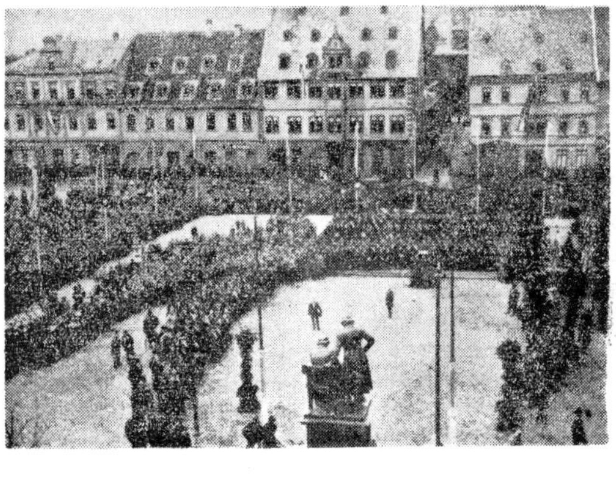

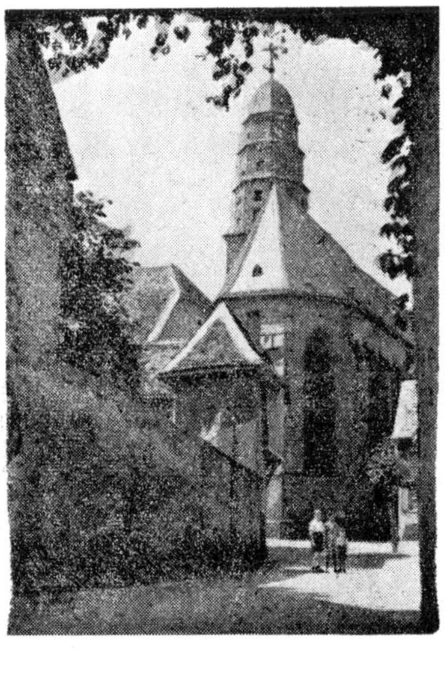

Links der Neustädter Marktplatz mit dem Brüder-Grimm-Denkmal, das allein den Bombenangriff überstand, während alle abgebildeten Häuser ausnahmslos vernichtet wurden. In der Mitte ein Blick auf die Marienkirche, die ebenfalls starke Zerstörungen davontrug. Wie radikal die Stadt der Vernichtung anheimfiel, davon legt das rechte Bild ein erschütterndes Zeugnis ab, das in der Nürnberger Straße aufgenommen wurde. Und doch waren zum Zeitpunkt dieser Aufnahme wenigstens vom Ehrendienst der Bevölkerung die Schuttmassen geräumt, die alle Straßen begraben hatten.

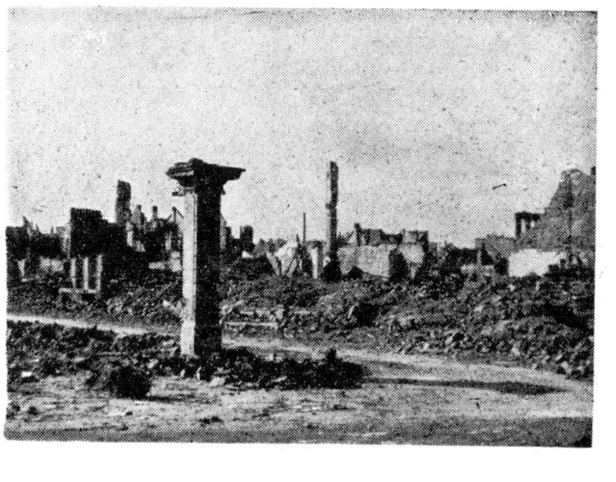

Hanaus Schicksalstag jährt sich heute zum neunten Mal

Am 19. März 1945 wurde unsere Heimatstadt im Bombenhagel vernichtet

Neun Jahre sind ins Land gegangen, seitdem Hanau im Bombenhagel vernichtet wurde, und obwohl erstaunliche Wiederaufbauleistungen Zeugnis ablegen von dem ungebrochenen Lebenswillen der Stadt, bietet sich uns in vielen Straßen noch immer ein furchtbares Denkmal des Krieges. Damals, als das Inferno überstanden und der Krieg beendet war, dachten wir alle, daß ein solches Geschehen sich niemals wiederholen werde. Einer erhoffte vom anderen die Einsicht, die uns von dem Schicksal so grausam gelehrt wurde, jeder glaubte, daß nunmehr die Völker sich abwenden würden von dem Weg der Gewalt. Aber heute, nach neun Jahren müssen wir erkennen, wie rasch die Menschheit vergessen kann. Sie kann den Krieg vergessen, obwohl täglich die Trümmer ringsumher noch an ihn mahnen. Ja, die Menschen wollen dies alles sogar vergessen. Wir wollen nichts mehr hören davon, sagen sie, es war schlimm genug: laßt uns nun zufrieden und verschont uns mit Erinnerungen. Und sie werden wieder stumpf, spüren nicht, wie sich ein noch fernes Beben ankündigt. Sie sehen in den Wochenschauen die Rauchpilze der Atombomben aufsteigen, lesen in den Zeitungen von der Wasserstoffbombe, aber ihre Phantasie weigert sich, all die Schrecken auszumalen, die über die Menschheit hereinbrechen, wenn diese Waffen einmal eingesetzt werden sollten. Ja ja, sagen die Menschen, es ist natürlich schlimm, daß solche Waffen hergestellt werden. Aber nun seid still davon, wir wollen heute abend ins Kino gehen. Oder sie heben resigniert die Schultern: was sollen wir schon dagegen tun, es kommt doch alles, wie es kommen muß. Und draußen auf der Straße spielen ihre Kinder mit Blechpistolen, sie richten die Mündungen aufeinander und stellen sich vor, daß das Spiel erst dann richtig wäre, wenn nun der andere im Feuerstrahl zusammenbrechen würde. Gewiß: diese Kinder wissen nicht, wie furchtbar ihr Spiel die Wirklichkeit herausfordert. Aber die Eltern sollten es wissen, die Eltern, die da sagen: ach, es kommt doch alles, wie es kommen muß. Spüren sie denn nicht, wie sie durch Vergessen, Trägheit und Gewöhnung das Rad des Schicksals drehen helfen? Nein, es ist nicht wahr, daß wir nichts dagegen tun könnten. Aber wir müssen bei uns selbst beginnen, in der Familie schon müssen wir dafür Sorge tragen, daß die Gedanken der Gewalt keinen Platz finden. Darum ist es gut, sich zu erinnern, nicht, um Haß zu erneuern, sondern um Haß zu verhindern. Rings um uns her erstehen wieder Häuser, werden Wohnungen gebaut, in denen die Menschen friedlich leben wollen. Baust auch Du Dir ein Haus, eine Wohnung für Deine Familie? Denke daran, daß der Mörtel die Steine nicht halten wird, wenn Dein Geist den Frieden nicht schützt . . . -dt.

*

Aus meinem Tagebuch

Von Otto Michel

Einst ging ich durch alte Gassen,
die kannt' ich schon als Kind
und kann es kaum noch fassen,
daß sie nun nicht mehr sind.

Mußt Haus und Hof verlassen
bei Feuersglut und Wind,
es stürzten Häusermassen.
Wir zogen, Weib und Kind

hinaus in grauem Morgen,
am kühlen Fluß entlang,
dann kamen neue Sorgen
bei diesem bittren Gang.

Doch wurden wir geborgen:
im Dunkel heller Klang,
es kam ein neuer Morgen,
weil Liebe uns umschlang.

Nach wandelbaren Zeiten
kehrt ich nach Haus zurück:
dahin die Herrlichkeiten,
dahin das alte Glück!

Versunken sind die Gassen,
auf Trümmern spielt der Wind,
so mancher mußte lassen
sein Weib und auch sein Kind.

Wenn auch hier Häusermassen
neu aufgerichtet sind,
es kann zum Bild nicht passen,
das ich gekannt als Kind.

Will mit dem Tag nicht streiten:
geb Gott nur das Geleit!
Ich denk der alten Zeiten,
der Jugendherrlichkeit.

Wer kann die Wege deuten,
so gestern, wie auch heut:
wohlan wir wollen schreiten,
geb Gott uns das Geleit.

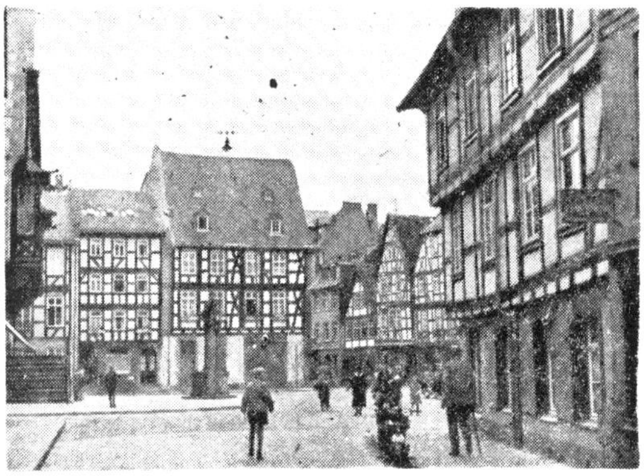

Schmucke Fachwerkhäuser waren die Kulisse des Altstädter Marktes

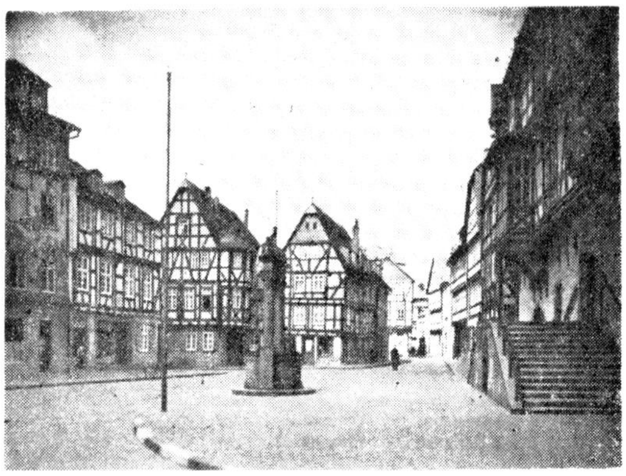

Wir Hanauer nannten ihn „die gute Stube": der Altstädter Marktplatz

Erinnerungen an das alte Hanau

Von Polizeidirektor a. D. Ferdinand Hahnzog

Die Beziehungen zur Vaterstadt Hanau waren vor dem Eintritt in das Gymnasium begreiflicherweise weniger eng, auch war sie gar nicht so einfach zu erreichen. Fuhr man mit der Bahn nach „Hanau-Ost" — später, sehr viel später endlich in „Hanau-Haupt" umbenannt —, so war man noch lange nicht da. Hatte man das große Bahnhofsgebäude im Stil eines italienischen Palazzo verlassen, das wie eine Insel im Schienengewirr lag und eine Zeitlang sogar ohne Unterführungen zu den einzelnen niedrigen Bahnsteigen blieb, so mußte man nach Überquerung der Geleise auf einem Straßenviadukt noch gute zwanzig Minuten entweder über die „Bebraer Bahnhofstraße" — heute trägt sie den Namen der Brüder Grimm — an der Zeichenakademie oder über den „Auheimerweg" — heute die Hauptbahnhofstraße — an der „Ehrensäule" vorbei zu Fuß laufen, um über die „Wiener Spitz" bzw. das „Nürnberger Tor" zur Stadtmitte zu gelangen, wenn man nicht eine der Pferdedroschken nehmen wollte, die erst um 1910 herum von der elektrischen Straßenbahn abgelöst wurden. So war der erste Eindruck nicht gerade besonders günstig.

Dem Vater war es dabei eigenartig ergangen: Als er nach seiner Versetzung von Straßburg nach Hanau — also sozusagen von Hanau-Lichtenberg nach Hanau-Münzenberg — hier ankam und zunächst nicht wußte wohin, setzte ihn der Droschkenkutscher in Verkennung seiner Uniform prompt am „Adler" in der Römerstraße ab, dem durch seine gepflegte Aufmachung und hervorragende Küche damals weltbekannten Treffpunkt reicher In- und Ausländer, die die blühende Gold- und Silberwarenindustrie samt Diamantschleiferei, die Hanauer Gloria vergangener Zeiten, hier zusammenführte. Dazu gehörte der Vater ja nun wirklich nicht; weil er aber als Oberfeuerwerker den Offizierssäbel untergeschnallt trug und der wegen der Kälte hochgeklappte Mantelkragen Tressen und Knöpfe am Waffenrock verbargen, hatte ihn der Kutscher für einen Offizier gehalten und somit den Adler zur entsprechenden Unterkunft bestimmt. Der Vater siedelte am nächsten Tage in die bürgerliche „Post" neben dem Kanaltor über und fand dann gleich nebenan in der Fischergasse bei einer bekannten Hanauer Metzgerfamilie sein Junggesellenheim, das er bis zur Verheiratung beibehielt. Es gab auch eine andere Möglichkeit „von der Pulverfabrik in die Stadt" zu fahren, nämlich mit dem „Omnibus"; aber das ist wieder eine besondere „Preußische Geschichte"! So blieb es das einfachste, auf der Chaussee über das Rodenbacher Eck und den Friedberger Übergang zu laufen, zumal das bei flottem Tempo auch nur eine halbe Stunde dauerte.

Gleich hinter dem Bahndamm begann die Industrie mit dem damals gegründeten und immer mächtiger wachsenden Werk für Fahrrad- und Autoreifen, das den Namen des Erfinders der Luftbereifung trägt und mit dem zugleich im großen Bogen der Bahn von Hanau-Ost nach Hanau-Nord ein ganz neues Stadtviertel entstand, dessen zur „Birkenhainer" am großen Friedhof parallel laufende Straßen die Namen „Freigericht" und „Limes" festhalten. Die „Dunlop" wurde während ihres Aufbaus vom Pech verfolgt: Man hatte das gleich einer Bahnhofshalle dreiteilig geschwungene Dach der ersten Anlage gedeckt, bevor die Seitenwände fertig waren. Eines Nachts kam ein orkanartiger Sturm auf, der so keinen Widerstand finden konnte und am nächsten Morgen lag das von ihm abgehobene Dach auf dem Erdboden. Die Bahn jedoch, die man am Friedberger Übergang querte — wo mit der Leipziger Straße die Stadt begann —, war ein Glied des an die Stelle der alten über zwei Jahrhunderte die Stadt vergebenden Festungswerke getretenen neuen Gürtels, der sie von West über Süd und Ost nach Nord umschnürte und sich mit der Zeit zu einem bösen Verkehrshindersnis auswuchs, so daß schließlich nur eine Außenumgehungsstraße helfen konnte, die natürlich den Großteil des Verkehrs nunmehr an ihr vorbeiströmen läßt.

Von der Leipziger Straße zweigte bald hinter dem Wasserwerk II links der alte Landwehrgraben zur Ehrensäule am Eingang des großen neuen Friedhofs ab, über den man in flottem Schritt ebenfalls in einer halben Stunde von der Pulverfabrik zum Ostbahnhof gelangte, wo alle D-Züge von Nord und Süd hielten. Dann kamen verschiedene Industrieanlagen, darunter eine Holzsäge, die sich dem Ohr mit ihrem Gekreisch und der Nase mit dem Geruch der konservierenden Lauge bemerkbar machte, bevor das Auge die mächtigen Stämme erblickte, die hier zumeist zu Zigarrenkisten verarbeitet wurden; ferner die Stadtwerke mit ihren Gaskesseln — später kam das Straßenbahndepot hinzu — denen gegenüber aus bescheidenen Anfängen die zweite Platinschmelze der Stadt erwuchs — heute Betrieb der Degussa (Deutsche Gold- und Silberscheideanstalt) —, während die erste Platinschmelze im Komplex der Weltfirma Heraeus rechterhand das Gelände bis zur Friedberger Bahn ausfüllte.

Am „Nürnberger Tor" nach der Vereinigung von Leipziger Straße und nunmehriger Hauptbahnhofstraße, durch einen roten Sandsteintempel markiert, der eine Zeitlang den Ehrensarkophag zum Gedenken der Gefallenen des ersten Weltkrieges aufnahm, betrat man dann den eigentlichen Stadtkern von Neu-Hanau. Hier zeichnen die links abzweigenden zickzackförmigen Anlagen über die „Wiener Spitz" bis fast zum „Kanaltor" vor dem Westbahnhof die alte Stadtbefestigung nach, während rechts die imposante und als hervorragend bekannte Eberhard-Mittelschule die Erinnerung an einen großen Hanauer Bürgermeister wachhält, dem es 1835 gelungen war, endlich die beiden getrennten Städte Alt- und Neu-Hanau unter einer gemeinsamen Verwaltung zu vereinigen, und der im Revolutionsjahre 1848 als kurfürstlich-hessischer Innenminister nach Kassel berufen wurde.

Die „Nürnberger Straße" führte nun zum Mittelpunkt der Neustadt, dem großen Markt, wo vor dem imposanten Rathaus dessen rote Sandsteinfassade von einem umgitterten Balkon und einem dreieckigen Giebelfries mit Doppelwappen und allegorischen Figuren geschmückt wurde, das Nationaldenkmal der Brüder Grimm besonderen Eindruck weckte, die jede Nacht ihre Plätze wechselten, damit nicht immer derselbe zu stehen brauchte. Interessant empfunden wurden auch die schönen Brunnen an den vier Ecken des Platzes, der an den Markttagen mit den rotweiß gestreiften Schirmen der einzelnen Stände im Doppelrahmen der ihn säumenden Bäume ein farbenfrohes, buntes Bild bot.

Auch die mächtige niederländisch-wallonische Kirche im Stil der Frührenaissance an der „Französischen Allee", die man durch die Paradiesgasse am ersten Hause von Neu-Hanau mit der Jahrestafel 1597 vorbei erreichte, imponierte gewaltig, zumal in ihr ab und zu fremdsprachig gepredigt wurde. Ähnlich wirkte der riesige baumumstandene „Paradeplatz" zwischen Neu- und Altstadt mit der zinnengekrönten Kaserne an seiner Ostseite, während die Westseite von der „Gelben Mauer" begrenzt wurde. Ging man vom Markt zum Westbahnhof, so kam man entweder durch die „Römerstraße" am „Adler" oder durch die „Krämerstraße" am „Riesen" vorbei, einem anderen Hotel, in dem einst Napoleon vor seinem russischen Abenteuer gerastet hatte und das seinen Namen von einer entsprechenden Figur mit gewaltigem Speer an seiner Eckkante trug.

Der mittelalterliche Reiz der um 1300 mit den gleichen Rechten wie Frankfurt beliehenen Altstadt und ihres wie eine „gute Stube" wirkenden Marktplatzes mit dem später zum deutschen Goldschmiedehaus erhobenen Schmuckkästchen des in seiner Linienführung geradezu klassischen zweiten Fachwerk-Rathauses trat dem jugendlichen Auge noch nicht so in Erscheinung, wie er es wohl verdiente, und das gleiche galt von der barocken Perle des „Frankfurter Tors" und den schönen Portalen, die die vielen interessanten Häuser der Nachkommen jener um ihres Glaubens willen vertriebenen Hugenotten zierten. Irgendwie wirkte dieses Neu-Hanau rationalistisch-preußisch und erinnerte an Potsdam, das ja auch von Réfugiés ausgebaut worden war, die der Große Kurfürst als Kolonisten ins Land gerufen hatte. Neben dem „Frankfurter Tor" praktizierte der Hausarzt der Eltern und stand einige Schritte weiter durch die „Nußallee" das Krankenhaus, in dem die Mutter auch einmal längere Zeit lag, um Heilung zu finden. Ihm gegenüber wuchs später auf dem Gelände des früheren Altstädter Friedhofs das neue imposante Landgericht, während nach einem Knick dieser schönen der früheren Befestigung folgenden Straße dem jedenfalls aufgehobenen Neustädter Friedhof gegenüber, hinter dem ein weiteres Krankenhaus stand, das schon früher erwähnte Evangelische Vereinshaus lag, hinter dem man dann wieder zum „Kanaltor" und Westbahnhof kam.

In umgekehrter Richtung aber ging es vorbei an der Vorstadt, mit der in Richtung Frankfurt führenden Kinzigbrücke längs des Stadtgrabens durch die „Hainstraße" am Landratsamt, vorüber zum „Schloßgarten", in dem die Mutter den Neugeborenen im ersten Lebensjahre ausgefahren hatte und an dessen Ostseite das Geburtshaus stand. Das war und ist noch ein herrliches Fleckchen mit wohlgepflegten Anlagen und vielerlei fremdländischen Bäumen und Gewächsen, von einem Arm des Stadtgrabens durchzogen, dessen teichartige Erweiterung eine hohe Fontäne springen ließ. Die Sonntagvormittag-Konzerte auf dem dafür bestimmten kleinen Hügel erhielten erst später für den Primaner Bedeutung. Hier aber hatte die alte aus dem zwölften Jahrhundert stammende Wasserburg der Hanauer Grafen gestanden, deren Bergfried nicht nur die beiden unierten Altstädter Kirchen, die ältere Marien- und die jüngere Johanniskirche über-

Fortsetzung auf Seite 4

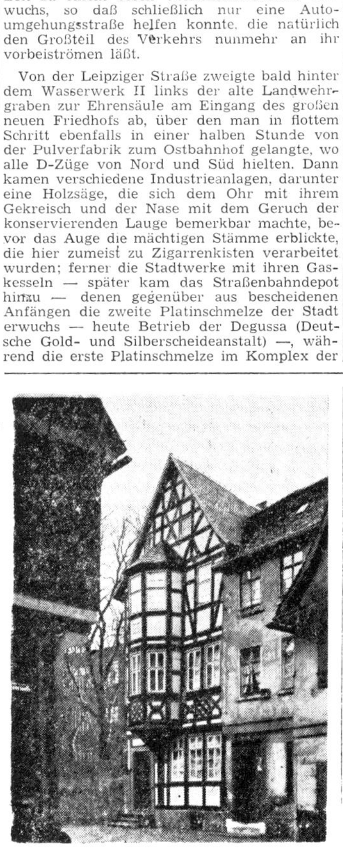

Das Geibelhaus in der Großen Dechaneigasse

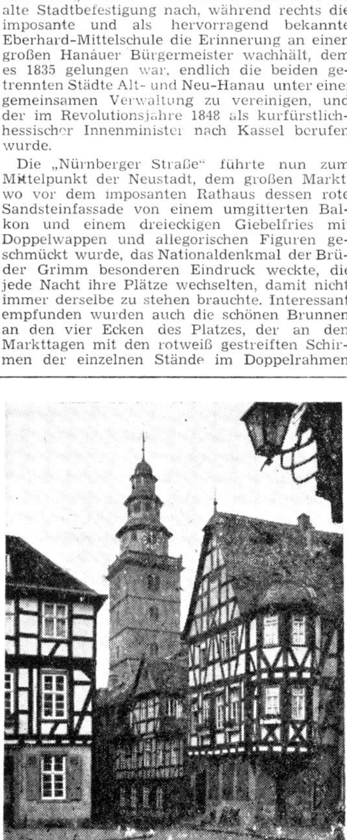

Die Tiefegasse und die Johanniskirche

Stadt Hanau

Nachdenkliches

Man kommt ja zu nichts mehr, sagen die Leute. Alles ist so verworren, sagen sie, man weiß nicht, was der nächste Tag bringen wird. Und damit haben sie recht, aber doch nicht ganz. In der Stadt geht die Sonne auf, ohne daß sich jemand um sie kümmert. Oder abends — plötzlich sieht man den Mond über den Häusern und wundert sich beinahe, wie er dorthin gekommen ist. Da steht er, so, wann geht eigentlich das Kino an?

Aber die Stadt ist ja nur ein Punkt, ein versteinerter Punkt, im weiten Lande. Wäre man draußen, weit weg, dann sähe man von ihr nicht mehr als an einer gewissen Stelle den roten Schein über der schwarzen Erde, recht unheimlich, aber fern. Dafür steht der Mond nun an einem wunderbar großen Himmel und auch die Erde ist groß und weit und wie schwarzer Samt, auf dem ein silbernes Gespinst liegt, und wo der Himmel die Erde berührt, ist ringsum eine dunkle Reinheit, außer an jener trübroten Stelle. Und ringsum liegt auch ein großes Schweigen, aber das ist kein dumpfer Schlaf wie in einer Kammer. Es — das geheimnisvolle Es — lebt in der Nacht und geht lautlos auf seinen Wegen, im Felde stehen die Rehe, die Flügel der Eule sind weich, morgen werden neue Maulwurfhügel auf der Wiese sein.

Und dies alles ist nur ein Abbild, eine geringe Widerspiegelung, denn seht, dort oben zieht der Mond in schönem Bogen, aus dem Dunst der fernsten Ferne steigen die Sternbilder, auch sie folgen seit Ewigkeiten einer klaren Bahn und werden es noch in Ewigkeiten tun. Unter ihnen weht ein kleiner Wind heran, ein Hauch, die Nacht atmet sanft und blickt gelassen in sich selber.

Dies alles geschieht, noch viel mehr geschieht um dich, über dir. Was ist die Zeit, wo bleiben die Schicksale der Menschen, die Tränen, das Gelächter? In der Stadt freilich, in dem versteinerten Punkt, ist nur ein verdächtiger Schein, aber wie gering ist ein Punkt. Plötzlich sehen dort die Leute den Mond über den Häusern und sagen: Man weiß ja nicht, was der nächste Tag bringen wird. Alles ist so verworren, sagen sie. H. W. G.

Beim Ueberholen gestreift

Auf der Bundesstraße 8 in Höhe der Einmündung der Lamboystraße überholte gestern um 15.45 Uhr ein Motorradfahrer einen US-Truck, wurde aber, als der Truck nach links einbiegen wollte, von dessen Stoßstange erfaßt und zu Boden geschleudert. Der Motorradfahrer mußte mit einem Unterarmbruch in da St. Vincenz-Krankenhaus eingeliefert werden.

Wir gratulieren

Johann Canolli, Lamboystraße 49 a, feiert morgen seinen 77. Geburtstag.

Die Eheleute Theo Werner und Frau Hilde geb. Mohr, Schnurstraße 9, feiern morgen das Fest der silbernen Hochzeit.

• **Hanauer Apothekendienst.** Den Nacht- und Sonntagsdienst vom 20. bis 26. März versieht die Lamboy-Apotheke, Uferstraße 1.

Wohin gehen wir heute?

Central-Theater: „Die Liebenden vom Gulbrandstal"
Spätvorstellung: „Die Frau mit der eisernen Maske"

Gloria-Lichtspiele: „Muß man sich gleich scheiden lassen?" mit Ruth Leuwerik und Hardy Krüger

Modernes Theater: „Sterne über Colombo" mit Kristina Söderbaum und Willy Birgel
Spätvorstellung: „Die Perlenräuber von Pago Pago"

Schloß-Lichtspiele: „Tarzan rettet die Dschungelkönigin"

„Das Antlitz unserer Stadt"

Am Samstag werden die Preisträger des Wettbewerbs bekanntgegeben

Die Stadt Hanau hat in diesem Jahre erstmalig einen Wettbewerb für bildende Künstler ausgeschrieben. Das Preisausschreiben hat das Thema „Das Antlitz unserer Stadt". Die Künstler sind aufgefordert worden, ihre Arbeiten bis spätestens Mittwoch, 17. März 1954, abzuliefern.

Gestern ist nun eine Jury, bestehend aus den Herren Prof. Ferd. Lammeyer (Staatliche Hochschule für bildende Künste, Frankfurt), Prof. Dr. Walter Mannowski (Frankfurt), Prof. Georg A. Mathéy (Direktor des Klingspor-Museums, Offenbach), Dr. E. Schneider (Direktor des städtischen Museums, Aschaffenburg) und Theo Garve (Maler und Vorsitzender des Landesverbandes der bildenden Künstler Hessen, Frankfurt), zusammengetreten, um die eingereichten Arbeiten zu beurteilen. Das Preisgericht hat zunächst die von der Stadt Hanau ausgesetzten acht Preise im Gesamtwert von 2500 DM vergeben und dann eine Auswahl über die Arbeiten getroffen, die im Rahmen einer Kunstausstellung „Das Antlitz unserer Stadt" im Kammermusiksaal der Hanauer Stadthalle gezeigt werden sollen.

Diese Ausstellung wird am Samstag, dem 20. März, 15 Uhr, mit einer Feierstunde eröffnet. Oberbürgermeister Karl Rehbein wird in seiner Begrüßungsansprache die Entscheidungen des Preisgerichts bekanntgeben. Die Eröffnungsfeier wird mit Darbietungen des Hanauer Pianisten Willy Bissing umrahmt.

Die Kunstausstellung ist vom 20. bis 28. März zu besichtigen. Die Oeffnungszeiten sind: wochentags (außer Montag, 22. März) 14 bis 19 Uhr; Sonntag, 21. März, 10 bis 18 Uhr; Sonntag, 28. März, 10 bis 19 Uhr. Am Montag, 22. März, muß die Ausstellung mit Rücksicht auf das Gastspiel der Fritz-Rémond-Bühnen geschlossen bleiben. Es besteht die Möglichkeit, daß die Schulen die Ausstellung vormittags (außer Montag, 22. März) besichtigen. Das Städtische Kulturamt bittet lediglich, ihm in solchen Fällen bis spätestens zum Vortage von dem beabsichtigten Besuch der Ausstellung Mitteilung zu machen, damit die Aufsicht für die Ausstellung zur Stelle ist.

Erinnerungen an das alte Hanau

Fortsetzung von Seite 3

ragte, sondern auch die große Doppelkirche der Neustadt mit ihrem steilen hohen Dach. Sie mußte den neuen kurfürstlichen Herren weichen, nachdem die letzten Grafen das neue Schloß Zug um Zug errichtet hatten, dessen Flügel den Garten liebevoll nach der Altstadt hin abschirmten. Auch dieses Schloß ist der Katastrophe des 19. März zum Opfer gefallen, wirkt aber in seiner Ruinenhaftigkeit fast noch besser als abschließender Hintergrund für den unverändert schönen und gepflegten Garten, den der Autor auf den Spuren seiner ersten Kindheit oft und oft zu beglückendem Aufenthalt aufsucht.

Hinter dem Schloßgarten aber kam man in Verlängerung der „Hainstraße" über die „Wilhelmsbrücke" am Nordbahnhof die Friedberger Bahn überquerend, ins Lamboyviertel mit seinen Kasernen und entweder über die „Lamboybrücke" oder den „Bulausteg" nach der Pulverfabrik zurück.

Ein größeres Fest war für den Knaben die „Meß", die in jedem Frühjahr und Herbst auf dem Paradeplatz stattfand. Da gab es eine Schiffschaukel zwischen zwei Karussells und drumherum eine Vielfalt von Verkaufs- und Schaubuden. Hier begegnete man den Anfängen des Kinos, sah mancherlei Abnormitäten von Tier und Mensch und konnte sich an „Magenbrot", „Negerküssen" und „Mohrenköpfen" sattessen. Das seitlich am „Bangert" — dem früheren fürstlichen Baumgarten — stehende kleine, aber vorzügliche Theater, trat erst später in Erscheinung. Hier erlebte der Autor seine erste Begegnung mit Richard Wagner in einer Lohengrin-Aufführung mit Frankfurter Gästen.

Noch muß aber von Kesselstadt mit Schloß Philippsruhe und vor allem von Wilhelmsbad gesprochen werden, die beide jenseits der Kinzig an der westlichen Peripherie der Stadt liegen, also von der Pulverfabrik aus umständlich zu erreichen waren. Zum ersteren gelangte man nur zu Fuß vom Westbahnhof aus über die lange „Philippsruher Allee" und kam demzufolge nicht allzuoft hin, zumal das im Versailler Stil prächtig errichtete Schloß mit seinem Park längs des Maines und der Orangerie im Privatbesitz der landgräflichen Seitenlinie des ehemals kurfürstlichen Hessen-Kassel stand und nicht betreten werden durfte. Besonderen Eindruck machte das schmiedeeiserne gekrönte Portal, das von zwei Löwen aus rotem Sandstein flankiert wird. Es war die wahrhaft fürstliche Sommer-Residenz der letzten Grafen von Hanau gewesen, denen auch das Stadtschloß, das Frankfurter Tor und weitere Profanbauten zu danken sind. In der späteren Tanzstundenzeit konnte dann der weite Weg den Primaner nicht mehr schrecken und so wurde schließlich aus der älteren Tochter des landgräflichen Forst- und Güterdirektors die Frau des Autors.

Von Philippsruhe aber führte eine schnurgrade „Kastanienallee" zur Fasanerie in deren Nachbarschaft dann der „Circus Blaum" — der Beethovenplatz — entstand, und eine zweite, die „Burgallee" nach Wilhelmsbad, der Schöpfung des ersten kurfürstlichen Nachfolgers der Hanauer Grafen, die um die Wende des achtzehnten und neunzehnten Jahrhunderts als eine der vornehmsten Heilstätten Deutschlands galt. Doch der heilsame Brunnen versiegte nach rund fünfzig Jahren, und Wilhelmsbad verlor seinen Ruf als Kurort. Dafür blieb es aber das besondere Lieblingsplätzchen aller Hanauer und auch der Eltern, dessen nobles Kurhaus, seitlich von langen niedrigen ehemaligen Badehäusern flankiert und abgeschlossen von geräumigen wohleingerichteten Unterkunftsblöcken, einen Hauch seiner großen Zeit verspüren ließ. Dazu kam der Park mit der künstlichen wasserumflossenen Ruine, und einer Pyramideninsel, dem einer künstlichen Schlucht mit Teufelsbrücke antik wirkenden Karussell und dem Einsiedler in seiner Höhle. Oft war es das von der Pulverfabrik allerdings nur mit der Bahn über Hanau-Ost und -West zu erreichende Ziel der Sonntagnachmittage, und ebenso wie im „Forsthaus" konzertierte hier die so beliebte Ulanenkapelle.

Das reizende Zopftheaterchen im französischen Stil war schon in der Knabenzeit verfallen und zur Rumpelkammer geworden. Dafür aber hatten den Primaner und seine Tanzstundenliebe die Tennisplätze hinter dem Kurhaus als eifrige Gäste gesehen. So verknüpft Wilhelmsbad Vergangenheit und Gegenwart, Jugend und Alter mit einem romantischen Band, dessen Festigkeit hoffentlich noch viele Jahre dauern wird.

Unvergessen bleibt all das Viele und Schöne, was vor allem an der fast restlos vernichteten Innenstadt mit dem Geburtshaus der Katastrophe vom 19. März 1945 zum Opfer gefallen ist. Doch hofft der Autor zuversichtlich, daß der geplante Wiederaufbau, der so intensiv voran schreitet, bald vollendet sein und ihn noch manche Jahre erfreuen möge. Und mit stolzer Freude verfolgt er Stück um Stück dieses neuen Werdens der geliebten Heimatstadt, der diese Erinnerungen in Dankbarkeit gewidmet sind.

Zwei Brände in Hanau

Am Mittwochnachmittag gegen 17.05 Uhr wurde die Hanauer Feuerwehr alarmiert, weil im Gelände der Wellpappefabrik Sieger in der Ruhrstraße ein Flächenbrand ausgebrochen war. In über einstündiger Löscharbeit konnte die Feuerwehr das Feuer, das vermutlich durch das Entschlacken einer Lokomotive entstanden war, eindämmen, so daß kein größerer Schaden zu verzeichnen ist. — Gestern morgen um 9.25 Uhr mußte die Feuerwehr wiederum ausrücken. In der Karl-Marx-Straße war, wahrscheinlich durch ein überhitztes Ofenrohr, ein selbstgebautes Behelfsheim in Brand geraten. Im Verein mit den Bewohnern, die bis zum Eintreffen der Feuerwehr den Brand mit Wasser niederhielten, gelang es, das Behelfsheim vor der Vernichtung zu bewahren.

Aufstieg im christlichen Geist

Jahreshauptversammlung des Kettelerwerks

Der Katholische Männerverein Hanau-Kesselstadt hielt kürzlich seine diesjährige Jahreshauptversammlung ab. Vor Eintritt der Versammlung in die Tagesordnung ehrten die Mitglieder durch Erheben von ihren Plätzen die verstorbenen und gefallenen Mitglieder. Sodann gab der 1. Vorsitzende seinen Jahresbericht, der von der Versammlung einstimmig gebilligt wurde. Nach dem Kassenbericht durch den Kassierer würdigten die Kassenprüfer die ordnungsmäßige und gewissenhafte Kassenführung. Daraufhin wurde dem Vorstand die Entlastung erteilt. Traditionsgemäß übernahm nun der Präses des Vereins, Pfarrer Auth, das Wort, dankte dem Vorstand für seine Arbeit und trat in seinen Ausführungen besonders für die Eingliederung der Arbeiterschaft in die Gesellschaft und Erstreben eines gesicherten und der sozialen Schicht gerechten Standards ein. Der gesellschaftliche Aufstieg der Arbeiterschaft muß aus christlichem Geist grundgelegt und aus ihm vollzogen werden. Er schlug der Versammlung vor, den seitherigen Vorstand in seiner Gesamtheit wieder zu wählen. Die Versammlung billigte diesen Vorschlag einstimmig. Hieran anschließend folgte eine sehr angeregte und fruchtbringende Aussprache.

Ueber Kimme und Korn

Freundschaftskampf Hanauer Schützen

Mit einem knappen Ergebnis von 1005 zu 992 Ringe unterlag der Freigerichter Schützenverein 1954 in einem Freundschaftskampf dem Schützenklub Hubertus Hanau. Hierbei gab es auf beiden Seiten eine recht gute Leistung, zumal dies der erste Kampf des neugegründeten Freigerichter Schützenvereins 1954 war, der erst

zwei Monate besteht. Die Beteiligung war von beiden Vereinen eine recht gute, wobei die Kameradschaft in den Vordergrund stand. Als beste Schützen des Abends gingen die Kameraden Rehbein (Hubertus) mit 135 und Kamerad Gehrmann (Freigerichter Schützenverein 1954) mit 132 Ringe hervor. Zum Ausklang wurde noch eine Ehrenscheibe herausgeschossen, die der Kamerad Beutler vom Schützenklub Hubertus für sich buchen konnte.

Wie wird das Wetter?

Weiterhin niederschlagsfrei

Übersicht: Deutschland bleibt noch überwiegend unter dem Einfluß einer schwachen Hochdruckzone. Die Störungsreste über Frankreich erlangen daher für unseren Bezirk keine wesentliche Wetterwirksamkeit.

Vorhersage: Am Freitag örtlich neblig, sonst heiter bis wolkig, trocken. Mittagstemperaturen vielfach bei 15 Grad, nachts noch frisch. Schwachwindig.

Weitere Aussichten: Am Wochenende wolkiger, kein Nachtfrost. Wetteramt Frankfurt.

MAZO DE LA ROCHE

Söhne zweier Mütter

Copyright by Fretz & Wasmuth Verlag AG, Zürich

2. Fortsetzung

„Es ist merkwürdig, Schwester, wie glücklich ich mich mit diesem Kind fühle. Ich meine, weil ich mit dem Unfall meines Mannes soviel Sorgen gehabt hatte. Und dann ist doch alles um mich so fremd. Als mein kleines Mädchen auf die Welt kam, war ich ein Wrack, und jetzt sagt der Doktor, ich könnte Ende des Monats reisen."

„Das ist schön. Und was für eine Belohnung nehmen Sie auch mit sich nach Hause!"

„Möchten Sie glauben, daß ich seit dem letztenmal einen Unterschied spüre? Es ist irgendwie schneller und stärker geworden."

„Ja, es ist überraschend, wie sie sich entwickeln."

Das Baby hatte gerade zum zweitenmal an diesem Tag zu trinken bekommen, als sein Vater vorsichtig das Zimmer betrat. Er blieb stehen und sah mit einem zärtlichen, ein wenig ermüdeten Lächeln auf das Paar im Bett hinunter.

„Nun, Camilla", sagte er, „heute morgen siehst du wieder mehr dir selber ähnlich."

„Ich bin es auch. Ich hatte eine ausgezeichnete Nacht."

„Das ist recht. Und wie geht's dem jungen Herrn?"

„Du kannst selbst nachsehen!" Sie zog die Decke vom Kopf des Babys zurück. Das Baby öffnete die Augen. Es spreizte seine Finger, bis die Hand einem rosigen Seestern glich.

Robert Wylde berührte es sacht. „Es ist so rot. Ist das auch in Ordnung? Janet war nicht so aufgedunsen."

„Janet ist wie ich. Er wird blond werden. Er ist wie du."

„Hm." Er seufzte, denn das Stehen ermüdete ihn noch. Er hinkte zu einem Stuhl und setzte sich. Sein Stock klapperte, als er ihn auf den Boden legte. Camilla sah auf, und ihre grauen Augen weiteten sich ärgerlich.

„Mein Gott, du bist so geräuschvoll!"

„Es tut mir leid, Camilla."

„Baby ist von Kopf zu Fuß zusammengefahren."

„Zu dumm. Ich kann mich an den Stock nicht gewöhnen."

Plötzlich erinnerte sie sich seiner Rosen. Sie rief:

„Oh, Liebling, ich bin dir so dankbar für die reizenden Rosen! Sieh nur an! Sogar dieses Zimmer wird durch sie schön. Komm und gib mir noch einen Kuß!"

Er lächelte, stand auf und hinkte zu ihrem Bett, beugte sich über sie und drückte einen Kuß auf ihre Wange. „Na", sagte er, „ich bin nur froh, daß du das so leicht überstanden hast, Camilla." Er betrachtete die Rosen. „Sie sind hübsch, nicht wahr? Ich habe die schönsten genommen, die sie hatten."

„Sie sind entzückend." Sie sah nach dem Fenster. „Wie ist es draußen? Wenn die Fenster sauberer wären, könnte ich hinaussehen. Wenn man bedenkt, was es kostet, ist das Haus hier recht schlecht gehalten."

„Nun, du bist ja bald wieder draußen. Ich habe gestern unsere Kabinen belegt. Gute Lage, gerade in der Mitte des Schiffs. Ganz nahe beim Aufzug zum Speisesaal. Damit du es bequem hast."

Ihre schönen Augen verdunkelten sich vor Enttäuschung.

„Ach, Liebling, du weißt doch, daß es mir verhaßt ist, in der Nähe von Aufzügen zu sein. Ihr Lärm dauert bis zum Morgen. Nach dem, was ich hinter mir habe, brauche ich meine Ruhe. Du wirst so gut sein, noch einmal ins Reisebüro zu gehen und die Kabinen umtauschen."

„Er rückte auf seinem Stuhl und strich sich mit der Hand über das Gesicht. Er sagte: „Ja, aber, Camilla, als wir herfuhren, waren wir auch ganz nahe bei den Aufzügen, und du schienst das gar nicht zu bemerken."

„Weil ich damals selbst sehr lange aufbleiben konnte. Und übrigens habe ich mich darüber beklagt. Mehrmals habe ich mich beklagt. Du kannst dich nur natürlich nicht daran erinnern."

„Schön, ich werde ins Reisebüro gehen und sehen, was sich tun läßt", anwortete er resigniert. Er preßte seine Hand auf die verletzte Stelle an seinem Bein, die ihn noch schmerzte.

‚Er wird hoffentlich nicht jedesmal, wenn er sich über mich ärgert, soviel Umstände mit seinem Bein machen' dachte sie. Sie schloß die Augen und strich kosend mit ihren Lippen über den flaumigen Kopf, der an ihrer Schulter lag. Ein wohliger Friede senkte sich über ihre Sinne.

Er zog den farbigen Schiffsplan aus der Tasche, setzte die Brille auf und betrachtete ihn ernsthaft.

Nach einer Weile sagte sie: „Der Mann gegenüber besucht auch gerade seine Frau. Es ist ein Hauptmann Rendel."

„Er ist im Aufzug mit mir heraufgefahren."

„So? Wie sieht er aus?"

„Wie alle anderen Engländer. Er hatte Angst, ich könnte ihn ansprechen."

„Und hast du mit ihm gesprochen?"

„Natürlich nicht. Er hatte ein paar Blumen in der Hand. Es schienen drei Gänseblümchen zu sein."

„Mein Gott!" Sie lachte. „Sieht er gut aus?"

„Groß und mager, als ob er in der Mitte entzweibrechen würde. Sein Anzug hat mir gefallen."

„Nun, ich muß sagen, Robert, du siehst heute morgen gut genug aus."

Er war belohnt. „Wenn du es sagst, Camilla . . ."

Die Pflegerin kam das Baby zu holen.

„Lassen Sie mich es noch einmal ansehen", sagte Wylde, „bei Tageslicht."

„Es ist eine Schönheit, Sir", sagte die Pflegerin.

Sie legte ihm das Baby in die Arme.

Er hinkte zum Fenster und prüfte das Kind mit einem zärtlichen, halb ironischen Blick.

„Meine Frau findet, daß es genau so wird wie ich", bemerkte er zur Pflegerin.

Sie fand, daß er sehr gut aussah, und sagte: „Ich hoffe, Sir."

„Ist das etwa ein Kompliment?" fragte er mit einem knabenhaften Lächeln.

„Du solltest es wirklich nicht bei dir behalten", unterbrach die Stimme seiner Frau. „Gott weiß, wieviel Bazillen an deinen Kleidern sind."

„Das ist wahr", gestand er zu und gab das Baby der Pflegerin.

Sie trug es fort.

„Robert", sagte seine Frau feierlich, „wir müssen ihm jede Möglichkeit geben, die wir ihm nur geben können."

„Darauf kannst du wetten", meinte er.

Im Zimmer auf der anderen Seite des Korridors sprachen die Rendels über ihr Baby.

Phyllis Rendel lachte. „Es ist lächerlich", sagte sie, „wie schnell diese kleinen Dinger sich entwickeln. Bis zu dieser Minute hatte ich noch nicht bemerkt, daß er Augenbrauen hat. Sieh nur hin!"

„Ich will blind sein, wenn ich welche sehe."

„Von dieser Seite mußt du hinschauen. Sie sind beinahe weiß, aber sie sind da."

„Was mich amüsiert, ist seine Nase. Alles in allem ein komischer kleiner Kerl."

„Er ist gewiß nicht so hübsch wie Clive in seinem Alter war. Ich fürchte, daß er seiner armen Mutter nachschlägt."

„Hoffentlich tut er das. Einer wie ich ist genug."

„Dick! Als wüßtest du nicht ganz genau, daß du gut aussiehst."

„Dann hör auf, von dir als von seiner armen Mutter zu sprechen!"

Sie lachten. Sie waren beide erleichtert, daß die Prüfung vorbei war. Das Kind war gesund. Nun konnten sie in ihr Heim auf dem Lande zurückkehren. Bald würde Phyllis wieder reiten können.

(Fortsetzung folgt)

Zum zehnten Male jährt sich Hanaus Schicksalstag

Am 19. März 1945 legte ein Luftangriff die Stadt in Schutt und Asche

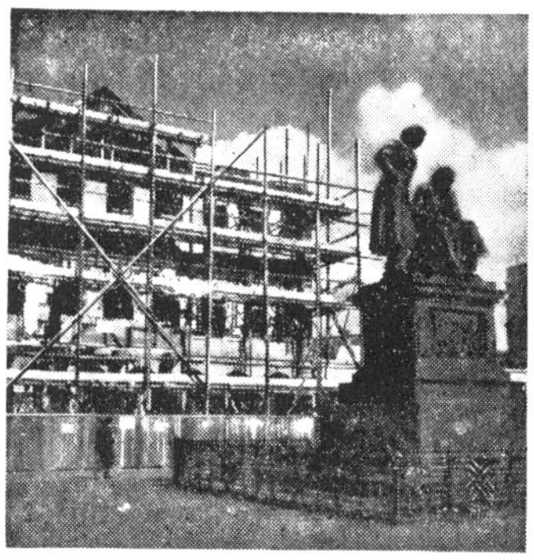

Das Neustädter Rathaus ersteht wieder

Das Menschenantlitz

Zehn Jahre sind vergangen. Zehn Jahre . . . Wir möchten es kaum glauben, daß seit jenem 19. März 1945, an dem Hanau — eine schreckliche Erfüllung des Wortes — dem Erdboden gleichgemacht wurde, schon eine so lange Zeit verstrich. Man spricht so oft von Wunden, die bald vernarben, aber jedesmal, wenn sich Hanaus Schicksalstag jährt, spüren wir, daß dies ein Geschehen ist, das nicht vergessen werden kann, das wohl erst für die heranwachsende Generation sein tragisches Gewicht allmählich verlieren wird.

Nicht allein die persönlichen Verluste sind es, die wir beklagen und die uns jenes Datum in unser Gedächtnis eingemeißelt haben wie in Stein. So schwer uns auch heute noch der Tod eines Angehörigen ankommen mag, so betrübt wir sein mögen über verlorenen Besitz — am schlimmsten wohl ist die Erfahrung, wie furchtbar ein Krieg das Antlitz der Menschheit entstellen kann. Zerstören, vernichten, töten: welch eine grauenhafte Umkehrung des Auftrages, den die Menschheit von der Schöpfung empfing. Fast alle von uns waren verwandelt, unempfindlich und rechenschaftslos. Ein Mann, der im zivilen Leben einem Käfer aus dem Weg ging, um ihn nicht zu zertreten — er zielte mit seinem Karabiner sorgfältig auf einen ihm fremden Menschen, schoß und löschte ein Leben aus. Er dachte nicht mehr daran, daß dieser Mensch unter Schmerzen geboren wurde, mit schönen Hoffnungen aufwuchs und von den Sorgen einer Mutter, einer Ehefrau begleitet war. Er zielte und schoß, gedankenlos, wie er es schon auf dem Schießstand tat, wo ihm — oft sogar mit dem Menschen nachgebildeten Pappfiguren! — das Töten gelernt wurde. Andere Männer saßen in Flugzeugen, flogen das befohlene Ziel an und klinkten ebenso gedankenlos ihre Bombenlast aus. Die Phantasie reichte nicht bis zur Erde hinab. Von oben war alles nur ein grandioser Anblick. Mit der wachsenden Distanz zum Opfer wurde das menschliche Gewissen immer reiner.

Was dachten die Flieger, die am frühen Morgen des 19. März 1945 ihre Bomben über Hanau abwarfen, über einer blühenden Stadt, über Frauen, Kinder und Greise? Taten sie es gedankenlos, mit einem leisen Bedauern, zitterte ihnen die Hand, die den Tod hinabschickte? Etliche Bomben fielen auch in großer Entfernung von Hanau nieder, im freien Gelände und im Wald. Waren es schlechte Bombenschützen? Oder . . . waren es Menschen, deren Gewissen aufschrie? Einige der Flieger sind nach der Rückkehr gewiß mit einem Orden ausgezeichnet worden, für ihren tapferen Einsatz oder für ihren fünfzigsten Feindflug. Wie hoch mag ihr Anteil an den Toten gewesen sein? Waren es drei, sieben, einundzwanzig Menschen, die von ihren Bomben getötet wurden?

Am Morgen des 19. März 1945, kurz vor dem Frühlingsanfang, sang in Hanau kein Vogel. Die Natur schwieg, entsetzt über das Vernichtungswerk der Menschen. Flammen loderten in den Straßen, und am Himmel kündete schwerer Rauch den Tod einer Stadt.

Zehn Jahre sind seitdem vergangen. Das Leben überwand den Tod, der Wille die Hoffnungslosigkeit. Wer heute durch die Straßen Hanaus geht, als Fremder diese Stadt sieht, möchte es fast nicht glauben, daß hier noch vor wenigen Jahren wüste Einöde war. Auf Schritt und Tritt begegnet er zwar noch den Spuren der Zerstörung, aber so, wie einst die Trümmer von pflanzlichem Leben überwuchert waren, so treten heute die restlichen Ruinen zurück hinter der Kraft, die sich allenthalben im Aufbau regt.

Wie lange mag es noch dauern, bis nichts mehr an die Zerstörung erinnert? Fünf Jahre? Weitere zehn Jahre? Ob früher oder später: der Tag wird kommen, an dem Hanau wieder vollständig aufgebaut sein wird. Und wir werden dann stolz sein auf diese gewaltige Arbeit, so, wie wir heute schon stolz sein dürfen auf das, was in den zurückliegenden zehn Jahren geleistet wurde Es wird vielleicht nur noch ein Mahnmal sein, das an die Vernichtung unserer Stadt erinnert. Und an die schreckliche Wandlung des Menschen. Vergessen wir bei dem Aufbau auch uns selbst nicht, bauen wir uns mit neu auf und erweisen wir uns künftig des Lebens würdig, das uns geschenkt wurde und dessen Erhaltung unser gottgegebener Auftrag ist. -dt.

Aber uns blieb der Wille zum Leben

Zum zehnten Male jährt sich der Tag, an dem die alte Stadt Hanau im Hagel der Bomben und im Feuer der Vernichtung unterging. Tausende unserer Mitbürger lagen unter den rauchenden Trümmern unserer einst so schönen Stadt, und unermeßlich waren das Leid und die Not. Fassungslos und ohne Hoffnung standen wir damals vor der großen Katastrophe, die über uns gekommen war. Mit Wehmut und mit Schaudern denken wir an die Ereignisse am frühen Morgen des 19. März 1945. Unauslöschbar wird in uns allen, die wir diese Katastrophe erlebt haben, der grausame Eindruck sein, den wir empfangen haben, und unvergeßlich die Opfer, die in dieser Nacht von unseren Bürgern gefordert wurden. — Wir haben uns in den zehn Jahren, die seitdem verflossen sind, mit allen Kräften bemüht, die Tränen zu trocknen und das Leid und die Not zu lindern, und wir können heute, zehn Jahre nach der Katastrophe, sagen, daß unsere Stadt wieder lebt, daß die Spuren der Vernichtung zu einem großen Teil beseitigt sind, und daß Bürgerfleiß und der eiserne Wille zum Leben in Hanau sich bewährt haben. Wir sind in diesen zehn Jahren auf dem Gebiete des Wiederaufbaues ein großes Stück vorwärts gekommen, und wir hoffen, daß auch in den nächsten Jahren unsere historische Aufgabe, die größer und schwerer ist als alle die Aufgaben, die früheren Generationen gestellt waren, ihrer Lösung nähergebracht werden. Möge uns die Kraft erhalten bleiben, das begonnene Werk erfolgreich fortzusetzen, wozu vor allem gehört, daß unserer Generation und den nachfolgenden der Friede erhalten bleibt und damit die Voraussetzung für Glück und Wohlstand.

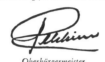

Oberbürgermeister.

Zwiegespräch mit dem Sohn

Gedanken für die Jugend und wider den Krieg

Andreas Täubner schaltet das Licht ein und schließt einen Herzschlag lang geblendet die Augen. Dann drückt er die Tür ins Schloß, verriegelt sie und prüft, ob sie sich nicht mehr öffnen lasse. Nach einem tiefen Atemzug geht er einige Male erregt im Zimmer auf und ab, um schließlich vor der kleinen Kommode seinen Schritt zu verhalten. Lange schaut er das Bild seines Sohnes an, das dort steht. Endlich nimmt er es behutsam in seine Hände, stellt es auf den Tisch und setzt sich davor nieder. Sorgfältig streicht er das Tischtuch glatt, flicht dann seine Finger wie zum Gebet zusammen und sieht mit trüben Augen seinen Sohn an.

Es ist ein junges Antlitz, dessen Züge erst sacht ein Reifen und Werden andeuten, ein Antlitz, das noch nicht recht zu dem strengen Grau der Uniform passen will und seltsam dem Kleid des Zwanges und blinden Gehorsams widerspricht.

Andreas Täubner schaut seinen Sohn an. Dann preßt er mit beiden Händen seine Lider auf die Augen, glättet seine spärlichen grauen Haare und beginnt, behutsam die Worte erfühlend, zu sprechen: „Mein Sohn“, sagt Andreas, und seine leise Stimme klingt ein wenig schwach und brüchig, „mein lieber Arno. — Es fällt mir unsagbar schwer, mit dir nun über das zu sprechen, was mich seit dem Ende des Krieges bewegt und nicht zur Ruhe kommen läßt.“

Andreas stockt, krampft unsicher seine Hände ineinander und fährt erst nach einer Weile in seiner Rede fort: „Es fällt mir darum so schwer, weil ich an Dinge rühren muß, die du als rein und gut in dein Herz aufgenommen hattest und denen du, obwohl sie Schein waren, deinen jungen Glauben schenktest. In diesen Worten, mein Junge, liegt kein Vorwurf; niemand wird dir darum einen Vorwurf machen können oder auch nur wollen, am wenigsten ich, der ich mit Schuld daran trage, daß dein Streben nicht in gute und fruchtbare Wege geleitet wurde. Und wenn ich heute mit dir über dieses spreche, so ist es eigentlich zu spät und ein vergeblicher Versuch, Versäumtes nachzuholen. Dennoch aber muß ich mit dir sprechen, denn es ist mir, als klänge seit deinem Tode mir eine Frage im Ohr, deine bange Frage, ob du nun umsonst gefallen bist, ob dein höchstes Opfer vergebens war. Diese Sorge, mein lieber Arno, möchte ich von dir nehmen.“

Andreas Täubner lauscht in den schweigenden Raum, als warte er auf eine Antwort. Dann schüttelt er sacht verneinend den Kopf und erwidert mit vorsichtiger Güte die stumme Rede seines Sohnes.

„Glaube nicht, daß dein Opfer darum nicht vergebens war, weil eine künftige Generation euren Kampf fortsetzen und vollenden wird. Dies, lieber Arno, wird nicht geschehen. — Ach, es ist so unendlich schwer, mit dir über Dinge zu sprechen, denen du dein Leben, das heiligste Gut des Menschen, geopfert hast, wenn auch dieses Opfer eigentlich einem anderen Glauben galt. — Doch denke einmal daran, mein Junge, was dann wäre, wenn deine Hoffnung verwirklicht und eine kommende Generation das vollenden würde, was in jüngster Zeit nicht gelang: dann würden ungezählte Söhne anderer Völker die gleiche Frage stellen, die du jetzt aussprichst, ungezählte Mütter und Väter würden klagen, daß sie vergebens ihre Kinder dahingegeben haben, um die Freiheit ihres Volkes zu erhalten.“

Andreas glaubt, einen Einwand seines Sohnes zu hören und entgegnet: „Du darfst nicht fragen, mein Junge, warum gerade du dich vergebens geopfert haben sollst. Du hast dein Leben nicht umsonst gegeben. Um dir dies zu zeigen, richte ich heute das Wort an dich. Aber, mein Sohn, selbst wenn es so wäre, dann hätte deine Frage ‚Warum gerade ich?‘ keine Berechtigung, denn sie lautet zur Vollständigkeit ergänzt ‚Warum gerade ich und nicht andere?‘ und hat damit vor deinem eigenen Gewissen, so es rein und menschlich gerecht ist, keinen Bestand.“

Wieder erwartet der Vater die Antwort seines Sohnes und setzt dann mit nachsichtigem Lächeln seine Rede fort: „Es spricht für deine reine Seele und deinen arglosen Glauben, wenn du annimmst, daß die Opfer anderer Völker nicht vergebens gewesen wären, wenn wir gesiegt hätten, daß wir also die uns Unterlegenen gerechter behandelt hätten, als es uns geschah. Aber, mein Junge, wir hatten in dieser Hinsicht bereits schlechte Anfänge gemacht, und wenn du einwendest, daß sich dies später gebessert hätte, dann ist diese Annahme ebensowenig begründet, wie der böswillige Glaube, daß die heute uns zuteil werdende Behandlung niemals eine völlig gerechte werde. — Gewiß ist unser Volk nun in namenloses Elend gestürzt, und gewiß ist nicht alles recht, was uns gegenwärtig geschieht. Aber selbst, wenn wir in eitler Verblendung die Schuld daran nur denen beimessen, in deren Händen jetzt unser Schicksal liegt, selbst dann dürften wir nicht danach trachten, eines Tages den Spieß umzukehren. Es ist ein gefährliches Wort, das da sagt, man solle Gleiches mit Gleichem vergelten. Wenn dir jemand Unrecht tut, so hast du niemals das Recht, jenem das gleiche anzutun. Dies ist gültig für alle, für Sieger und Unterlegene. — Und wenn du nun sagst, daß unsere Besieger nicht danach verfahren, so können dir diese mit gleicher Begründung entgegenhalten, daß wir zuvor auch nicht demgemäß verfahren sind. Diese Gedanken weiter zurück verfolgt, ergeben jene unheilvolle Kette, die in der Vergangenheit immer wieder Kriege entfacht und das Unrecht mal nach hier und mal nach dort getragen hat.

Wir müssen das Gewissen der Menschheit anrufen und in all unseren Handlungen guten Willen zeigen, auch wenn wir dies eine Zeit vergebens tun und selbst wenn wir von der einen Seite Widerspruch und von der anderen den Vorwurf der Feigheit ernten. Es hat in der Vergangenheit viele Schicksale gegeben, die sich im Dienst an der Menschheit erfüllten. Leider aber strahlt der Ruhm dieser Männer und Frauen weniger hell am Firmament der Geschichte als die Namen derer, die Kriege geführt und Schlachten gewonnen haben. Doch wäre es gut, wenn wir uns in dieser Zeit wieder zu jenem stillen Heldentum bekennen wollten, dessen Taten wohl seltener gerühmt werden, aber fruchtbringend und von dauernder Wirkung sind. — Wir müssen lernen, in erster Linie Mensch zu sein und erst im untergeordneten Sinne Angehöriger eines bestimmten Volkes. Wir müssen es, oder aber wir verlieren den Anspruch, das vollkommenste Geschöpf der Schöpfung zu sein und erleben den Untergang der Menschheit und ihrer Kultur. Und ich glaube daran, daß uns Geduld und guter Wille zum Ziel führen werden, daß unsere Mahnrufe gehört werden, wenn auch die Gegenwart wenig ermutigend ist und sich tausend bittere Einwände erheben.

Darum, mein lieber Junge, weiß ich, daß dein Tod nicht umsonst war. Wir werden einst erkennen, daß du und deine Kameraden von diesseits und jenseits der Fronten, daß ihr alle nicht für den Sieg eines Volkes gefallen seid, sondern um des wahren Friedens der Menschheit willen. Und wenn du fragst, ob denn euer aller Tod notwendig war, um zu dieser Einsicht zu gelangen, so muß ich dir die anscheinend furchtbare, im innersten Gehalt aber tröstende Antwort geben: Ja, es war nötig. Euer Opfer war nötig, um die Menschen mit grausamer Härte aufzurütteln und sie von einem jahrhundertelang begangenen Weg abzubringen, der, gedankenlos weiter verfolgt, unweigerlich in den Abgrund führt.

Durch euer Opfer wird die Welt genesen. Die Ehrfurcht vor eurem Tode wird uns das Leben wieder als heiliges unverletzliches Gut schätzen lassen. Solches Wissen wird euch die Ruhe schenken und uns Hinterbliebene trösten.

Dies hoffe ich, und dies ist mein Gebet.“

Der Vater schweigt und erwartet mit gesenktem Kopf die Antwort seines Sohnes. Und als er die ferne Stimme vernimmt, hebt er seinen Blick und streichelt mit beiden Händen liebkosend den Rahmen des Bildes. Seine Finger gleiten zitternd über das junge Antlitz, als fühlten sie warmes Leben, und dann preßt Andreas in endlicher Erlösung seine Lippen auf das kühle Glas. dt.

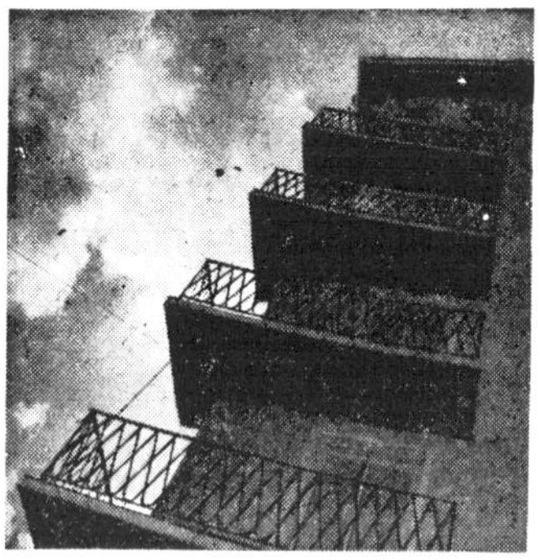

Das moderne Gesicht des neuen Hanau

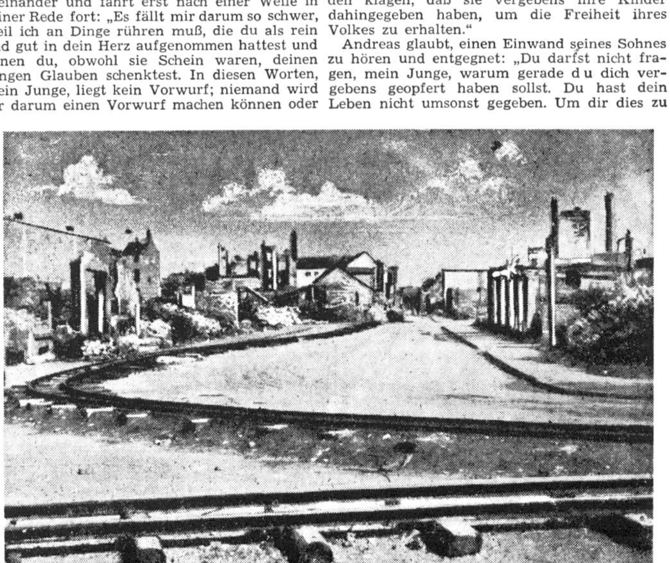

Denken wir stets daran: Hanau war vor wenigen Jahren eine tote Stadt

Stadt Hanau

Stoppschild

Die Polizeiverkehrsbereitschaft Hanau in Dörnigheim teilt uns mit: Es wird vielfach beobachtet, daß Verkehrsteilnehmer — Kraftfahrer und Radfahrer — unmittelbar an den aufgestellten Stoppschildern ihr Fahrzeug anhalten, dort kurz verweilen und dann weiterfahren. Erst einige Meter weiter bekommen sie einen Ueberblick über den Verkehr auf der anderen Straße, weil das Stoppschild zu weit von der Kreuzung wegsteht. Mannigfaltige Gründe mögen dafür vorhanden sein, daß das Stoppschild nicht dort aufgestellt werden konnte, wo es eigentlich hingehört. Dieses Verhalten der Verkehrsteilnehmer entspricht keinesfalls mehr den geltenden Verkehrsvorschriften und war noch zu einer Zeit vertretbar, als auf der Fahrbahn in Höhe der Stoppschilder eine rote Markierung angebracht war.

Das Gebotsschild „Halt, Vorfahrt achten" bedeutet ein unbedingtes Halten. Dieses Schild soll den Verkehrsteilnehmer dazu zwingen, die Verkehrslage in Ruhe zu beurteilen. Es muß aber auch dort gehalten werden, wo die Vorfahrtstraße zu übersehen ist. Dies wird nicht immer von dem Punkt möglich sein, an dem das Stoppschild steht. Deshalb ist es notwendig, daß sich der Verkehrsteilnehmer mit seinem Fahrzeug so weit vortastet, bis er die Vorfahrstraße überblicken und die Verkehrssituation beurteilen kann und dort sein Fahrzeug anhält. Erst, nachdem er sich vom Verkehrsablauf überzeugt hat, darf er weiterfahren.

Verschiedentlich findet man an den Stoppschildern auch eine weiße nicht unterbrochene Linie quer zur Fahrbahn. Diese Linie zeigt die Stelle an, an der der Verkehr halten muß, wenn durch allgemeine Verkehrsregelung nach § 2 StVO „Halt" geboten ist. Und dieser § 2 StVO spricht von der Verkehrsregelung durch Polizeibeamte und durch Farbzeichen. Diese Verkehrsregelung wird man aber in der Hauptsache nur in größeren Städten antreffen.

Auf frischer Tat ertappt

Beim Einbruch in ein Wasserhäuschen

Einer Polizeistreife gelang es in der letzten Nacht gegen 3 Uhr, einen Einbrecher auf frischer Tat zu ertappen, als er gerade dabei war, ein Wasserhäuschen am Frankfurter Tor auszuräumen. Bei dem Einbrecher handelt es sich um einen 27 Jahre alten, erheblich vorbestraften Hanauer, der mit einem Schraubenzieher und mit anderem Werkzeug die Türschlösser des Häuschens aufgebrochen hatte. Die Kriminalpolizei hat die weiteren Ermittlungen aufgenommen.

Süddeutsche Klassenlotterie. Am 11. Ziehungstage der 5. Klasse 18. Süddeutschen Klassenlotterie wurden u. a. folgende Nummern gezogen. (ohne Gewähr): 233, 1072, 9820, 18 906, 18 990, 22 510, 22 526 22 555, 35 165, 66 519, 89 864, 112 742, 117 455, 117 457. 127 957, 127 982.

Wir gratulieren

Frau Christine Daube, Freigerichtstraße 16, begeht morgen ihren 77. Geburtstag.

Wohin gehen wir heute?

Capitol-Lichtspiele: „IA in Oberbayern" mit Joe Stöckel und Lucie Englisch

Central-Theater: „Symphonie in Gold" mit Germaine Damar und Joachim Fuchsberger

Gloria-Lichtspiele: „Bonjour, Kathrin" mit Caterina Valente und Peter Alexander

Modernes Theater: „Der letzte Mann" mit Romy Schneider und Hans Albers

Stadthalle (Kammermusiksaal): Kunstausstellung mit den Werken der im städtischen Wettbewerb preisgekrönten Künstler. Täglich geöffnet von 10 bis 18 Uhr.

Zum Schicksalstag unserer Heimatstadt am 19. März 1945

Wir müssen stets unsere Gedanken wachhalten

Vor elf Jahren wurde die Stadt Hanau im Hagel der Bomben vernichtet

Heute vor elf Jahren stand genau wie jetzt der Frühling vor der Tür. Aber die Menschen ersehnten diesen Frühling in einem viel tieferen Sinne als heute, sie warteten auf ihn, wie auf die endliche Wiederkehr des Lebens, nachdem in fast fünf Kriegsjahren jegliche Daseinsfreude erstorben war. Auch in Hanau warteten die Menschen auf den Frühling, auf den Frieden, und wenn sich in diese Gedanken auch ein wenig Furcht einschlich, so überwog doch die Sehnsucht, daß der Wahnsinn des Krieges endlich ein Ende finden möge. Zwar hatte Hanau schon einige Luftangriffe erlebt und Schäden davongetragen, aber die Stadt stand noch, und ihre Menschen vertrauten der Kraft ihrer Hände und ihres Geistes, die sie befähigen würde, auch die Folgen eines verlorenen Krieges zu überwinden.

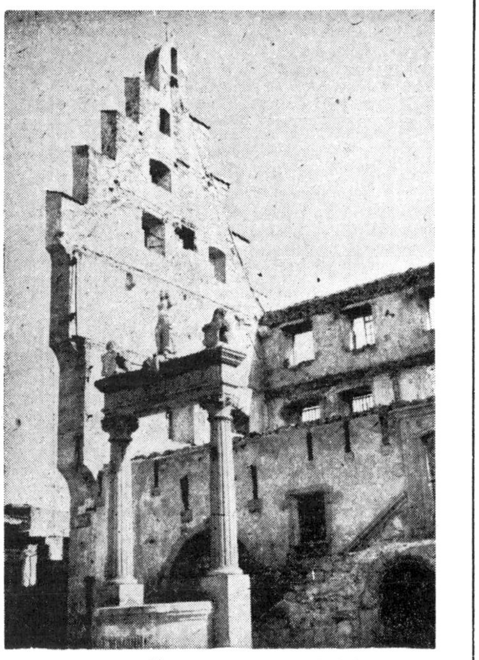

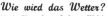

DAS ZERSTÖRUNGSWERK DES KRIEGES

Der Krieg war längst entschieden. Aber noch kämpften wir, als hätten wir ihn noch nicht verloren, und noch kämpften die anderen, als müßten sie ihn noch gewinnen. Und so schlug der Krieg noch einmal zu: am frühen Morgen des 19. März 1945, wenige Tage vor dem Einmarsch der amerikanischen Truppen, wurde Hanau in einem erbarmungslosen Luftangriff dem Erdboden gleichgemacht. Tausende, die auf den Frieden gewartet hatten, unter ihnen Mütter, Kinder und Greise, fanden den Tod, und die Ueberlebenden standen fassungslos vor den rauchenden Trümmern: auf Frühling und Frieden hatten sie gehofft, und nun sahen sie sich dem Nichts gegenüber, nun wohnte in dem Gedanken an die Zukunft nur noch Grauen.

Elf Jahre sind seitdem vergangen. Rings umher legen die Trümmer noch Zeugnis ab von jener fürchterlichen Vernichtungstat, aber die tote Stadt ist wieder zum Leben erwacht ... und neues Leben blüht aus den Ruinen" — wie oft wurde dieses Wort in den vergangenen Jahren schon ausgesprochen, obwohl sein Sinn dabei gründlich verkannt wurde. Denn nicht in tätiger Erneuerung war das Alte gestürzt, sondern Wahnsinn war es, der die völlige Vernichtung heraufbeschwor, und nicht in verheißungsvoller Wandlung erwachte neues Leben, sondern aus der Qual des nackten Selbsterhaltungstriebes. Nein: Pathos ist nicht am Platze, wenn wir zu würdigen haben, in welchem Maße menschlicher Aufbauwille die Folgen menschlicher Zerstörungssucht inzwischen überwinden konnte. Hanau baut sich auf — nicht größer und schöner denn je, wie es einem Redner leicht von den Lippen gehen mag, sondern es baut sich auf, wie eine Wunde heilt: langsam, unter Schmerzen und in allmählicher Vernarbung.

Und die Menschen, die Ueberlebenden? Haben sie schon überwunden, was ihnen der Krieg an Schaden zufügte? Viele mögen es glauben, und doch leiden auch sie noch am Krieg, sie leiden um so mehr, je schneller sie sich gedanklich von ihm zu entfernen suchen. Unser Leben in den Nachkriegsjahren verlief in heftigen Fieberkurven: erst waren wir bemüht, überhaupt zu existieren, mußten wir buchstäblich um das tägliche Brot kämpfen, dann aßen wir uns satt, und nun sitzen wir meist in neuen Wohnungen und haben unser äußerliches Dasein weitgehend geordnet. In flüchtiger Schau möchte man also annehmen, daß unser Leben wieder so verläuft, wie das Leben früherer Generationen. Aber der Schein trügt. Wir leben zu hektisch. Mit der gleichen Gier, mit der wir vor wenigen Jahren unseren Magen mit lang entbehrten genüßlichen Dingen vollstopften, suchen wir heute unser Leben materiell zu bereichern. Erleben — dieses Wort ist darauf nicht mehr anwendbar. Nichts versäumen — das ist der Angstgedanke, unter dem wir von Eindruck zu Eindruck jagen, nichts versäumen, alles erraffen, nicht tiefer sehen, sondern mehr sehen, nicht tiefer hören, sondern mehr hören, immer mehr Abwechslung, immer mehr Zerstreuung und nur keine Stille, die uns unser eigenes Antlitz offenbaren könnte!

Die Angst, etwas zu versäumen, treibt uns voran. Und im gleichen Maße, in dem wir rastlos unseren Besitz mehren, wächst die Angst, daß wir alles wieder verlieren könnten. Sind wir glücklich? Ist das der Frieden? Wer heute eines der schönsten Lebensziele erlangen kann, wer sich ein eigenes Haus baut, muß zugleich auch wieder einen Luftschutzkeller bauen. Er wird nicht, wie früher ein Mensch, der sich ein Haus baute, vor seinem Heim stehen können in dem trostvollen Gedanken, daß er hier seinen Frieden hat, seinen Lebensabend verbringen kann, ja, daß sogar Kinder und Kindeskinder hier ihre Stätte haben werden. Nein: er baut sein Haus auf Fraglichkeit, baut mit hinein eine Chance zum Ueberleben.

Arme Menschheit, die nur noch sich selbst zu fürchten hat ... Unwetter, Feuer, Seuchen — diese Heimsuchungen sind wohl schrecklich, aber sie lösen in uns längst nicht jene Furcht aus, die wir vor uns selbst, vor den Menschen empfinden. Angst vor wilden Tieren trieb den Menschen früher in Höhlen. Angst vor uns selbst treibt uns heute unter die Erde. Schon sprengen wir Flugzeughallen in die Felsen, legen wir unterirdische Fabriken an, entwerfen und bauen wir Häuser, von denen nur noch ein Rohr zur Be- und Entlüftung aus der Erde herausragt. Der Mensch der Zukunft: ein Höhlenmensch.

Und Gott, so fragen viele, läßt Gott das alles zu? Welch eine vermessene Frage, die Gott verantwortlich machen will für das, was wir selbst tun. Von Gott empfingen wir die Möglichkeit, von uns eine bessere Vorstellung zu haben und ihre Verwirklichung anzustreben. Die Möglichkeit. Nicht mehr und nicht weniger. Ein kostbares Geschenk, für das wir Dankbarkeit und Demut zeigen sollten. Aber kaum befähigt, von der Unendlichkeit der Erscheinungen unsere nächste Nachbarschaft erforscht zu haben, waren wir stolz auf unser halbes Wissen und vergaßen den Schenkenden. Denken ohne Demut ist ein Beginnen, das an seiner Maßlosigkeit scheitern muß. Und arm sind die Menschen, die sich des Mißbrauchs jener Möglichkeit nicht schämen und sich ihres Gottes nur erinnern, wenn sie die Verantwortlichkeit für ihr Tun nicht mehr in ihrem Gewissen spüren.

Halten wir stets unsere Gedanken wach, besinnen wir uns an einem Tag wie dem heutigen und darüber hinaus zu jeder Zeit auf die Werte, die unverlierbar sind, und auf jene Bindung, die immer besteht, wenn wir selbst sie nicht leichtsinnig aufgeben. Nutzen wir doch endlich die Möglichkeit, uns dem Bild zu nähern, das wir uns von uns selbst vorzustellen vermögen. Apokalypse oder Erfüllung des Auftrages an den Menschen — die Wahl fällt nicht schwer. Aber sie verlangt unser aller Handeln. -dt.

Dienstbereite Apotheke: Stadt-Apotheke, Nürnberger Straße 39.

Wie wird das Wetter?

Noch überwiegend freundlich!

Übersicht: Über dem europäischen Festland herrscht noch immer eine großräumige Südostströmung, die das freundliche und tagsüber recht milde Wetter andauern läßt.

Vorhersage: Am Montag und Dienstag heiter bis wolkig, trocken. Mittagstemperaturen 12 bis 15 Grad, Tiefstwerte nachts etwas unter null Grad. Südostwind.

Weitere Aussichten: Unbeständiger, aber mild. Wetteramt Frankfurt.

Roman von Rosemary Taylor

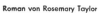

Liebe – FRISCH GESTÄRKT

Copyright by Universitas-Verlag Berlin, Deutscher Pressevertrieb: Dr. Paul Herzog, Tübingen.

48. Fortsetzung

„Wie nahe waren wir dem Tod, Wyatt." Sie schüttelte sich. „Wir sind tatsächlich noch einmal davon gekommen."

„Wirklich?" forschte ich, um sie zu beruhigen. „So ganz stimmt das doch nicht; oder hast du je die Absicht gehabt, hinüberzuturnen? — Nein? Na siehst du, ich ebensowenig."

Das half ihr ein bißchen über das grausige Erlebnis hinweg, und wir stapften tapfer weiter durch den Morast eines lehmigen Feldweges.

Er schien uns endlos. In Wirklichkeit werden wir kaum drei oder vier Kilometer hinter uns gehabt haben, als Cordelia aufjubelte.

„Ein Haus, dort, links von dem einzelstehenden Baum."

Ich sah in die Richtung und entdeckte tatsächlich ein langgestrecktes Gebäude, dessen Umrisse sich verschwommen vom Himmel abhoben.

Wir haben es geschafft!

Das Haus lag weiter entfernt als wir angenommen hatten. Als wir es endlich erreichten, dunkelte es bereits.

Es war eines jener herrschaftlichen Häuser, die zuweilen monatelang unbewohnt sind. Die Tür war verbarrikadiert, die Fenster durch Laden verschlossen. Da standen wir nun mit unserem Talent, zwei vor Nässe bibbernde Häufchen Unglück.

Es war aussichtslos, gewiß; dennoch hämmerte ich mit der Faust gegen die Tür. Natürlich antwortete niemand, alles blieb stumm.

Cordelia war nahezu verzweifelt. „Wir werden schon hineinkommen", tröstete ich sie. „Laß mich nur erst den richtigen Stein suchen."

Ich fand ihn und zerschmetterte damit Fensterladen und Scheibe. Den Riegel zu öffnen war nun keine Kunst mehr.

Drin waren wir erst einmal, und das war gut, denn es dunkelte nun schnell. Trotz der unzulänglichen Beleuchtung konnten wir erkennen, daß wir uns in einem ziemlich großen Raum befanden, in dem eine Fülle weiß verdeckter Möbel herumstanden. An einer Seite war ein Kamin. Der Wind heulte darin, und das Ganze war gespenstisch, sage ich Ihnen.

Meine Finger suchten und fanden einen Lichtschalter. Aber alles blieb dunkel.

„Der Strom scheint abgeschaltet", stellte ich fest.

„Macht nichts", entgegnete Cordelia, die auf dem Kamin einige Kerzen in schweren Leuchtern entdeckt hatte.

„Ein Königreich für ein Zündholz", deklamierte ich. In dem spärlichen Licht suchten wir den ganzen Raum ab, und als ich den Deckel irgendeines Kastens hochhob, ertönte eine wilde Melodie.

„Hab ich mich erschrocken", Cordelia japste nach Luft.

„Ein Musikautomat", sagte ich heiser. „Kein Grund zum Fürchten. Aber Zigaretten habe ich schon gefunden." Ich hob die Schachtel hoch. „Und wo Zigaretten sind, darf man mit Fug und Recht auch Streichhölzer vermuten." Aber es waren keine zu entdecken, erst in der Küche fanden wir schließlich, was wir brauchten, und die Kerzen leuchteten auf; golden und warm strahlte ihr Licht, erfüllte den Raum mit Leben, aber auch mit tanzenden Schatten.

Im Kamin fand sich Feuerholz. Rot glühte die Flamme auf, flackerte und fraß sich gierig in die Scheite.

Wir zündeten uns Zigaretten an und starrten in die Flammen und das Licht.

„Das tut gut", seufzte Cordelia und hockte sich auf den Fußboden. Sie konnte nicht nah genug an den Kamin heranrkriechen. Sie inhalierte tief. „Jetzt erst weiß ich, daß wir es tatsächlich geschafft haben." In dieser Stunde verstand ich den Doppelsinn, den sie in den schlichten Satz gelegt hatte, noch nicht, sondern kauerte mich neben ihr nieder und genoß ganz einfach die Wärme.

„Ob es hier Telefon gibt? Vielleicht sollten wir Tante Maud und deine Mutter anrufen."

„Wird schon vorhanden sein", gab ich zurück. „Wahrscheinlich ist es ebenfalls abgeschaltet. Aber ich kann mich ja mal umsehen." Ich ergriff einen der Leuchter.

Einen Telefonapparat entdeckte ich nicht, dafür aber warmflauschige Bademäntel und dicke, weiche Frottiertücher.

„Na, wie gefallen dir die?" Ich zeigte ihr, was ich gefunden hatte und wies auf den Pappschlüssel. „Gereinigt durch Sunshine-Haggertys Schlüsseldienst. Was sagst du nun?"

„Nichts, ich stehe sprachlos vis-à-vis", lachte sie glücklich.

„Aber nun runter mit dem nassen Zeug! Und daß du dich ja ordentlich abrubbelst."

Sie verschwand mit Handtuch und Mantel im Badezimmer, um zu entdecken, daß auch das Wasser abgesperrt war.

„Dann nicht, liebe Tante, bleiben wir schmutzig ..."

„Wer mag A. W. sein?" ich zeigte auf das Monogram. „Hier A. W. Kennst du jemand mit diesen Initialen?"

Sie erinnerte sich an niemand, und so grübelten wir nicht länger darüber nach

Ich versorgte mich ebenfalls mit Tuch und Mantel, ging aber nicht ins Bad, sondern in die Küche, um vorerst noch etwas Eßbarem zu sehen, denn langsam bekam ich Hunger.

Wie zu vermuten war, stand der Eisschrank leer. Lediglich etwas Vogelfutter fand ich irgendwo und eine Schachtel mit Hundekuchen. Ich probierte davon, aber das Zeug schmeckte ekelhaft; ich spuckte es so schnell ich nur konnte aus und entschloß mich, den Rest den Hunden zu überlassen.

Natürlich suchte ich weiter und riß alle Schubladen und Schränke auf. Und nicht vergebens, stieß ich doch auf den Likörvorrat: vier oder fünf angebrochene Flaschen Whiskey, einige mehr als halbvoll. Ich nahm erst einmal einen kräftigen Schluck, goß dann den Rest einer Flasche in eine kleine Waschschüssel, tunkte mein Handtuch hinein und rieb Gesicht, Hals und Hände ab. Sogleich fühlte ich mich viel sauberer.

Hochgestimmt, mit Gläsern und Flaschen beladen, kehrte ich zu Cordelia zurück, nicht ohne an der Tür zu fragen, ob der Eintritt gestattet sei.

Die „Dame fürs Feuer" gewährte ihn gnädig. Sie hatte sich in den viel zu weiten Bademantel komisch eingemummelt, trocknete ihr Haar vor dem Kamin und sah mich von der Seite her an.

„Sie sehen so frisch aus, Wyatt Bruce! Was haben Sie aufgegabelt?" Sie zeigte auf die Flaschen.

„Whiskey, meine Holdselige; Whiskey in jeder Menge. Wir haben nichts zu essen und kein Wasser zum Trinken, aber Whiskey haben wir noch und noch." Ich verzog mein Gesicht

„Kommt mir nicht ganz unbekannt vor" lachte sie. „Mir ist, als ob ich dergleichen schon einmal erlebt habe — in einem ausgetrockneten Flußbett." Sie hätten ihre Augen sehen sollen, als sie das sagte!

Ich schenkte ein Glas randvoll ein und reichte es ihr.

„Ohne Soda schmeckt er doch eigentlich scheußlich." Sie schluckte mit sichtlichem Widerwillen.

„Whiskey innen, Whiskey außen", meditierte ich. „Mache es so wie ich, nimm ihn im Nebenbei zum Waschen." Ich schwenkte zwei Flaschen mit den sinnigen Markenzeichen einer alten Krähe und eines rüstigen Großvaters.

„Was ist dir lieber: Dich mit Old Crow zu waschen und Old Granddad zu trinken, oder Old Crow zu trinken und dich mit Old Granddad zu waschen?"

(Fortsetzung folgt)

Stadt Hanau

Bilder

Ein so fürchterliches Ereignis wie das in der Nacht zum 19. März 1945 wird sich kaum jemals aus dem Gedächtnis aller derjenigen löschen lassen, die es miterleben mußten. Es wird jedoch meistens nur in seiner Gesamtheit bestehen bleiben, die einzelnen Bilder dagegen verblassen und bleiben schließlich verborgen hinter dem Vorhang, der von Zeit und Vergänglichkeit gewoben wird.

Das Gegenständliche aber bleibt, solange es erhalten wird, unverfälschtes Zeugnis des Gewesenen. Das wird einem erst dann wieder so richtig klar, wenn man einmal im Archiv der Stadtbildstelle kramt. Man wird in den vielen gefüllten Schubladen manche Aufnahme aus vergangenen Tagen finden, die dem Beschauer noch einmal deutlich vor Augen führt, wie es wirklich war. Die Kamera beschönigt nichts. Sie hat die Trümmer genau so auf den Film gebannt, wie sie uns einmal auf Schritt und Tritt den Weg versperrten.

Viele Straßenzüge und ganze Stadtviertel sind nicht zu erkennen. Immer wieder nur die Reste eingestürzter Mauern auf diesen Bildern, schmale Kamine, die wie eherne Säulen stehengeblieben sind und der Feuersbrunst getrotzt haben, öde Fensterhöhlen und Schutthalden, aus denen sich verbogene Eisenträger herauswinden. Ab und zu ist an irgendeiner Ecke noch die einigermaßen erhaltengebliebene Fassade eines markanten Hauses zu sehen. Man hat nun einen Anhaltspunkt und weiß vielleicht, in welche Richtung die Kamera geschaut hat.

Nachdenklich und bewundernd sieht man die Bilder vom Hanauer Ehrendienst. Man schaut auf die Jahreszahl auf der Rückseite: 1945 - 1946 oder 1947. Und man versucht unwillkürlich der Entwicklung des Wiederaufbaues zu folgen. Wie ein Film fliegen die Bilder vorüber: schmale, kaum zwei Meter breite Hauptstraßen, ein Jahr später sind sie schon geräumt, kleiner werdende Trümmerberge, eingeebnete Plätze, enttrümmerte Grundstücke, Baustellen — und schließlich das erste Richtfest.

Dann betrachtet man die Aufnahmen, auf denen man manche alten Hanauer erkennt — etwas schmaler und blasser als heute. Mit Pickeln, Schaufeln und Spaten stehen sie zwischen den Ruinen. Viele von ihnen winkten und lächelten ins Objektiv, als der Fotograf abdrückte.

Wie gut, daß die Menschen trotz allem niemals den Mut verlieren und das Lachen verlernen. lo

Konzert des Oratorienvereins

Heute abend in der Stadthalle

Auf das heute abend um 20 Uhr in der Stadthalle stattfindende Konzert des Hanauer Oratorienvereins soll an dieser Stelle nochmals hingewiesen werden. Wie bereits mitgeteilt, bringt der Oratorienverein anläßlich des 12. Jahrestages der Zerstörung Hanaus eine Aufführung des „Deutschen Requiems" und des „Schicksalsliedes" von Johannes Brahms. An dem Konzert, das von Horst Welter dirigiert wird, nehmen außer dem Oratorienverein die Sängervereinigung Offenbach, das Hessische Symphonieorchester sowie mehrere Solisten teil. Karten sind noch an der Abendkasse erhältlich. Das Konzert wird gegen 22 Uhr beendet sein.

Für Veranstaltungen auf Straßen

Vorher die Polizei hören

Der Hessische Minister für Arbeit, Wirtschaft und Verkehr hat den Regierungspräsidenten, den Magistraten der kreisfreien Städte und den Landräten bekanntgegeben, daß nach den Bestimmungen der Straßenverkehrsordnung vor Erteilung der Erlaubnis für Veranstaltungen, die öffentliche Straßen mehr als verkehrsüblich in Anspruch nehmen, die Polizei zu hören ist. Diese Bestimmung gilt auch dann, wenn es sich um die Erteilung von Erlaubnissen für den Betrieb von Lautsprechern handelt.

Neue Filme in Hanau

Central-Theater:

„Americano"

Ein Amerikaner im wilden Brasilien. Dort muß der Gast aus dem Norden erkennen, daß nicht nur in Texas eine rauhe Luft herrscht, sondern daß auch die Gauchos im tropischen Urwald und in den fruchtbaren Ebenen des Landes für ein wildes Klima sorgen. So gibt es hier auch manche Parallelen zu den üblichen und beliebten Filmen aus dem amerikanischen Westen. Ein Farmer will zum Herrscher über sämtliche umliegende Ländereien werden und versucht daher, das Vordringen fleißiger Siedler gewaltsam zu verhindern. Tag für Tag sind die gedungenen Mordbrenner unterwegs, stecken die Hütten der Kleinbauern in Brand und nehmen sich jeden aufs Korn, der es wagt, ihnen Widerstand entgegenzusetzen. Es gibt zwar eine Art Selbstschutztruppe und auch einen Zug berittener Polizisten. Doch dauert das Spiel der Bösewichter immerhin doch so lange, bis der in vielen „Schlachten" erprobte Texasheld die Sache in die Hand nimmt und mit einigen gutgezielten Pistolenschüssen und kräftigen Kinnhaken à la Hollywood für Ruhe und Ordnung sorgt. Ursula Thiess und Glenn Ford sind die beiden Hauptdarsteller in diesem Farbfilm, der sich eben nur dadurch von vielen ähnlichen Streifen aus der Welt des Abenteurers unterscheidet, daß seine Szenerie etwa näher an den Aequator verlegt wurde. pd

Wir gratulieren

Der Rentner Johannes Reinhard, Hausmannstraße 5, kann heute sein 80. Lebensjahr vollenden.

Wohin gehen wir heute?

Capitol-Lichtspiele: „Ein Herz kehrt heim" mit Maria Holst und Willi Birgel

Central-Theater: „Americano" mit Ursula Thiess und Glenn Ford

Gloria-Lichtspiele: „Gejagte Unschuld"

Modernes Theater: „Die Trapp-Familie" mit Maria Holst und Hans Holt

Stadthalle: 20 Uhr, Konzert des Oratorienvereins

Der 19. März 1945 — Hanaus Schicksalstag

Trümmer verschwinden – die Mahnung bleibt

Vor zwölf Jahren versank die Hanauer Innenstadt in Schutt und Asche

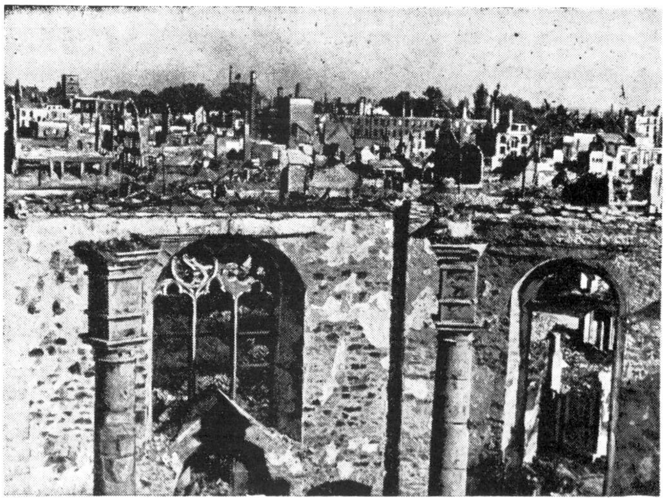

Blick von der Ruine der Wallonischen und Niederländischen Kirche auf das Trümmerfeld der Innenstadt. Jetzt, nach 12 Jahren, soll auch dieses markante Hanauer Kirchenbauwerk wieder aufgebaut werden.

Wieder einmal ist der 19. März gekommen. Zum zwölften Mal, seitdem dieses Datum zu einem schicksalhaften für unsere Stadt geworden ist. Seit zwölf Jahren schon haben wir die traurige Pflicht, den heutigen Tag einen Schicksalstag zu nennen. Wir alle würden ihn lieber feiern als den Vorabend zum Beginn eines neuen Frühlings, der uns Blühen, Gedeihen und neues Leben bringt. So aber liegt im Hintergrund dieses Tages, mag die Sonne noch so hell scheinen, eine düstere Ahnung, die jeder spürt, wenn er Hanauer ist oder zu einem Bürger dieser Stadt geworden sein will. In jedem Jahr seit 1945 ist daher am 19. März auch zur Besinnung gemahnt worden. Für die Ueberlebenden verbindet sich damit nicht nur die Pflicht, sich an die Opfer zu erinnern, sondern auch der eigenen Verantwortung gegenüber gebietet dieser Tag Einkehr und Zwiegespräch mit sich selbst.

Die Vergangenheit ist nie ganz auszulöschen, so sehr man sich hier und dort auch bemühen mag. Immer wird das schreckliche Geschehen jener Nacht zum 19. März 1945 allen vor Augen stehen, die miterleben mußten, wie eine blühende Stadt unter einem fürchterlichen Bombenhagel in Schutt und Asche sank. Da gab es keinen Unterschied, ob ein Haus auf jahrhundertealten Mauern stand, ob es neu gebaut, ob es aus Holz, Beton oder Stein gefügt war. Alles fegte die apokalyptische Erscheinung des modernen Zeitalters hinweg. Was ungezählte Generationen unter nicht zu beschreibenden Mühen und Plagen zusammengetragen hatten, sank in wenigen Minuten zu einem elenden Trümmerhaufen in sich zusammen. Wohl nirgends mehr als angesichts dieser schrecklichen Katastrophen kam den Menschen, die gerade ihr nacktes Leben gerettet hatten, so deutlich zum Bewußtsein, wie schwer sich diese Generation versündigt hat. Und als die niemals anders als tapfer gegenüber dem Leben gewesenen Hanauer inmitten der brennenden Fackel ihrer Stadt ohnmächtig vor dem unfaßbaren Geschehen standen, da wollten sie resignieren, als sie an das dachten, was nun vor ihnen lag.

Die Gegenwart beweist uns, daß keine Wunder notwendig sind, um etwas zu schaffen, was einst übermenschlich schien. Als die Toten begraben waren und das harte Leben seine unmittelbaren Ansprüche stellte, da hieß es zupacken. Das wurde dann auch mit letzter Entschlossenheit getan. So gewann unsere Stadt langsam wieder an Gestalt und Form, eine Stadt, von der man einst nicht wußte, ob sie überhaupt wieder aufgebaut werden sollte. Nur, wenn man an diese Tatsache denkt, kann man in seinem ganzen Umfang ermessen, wie gewaltig die Aufbauleistungen des vergangenen Jahrzehnts eigentlich sind. Heute kommt es zuweilen noch vor, daß uns Trümmer stören. Dabei vergessen wir, daß sie bisher stets unsere Begleiter auf den Wegen zu unserem Heim und zu unserer Arbeitsstätte gewesen sind. Wir würden besser daran tun, uns mehr über jede neue Wand zu freuen, die auf einem von Steinen und Gebälk geräumten Grundstück in die Höhe wächst, als unbescheiden und anspruchsvoll genug zu sein, uns der Ruinen zu schämen, zu deren Beseitigung unsere Kraft noch nicht ausreichte.

Die Zukunft ist uns zwar verborgen, aber das, was hinter uns und unserer Stadt liegt, muß stets lebendig bleiben. Von den Trümmern und Ruinen werden immer mehr verschwinden, bis eines Tages — wir hoffen alle, daß er nicht allzufern ist — eine Aera abgeschlossen werden kann, die zu den stolzesten in der Geschichte der Stadt zählt. Was aber bleiben muß, ist die ernste Mahnung an ein Ereignis, wie es sinnloser nicht sein kann. Ewig muß diese Mahnung bestehen, damit der nächsten Generation und den kommenden Geschlechtern das Grauen erspart bleibt, das in den Augen mancher noch immer zu lesen ist. Bei aller Freude über die Ueberwindung der Resignation und den in harter Arbeit errungenen Erfolg muß das harte Schicksal einer ganzen Stadt immer eine ernste Warnung bleiben, die weder von modernen Fassaden, blitzendem Chrom und anderem Flitter, noch von irgendwelchen aus dem Uebermut des Lebensstandards geborenen Schlagworten verdrängt werden darf. Der 19. März verpflichtet uns daher in jedem Jahr aufs neue zum Gedenken. Er muß für alle Zukunft ein Datum bleiben, das mehr zu Frieden und Versöhnung mahnt, als es alle Reden zu tun vermögen. hb

Gedenkstunde zum 19. März

In der Johanneskirche

Anläßlich des 12. Jahrestages der Zerstörung Hanaus findet am heutigen 19. März um 18 Uhr in der Johanneskirche eine Andacht für die Hanauer Gemeinden statt. Meta Maria Kopp wird zwei Arien singen. Die Ansprache hält Pfarrer Scheig.

Keine falschen Akzente

Wiedervereinigung ist vordringlich

Dr. Schuster sprach vor Sowjetzonenflüchtlingen im Durchgangslager

In einer Versammlung im Sowjetzonen-Durchgangslager faßten etwa 1000 der sich gegenwärtig im Lager aufhaltenden Flüchtlinge eine Entschließung, in der die Einrichtung eines besonderen Referats für Fragen der Sowjetzonenflüchtlinge und der Wiedervereinigung beim hessischen Innenministerium gefordert wird.

Im Mittelpunkt der Versammlung stand ein Referat von Staatssekretär Dr. Schuster, der Vorsitzender des Landesverbandes der Sowjetzonenflüchtlinge ist. Dr. Schuster befaßte sich vor allem mit der Frage der Wiedervereinigung, die er als vordringliches Problem der deutschen Politik bezeichnete. Es sei besonders zu bedauern, daß sich in der jüngsten Zeit tiefgreifende Meinungsverschiedenheiten darüber ergeben hätten, wie die Wiedervereinigung am zweckmäßigsten zu erreichen sei. Vor den Bundestagswahlen wachse die Gefahr noch mehr an, daß die wichtigste deutsche Lebensfrage im Wahlkampf mit falschen Akzenten behaftet werde.

Der Referent wies darauf hin, daß in der letzten Zeit zwei grundverschiedene Auffassungen darüber vertreten worden seien, ob es richtig sei, die alten Grenzen von 1937 zu fordern. Es sei politisch nicht sehr klug, wenn man sich dabei jedesmal auf die extreme Richtung versteife. Damit kämen die Bemühungen um die Wiedervereinigung nicht weiter. Auch die Saarfrage sei nur dadurch gelöst worden, daß die Bundesrepublik Zugeständnisse an Frankreich gemacht habe. Die Politik gegenüber dem Osten müsse genau so beweglich sein. Verhandlungen mit Warschau und Moskau hätten nur Aussicht auf Erfolg, wenn es gelinge, die Polen im Laufe der Zeit aus ihrer starken Bindung zum Kreml zu lösen.

Dr. Schuster forderte die Sowjetzonenflüchtlinge daher auf, für den Gedanken der Nüchternheit und Besonnenheit in der Politik im Hinblick auf die Wiedervereinigung einzutreten. Es gelte, jede Möglichkeit zu ergreifen, um die deutsche Einheit zu retten und mehr als 17 Millionen Deutsche jenseits der Zonengrenze mit der Bundesrepublik zu einem Gesamtdeutschland zu vereinen. Die enge Bindung zum Westen dürfe zwar nicht aufgegeben werden. Dennoch sei es aber möglich, ernstgemeinte Verhandlungen mit den Sowjets zu führen. Allein diese Politik verspreche einen Erfolg. Es habe ebenso wenig einen Sinn, in nationalen Pathos zu verfallen, als zu versuchen, für Gesamtdeutschland schon jetzt eine Staats- und Gesellschaftsform und einen Sicherheitsstatus schaffen zu wollen. Dr. Schuster betonte, daß der Briefwechsel zwischen Adenauer und Bulganin eine Ausgangsbasis biete, um mit den Sowjets in ein ernsthaftes Gespräch über die Wiedervereinigung zu kommen.

Henrik Ibsen: „Ein Volksfeind"

Ein zeitkritisches und zeitlos gültiges Theaterstück

Es gehört zu den Aufgaben des heutigen Theaters, auch die großen Naturalisten auf ihre heutige Theaterwirksamkeit zu prüfen. Es ist daher ein dankenswerter Versuch der Landesbühne Rhein-Main, das Schauspiel „Ein Volksfeind" des großen nordischen Dramatikers Henrik Ibsen zur Diskussion zu stellen. Es geht in diesem Werk um den Kampf eines ehrlich ringenden Menschen gegen die Korruption und gegen die Dummheit. Der Badearzt Dr. Thomas Stockmann hat seiner Heimatstadt durch die Gründung eines Bades mit Heilquellen zu wirtschaftlicher Blüte verholfen. Sein Bruder, der Stadtvogt Peter Stockmann, möchte gerne den Ruhm für sich allein gewinnen. Thomas hat erkannt, daß durch eine fehlerhafte Anlage der Bäder diese nicht heilbringend, sondern gesundheitsschädigend sind, und setzt sich nunmehr mit allen Mitteln für eine ordnungsmäßige Badeanlage, die sehr kostspielig ist, ein. Zunächst findet er Unterstützung, doch gelingt es dem Stadtvogt, die ganze Stadt gegen seinen Bruder mobil zu machen. Thomas steht in seinem Kampfe mit seiner Familie schließlich allein und wird zum „Volksfeind", bis er schließlich erkennt, daß der Kämpfer für Wahrheit und Recht trotzdem der stärkste Mann ist.

Zu allen Zeiten gibt es Dummheit und Korruption, aber auch Menschen, die sich dagegen auflehnen und dann einen schweren Kampf auf sich nehmen müssen. Darin liegt die zeitlose und allgemeingültige Idee dieses Schauspiels, von dem auch heute noch eine starke Wirkung ausgeht. Ibsen versteht es, klar profilierte Menschen auf die Bühne zu stellen, die uns etwas zu sagen haben.

Die Landesbühne Rhein-Main, Frankfurt, bringt dieses Gastspiel Donnerstag, den 28. März, 20 Uhr, in unsere Stadthalle. Unter der Regie des jungen, begabten Danielo Devaux und ihrer Ausstattung von Hermann Soherr wirken die besten Kräfte der Landesbühne mit. Egon Zehlen, auch in Hanau ein stets gern gesehener Darsteller profilierter Rollen, spielt den Badearzt Dr. Stockmann als den Apostel einer klugen und gütigen Menschlichkeit, der kraftvoll um Wahrheit und Recht ringt und alle Verfolgung um der Wahrheit willen auf sich nimmt. Sein Gegenspieler, der Stadtvogt, wird von Willi Drost dargestellt, ein schleichender Bürokrat, der mit List und Korruption das Netz um seinen Bruder zusammenzieht. Eine ausgesprochene Ibsenfigur stellt Rudolf Kästner, der den Pflegevater der Frau des Badearztes verkörpert, auf die Bühne. In den weiteren Rollen begegnen wir Christa Rust in der Rolle der Frau des Badearztes, Zita Hitz als Junglehrerin Petra Stockmann, die sich mit jungmädchenhaftem Eifer für den Vater einsetzt, Utz Richter und Erwin Scherchel, den Vertretern einer käuflichen Presse, Karl Striebeck, dem gutmütigen und treuen Freund des „Volksfeindes", Schiffskapitän Horster und den Darstellern der Vertreter der Bürgerschaft Theo Ennisch, Alfred Böckel, Heinrich Berisch, Walter Griesmann, die ausgezeichnete Kleinbürgertypen zeichnen.

Dieses Gastspiel der Landesbühne Rhein-Main wird vom Städtischen Kulturamt im Freiverkauf am 28. März durchgeführt. Der Vorverkauf hat bereits in den bekannten Vorverkaufsstellen Verkehrsverein (Marktplatz) und Konzertbüro Heusohn & Schmidt (Bangertstraße) begonnen. Abonnenten der Theatergemeinde und der Volksbühne haben Preisermäßigung.

Gestürzt und verletzt

Obwohl Zusammenstoß vermieden wurde

In der Bruchköbeler Landstraße kam es gestern vormittag gegen 11.15 Uhr zu einem Verkehrsunfall, als ein Lastkraftwagen von Alten Rückinger Weg kommend in die Bruchköbeler Landstraße einbiegen wollte. In diesem Augenblick kam ein stadtauswärts fahrender Motorrollerfahrer vorbei. Da der Lastwagen trotz des Vorfahrtsschildes nicht anzuhalten schien, wurde der Motorrollerfahrer irritiert und kam zu Fall. Er zog sich Prellungen zu. Sein Fahrzeug wurde leicht beschädigt.

Dienstbereite Apotheke. Neue Apotheke, Kanaltorplatz 6.

Wie wird das Wetter?

Mildes Westwetter

Mit der kräftigen Westdrift greifen weitere Störungen auf das Festland über. Dabei verstärkt sich noch der Zustrom milder Luftmassen.

Vorhersage für Dienstag und Mittwoch: Vorherrschend stark bewölkt und vor allem am Dienstag weitere Regenfälle. Höchsttemperaturen 12 bis 15 Grad, nachts nur geringe Abkühlung. Lebhafter Wind um Südwest.

Weitere Aussichten: Mild, nachlassende Niederschläge. Wetteramt Frankfurt

Deutsches Goldschmiedehaus wird eingeweiht

Gewachsenes und Gegründetes verschwand — Aus Trümmern entstand eine neue Stadt

Am 19. März vormittags um 9.30 Uhr wird die Stadt Hanau mit einer Ansprache ihres Oberbürgermeisters ihr von dem Hanauer Künstler Otto Craß gestaltetes Mahnmal auf der Martin-Luther-Anlage (alter Französischer Friedhof) in feierlicher Weise enthüllen. Am gleichen Tage wird das wiederaufgebaute Altstädter Rathaus als Deutsches Goldschmiedehaus eingeweiht. Bei dem aus diesem Anlaß um 11 Uhr in der Stadthalle stattfindenden Festakt hat der Hessische Ministerpräsident Dr. Georg August Zinn die Festrede übernommen. Enthüllung des Mahnmals und Einweihung des Deutschen Goldschmiedehauses stellen Meilensteine in der Geschichte der vom Kriege so hart getroffenen Stadt Hanau dar.

So schmerzlich es ist: unter den Bombenteppichen des 19. März 1945 ist das alte Hanau, an dem geistig und erscheinungsmäßig die Jahrhunderte gestaltet hatten, für immer dahingesunken. Innerhalb weniger Minuten wurde Gewachsenes und Gegründetes gleichermaßen so vernichtend getroffen, daß es naheliegend war, wenn man auch dem Wenigen, was blinder Zufall geschont hatte, das Schicksal Carthagos prophezeite. Denn wer hätte angesichts der Ruinenfelder vom Frühjahr 1945 die Phantasie oder gar den Mut aufbringen wollen, auch nur daran zu denken, daß — wenn der Vergleich gestattet ist — auf diesen Karfreitag jemals noch ein Ostermorgen folgen werde?

Und doch sollte es nicht lange dauern, und schon wieder regte sich neues Leben in den Ruinen. Die Menschen dieser leidgeprüften Stadt waren nicht entschlossen, das aufzugeben, was ihnen bis dahin Heimat gewesen war, und zwar, wie sich zeigte, auch dann nicht, wenn diese Heimat im Augenblick nur aus unübersehbaren Trümmerhaufen bestand. Was will es heißen, daß ein Wirtschaftsamt Bezugscheine für Kalk, Zement, Holz usw. beigesteuert hat, um hier einen Keller, dort einen Hausrest provisorisch und behelfsmäßig zum Wohnen einzurichten, entscheidend ist die Tat jenes namenlosen Hanauers, der als erster nach der Katastrophe des 19. März wieder Steine aufeinanderschichtete und damit hundert anderen Vorbild und Anregung gab. Es war ein kraftvolles Credo an die Heimat, an die Tradition und an die Zukunft, das sich damals sichtbar vor aller Augen vollzog. Gemessen an der Größe der Tat besagt es nichts, daß im Zuge des später von Fachleuten betriebenen planmäßigen Wiederaufbaus diese Notlösungen wieder verschwinden mußten bzw. wieder verschwinden werden. Ja, Gott sei Dank, daß sie in zahlreichen Fällen unterdessen schon wieder verschwinden konnten! Wenn wir sie aber niederreißen, dann sollten wir daran denken, daß nur über solche Notquartiere als sichtbarer Willensbekundung der alten Hanauer Bevölkerung, ihre Stadt nicht aufzugeben, der behördlich gelenkte Wiederaufbau möglich geworden ist.

Städte haben ihre Eigenarten

Wer sich jemals mit denkmalpflegerischen Fragen beschäftigt hat, weiß um die Schwierigkeiten, die sich dem Wiederaufbau zerstörter Städte entgegenstellen. Städte sind das Ergebnis langer Wachstumsprozesse und haben ihre Eigenarten. So bezauberte uns der Anblick der Altstadt von Hanau mit ihren prächtigen und in vielen Fällen geradezu charaktervollen Fachwerksbauten, mit ihren verträumten Winkeln und Gassen immer wieder Augen und Sinne. Sollte das alles etwa in der alten Art wieder aufgebaut werden? Nun, man darf heute froh sein, daß dies nicht geschehen ist. Denn abgesehen von tausend Schwierigkeiten technischer und finanzieller Art, die sich bei einem derartigen Unternehmen aufgeworfen hätten, haben uns doch die historizierenden Baustile des vergangenen Jahrhunderts in aller Eindringlichkeit gezeigt, zu welch' unglücklichen Lösungen man mit dieser Methode gelangt ist. Eine Altstadt kann man einfach in der alten Art nicht wieder aufbauen. (Eine andere Frage freilich ist die der Erhaltung erhaltungsfähiger und erhaltungswürdiger Reste von besonderem stadtgeschichtlichem Wert!) Was das Hanau vor der Katastrophe mit dem Hanau nach dem Wiederaufbau verbindet, das sind somit vielfach nur die gleichen Straßenbezeichnungen, nachdem an den Häuserfluchten und Straßenzeilen selbst häufig der Zeichenstift des modernen Städtebauers noch entsprechende Korrekturen vorgenommen hat, wozu ihn beispielsweise allein schon die Gegebenheiten der völlig anders gewordenen Verkehrsverhältnisse zwangen.

Erfreute sich das in seinem äußeren Erscheinungsbild bis auf die farbliche Fassung in der alten Art wieder aufgebaute Altstädter Rathaus nicht der Nähe der in der Hauptsache spätgotischen Marienkirche, dann würde es heute inmitten der modernen Bauten rings um den Altstädter Marktplatz gar vereinsamt dastehen.

In diesem Falle aber wird es kaum jemand geben, der es nicht auf das lebhafteste begrüßt hätte, daß Stadt, Land und Bund die Mittel bereitgestellt haben, um diesen repräsentativsten Profanbau der Hanauer Altstadt wieder in der ursprünglichen baulichen Konzeption herstellen zu lassen, zumal hier wertvolle Teile der alten Bausubstanz erhalten geblieben waren. In seiner heutigen Einmaligkeit kommt somit dem Altstädter Rathaus geradezu symbolhafte Bedeutung zu, denn sein Anblick wird jedem alten Hanauer das Bild der alten Stadt in Erinnerung zurückrufen, so wie er sie erlebt hat von seiner Kindheit an, bis sie im Inferno der Bomben und Luftminen an jenem unglückseligen Märzmorgen des Jahres 1945 für immer dahinsank. Den Jungen aber mag dieser stolze Bau Veranlassung geben, in stillen Stunden sich einmal alte Bild- und Zeitschriftenbände vorzunehmen, in denen in Wort und Illustration das Hanau vor der Zerstörung fortlebt.

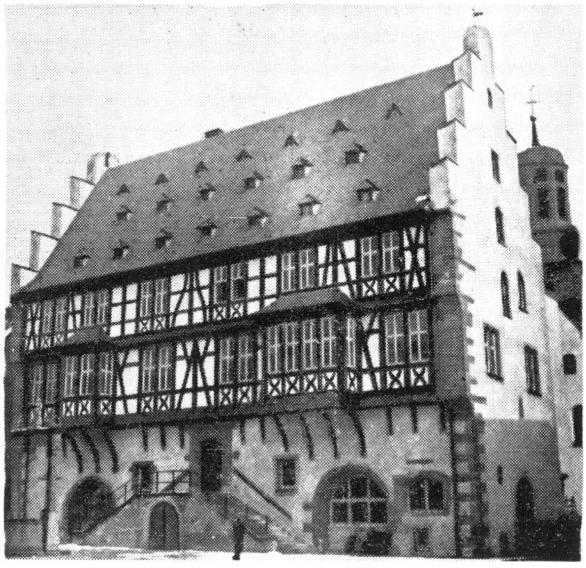

Das wiedererstandene Goldschmiedehaus

Ein Denkmal besonderer Art

Dieser alten Stadt, auf deren Trümmern heute eine neue Stadt emporwächst, ist im wiederaufgebauten Altstädter Rathaus ein Denkmal besonderer Art entstanden. Als Deutsches Goldschmiedehaus wird es am 19. März 1958 seine Wiedereinweihung erfahren und damit die gleichen Aufgaben übernehmen, die es vor der Zerstörung besaß. Doch stellen wir auch in diesem Falle darauf ab, daß es das Gold- und Silberschmiedehandwerk gewesen ist, das einst im alten Hanau (wenngleich mit Schwerpunkt in der Neustadt) eine so bedeutende Rolle gespielt und den Namen Hanaus ruhmvoll in alle Welt hinausgetragen hat, dann stellt das Altstädter Rathaus auch als Deutsches Goldschmiedehaus ein großartiges Denkmal Hanauer Gewerbefleißes und bester Hanauer Handwerkstradition dar.

Stets aber, wenn von den Zerstörungen des 19. März die Rede ist, spricht man von Substanzverlusten an Repräsentativbauten, an Bürgerhäusern, an Gassen und Plätzen. Nur nebenbei ist die Rede von den Personenverlusten, die damals innerhalb weniger Minuten das Opfer einer wahnwitzigen Kriegsführung geworden sind. Ihrem Andenken sowie dem Gedenken an alle diejenigen, die an den Fronten und in Konzentrationslagern ihr Leben hingeben mußten, ist das neue Mahnmal auf dem alten Französischen Friedhof gewidmet. Möge es bis in die fernste Zukunft hinein den kommenden Generationen in stummer, aber deswegen nicht minder eindringlicher Sprache Mahnung sein, niemals mehr einen politischen Weg zu beschreiten, an dessen Ende wieder ein 19. März 1945 steht.

Wahrzeichen der Stadt

Als in der zu Ende gehenden Nacht des 19. März 1945 die Feuersbrünste aufflammten und im ununterbrochenen Donner und Detonationen der Bomben immer neue gewaltige Flammen in den Himmel loderten, da glaubte wohl niemand, daß diese Stadt, die hier in Schutt und Asche sank, wieder einmal erstehen könnte.

So wurde der 19. März für die Hanauer Bürgerschaft ein Tag, in dem Haß und Leid, Zerstörung und Vergebung ineinanderklangen. Ein Tag, der in der Geschichte der Stadt fortleben wird als der Tag des Zusammenbruchs, der Zerstörung, aber auch als ein Tag der Erkenntnis. Der Erkenntnis nämlich, daß das, was irgendwo geschieht, alle angeht und was den einen trifft, am Ende jeden treffen wird. Vielleicht war es diese Erkenntnis, die nur im Unterbewußtsein lebte, die aber die Bürger dieser Stadt nicht verzagen ließ und letztlich dann zu einer gewaltigen Gemeinschaftsarbeit zusammenführte. Mit dieser Gemeinschaftsarbeit wurde der Weg frei gemacht für den Wiederaufbau einer aus tausend Wunden blutenden Stadt.

Viele Lücken und Trümmerstätten zeugen noch heute von der furchtbaren Zerstörung; aber die Stadt ist wieder erstanden und wir sind stolz und glücklich, heute sagen zu dürfen, daß in dieser wieder erstandenen Stadt gewaltige und neue Kräfte pulsieren, so daß uns um die Zukunft nicht bange zu sein braucht.

Am 19. März 1958 soll die erste Phase des Wiederaufbaues der Stadt einen krönenden Abschluß finden durch die Einweihung des Deutschen Goldschmiedehauses.

Untergang und neues Leben, Vernichtung und Entwicklung sind mit den geistigen Strömungen ihrer Zeit aufs engste verknüpft. Die jüngste Geschichte unserer Stadt — von den düsteren Tagen, als das Unglück begann, bis in die heutige Zeit des Wiederaufbaues des Zerstörten und Verlorenen — ist tragisches und versöhnliches Beispiel zugleich. In der Enthüllung eines Mahnmals und in der Einweihung des alten Wahrzeichens unserer Stadt am 19. März 1958 ist ein geistiger Bogen gespannt. Dort, die Mahnung an eine Zeit des Unrechts, der Unduldsamkeit — des Zusammenbruchs; hier, der Ausdruck ernsten Bemühens und der Bereitschaft zum Dienst im künstlerischen und kulturellen Streben der Gesellschaft.

Das nunmehr erstellte Deutsche Goldschmiedehaus ist darum mehr als die Fortsetzung einer großen Tradition der Hanauer Goldschmiede. Die Wiederherstellung dieses Wahrzeichens unserer Stadt legt Zeugnis ab von dem starken Willen und dem unvergleichlichen Mut der Hanauer Bürgerschaft in einer Zeit, in der es darauf ankam, der Gemeinschaft zu dienen.

H. Fischer, Oberbürgermeister

Goldschmiedehaus als Aufgabe

Zur Ausstellung „Schmuck und Gerät von 1800 bis heute"

Tradition und Gegenwart, diese Begriffe werden den Besuchern der Ausstellung „Schmuck und Gerät von 1800 bis heute", die am Nachmittag des 19. März im wiederaufgebauten Altstädter Rathaus eröffnet wird und ab Donnerstag, 20. März, vier Wochen lang der Oeffentlichkeit zugänglich ist, zu einem einprägsamen Erlebnis werden. Tradition und Gegenwart stehen nicht nur als zumindest eine Idee über der Ausstellung selbst, sie spiegeln sich bereits in der Verschiedenartigkeit von Außen- und Innenarchitektur des Ausstellungsgebäudes.

Das wiedererstandene Altstädter Rathaus ist in seinem äußeren Erscheinungsbild bis auf den Farbanstrich das gleiche wie das an jenem unglückseligen 19. März 1945 mit seiner gesamten Umgebung dahingesunkene, das Hanauer Bürgersinn vor mehr als 400 Jahren an dieser Stelle entstehen ließ. In der Innenarchitektur aber hat man in den beiden Hauptgeschossen auf jegliche Unterteilung verzichtet. Auf diese Weise sind hier zwei von Giebelwand zu Giebelwand reichende und in ihrer unkomplizierten Schlichtheit außerordentlich stimmungsvolle Säle entstanden, die modernen Ausstellungen jedweder Art alle nur denkbaren Möglichkeiten bieten.

Mit diesem Haus und insbesondere mit den eben genannten Ausstellungsräumen wird sich künftighin der Begriff „Deutsches Goldschmiedehaus" verbinden. Was hat man sich darunter vorzustellen?

Eine juristische Definition des Wortes „Deutsches Goldschmiedehaus" zu geben, ist bislang nicht möglich, da die Frage der Trägerschaft noch diskutiert wird und die Diskussion darüber sicherlich auch vor dem 19. März nicht mehr zum Abschluß gebracht werden kann. Somit ist das „Deutsche Goldschmiedehaus" einstweilen nur ein ideeller Begriff, doch nein, es ist mehr, es ist eine ernstzunehmende Aufgabe, die alle Kreise angeht, die sich dem deutschen Gold- und Silberschmiedehandwerk verbunden und verpflichtet fühlen.

Aus der Tatsache heraus, daß diese Branche nach kriegs- und nachkriegszeitlich bedingtem völligem Verlust des Auslandsmarktes wieder zu einem exportwichtigen Zweig der deutschen Wirtschaft geworden ist, ergibt sich die verpflichtende Notwendigkeit, alles zu tun, um diese Stellung zu behaupten. Dazu aber ist es erforderlich, daß sich das deutsche Gold- und Silber-

Fortsetzung auf Seite 2

Ein geistiger Mittelpunkt für alle Goldschmiede

Nun ist nach vielen Sorgen, Mühen, Planen und Kampf um die beste erreichbare Lösung das Deutsche Goldschmiedehaus vollendet und wird morgen seiner Bestimmung übergeben werden. Was da gestaltet wurde und jetzt der Öffentlichkeit zugänglich wird, ist ganz auf die Eigenart der Gold- und Silberschmiede eingestellt und soll ohne laute Effekte durch diskrete Zurückhaltung allein der Repräsentation dieses edlen Gewerbes dienen. Meine Hoffnung und mein Wunsch für dieses, in seiner Art einmalige Haus, sind, daß es eine echte Heimstätte und ein geistiger Mittelpunkt für die Goldschmiede werden möge, die in ihrem Beruf mehr sehen als eine gewerbsmäßige Tätigkeit. Seine Wirksamkeit soll überörtlich den echten Idealen dienen, die diesem edlen Beruf auch heute noch eigen sind.

Bernd Oehmichen
Direktor der Zeichenakademie

Die nebenstehenden Bilder zeigen das Innere des Goldschmiedehauses: den Silbersaal und den Ratskeller mit dem schmucken Bogenfenster.

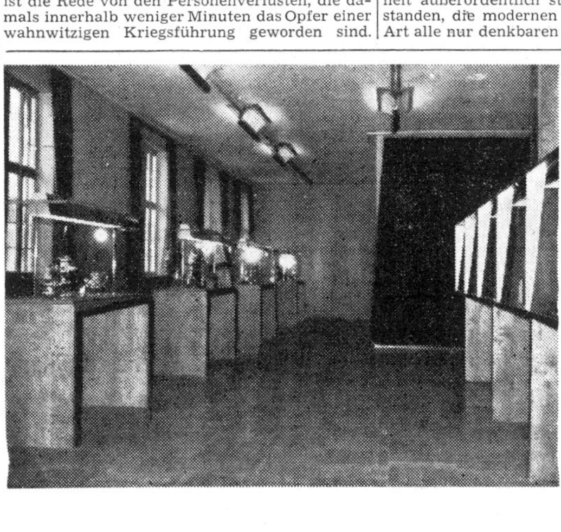

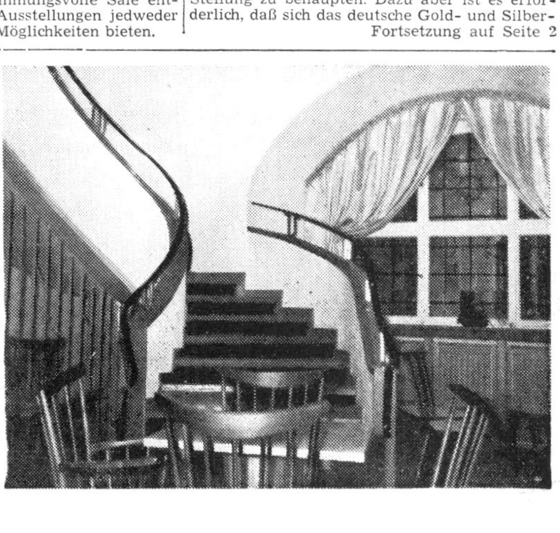

Fortsetzung von Seite 1

schmiedegewerbe eine Zentrale schafft, an der Gelegenheit gegeben ist, in Wechselausstellungen beste Arbeiten prominentester Könner des In- und Auslandes zu sehen. Für das breite Publikum werden solche Ausstellungen Kunstausstellungen besonderer Art sein, den Fachleuten werden und sollen sie mehr bedeuten, denn im Sehen des Leistungsniveaus anderer sollen sie Impulse erhalten, das eigene Schaffen zu noch weiteren Leistungen zu steigern. Und damit ist die eigentliche Aufgabe des Goldschmiedehauses, auf den einfachsten Nenner gebracht, auch schon umrissen. Diese Aufgabe kann um deswillen nicht hoch genug veranschlagt werden, weil die hier zur Schau gestellten Arbeiten deutscher Künstler für den deutschen Besucher kulturelle Aussage der heute in Deutschland lebenden Generation darstellen und weil nach den gleichen Arbeiten, wenn sie ins Ausland gehen, das kulturelle Potential Bundesdeutschlands zumindest mitbewertet wird.

Dieser besonderen Aufgabe des Deutschen Goldschmiedehauses sollten sich alle weiteren unterordnen, gleichgültig ob es sich dabei um die Erforschung und Erprobung neuer Methoden auf dem Gebiet der Metallverarbeitung handelt oder um die Wiederbelebung aussterbender Zweige der Branche, ob Schulungsarbeiten an Nachwuchskräften geleistet werden oder ob das Deutsche Goldschmiedehaus, wie man hofft, eine recht rege publizistische Tätigkeit entfacht.

Und warum steht das Deutsche Goldschmiedehaus gerade in Hanau, warum nicht in Schwäbisch-Gemünd oder in Pforzheim als den beiden anderen Schmuckstädten der Bundesrepublik?

Es sind drei Gründe, die für Hanau entscheidend gewesen sind: Einmal hat hier das Gold- und Silberschmiedehandwerk eine mehr als 350jährige Tradition. Zum anderen besitzt die Stadt Hanau die älteste, der grundständigen Heranbildung des fachlichen Nachwuchses dienende Zeichenakademie (gegr. 1772) und endlich liegt Hanau nur eine halbe Autostunde von der Messestadt Frankfurt mit ihrem internationalen Ruf entfernt.

Die Anfänge des Goldschmiedehandwerks

Die ersten Goldschmiede in Hanau waren Flamen und Wallonen

Die morgige Einweihung des wiederaufgebauten Altstädter Rathauses als Deutsches Goldschmiedehaus lenkt ohne besonderes Zutun das Interesse auf den einstmals in Hanau außerordentlich umfangreichen Erwerbszweig der Gold- und Silberschmiede. Ist es allein aus Raumgründen schon nicht möglich, an dieser Stelle ausführlich über die Hanauer Gold- und Silberschmiede zu berichten, so soll nachstehend doch einiges über die Anfänge dieses Handwerkes in Hanau mitgeteilt werden.

Wie ein roter Faden zieht es sich durch die Geschichte des Hanauer Grafenhauses, daß während des gesamten 16. Jahrhunderts keiner der regierenden Herren die Volljährigkeit seines ihm in der Regierung nachfolgenden Sohnes erlebt hat. Stets mußten dann Vormundschaftsregierungen durch einen oder mehrere Angehörige verwandter Familien eingerichtet werden, was sich nicht immer zum Vorteil des Landes ausgewirkt hat. In zwei Fällen jedoch hat die Stadt Hanau auf diese Weise außerordentlich profitiert. Einmal als nach dem Tode des Grafen Philipps II. von Hanau-Münzenberg (1529) Graf Reinhard zu Solms, einer der berühmtesten Festungbauer seiner Zeit, der es nachmals zum Kaiserlichen Rat und Feldherrn gebracht hat, die in den zwanziger Jahren begonnene äußere Umwehrung der Stadt — der alten natürlich, denn eine Neustadt gab es ja damals noch nicht — zum Nutzen aller ihrer Bewohner zu Ende führte.

Der zweite Fall, an den wir denken, trug sich mit dem Ableben Philipp Ludwig I. gegen Ende des Jahrhunderts zu. Abermals war der nachfolgende Sohn, den die Hanauer Grafengeschichte Philipp Ludwig II. nennt, gerade erst drei Jahre geworden, als er den Vater verlor. Seine Mutter, im Zeitpunkt der Verwitwung ebenfalls erst 22jährig, heiratete ein Jahr später den Grafen Johann von Nassau-Dillenburg, den Neffen des berühmten Wilhelm von Oranien, und dieses Ereignis sollte nicht ohne Auswirkung auf die künftige geschichtliche Entwicklung in Stadt und Grafschaft Hanau bleiben. Denn indem die Mutter ihre Kinder erster Ehe mit nach Dillenburg nahm, wo sie in der weltoffenen Atmosphäre des dortigen Hofes aufwuchsen, wurden insbesondere bei Philipp Ludwig II. die Bildungsvoraussetzungen geschaffen, ohne die seine späteren Regierungsmaßnahmen kaum zu verstehen wären.

Philipp Ludwig, der in Dillenburg zu einem überzeugten Calvinisten erzogen worden war, fiel es nicht schwer, sich jener religiös-gleichgesinnten Glaubensflüchtlinge anzunehmen, die aus ihrer niederländischen Heimat vertrieben, zunächst in Frankfurt Obdach und Asyl gefunden hatten, dann aber auch dort nicht mehr geduldet wurden, weil sie der Aufforderung des lutherisch gesinnten Rates der Stadt, das lutherische Bekenntnis anzunehmen, nicht nachkamen. Bereitwillig wies ihnen der junge Hanauer Graf Siedlungsraum südlich der alten Stadt an und wußte sich gegenüber allen, von anderen Reichsständen dagegen vorgebrachten Beschwerden durchzusetzen. Andererseits versäumte er es aber auch nicht, in den Vertrag, den er mit den Zuwanderern abschloß, — nun, heute würden wir sagen —, eine Conventionalstrafe einzubauen für den Fall, daß die Vertragspartner den Vertrag nicht erfüllten. Wie die weitere Entwicklung gezeigt hat, ist die Strafe nicht fällig geworden. Die nach Hanau zuziehenden Flamen und Wallonen lösten ihre Versprechen ein. Allein was in unserem Zusammenhang im besonderen interessiert, ist die Tatsache, daß unter den elf Neubürgern, die den Vertrag vom 1. Juni 1597, die sogenannte Capitulation, unterzeichneten, sich nicht weniger als vier befanden, die man später als Juwelier bzw. als Goldschmiede nachweisen kann. Wie am Anfang des neuen Jahrhunderts die Kirchenregister der niederländisch-wallonischen Gemeinde erkennen lassen, waren Goldschmiede indessen nur unter den Flamen, nicht aber unter der französisch sprechenden Neuhanauer Bevölkerung vertreten. Deutschstämmige Niederländer sind es also gewesen, die das Gold- und Silberschmiedehandwerk in Hanau bodenständig gemacht haben.

Das ergibt sich aus der Zunftordnung, die sich die Hanauer Gold- und Silberschmiede im Jahre 1610 von der gräflichen Regierung genehmigen ließen und in der bodenständig-zünftlerische Bestimmungen neben solchen enthalten sind, die nur in dem freiheitlichen Klima der Niederlande mit ihrer seit dem 15. Jahrhundert blühenden gewerblichen Wirtschaft entstanden sein können. Kaum jedoch, daß die Zahl der in Neuhanau tätigen Gold- und Silberschmiede von 11 im Jahre 1600 auf 33 im Jahre 1613 angestiegen war und kaum, daß ihre Erzeugnisse auch in künstlerischer Beziehung eine beachtliche Höhe erreicht hatten, wie der Hanauer Ratsbecher zeigte, der leider in den achtziger Jahren des vergangenen Jahrhunderts von kurzsichtigen Stadtvätern für 20 600 Mark an den Frankfurter Baron Carl von Rothschild verkauft wurde und heute unseres Wissens verschollen ist, da brach in diese zukunftsfrohe Entwicklung wie ein Reif in die Frühlingsnacht der Dreißigjährige Krieg herein. Das neue Gewerbe erhielt einen Schlag von solcher Nachhaltigkeit, daß es sich während des ganzen restlichen Jahrhunderts davon nicht mehr erholen konnte. Um 1700 war das Gewerbe der Goldschmiede in Hanau fast ganz ausgestorben, auch die Silberschmiede waren nur noch in geringer Anzahl vorhanden.

Eine Neubelebung brachte das 18. Jahrhundert, und abermals war der Aufschwung auf landesherrliche Initiative zurückzuführen. Merkantilistische Gesichtspunkte waren es, die alsbald nach dem Übergang der Grafschaft Hanau-Münzenberg an Hessen-Kassel den Landgrafen Wilhelm VIII. veranlaßten, es anderen Fürsten und Herren gleichzutun und ein Freiheitspatent zu verkünden. Nach Anpreisung der für die „Ansiedlung von Industrie" günstigen Lage Hanaus wurde allen, die sich hier niederlassen wollten, absolute Glaubens- und Handelsfreiheit, Steuerfreiheit für zehn Jahre und freier Abzug ohne Nachsteuer für den Fall, daß es jemandem in Hanau nicht gefiele, zugesichert. Und in der Tat, das Patent sprach weite Kreise an. Neben Zuwanderern aus allen Teilen Deutschlands stellten sich solche aus Frankreich in besonders starker Zahl ein. Unter letzteren befanden sich wieder zahlreiche Gold- und Silberschmiede, die in Hanau unverzüglich ihre Produktion aufnahmen und sehr schnell den Erwerbszweig mächtig voranbrachten. 1772 wurde die Zeichenakademie als Bildungsstätte für den Nachwuchs gegründet. Im Gegensatz zu den Erzeugnissen der alten Niederländer verlegte man sich jetzt vor-

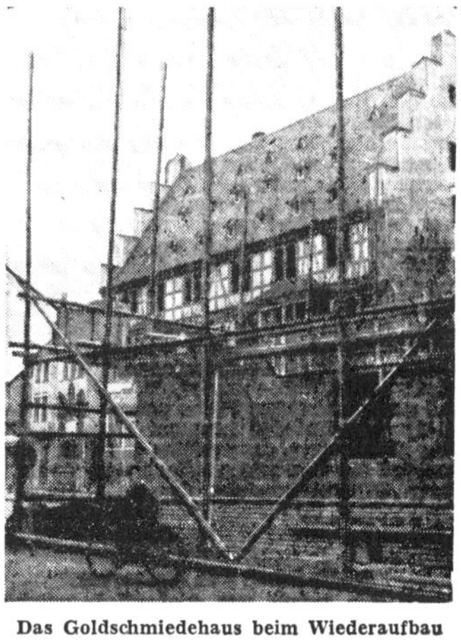

Das Goldschmiedehaus beim Wiederaufbau

zugsweise auf die Herstellung von sogenannten Bijouterie- oder Galanterieware (Dosen, Tabatièren, Degengriffe, Erinnerungsstücke aller Art u. ä.). Aus dem vom Meister geführten Handwerksbetrieb wurde eine Industrie, und als es schließlich noch gelang, Auslandsaufträge nach Hanau zu ziehen, wurde die Bijouterie-Industrie für die Stadt Hanau, für die Stadt des edlen Schmucks, zugleich zu einem Wirtschaftsfaktor ersten Ranges. Heute fällt es schwer, sich vorzustellen, daß bei Beginn des ersten Weltkrieges die Zahl der in den Hanauer Gold- und Silberwarenfabriken Beschäftigten mehr als 3000 betrug.

Eine Blütezeit

In den Jahren vor und nach der Jahrnundertwende erlebte das Hanauer Edelmetallgewerbe eine seiner bedeutendsten Blütezeiten. So beschäftigten beispielsweise die 59 Betriebe der Goldwarenindustrie, wie in einer damals veröffentlichten Sonderschrift der Handelskammer zu lesen ist, 1833 Personen, davon 220 Lehrlinge und 89 Lehrmädchen. In 19 Betrieben der Silberwarenindustrie fanden 524 Personen Beschäftigung. Obwohl sich schon seinerzeit der Zug zum großen Betrieb stark bemerkbar machte, überwogen doch bei weitem die kleineren und mittleren Werkstätten mit durchschnittlich 30 Beschäftigten, in denen noch echte handwerkliche Arbeit getrieben werden konnte.

Im alten Stil neu erstanden

Das Deutsche Goldschmiedehaus ist ein Baudenkmal

Nach einer Bauzeit von rund drei Jahren ist aus den Trümmern, die der grausame Krieg vom dem ehrfürchtigen Gebäude des über 400 Jahre alten Altstädter Rathauses übrig gelassen hatte, das Deutsche Goldschmiedehaus wiedererstanden. Architekten und Bauleute haben das Haus so aufgebaut, wie es einmal war. Wer heute die Abbildungen des alten Gebäudes und des neuen Gebäudes miteinander vergleicht, dem fällt es schwer, einen Unterschied zu finden. Nur geringfügige Veränderungen sind vorgenommen worden. Diese Veränderungen aber fügen sich so in den Stil und den Rahmen des ganzen Hauses ein, daß nichts von der Ehrwürdigkeit des alten Gebäudes verloren gegangen ist.

Eine Veränderung ist allerdings eingetreten, die für jeden sichtbar ist. Einstmals stand das Deutsche Goldschmiedehaus mit seinem herrlichen Fachwerkschmuck auf dem Altstädter Markt inmitten alter, schmucker Fachwerkhäuser. Das Viertel um das Altstädter Rathaus war Alt-Hanau, so wie wir es in Erinnerung haben. Heute steht das Goldschmiedehaus wieder da wie einst, aber seine Umgebung hat sich gewandelt. Die verträumten alten Häuser haben modernen Bauten Platz machen müssen, die winkligen Gäßchen sind verschwunden und auch der große Nachbar des alten Rathauses, die Marienkirche, hat unter der Gewalt des Krieges ihr Gesicht verändert. Als eindrucksvolles Baudenkmal an eine vergangene Zeit wird das Deutsche Goldschmiedehaus täglich und stündlich daran erinnern, daß am 19. März 1945 für unsere Stadt eine Epoche zu Ende gegangen ist, die man nicht wiedererstehen lassen kann. Das Goldschmiedehaus ist unter solchen Gesichtspunkten Wahrzeichen und Denkmal zugleich.

Das Deutsche Goldschmiedehaus ist ein wahres Schmuckstück. Sein wunderschönes Fachwerk läßt die Herzen der Betrachter höher schlagen. Ihn beeindruckt der mächtige Giebel ebenso wie das schlichte und dennoch so prachtvolle Portal mit der bronzenen Eingangstür. Tritt er durch diese Tür, so ruft das Innere des Hauses sein Erstaunen hervor. Hier ist wirklich mit künstlerischer Hand geschaffen worden und man merkt sofort, daß es den Menschen, die gearbeitet haben, darum gegangen ist, etwas Vollendetes zu schaffen. Vollendet ist hier schlechthin alles, was man in diesem Hause sieht, angefangen von den stilvollen Räumen des Ratskellers über das schlichte Treppenhaus bis zu den Ausstellungsäumen im ersten und zweiten Stockwerk, deren Beleuchtung ebenso wie die des Treppenhauses bei allen Besuchern auf besonderes Wohlgefallen stößt.

Man hat den Eindruck, als sei bei der Gestaltung der Innenräume des Goldschmiedehauses ein besonderer Künstler am Werk gewesen, so harmonisch zusammenkomponiert ist alles. In wirkungsvollem Kontrast zu den Ausstellungsstücken stehen im Gold- und Silbersaal die Parkettfußböden (in dem einen Saal hell, im anderen dunkel) und die Vorhänge. In dieses Ganze, das vom Parterre bis zum Dachgeschoß des Hauses reicht, gehört auch die Gaststätte hinein. Gerade gegen den Einbau dieses Ratskellers hatten viele Bürger Protest erhoben mit der Begründung, im Altstädter Rathaus sei nie ein Ratskeller gewesen. Aber auch die ursprünglichen Gegner haben sich davon überzeugen lassen müssen, daß dieser Ratskeller, so wie er hier errichtet worden ist, dem Haus zur Zierde gereicht und außerdem einem dringenden Bedürfnis nachkommt, denn zu einem Ausstellungshaus gehören auch Restaurationsräume. Und wenn der Stil dieses Gebäudes so gewahrt wird, wie das bei dem Hanauer Ratskeller der Fall ist, dann kann man sich glücklich schätzen

Zwei Ausstellungsräume hat das Deutsche Goldschmiedehaus. Im ersten Stock befindet sich der Silbersaal und darüber, im zweiten Stock, ist der Goldsaal. Diese beiden Räume werden in den nächsten vier Wochen im Mittelpunkt des Interesses stehen, denn hier ist die große Ausstellung zu sehen. In den geräumigen Ausstellungsvitrinen werden Schmuck- und Ziergeräte aus zwei Jahrhunderten gezeigt. Für diese Ausstellung sind in den letzten Wochen Kostbarkeiten aus aller Welt in Hanau eingetroffen. Es besteht kein Zweifel, daß diese Ausstellung in der Fachwelt stärkste Beachtung finden wird. So wird sie sicher dazu beitragen, daß der Name Hanau als Goldschmiedestadt in aller Munde sein wird.

Hanau hat jetzt sein Deutsches Goldschmiedehaus wieder. Es wird dadurch, so hoffen alle Bürger, wieder mehr in den Mittelpunkt der deutschen Goldschmiedekunst rücken. Denn der Krieg hat ja nicht nur die Stadt zerstört, er hat ihr auch viel von ihrer Tradition genommen. Einst war Hanau in den deutschen Landen *die* Stadt der Goldschmiedekunst. Ob es jemals wieder die frühere Bedeutung zurückerlangen wird, ist umstritten, denn in anderen Städten hat während Hanaus Niedergang diese edle Kunst festen Fuß gefaßt. Aber daß durch den Wiederaufbau des Goldschmiedehauses die Goldschmiedekunst in Hanau einen Auftrieb bekommen wird, dürfte feststehen. Und durch die Ausstellungen, die künftig in den Räumen des Hauses veranstaltet werden, wird Hanau mehr und mehr in den Blickpunkt rücken. Eines Tages aber wird es vielleicht wieder so weit sein, daß man nicht von der edlen Kunst der Gold- und Silberschmiede sprechen kann, ohne an Hanau zu denken, der Stadt des Deutschen Goldschmiedehauses.

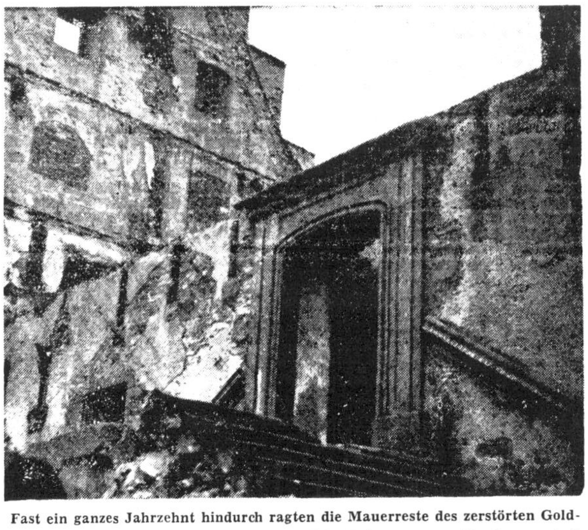

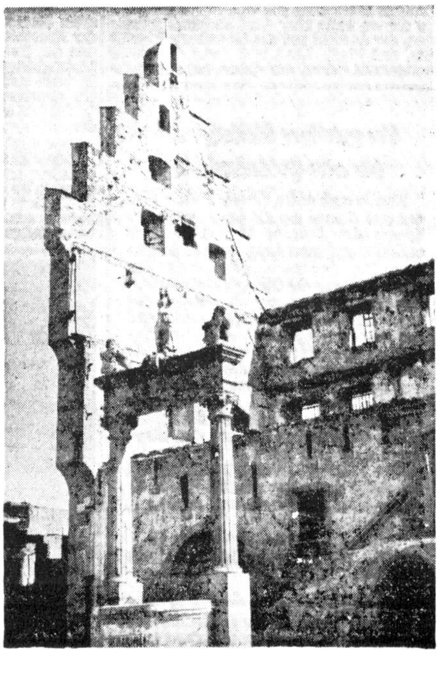

Fast ein ganzes Jahrzehnt hindurch ragten die Mauerreste des zerstörten Goldschmiedehauses gen Himmel, eine schreckliche Erinnerung an die Grausamkeit des Krieges, dessen Bomben nahezu die gesamte Stadt dem Erdboden gleichgemacht haben. So wie das Goldschmiedehaus mit seinen Trümmern einst Mahnmal der Zerstörung war, ist das wiederaufgebaute Gebäude Symbol für das Wiedererstehen Hanaus geworden. Wo einst Trümmer lagen, regt sich heute blühendes Leben. Ein eindrucksvolles Zeugnis einer lebendigen Stadt.

Schwerpunkte der Goldschmiedekunst:

Goldschmiedehaus und Zeichenakademie

Beide tragen Hanauer Ruf hinaus in die Welt — Ab morgen Ausstellung von Lehrer- und Schülerarbeiten

Das Deutsche Goldschmiedehaus und die Staatliche Zeichenakademie sind im Verein mit den großen und kleinen Firmen der Goldschmiedekunst die Faktoren, die Hanaus Namen als Goldschmiedestadt hinaus in die Welt tragen. Das Goldschmiedehaus soll geistiger Treffpunkt der Goldschmiedekunst sein und die Zeichenakademie ist seit nunmehr 185 Jahren die Stätte, wo sich junge Künstler das Rüstzeug holen, um sich in dem von ihnen erwählten künstlerischen Beruf durchzusetzen. Zeichenakademie und Goldschmiedehaus werden deshalb in Zukunft stets sehr eng miteinander verbunden sein.

Die Staatliche Zeichenakademie in Hanau kann auf eine alte Tradition zurückblicken. Vor 185 Jahren gründeten die Hanauer Gold- und Silberschmiede ihre Schule, um dem Nachwuchs Ausbildungsmöglichkeiten zu geben. Die Gründung der Akademie fiel in eine Zeit, da eine Epoche zusammenstürzte, in der die Lebensüppigkeit und Daseinsfreude ihre höchsten Triumphe gefeiert hatte. Alle Künste und mit diesen auch alle Handwerke jubilierten in einem grandiosen Feuerwerk mit all ihrem Können wie in einer letzten Sinnesfreude, losgelöst von jeder technischen Bindung und Schwere. In diesem musikalischen Furioso wuchsen sie alle zu einer stilistischen Einheit zusammen, um die viele Heutige diese Zeit beneiden. Am Wendepunkt dieser politisch wie kulturell bedeutsamen Entwicklung begann die Hanauer Schule mit ihrer Arbeit ohne jedes Vorbild und damit auch ohne alle Erfahrung. Man sah damals mit Recht in einem peinlich exakten Zeichnen allein die Grundlage für eine künstlerische Ausbildung, aus der sich die späteren schöpferischen Kräfte entwickeln sollten.

In den nun nahezu zwei Jahrzehnten ihres Bestehens ist die Hanauer Zeichenakademie alle Wege der Formgebung mitgegangen. Am Ausgang des 19. Jahrhunderts begannen auch die Lehrgebiete an der Zeichenakademie sich zu wandeln. Man schlug offenbar völlig unbewußt den Weg zu einer echten Fachschule ein, da sich unmerklich immer mehr die Forderung erhob, nicht nur konzipierend, sondern formgestaltend neue Lösungen zu erproben. Unter diesem Gesichtswinkel gesehen stieg die Bedeutung der Hanauer Zeichenakademie ständig und sie wurde als führende Fachschule anerkannt und von dem künstlerischen Nachwuchs zur Weiterbildung aufgesucht.

Im Jahre 1880 wurde für die damalige königliche Zeichenakademie in Hanau ein Haus gebaut, das überaus großzügig und geräumig angelegt war. Noch wurde zu dieser Zeit vornehmlich gezeichnet, gemalt und modelliert, und die Planenden hatten keine Veranlassung, Werkstätten vorzusehen und deren Erfordernisse in Betracht zu ziehen. Als dann später die verschiedensten Werkklassen eingebaut werden mußten, brachte man sie zunächst einmal irgendwo unter, ohne auf die letzte Zweckmäßigkeit zu achten. So kam es, daß im Zuge der Entwicklung zur Fachschule für das Edelmetallgewerbe ein ständiges Wandern, Wechseln und Wachsen der Klassen einsetzte. Erst um die zwanziger Jahre hatte sich der Charakter der Fachschule in allen seinen Zusammenhängen und Notwendigkeiten ausgebildet, daß man sogar einen Anbau als Maschinenhalle durchführte, der so groß und zweckentsprechend war, um dort eine Schulung durchführen zu können, die den industriemäßigen Anforderungen entsprach. So kam ganz allmählich eine fachliche Ordnung nicht nur in die Methode der Ausbildung, sondern die Werkstätten und Klassen fanden auch die ihnen zukommenden Räume ihrer Lage und Proportionen nach. Gerade als in schwerer Kriegszeit diese Entwicklung zu einem befriedigenden Ergebnis gekommen war, da fiel all dieses mühselig Aufgebaute zusammen mit dem Deutschen Goldschmiedehaus und der gesamten Stadt Hanau am 19. März 1945 im Hagel der Bomben in Schutt und Asche und kein Mensch glaubte daran, daß alles wieder aufgebaut und zu neuem Leben erweckt werden könnte.

Doch für die Zeichenakademie bedeutete die Zerstörung des Schulgebäudes nur eine kurze Unterbrechung der Arbeit. Während das Deutsche Goldschmiedehaus erst am morgigen Tage seiner Bestimmung übergeben werden kann, war das Gebäude der Zeichenakademie bereits vor fünf Jahren wiederhergestellt und konnte am 9. Mai 1953 eingeweiht werden. Zunächst unterrichtete man in behelfsmäßigen Räumen, dann, 1949, konnte der erste Teil der Schule seiner Bestimmung übergeben werden und seit fünf Jahren stehen alle Räume wieder unbeschränkt dem Unterricht zur Verfügung. Wegen der aus der Zerstörung verbliebenen Bauteile mußten die einstigen äußeren und inneren Maße beibehalten werden, so daß große, helle und luftige Werkstätten und Ateliers für den Unterricht zur Verfügung stehen. Sie wurden mit den modernsten Arbeitsgeräten ausgestattet, so daß es für Lehrer und Schüler eine wahre Freude ist, hier zu arbeiten.

Die Einweihung des Deutschen Goldschmiedehauses hat die Lehrer- und Schülerschaft bewogen, mit einer gemeinsamen Ausstellung ihrer Arbeiten an die Öffentlichkeit zu treten. Diese Ausstellung, die in den Räumen der Akademie stattfindet, wird am morgigen Mittwoch, nachmittags um 16 Uhr, eröffnet. Sie soll dazu dienen, der Öffentlichkeit ein Bild von der Tätigkeit der Zeichenakademie zu vermitteln. Die Zeichenakademie als Fachschule für das Edelmetallgewerbe vereinigt in sich ja alle Lehrgebiete, die in den Aufgabenbereich des Gold- und Silberschmiedens fallen. Ihre Ateliers und Werkstätten dienen allein dem Ziel, tüchtige Nachwuchskräfte für diesen edlen und vielgestaltigen Beruf auszubilden. Um diesem Auftrag mit Verantwortung gerecht werden zu können, sind für jedes Spezialfach eine oder mehrere Lehrkräfte eingesetzt, deren Aufgabe es ist, auf eine gewissenhafte und gründliche Ausbildung in technischer wie künstlerischer Hinsicht bedacht zu sein. Bedingt durch die unterschiedlichen persönlichen Auffassungen der jeweiligen Klassenleiter, zeigt die Ausstellung ein buntgewürfeltes Bild handwerklicher und geschmacklicher Lösungen, denen aber alle ein Wesentliches eigen ist — nämlich Sauberkeit und Präzision der Ausführung.

Soll diese Ausstellung der Schülerarbeiten den Leistungsstand und das Lehrprogramm der Zeichenakademie aufzeigen, so treten zu gleicher Zeit einige Mitglieder des Lehrerkollegiums mit ihren persönlichen Arbeiten an die Öffentlichkeit. Sie wollen zeigen, wie sie als schöpferische Menschen zu den Dingen unserer Zeit stehen und es ist interessant zu sehen, wie unterschiedlich diese Aussagen im persönlichen Bereich sind.

Die Ausstellung, an der alle Klassen beteiligt sind, weist ein sehr hohes Niveau auf und es ist für jeden lohnend, ihr einen Besuch abzustatten. Dort ist auch das Modell des Mahnmals zu sehen, das der Studienrat der Modellierklasse, Otto Craß, geschaffen hat.

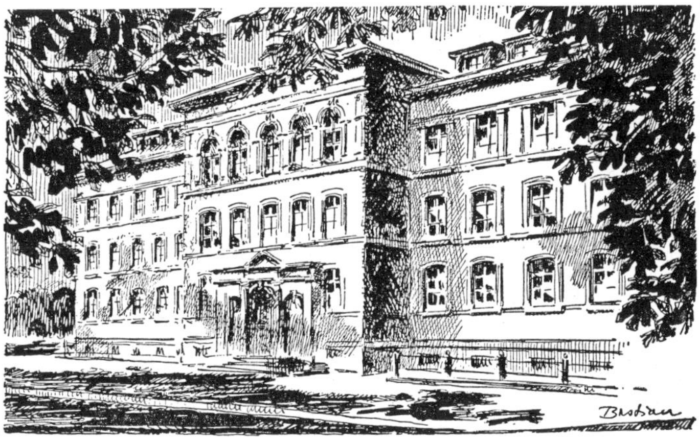

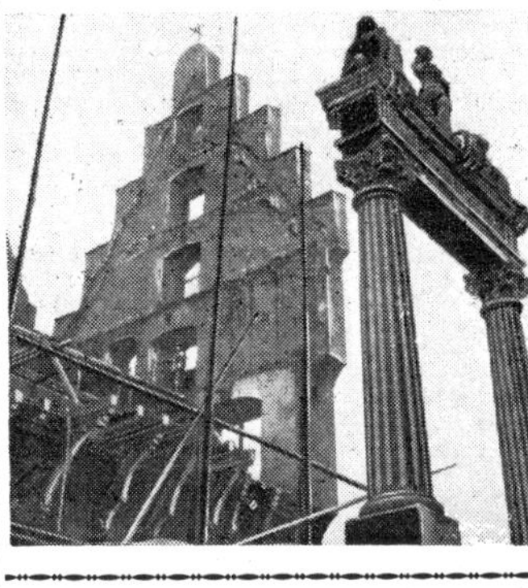

Fernsehsendung aus Hanau

Das Hessische Fernsehen bringt anläßlich der Einweihung des Deutschen Goldschmiedehauses und des Mahnmals am morgigen Mittwoch zwei Sendungen aus Hanau, die am Donnerstag in der Abendschau und in der Tagesschau gesendet werden sollen. Die Fernsehleute haben bereits am gestrigen Montag Aufnahmen im Goldschmiedehaus gemacht. Morgen früh werden sie weitere Aufnahmen von der Mahnmalsenthüllung an der Martin-Luther-Anlage und vom Festakt in der Stadthalle drehen. Diese aktuellen Reportageaufnahmen werden mit den Aufnahmen aus dem Innern des Goldschmiedehauses zu einem Film zusammengestellt, der am Donnerstagabend in den Äther hinausgestrahlt wird. Fernsehteilnehmer in der Bundesrepublik haben dann also Gelegenheit, den großen Tag in Hanau mitzuerleben.

Neben dem Fernsehen wird natürlich auch der Hessische Rundfunk nach Hanau kommen. Für die Rundfunkteilnehmer ist eine aktuelle Reportage von dem Festakt in der Stadthalle mit der Rede des Hessischen Ministerpräsidenten Dr. Zinn vorgesehen.

Festlicher Schmuck

Die Stadtverwaltung bittet alle Bürger, anläßlich des morgigen großen Tages, mit dem der erste Abschnitt des Wiederaufbaus abgeschlossen wird, die Stadt zu schmücken. Es wird gebeten, morgen gegen 11 Uhr den Fahnenschmuck zu zeigen, um damit der Freude über den vollendeten Wiederaufbau des Altstädter Rathauses als Deutsches Goldschmiedehaus kundzutun.

Am Morgen des festlichen Tages werden die Fahnen der öffentlichen Gebäude auf halbmast wehen, wenn das Mahnmal an der Martin-Luther-Anlage enthüllt wird und Hanau der Toten gedenkt, die im letzten Kriege an der Front und im Bombenkrieg ihr Leben gelassen haben. Nach diesem besinnlichen und ganz dem Gedenken gewidmeten Auftakt aber soll Freude darüber herrschen, daß sich die totgesagte Stadt nach fast völliger Zerstörung wieder erhoben hat wie ein Phönix aus der Asche.

Zeuge der Vergangenheit

Gedanken über Zerstörung und Wiederaufbau des Altstädter Rathauses

Wenn der Hauch der Heimatgeschichte überhaupt irgendwo merklich zu spüren war, dann war das von jeher auf dem Altstädter Markt der Fall. Hier schlug das Herz des alten Hanau. Jeder Bürger unserer Stadt, der seinen Spaziergang durch die alten malerischen Gassen machte, der ging bestimmt einmal am Altstädter Rathaus vorbei. Hier war, so schien es manchmal, die Zeit stehen geblieben. Die Vergangenheit steckte in den Mauern und wich nicht mehr aus ihr. Und daher waren die Hanauer immer stolz auf ihr Schmuckstück, und sie führten gern die Fremden zu dem malerischen Platz, um ihnen zu zeigen, welch Zeuge und Denkmal frühen Bürgersinns unsere Stadt aufzuweisen hatte.

Als Hanau in Flammen stand und das ausgetrocknete Gebälk des altehrwürdigen Rathauses lichterloh brannte, da wurde auch das im grauenhaft-glutvollen Schein stehende Gebäude zum Symbol des Untergangs einer ganzen Stadt. Alles, was die Väter geschaffen hatten, stürzte zusammen und wurde zu einem Häuflein Asche. Nur die Mauern blieben stehen. Trotzig und unverrückbar stemmten sie sich den Gewalten entgegen. Wer konnte sich da etwa nicht des Eindrucks erwehren, daß dies ein gutes Zeichen für einen neuen Beginn sein sollte?

Es folgten Jahre, in denen die Trümmer zum gewohnten Bild für die Hanauer wurden. Aus der Wüste von Schutt und Steinen ragten nur noch wenige Türme und Wände hoch. Zu ihnen gehörten die markanten Mauern des Altstädter Rathauses. Nackt und bloß standen sie zwar inmitten der Öde, aber sie hatten noch etwas von dem bewahrt, was ehedem ihre besondere Charakteristik war. Man sah die Giebel, die Treppe des Haupteingangs, über die einst die Räte der Stadt, ungezählte Bürger und viele hohe Gäste geschritten waren. Und so konnte sich jeder noch ein Bild formen, wie es einst gewesen war. Auch diejenigen, die das alte Hanau nicht mehr kennenlernen konnten, hatten in ihrer Phantasie eine Vorstellung davon, wie das Gebäude einmal aussah, das jeder Hanauer auf seine Art zu lieben gelernt hatte.

Ja, die Hanauer haben ihr altes Rathaus von jeher geliebt. Sie werden es nun genau wieder so lieben wie früher. Nicht weil es nun den Ehrentitel Deutsches Goldschmiedehaus erhalten hat, sondern weil sie hier etwas sichtbar Schönes und Großes an Zeiten erinnert, für die steinerne Zeugen bei uns Seltenheitswert besitzen. Und daher wissen sie es auch alle zu schätzen, daß das Haus getreu dem alten Vorbild wiederaufgebaut worden ist. Es ist ein abgeschlossener Teil des Alten, das von dem aus eisernem Lebenswillen geschaffenen Neuen bald völlig überdeckt sein wird.

Für Hanau und sein traditionsreiches Handwerk soll das Deutsche Goldschmiedehaus nun zu einem Symbol für die Zukunft werden, das dem kunstvollen Handwerk neue Impulse verleihen möchte. Das ist der heiße Wunsch wohl jedes Bürgers unserer Stadt, auch wenn er nicht mit dem Gewerbe in Verbindung steht, dem die besondere Sorge und Liebe unserer Stadt gilt. Hanau will mit dem wiedererstandenen Goldschmiedehaus nicht nur auf seine bewegte Vergangenheit hinweisen und seine reiche Tradition besonders hervorheben, es will auch das ihm gebliebene Erbe treulich verwalten, das ihm einst seinen Ruf einbrachte, die Stadt des edlen Schmuckes zu sein.

Altes Siegel und ein Orden

Beitrag zur Geschichte der Hanauer Goldschmiedekunst — Von Dr. R. Bernges

Bei seinen Forschungen ist Dr. Bernges auf zwei Dinge gestoßen, die in einem engen Zusammenhang mit der alten Hanauer Goldschmiedekunst stehen. Dr. Bernges hat seine Forschungen in dem nachfolgenden Aufsatz erläutert.

1. Siegel der Hanauer Goldschmiedezunft?

Unter den alten Stadtsiegeln befand sich eines, das sich durch die darauf dargestellten Gegenstände von allen anderen wesentlich unterschied.

Die Mitte der Messingpetschaft von etwa 3 cm Durchmesser nimmt ein Deckelpokal mit einem durch zwei Wülste gegliederten Fuß ein. Eine Einschnürung teilt den verzierten kugelförmigen Becherkopf in zwei ungleichgroße Abschnitte. Auf dem flachen wulstförmigen Deckel erhebt sich der von einer Figur gekrönte Griff. Der Pokal wird umschlossen von einem Ring mit einem in einen viereckigen Kasten gefaßten pyramidenförmigen Stein. Nach der Fassung zu ist die sonst glatte Ringschiene durch barockes Rollwerk verziert. Die Fläche zwischen Becher und Ring ist durch symmetrisch angeordnete Rankenverzierungen, deren mittelste eine stilisierte sternförmige Blüte trägt, ausgefüllt. Ein glattes schmales Band, dessen Enden einmal geschlitzt und zierlich aufgerollt sind, umschließt den Ring fast völlig, läßt aber den Stein mit seiner Fassung frei. Es trägt die Inschrift: NEVSTADT · HANAW.

Nach den Verzierungen und der Inschrift zu schließen, könnte das Siegel in den ersten Jahrzehnten des 17. Jahrhunderts angefertigt worden sein.

Wegen des fehlenden Stadtwappens kann es den Zwecken der Stadtverwaltung nicht gedient haben. Da die Embleme Erzeugnisse der Gold- und Silberschmiedekunst darstellen, liegt der Schluß nahe, daß es vielleicht für die 1610 entstandene Goldschmiedezunft bestimmt war.

2. Der Orden der Gräfin Charlotte Wilhelmine von Hanau

Am 5. April 1767 starb in dem ihr als Witwensitz überlassenen Hause Erbsengasse 3, Gräfin Charlotte Wilhelmine, die Witwe des vorletzten Grafen von Hanau, Philipp Reinhard, als letztes Glied dieses alten Geschlechtes. Sie war die 1689 geborene Tochter des Herzogs Ernst von Sachsen-Saalfeld, die der 1704 verwitwete Graf Philipp Reinhard im Dezember 1705 als zweite Gemahlin geheiratet hatte.

Da ihr Nachlaß an ihre Verwandten zurückfiel, wurde ein genaues Inventar davon aufgenommen, was um so nötiger war, als der Nachlaß mit einer Reihe unbeglichener Forderungen belastet war. In dem Inventar wird ein Schmuckstück erwähnt, das vielleicht in Hanau angefertigt worden ist.

Wie sich aus dem Inventar ergibt, war Charlotte Wilhelmine die Stifterin eines Ordens, was bisher nicht bekannt war. Es ist anzunehmen, daß sie den Orden erst nach ihrer Eheschließung gestiftet hat, da sie als Prinzessin wohl kaum dazu berechtigt war. Welchen Zweck sie mit dem Orden verband, kann man nur vermuten, vielleicht sollte er lediglich einem geselligen Zusammenschluß dienen. In ihrer Wittumsregistratur waren darüber zwei Aktenstücke vorhanden, die aber leider bis jetzt nicht aufzufinden waren.

1. Das Ordensstatut betreffend.
2. Verzeichnis der Personen, denen der Orden verliehen worden.

In dem Verzeichnis der Schmuckstücke ist eine Beschreibung des Ordenszeichens gegeben, so daß man sich ein Bild von dem Aussehen machen kann. Aus der Schilderung geht hervor, daß der Orden anscheinend nur eine Klasse kannte, und daß die Stifterin eine besonders kostbare Ausführung trug. In dem Verzeichnis heißt es:

Nr. 40. Ein von der Höchstseel. Fürstin aufgerichteter Orden, mit einem Fürstenhut, woran 2 Rubine und 80 Brillanten, in der Mitte ein großer Brillant, nebst einem Kleeblatt von 3 Smaragden, mit der Devise: Toujours la même.

In der Heraldik bezeichnet man als Fürstenhut eine purpurfarbige Mütze mit einem Hermelinumschlag, der von 4 mit Perlen oder Edelsteinen besetzten Bügeln überwölbt ist. Die ausgebrochenen Brillanten wogen zusammen $6^3/_8$ Karat, der Preis für ein Karat wurde mit 49 fl 50 Kr angegeben, der Gesamtpreis betrug 370 fl 20 Alb. 4 Hell. Die drei Smaragden wurden ohne Gewichtsangabe mit 33 fl bewertet. Insgesamt wurden die Edelsteine auf 403 fl 20 Alb. 4. Hell. geschätzt.

Wesentlich einfacher war das „ordinäre" Ordenszeichen ausgeführt, das aus einem emaillierten Kleeblatt mit einer Rose von Diamanten in der Mitte bestand. Es wurde nur auf 11 fl taxiert.

Auffällig ist, daß auf dem lebensgroßen Bild der Gräfin, das im Schloß Philippsruhe hängt und 1737 gezeichnet ist, diese nicht mit ihrem Orden geschmückt dargestellt ist. Damit erhält die 1894 von Dr. Suchier geäußerte Vermutung, daß es früher gemalt worden sei, eine gewisse Bestätigung.

Hanau hat einen Ratskeller

Gemütliche Atmosphäre in den Gasträumen des Goldschmiedehauses

Mit der Eröffnung des Deutschen Goldschmiedehauses bekommt Hanau auch einen „Ratskeller". Die Geschichte der Ratskeller geht Jahrhunderte zurück. Eine der markantesten Bauten dieser Art ist der berühmte Bremer Ratskeller, ein prächtiger Mittelpunkt der Altstadt Bremen verbunden mit dem Rathaus (ursprünglich gotisch, Renaissanceumbau von Lüder von Bensheim aus dem Jahre 1612). In der Erinnerung lebt jene Zeit wieder auf, in der sich wohlhabende Kaufleute, Menschen von Rang und Klang, Gelehrte, Künstler, Dichterfürsten und Philosophen der kultivierten Geselligkeit hingaben.

In diese vergangene Zeitepoche unbeschwerter Mußestunden fällt auch der historische Bau des Goldschmiedehauses um 1530 das jetzt wiedererstanden ist. Die Verwirklichung des Gedankens, im Hochparterre des früheren Altstädter Rathauses einen Ratskeller zu schaffen, als repräsentative Gaststätte für In- und Ausländer, die sich besonders während der Ausstellungen von Goldschmiedearbeiten ein Stelldichein geben, aber auch für den Hanauer Bürger, der die gemütliche Atmosphäre liebt, ist deshalb nicht hoch genug zu schätzen. So wurde der Ratskeller in diesen Tagen vollendet. Fleißige Hände waren am Werk, um den unter der Leitung des Architekten Reuss mit Unterstützung der leitenden Herren des Bauamtes stehenden gastronomischen Teil des Hauses die gediegene Eleganz zu geben; keine übertriebene Mode, sondern stilvoll, feinsinnig und harmonisch komponiert und im altdeutschen Stil aufeinander abgestimmt. In den Gasträumen wurden aus Eiche und Nußbaum gefertigte Tische und Sitzplätze an die für sie bestimmte Stellen gerückt. Die ideale Dreiteiligkeit des Gaststättencharakters bietet beste Möglichkeiten für Tagungen, Konferenzen, interne gesellschaftliche Veranstaltungen usw. Antike Beleuchtungskörper und als besonderer Schmuck wertvolle Gemälde alter Meister runden das einmalige Bild dieser kultivierten Gastlichkeit ab. Die letzten Anweisungen gaben die Pächter, Hofbrauhaus Nicolay und Wirte-Ehepaar Langhagen. Wer immer unter dem Dach des Goldschmiedehauses weilt, soll sich wohlfühlen und im besten Sinne des Wortes „Seine Majestät" der Gast sein, ist der Standpunkt der Pächter. Noch ein Blick in die Küche: Der neue, moderne Großküchenherd mit Wasserbad, die fein säuberlich und praktisch angeordneten Einrichtungsgegenstände und die zeitgemäße Küchenanlage vom Grill bis zur Elektro-Friteuse versprechen kulinarische Genüsse „für jeden etwas".

Nur so wird es möglich sein, das Fluidum dieser Gastlichkeit auf den Besucher des Ratskellers und Goldschmiedehauses zu übertragen, nicht zuletzt auch auf den ausländischen Gast, der Deutschland schon immer als ein gastliches Land mit einer gepflegten und leistungsfähigen Gastronomie vorzufinden gewohnt ist.

Programm des 19. März 1958

9.30 Uhr: Enthüllung des Mahnmals in der Martin-Luther-Anlage.
Ansprache:
Oberbürgermeister Heinrich Fischer.

11.00 Uhr: Festakt anläßlich der Einweihung des Deutschen Goldschmiedehauses in der Stadthalle.

I. Teil

Festrede:
Ministerpräsident Dr. G. A. Zinn.

II. Teil

Festvortrag:
„200 Jahre deutsche Goldschmiedekunst", Dr. Werner Hegemann.

15.00 Uhr: Eröffnung der ersten Ausstellung im Deutschen Goldschmiedehaus.
Einführung:
Direktor Bernd Oehmichen.

16.00 Uhr: Eröffnung der Ausstellung von Lehrer- und Schülerarbeiten in der Zeichenakademie.

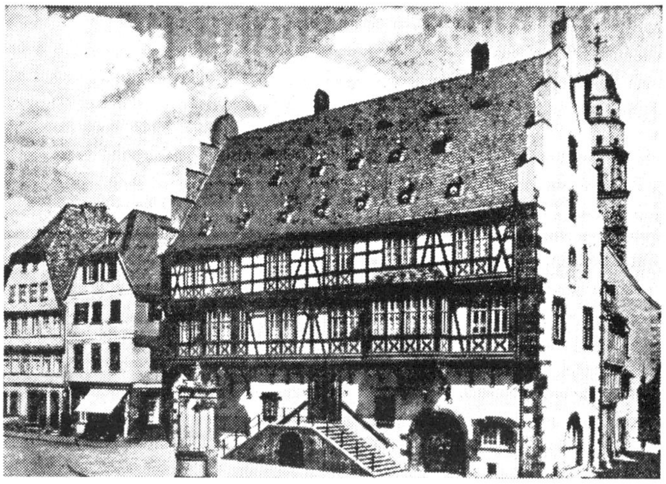

Vom Altstädter Rathaus zum Goldschmiedehaus

Zeugen einer reichen städtischen Vergangenheit — Mittelpunkt des Hanauer Bürgerlebens

In der Freude um den nun vollendeten Wiederaufbau des Deutschen Goldschmiedehauses sollte nicht vergessen werden, was dieses Haus einmal war und was es für die Hanauer bedeutet hat. Es war ein Zeuge einer reichen städtischen Vergangenheit, ein monumentales Beispiel für Bürgersinn und Bürgerfleiß und ein der Nachwelt überliefertes imposantes Dokument, das davon berichtete, wie früh sich schon verantwortungsbewußte Menschen regten, um die Geschicke eines Gemeinwesens wie Hanau zu leiten und zu lenken.

Ursprünglich hatte das Altstädter Rathaus, das nun Deutsches Goldschmiedehaus ist, mit dem traditionsreichen Edelmetallgewerbe nichts oder nur sehr wenig zu tun. Es war nichts anderes als das Produkt der Überlegungen und der Arbeit, die sich unsere Väter immer machten, wenn es darum ging, das gemeindliche Leben in eigener Verantwortlichkeit zu leiten und zu lenken. Wie anderswo gingen auch die Hanauer schon frühzeitig daran, ein Rathaus zu bauen, um dem sich immer reger entwickelnden Leben in unserer Stadt einen Mittelpunkt zu geben.

Seitdem galt das Rathaus neben der Kirche immer als der wichtigste Bau in einer Stadt, wo sich bürgerlicher Gemeinsinn regte. Der beste Platz war für ein solches Haus gerade gut genug. Am Markte sollte es liegen, wo sich das mittelalterliche städtische Leben und Treiben abspielte und wo der Puls eines Gemeinwesens am sichtbarsten schlug. Vor allem aber war das Rathaus auch von jeher die gute Stube einer Stadt, wo hohe Gäste aus anderen Städten und Gemeinden oder Fürsten und Herrscher willkommen geheißen, wo sie nach den guten Regeln alter Gastfreundschaft bewirtet wurden und wo ihnen im wertvollen Pokal der Ehrentrunk gereicht wurde.

Zu dem Rathaus aber gehörte auch der Ratskeller, wo sich die honorigen Bürger zusammenfanden und nicht nur ernsthaft über wichtige Themen berieten, sondern wo sie auch gesellige Stunden verleben konnten. Auch bei besonderen Festlichkeiten ließ man sich hier gern den guten, alten Wein kredenzen, der im Keller lagerte und dort als sichtbares Zeichen bürgerlichen Wohlstandes galt. Den erstrangigen Kaufleuten aber diente die Halle des Erdgeschosses auch als eine Stätte, wo die Stände untergebracht werden konnten und wo sich im Schutz der steinernen Gewölbe Handel und Wandel abwickelten. Die Ratsstube war mit der wichtigste Bestandteil des Rathauses. Dort versammelten sich die Ratsherrn und Schöffen zur Beratung über alle Fragen, über die eine Entscheidung getroffen werden mußte.

Es war im Jahre 1484, als die Hanauer ihr erstes Rathaus am Altstädter Markt bauten. Es war zunächst recht einfach und den Ansprüchen der damaligen Zeit entsprechend und enthielt im Erdgeschoß eine offene steinerne Halle, über der sich der Festsaal befand. Schon 50 Jahre später entschlossen sich die Hanauer, ein weit größeres Rathaus zu bauen. Nur ein Jahr gebrauchte Baumeister Konrad Speck, das neue und mächtigere Gebäude zu errichten. Von Anfang an waren die beiden beherrschenden Brandmauern mit den fünfmal terassenförmig gestaffelten Giebeln das charakteristische Merkmal des Hauses. Das schöne Fachwerk und das steile Dach mit den zweifach reihenweise aufgesetzten Giebeln waren die anderen Charakteristiken, die bestimmend für die Eigenart des Baues wurden. Die zahlreichen Fenster in den beiden Stockwerken mit den zwei Erkern, die steinerne Halle und die breiten Tore prägten im übrigen das Bild dieses imposanten Baues. Auch die doppelte Freitreppe war von jeher auffallend. Sie führte zur Diele, neben der rechts und links die Amtsstuben und der Ratssaal lag.

Eine große Veränderung ging mit dem Altstädter Rathaus vor sich, als 1835 das alte und das neue Hanau vereinigt wurde und die Verwaltung für die gesamte Stadt in das Neustädter Rathaus einzog. Das alte Rathaus wurde dadurch überflüssig und konnte der kurfürstlichen Regierung überlassen werden, die es als Gerichtsgebäude benutzte, die Erkerfront beseitigen und von einer wenig malerischen Putzwand übertünchen ließ. Erst kurz vor der Wende zu unserem Jahrhundert erhielt der ehrwürdige Bau seine frühere Fassade und damit sein altes Aussehen zurück. Nun überließ die Stadt das Gebäude dem Geschichtsverein, der hier ein sehenswertes und mit wertvollen Zeugen aus der Hanauer Geschichte ausgestattetes Heimatmuseum einrichtete. 1941 schließlich, vier Jahre vor der Zerstörung des stattlichen Gebäudes, wurde das Altstädter Rathaus zum Deutschen Goldschmiedehaus umgewandelt.

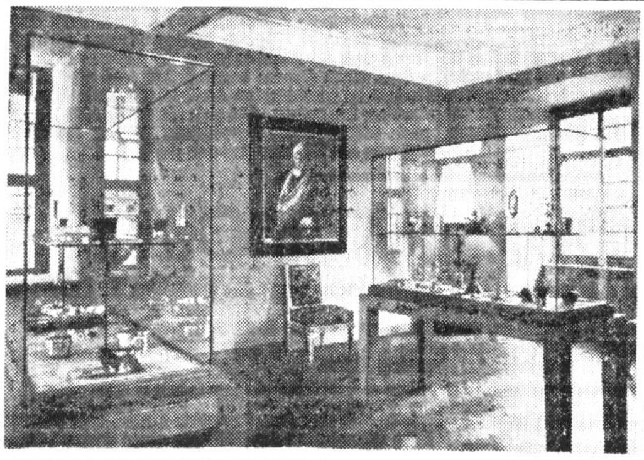

Das Goldschmiedehaus, wie es vor seiner Zerstörung am 19. März 1945 war. Das Bild oben zeigt das Gebäude als Dominante des verträumten Altstädter Marktplatzes mit dem Gerechtigkeitsbrunnen im Vordergrund. Das nebenstehende Bild ist ein Blick in einen Ausstellungssaal, in dem ähnliche Vitrinen wie heute standen. Die Hanauer Goldschmiede hoffen, daß in den neuen Ausstellungsräumen recht viele Ausstellungen veranstaltet werden. (Aufn.: Stadtbildstelle.)

Seit 25 Jahren:

Goldener Ehrenring für Goldschmiede

Jeder Preisträger fertigt den Ring für seinen Nachfolger an

Der von der Gesellschaft für Goldschmiedekunst im Jahre 1932 gestiftete und erstmals zum Namenstag des hl. Eligius, dem Schutzpatron der Goldschmiedekunst, 1933 verliehene Goldene Ehrenring ist die höchste internationale Auszeichnung, die es auf diesem Kunstgebiet gibt. Sie ist einmalig und ohne vergleichbare Parallele geblieben bis heute. Die Auszeichnung wurde auf Anregung von Goldschmied F. R. Wilm geschaffen, um eine immer wieder schmerzlich empfundene Lücke auszufüllen in der öffentlichen Anerkennung künstlerisch-kultureller Verdienste, in der Wertung goldschmiedischer Arbeit und kunsthandwerklichen Gestaltungsvermögens. Wie oft werden Orden und Ehrungen mehr oder weniger beziehungslos für wissenschaftliche und politische, wirtschaftliche, kulturelle und sportliche Leistungen vergeben, weil es der Gewohnheit und international gepflogener offizieller Sitte entspricht. Für hervorragende Leistungen in der Goldschmiedekunst aber gab es keine sinngemäße Auszeichnung, obgleich gerade die Goldschmiedekunst nicht nur eine Pflanzschule der Kunst ganz allgemein, sondern darüber hinaus mit ihren anspruchsvollen Werken und ihren edlen Werkstoffen wahrhaft eine Königin unter den verschiedenen Kunstübungen ist.

Seit 25 Jahren wird der Goldene Ehrenring alljährlich nach Vorschlag und Wahl der Ehrenringträger im Rahmen einer festlichen Veranstaltung an einen der führenden europäischen Meister der Goldschmiedekunst verliehen. Er ist das Zeichen von Anerkennung und Dank für künstlerisches oder erzieherisches Wirken, und er enthält die Verpflichtung, sich auch in Zukunft mit allen Kräften dienend für die Förderung der Goldschmiedekunst und für die Pflege der künstlerischen Tradition im Berufe einzusetzen. So wird ein sehr nobles und sehr demokratisches Beispiel gegeben, indem ein hervorragender Künstler geehrt und ausgezeichnet wird von seinem eigenen Berufskreis. Keine anderen Gesichtspunkte sind für die Verleihung ausschlaggebend als der Wert der künstlerischen Persönlichkeit und die Bedeutung des von ihr geschaffenen Werkes.

Der diesjährige Ehrenringträger wird Professor Walter Lochmüller aus Schwäbisch Gmünd sein, und er wird die hohe Auszeichnung am morgigen Mittwoch im Rahmen des Festaktes in der Stadthalle überreicht bekommen. Mit dem Ehrenring liefert die Gesellschaft für Goldschmiedekunst einen lebendigen und vorbildlichen Beitrag zu jenem heute so heiß umstrittenen Thema der öffentlichen Ehrung. Man gibt einen Ring aus Gold, denn Gold dauert — und jeder echte Dank sollte dauern — und hat Würde. Es ist das den Goldschmieden gemäße Material. Ein Ring bindet und legt Verpflichtungen auf, und es ist eine symbolische Andeutung des geschlossenen Kreises, daß durch ihn ein internationaler Freundeskreis bedeutender Meister der Goldschmiedekunst und der ihr verwandten Gebiete, der Email- und der Steinschneidekunst, der Metallplastik und des Gravierens, geschaffen worden ist.

„Ein Beweis der Zusammengehörigkeit über nationale Grenzen hinweg soll dieser Ring sein, einer internationalen Kulturgemeinschaft, die trotz der politischen Einteilung der Menschheit existiert und, wie wir hoffen, existieren wird", sagte Sigurd Persson aus Stockholm bei der Weitergabe der Ehrenringstaffel an die Giebichensteiner Emailleurin Professor Lili Schultz im Vorjahr.

Die Ehrenringstiftung umschließt eine kleine, erwählte Schar von künstlerisch Schaffenden aus den verschiedenen Ländern, die sich miteinander verbunden fühlen durch die Liebe zu ihrem Beruf und durch verwandtes Streben.

Jeder neu hinzugekommene Ehrenringträger übernimmt mit dem Empfang des Ringes gleichzeitig die Verpflichtung, für den im folgenden Jahr zu Erwählenden den Ehrenring selber zu entwerfen und anzufertigen, so daß jeder einzelne ein unwiederholbares, bedeutsames und ganz persönliches Kunstwerk erhält. Der Ehrenring trägt als Symbol den Adler mit ausgebreiteten Flügeln, ferner den Namen oder die Buchstaben der Gesellschaft für Goldschmiedekunst auf der Vorderseite, und in der Ringschiene den Namen des Trägers und die Jahreszahl der Verleihung eingraviert. Innerhalb dieser bindenden Rahmenbestimmungen aber sind jedem einzelnen alle Freiheiten der Gestaltung, der technischen Ausführung und der Verwendung des Materials gegeben.

Die Reihe der Ehrenringe enthält ein Stück Geschichte der modernen Goldschmiedekunst, geschrieben von den berufensten Künstlern der nebeneinander tätigen Generationen, gehütet und als echtes Brauchtum gepflegt von der Gesellschaft für Goldschmiedekunst. Die Ehrenringe haben damit eine Bedeutung als echte Kulturdokumente erlangt, eine Bedeutung, die dem Schmuck im verblaßten Wortgebrauch unserer Zeit sonst nicht mehr zukommt.

Über die Verleihung wird eine Urkunde angefertigt, die die Unterschriften der Mitglieder des Präsidiums der Gesellschaft für Goldschmiedekunst trägt, und ein Verzeichnis der Namen aller Ehrenringträger sowie eine Zeichnung des Ehrenringes enthält. Die Ehrenringe verbleiben nach dem Ableben ihrer Träger in dem Besitz der Familien als Verpflichtung zur Pflege der Goldschmiedekunst oder werden der Sammlung eines Museums oder der Gesellschaft für Goldschmiedekunst übereignet. Zu dem Ehrenring schuf Ludwig Riffelmacher, Berlin, im Jahre 1940 die Kronendose mit einem Knauf aus facettiert geschliffenem Bergkristall für F. R. Wilm. Sie symbolisiert den der Ehrenringstiftung zugrunde liegenden Gedanken, daß den Trägern des Goldenen Ehrenringes für ihre künstlerischen Leistungen die Krone gebühre und zuerkannt worden sei.

Vor Zeiten stand der Goldschmied im Mittelpunkt des die Welt bewegenden Kulturgespräches. Er tut es auch heute noch, wenn sich aus seinem handwerklichen Schaffen die künstlerische Form erhebt, wenn seine Gestaltungsweise an der Erfüllung unvergänglicher Formgesetze und strenger Maßstäbe haftet und noch sein kleinstes und bescheidenstes Gerät den Adel eines hohen Sinnes verrät.

Daß sich Goldschmiede selber zusammenfinden, um zu wählen und zu entscheiden über die künstlerische Qualität ihrer Leistungen, daß sie sich alle in gleicher Weise den allgemein verbindlichen Prinzipien künstlerischer Formgebung unterwerfen, und daß sie den Ehrenring in immer wieder verjüngter und erneuerter Form unter sich weitergeben als Unterpfand einer Art Rangordnung im Künstlerischen — das dürfte fruchtbar ausstrahlendes Vorbild sein für das, was unter echter Ehrung und Auszeichnung verstanden werden sollte. (Abdruck aus der Zeitschrift „Gold und Silber".)

Morgen läuten die Glocken

Wenn morgen nachmittag um 15 Uhr das Deutsche Goldschmiedehaus erstmals seine Tore öffnen wird, werden die Glocken der benachbarten Marienkirche läuten als Mahnung an diesen großen Tag, der für die Geschichte Hanaus von so großer Bedeutung ist. Beim Glockenklang werden die Ehrengäste das Haus betreten, um an der Eröffnung der ersten Ausstellung im wiedererstandenen Goldschmiedehaus teilzunehmen Diese erste Ausstellung wird von Direktor Oehmichen eröffnet.

Stadt Hanau

Rückblick

Der heutige Tag gibt allen Hanauern Anlaß, an das traurigste Ereignis zurückzudenken, das die reiche Geschichte unserer Stadt aufzuweisen hat. Das sollte niemand vergessen, wenn heute der Jubel und die Freude über das bisher geschaffene Werk die Erinnerung an das fürchterliche Geschehen vor dreizehn Jahren überdecken werden.

Deshalb sollte auch keine Gelegenheit versäumt werden, darauf hinzuweisen, was dieser Tag mit seinem reichhaltigen Veranstaltungskalender veranschaulichen soll. Er will im Zeitlauf weniger Stunden symbolisieren, was die letzten dreizehn Jahre gebracht haben. Heute morgen wurde das Mahnmal eingeweiht. Es gab zur stillen Einkehr Anlaß, und es ließ alle tief ergriffen an die Opfer zurückdenken, die der unselige Krieg gefordert hat. Diese Erinnerung wird auch dann nicht verblassen, wenn sich die Menschen von der Stätte des Mahnmals abgewendet haben und sich mit dem Gegenwärtigen beschäftigen. Hier wird der Wandel offenbar, der sich in den letzten dreizehn Jahren vollzog. Es mußte gehandelt werden — das Leben geht weiter.

Allen denen, die meinten, daß ein Tag, der dem stillen Gedenken gehört, zum Feiern wenig geeignet erscheint, sollten den Mut und die Tapferkeit nicht vergessen, die vor allem in den ersten Jahren nach dem Zusammenbruch die Kraftquelle für einen neuen Anfang waren. Bei aller Bescheidenheit steht es daher jedem Bürger unserer Stadt zu, ein wenig stolz zu sein. Nur wenige gibt es, die keinen Anteil haben an dem Wiederaufleben unserer Stadt, das jetzt einen seiner schönsten Höhepunkte gefunden hat. Die unmittelbare Verbindung zwischen dem Gestern und Heute ist daher ein Ergebnis, das nicht nur mit dem Verstand, sondern vor allem mit dem Herzen erfaßt werden muß.

Darum sollte es auch nicht vor allem hie Mahnmal — dort Goldschmiedehaus heißen. Sie sind in gewissem Sinne nicht viel mehr als die zu Stein gewordenen Dokumente des Stirb und Werde in unserer Stadt. Sie sind der Anfang und ein nun erreichtes vorläufiges Ziel, auf dem wir uns nur ganz kurz ausruhen dürfen. Denn das Rad der Zeit dreht sich weiter. Und die Zukunft fordert neue Taten. lo

Grüße des Abgeordneten Altmaier

Aus dem Bundeshaus in Bonn sandte der Bundestagsabgeordnete des Wahlkreises Hanau-Gelnhausen, Jakob Altmaier, an die Redaktion des „Hanauer Anzeigers" anläßlich der Einweihung des Mahnmals und des Deutschen Goldschmiedehauses ein Grußtelegramm folgenden Wortlauts:

„Einweihung des Mahnmals für Opfer des Dritten Reiches, dem die Stadt Hanau schrecklichsten Tribut entrichten mußte, und Eröffnung des neu erstandenen Goldschmiedehauses verbindet in glückhafter Symbolik Zerstörung und Wiederaufbau, schmerzlichste Vergangenheit und schaffensfrohe Gegenwart zu hoffnungsvoller Zukunft. ‚Glück auf' dem wiedererstandenen Hanau und seiner arbeitsamen Bevölkerung zu einem Leben in Freiheit, Frieden und Wohlergehen in einem wiedervereinigten Deutschland.

Jakob Altmaier,
Bundestagsabgeordneter."

Ausstellung täglich geöffnet

Die Ausstellung im Deutschen Goldschmiedehaus, die heute nachmittag eröffnet wird, kann täglich zwischen 15 und 19 Uhr besucht werden. Sonntags ist die Ausstellung zusätzlich noch zwischen 11 und 13 Uhr geöffnet. Bis einschließlich Sonntag, 23. März, wird kein Eintritt erhoben. Von Montag an soll der Besuch der Ausstellung 50 Pfennig kosten.

Hanauer Mahnmal enthüllt:

Ständige Mahnung für alle Lebenden

Gestürztes Kreuz mit der Inschrift: „Wo das Recht gebrochen wird, stirbt die Freiheit!"

In einer schlichten Feierstunde wurde heute morgen gegen 10 Uhr auf dem Platz an der Martin-Luther-Anlage unter Teilnahme einer vielköpfigen Menschenmenge das von dem Hanauer Bildhauer Otto Craß geschaffene Mahnmal feierlich enthüllt. Es war ein großer Augenblick, als dreizehn Jahre nach der furchtbaren Zerstörung der Stadt das Tuch fiel, welches das mächtige Kreuz verhüllt hatte und das Mahnmal sichtbar ward. Dieses Mal steht nun wie ein Baum im grünen Rasen und soll eine ständige Mahnung sein an alle Lebenden, die Opfer nicht zu vergessen, die eine schwarze Zeit in der Geschichte unseres Vaterlandes gefordert hat. Die Festansprache bei dieser Mahnmaleinweihung hielt Oberbürgermeister Fischer.

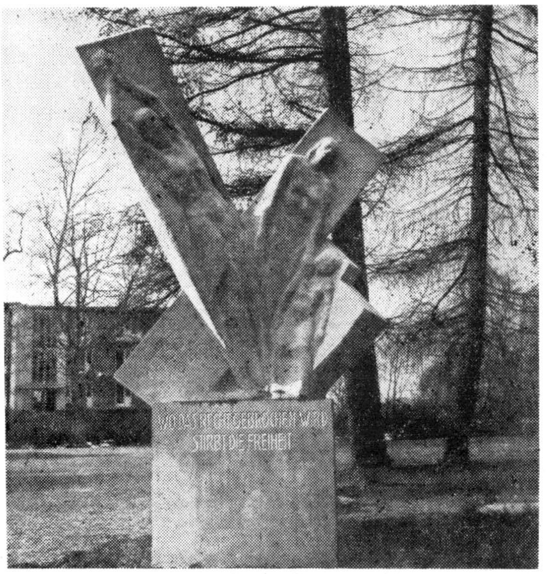

Das Mahnmal

Mit dem Trauermarsch aus der Es-Dur-Sonate op. 26 von Ludwig van Beethoven, gespielt vom 1. Hanauer Blas- und Streichorchester, wurde die Feierstunde eingeleitet. Ergriffen hörten die in großen Scharen gekommenen Menschen die Weisen, und ihre Gedanken kehrten zurück zu jenem Märztag des Kriegsjahres 1945, da in nachtdunkler Morgenstunde die Bomben auf eine im friedlichen Schlaf liegende Stadt herniederrauschten und alles zerstörten, was da stand. Tausende von Bürgern, Soldaten und Fremden fanden unter den niederstürzenden Mauern, die alles unter sich begruben, den Tod und das Schicksal einer blühenden Stadt schien in den fürchterlichsten 30 Minuten ihrer jahrhundertealten Geschichte besiegelt zu sein. Doch aus den Trümmern wuchs neues Leben und die Kinder und Enkel der Toten von 1945 enthüllen jetzt ein Mahnmal, damit die schrecklichen Jahre und die furchtbarste Stunde der Stadt nie vergessen werden mögen.

Solche Gedanken waren es, die den Menschen durch den Kopf gingen, als sie heute morgen am Mahnmal standen, die Worte des Dichters Werner Bergengruen „An die Völker der Erde", gesprochen von dem Frankfurter Schauspieler Erwin Scherschel, vernahmen und der Ansprache des Oberbürgermeisters Heinrich Fischer lauschten.

Der Oberbürgermeister stellte seine Ausführungen unter das Wort des Dichters Ernst Wiechert: „Damals meine Freunde, wurde die Uhr unseres Schicksals gestellt und der Schlag des Pendels begann durch die Zeit zu sausen, desselben Pendels, das uns zermalmen sollte, mit einer Erbarmungslosigkeit ohnegleichen." Der Oberbürgermeister fuhr dann fort:

„Der 19. März ist für uns Hanauer ein Tag, in dem Haß und Leid, Zerstörung und Vergebung zusammenklingen. Dieser Tag wird in der Geschichte der Stadt fortleben als ein Tag des Zusammenbruchs, als ein Tag der Zerstörung, der unendliches Leid brachte, und als ein Tag, der eine große Erkenntnis in uns Menschen erweckte. Die Erkenntnis nämlich, daß es ohne Gerechtigkeit keine Freiheit geben kann. Denn das ist die Lehre eines Irrweges und Wahnwitzes — wo das Recht gebrochen wird, stirbt die Freiheit!

Dieses Mahnmal, dessen Hülle heute gefallen ist, soll uns selbst und allen, die nach uns kommen, immer wieder daran erinnern, wohin Rechtlosigkeit und verbrecherischer Wahnwitz führen. Noch sind die Menschen nicht frei, nicht frei von dem fluchwürdigen Gedanken der Revanche und noch immer nicht bereit, in einer Gemeinschaft zu leben. Vom 28. Juni 1919 bis 10. Januar 1920 hat man Verhandlungen über den Versailler Friedensvertrag geführt. Man hat damals versucht, diesem Fluch ein Ende zu bereiten. Hat man wirklich?

Die vermeintlichen Sieger forderten ihren Preis und sie haben der jungen deutschen Republik nicht den Lebensraum gegeben, den sie brauchte. Und was ist daraus geworden? Die junge deutsche Republik der Weimarer Zeit gab sich die erdenklichste Mühe. Demokraten und Sozialisten waren ehrlich bestrebt, einen neuen Anfang zu machen. Fast schien es so, als ob das auch gelingen würde; aber die Zahl der Feinde war zu groß und die Bereitschaft der anderen den Weg zu einer neuen Ordnung zu gehen, zu gering. So war es den Feinden der Demokratie ein leichtes, bei den ersten Depressionserscheinungen und Krisen den neu gegangenen Weg zu verschütten.

Wir haben uns gewehrt gegen die Kollektivschuld nach dem Zusammenbruch, gegen die Kollektivschuld des ganzen deutschen Volkes. Nicht, weil wir die Deutschen, die verbrecherisch gehandelt haben, rechtfertigen wollten. Wir taten es, weil wir nicht wollten, daß Schuldige über Schuldige zu Gericht saßen und daß Schuldige andere schuldig sprachen, um ihre eigene Schuld zu vergessen und in der Unwahrhaftigkeit weiter zu leben. Wir taten es auch, weil die anderen mitschuldig waren, daß das deutsche Volk einen Irrweg gegangen ist. Sie haben den Weg für eine neue deutsche Gemeinschaft nicht freigegeben. Sie haben es aber zugelassen, daß die Verführer billige Triumphe feiern konnten, sie haben zugelassen, daß nicht nur die deutschen Parteien, Konstitutionen und Korporationen gleichgeschaltet wurden, sondern daß ganze Länder gleichgeschaltet wurden. Sie haben vom Jahre 1934 an in Deutschland den Meuchelmord zugelassen und konnten nicht verhindern, daß er dann in den anderen Ländern triumphierte. Sie haben präsentiert vor den Wahnwitzigen, als Hunderttausende anders denkender Menschen in Konzentrationslagern und Zuchthäusern schmachteten.

Wir haben uns aber auch gegen diese Kollektivschuld einer Nation und eines Volkes gewehrt, weil wir alle schuldig geworden sind. „Mea culpa, mea culpa, mea maxima culpa" wenn irgendwo und wenn irgendwann, dann hat dieses Wort hier einen Sinn — wir sind alle schuldig.

Dieses Mahnmal soll die Menschen, die daran vorbeigehen oder die hier verweilen, immer daran erinnern, daß jeder einzelne die Verantwortung trägt und daß jeder einzelne verpflichtet ist. Und er soll daran denken, daß dort, wo die Unwahrhaftigkeit herrscht, Willkür herrscht, und wo das Recht gebrochen wird, die Freiheit stirbt — ganz gleich, wo es geschieht.

So soll dieses Kreuz für immer als ein Mahnmal für uns und unsere Nachkommen stehen, für eine Erkenntnis, die durch Blut und Tränen uns gegeben wurde. Blicken Sie dort hinüber, dort steht ein anderes Kreuz, ein weiteres Zeugnis dieser furchtbaren Zeit, unserer Zeit. So wie dieses Mahnmal, mahnt dieses Kreuz Millionen daran, ihre Heimat nicht zu vergessen, aber auch nicht zu vergessen, warum sie aus der Heimat fliehen mußten oder warum man sie verjagt hat. So sehr wir die Gemeinschaft aller Völker anstreben, so sehr lieben wir aber auch unsere Heimat. Es ist nicht wahr, daß die Heimatliebe, Stolz auf das Vaterland und die Nation, die Gemeinschaft mit anderen Nationen ausschließt. Dies ist die wahre Erkenntnis, die uns die Vergangenheit gelehrt hat.

Wir haben in unserer Stadt — so glaube ich — ein selten schönes und symbolhaftes Denkmal für alle Zeiten geschaffen. Wir wollen nicht nur stolz sein, daß es hier und von uns errichtet wurde. Wir wollen bestrebt sein, nach den Erkenntnissen, die uns die Zeit und die uns dieses Mahnmal und dieses Kreuz dort zurufen, zu leben."

Mit Ludwig van Beethovens „Ehre Gottes", dargeboten von dem 1. Hanauer Blas- und Streichorchester, klang die Feierstunde aus.

Orgelmusik der Kreuzkirche

Werke von Scheidt, Lübeck, Bach und Hindemith

Am kommenden Sonntag, 23. März, veranstaltet die Kreuzkirchengemeinde um 20 Uhr eine Orgelmusik, die von Reinhold Finkbeiner gestaltet wird. Die Freunde der guten Kirchenmusik sind hierzu herzlich eingeladen. Programme, die zum Eintritt berechtigen, werden am Eingang zu DM 1,— bereitgehalten. Die Kirche ist geheizt.

In seinem wohlausgewählten Programm gibt der Hanauer Organist einen Einblick in vier Schaffensperioden der Orgelliteratur. Den Anfang des Programms macht Vincent Lübecks (1661—1733) Präludium in g-Moll, das in seiner barocken Anlage fünfteilig gehalten ist: Präludium — 1. Fuge — Interludium — Recitativ — 2. Fuge. An zweiter Stelle steht eine Choralpartita über das Passionslied: „Da Jesus an dem Kreuze stund" von Samuel Scheidt (1587—1654) der durch seine 1624 in Halle veröffentlichten „Tabulatura nova" bekannt ist und dessen Lied- und Kirchenliedbearbeitung als Strophenvariationen mit durch alle Stimmen wanderndem Cantus firmus bis auf Johann Pachelbel das deutsche Orgelspiel beherrscht haben.

Aus der zeitgenössischen Orgelliteratur ist Paul Hindemith mit seiner 2. Orgelsonate (1937) vertreten. Zusammen mit der 1. und 3. Sonate (1937 bzw. 1940) handelt es sich hierbei um die einzigen Orgelwerke des Meisters, die speziell für die ehemalige Orgel des Frankfurter Rundfunks geschrieben wurden. Die drei Sätze des Werkes tragen die Bezeichnung: Lebhaft — Ruhig bewegt — Fuge, mäßig bewegt, heiter. Der letzte Teil des Programms konzentriert sich auf das Schaffen Johann Sebastian Bachs (1685 bis 1750). Aus seinem „Orgelbüchlein" spielt Finkbeiner — ganz dem Kirchenjahr gemäß — vier Orgelchoräle aus dem Passionskreis: 1. „Christe du Lamm Gottes" (ein ganz kurzer, streng fünfstimmig gehaltener Satz von selten „singend geführten" Stimmen), 2. „Da Jesus an dem Kreuze stund" (man achte hier auf die Baßführung, die ganz eindeutig ein Kreuz symbolisiert), 3. „Christus, der uns selig macht" (Kanon zwischen Sopran und Baß) und 4. „O Mensch, bewein dein Sünde groß". (Hier ist die Melodie „melismatisch" verarbeitet, d. h. jeder einzelne Melodieton ist von beiden Richtungen umspielt. Ganz auffällig ist die Bezugnahme auf den Text: bei der Stelle: „... daß er für uns geopfert würd" zeichnet der Baß schmerzliche Chromatik, und bei „... trug unsrer Sünden schwere Bürd" zeigen die Oberstimmen ein das „Tragen" charakterisierendes Motiv).

Den Abschluß dieser Orgelmusik bildet Bachs Passacaglia und Fuge in c-moll. Eine Passacaglia („Hahnenschritt") besteht aus einem Thema im ungeraden Takt (es liegt immer in der untersten Stimme), über dem verschiedene Variationen — bei Bach sind es 20 — ablaufen. Die Fuge hat den gleichen Gedanken zum Thema, das jetzt aber in allen Stimmen erscheint.

Wir gratulieren

Morgen wird Heinrich Schäfer, Hauptstraße 4, 78 Jahre alt.

Morgen feiert Christian Rieß, Limesstraße 48, seinen 73. Geburtstag.

Wohin gehen wir heute?

Capitol-Lichtspiele: „Die Nächte der Cabiria" mit Giulietta Masina
Central-Theater: „Der gläserne Turm" mit Lilli Palmer, O. E. Hasse
Palette: „Junggesellenparty" mit Don Murray
Gloria-Lichtspiele: „Dr. Crippen lebt" mit Elisabeth Müller, Peter van Eyck
Modernes Theater: „Alle Sünden dieser Erde" mit Barbara Rütting, Ivan Desny

Wettbewerb für Hanaus Filmamateure

Am Samstag im Mühltorkeller – Die besten Filme werden gesucht

Zum erstenmal findet am kommenden Samstag in Hanau ein Filmwettbewerb statt. Es handelt sich nicht um ein „Festival" mit prominenten Namen aus der großen Welt der flimmernden Leinwand, sondern um einen Wettbewerb der Hanauer Filmamateure, die feststellen wollen, wer die besten Schmalfilme gedreht hat.

Veranstalter dieses Filmwettbewerbs ist die Interessengemeinschaft Hanauer Filmamateure, die in den letzten Jahren schon mehrfach mit Veranstaltungen an die Öffentlichkeit getreten ist. Der Wettbewerb findet im Mühltorkeller statt. Er wird am Samstag von 16 bis 17 Uhr mit einem geselligen Beisammensein eingeleitet. In der Zeit von 17 bis 20 Uhr findet dann der 1. Hanauer Amateurfilmwettbewerb statt. Nach einer Abendpause folgt ein geselliges Beisammensein, in dessen Verlauf die Bewertungsergebnisse bekanntgegeben werden. Außerdem ist eine Vorführung der schönsten und interessantesten Filme außer Konkurrenz der Frankfurter Gäste und der Hanauer Filmamateure vorgesehen.

Es ist das erstemal, daß in Hanau ein Filmwettbewerb stattfindet. Die Vorführungen sollen einen interessanten Querschnitt durch das filmische Schaffen der Hanauer Amateure vermitteln. Die Bewertung der Filme geschieht durch eine Jury, die aus einer Delegation der Arbeitsgemeinschaft Frankfurter Amateurfilmer, die dem „Bund Deutscher Filmamateure" angehören, gebildet wird.

Eine ganze Schar begeisterter Männer und Frauen hat sich in Hanau dem Schmalfilm verschrieben. Während das Foto nur einen unbewegten Eindruck des Bruchteils einer Sekunde vermittelt, fängt der Film das wirkliche, lebendige Leben ein. Das Erlebnis, die unauslöschliche Erinnerung, vermittelt erst das bewegte, das gefilmte Bild. Der Film wirkt im Gegensatz zu dem Foto durch die Szenenfolge. Diese Szenenfolge aber macht Milieu und Szenerin vergangener und uns liebgewordener Erinnerungen plastisch wieder lebendig und wir erleben alles so, als stünden wir mitten in der Zeit, die wir vor uns ablaufen lassen.

Die Interessengemeinschaft Hanauer Filmamateure hofft, daß der erste Amateurfilmwettbewerb in Hanau dazu beitragen wird, dem Schmalfilm neue Freunde zu gewinnen.

* **Hanauer Apothekendienst:** Neue Apotheke, Kanaltorplatz 6.

Wie wird das Wetter?

Noch kalt

Übersicht: Die Kaltluft über Deutschland bleibt auch weiterhin wetterbestimmend.

Vorhersage: Bewölkt bis bedeckt und gelegentlich auch Schneefall, vor allem in Nordhessen. Mittagstemperatur bis 3 Grad, nachts noch leichter Frost. Schwacher bis mäßiger Wind aus Nord bis Ost.

Aussichten für Freitag: Noch keine durchgreifende Änderung.

Stadt Hanau

Schwaches Gedächtnis

Es gibt Leute, die sich jetzt irgendwo in den Ferien befinden und andere, die zu Hause geblieben sind. Es können ja schließlich nicht alle Menschen auf einmal wegfahren. Doch auch jene, die dageblieben sind, nehmen auf eine Weise am allgemeinen Ferienbetrieb teil. Dank den Ansichtspostkarten und der weltumspannenden Organisation der Post. „Wir baden in diesem Sommer in der Adria", teilen uns Bekannte mit, bei denen wir uns zunächst einmal erinnern müssen, wann und wo wir mit ihnen bekannt wurden und seit wie langer Zeit wir sie nicht mehr gesehen haben.

Ich weiß den Leser mit mir einig, wenn ich jetzt behaupte, daß nicht hinter jeder Ansichtskarte der liebenswürdige Wunsch steht, einem anderen Menschen einen Gruß zu übermitteln. Man möchte auch ein wenig prahlen. Wenn man schon die Adria, die Costa Brava oder sogar noch weiter entfernte Ferienziele „vermag", dann sollte man diese Tatsache doch recht vielen Menschen zur Kenntnis bringen. Daneben erfüllen Ansichtskarten noch eine andere, nicht weniger wichtige Aufgabe. Man blättert in den Taschenkalendern, stößt auf Namen, deren Trägern gegenüber man ein leise schlechtes Gewissen hat und beruhigt dieses mit einem kurzen Postkartengruß. Da sind Menschen, denen man einen langen Brief schreiben oder die man schon lange einmal zu sich einladen wollte. Man hat das vergessen oder immer wieder hinausgeschoben, doch während zu Hause alle Erklärungen und Entschuldigungen hierfür nicht recht stichhaltig sind (trotz starker Arbeitslast kann man immer einen kleinen Brief schreiben, und schnell ist jemand telephonisch eingeladen), liefert die Ferienabwesenheit einen geradezu idealen Grund der nicht erfüllten Pflicht. Einmal zurückgekehrt, werden wir den Empfänger unserer Postkarte wieder vergessen oder wenigstens so tun, als ob ein schwaches Gedächtnis die Schuld daran trüge, daß uns viele Menschen einfach verlorengehen.

Das „schwache Gedächtnis" ist eine geradezu großartige Entschuldigung, ein Motiv, mit dem wir wenigstens vor uns selber manchen Dingen eine große Bedeutung nehmen können. Wir haben so viel zu denken und so viele Sorgen, daß es beinahe natürlich ist, wenn wir so eine kleine Angelegenheit wie einen Brief oder einen Geburtstagsgruß vergessen.

Nur eben — am ganzen Spiel sind zumindest zwei Personen beteiligt: der Mensch mit dem schlechten Gedächtnis und der andere, der vergessen wurde. Der erste schiebt die Angelegenheit auf das Geleise einer Funktion des Gehirns, der andere meint, daß es sich eher um eine Sache des Herzens handelt. Und ich fürchte, daß der letztere recht hat. -rg

Liebe Mitbürger!

Im Jahre 1945 sank unsere Stadt in Schutt und Asche, und die Stadt Hanau würde heute nicht mehr bestehen, wenn die Bürger der Stadt Hanau in den Augusttagen des Jahres 1945 nicht beschlossen hätten, in einem freiwilligen Ehrendienst die Trümmerhaufen fortzuräumen und den Weg für den Wiederaufbau freizumachen.

In Erinnerung an eine große und selbstbewußte Tat der Bürger wird zum ersten Male das Hanauer Bürgerfest gefeiert werden, das von nun an immer begangen werden soll in Erinnerung an die Zeit, die wir gemeinsam durchlebten, die erfüllt war von Schrecken und Not, die aber trotz allem die gewaltigen Kräfte der Gemeinschaft nicht zerstören konnte. Es ist ein echtes Volksfest, das sich über das bevorstehende Wochenende im Schloßpark Philippsruhe abwickelt. Neben großen Veranstaltungen unserer Hanauer Kultur- und Sportvereine findet ein großes Kinderfest statt, bei dem alle Hanauer Kinder sich freuen und glücklich sein sollen.

Bei großartiger Park- und Schloßbeleuchtung und einem großen Feuerwerk wird das Fest der Hanauer Bürger am Sonntagabend ausklingen.

Hanauer, wir haben alle Veranlassung, uns zu freuen und zur festlichen Freude die anderen aufzurufen. Darum kommt zum Fest!

Heinrich Fischer
Oberbürgermeister

Modisch und elegant
sind unsere neuen Brillenmodelle für die Dame. Sie schmeicheln ihrer Besitzerin und geben ihr ein vorteilhafteres Aussehen.
Sehen Sie sich einmal unverbindlich unsere neuen Modelle an.
Wundrack, Augenoptikermeister, Hanau, Krämerstraße 7. Lieferant aller Krankenkassen.

Wohin gehen wir heute?

Capitol-Lichtspiele: „Fräulein" mit Dana Wynter, Mel Ferrer
Spätvorstellung: „Fuzzy St. John"
Central-Theater: „Man müßte nochmal Zwanzig sein" mit Karlheinz Böhm, Johanna Matz
Spätvorstellung: „In den Krallen der Gangster"
Palette: „Spuren in die Vergangenheit" mit O. E. Hasse, Francoise Arnoul
Gloria-Lichtspiele: „Ooh . . . diese Ferien" mit Hannelore Böllmann, Georg Thomalla
Spätvorstellung: „Wenn es Nacht wird in Paris"
Modernes Theater: „Reifende Jugend" mit Mathias Wieman, Albert Lieven
Spätvorstellung: „Gefährliche Bekanntschaften"

Rückblick auf ein beispielhaftes Werk

Schulter an Schulter arbeiteten die Hanauer

Der 18. August 1945 sah den ersten Großeinsatz zur Beseitigung der Trümmer auf Straßen und Plätzen

Das Hanauer Bürgerfest, das heute und morgen zum erstenmal abgehalten wird und das — wenn die damit verknüpften Erwartungen erfüllt werden — von nun an zu einer ständigen Einrichtung werden soll, wird zur Erinnerung an die Zeit vor dreizehn Jahren gefeiert, als Hanau nach den schweren Bombenangriffen in der letzten Phase des Krieges in Schutt und Asche lag. Damals gingen die Bürger aus Hanau und Umgebung mit ungebrochenem Mut an die gewaltige Aufgabe des Wiederaufbaues heran. Der 18. August ist dabei ein denkwürdiger Tag. An diesem Augustsamstag des Jahres 1945 fand der erste Großeinsatz zur Trümmerbeseitigung statt. Er war der Anfang für den Ehrendienst, dem allein es zu danken war, daß die Straßen und Plätze der Stadt im Zeitraum von kaum zwei Jahren vom Schutt befreit werden konnten. Dies war schließlich die Voraussetzung für den Wiederaufbau, der unserer Stadt neues Leben und wirtschaftliche Gesundung ermöglichte.

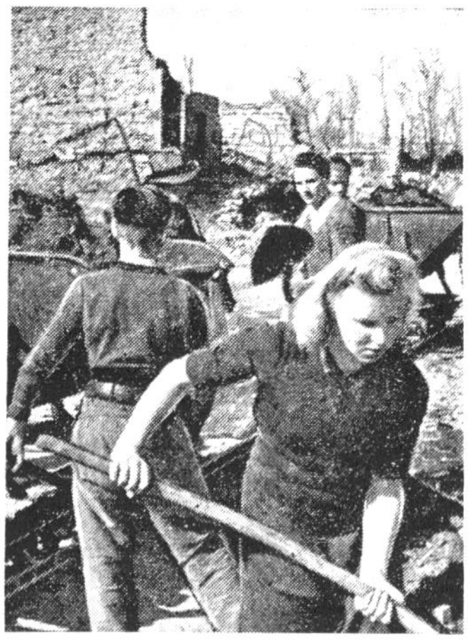

Auch Frauen und Jugendliche halfen mit

Als nach dem fürchterlichen Bombardement des 19. März 1945 kaum mehr ein Haus in der Innenstadt stand, da wurde eine grauenvolle Bilanz gezogen: Hanau war zu 83 Prozent zerstört. Ernsthaft wurde unter dem Eindruck dieser Zerstörung von verantwortlichen Männern, insbesondere von den maßgeblichen Offizieren der damaligen amerikanischen Besatzungstruppen, erwogen und empfohlen, das Trümmerfeld in seinem Zustand zu lassen und die Stadt an anderer Stelle völlig neu aufzubauen. Das war ein Vorschlag, der heute wahnwitzig klingt. Doch muß man ihn aus der Sicht der damaligen Situation sehen, um ihn völlig verstehen zu können. Nicht weniger kühn aber war der Entschluß, trotz tausendfältiger Schwierigkeiten den Wiederaufbau in Angriff zu nehmen.

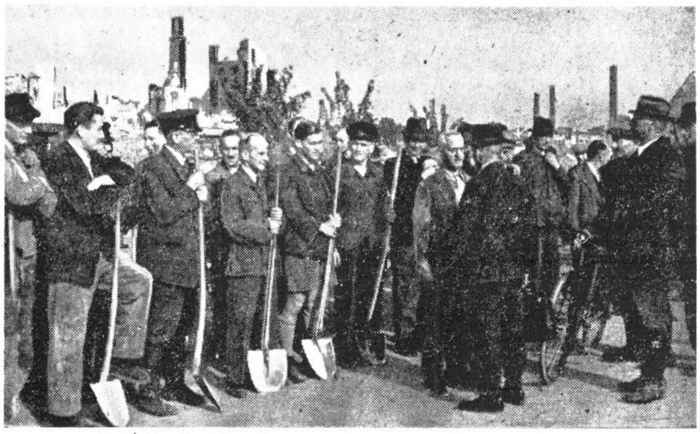

Die Helfer des Ehrendienstes werden zum Arbeitseinsatz eingeteilt

Am Anfang der Pflichtdienst

Die ersten, die bei den Aufräumungsarbeiten unter Aufsicht der amerikanischen Polizei und der damaligen sogenannten Politischen Abteilung eingesetzt wurden, waren die ehemaligen Parteigenossen, die gewissermaßen einen Sühnedienst zu leisten hatten. Sie wurden jeden Samstag und Sonntag eingesetzt. Als wenig später auf Initiative des damaligen Arbeitsamtsdirektors Simon eine Wiederaufbauabteilung beim Arbeitsamt eingesetzt und der ehemalige Stadtverordnete Philipp Daßbach mit der Leitung beauftragt wurde, wurden die aus politischen Gründen Dienstverpflichteten dem Einflußbereich der Politischen Abteilung entzogen und der Wiederaufbauabteilung des Arbeitsamtes unterstellt. Die 600 Personen wurden nunmehr in zwei Gruppen eingeteilt, die abwechselnd an jedem Wochenende zum Einsatz kamen. Sehr schnell aber zeigte es sich, daß auf diese Weise an ein spürbares Weiterkommen nicht zu denken war. Zusammen mit dem seinerzeit amtierenden Oberbürgermeister Molitor, Bürgermeister Dr. Krause und Landrat Voller wurde von Philipp Daßbach daraufhin die Idee des gemeinschaftlichen Einsatzes der gesamten Bevölkerung geboren. Mit ihr schlug auch die Geburtsstunde des späteren Ehrendienstes.

Stadt und Land — Hand in Hand

Nicht nur die Bürger der Stadt Hanau, auch alle Einwohner der Gemeinden im Kreis Hanau wurden aufgerufen, sich freiwillig an den Aufräumungsarbeiten zu beteiligen. Der erste Großeinsatz am 18. August war ein voller Erfolg: 2500 Menschen, Männer, Frauen und Jugendliche aus Stadt und Land strömten am Frankfurter Tor zusammen. Mit Pickeln, Spaten und Schaufeln, oft in den letzten Paar festen Schuhen, kamen sie; viele Landwirte aus dem Kreis waren mit Pferd und Wagen erschienen. Innerhalb einer halben Stunde war die Menge eingeteilt. Zwei Tage lang arbeiteten die Menschen Schulter an Schulter auf den Plätzen und Straßen, die stellenweise zu kleinen, schmalen Pfaden geworden waren. Beim nächsten Großeinsatz, vierzehn Tage später, waren es nahezu 3500 Menschen und über 350 Fahrzeuge, die sich wiederum zu gemeinsamer Arbeit zusammenfanden. Als nach fünf Großeinsätzen die Beteiligung aber wieder geringer wurde, suchten die Verantwortlichen nach einer anderen Lösung.

Zwölf Tage im Jahr

So kam es dazu, daß Philipp Daßbach zunächst für das Arbeitsamt, dann im Auftrag der Stadt, den Ehrendienst organisierte, an dem sich jeder Einwohner der Stadt und des Kreises Hanau zwischen 14 und 60 Jahren beteiligen mußte. In einer gemeinsamen Besprechung zwischen Vertretern der Stadt, der Gewerkschaften und der Industrie- und Handelskammer mußten zunächst allerdings die grundsätzlichen Bedingungen ausgehandelt werden. Es kam ein für alle Seiten befriedigendes Ergebnis zustande. Jeder Bürger mußte im Jahr zwölf Arbeitstage leisten. Die Arbeitgeber hatten ihre Betriebsangehörige dazu freizustellen. Ein Drittel des Lohnes dafür trug die Stadt, ein weiteres Drittel der Arbeitgeber, während der Arbeitnehmer auch ein Opfer bringen und auf das letzte Drittel Lohn verzichten mußte. Zusammen mit den Lebensmittelkarten wurde eine Kontrollkarte mit zwölf Feldern ausgegeben. Auf ihnen wurde bescheinigt, ob die geforderte Arbeit geleistet worden war. Wer dies nicht nachweisen konnte, mußte damit rechnen, daß ihm die Lebensmittelkarten nicht ausgehändigt wurden. Nach dem Alphabet, den Betrieben und Gemeinden geordnet, wurden die Bürger herangezogen. Auf diese Weise arbeiteten zwei Jahre lang täglich mehrere hundert Menschen in der Stadt. Als Ende 1947 die Trümmer schließlich von den Plätzen und Straßen entfernt waren und zunächst einmal wieder Ordnung und Uebersicht in die Innenstadt gebracht worden war, wurde der Ehrendienst wieder aufgelöst.

Ein gemeinsames Werk

Es gab zum Glück nur wenige, die sich vor ihren Verpflichtungen drücken wollten. Bis auf die freigestellten Geistlichen und Aerzte wurden keine Ausnahmen zugelassen. Jungen und Mädchen, Männer und Frauen standen in diesen zwei Jahren nebeneinander, räumten die Trümmerberge auf, luden den Schutt in die Wagen und Kipploren und schoben sie zu den Abladeplätzen. Wenn die Betriebe ihre Einsätze geschlossen erledigten, dann stand der Direktor neben seinem Arbeiter und der Stift neben seinem Abteilungsleiter. Alle legten mit Hand an. Es war ein wahrhaft großes Gemeinschaftswerk, auf das die alten Hanauer mit gutem Grund stolz sein können. Auf alle erdenkliche Weise wurde organisiert, damit mittags ein Eintopfessen geboten werden konnte, das von der Stadtküche zubereitet und im alten Kaufhofgebäude aus Termophoren ausgegeben wurde. Viele, die damals dabei waren, wissen von rührenden Szenen zu berichten. Alte Männer und Frauen, die zu keinem Dienst verpflichtet waren, ließen sich nicht abweisen. Sie wollten mithelfen, ihre Stadt aufzubauen. Sie wollten dabei sein, und wenn es nur beim Steinklopfen war. Auch Schwerkriegsbeschädigte halfen mit. Noch heute erzählt man sich von einem Mann mit nur einem Arm, der mehr leistete als mancher Gesunde.

Ernsthaft und freudig zugleich

Das war der Anfang, der bekanntlich das Schwerste an einem großen Werk ist. Sein Erfolg war es nicht zuletzt, der der Stadt und ihren Bürgern den Mut und die Kraft gab, das einst für unmöglich gehaltene Vorhaben zu verwirklichen. Aeußerlichen Dank und Anerkennung verlangte niemand dafür. Zwar wurde dem Organisator des Ehrendienstes, Philipp Daßbach, seinerzeit von Oberbürgermeister Rehbein das ihm vom Bundespräsidenten verliehene Bundesverdienstkreuz überreicht, womit zugleich auch alle Hanauer ausgezeichnet wurden; nunmehr aber gibt das Bürgerfest jedem Hanauer die Gelegenheit, sich dankbar und anerkennend, ernsthaft und voller Freude dessen zu erinnern, was der Beginn zu einer gewaltigen und beispielhaften gemeinsamen Aufbauleistung war. hb

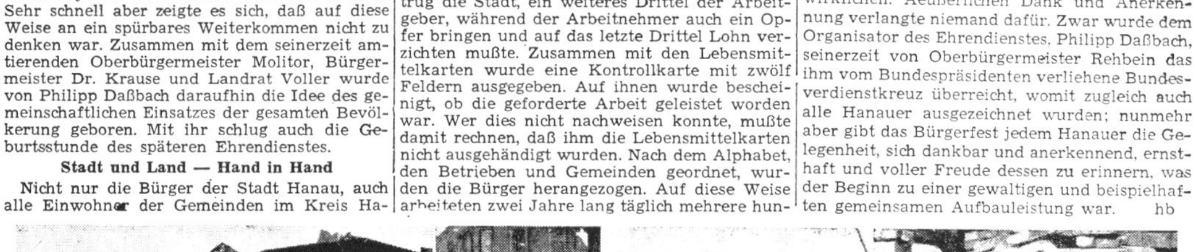

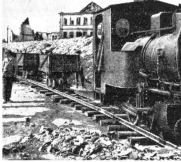

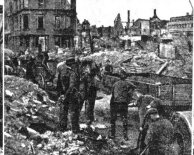

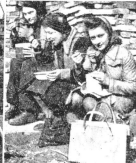

Einige Schnappschüsse vom Ehrendienst: Auf dem Marktplatz wurde der Schutt abgeladen (links). Mit Pferd und Wagen kamen auch die Kreisbewohner und halfen (Mitte). Die verdiente Mittagspause (rechts).
Aufn.: Archiv Stadtbildstelle

Wir haben 1945 nicht vor den Trümmern kapituliert — Wir werden auch jetzt nicht vor dem Regen kapitulieren:

Das Hanauer Bürgerfest wird gefeiert!

Stadt Hanau

Selbstlos

Es gibt Leute, die jede Rettungstat mit den Worten abtun, na ja, der Mann hat ja nur seine Pflicht getan. Ob diese Leute selbst im entscheidenden Augenblick den Mut aufgebracht hätten, das eigene Leben zu wagen, um das eines anderen, völlig fremden Menschen zu retten, ist eine andere Frage, die nie wird beantwortet werden können.

Lebensretter haben höchste Ehrung verdient, weil sie ohne Rücksicht auf die eigene Person im Bruchteil einer Sekunde die Situation erkannt haben, in der ein Mensch zwischen Leben und Tod schwebte und durch ihr entschlossenes Eingreifen verhinderte, daß sich die Waage nach der Seite des Todes neigte.

Seit einigen Tagen haben wir wieder einen Menschen unter uns in Hanau, der das Leben eines anderen Menschen gerettet hat. Der Hilfsschrankenwärter Hermann Storkel wird die Nacht zum letzten Samstag nicht vergessen. In seinem Schrankenwärterhäuschen tat er seinen Dienst, zuverlässig wie immer. Er hörte vielleicht, wie es in der Bahnhofsgaststätte „hoch herging", er dachte vielleicht an sein Zuhause, als plötzlich das Schicksal an ihn herantrat und von ihm, dem Schrankenwärter Hermann Storkel, eine Entscheidung verlangte. Er hörte einen Schrei und einen Fall, er sah eine Gestalt reglos auf den Schienen liegen und er sah auf demselben Gleis den D-Zug heranbrausen. Es war ein Wettlauf mit dem Tode, den der einsame Mann zu mitternächtlicher Stunde unternahm, als er blitzschnell aus seinem Wärterhäuschen stürzte, zum Gleis lief und die Frau buchstäblich vor den Rädern des herannahenden Zuges weg in Sicherheit brachte.

Ob der Schrankenwärter in jenem Augenblick daran dachte, daß er sein eigenes Leben aufs Spiel setzte, als er auf das Gleis sprang? Er zögerte keine Sekunde, und dieses bedenkenlose Zugreifen rettete der Verunglückten, die regungslos auf den Schienen lag, das Leben. Vielleicht hätte ein anderer erst überlegt, was zu tun sei, vielleicht hätte mancher von uns die Augen abgewendet, um von dem gräßlichen Drama, das sich auf den Schienen abzuspielen drohte, nichts zu sehen. Hilfsschrankenwärter Storkel tat nichts von alledem, er griff kurzerhand zu.

Für diese Tat gebührt ihm Dank. Nicht nur der der Frau, deren Leben er in jenem Augenblick rettete, sondern unser aller Dank, weil es ja ebenso ein anderer hätte sein können, den der tapfere Mann im Schrankenwärterhäuschen vor dem Zermalmen durch die Räder der D-Zug-Lokomotive bewahrte. Für den Schrankenwärter war seine Tat etwas Selbstverständliches. Um so höher ist sie zu werten. -in

Fußgänger angefahren

Einen bösen Ausklang nahm der Bürgerfestsamstag für einen Fußgänger, der am Sonntag gegen 2.20 Uhr sein Fahrrad auf der rechten Seite der Philippsruher Allee in Richtung Stadt schob. Er wurde von einem in gleicher Richtung fahrenden Personenwagen angefahren und auf den Gehweg geschleudert. Der Fahrer des Personenwagens war angetrunken. Während der verletzte Fußgänger ins Krankenhaus gebracht wurde, mußte von dem Autofahrer Blutprobe entnommen werden.

Bürgerfest bei strahlendem Sonnenschein:

Ueber 20000 feierten im Philippsruher Park

Hochstimmung in den Zelten — Jubel bei den Kindern — Ein harmonisches Fest aller Bürger

Bei strahlendem Sonnenschein feierten die Hanauer am Samstag und Sonntag im Schloßpark Philippsruhe ihr erstes Bürgerfest, das in Erinnerung an die Gründung des Ehrendienstes zum Wiederaufbau unserer Stadt künftig jedes Jahr an dem Wochenende gefeiert werden soll, das dem 18. August am nächsten liegt. Dieses erste Bürgerfest war ein großartiger Erfolg und zeigte, daß sich die Hanauer danach sehnen, in harmonischer Weise ohne übertriebenen Trubel unter sich zu feiern. Auf dem idyllischen Festplatz im Schloßpark Philippsruhe waren gestern nachmittag bereits 18 000 Besucher gezählt worden und im Laufe des Abends stieg die Zahl der Festteilnehmer auf über 20 000 an, die zum Ausklang dieses ersten großen Hanauer Bürgerfestes ein prachtvolles Feuerwerk erlebten, das gleichzeitig strahlender Höhepunkt der zweitägigen Festesfröhlichkeit aller Hanauer Bürger war.

Dieses erste Bürgerfest stand unter einem glücklichen Stern. Während noch am Freitag die Wetterlage unsicher war und die Festleitung sich veranlaßt sah, das Motto zu prägen „Wir werden nicht vor dem Regen kapitulieren", erwies sich bereits am Samstag diese Sorge als überflüssig und am Sonntag herrschte sogar ein ausgesprochen warmes Sommerwetter, das die Menschen zu Tausenden hinaus nach Philippsruhe lockte. Schon auf der Fahrt oder dem Weg dorthin bot sich den Festteilnehmern ein prachtvolles Bild. Die Stadtverwaltung, die weder Mühe noch Kosten gescheut hat, um diesem Bürgerfest zu einem vollen Erfolg zu verhelfen, hatte die Philippsruher Allee vom Westbahnhof bis zum Schloß mit Fahnen geschmückt, so daß man durch ein prachtvolles buntes Spalier ging und bereits auf dem Wege zum Festplatz in Feststimmung geriet.

Auftakt mit den Ruderern

Die Hanauer Ruderer sorgten für einen stimmungsvollen Auftakt des Bürgerfestes, als sie auf dem Main den Hanauer Stadtachter ausfuhren. Beinahe wäre dieser Auftakt mißglückt, denn beim ersten Start kam es zu einer Karambolage zwischen dem Boot von „Möwe" Großauheim und der Hassia, so daß das Rennen abgebrochen werden mußte. Beim zweiten Versuch klappte alles jedoch um so besser. Die Mannschaft der befreundeten Großauheimer Ruderer übernahm die Führung und einige hundert Meter vor dem Ziel sah es so aus, als würde sie das Rennen gewinnen. Dann machte das Boot der Rudergesellschaft in einem unwiderstehlichen Spurt Meter um Meter gut, schloß zu den führenden Großauheimern auf und konnte schließlich mit sicherem Vorsprung von nahezu einer Bootslänge das Rennen siegreich beenden. Der Mannschaft des Siegbootes überreichte Oberbürgermeister Fischer, der zusammen mit dem amerikanischen Verbindungsoffizier, Captain Schilling, und dem Sportdezernenten, Stadtrat Mattes, das Rennen mit großer Anteilnahme verfolgt hatte, den Wanderpreis.

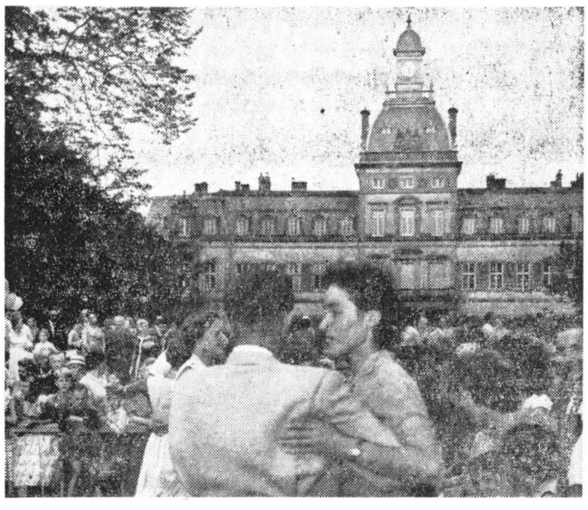

Der Tanzboden, der auf dem Weiher aufgeschlagen war, übte am Samstag und Sonntag große Anziehungskraft auf alt und jung aus. Den Besuchern des Bürgerfestes bereitete es große Freude, unter den alten Bäumen des Parkes mit der herrlichen Kulisse des Schlosses im Hintergrund zu feiern und zu tanzen. Dieses erste Bürgerfest war jedenfalls ein voller Erfolg und bestätigte erneut den Ruf der Hanauer als lustiges und festesfreudiges Völkchen.

Volkstänze und Unterhaltungsmusik

Inzwischen hatte sich der weiträumige Park, unter dessen alten Bäumen die Festzelte verstreut waren, immer mehr gefüllt. Schon in den frühen Abendstunden wurde die 10 000. Eintrittsplakette verkauft. Die sportlichen und kulturellen Vereine, die übrigens großen Anteil am Gelingen des Festes hatten, unterhielten die Bürger mit mannigfaltigen Darbietungen, wobei zwei Volkstänze der Hanauer Schulen den Anfang machten. Das 1. Hanauer Blas- und Streichorchester unter der Leitung von Karl Goldbach sorgte für flotte Unterhaltungsmusik und es dauerte nicht lange, bis das erste Pärchen ein Tänzchen auf der Tanzfläche wagte, die auf dem Weiher aufgebaut war und im Verlauf des Festes rege in Anspruch genommen wurde. Die Stimmung hob sich und das Fest begann allmählich in Schwung zu kommen.

Feierliche Eröffnung

Mit einem Festakt auf der großen Wiese vor der Freitreppe des Schlosses wurde das Hanauer Bürgerfest um 19.30 Uhr offiziell eröffnet. Ein Massenchor unter der Leitung von Chordirektor Oppermann sang nach einem einleitenden Musikstück Mozarts „O Schutzgeist" und dann ergriff Oberbürgermeister Heinrich Fischer das Wort zur Festansprache. Der Oberbürgermeister wies darauf hin, daß das Hanauer Bürgerfest zur Erinnerung an die Gründung des Ehrendienstes gefeiert werden solle, der vor dreizehn Jahren dafür sorgte, daß die Trümmer des grauenvollen Bombenkrieges von den Straßen und Plätzen der Stadt verschwanden. „Wenn die Tausende von Bürgern, ihre Söhne und Töchter die Kraft gefunden haben zur freiwilligen Ehrenarbeit, dann deshalb, weil es um mehr ging, als eben nur Wohnungen und Unterkünfte für Menschen zu schaffen. Es ging um die Heimatstadt, in der man geboren war und seine Jugend verlebte und die in vielfältigen Erinnerungen und in ihrer lebendigen Geschichte in uns lebt und uns zu dieser Gemeinschaftsarbeit trieb", sagte der Oberbürgermeister wörtlich.

Der Redner fuhr dann fort: „Was wäre ein Volk, eine Nation, wenn diese wunderbaren Dörfer und Städte mit ihrer vielhundert- und tausendjährigen Geschichte nicht wären, mit ihrer Geschichte, die sie uns in ihren Straßen und Gassen, ihren Brunnen, Häusern und Plätzen zu erzählen haben. Das ist der Grund, warum wir heute dieses Fest der Hanauer Bürger feiern und immer und jedes Jahr feiern werden, so daß es auch in Jahrhunderten noch unsere Nachkommen erinnert an diese Zeit, die wir durchlebten, die erfüllt war von Schrecken und Not und trotz alledem die gewaltigen Kräfte der Gemeinschaft nicht zerstören konnte. Dieses Fest soll für alle Zeiten auch Zeugnis dafür ablegen, daß — wenn es uns auch nicht möglich war, das alte Bild vor dem Untergang zu bewahren und manches verloren ging — doch die vielhundertjährige Geschichte einer Stadt erhalten und neu gestaltet wird, einer Stadt, die ja Geburts- und Wirkungsstätte vieler großer Menschen gewesen ist." Der Oberbürgermeister erinnerte in diesem Zusammenhang an den Baumeister René Mahieu, den Schriftsteller Hans Michael Moscherosch, die Brüder Grimm, den Baumeister Cancrin, den Maler Wilhelm Anton Tischbein, den Emailmaler Peter Krafft, den Porzellanmaler Cornicelius, den Politiker Bernhard Eberhard, den Freiheitskämpfer August Schärttner, den Maler Hausmann, die Goldschmiedemeister und Industriellen Friedrich Bury, Moritz Oppenheim, Friedrich Deiker, Wilhelm Carl Heraeus und den Komponisten Paul Hindemith.

Zum Abschluß seiner mit großem Beifall aufgenommenen Rede sagte Oberbürgermeister Fischer: „Wir denken auch in diesem Augenblick an die Männer, die 1945 nicht verzagten und die Verantwortung auf sich nahmen und damit die große Aufbauarbeit ermöglichten, an ihrer Spitze meinen Freund Philipp Daßbach. Hanauer, ich glaube, das gibt uns alle Veranlassung, uns zu freuen und zur festlichen Freude aufzurufen. Ich erkläre das Fest hiermit für eröffnet."

Nach dieser Festrede sang der Chor nach der Melodie „O Straßburg, o Straßburg" ein Hanauer Lied, dessen Text von Oberbürgermeister Fischer stammt, und dann strömten die Bürger in die Zelte, um nach Herzenslust zu feiern.

Ein buntes Festprogramm

Der Samstagabend sah ein buntes Festprogramm. Während Tausende den Darbietungen der Vereine zuschauten und sich an der Anmut der Turnerinnen und dem Mut der Turner ebenso erfreuten wie an den Kämpfen der Judokas und der Fechter und an den Liedern der Vereine, wanderten weitere Tausende auf den verschlungenen Wegen durch den nächtlichen Park, der von Lampions und den Lichtern der vereinzelt liegenden Zelte nur spärlich erhellt wurde. Es war ein riesiges, harmonisches Familienfest, das die Hanauer am Samstagabend dort draußen im Philippsruher Park feierten, und es war für viele Bürger der schönste Teil dieses zweitägigen Bürgerfestes, der mit einer Lampionfahrt der Kanuten auf dem Main stimmungsvoll ausklang.

Großer Tag der Kinder

Der gestrige Sonntag brachte bei strahlendem Sonnenschein in Philippsruhe einen Trubel, wie ihn der alte Park in seiner Geschichte noch nicht erlebt hat. Nach einem mittäglichen Konzert begann der Reigen der Darbietungen des zweiten Bürgerfesttages wiederum mit Darbietungen der Hanauer Vereine, wobei sich die Turn- und Sportvereine besonders hervortaten. Nach zwei Volkstänzen der Hanauer Schulen begann das große Fest der jüngsten Bürger unserer Stadt. Rund 1500 Kinder waren es, die sich mit großem Eifer an den Spielen beteiligten. Beim Sackhüpfen und Eierlaufen setzten sich meistens die „Spezialisten" durch, aber da es ja für alle Teilnehmer Preise gab, fiel dies weiter nicht ins Gewicht. Beim Wurstschnappen und -klettern dauerte es nicht sehr lange, bis die mit bunten Bändern geschmückten und reichbehängten Kränze leer waren. Auf der Freitreppe des Schlosses erhielt jedes Kind einen Lampion und einige große Hanauer Firmen sorgten dafür, daß sich die bunten Träume der Kinder erfüllten. Bald schwebten Hunderte, Tausende bunter Luftballons durch den Park und überall, wohin man sah, begegnete man strahlenden Kinderaugen. Einmütiges Urteil aller Drei- bis Vierzehnjährigen: „Prima Bürgerfest".

Schloßbeleuchtung und Feuerwerk

Strahlender Höhepunkt der zweitägigen Veranstaltung war das große Feuerwerk gegen 22 Uhr. Vor der herrlichen Kulisse, die das festlich illuminierte Schloß bot, wurde ein fröhlicher Feuerzauber entfacht, wie man ihn selten zu sehen bekommt. Bei diesem Erlebnis glich der Park einer großen Freilichtarena, in der sich die Menschen Kopf an Kopf drängten, um etwas Besonderes zu erleben. Sie wurden nicht enttäuscht. In allen Farben schillerte der sternenübersäte Nachthimmel, wenn die Raketen zerplatzten, und ein vielstimmiges „Aaah" und „Oooh" begleitete jede besonders eindrucksvolle Darbietung. Man hatte bei diesem Feuerwerk den Eindruck, in einem überdimensionalen Zirkuszelt zu stehen, dessen Dach in einem prachtvollen, fröhlichen Farbenspiel erleuchtet wird. Vor Beginn des Feuerwerks war das Schloß bereits festlich illuminiert worden und das Ganze bot herrliche Motive für jeden Fotofreund und manchen Maler.

Während viele der Besucher nach dem Feuerwerk der Stadt zustrebten (vor allem jene, die es sich nicht hatten nehmen lassen, ihre kleinen Kinder an diesem nächtlichen Erlebnis teilhaftig werden zu lassen), geriet die Stimmung in den Festzelten immer mehr in Schwung. Es wurde gesungen und gelacht, gescherzt und geplaudert. Und unter dem Andrang der Tanzlustigen bogen sich die Bohlen der Tanzfläche, wo das 1. Hanauer Blas- und Streichorchester unermüdlich konzertierte. Von den Feiernden dachte niemand so bald ans Heimgehen, und als die Hanauer es zu später Stunde einließen, gab es nur eine Meinung: „Des Bergerfest war schee!"

* **Hanauer Apothekendienst:** Stadt-Apotheke, Nürnberger Straße.

Stadtgeschehen in wenigen Worten

Streiflichter vom Tage

Zu einem Zusammenstoß zwischen einem amerikanischen Personenwagen und einer Taxe kam es am Samstag gegen 22 Uhr an der Einmündung der Cardwellstraße in die Lamboystraße. Beide Fahrzeuge wurden beschädigt.

Am Samstag nachmittag stürzte beim Einbiegen in die Hospitalstraße ein Motorradfahrer, nachdem er gegen den Bordstein gefahren war. Der Mann wurde verletzt. Da er vermutlich angetrunken war, wurde Blutprobe entnommen.

Als gestern morgen gegen 10.30 Uhr ein Personenwagen in der Philippsruher Allee wenden wollte, stieß er mit einem anderen Personenwagen zusammen. Es entstand erheblicher Sachschaden.

Erheblich verletzt wurde am Samstag um 15 Uhr ein Motorradfahrer, der auf der Bundesstraße 8 an der Kleinen Dreispitze vor einem einbiegenden Personenwagen plötzlich bremsen mußte und mit dem Fuß gegen den Wagen stieß. Er wurde ins Krankenhaus gebracht.

Mopedfahrerin schwer verletzt

An der Einmündung der Nordstraße in die Wilhelmstraße kam es gestern mittag zu einem Zusammenstoß, weil der Fahrer eines Personenwagens die Vorfahrt einer Mopedfahrerin nicht beachtet hatte. Die Mopedfahrerin wurde zu Boden geschleudert und erheblich verletzt. Sie mußte ins Krankenhaus gebracht werden. Außerdem entstand Sachschaden.

Diebstahl beim Schäferstündchen

Ein Mann aus Hanau wird vermutlich noch einige Zeit an ein Schäferstündchen denken, das er mit einer Frau aus Offenbach zu verleben gedachte. Er hatte mit ihr zusammen mehrere Lokale aufgesucht und dort gezecht. Zum Schluß durchwanderte man den Lamboywald, umarmte sich zärtlich und schwelgte in Seligkeit. Jedenfalls der Mann. Seine Partnerin hatte andere Pläne, griff in seine Hosentasche und zog die Geldbörse heraus. Da sich darin immerhin rund 150 Mark befanden, war dem Mann der Diebstahl nicht gleichgültig und die diebische „Liebesgöttin" wurde zur Anzeige gebracht.

Zwei neue Spezialgeschäfte

Im Erdgeschoß des Gewobag-Hochhauses an der Nordseite des Freiheitsplatzes ist eine neue, attraktive Geschäftsfront im Zentrum Hanaus entstanden. Morgen werden dort zwei Ladengeschäfte ihre Pforten öffnen, die sich rühmen dürfen, eine besondere Note zu besitzen. Der Kaufmann Wolfgang Daßbach, Inhaber des Lebensmittelgeschäftes an der Französischen Allee, hat ein Spezialgeschäft für Südfrüchte, Trockenfrüchte, Kerne, kandierte Früchte und Fruchtsäfte eingerichtet, das den bezeichnenden Namen „Fruchtgarten Mallorca" trägt. Der farbenfroh ausgestaltete Laden mit einer südländischen Fröhlichkeit bietet von vornherein weitgehende Voraussetzungen für die Einführung der Selbstbedienung, die es dem Kunden gestattet, unter den vielen Leckerbissen aus dem Süden in Ruhe auszuwählen. — Wenige Meter daneben wird gleichfalls am morgigen Dienstag ein Fachgeschäft für Spirituosen, Konfitüren und Kaffee eröffnet. Der Inhaber, Erich Kohler, hat sich bemüht, den steigenden Ansprüchen der Verbraucherschaft Rechnung zu tragen und nur auserlesene Markenartikel in seinem Angebot zu führen. Das Geschäft erhält eine äußerst elegante und stilvolle Note durch die in dezenter Form angeordneten Theken und Regale, die aus Mahagoni-Holz gearbeitet sind und dem Verkaufsraum einen noblen Rahmen geben.

Vorfahrt nicht beachtet

Beim Einbiegen aus Richtung Oberrodenbach in die Straße nach Hanau in Niederrodenbach beachtete gestern nachmittag um 15.30 Uhr ein Personenwagen die Vorfahrt eines Kradfahrers nicht und stieß mit diesem zusammen. Der Motorradfahrer stürzte und wurde verletzt, ebenso seine Beifahrerin.

Amerikaner verunglückt

In der Nacht zum Sonntag, gegen 0.15 Uhr, verunglückten in Dörnigheim drei amerikanische Soldaten schwer. Ihr Wagen war in einer Kurve von der Fahrbahn abgekommen und prallte gegen eine Hauswand. Dann drehte er sich um die eigene Achse und schleuderte auf der anderen Straßenseite erneut gegen ein Haus. Zwei der Soldaten schweben in Lebensgefahr.

Wohin gehen wir heute?

Capitol-Lichtspiele: „Fräulein" mit Dana Wynter, Mel Ferrer

Central-Theater: „Man müßte nochmal Zwanzig sein" mit Karlheinz Böhm, Johanna Matz

Palette: „Spuren in die Vergangenheit" mit O. E. Hasse, Francoise Arnoul

Gloria-Lichtspiele: „Ooh . . . diese Ferien" mit Hannelore Bollmann, Georg Thomalla

Modernes Theater: „Reifende Jugend" mit Mathias Wieman, Albert Lieven

Wie wird das Wetter?

Aufkommende Gewitterneigung

Wetterlage: Einem nach Osten abwandernden Hoch folgt vom westlichen Kanalausgang her ein Tief, auf dessen Vorderseite schwül-warme Luft herangeführt wird, bevor dessen Fronten im weiteren Verlauf Deutschland überqueren und zu unbeständigerem Wetter überleiten werden.

Vorhersage: Wechselnd wolkig und örtlich gewittrige Schauer. Mittagstemperatur um 25 Grad, nachts bei 15 Grad. Schwacher von Südost auf Südwest drehender Wind.

Aussichten für Dienstag: Vereinzelt gewittrige Schauer und etwas kühler.

Stadt Hanau

Gewitternacht

Natürlich ist es Ihnen genau so gegangen wie mir; sie sind erschreckt im Bett hochgefahren, als heute nacht die ersten Donnerschläge die Stille durchbrachen und die Stadt aufweckten. Sie hatten kaum das Klatschen der Regentropfen auf der Fensterbank vernommen, als sie auch schon aus dem Bett sprangen, um überall in der Wohnung die Fenster zu schließen, die man am Abend vorher der drückenden Schwüle wegen weit geöffnet hatte. Und dann lagen Sie genau so wie ich und alle anderen Menschen unserer Stadt mehr als eine Stunde lang wach, sahen trotz geschlossener Jalousien das gespenstische Zucken greller Blitze und in Ihren Ohren klang das Donnergrollen wie fürchterliche Schlachtmusik.

Seit der schrecklichen Gewitter-Sturmnacht am 1. August sind wir Hanauer auf dem Sprung. Schon der erste Donnerschlag reißt uns aus dem Schlaf und automatisch registriert unser Gehirn, ob wir auch alle Sicherungsvorbereitungen getroffen haben. Ängstlich lauschen wir, ob zwischen Donnergetöse und dem Klatschen der Regentropfen die Sirene der Feuerwehr hörbar wird, zum Zeichen dafür, daß irgendwo in der Stadt „Not am Mann" ist.

Nun, in der letzten Nacht brauchte die Feuerwehr nicht in Aktion zu treten. Zwar hatte der Himmel seine Schleusen voll geöffnet, zwar störte Blitzeszucken und Donnergrollen empfindlich unsere Nachtruhe, aber glücklicherweise blieb der Sturm aus, der am 1. August so schweren Schaden angerichtet hatte. Natürlich wurde hier und da ein Zweig oder ein Ästlein eines Baumes abgebrochen, aber das war schon verhältnismäßig selten. Was die schwere Sturmnacht am 1. August überstanden hat, ohne zu zerbrechen, das läßt sich auch von einigen Gewittern nicht erschüttern.

So ist also als Fazit dieser Gewitternacht allein die — allerdings wenig erfreuliche — Tatsache zu registrieren, daß die meisten Hanauer heute morgen unausgeschlafen auf der Arbeitsstätte oder in der Schule erschienen sind und daß möglicherweise in einige Keller Wasser eingedrungen ist. Ansonsten blieben wir verschont und können diese Gewitternacht als ein Naturerlebnis besonderer Art mit viel Geblitze und noch mehr Getöse in Erinnerung behalten und hoffen, daß die erfolgte Abkühlung für weitere schöne Sommertage sorgen wird und daß wir in der kommenden Nacht nicht wieder Gewitter am laufenden Band erleben werden. -in

Mit der Wetterauischen Gesellschaft in den Vogelsberg

Die Wetterauische Gesellschaft unternimmt am Sonntag, 24. August, unter Führung von B. Malende eine naturkundliche Fahrt in den Vogelsberg. Über Wächtersbach—Birstein führt die Fahrt in den höchsten Teil des geologisch und botanisch sehr interessanten Gebirges. Nieder- und Obermoser Teich, Breungeshainer Heide und Geiselstein sind die wegen ihrer Pflanzenwelt bemerkenswerten Gebiete des Oberwaldes, die das Hauptziel der Fahrt bilden. Auf der Rückfahrt ist noch ein Besuch des schönen Gederner Sees vorgesehen. Abfahrt am 24. August um 8 Uhr vom Reisebüro Heusohn & Schmidt. Rückkehr gegen 20 Uhr.

Arbeitskollegen bestohlen

Zwei Arbeitern wurde gestern vormittag aus der Unterkunft des Gleislagers Nord verschiedene Bekleidungsstücke und Wertgegenstände gestohlen, wobei jeder von ihnen eine Armbanduhr vermißt. Die gestohlenen Gegenstände haben einen Gesamtwert von 280 Mark. Im dringenden Verdacht, die Diebstähle begangen zu haben, steht ein Arbeitskollege der seit dem Diebstahl flüchtig ist.

Verkehrspolizei sucht Zeugen

An der Einmündung der Westerburgstraße / Rathenaustraße wurde gestern morgen eine Radfahrerin von einem Personenwagen angefahren. Die Frau wurde bei dem Unfall verletzt und mußte zur Wundversorgung ein Krankenhaus aufsuchen. Die Verkehrspolizei sucht zur Klärung des Unfallhergangs Zeugen und bittet alle Personen, die den Unfall beobachtet haben, sich bei ihr zu melden.

Zwei Autos beschädigt

Ein Verkehrsunfall ereignete sich gestern morgen auf der Bundesstraße 8/40 zwischen Mainkur und Dörnigheim, als innerhalb einer Autoschlange zwei Personenwagen aufeinander auffuhren. Beide Fahrzeuge wurden beschädigt.

Kradfahrer verunglückt

Auf der Straße zwischen Oberrodenbach und Niederrodenbach verunglückte heute morgen ein Kradfahrer schwer. Der Mann stand unter Alkoholeinfluß und raste mit hoher Geschwindigkeit gegen einen Begrenzungsstein. Der Kradfahrer stürzte schwer und wurde — ebenso wie sein Soziusfahrer der auch unter Alkoholeinfluß stand — erheblich verletzt. Beide wurden ins Krankenhaus gebracht. Zur Feststellung des Alkoholgrades wurde Blutprobe entnommen. Der Führerschein wurde einbehalten.

Wir gratulieren

Ernst Bonnewitz aus Großauheim, Bahnhofstraße 23, feiert heute sein 40jähriges Arbeitsjubiläum als Keramikarbeiter bei der Firma Heraeus.

Wohin gehen wir heute?

Capitol-Lichtspiele: „Fräulein" mit Dana Wynter, Mel Ferrer

Central-Theater: „Man müßte nochmal Zwanzig sein" mit Karlheinz Böhm, Johanna Matz

Palette: „Spuren in die Vergangenheit" mit O. E. Hasse, Françoise Arnoul

Gloria-Lichtspiele: „Ooh . . . diese Ferien" mit Hannelore Bollmann, Georg Thomalla

Modernes Theater: „Harte Fäuste — heißes Blut" mit Eddie Constantine

Ein großer Erfolg:

Bürgergeist feierte Triumphe

Kleine Nachlese vom großen Bürgerfest im Pilippsruher Park

Die bunten Fahnen, die zwei Tage lang die Philippsruher Allee in ein Flaggenmeer verwandelt hatten, sind verschwunden, im Schloßpark Philippsruhe ist man damit beschäftigt, die Zelte und Verkaufsstände abzubrechen und den Park wieder herzurichten. Das Leben in der Stadt, das zwei Tage lang im Zeichen überschäumender Festesfreude stand, hat sich wieder normalisiert. Das ist der rechte Augenblick, um die Bilanz des ersten Bürgerfestes zu ziehen, das nun künftig Jahr für Jahr gefeiert werden wird.

Haben sich die Erwartungen, die in dieses Fest gesetzt worden waren, erfüllt? Nun, mehr als 20 000 zahlende Besucher an zwei Tagen, das ist ein respektabler Erfolg, der kaum erwartet worden war. Gewiß mag das herrliche Sommerwetter dazu beigetragen haben, daß die Bürger der Stadt und viele auswärtige Besucher zu Tausenden hinaus nach Philippsruhe strömten, aber nach der prachtvollen Stimmung zu urteilen, die auf dem Festgelände herrschte, darf angenommen werden, daß das Fest auch bei weniger gutem Wetter ein voller Erfolg geworden wäre. In Zelten zusammen mit gleichgesinnten Freunden zu sitzen, Bier oder Apfelwein zu trinken, zwischendurch ein Tänzchen zu wagen und im übrigen uneingeschränkt fröhlich zu sein, das liegt den Hanauern seit altersher. Deshalb kamen sie nach Philippsruhe und deshalb feierten sie nach Herzenslust dieses erste Bürgerfest aus Freude über den Wiederaufbau unserer Stadt.

Es hat vor dem Fest Stimmen gegeben, die um den Bestand des schönen alten Parks bangten. Nun, zweifellos sind einige Schäden entstanden, von denen besonders die Wege und Rasenflächen betroffen wurden. Wenn 20 000 Menschen zwei Tage lang den Park durchwandern, dann läßt es sich nun eben nicht vermeiden, daß dieser stärker strapaziert wird, als wenn ihn ein paar Dutzend besuchen. So hat besonders dort, wo die Zelte standen, die Rasendecke gelitten, die Wege wurden ausgetreten und neue „Trampelpfade" entstanden, alles in allem sind die Schäden aber nicht so groß, als daß man davon sprechen könnte, der alte Park sei in Mitleidenschaft gezogen worden. Es wird nicht lange dauern, bis die Spuren des Festes beseitigt sind und dann wird vielleicht nur hier und da ein Überbleibsel davon künden, daß im Philippsruher Park ein großes Volksfest gefeiert wurde und nun alljährlich gefeiert werden wird.

Die andere Frage, die in diesem Zusammenhang auftaucht, ist finanzieller Natur. In unserem Zeitalter ist bekanntlich nichts mehr umsonst. Wenn auch viele ehrenamtliche Helfer tätig waren (besonders die Angestellten der Stadtverwaltung, die unermüdlich Dienst taten, haben Anerkennung verdient) und wenn die 20 000 Besucher auch einen hübschen Batzen Geld in die Kassen legten, der Aufwand für dieses Fest dürfte damit kaum beglichen werden können. Feiern kostet eben Geld und je schöner die Feste sein sollen, desto tiefer muß man in den Beutel greifen.

Sehr erfreulich ist die Tatsache, daß dieses erste Bürgerfest in schönster Harmonie verlaufen ist. Zwar entstand am Samstagabend eine kleine Schlägerei zwischen einigen jüngeren Festbesuchern, die übrigens in überraschend großer Zahl vertreten waren, aber im allgemeinen wurde gegen die ungeschriebene Festordnung nicht verstoßen. Diese Festordnung hieß Frohsinn, Heiterkeit und vor allem Gemütlichkeit.

Beim Kinderfest am Sonntag gab es Jubel und Trubel. In großen Scharen drängten sich die Jüngsten Hanaus auf der Festwiese an den Start zum Eierlaufen, Sackhüpfen und den anderen Kinderbelustigungen. Sie drängten sich ebenso, als auf der Schloßterrasse Luftballons und Lampions kostenlos ausgegeben wurden. Nun, man darf den Kindern ein Kompliment sagen; bis auf einige „Unersättliche" benahmen sie sich sehr diszipliniert. Von einigen Vätern kann man das leider nicht behaupten. Mit Stößen und Schlägen verschafften sie sich und ihren Sprößlingen Luft bei den Wettkämpfen und mancher von ihnen schien sich als Catcher zu fühlen, dessen Aufgabe es war, möglichst viele „umzulegen".

Ansonsten gab es bei diesem Fest sehr viel Sonne (nicht nur vom Himmel) und wenig Schatten. Das ist eine erfreuliche Feststellung, die man ja immer gerne trifft, besonders aber dann, wenn es sich um eine Veranstaltung handelt, die ein Gemeinschaftsfest aller Bürger ist. —in

Erfolgreiche Motorsportler

Der ADAC Gau Hessen veranstaltete kürzlich die ADAC-Hessen-Rallye 1958 für Touren- und Grand - Tourisme - Wagen. Die Veranstaltung wurde in zwei Etappen, mit einer Nacht- und Tagesfahrt durchgeführt. Vom AMC-Hanau-ADAC nahm eine Mannschaft an dieser schwierigen motorsportlichen Veranstaltung teil und konnte einen guten Erfolg verbuchen. Der Start zur Nachtetappe erfolgte in Würzburg und führte über die Kontrollorte Wüstensachsen—Kassel nach Gießen. Die Tagesetappe führte von Gießen nach Schotten und zurück. In den frühen Morgenstunden des Sonntags mußten auf dem Schottenring fünf Runden gedreht werden, eine Berg-, Brems- und Beschleunigungsprüfung auf dem Ring schloß sich an. Ferner mußte eine Hangfahrt von 300 Metern auf einem Wiesenhang absolviert werden. Im Zielort Gießen mußte von jedem Teilnehmer noch ein Slalom gefahren werden. Die vom AMC-Hanau-ADAC gestartete Mannschaft konnte einen silbernen Mannschaftspreis und je eine silberne Plakette für den AMC-Hanau herausfahren. Beteiligt waren die Klubmitglieder: Rudolf Seitz/Helmut Minuth auf Opel-Rekord 1958, Hermann Hauenstein/K. H. Pense auf Opel-Rekord 1958, Gustav Kultau/Wilfried Kultau auf VW.

Wir laden wiederum alle Hanauer Bürger und Bürgerinnen zu den jeweils dienstags, 20 Uhr, in der Hohen Landesschule stattfindenden Versammlungen ein.

Gemeinde der Christen „Ecclesia"

*** Süddeutsche Klassenlotterie.** Die Spieler der Nennlos-Lotterie werden gebeten, ihre Nennlos-Scheine für die 184. Nennlos-Lotterie bis spätestens Mittwoch, dem 20. 8. 58, mittags 14 Uhr, abzugeben. Die Ziehung findet bereits am Donnerstag in München statt.

Ein Wort des Dankes

Gerichtet an alle, die zum Gelingen des Bürgerfestes beitrugen

Nach des Festes Klang kommt der Dank. Ich möchte nicht versäumen, allen denen, die zum Gelingen des 1. Hanauer Bürgerfestes beigetragen haben, auf diesem Wege recht herzlich zu danken. Ich darf den Männern, die im Festkomitee in wochenlanger Arbeit das Fest vorbereitet haben, und der Presse danken. Den Mitgliedern der Hanauer Kultur- und Sportvereine möchte ich für ihre Programmbeiträge, die die beiden Festtage ausfüllten und die die Festteilnehmer lange, lange in Erinnerung behalten werden, meinen Dank sagen. Ich danke den Schulen, den Helfern und den Kindern, die ihrerseits durch Volkstänze und vielfältige Beiträge das Fest verschönerten. Und vielen Dank auch der Musikkapelle, die zum Tanz und zur Unterhaltung aufspielte.

Danken möchte ich auch den vieldutzend ehrenamtlichen Helfern, die zur Verfügung standen, der Polizei, der Feuerwehr, dem Technischen Hilfswerk und dem Roten Kreuz und allen, die für die Sauberkeit des Platzes, für die Ordnung und die Kontrollen sorgten, den städtischen Bediensteten, die sich ehrenamtlich zur Verfügung stellten und so ihren großen Beitrag zu dem herrlichen Fest gegeben haben. Nicht zuletzt möchte ich aber auch den Vorsitzenden der Vereine und Organisationen recht herzlich danken, denn sie erfüllten ihre Zelte mit Leben und Freude. Ein Durchgang durch alle Zelte, um diesen meinen Dank abzutragen, war nicht möglich. Ich war immerfort an einigen Punkten festgehalten, weil es ja bei dieser Erstdurchführung vielfältige Fragen gab, die immer wieder geregelt werden mußten.

Von vielen Seiten erhielt ich Glückwünsche und Anregungen. Ich weiß, daß sich noch einige Kinderkrankheiten zeigten wie bei allen Dingen, die zum ersten Male durchgeführt werden. Nun, wir haben noch einige Zeit vor uns, um mit den maßgeblichen Vertretern der Kultur- und Sportvereine zu beraten, wie diese Fragen für die Zukunft noch besser zu lösen sind, als es schon jetzt möglich war.

Ich meine, wir wollen aber auch noch alle miteinander dankbar sein für das wunderbare Wetter, das dieses großartige Fest der mehr als 20 000 mit der Sonne überstrahlte, so daß diese ihren Widerstrahl in den Augen und Herzen der Menschen fand.

Und ich meine, man sollte auch dem Feuerwerker danken, der unserem Fest den brillanten Abschluß mit dem Feuerwerk gegeben hat. Alles in allem, das Fest der 20 000 war ein großes Erlebnis, und dafür bin ich dankbar.

Heinrich Fischer, Oberbürgermeister

*** Hanauer Apothekendienst:** Stadt-Apotheke, Nürnberger Straße.

Volksbühne-Mitgliederversammlung

Mit buntem Programm in der Brauerei Baader am 27. August

Wie alljährlich veranstaltet die Volksbühne Hanau e. V. kurz vor Beginn der neuen Spielzeit eine Mitgliederversammlung, die den Mitgliedern Gelegenheit geben soll, zu dem bisher Geleisteten, insbesondere aber zu dem Spielplan der abgelaufenen Spielzeit Stellung zu nehmen sowie Wünsche und Anregungen vorzutragen. Vor allem ist die Volksbühne für jede Anregung hinsichtlich der Sitzplatzordnung in der Hanauer Stadthalle dankbar, da immer wieder alles darangesetzt werden soll, die Sichtverhältnisse der hinteren Reihen zu verbessern. Bei manchen Anregungen kann erst durch eine praktische Erprobung die Zweckmäßigkeit festgestellt werden. Jedes Volksbühnenmitglied ist daher aufgerufen, an der Mitgliederversammlung teilzunehmen und seine Vorschläge und Wünsche vorzubringen.

Um eine einförmige und rein verwaltungsmäßige Abwicklung der Mitgliederversammlung zu verhindern, wurde in diesem Jahr erstmals der Versuch gemacht, durch ein Rahmenprogramm auch etwas Künstlerisches zu bieten. Einige Mitglieder der Landesbühne Rhein-Main, Frankfurt, werden durch heitere Vorträge für einige Stunden angenehmer Unterhaltung sorgen. Aus diesem Grunde mußte die Mitgliederversammlung verlegt werden und wird nunmehr am Mittwoch, 27. August, um 20 Uhr in dem Saal der Brauerei Baader, Hanau, Langstraße 16, durchgeführt. Liesel Christ, die sich in Hanau bereits viele Freunde erworben hat, wird zusammen mit den ebenfalls hier bereits bestens bekannten Schauspielern Kurt Werth und Georg Aufenanger für eine humorvolle Unterhaltung sorgen.

In der Mitgliederversammlung werden die Mitglieder über die neue Einteilung für die Spielzeit 1958/59 und über interessante Einzelheiten des neuen Spielplans unterrichtet werden. Die Mitgliederversammlung beginnt um 20 Uhr. Für das Rahmenprogramm wird kein Eintritt erhoben.

Die Volksbühne Hanau e. V. gibt schon jetzt bekannt, daß sie ihre Geschäftsstelle mit der Fertigstellung des neuen Gewerkschaftshauses am Freiheitsplatz dorthin verlegen wird. Die neue Geschäftsstelle wird im Erdgeschoß eingerichtet und ist für jedermann bequem zugänglich.

Die erste Vorstellung der neuen Spielzeit findet eine Woche später, am 3. September, statt. Wie bereits bekanntgegeben, gastiert das Städtische Theater Mainz mit der Oper „Margarete" von Charles Gounod in einer ausgezeichneten Besetzung. Mit den volkstümlichen Melodien dieser allgemein beliebten Oper wird die Hanauer Theatersaison eröffnet. Einzelheiten über die Besetzung dieser Aufführung wird in den nächsten Tagen bekanntgegeben. In dieser Aufführung wirkt auch das Mainzer Ballett mit.

Wie wird das Wetter?

Schwül und gewittrig

Übersicht: Unser Gebiet bleibt in den nächsten Tagen in einer recht warmen Südwestströmung. Einzelne Gewitterstörungen gestalten hierbei den Wetterablauf zwar veränderlich, aber nicht unfreundlich.

Vorhersage: Wechselnd wolkig mit zeitweise größeren Aufheiterungen, örtlich Gewitter. Mittagstemperatur um 25 Grad. Nächtliche Tiefstwerte 15 bis 18 Grad. Schwacher Wind aus wechselnden Richtungen, nur bei Gewitter böig auffrischend.

Aussichten für Mittwoch: Keine wesentliche Änderung.

Wetteramt Frankfurt

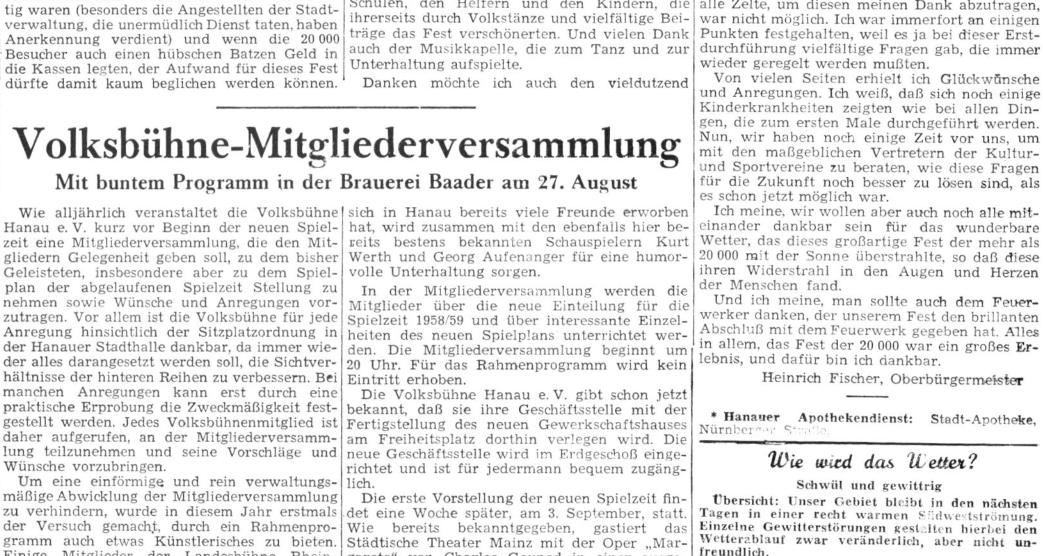

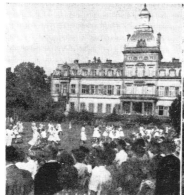

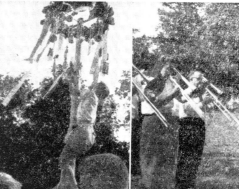

Schnappschüsse vom Bürgerfest: Vor der eindrucksvollen Kulisse des Schlosses zeigten die Mädchen der Hanauer Schulen beschwingte Volkstänze (Bild links). — Hier geht es buchstäblich „um die Wurst", beim Klettern an der Stange (Bild Mitte) — Sie sorgten für musikalische Schwung, Karl Goldbach mit seinen Musikern (Bild rechts)

Stadt Hanau
Schicksalstag

Wieder einmal zwingt uns das Schicksalsdatum Hanaus zum Verweilen. 19. März 1945 — tief und unauslöschlich hat sich dieser Tag in unser Gedächtnis eingegraben. Wer die Stunde vor dem Morgengrauen miterlebte, der wird sein Leben lang nicht von dem Bild des Schreckens loskommen können, das — vom Inferno eines fürchterlichen Krieges entfacht — ewig lebendig bleiben und die Vergangenheit jener Tage überschatten wird.

Die Welt, in der wir heute wieder leben, zeigt uns, daß sich in einem Zeitraum von vierzehn Jahren viel verändern kann. Noch aber gehen wir täglich an Trümmern vorüber, die seit dieser Nacht der ständig mahnende Begleiter auf unserem Weg geblieben sind. Oft haben wir uns dabei ertappt, wie unser Blick fast gleichgültig über diese Reste einer versunkenen Stadt hinweggeschweift ist. Diese Reaktion, die die Menschen gern mit Gewohnheit zu entschuldigen oder als Gleichgültigkeit zu verurteilen neigen, ist jedoch nur etwas Äußeres. Im tiefsten Inneren ist die Erinnerung noch da. An einem Tag wie heute bricht sie jäh wieder hervor und mahnt uns zur Einkehr und zur Besinnung.

Das Leben geht weiter! Wer hat diese Erfahrung mehr machen müssen als die Menschen dieser Stadt, die es sich nicht leisten konnten, die Hände in den Schoß zu legen. Mit dem Mut der Verzweiflung zunächst, dann mit dem Trotz dessen, der sich nicht beugen will, und schließlich beflügelt von der Kraft, etwas Neues zu schaffen, wurden die Spuren der Zerstörung getilgt. So entstand etwas, das wir so gern als das Wunder des Wiederaufbaues bezeichnen. War es wirklich ein Wunder oder war es nicht vielmehr eine Tat, die uns der Wille zum Leben aufzwang?

Inzwischen haben wir gelernt, die Trauer über das Vergangene mit der Freude über das Wiedererstandene zu verbinden. Als vor einem Jahr das Deutsche Goldschmiedehaus eingeweiht wurde, feierten wir dies als einen gewissen Abschluß des Wiederaufbaues. Noch mehr als je zuvor aber wollen wir heute versuchen, ein Symbol für den Beginn einer neuen Ära in der reich bewegten Geschichte unserer Stadt zu finden. Nicht umsonst wurde gerade der heutige Tag gewählt, an dem sich die Stadt selbst ein kostbares Geschenk in den Schoß legt. Weshalb eigentlich nicht? Ihre Bürger haben es sich doch redlich verdient.

Während uns die berechtigte Freude noch zu Gesicht stehen mag, in Jubel auszubrechen dürfen wir nicht. Wir müssen uns sogar davor bewahren, eine Stunde, die vor allem dem Gedenken gilt, mit allzu übermütigem Festestaumel zu entwürdigen. Die Ehrfurcht gebietet es uns, Maß zu halten.

blo

Einweihung des Hallenbades:
Bedeutsamer Tag für Hanau
Oberbürgermeister Fischer hielt heute vormittag die Festansprache

Mit einer Feierstunde in Anwesenheit vieler Ehrengäste wurde heute vormittag das Hanauer Hallenschwimmbad seiner Bestimmung übergeben. Mit der Eröffnung des Hallenbades ist der erste Teil des neuen Stadtbades fertiggestellt, das noch heute durch eine Freibadanlage erhalten wird. Nach der Übergabe des Bades durch Stadtbaurat Göhlert hielt Oberbürgermeister Fischer die Festansprache, in der er zunächst des schicksalsvollen 19. März 1945 gedachte, an dem das alte Hanau in Trümmern sank, und anschließend die bedeutungsvollen Stationen des Wiederaufbaus aufzeichnete, der in den vergangenen vierzehn Jahren von der Bürgerschaft unserer Stadt große Tatkraft und manche Opfer gefordert hat.

Nach einem Eingangslied eines Schülerchores gab Stadtbaurat Göhlert seiner Freude darüber Ausdruck, daß er, nach fast dreijähriger Bauzeit das Hallenbad nunmehr seiner Bestimmung übergeben könne.

Oberbürgermeister Heinrich Fischer bezeichnete den 19. März als einen in vieler Hinsicht schicksalsvollen Tag für unsere Stadt. In jedem Jahr erinnere er erneut an jenen furchtbaren 19. März 1945, da Hanau unter einem gewaltigen Bombenhagel in Schutt und Trümmer sank. Der gleiche 19. März sei aber auch zu einem Symbol für die Wiedergeburt geworden, zu einem bedeutsamen Tag auch im Wiederaufbau unserer schwergeprüften Stadt. Vor einem Jahr sei mit einer Weihestunde der Bevölkerung das Mahnmal übergeben worden, das uns nicht vergessen lassen solle, warum der Weg in die Irre führte. Ebenfalls vor einem Jahr sei der Wiederaufbau eines der schönsten Bauwerke unserer Stadt, des Altstädter Rathauses, vollendet werden, und dieses habe in einem bedeutsamen Festakt seiner Bestimmung übergeben werden können.

„Heute, an diesem 19. März, sind wir nun dabei, den Bürgern unserer Stadt etwas zu geben, was sie sich schon früher, in ihren besten Tagen stets wünschten, aber nie besaßen: ein Hallenschwimmbad", sagte der Oberbürgermeister. „So wurde dieser Schicksalstag zu einem Triumph. Die Stadt besitzt nun etwas, was viele Jahrzehnte lang ein großer Wunschtraum gewesen ist. Wir sollten deshalb den Tag, an dem die städtischen Körperschaften den Beschluß faßten, ein Hallenschwimmbad zu bauen, in unserer Geschichte als einen sehr bedeutsamen Tag festhalten."

In seinen weiteren Ausführungen erinnerte Oberbürgermeister Fischer an die Zeiten, da die Hanauer Jugend im Main baden durfte und an Main und Kinzig herrliche Stunden des Ungebundenseins verlebte. Die wirtschaftliche Entwicklung der Menschheit habe die Ströme zu Straßen werden lassen, die immer dichtere Besiedlung habe sie zu Abwässern gemacht, zu Trägern gefährlicher Krankheiten. Ein groteskes, aber echtes Bild unserer Zeiten sei es, daß die Anlagen an den Flußbädern immer schöner ausgebaut würden, die Absperrzäune und Mauern nach dem Wasser hin aber immer höher und dichter gezogen werden müßten. Unter solchen Voraussetzungen sei es kein Wunder, daß der Wunsch nach klarem Wasser, nach einem Hallenschwimmbad, immer dringlicher geworden sei.

„Es wird oft eingewandt, daß jetzt, nach Fertigstellung des Bades, die Stadt jährlich große Zuschüsse wird leisten müssen. Und es gibt so manche — es sind die ewig Gestrigen —, die heute den Kopf schütteln, so wie in vergangenen Jahrhunderten manche den Kopf geschüttelt haben, und die da meinen, ob das so rechtfertigen sei? Ich sage — jawohl!"

Zur Notwendigkeit des Schwimmens sagte der Oberbürgermeister, daß in Hanau bereits 1921 auf Anregung verschiedener Turn- und Sportlehrer das Schulschwimmen eingeführt worden sei, ja, Hanau sei damals die erste Stadt im preußischen Staat gewesen, die den Schwimmunterricht in den Schulen einführte. Bereits 1928 hätten sich die städtischen Körperschaften ernsthaft mit der Frage befaßt, ein Hallenschwimmbad zu bauen. Der Bau sei damals für nicht besonders dringlich angesehen worden, weil genügend Flußbäder zur Verfügung standen, wo sich die Sport- und Schwimmvereine betätigen konnten. Die weiteren Pläne in dieser Richtung seien in dem alles zerstörenden Krieg untergegangen.

Nach 1945 seien zunächst wieder die Bäder am Main und an der Kinzig in Ordnung gebracht worden. Die zunehmende Verschmutzung habe dann aber zu einer Einstellung des Schwimmunterrichtes geführt. So sei die Zeit gekommen, wo man sich ernsthaft mit der Schaffung eines Hallenbades habe beschäftigen müssen. Den 29. April 1954, an dem in einer gemeinsamen Sitzung des Ältestenausschusses, des Haupt- und Finanzausschusses, des Bauausschusses und des Magistrats beschlossen worden sei, ein Vorprojekt für ein Hallen- und Freibadeanlage zu erarbeiten, bezeichnete der Oberbürgermeister als einen bedeutsamen Tag. Am 30. Januar 1956 sei der Bau des Hallenschwimmbades von der Stadtverwaltung beschlossen worden und im gleichen Frühjahr habe man dann mit dem Bau beginnen können.

Der Oberbürgermeister beantwortete die Frage nach der Berechtigung von Zuschüssen für die Unterhaltung eines Schwimmbades noch einmal positiv und sagte dann:

„Niemand wird bestreiten wollen, daß wir Schulen brauchen und haben müssen, damit unseren Kindern das Werkzeug und Rüstzeug gegeben werden kann, das sie im Leben brauchen und damit der Wirtschaft Kräfte gegeben werden. Niemand wird bestreiten, daß wir die Ausbildungsstätten haben müssen, um neue Kräfte für die Forschung und Wissenschaft auszubilden. Schulen kosten Millionensummen an laufenden Zuschüssen. Niemand wird auch bestreiten, daß wir ein Krankenhaus haben müssen, um kranken Menschen zu helfen. Ist es dann nicht auch richtig, Einrichtungen zu schaffen und zu unterhalten, um die Menschen gesund zu erhalten? Zu den Einrichtungen wie Schulen, Krankenhäusern, Stätten gehört auch das Hallenschwimmbad. Es ist genau so für eine fortschrittliche Entwicklung erforderlich wie alles andere. Darum bin ich so glücklich, daß ich heute dieses Hallenschwimmbad den Bürgern übergeben kann."

Oberbürgermeister Fischer dankte der Hanauer Bauverwaltung, dem Architekten Lenz und seinen Mitarbeitern, die die großartige Anlage gestaltet haben, und allen Unternehmern und Arbeitern, die das schöne Werk geschaffen haben, und gab der Hoffnung Ausdruck, daß die Vollendung der gesamten Anlage bald möglich sein werde.

Über den weiteren Verlauf der Feierstunde, die bei Redaktionsschluß andauerte, berichten wir in unserer morgigen Ausgabe.

Lastzug geriet ins Schleudern

Auf der Bundesstraße 8 in Höhe der Nethofsiedlung kam es heute morgen zu einem Verkehrsunfall, als ein in Richtung Wolfgang fahrender amerikanischer Personenwagen seine Fahrt verlangsamte und ein ihm folgender Lastzug plötzlich bremsen mußte. Dabei geriet der Maschinenwagen ins Schleudern und stellte sich plötzlich quer. Der Lastzug wurde beschädigt. Die Polizei stellte ihn zur Überprüfung durch einen Sachverständigen sicher.

• **Freibankverkauf:** Wie der Schlachthof Hanau mitteilt, wird morgen ab 8 Uhr Freibankfleisch verkauft.

• **Hanauer Apothekendienst.** Hirsch-Apotheke, Vorstadt 13.

Wie wird das Wetter?
Es bleibt trocken

Übersicht: Die von England bis nach Rußland reichende Hochdruckzone wird über Skandinavien etwas schwächer. Sie bleibt jedoch für unseren Raum vorerst noch wetterbestimmend und hält die Zufuhr trockener Festlandluft an.
Vorhersage: Teils heiter, teils bewölkt und niederschlagsfrei, Mittagstemperatur meist über 10 Grad, nachts in Aufklarungsgebieten leichter Frost, schwachwindig.
Aussichten: Keine wesentliche Aenderung.

Wetteramt Frankfurt

Feierstunde in der Stadthalle
Verantwortung wird jetzt größer
752 Kaufmannsgehilfen und Industriefacharbeiter freigesprochen

In einer Feierstunde im großen Saal der Stadthalle wurden gestern nachmittag 510 Kaufmannsgehilfen und Industriefacharbeiter aus Hanau Stadt und Land von der Industrie- und Handelskammer freigesprochen. Es war die größte Zahl junger Gehilfen und Facharbeiter, die bisher nach bestandener Prüfung aus ihrer Lehrzeit entlassen werden konnten. Die Freisprechung nahm IHK-Präsident Direktor Ludwig Schafft vor, der den Prüflingen eine Reihe guter Ratschläge mit auf den Weg gab.

Präsident Schafft konnte nach der Mozartouvertüre „Il re pastore", gespielt vom Schulorchester der Hohen Landesschule unter Leitung von Studienrat Heun, neben Eltern, Lehrherren und Lehrern eine ganze Reihe von Ehrengästen begrüßen. Er wies darauf hin, daß man sich infolge der großen Zahl der Prüflinge habe entschließen müssen, diese Feierstunde nur für die Kaufmannsgehilfen und Industriefacharbeiter aus Hanau Stadt und Land zu veranstalten und die Prüflinge aus dem übrigen Kammerbereich in einer gesonderten Feierstunde in Gelnhausen zu entlassen. In seinen weiteren Ausführungen gab Präsident Schafft seiner Genugtuung über den vor einigen Monaten erfolgten Baubeginn der Gewerblichen Berufsschule Ausdruck und wünschte, daß dieses besonders vordringliche Bauprojekt besonders gefördert und beschleunigt werden möge. Zu den Prüflingen gewandt sagte Präsident Schafft, daß sie nun als junge Kaufleute und Industriefacharbeiter der Lehrzeit entwachsen seien und künftig die Verantwortung größer werde. Jetzt heiße es, zu zeigen, was man gelernt habe und sich im Leben zu bewähren. Gute Arbeit sei heute im Zeichen des steigenden Konkurrenzkampfes wichtiger denn je. Der Redner sagte, daß er überzeugt sei, daß die jungen Menschen das Leben meistern würden und wünschte ihnen eine glückliche Zukunft.

Ueber „Beruf und Bildung" sprach anschließend der Leiter des Mitarbeiter-Seminars hessischer Kammern und Verbände in Eltville, Joachim P. Cleinow zu den jungen Menschen und dann leitete Hoffmann von Fallerslebens Chorlied „Ade", das gespielt und gesungen wurde vom Orchester und Chor der Hohen Landesschule zur Freisprechung über, die Präsident Schafft vornahm. Die besten Prüflinge wurden besonders ausgezeichnet. So erhielten Einzelhandelskaufmann Helga Gauf (Krempel & Klink, Hanau) und die Industriekaufleute Anna Dostal und Hans Schlingeloff (W. C. Heraeus) eine Buchprämie. Sie und die nachstehend aufgeführten Kaufleute und Facharbeiter, die ihre Prüfung mit „Sehr gut" bestanden haben, werden auf Einladung der Industrie- und Handelskammer eine gemeinsame Ausflugsfahrt als besondere Anerkennung unternehmen. Mit „Sehr gut" bestanden die Prüfung: Blechschlosser Toni Seufert (BBC, Großauheim); Betriebsschlosser Manfred Huth (Degussa, Wolfgang); Chemielaborantin Gertrude Link (Degussa, Hanau); Chemielaborant Oswald Bieber (Dunlop AG, Hanau); Diamantschleifer Rolf Eck (Heinrich Kurz, Rückingen); Dreher Edgar Schinz (Degussa, Hanau); Dreher Gerhard Schwarz (Dunlop); Technischer Zeichner Horst Walther (W. C. Heraeus); Industriekaufmann Jutta Jäger (Hch. Sieger, Hanau); Industriekaufmann Ellen Heide Sauer (Condux-Werk, Wolfgang); die Industriekaufleute Heinz Filbert, Margarete Schäfer, Inge Richter (alle Degussa Hanau); Industriekaufmann Ingrid Wietoska (Drahtwerk Hanau); die Industriekaufleute Iris Wollny, Hannelore Stolz, Gerda Siedelmann, Hannelore Lauer, Annemarie Klein, Christa Hepp, Marlies Budde, Ingrid Abraham, Rosemarie Bier, Doris Hruschka, Doris Lohrey, Helga Seifert (alle W. C. Heraeus); Industriekaufmann Heinz-Jürgen Seib (Dunlop AG); Großhandelskaufmann Gisela Haber (Willy Reuter, Hanau); Großhandelskaufmann Ingrid Hansmann (Glaskontor Gebr. Wolf KG, Hanau); die Einzelhandelskaufleute Dieter Hofmann (E. Czech, Hanau), Jürgen Schuster (Ott & Heinemann, Hanau), Erna Kleppich (Kaufhaus Hansa, Hanau), Klaus Ludwig (Kaufhof AG, Hanau).

Im Kammerbereich hatten sich insgesamt 790 Lehrlinge (519 Kaufleute und 271 Industriefacharbeiter) der Prüfung unterzogen, die von 752 bestanden wurde, so daß die Quote der Nichtbestandenen nur 4,8 Prozent (38) beträgt.

Erheblicher Sachschaden

Weil ein Kind unachtsam über die Straße lief, ereignete sich gestern gegen 17.10 Uhr ein Verkehrsunfall auf der Philippsruher Allee in der Nähe der Hintergasse. Wegen des Kindes mußte ein Personenwagen scharf bremsen und ein anderer PKW fuhr von hinten auf. Beide Fahrzeuge wurden erheblich beschädigt. Das eine mußte abgeschleppt werden.

Unachtsamer Fahrer

Heute morgen beschädigte ein amerikanischer Lastwagen in der Vorstadt an der Straße abgestelltes Fahrrad mit Anhänger, als der Fahrer unachtsam rückwärts fuhr und dabei das Fahrrad rammte.

Wir gratulieren

Am 20. März begehen die Eheleute Otto Ferdinand Nicolaus und Johanna geb. Weißbeck, Birkenhainer Straße 67, das Fest der goldenen Hochzeit.

Wohin gehen wir heute?

Capitol-Lichtspiele: „In brutalen Händen" mit James Mason
Central-Theater: „Die schwarze Bande"
Palette: „Canasta"
Gloria-Lichtspiele: „Geliebte Bestie" mit Gerhard Riedmann, Walter Giller
Modernes Theater: „Der Tod war schneller" mit Tony Curtis
Stadthalle: 20 Uhr: Oratoriumskonzert „Messias"

Das neue ATA
reinigt gründlich und — schonend

Hartnäckige Flecke und Ränder an Töpfen und Pfannen verschwinden mit ATA sofort — und gleich glänzt alles wieder wie neu!

Stark verschmutzte Hände wäscht man mühelos mit dem neuen ATA „extra fein". Dabei entwickelt sich feiner und so frisch duftender Schaum.

Auch Steinfliesen scheuern Sie mit ATA „extra fein" leicht und gründlich. Sitzt der Schmutz besonders fest, Bürste nur wenig anfeuchten.

Streudose 40 Pf, große Streudose nur 65 Pf

Verlangen Sie das neue ATA

Stadt Hanau

Brötchen

Brötchen gehören auf den Frühstückstisch wie zum guten Anzug die Krawatte. Je knuspriger sie sind, wenn man voller Behagen hineinbeißt, je besser ist die Laune ihrer Verzehrer für den kommenden Tag. Von frischen, knusprigen Brötchen am Morgen hängt gewissermaßen das körperliche Wohlbefinden vieler Leute ab.

Die Bäcker tragen diesem Wunsch der Verbraucherschaft schon seit Jahrzehnten Rechnung. Wann das Brötchen erfunden wurde und wer das erste gebacken hat, wird sich vermutlich nicht so leicht feststellen lassen. Ebenso alt wie die Brötchen aber sind die Brötchenjungen oder — wie man in Hanau sagt, die „Bäckerbube". Vor Tau und Tag sind sie auf den Beinen, um den Kunden die noch warme Ware vor die Haustür zu tragen. Pünktlichkeit ist dabei ihre Zierde, denn welcher Bäckerbub möchte wohl riskieren, daß eine Hand des Morgens vergeblich nach der Türklinke langt.

Es gab eine Zeit, da liefen die Bäckerbuben auf Schusters Rappen um die Wette, um rechtzeitig die Brötchen „an den Mann zu bringen". Jede Woche ein paar Schuhsohlen kostete diese Art der Beförderung ihrer knusprigen Ware. Später wurden die Buben moderner und setzten sich, die große Kiepe auf dem Rücken, auf das Fahrrad und konnten die Kunden noch schneller, noch pünktlicher bedienen.

Das Zeitalter der fortschreitenden Technik ist auch an den Bäckerbuben nicht spurlos vorübergegangen. Natürlich kann man auch heute noch hier und da welche sehen, die strampelnderweise von Haustür zu Haustür fahren, aber sie werden schon seltener. Das Moped hat bei ihnen Einzug gehalten. Seit einiger Zeit begegnet mir sogar jeden Morgen ein Vertreter der Bäckerbubenzunft, der zum Brötchenausfahren ein Auto benutzt. In Punkto Schnelligkeit ist er zweifelsohne jeder Konkurrenz überlegen, und es wird nicht lange dauern, bis auch die Kollegen voll motorisiert sind.

Uebrigens wird auch der Tag kommen, an dem die Kunden ihre Morgenbrötchen per Hubschrauber auf den Balkon geliefert bekommen. Sie sparen dann das Treppensteigen und können an schönen Sommermorgen Anspruch darauf erheben, daß ihnen die Brötchen direkt in den Brotkorb gelegt werden. -in

Alle Besucher waren begeistert

Einmütiges Lob über das Hanauer Stadtbad

Viele Ehrengäste bei der Uebergabefeier — Schwimmsportliche Darbietungen gefielen sehr

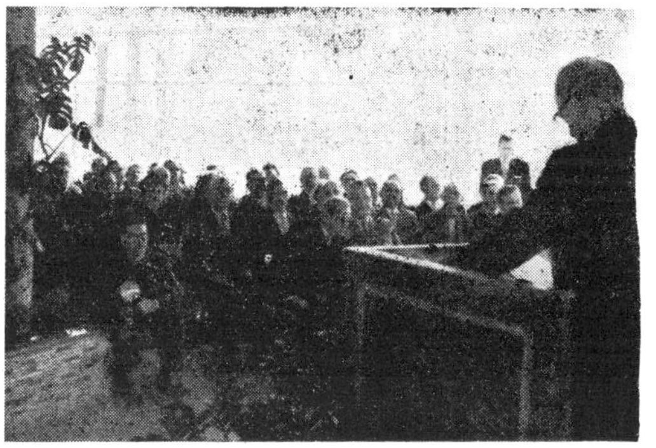

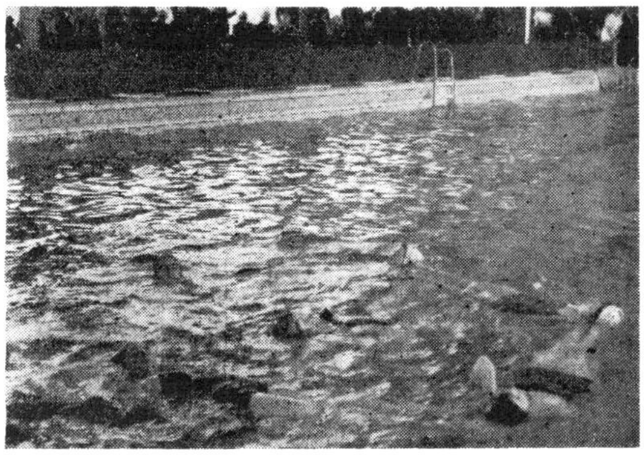

Zwei Schnappschüsse von der gestrigen Schwimmbadeinweihung: Bild links zeigt die Festversammlung während der Rede Stadtbaurat Göhlerts, und das rechte Bild wurde beim Figurenschwimmen im neuen Becken aufgenommen.

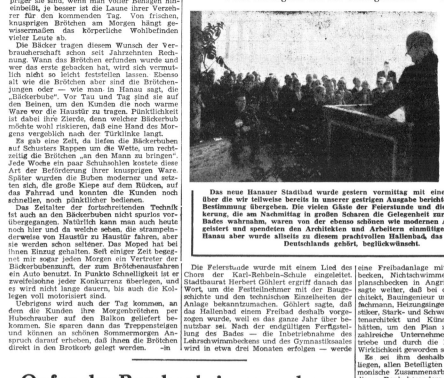

Das neue Hanauer Stadtbad wurde gestern vormittag mit einer Feierstunde — über die wir teilweise bereits in unserer gestrigen Ausgabe berichtet haben — seiner Bestimmung übergeben. Die vielen Gäste der Feierstunde und die Hanauer Bevölkerung, die am Nachmittag in großen Scharen die Gelegenheit zur Besichtigung des Bades wahrnahm, waren von der ebenso schönen wie modernen Anlage restlos begeistert und spendeten den Architekten und Arbeitern einmütiges Lob. Die Stadt Hanau aber wurde allseits zu diesem prachtvollen Hallenbad, das zu den schönsten Deutschlands gehört, beglückwünscht.

Die Feierstunde wurde mit einem Lied des Chors der Karl-Rehbein-Schule eingeleitet. Stadtbaurat Herbert Göhlert ergriff danach das Wort, um die Festteilnehmer mit der Baugeschichte und den technischen Einzelheiten der Anlage bekanntzumachen. Göhlert sagte, daß das Hallenbad einem Freibad deshalb vorgezogen wurde, weil es das ganze Jahr über benutzbar sei. Nach der endgültigen Fertigstellung des Bades — die Inbetriebnahme des Lehrschwimmbeckens und des Gymnastiksaales wird in etwa drei Monaten erfolgen — werde eine Freibadanlage mit Sport- und Sprungbecken, Nichtschwimmerbecken und Kinderplanschbecken in Angriff genommen. Göhlert sagte weiter, daß bei dem Hallenbadbau Architekt, Bauingenieur und Statiker, Baugrundfachmann, Heizungsingenieur, Hygieniker, Akustiker, Stark- und Schwachstromingenieur, Gartenarchitekt und Künstler zusammengewirkt hätten, um den Plan zu ersinnen, der durch zahlreiche Unternehmen und Handwerksbetriebe und durch die Hände vieler Bauleute Wirklichkeit geworden sei.

Es sei ihm deshalb ein besonderes Anliegen, allen Beteiligten den Dank für die harmonische Zusammenarbeit auszusprechen und diesen Dank besonders dem Architekten Lenz als dem geistigen Vater dieses Bauwerkes, sowie seinem Mitarbeiter Casselmann und dem Bauingenieur Paetzold vom Stadtbauamt, in dessen Händen die örtliche Oberleitung gelegen habe, zum Ausdruck zu bringen. Der Baurat erwähnte schließlich, daß die enge Zusammenarbeit mit Direktor Dietrich von den Stadtwerken Hanau wesentlich zum Gelingen des Werkes beigetragen habe. Als Sprecher aller am Werk Beteiligten übergab Stadtbaurat Göhlert den betriebsfertigen Teil des Hallenbades dem Oberbürgermeister und damit in die Obhut der Stadt. Er tue das mit dem Wunsche, daß das Bad von nun an der Gesundheit, dem Sport und der Erholung der Bevölkerung, vor allem der Jugend dienen möge.

Nach der Rede des Oberbürgermeisters, über die wir gestern bereits ausführlich berichtet haben, überbrachte Regierungs- und Schulrat Reinhold die Glückwünsche des Regierungspräsidenten. Was hier gebaut worden sei, zeige, daß Hanau weiter ein Avantgardist dort sei, wo es darum gehe, den Menschen zu helfen. Dieser in der Geschichte begründete Geist lebe und werde gehütet. In Wiesbaden sei bekannt, was die Stadt Hanau für die Jugend tue. Ein erneuter Beweis dafür sei die Erstellung dieser herrlichen Anlage, die der Schaffung von Lebensfreude dienen solle. Der Redner sprach den Wunsch aus, daß das herrliche Schwimmbad und die schöne Stadt nie zerstört werden mögen.

Ein Chorlied leitete zum zweiten Teil der Feierstunde über, der in der Schwimmhalle stattfand und der sportlichen Seite gewidmet war. Bezirkssportbundsvorsitzender Bertsch pries das Schwimmbad als eine herrliche Einrichtung für die Hanauer Sportjugend. Der Vorsitzende des Sportkreises Hanau, Jupp Sütter, lobte die Stadt Hanau als eine dem Sport eng verbundene Komune. Er sagte, daß alle Sportler mit einem Herzen voller Dankbarkeit dieses schöne Bad betrachten, das künftig ihnen zur Ausübung ihres Sports zur Verfügung stehen werde. Das Hallenbad stelle eine Krönung für den Schwimmbetrieb in unserer sportfreudigen Stadt dar. Wenn einst noch die Freibadeanlage fertig sei, dann dürfe es keinen Jungen und kein Mädel in Hanau mehr geben, das die Schule verlasse, ohne das Schwimmen erlernt zu haben.

Schwimmsportliche Darbietungen wie Kunstspringen, Figurenschwimmen und Staffelschwimmen unterhielten die Zuschauer, die den Akteuren gerne Beifall zollten. Ein Rundgang durch das Bad schloß sich an und damit fand die Feierstunde ihr Ende.

Am Nachmittag hatte die Bevölkerung unserer Stadt Gelegenheit, das Bad zu besichtigen. Auch aus Kreisen der Bürgerschaft wurde der Anlage einmütiges Lob ausgesprochen. Heute morgen hat nun bereits der Schwimmbetrieb in vollem Umfang begonnen.

Opfer des Bombenkrieges mahnen

Gedenkstunde und Kranzniederlegung auf dem Ehrenfeld des Friedhofes

Zahlreiche Hanauer hatten sich gestern nachmittag wie alljährlich seit Kriegsende auf dem Ehrenfeld des Hanauer Hauptfriedhofes versammelt, um einer Feierstunde anläßlich der vierzehnten Wiederkehr des Jahrestages der Zerstörung Hanaus am 19. März 1945 beizuwohnen. Im Namen der Stadt legte Stadtrat Jäger einen Kranz in den Hanauer Farben am Gedenkstein nieder.

Das Leben fordere seinen Tribut, sagte Stadtrat Jäger in seiner Gedenkansprache. Während am Vormittag das neue Hallenbad seiner Bestimmung übergeben worden sei, gelte einige Stunden später diese Gedenkstunde der Erinnerung an die Toten der furchtbaren Bombennacht des 19. März, die auf dem Ehrenfeld ihre letzte Ruhe gefunden hätten. Die Stadt Hanau fühle sich den Opfern dieser Nacht über die Zeiten hinaus verbunden. Diese Stunde sei mehr als nur ein Gedenken. Sie müsse die Lebenden zur Einkehr mahnen und sie daran erinnern, daß sie das Vermächtnis der Toten zu erfüllen hätten, über alle Schranken hinweg eine Gemeinschaft zu bilden und alles zu tun, um der Menschheit in Zukunft ähnliches Leid zu ersparen. Liebe und Vernunft müßten siegen, damit kein Krieg mehr das Leben der Menschen bedrohen könne.

Als evangelischer Geistlicher sagte Superintendent Buschbeck, daß der durch große Leichtfertigkeit heraufbeschworene totale Krieg unsagbares Leid über die Menschen gebracht habe. Wenn man heute zurückdenke, komme den Lebenden das furchtbare Schicksal jener Kriegstage fast wie ein grausiger Traum vor. Der Zorn Gottes sei damals über die Welt gekommen, weil sie sich von ihm gelöst habe. Die Aufgabe derjenigen, die das furchtbare Geschehen überlebt hätten, sei es nun, sich als wahre Christen zu erweisen. Eine Stunde wie diese sei dazu geeignet, das Gelöbnis abzulegen, daß kein Krieg mehr sein dürfe und für den Frieden gekämpft werden müsse.

In das Gedenken an die Opfer des 19. März 1945 sollten alle Toten des letzten Krieges eingeschlossen werden, betonte als Sprecher der katholischen Gläubigen, Stadtpfarrer Diehl. Das Geheimnis um den Tod dieser Menschen sei etwas vom unerforschlichen Ratschluß Gottes. Sie hätten aber auch ihr Leben hingegeben, damit die Nachfolgenden weiter existieren und daraus die Lehren ziehen könnten. Aus christlicher Schau gesehen aber sei es der Trost für die voller Trauer an den Gräbern stehenden Lebenden, daß sich den Toten das Tor zum ewigen Leben geöffnet habe und daß es eines Tages ein Wiedersehen mit ihnen geben werde. Gemeinsam sprach Stadtpfarrer Diehl mit der Trauergemeinde dann das „Vater unser".

Nach der Feierstunde, zu deren Ausgestaltung der Chor der Marienkirche beitrug, besuchten viele der Anwesenden die Gräber von Verwandten und guten Freunden und schmückten die Erde vor den kleinen, bescheidenen Kreuzen mit frischen Blumen.

Eine bewegende Feierstunde

Händels „Messias" in einer würdigen Aufführung unter G. Bruchhaus

Der 19. März ist für unsere Stadt für alle Zeiten ein Tag des Gedenkens an den Untergang Hanaus in dem Flammenmeer eines Fliegerangriffs vor 14 Jahren. Ein Tag der Besinnung und Mahnung, an dem die Aufführung des Oratoriums „Der Messias" von Händel durch die Verbindung des Leidgedankens der Passion und des Trostgedankens der Auferstehung eine besonders sinnvolle Bedeutung erhält. Sieben Jahre nach der Zerstörung unserer Stadt bot der Hanauer Oratorienverein schon einmal dieses gewaltige Werk, nunmehr wurde es nach weiteren sieben Jahren wiederum aufgeführt. Dieses Bestreben und die Güte der Wiedergabe hätte einen besseren Besuch verdient.

Händels „Messias" ist seinem Wesen nach vor allem ein Chorwerk. Dieser tritt hier nicht nur berichtend, überleitend oder zusammenfassend in Erscheinung, sondern ist der entscheidende und tragende Klangkörper.

Günther Bruchhaus leitete auch dieses Mal die Aufführung, die bewies, mit welcher Intensität die Einstudierung erarbeitet worden war. Es wurde nicht nur schön, rhythmisch genau und mit beseeltem Ausdruck gesungen, sondern darüber hinaus mit einer aktiven, zwingenden und ergreifenden Verlebendigung das Wort und der Inhalt gestaltet. Großartig erklangen die Chöre des ersten Teils in jener fast pastosen Breite, die für Händel besonders bezeichnend ist. Dem Chor „Sein Joch ist sanft" entströmte eine empfindsame lyrische Schönheit, die zu den feierlichen und ernsten Chören des zweiten Teils einen wundervollen Übergang bildete. Zu machtvoller Größe steigerte sich der Halleluja-Chor, während der Chor „Durch einen kam der Tod" von einer tiefen Überzeugungskraft erfüllt war, und schließlich der große Schlußchor das Werk hymnisch erhebend abschloß. Für diese große Leistung gebührt dem Chor (Oratorienverein Hanau und Sängerverein 1826 Offenbach) und dem Dirigenten höchstes Lob.

Von dem Solistenquartett bot der Tenor Franz Fehringer (Heidelberg), eine überragende, gesanglich klar profilierte und höchst verinnerlichte Gestaltung. Tief ergreifend das einleitende Recitativ „Tröstet mein Volk", in dem sich die kraftvoll-edle Schönheit des Tenors sich mit einer Interpretation verband, die das letzte Geheimnis dieses Oratoriums offenbarte, den Trostgedanken aus einer religiösen Weltsicht. Mühelos beherrschte Fehringer auch die großen Verzierungen der Arien. Erschütternd wurde im zweiten Teil der Passionsgedanke gestaltet.

Meta Maria Kopp (Frankfurt), sang die Sopranpartie mit schönen stimmlichen Mitteln und mit sorgsamem Bedacht auf eine gepflegte textliche Formulierung. Der Alt von Erika Jung (Offenburg/Baden) ersetzte das, was an Volumen fehlte, durch eine wohltuende Klangschönheit und eine verinnerlichte Gestaltung. Der kraftvolle Baß von Kurt Klein (Wattenscheid) hatte eine schöne Tiefe und beherrschte den Oratorienstil gut, konnte aber die langatmigen Koloraturen nur mit Mühe durchhalten.

Besondere Anerkennung gebührt Erika Scharlau, die den Cembalopart hervorragend bewältigte.

Das Orchester, dem Mitglieder des Symphonieorchesters des Hessischen Rundfunks angehörten, fügte sich im allgemeinen gut ein, neigte aber gelegentlich dazu, das Tempo zu forcieren, und ließ einige Klangtrübungen nicht überhören.

Die Wiedergabe des „Messias" war insgesamt eine große Tat, die würdige Interpretation eines der unvergänglichen Meisterwerke der Musikliteratur und die ergreifende Darstellung eines religiösen und menschlichen Bekenntnisses. Dafür verdienten Günther Bruchhaus und seine vielen Helfer den herzlichen Beifall, den die Hörer dankbar spendeten.

Streiflichter vom Tage

Gestern gegen 17.40 Uhr stieß ein Kombiwagen in der Hospitalstraße beim Rückwärtsfahren mit einem Rollerfahrer zusammen. Der Soziusfahrer wurde leicht verletzt.

Beim Abbiegen von der Wilhelmstraße in die Nordstraße wurde gestern um 18.35 Uhr ein Radfahrer von einem amerikanischen Personenwagen angefahren, dessen Fahrer das Weite suchte. Er konnte jedoch inzwischen ermittelt werden.

Schülerin wurde angefahren

Gestern morgen um 9.20 Uhr wurde eine Schülerin beim Ueberqueren der Umgehungsstraße mit ihrem Fahrrad von einem Lastwagen erfaßt und zu Boden geschleudert. Das Mädchen erlitt Verletzungen und mußte ins Krankenhaus gebracht werden. Es hatte vorausgefahrenen Klassenkameradinnen folgen wollen und war dabei direkt gegen den LKW gefahren.

Hanauer Apothekendienst: Hirsch-Apotheke, Vorstadt 13.

Wie wird das Wetter?

Tagsüber recht mild

Wetterlage: An der Südwestflanke einer Hochdruckzone über Osteuropa strömt etwas mildere Festlandsluft aus Südosten nach Deutschland ein.

Vorhersage: Heiter bis bedeckt, anfangs zum Teil noch wolkig, Mittagstemperatur um 15 Grad, nachts in ungünstigen Lagen leichter Frost, schwachwindig.

Aussichten: Ueberwiegend freundlich und tagsüber recht mild. Wetteramt Frankfurt

Wir gratulieren

Morgen begeht Frau Margarete **Nicolaus** geb. Busse, Bienenstraße 6c, ihren 80. Geburtstag.

Wohin gehen wir heute?

Capitol-Lichtspiele: „Torpedo los!" mit Glenn Ford und Ernest Borgnine
Spätvorstellung: „Fuzzy, der Held des Westens"

Central-Theater: „Der Schäfer vom Trutzberg" mit Heidi Brühl und Hans v. Borsody
Spätvorstellung: „Quantez — die tote Stadt"

Palette im CT: „Hito-Hito", Expeditionsfilm
Sonntagsmatinee, 11.15 Uhr: „Sieg auf dem K 2"

Gloria-Lichtspiele: „Geliebte Bestie" mit Gerhard Riedmann, Margit Nünke und Willi Birgel
Spätvorstellung: „Schleichendes Gift"

Modernes Theater: „Hart am Wind" mit Rock Hudson und Cyd Charissee
Spätvorstellung: „Ritt in den Tod"

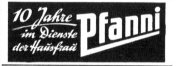

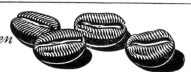

Stadt Hanau

19. März

Seit fünfzehn Jahren ist der Tag mit dem heutigen Datum des 19. März ein Tag der Besinnung für Hanau und seine Bevölkerung. Vierzehnmal hieß es: Jahrestag der Zerstörung. Vierzehnmal schon wurde in Gedenk- und Feierstunden die Erinnerung an jene fürchterliche Nacht wachgerufen, die wie ein Inferno über diese Stadt kam und für Tausende zur ewigen Nacht wurde.

Die Überlebenden, die zuerst vor dem großen Unglück verzagen wollten, gewannen bald den Mut wieder. Nach fünf schweren Jahren war endlich ein neuer, hoffnungsvoller Anfang gefunden worden. Nach zehn Jahren hatte die Zuversicht in das Vermögen der eigenen Kraft gesiegt. Und als zwei weitere Jahre ins Land gegangen waren, da hatte die Gegenwart die Vergangenheit endlich soweit überwunden, daß es heißen konnte: Nicht allein schmerzliche Trauer soll der Inhalt dieses Tages sein, sondern auch maßvolle Freude über das, was wieder geschaffen wurde.

Zum erstenmal durfte die Gegenwart einen Teil dieses Gedenktages vor zwei Jahren ausfüllen, als das Deutsche Goldschmiedehaus eingeweiht werden konnte. Vor Jahresfrist wehten die Fahnen vor dem imposanten Hallenschwimmbad, das seitdem zusammen mit vielen anderen Werken von der Größe einer einmaligen Aufbauleistung kündet.

Nun ist der Blick schon weiter auf die Zukunft gerichtet. Das Nötigste ist getan. Jetzt sollen jene Aufgaben folgen, für die bisher kein Raum war. Nicht ohne Grund ist daher die Beschlußfassung über den Neubau des Neustädter Rathauses, eines der umfangreichsten städtischen Projekte seit 1945, für den heutigen Tag bewahrt worden.

Im gleichen Ausmaß, wie die Zeit vorangeht, verblaßt die Erinnerung. Wenn in nicht mehr allzu fernen Tagen die letzten Trümmer aus der Stadt fortgeräumt sind, wird nur noch weniges daran erinnern, daß diese Stadt einmal ein einziger Trümmerhaufen war. Nicht verblassen dagegen darf das Gedenken an das schreckliche Ereignis des 19. März 1945, der nun nach fast zwei Jahrzehnten als Schicksalstag und Mahnung für kommende Generationen in die Geschichte dieser Stadt einzugehen beginnt. blo

Professor Mensching spricht in Hanau

Der im In- und Ausland bekannte Professor für Religionswissenschaft an der Universität Bonn, Dr. Dr. Gustav Mensching, der auf Grund seiner Vorträge und Bücher auch von vielen Hanauern hoch geschätzt wird, hält am morgigen Sonntag um 20 Uhr als Gast der Wallonischen und Niederländischen Gemeinde in deren

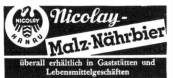

Gemeindehaus Nußallee 15 einen Vortrag über das geistesgeschichtlich, religionswissenschaftlich und frömmigkeitsmäßig bedeutsame Thema: „Was hat das Christentum von fremden Religionen übernommen?“. Der Vortrag wird beitragen zum Verstehen der eigenen Religion nach ihrem Werden wie nach ihrem Wesen. Das Konsistorium der Wallonischen und Niederländischen Gemeinde lädt alle Interessenten dazu herzlich ein.

Matinee des Hanauer Film-Clubs:

„Das letzte Wochenende”

Am morgigen Sonntag, um 11.15 Uhr, läuft als Veranstaltung des Film-Clubs bzw. der Volkshochschule Hanau im Central-Theater der Film „Das letzte Wochenende“ (englischer Titel: And then their were none). Der Film ist bereits 1945 in Amerika gedreht worden. René Clair, der berühmte Regisseur und unübertroffene Meister geistvollen Witzes, hat mit diesem Film eine seiner besten Leistungen in Hollywood vollbracht. Der Stoff beruht auf einem Roman von Agatha Christie und wurde vom Drehbuch-Autor Dudley Nichols nur am Schluß etwas verändert. Der Film darf als ein Kabinettstück eines parodistischen Kriminalreißers gelten. Die Mitglieder und Freunde des Film-Clubs sollten sich diesen Film nicht entgehen lassen, der auch für Jugendliche ab 16 Jahren zugelassen und durchaus zu empfehlen ist.

Wir gratulieren

Am morgigen Sonntag ist Jean Raab, Bruchköbel, Spessartstraße 12, 50 Jahre lang ununterbrochen als Marmorschleifer bei der Fa. E. G. Zimmermann tätig. Der Jubilar wird noch heute vorwiegend als Spezialist für wertvolle Arbeiten eingesetzt.

Heinrich Schäfer, Hauptstraße 4, feiert morgen seinen 81. Geburtstag.

Morgen wird Christian Rieß, Liemesstraße 48, 75 Jahre alt.

Wohin gehen wir heute?

Capitol-Lichtspiele: „Die den Tod nicht fürchten“ mit Gary Cooper, Charlton Heston
Spätvorstellung: „Henkt ihn“

Luxor-Theater: „Engel unter Sündern“ mit Debbie Reynolds, Tony Randall

Central-Theater: „Der letzte Befehl“ mit John Wayne, William Holden
Spätvorstellung: „Auf den Schienen zur Hölle“

Palette: „Das Mädchen Saphir“
Sonntagsmatinee: „Geheimnis der Etrusker“

Gloria-Lichtspiele: „Peter Voss, der Held des Tages“ mit O. W. Fischer, Walter Giller
Spätvorstellung: „Der Gangsterschreck“

Modernes Theater: „Fünf Pennies“ mit Danny Kaye, Louis Armstrong
Spätvorstellung: „Garten des Bösen“

Stadthalle, 20 Uhr: Chor-Orchesterkonzert anläßlich des 19. März.

Fünfzehn Jahre nach der Zerstörung:

Zwei Dokumente des Wiederaufbauwillens

Heute mittag wurden die Karl-Rehbein-Schule und die Turnhalle der Pestalozzischule eingeweiht

Fünfzehn Jahre nach dem Tag, an dem unsere Stadt unter einem furchtbaren Bombenhagel in Schutt und Asche sank, wurden heute mittag in einer Feierstunde wieder zwei Bauwerke ihrer Bestimmung übergeben, die Meilensteine am Weg des Wiederaufbaues darstellen: die Karl-Rehbein-Schule und die neue Turnhalle der Pestalozzischule. Im Beisein des Hessischen Kultusministers Prof. Schütte wurde mit der Einweihung zweier nunmehr kompletter Schulen wieder einmal eindeutig der Beweis erbracht, daß Schulbauten im Wiederaufbauplan Hanaus eine vorrangige Stellung einnehmen, wie überhaupt für unsere Jugend viel getan wird. Der Leser wird sich sicher erinnern, daß heute vor einem Jahr das Stadtbad eingeweiht werden konnte, eines der schönsten und modernsten Bauwerke dieser Art in der ganzen Bundesrepublik.

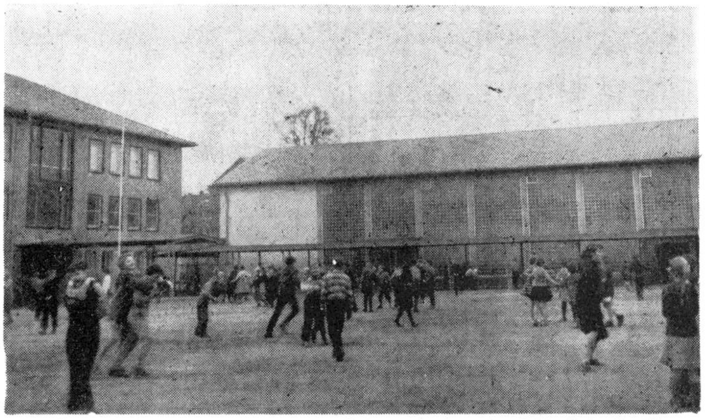

Die Kinder der Pestalozzischule freuen sich riesig über ihre neue Turnhalle, die heute mittag ihrer Bestimmung übergeben wurde. Daß sie „schulfrei“ hatten, erhöhte ihre Freude noch.

Es gibt wohl selten eine Stadt, in der Zerstörung und Wiederaufbau so dicht nebeneinander liegen wie bei uns in Hanau. Als am 19. März 1945, heute vor fünfzehn Jahren, von Hanau nur ein großes Trümmerfeld übriggeblieben war, das für Tausende von Einwohnern zu einem Grab wurde, da glaubte niemand daran, daß fünfzehn Jahre später bereits wieder ein neues Hanau existieren würde, schöner, moderner und größer als je zuvor. Was die verantwortlichen Männer und Frauen, was die Inhaber der Betriebe und ihre Mitarbeiter, kurzum, was alle Bürger unserer Stadt in diesen fünfzehn Jahren zwischen dem 19. März 1945 und dem 19. März 1960 geleistet haben, wird als beispiellose Tat in die Hanauer Geschichte eingehen. Wenn deshalb an jedem 19. März nicht nur der Opfer jenes Infernos aus den letzten Kriegswochen gedacht wird, sondern die überlebenden alten und die neuen Bürger gleichzeitig voller Stolz auf das in gemeinsamer Anstrengung Geleistete zurückblicken, so haben sie ein gutes Recht dazu; das Recht des Menschen, der sich gegen alle Mächte des Schicksals auflehnt und auf den Trümmern seines Besitzes entschlossen dem Schicksal zu trotzen wagt.

Ohne den unbeugsamen Willen der gesamten Bevölkerung, auf den Trümmern des alten ein neues Hanau aufzubauen, wäre unsere Stadt nie wieder entstanden. Das soll man am 19. März getrost aussprechen mit einem Dank an den Nachbarn, denn jeder Bürger hat seinen Anteil an diesem großartigen Werk, das von Jahr zu Jahr wächst und vervollkommnet wird.

Neue Phase des Wiederaufbaues

Vor zwei Jahren bereits, am 19. März 1958, konnte mit der Einweihung des wiederaufgebauten Goldschmiedehauses und des Mahnmals für alle Opfer praktisch ein Schlußstrich unter den Wiederaufbau gezogen werden. Das erste Symbol des weiteren Aufbaues unserer Stadt war die Errichtung des Stadtbades, auf das wir alle stolz sein können und um das unsere Stadt von vielen anderen, teilweise weit größeren und finanzkräftigeren Städten beneidet wird. Heute mittag wurde nun die neue Karl-Rehbein-Schule eingeweiht und die Turnhalle der Pestalozzischule ihrer Bestimmung übergeben. Und heute nachmittag wird die Stadtverordnetenversammlung die Entscheidung über den Bau eines modernen und in seiner Anlage wohl einmaligen Rathauses fällen. Daß neben diesen Dingen noch Bauten im Rahmen des Wiederaufbaues errichtet werden, kann nicht darüber hinwegtäuschen, daß Hanau im Zuge seiner weiteren Entwicklung Schritt für Schritt vorankommt und bereits wieder auf vielen Gebieten bahnbrechend und richtungweisend für andere Städte wird.

Die Karl-Rehbein-Schule, die nach Beendigung ihres zweiten und dritten Bauabschnittes nunmehr endgültig fertiggestellt ist, muß im vorgenannten Sinne als ein Schmuckstück unserer Stadt bezeichnet werden. In ihrer Anlage, ihrer Zweckmäßigkeit, ihrer Modernität und

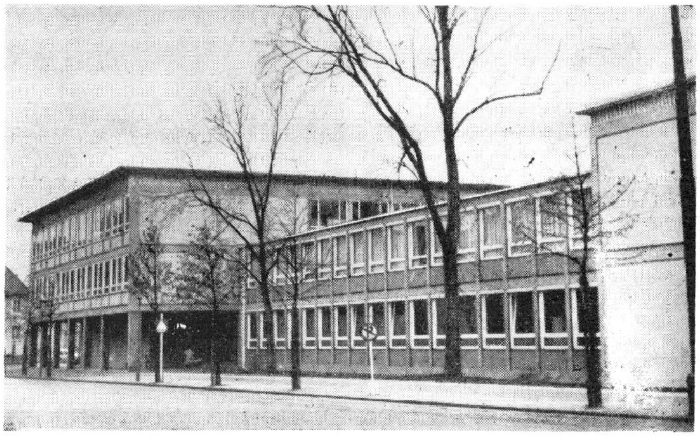

Endgültig fertiggestellt ist nunmehr die Karl-Rehbein-Schule, deren zweiter und dritter Bauabschnitt (im Vordergrund) dieser Tage bezogen werden konnte.

ihrer architektonischen Schönheit ist sie ein Dokument des Baustils unserer Zeit geworden. Ihre in ihrer Schlichtheit schmucken Formen, ihre hellen und nach modernsten Richtlinien ausgestatteten Räume gereichen den Männern unseres Bauamtes zum Ruhme, die hier unter Loslösung von allem Hergebrachten und unter Berufung auf die Gegenwart für die Zukunft gebaut haben, die ja denen gehört, die jetzt und in den kommenden Jahren in der Schule unterrichtet werden. Rund 2,6 Millionen Mark hat die Stadt mit Unterstützung des Landes für den Bau dieser Schule ausgegeben, die nicht nur die schönste Schule in unserer Stadt geworden ist, sondern auch zu den modernsten Schulbauten des ganzen Landes zählt. Wie froh die Lehrerschaft und die Schülerinnen über diese Schule sind, die vor zwei Jahren nach Fertigstellung des ersten Bauabschnittes im Gedenken an den verstorbenen Oberbürgermeister den Namen „Karl-Rehbein-Schule“ erhalten hat, geht aus den zahlreichen Einweihungsveranstaltungen hervor, zu denen Lehrerschaft und Schülerschaft gemeinsam eingeladen haben.

Eine moderne Mehrzweckhalle

Es ist ein gutes Zeichen, daß die Pestalozzischule, die viele Jahre lang Gastgeber für das Mädchengymnasium war, zusammen mit dessen Einweihung ihre neue Mehrzweckhalle der Bestimmung übergeben kann. Jahrelang mußten sich die Lehrer und Schüler der Pestalozzischule in ihrem neuen Schulgebäude mit einem Provisorium abfinden, das immer entstehen muß, wenn zwei Schulen unter einem Dach untergebracht sind. Vor einigen Wochen erst sind die letzten Klassen des Mädchengymnasiums aus der Pestalozzischule ausgezogen, so daß sich der Unterricht dort jetzt so entfalten kann, wie es nicht nur der Wunsch der Lehrer und Schüler, sondern auch eine dringende Notwendigkeit ist.

Jetzt wird nun an der Pestalozzischule der solange entbehrte Turnunterricht aufgenommen werden können. Die Mehrzweckhalle, die heute mittag eingeweiht wurde, wird schnell zum Mittelpunkt fröhlichen Treibens werden. Mit 24×12 Metern Größe ist die neue Halle so konstruiert, daß zwei Klassen gleichzeitig ihren Turnunterricht abhalten können. Sie ist mit allen erforderlichen Sportgeräten ausgerüstet und hat an zwei Seiten die entsprechenden Nebenräume: Wasch- und Garderobenräume sowie Toiletten, beides getrennt für Jungen und Mädchen. Außerdem ist ein großer Geräteraum und Lehrerräume vorhanden.

Die neue Halle dient aber auch gleichzeitig für kulturelle Veranstaltungen der Schule. Sie hat aus diesem Grunde eine feste Bühne bekommen und eine Empore mit 120 Sitzplätzen. In dem Raum unter der Bühne wird während des Turnunterrichtes das leichte Stahlrohrgestühl untergestellt. Gegenwärtig wird auf dem Gelände der Pestalozzischule noch an der Erstellung eines Kleinsportplatzes gearbeitet, der aber in Kürze fertiggestellt sein wird. Dann ist der Bau der 1952/53 errichteten Schule endgültig abgeschlossen.

Daß die Schulfreudigkeit der Stadt auch in den kommenden Jahren anhalten wird, ist keine Frage. An der Akademiestraße ist bereits wieder der erste Bauabschnitt der Gewerblichen Berufsschule so weit vorangekommen, daß er in Kürze seiner Bestimmung übergeben werden kann. Im Anschluß daran wird gleich der zweite Bauabschnitt errichtet und am 19. März 1961, in einem Jahr also, soll auch diese Schule eingeweiht werden. Der Neubau der Volksschule an der Freigerichtstraße wird ebenfalls nicht mehr lange auf sich warten lassen.

So wird jeder 19. März, der Tag, der einst für Hanau zum Schicksal wurde, zu einem Markstein im Aufbau und der weiteren Entwicklung unserer Stadt. Zerstörung und Aufbau liegen dicht beieinander. Unserer Stadt aber kann man im Gedenken an den 19. März 1945 nichts Besseres wünschen als einen andauernden Frieden, damit das, was Bürgergeist und Aufbauwillen in den letzten fünfzehn Jahren geschaffen haben, Bestand haben wird für alle Zukunft. -in

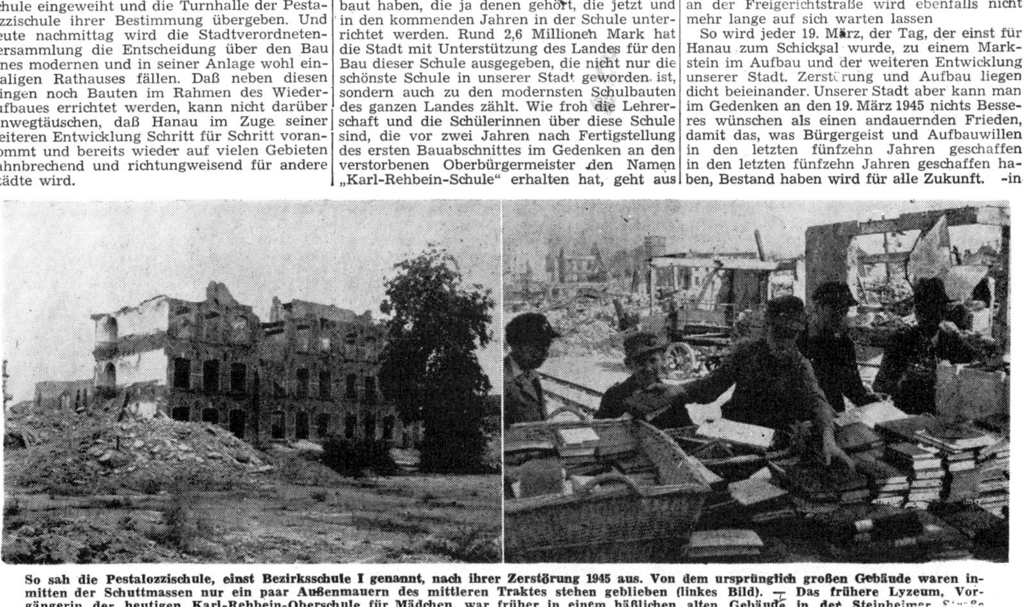

So sah die Pestalozzischule, einst Bezirksschule I genannt, nach ihrer Zerstörung 1945 aus. Von dem ursprünglich großen Gebäude waren inmitten der Schuttmassen nur ein paar Außenmauern des mittleren Traktes stehen geblieben (linkes Bild). — Das frühere Lyzeum, Vorgängerin der heutigen Karl-Rehbein-Oberschule für Mädchen, war früher in einem häßlichen alten Gebäude in der Steinheimer Straße untergebracht, bevor es dem Luftangriff am 19. März zum Opfer fiel. Unser Bild (rechts) zeigt Schüler der Hohen Landesschule, die bis zum Kriegsende Gastrecht im Lyzeum genoß, beim Zusammensuchen der letzten Bücher, die aus dem Schutt noch gerettet werden konnten
(Aufn. Stadtbildstelle)

Stadt Hanau

Schicksalstag

Es war in diesen Tagen. Irgendwie kamen wir auf die Zeit zu sprechen, als es schon ein Geschenk war, wenn man eine Nacht hindurch ohne Unterbrechung schlafen konnte. Es war die Zeit, als man abends, wenn man todmüde ins Bett fiel, schon mit Sicherheit wußte, daß in einigen Stunden der Teufelsgesang der Sirenen durch die Nacht heulen würde. Dann hieß es: Raus aus dem warmen Bett, mit Windeseile angezogen — oder wenn es schon zu donnern begann — mit dem Nötigsten unter dem Arm die Stiegen in den verhaßten Keller hinunterstürzen. Schreiende, in Decken verhüllte Kinder, verschlafene, hohläugig dreinblickende Erwachsene, Augen, in denen die Angst vor einem ungewissen Schicksal flackerte — das waren die Bilder dieser Zeit. Szenen in Nächten, die zu Stunden des Schreckens wurden.

In einer solchen Nacht erfüllte sich das Schicksal dieser Stadt. Wie ein Inferno brach das Fürchterliche über ihre Menschen herein, die kaum Zeit gefunden hatten, sich den Schlaf aus den Augen zu reiben. Noch ehe es die meisten recht begriffen hatten, regnete es Bomben und Granaten vom Himmel, stürzten Mauern und Häuser zusammen, sank eine ganze Stadt in Trümmer, glühte und loderte aus tausend Feuerzungen wie eine einzige Fackel. Allen Hanauern, die es miterlebten, steht das Schreckliche noch deutlich vor Augen, „Niemals kann man das vergessen", sagte mein Gesprächspartner. „Es waren grausame Stunden, als wir zusammengekauert im eingeschlossenen Keller hockten, zwischen Bangen, Hoffen und Beten, die unendlich langsam verrinnenden Minuten zählten und warteten — bis uns die Retter endlich den Weg in das von Wolken dunklen Qualms verdüsterte Tageslicht ebneten."

Niemals kann man das vergessen! Dieses Wort meines Gesprächspartners ist nicht einmalig. Jeder Hanauer gebraucht es, der die Nacht zum 19. März 1945 erlebt hat. Wer auch immer von diesem furchtbaren Ereignis spricht, er sieht das Chaos dieser Tage so grauenhaft vor sich, als sei es gestern gewesen. Und mit Entsetzen in den Augen erinnert er sich noch einmal daran, wievielen Tausenden die Stadt, die sie liebten, zum Massengrab geworden ist.

Sechzehn Jahre sind seitdem vergangen. Eine lange Zeit, wenn man vergessen kann. Die Hanauer können es nicht. Sie sollen es auch nicht. Sie haben zwar gelernt, daß das Leben

Wenn Sie Ihre häusliche Tafel

mit besonders schönen Bestecken schmücken wollen, dann sehen Sie sich einmal meine große Auswahl in „WMF-Bestecken" an. Wundrack, Hanau, Krämerstraße 7, Silberwaren und WMF-Bestecke.

weitergeht, daß eine neue Stadt entstanden ist. Sie haben sich auch entschlossen, den Schicksalstag nicht mehr nur als Tag der Trauer des Gedenkens, sondern auch als Ausdruck für Gegenwart und Zukunft, als Symbol für einen neuen Anfang zu betrachten.

Aber die Mahnung bleibt ewig. Sie hat sich unauslöschlich in die Herzen aller eingegraben, die mit dieser Stadt in den Staub gefallen und dann in unverbrüchlicher Treue mit ihr wieder den Weg in eine bessere Zeit gegangen sind. blo

Wir gratulieren

Am heutigen Samstag kann Frau Pauline Skiebe, Steinheimer Straße 10, ihren 70. Geburtstag feiern.

Wohin gehen wir heute?

Central-Theater: „Hubertusjagd" mit Angelika Meißner und Wolf Albach-Retty
Spätvorstellung: „Die Rache der schwarzen Spinne"

Palette: „Speisekarte der Liebe"

Capitol: „Land der 1000 Abenteuer" mit John Wayne und Stewart Granger
Spätvorstellung: „Flucht vor dem Galgen"

Luxor: „Agatha, laß das Morden sein" mit Johanna von Koczian, Klausjürgen Wussow

Gloria: „Kauf Dir einen bunten Luftballon" mit Ina Bauer und Toni Sailer
Spätvorstellung: „Goldräuber von Oklahoma"

Modernes Theater: „Die Sklaven Roms" mit Rhonda Fleming
Spätvorstellung: „Gold aus Nevada"

Stadthalle: 19. März, 20 Uhr: Ernstes Konzert Kammerorchester Ernst Winter

„Tag der offenen Tür" für alle Bürger

Drei Bauwerke – Symbole des Wiederaufbaus

Morgen werden das Feuerwehrgerätehaus, das Freischwimmbad und die Gewerbliche Berufsschule eingeweiht

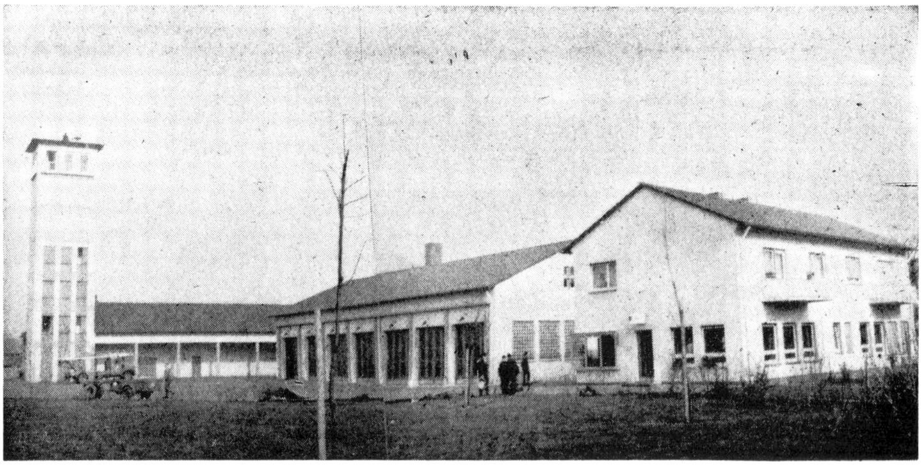

An der Kreuzung der Friedrich-Ebert-Anlage mit der Steinheimer- bzw. Rathenaustraße, unmittelbar am Rande des Stadtkerns also, ist das neue Feuerwehrgerätehaus gebaut worden, das eine wichtige Voraussetzung für die Erhöhung der Schlagkraft unserer Freiwilligen Feuerwehr ist, die in diesem Jahr übrigens ihr hundertjähriges Bestehen feiern kann.

Zum sechzehnten Male jährt sich morgen der Tag, an dem in früher Morgenstunde das alte Hanau unter dem Bombenhagel dahinsank und nur ein Trümmerhaufen von der einstmals blühenden Stadt zurückblieb. Unwiederbringliches ging damals verloren, Tausende von Menschenleben wurden ausgelöscht, aber der Wille der Hanauer, ihre Stadt wiederaufzubauen, wurde nicht gebrochen. So entstand ein neues Hanau, eine Stadt, die mit jeder Wiederkehr ihres Schicksalstages größer und schöner wird. Seit Jahren krönt der 19. März jeweils eine Periode des Wiederaufbaues, in dessen Zeichen der Tag auch morgen wieder stehen wird.

Drei Bauwerke sind es, die am morgigen Sonntag im Rahmen einer Feierstunde, die um 11 Uhr in der Gewerblichen Berufsschule beginnt, ihrer Bestimmung übergeben werden: Die Gewerbliche Berufsschule, die den Namen „Ludwig-Geißler-Schule" erhält, das jetzt endgültig fertiggestellte Feuerwehrgerätehaus an der Friedrich-Ebert-Anlage und das neue Freischwimmbad. Alle drei Bauwerke sind — Schwimmbad und Gerätehaus auch schon heute — morgen zur Besichtigung durch die Bevölkerung geöffnet. „Der Magistrat hofft daß recht viele Bürger unserer Einladung zu diesem ‚Tag der offenen Tür' Folge leisten werden", sagte Oberbürgermeister Fischer dazu. „Sie sollen ausgiebig Gelegenheit haben, sich die neuen Bauwerke anzusehen, die im letzten Jahre erstellt worden sind. Diese drei Bauwerke sind Meilensteine für den Wiederaufbau unserer Stadt. Sie sind symbolisch für das pulsierende Leben, das in Hanau herrscht. Da ist zunächst die Gewerbliche Berufsschule als Stätte der Berufsbildung unserer Jugend. Das Freischwimmbad soll der Lebensfreude der Bevölkerung dienen und das Feuerwehrgerätehaus ist das Heim der Männer, die auf freiwilliger Basis für die öffentliche Sicherheit bürgen." Oberbürgermeister Fischer bedauert es, daß es noch nicht möglich ist, die neue Gedenkstätte für die Toten des Krieges auf dem Hauptfriedhof einzuweihen. Da dort gerade die Arbeiten in vollem Gange sind, müsse man in diesem Jahre auch darauf verzichten, dort — wie alljährlich — eine Gedenkstunde zu veranstalten. „Eine Kranzniederlegung für die Opfer des 19. März erfolgt selbstverständlich", sagte der Oberbürgermeister. „Im Sommer wird die Gedenkstätte fertiggestellt sein, die wir dann in würdiger Form einweihen werden. Im übrigen bin ich der Meinung, daß wir aus dem 19. März keinen Volkstrauertag machen sollten, sondern an diesem Tag Fürbitte halten, um im Gedenken an unsere Toten neue Kräfte zu schöpfen."

Die „Ludwig-Geißler-Schule"

Der Gewerblichen Berufsschule wird morgen im Gedenken an den bekannten Hanauer Berufsschul-Pädagogen Ludwig Geißler der Name „Ludwig-Geißler-Schule" verliehen werden. Ursprünglich war daran gedacht gewesen, mit der Namensgebung gleichzeitig den zweiten Bauabschnitt der Schule seiner Bestimmung zu übergeben. Bei den Planungen und Baumaßnahmen traten jedoch Verzögerungen ein, die zur Folge hatten, daß mit dem Bau des zweiten Abschnittes erst vor einigen Wochen begonnen werden konnte. Dieser zweite Abschnitt umfaßt das Gebäude für die Werkstätten. Der dritte Bauabschnitt schließlich entsteht vor dem fertiggestellten Hauptgebäude, in dessen fünf Geschossen sich insgesamt 72 Klassen- und Übungsräume sowie die Verwaltung befinden. Er umfaßt den Bau einer Mehrzweckhalle, die mit dem Hauptgebäude durch einen verglasten Gang verbunden wird. Die Gesamtbaukosten belaufen sich auf nahezu fünf Millionen Mark. Bauherr ist ein Zweckverband, dem die Stadt und der Landkreis Hanau angehören, die Stadt mit drei Fünftel und der Landkreis mit zwei Fünftel der Bausumme. Namhafte Zuschüsse gewährte das Land Hessen.

Das Feuerwehrgerätehaus

Mit der Beendigung des letzten Bauabschnittes befindet sich jetzt die gesamte Hanauer Feuerwehr in dem neuen Feuerwehrgerätehaus an der Friedrich-Ebert-Anlage, Eine Ausnahme machen lediglich zwei Gruppenlöschfahrzeuge und drei Pontons, die noch in der alten Feuerwache in Kesselstadt stationiert sind und dort den Feuerwehrmännern für Einsätze zur Verfügung stehen. Tag- und Nachtschicht ist seit einiger Zeit nur noch in der neuen Feuerwache. Dort befinden sich auch sämtliche Geräte und Fahrzeuge der Hanauer Feuerwehr, die mit einem Tanklöschfahrzeug, drei Gruppenfahrzeugen, zwei Personenwagen, einem Schlauchfahrzeug, einer mechanischen Leiter, einem Motorrad, einem Pontonwagen mit Außenbordmotor und einem Wasserrettungswagen mit Schlauchboot ausgerüstet ist. Alle diese Fahrzeuge sind jederzeit einsatzbereit. Stadtbrandinspektor Lautz stehen vier hauptamtliche Fahrer und 89 freiwillige Feuerwehrmänner zur Verfügung, die über Hab und Gut der Hanauer Bürger wachen und oft zu Einsätzen in die Nachbarorte gerufen werden. Das neue Feuerwehrgerätehaus ist die wichtigste Voraussetzung für die Schlagkraft der Hanauer Wehr die von ihrem Standpunkt nahe dem Zentrum der Stadt aus jeden Punkt im Stadtgebiet jetzt schnell erreichen kann.

Freischwimmbad in diesem Sommer

Über die Fertigstellung des Freischwimmbades hinter dem prächtigen Gebäude des Stadtbades werden sich alle Bürger am meisten freuen. Hier wurde eine Stätte der Lebensfreude und Erholung für die Bürger geschaffen. Seit Main und Kinzig durch ihre wachsende Verschmutzung nicht mehr den Badelustigen zur Verfügung stehen, herrschte in Hanau eine ausgesprochene Schwimmbadnot. Die Bürger waren darauf angewiesen, sich in das dichte Gedränge zu stürzen, das am Bärensee herrscht, oder aber nach Kahl zu fahren. Das ist jetzt vorbei. In der Woche vor Pfingsten wird das neue Freischwimmbad eröffnet, das alle Voraussetzungen besitzt, die man an ein modernes Freibad stellen kann. Es hat drei große Becken für Schwimmer, Nichtschwimmer und Kinder, es ist eingebettet in weite Rasenflächen, die als Spiel- und Liegewiesen 6000 Besuchern Platz bieten und es hat außerdem den Vorzug, unmittelbar am Stadtkern zu liegen, so daß es einfach zu erreichen ist. Natürlich hat das Schwimmbad sportliche Maße, so daß es auch für Wettkämpfe zur Verfügung steht. 750 000 Mark kostet die Freibadanlage, die jetzt noch mit einer Umkleidehalle ausgestattet wird, deren Fertigstellung bis zur Eröffnung des Bades befristet ist.

Feierstunde und Konzert

Diese drei bedeutenden Bauwerke werden morgen um 11 Uhr mit einer Feierstunde in der Gewerblichen Berufsschule eingeweiht. Ansprachen halten Oberbürgermeister Fischer und Landrat Voller, während Prof. Dr. Monsheimer für die Festrede gewonnen wurde. Die vereinigten Schulorchester der Hohen Landesschule und der Karl-Rehbein-Schule, denen die musikalische Umrahmung übertragen wurde, werden Händels Sonata und Purcells Chaconn spielen. Der Gedenktag wird mit einem ernsten Konzert beendet, das am Abend im großen Saal der Stadthalle stattfindet. Die Gestaltung wurde dem Kammerorchester Ernst Winter übertragen. Es werden Werke von Johann Sebastian Bach, Friedemann Bach, Vivaldi, Telemann und Händel gespielt. Als Solisten wirken Henny Hesse (Cembalo), Walter Uhrhan (Violine), Hans Bogacki (Oboe) und Horst Winter (Fagott) mit. Das Konzert beginnt um 20 Uhr.

—in

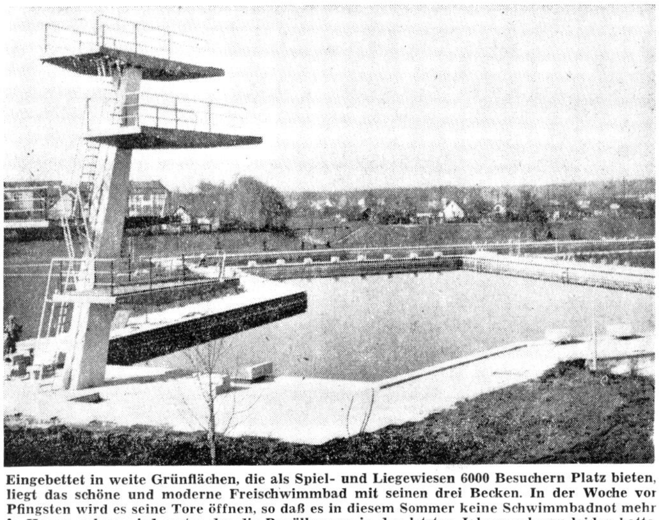

Eingebettet in weite Grünflächen, die als Spiel- und Liegewiesen 6000 Besuchern Platz bieten, liegt das schöne und moderne Freischwimmbad mit seinen drei Becken. In der Woche vor Pfingsten wird es seine Tore öffnen, so daß es in diesem Sommer keine Schwimmbadnot mehr in Hanau geben wird, unter der die Bevölkerung in den letzten Jahren sehr zu leiden hatte.

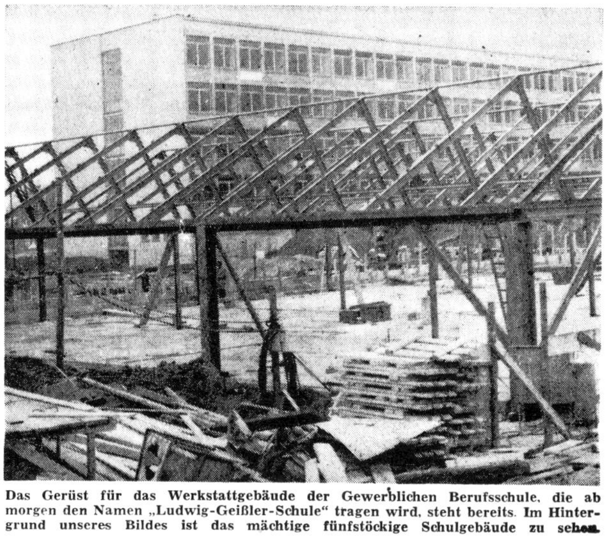

Das Gerüst für das Werkstattgebäude der Gewerblichen Berufsschule, die ab morgen den Namen „Ludwig-Geißler-Schule" tragen wird, steht bereits. Im Hintergrund unseres Bildes ist das mächtige fünfstöckige Schulgebäude zu sehen.

Stadt Hanau

Geschenk

Ein Mädchen, nennen wir es Ingrid, war zu einer kleinen Kaffeegesellschaft bei ihrer Freundin eingeladen, wie das ja von Zeit zu Zeit vorkommen soll. Ingrid bat also ihre Mutter, ein kleines Mitbringsel für sie zu besorgen, eine einfache Nadel vielleicht, nicht allzu teuer, damit die Ausgabe in den Rahmen hineinpaßte, den die monatliche Taschengeldzuteilung vorschrieb. Drei Mark wollte Ingrid ausgeben und nach diesem töchterlichen Hinweis ging die Mutter einkaufen.

Der erste Anlauf mißglückte. „Für drei Mark führen wir nichts", sagte die Verkäuferin in dem Schmuckwarengeschäft und sah die Kundin mitleidig an, als wollte sie sagen, „Na sowas, wie kann man nur für drei Mark eine Nadel kaufen wollen".

Im nächsten Laden wiederholte sich das Spiel. Welch ein Ansinnen, dachte vielleicht der Verkäufer, aber natürlich sagte er es nicht. Er zuckte nur mit den Schultern: „Bedaure, führen wir nicht!"

Wenn im Schmuckgeschäft keine Nadel für drei Mark zu bekommen ist, versuche ich es halt in einem Kaufhaus, dachte die Kundin. Aber auch dort wurde sie abgewiesen. „Nehmen Sie doch eine Nadel für sieben oder acht Mark", riet ihr die Verkäuferin. „Billiger werden Sie keine bekommen!" Nun, die Kundin wollte keine Nadel für acht Mark, sondern eine für drei Mark. Die Tochter hatte ausdrücklich diese Zahl als obere Grenze festgesetzt und außerdem packte sie jetzt der Ehrgeiz. „Ich will doch mal sehen, ob es nicht möglich ist, eine Nadel in dieser Preislage zu bekommen", nahm sie sich vor.

Die Kundin klapperte Laden um Laden ab und fand schließlich ein Schmuckwarengeschäft, in dem ihr eine große Auswahl dieser Nadeln vorgelegt wurde, genau solche Nadeln, wie sie und ihre Tochter es sich vorgestellt hatten. Sie bezahlte und stellte erleichtert fest, daß sie bei diesem Einkauf noch ein gutes Stück unter der Dreimarkgrenze geblieben war.

Warum ich diese kleine Geschichte erzähle? Nun, wieviele Kundinnen hätten sich wohl die Mühe gemacht, von Geschäft zu Geschäft zu laufen, um erst nach vier oder fünf vergeblichen Versuchen das Gewünschte zu bekommen? Die meisten hätten im ersten oder spätestens im zweiten Geschäft sieben oder acht Mark bezahlt, denn schließlich „hat man es ja" und braucht nicht so genau auf eine Mark zu sehen. Der kleinen Tochter aber wäre wahrscheinlich der Himmel ihrer Illusion eingestürzt, wenn ihre Mutter ihr mitgeteilt hätte, daß man für die vom Taschengeld abgesparten drei Mark das Geschenk nicht kaufen konnte und sie deswegen den Rest aus der Haushaltskasse drauflegen mußte. Sie hätte das Geschenk nicht mehr als ihre Gabe ansehen können, und das wäre bitter für sie gewesen.

Als Fazit ergibt sich eine Frage: Sind wir schon soweit, daß wir für drei Mark nicht einmal mehr ein kleines Geschenk kaufen können?

-in

In der Erinnerung an die Zerstörung

Neue Kraft für weiteren Aufbau schöpfen

Stilles Gedenken an die Opfer des 19. März 1945 und Uebergabe weiterer Meilensteine des Wiederaufbaus

Zwischen dem mahnenden Geläute aller Kirchenglocken in den frühen Morgenstunden und dem ernsten Konzert, mit dem am Abend der Tag ausklang, gedachte Hanaus Bevölkerung gestern des Tages, an dem vor sechzehn Jahren die Stadt unter furchtbarem Bombenhagel in Trümmer sank. Das herausragende Ereignis dieses Erinnerungstages war eine Gedenkstunde in der Gewerblichen Berufsschule, die seit gestern in Erinnerung an den bekannten Hanauer Berufsschulpädagogen den Namen „Ludwig-Geißler-Schule" trägt. Drei Bauwerke — Meilensteine des Aufbaues, wie Oberbürgermeister Fischer sie nannte — wurden gestern ihrer Bestimmung übergeben: Der erste Bauabschnitt der Ludwig-Geißler-Schule, das Feuerwehrgerätehaus und das neue Freischwimmbad. Der Gedenkstunde wohnten viele Gäste bei, unter ihnen auch der Regierungspräsident, dem Oberbürgermeister Fischer zu Beginn seiner Ansprache einen besonderen Willkommensgruß zurief.

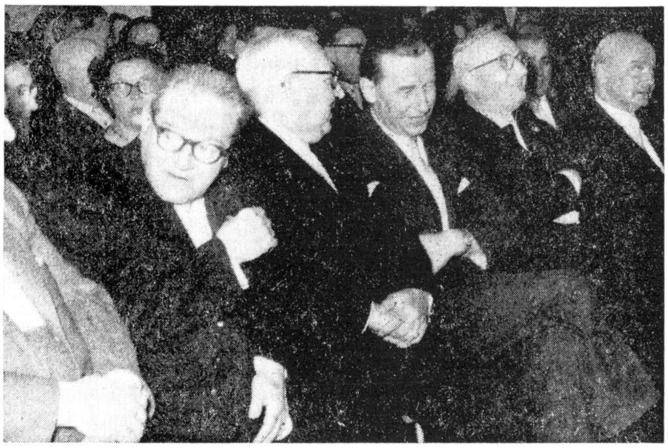

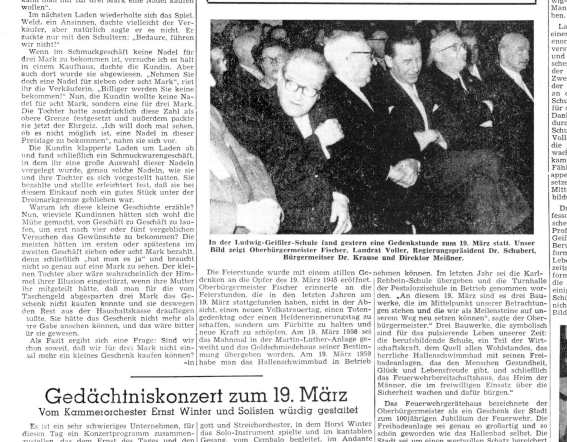

In der Ludwig-Geißler-Schule fand gestern eine Gedenkstunde zum 19. März statt. Unser Bild zeigt Oberbürgermeister Fischer, Landrat Voller, Regierungspräsident Dr. Schubert, Bürgermeitser Dr. Krause und Direktor Meißner.

Die Feierstunde wurde mit einem stillen Gedenken an die Opfer des 19. März 1945 eröffnet. Oberbürgermeister Fischer erinnerte an die Feierstunden, die in den letzten Jahren am 19. März stattgefunden haben, nicht in der Absicht, einen neuen Volkstrauertag, einen Totengedenktag oder einen Heldenerinnerungstag zu schaffen, sondern um Fürbitte zu halten und neue Kraft zu schöpfen. Am 19. März 1958 sei das Mahnmal in der Martin-Luther-Anlage geweiht und das Goldschmiedehaus seiner Bestimmung übergeben worden. Am 19. März 1959 habe man das Hallenschwimmbad in Betrieb nehmen können. Im letzten Jahr sei die Karl-Rehbein-Schule übergeben und die Turnhalle der Pestalozzischule in Betrieb genommen worden. „An diesem 19. März sind es drei Bauwerke, die im Mittelpunkt unserer Betrachtungen stehen und die wir als Meilensteine auf unserem Weg neu setzen können", sagte der Oberbürgermeister." Drei Bauwerke, die symbolisch sind für das pulsierende Leben unserer Zeit: die berufsbildende Schule, ein Teil der Wirtschaftskraft, dem Quell allen Wohlstandes, das herrliche Hallenschwimmbad mit seinen Freibadeanlagen, das den Menschen Gesundheit, Glück und Lebensfreude gibt, und schließlich das Feuerwehrbereitschaftshaus, das Heim der Männer, die im freiwilligen Einsatz über die Sicherheit wachen und dafür bürgen."

Das Feuerwehrgerätehaus bezeichnete der Oberbürgermeister als ein Geschenk der Stadt zum 100jährigen Jubiläum der Feuerwehr. Die Freibadeanlage sei genau so großartig und so schön geworden wie das Hallenbad selbst. Die Stadt sei um einen wertvollen Schatz bereichert worden und das Bauwerk beweise, wie lebendig der Geist des Fortschritts in Hanau ist. Er sei besonders glücklich, in diesem Jahr wieder eine Schule ihrer Bestimmung übergeben zu können. Der Oberbürgermeister erinnerte an die unzulänglichen Räume in der Erbsengasse und an das große Bemühen des früheren Direktors Ludwig Geißler um eine Aenderung der Verhältnisse. „Wenn wir nun in dieser Stunde den 1. Bauabschnitt der neuen Gewerblichen Berufsschule der Bestimmung zuführen und der Schule den Namen des Mannes geben, der sich so große Verdienste erworben hat, so möchte ich bei dieser Gelegenheit vor allem dem Landrat und den Vertretern des Kreises herzlichen Dank sagen", sagte der Oberbürgermeister. Er würdigte die Aufbauleistungen des Landkreises und dankte für die rege Anteilnahme am Wiederaufbau der Stadt Hanau. Auch dankte er Direktor Meißner und seinem Kollegium sowie der Hanauer Bauverwaltung und allen Unternehmen und Arbeitern, die das Bauwerk errichtet und gestaltet haben. „So soll denn diese Schule den Namen des früheren Direktors unserer Gewerblichen Berufsschule — Ludwig Geißler — tragen", schloß der Oberbürgermeister seine Rede. „Mit dieser Namensgebung soll ein Mann geehrt werden, der im Bereich der praktischen Pädagogik einer der bedeutendsten und ideenreichsten Männer gewesen ist. Ich bin überzeugt, daß die Lehrerschaft, die in dieser Schule lehrt und die Jugend, die diese Schule besucht, in dem Namen Ludwig Geißler für sich selbst eine Verpflichtung sehen für ernste Arbeit und ehrliches Bemühen. Möge in der Ludwig-Geißler-Schule immer auch der Geist des Mannes, dessen Namen sie trägt, lebendig bleiben.

Landrat Voller begann seine Ansprache mit einem Glückwunsch an die Stadt Hanau für ihre enorme Wiederaufbauleistung, erinnerte an den verstorbenen Oberbürgermeister Karl Rehbein und an die Verdienste Oberbürgermeister Fischers und wandte sich dann der Baugeschichte der Ludwig-Geißler-Schule zu, die von einem Zweckverband errichtet wird, der die Stadt und der Landkreis Hanau angehören. Er erinnerte an den einmütigen Ruf nach dem Bau dieser Schule, an die Finanzierungsschwierigkeiten, für deren Beseitigung das Land Hessen größten Dank verdient habe und an die Unterstützung durch die Industrie und das Handwerk. Der Schule wünschte Landrat Voller eine baldige Vollendung. „Die Schule möge mithelfen, daß die jungen Menschen in ihre Aufgabe hineinwachsen", sagte Landrat Voller. „Der Existenzkampf im Zeitalter der Technik setzt besondere Fähigkeiten der Menschen voraus." Der Landrat appellierte an die Lehrerschaft, alles daran zusetzen, um die Ludwig-Geißler-Schule zum Mittelpunkt echter Erziehung und Berufsausbildung zu machen.

Die Festrede in dieser Feierstunde hielt Professor Dr. Monsheimer vom Berufspädagogischen Institut der Universität in Frankfurt. Professor Monsheimer, ein Schüler Ludwig Geißlers, gab einen ausgezeichneten Abriß des Berufsschulwesens, das er als die jüngste Schulform bezeichnete. Er leuchtete in das innere Leben der Berufsschule hinein, die eine Teilzeitschule sei, in der sich Schüler aller Bildungsformen träfen. In der Berufsschule gehe es um die Menschenbildung. Der Redner erinnerte an einige Aussprüche Ludwig Geißlers, der seine Schüler gelehrt habe, daß die Berufsschule sich nicht durch das Bildungsziel sondern durch das Bildungsgut von anderen Schulen unterscheide.

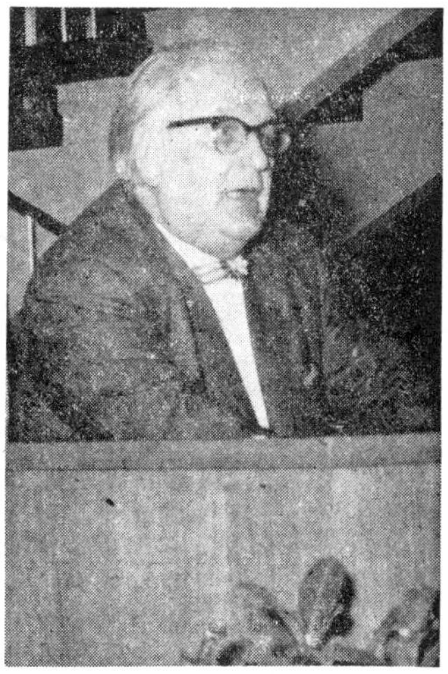

Prof. Dr. Monsheimer vom Berufspädagogischen Institut der Universität Frankfurt bei der Festrede.

Geißler habe gefordert, die Arbeitsform der Schule der Arbeitsform des Lebens anzupassen und er habe die Auffassung vertreten, daß der Weg, wie man zum Wissen kommt, wichtiger sei als das Wissen selbst. Ludwig Geißler habe unermüdlich Mittel und Wege erkundet, wie seine Ideen zu verwirklichen waren. Die von ihm begründete „Frankfurter Methodik" sei bahnbrechend in Berufsschulwesen geworden und werde heute in der ganzen Welt anerkannt. Bei allem Wissen und allen Erfolgen sei Geißler stets ein selbstloser Diener der Sache geblieben. Professor Monsheimer schloß seine Rede mit dem Wunsch, daß der Geist Ludwig Geißlers stets in dieser Schule herrschen möge.

Die Feierstunde wurde von musikalischen Darbietungen der vereinigten Schulorchester der Hohen Landesschule und der Karl-Rehbein-Schule umrahmt, die unter der Leitung von Studienassessor Sommer Händels „Sonata" und Purcells „Chaconne" spielten. Nach der Gedenkstunde hatten alle Gäste und die Bevölkerung Gelegenheit, die moderne Schule zu besichtigen, die ebenso wie das Feuerwehrgerätehaus und das Stadtbad den ganzen Tag über geöffnet war.

Gedächtniskonzert zum 19. März

Vom Kammerorchester Ernst Winter und Solisten würdig gestaltet

Es ist ein sehr schwieriges Unternehmen, für diesen Tag ein Konzertprogramm zusammenzustellen, das dem Ernst des Tages und den gegebenen Möglichkeiten angemessen und zugleich abwechslungsreich ist. Ernst Winter ist dies in hervorragender Weise gelungen. Sein durch Frankfurter Künstler (Mitglieder des Rundfunk-Sinfonieorchesters) verstärktes Kammerorchester und die Solisten waren ihm wertvolle Helfer.

Die viersätzige Ouvertüre zu dem Oratorium „Theodora" (1750) weist die edle Schönheit und innere Ausgeglichenheit, die bewährte Folge langsamer und schneller Sätze und die innere Beziehungslosigkeit zum Handlungsstoff auf, die für Ouvertüren der damaligen Zeit bezeichnend sind. Besonders eindrucksvoll das getragene, ernste Maëstoso und das klangschöne Larghetto — in der Wiedergabe die harmonische Verbindung des Streichorchesters und des Cembalo (Henny Hesse).

Das dreisätzige Konzert für Violine, Oboe und Streichorchester von Joh. Seb. Bach gab dem vortrefflichen Oboisten Hans Bogacki namentlich im zweiten Satz Gelegenheit zur Entfaltung seines Könnens (begleitet von Streicher-Pizzicati), und insbesondere im Zusammenspiel mit der Solo-Violine (Walter Uhrhan).

Außerordentlich schön gelang auch das Konzert für Cembalo und Streichorchester des ältesten Bach-Sohnes, Wilhelm Friedemann Bach, zumal die Solistin Henny Hesse ihren recht schwierigen Part mit großer Sicherheit und innerer Beherrschung wiedergab. Der langsame Satz war wundervoll in die frischen, verzierungsreichen Ecksätze eingefügt. Henny Hesse hatte die große Kadenz im ersten Satz des Cembalokonzertes selbst komponiert.

Von Antonio Vivaldi, dem großen Begründer der Solo-Konzerte, erklang ein Konzert für Fagott und Streichorchester, in dem Horst Winter das Solo-Instrument spielte und im kantablen Gesang, vom Cembalo begleitet, im Andante molto ebenso wie im Zusammenspiel mit dem Streichorchester bedeutendes Können zeigte.

Hans Bogacki bewies seine Meisterschaft als Oboist noch einmal in dem virtuos glänzend vorgetragenen Solopart des Konzerts für Oboe und Streichorchester von Georg Philipp Telemann.

Den Abschluß des Konzerts bildete das Concerto grosso op. 6, Nr. 2, von Georg Friedrich Händel, in dem das Streichorchester mehrfach dem „concertino", bestehend aus zwei Solo-Violinen, Solo-Cello und Cembalo, gegenübergestellt wird. Die ausgezeichnete Wiedergabe des Werkes — ebenso auch der übrigen Werke — wurde mit herzlichem Beifall dankbar anerkannt.

Ernst Winter hat sich mit diesem Konzert wieder ein großes, künstlerisches Verdienst erworben. Mit sachkundiger Hand führte er das Streichorchester, das ein schönes und gehaltvolles Spiel und ein gutes Zusammenwirken mit den Solisten bot, und erreichte eine werkgetreue, dynamisch gut differenzierte Interpretation.

i.

Zum vierten Male wurde Jakob Altmaier am Samstag in der Wahlkreiskonferenz der Sozialdemokratischen Partei zum Bundestagskandidaten gewählt. Der 71jähr. Altmaier, der hier den Glückwunsch Oberbürgermeister Fischers entgegennimmt, siegte im ersten Wahlgang über seine Mitkandidaten, Bürgermeister Gerhard Flämig (Großauheim) und Stadtverordnetenvorsteher Oskar Ott, und erhielt im zweiten Wahlgang 14 Stimmen mehr als Gerhard Flämig. Jakob Altmaier gehört bereits in der dritten Legislaturperiode dem Bundestag an und ist Mitglied des Europaparlaments in Straßburg. Er verfügt vor allem über eine reiche außenpolitische Erfahrung. Ausführlicher Bericht auf der nächsten Seite.

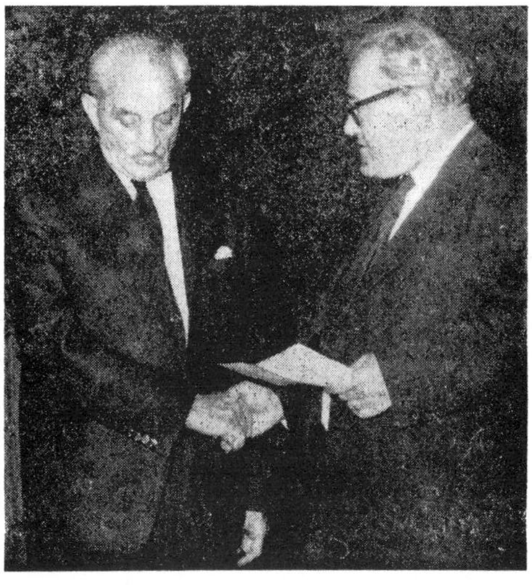

Wir gratulieren

Heinrich Hartmann, Schützenstraße 14, begeht heute sein 25jähriges Arbeitsjubiläum als technischer Angestellter bei der Firma Heraeus.

Heinrich Schäfer, Hauptstraße 4, feiert heute seinen 82. Geburtstag.

Christian Rieß, Limesstraße 48 II., feiert heute seinen 76. Geburtstag.

Wohin gehen wir heute?

Central-Theater: „Rififi in St. Louis"

Palette: „Speisekarte der Liebe"

Capitol: „Land der 1000 Abenteuer" mit John Wayne und Stewart Granger

Luxor: „Agatha, laß das Morden sein" mit Johanna von Koczian, Klausjürgen Wussow

Gloria: „Kauf Dir einen bunten Luftballon" mit Ina Bauer und Toni Sailer

Modernes Theater: „Die Sklaven Roms" mit Rhonda Fleming

* **Hanauer Apothekendienst.** Neue Apotheke, Am Kanaltorplatz.

Wie wird das Wetter?

Kühl

Vorhersage: Heiter bis wolkig. kühl, Mittagstemperaturen nur sechs bis acht Grad. Abends von Norden her aufkommende starke, von Südwest auf Nordwest drehende Winde.

Aussichten: Wechselnd wolkig, einzelne Schauer. Kühl.

Wetteramt Frankfurt

Stadt Hanau

Mahnung

Das Läuten der Glocken aller Hanauer Kirchen erinnerte heute in den frühesten Morgenstunden selbst den Trägsten unter uns daran, daß heute ein Tag ist, an den wir uns immer wieder erinnern sollten; ein Tag, dessen Name mit stählernen Runen in das Buch der Geschichte unserer Stadt eingegraben worden ist: der 19. März.

Siebzehn Jahre ist es her, seit im Inferno eines der furchtbarsten Bombenangriffe des zweiten Weltkrieges das alte Hanau unterging. Siebzehn Jahre ist es her, da es als schauriger Morgengruß über den Köpfen der Menschen dröhnte und heulte, da Tod und Verderben aus der Anonymität der Unendlichkeit auf die Straßen, Plätze, Häuser und Fabriken Hanaus herniederkrachten.

Nur den Bruchteil einer Stunde dauerte es, da war das in Jahrhunderten fleißiger Arbeit Gewachsene zerstört, war in der Innenstadt — wie man so beiläufig zu sagen pflegt — kein Stein auf dem anderen geblieben. Heute gibt es noch Leute, die miteinander um den traurigen Ruhm streiten, welche die am meisten zerstörte Stadt in Deutschland war, als am 8. Mai endlich dem Morden, dem Sengen und Brennen ein Ende gemacht worden war.

Wir wollen nicht den Zerstörungsgrad untersuchen, wir wollen vielmehr daran denken, daß es am 19. März vor 17 Jahren faktisch kein Hanau mehr gab. Der brennende und schwelende Trümmerhaufen, den die Überlebenden vorfanden, die jenem Massengrab entgangen waren, das sollte Hanau sein? Jenes stolze, jenes reiche, jenes blühende Hanau?

Die Trümmer, die die Sprengkraft Zehntausender Bomben zurückgelassen hatten, das war Hanau! Schon bald, schon wenige Tage nach dem 19. März sollte es sich zeigen. Dann nämlich, als die Menschen aus ihren Schlupfwinkeln hervorgekrochen kamen und darangingen, ein neues Hanau aufzubauen.

Siebzehn Jahre haben ausgereicht, um eine neue Stadt entstehen zu lassen. Sie ist vielleicht nicht so stolz, nicht so reich und nicht so blühend wie das alte Hanau, wenn man sich auf den äußeren Augenschein und die Erinnerung verläßt, für den Glanz und Gold maßgebend sind. Aber sie ist eine moderne Stadt geworden, die auf festen Füßen steht, deren Gemeinwesen wohlgefügt ist, die wieder eine Heimstätte ist für 47 000 Menschen; für Männer und Frauen, für Greise und Kinder.

Die Kirchenglocken heute morgen rissen uns aus dem Schlaf, um uns an das Vergangene zu erinnern. Es ist ja so nötig, daß wir von Zeit zu Zeit aus dem Schlafe des Vergessens gerissen werden. Sonst könnte es nämlich allzu leicht geschehen, daß wir wirklich vergessen und dadurch mit dafür sorgen, daß sich das Fürchterliche des 19. März 1945 wiederholen kann, irgendwo in der Welt. Hiroshima ist Mahnung, Hanau ist Mahnung, jede Bombe des zweiten Weltkrieges ist Mahnung. Es darf nie wieder geschehen. -in

Städtewettkampf des Friseurnachwuchses

Hanaus Team frisierte auf Sieg

Zum dritten Mal gewann Hanau damit die begehrte Wanderplakette

Spannung wie bei einem internationalen Turnier herrschte gestern nachmittag in der bis auf den letzten Platz gefüllten Stadthalle, als die jugendlichen Teilnehmer am 5. Städtewettbewerb der Friseurinnungen von Hanau, Büdingen, Gelnhausen und Schlüchtern an ihre auf Steg und Bühne aufgebauten Arbeitsplätze gingen, um an mitgebrachten hübschen Modellen ihre Kunst im Formen weiblichen und männlichen Haares zu beweisen. Hanaus Team frisierte auf Sieg und holte sich mit knappem Vorsprung die begehrte Wanderplakette zum dritten Male. Wenn es der Friseurinnung der Goldschmiedestadt nur noch einmal in den nächsten Jahren gelingt, die begehrte Trophäe zu erringen, wird sie in den ständigen Besitz der Innung übergehen.

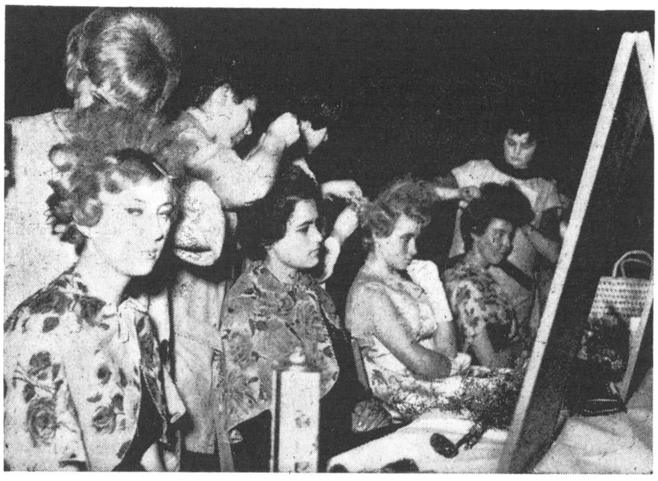

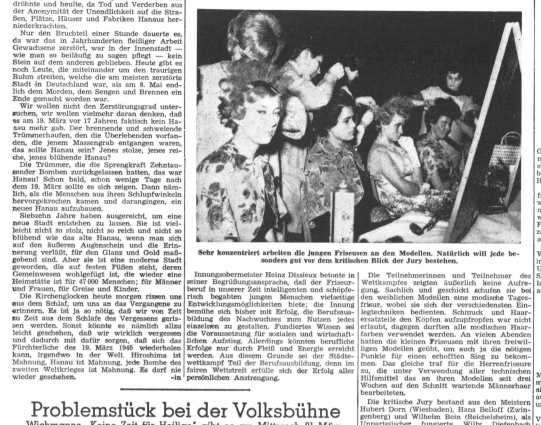

Sehr konzentriert arbeiten die jungen Friseusen an den Modellen. Natürlich will jede besonders gut vor dem kritischen Blick der Jury bestehen.

Innungsobermeister Heinz Dissieux betonte in seiner Begrüßungsansprache, daß der Friseurberuf in unserer Zeit intelligenten und schöpferisch begabten jungen Menschen vielseitige Entwicklungsmöglichkeiten biete; die Innung bemühe sich bisher mit Erfolg, die Berufsausbildung des Nachwuchses zum Nutzen jedes einzelnen zu gestalten. Fundiertes Wissen sei die Voraussetzung für sozialen und wirtschaftlichen Aufstieg. Allerdings könnten berufliche Erfolge nur durch Fleiß und Energie erreicht werden. Aus diesem Grunde sei der Städtewettkampf Teil der Berufsausbildung, denn im fairen Wettstreit erfülle sich der Erfolg aller persönlichen Anstrengung.

Die Teilnehmerinnen und Teilnehmer des Wettkampfes zeigten äußerlich keine Aufregung. Sachlich und geschickt schufen sie bei den weiblichen Modellen eine modische Tagesfrisur, wobei sie sich der verschiedensten Einlegtechniken bedienten. Schmuck und Haarersatzteile den Köpfen aufzupfropfen war nicht erlaubt, dagegen durften alle modischen Haarfarben verwendet werden. An vielen Abenden hatten die kleinen Friseusen mit ihren freiwilligen Modellen geübt, um auch ja die nötigen Punkte für einen erhofften Sieg zu bekommen. Das gleiche traf für die Herrenfriseure zu, die unter Verwendung aller technischen Hilfsmittel das an ihren Modellen seit drei Wochen auf den Schnitt wartende Männerhaar bearbeiteten.

Die kritische Jury bestand aus den Meistern Hubert Dorn (Wiesbaden), Hans Belloff (Zwingenberg) und Wilhelm Bein (Reichelsheim), als Unparteiischer fungierte Willy Diefenbach (Frankfurt). Sie urteilten nach der modernen Ausführung, der Technik und Sauberkeit sowie dem Gesamteindruck. Ihre Entscheidung fiel mit 451 Punkten zugunsten Hanaus aus. Gelnhausen errang mit 450 Punkten den zweiten Platz, Schlüchtern folgte mit 440 Punkten, und Vorjahressieger Büdingen erreichte diesmal nur 370 Punkte. Mit 90 Punkten holte sich Gisela Stolze aus Niedermittlau, Kreis Gelnhausen, den Titel einer Wettkampfbesten in der Wasserwelle. Den besten Herrenhaarschnitt des Tages schuf Jürgen Schramm aus Hanau.

Landesinnungsmeister Heinrich Seidel, der seiner Freude über den Idealismus des Nachwuchses im Friseurhandwerk Ausdruck gab und alle Teilnehmer beglückwünschte, bezeichnete die Veranstaltung als einen neuerlichen Beweis für die Anstrengungen des Handwerks, durch ein Zusammenwirken von Lehrherren, Lehrlingen, Elternhaus, Schule und Innung die Voraussetzungen für die erfolgreiche Entwicklung des Berufsstandes zu schaffen. An die Jugend appellierte Seidel, von den Möglichkeiten der Ausbildung Gebrauch zu machen. Anschließend überreichte der Landesinnungsmeister Meister H. J. Hart (Hanau) die Ehrennadel des Zentralverbandes des deutschen Friseurhandwerks in

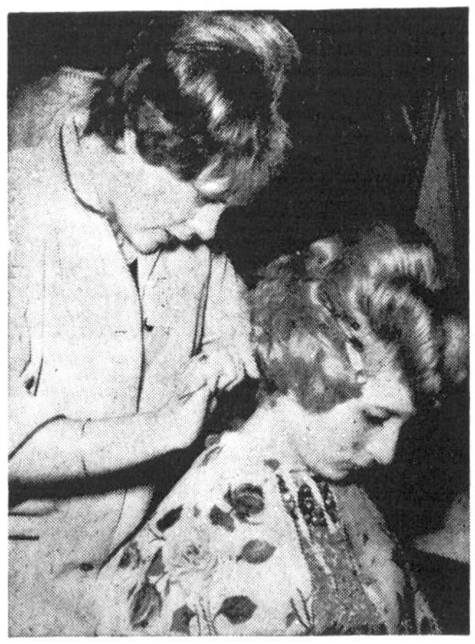

Ein letzter Blick auf das modiseh gefärbte und seine Trägerin kleidende Haar, ein paar geschickte Handgriffe, und schon sitzt die Frisur. Es sieht alles so leicht aus, und doch steckt hinter den gekonnten Kniffen beachtlich viel Fleiß und Schweiß.

Gold für 25jährige Tätigkeit im Dienst der Innung. Silberne Ehrennadeln erhielten Obermeister Heinz Dissieux, Wilhelm Betz (Langenselbold), Philipp Reichert und Willi Rauh (beide Hanau).

An der Veranstaltung nahmen auch Landesfachbeiratsleiter H. Rupin, Ehrenkreishandwerksmeister Hermann Wolter, Direktor Meißner von der Gewerblichen Berufsschule, Gewerbeoberlehrer Feinauer, Geschäftsführer Fleckner von der Kreishandwerkerschaft sowie zahlreiche Obermeister der benachbarten Friseurinnungen teil.

Die Firma Schwarzkopf demonstrierte im Verlauf des Nachmittags die modische Frisur in ihren vielfachen Farbvariationen. Für flotte Unterhaltungsmusik sorgte das Tanz- und Schauorchester „regina"; mit schmissigen Einlagen unterhielten die „Vier Geschwister Jakob" aus Nauheim, und auch vier junge Hanauer Mexikaner traten auf. Gesellschaftstänze demonstrierte die Tanzschule Berné. Viel Applaus aber erhielt auch die zehnjährige Hertha Kumpf aus Langen, Kreis Offenbach, die im Kostüm und Haarputz einer Biedermeierbraut erschien.

Mit dem Ergebnis des Wettkampfes und der Veranstaltung überhaupt darf die für das Gelingen verantwortliche Hanauer Innung zufrieden sein. Es war nicht nur ein berufsständisches, sondern auch ein gesellschaftliches Ereignis, das die zahlreichen an guter Unterhaltung interessierten Menschen gestern in der Stadthalle zusammenführte. Für die fachlichen Hinweise während des Frisierens darf man Fachbeiratsleiter Philipp Reichert dankbar sein, der damit auch den Laien die Möglichkeit bot, Einblick in die Geschick und Können verlangende Kunst des Frisierens zu nehmen. wl

neuform Kindernährmittel
appetitanregend, kräftigend u. bekömmlich, mit vollwertigen Aufbaustoffen aus dem neuform-Reformhaus, dem Fachgeschäft für Reformwaren.

Problemstück bei der Volksbühne

Wichmanns „Keine Zeit für Heilige" gibt es am Mittwoch, 21. März

Es gehört insbesondere auch zur Aufgabe des Theaters, zu den Problemen der Zeit Stellung zu nehmen. Deshalb hat die Volksbühne von der Landesbühne Rhein-Main, Frankfurt, für Mittwoch, 21. März, 20 Uhr, das Schauspiel „Keine Zeit für Heilige" von Joachim Wichmann übernommen. Mit diesem Werk will der Autor, der selbst Schauspieler im Hilpert-Ensemble in Göttingen ist, am Beispiel von zwei Brüdern aufzeigen, wie verschieden der Durchschnittsmensch die politischen Erscheinungen der Zeit in sich aufnimmt, wie der Schwache sich immer wieder beugt und nachgibt, während der Opportunist in jedem Regierungssystem „oben schwimmt". Wichmann will, daß jeder von uns in den Personen beider Brüder Spuren von sich selbst entdeckt und wiederfindet. Die Wahrheit ist in diesem Theaterstück für die beiden Brüder eine schwere Belastung: für Andreas, weil er seine Lebenslüge (er hat seine bösen Taten zur Zeit des NS-Regimes auf seinen Bruder abgewälzt) mit sich herumschleppen muß, wenn es ihm auch im wirtschaftlichen und familiären Leben gut geht. Und für Johannes, weil er unter dieser Lüge seines Bruders sein Leben schwer zu tragen hat. Auf die ausführliche Einführung in das Schauspiel in der Monatsschrift wird hingewiesen.

Die Landesbühne Rhein-Main, Frankfurt, hat dieses Schauspiel in der Inszenierung von Dr. Felix Müller und in der Ausstattung durch Jochen Plänker herausgebracht. Rolf Kästner spielt den bösen Bruder Andreas, Kurt Werth den Johannes. Renate Klevenow tritt in der Rolle der Katharina (Ehefrau des Andreas) auf. In kleineren Rollen begegnen wir Gaby Reichardt (Gertrud) und Egon Zehlen (Alexander). Die Vorstellung wird etwa um 22.15 Uhr beendet sein. An dieser Vorstellung sind die Mitgliedergruppen A—C, G—M (Block I, III, IV) beteiligt.

Einen besonders interessanten Beitrag zum zeitgenössischen Theater bietet die Volksbühne am Mittwoch, 25. April, 20 Uhr. Die Städtischen Bühnen Frankfurt gastieren mit der Tragikomödie „Der arme Bitos oder Das Diner der Köpfe" von Anouilh, die erst vor kurzem von dem Dichter-Dramatiker Anouilh für den Export freigegeben worden ist. Im Mai folgen zwei große Operngastspiele: „Der Rosenkavalier" von Richard Strauß am 16. Mai, 19 Uhr, (Städt. Bühne Heidelberg mit Anny Schlemm a. G.) und „La Traviata" von Verdi am 27. Mai, 19.30 Uhr, (Staatstheater Wiesbaden).

Ernstes Konzert des Kammerorchesters E. Winter

Zum Gedenken an Hanaus Scnicksalstag, dem 19. März 1945, veranstaltet das Städtische Kulturamt heute abend um 20 Uhr im Großen Saal der Hanauer Stadthalle ein Ernstes Konzert. Das Kammerorchester Ernst Winter mit den Solisten Prof. Rose Stein (Harfe), Willy Schmidt und Karl Herm. Seyfried (Flöte), Walter Uhrhan und Egbert Rheker (Violine), Sonja Winter-Nees (Violoncello) bringen folgende Werke zu Gehör: Concerto grosso op. 6 Nr. 6 — Konzert für Harfe und Streichorchester von Georg Friedrich Händel, Solo für Flöte und Harfe op. 4 von John Stanley, Doppelkonzert Nr. 3 und das Brandenburgische Konzert Nr. 4 von Johann Sebastian Bach. — Die Hanauer Bevölkerung ist zu diesem Konzert, das bei freiem Eintritt stattfindet, herzlichst eingeladen.

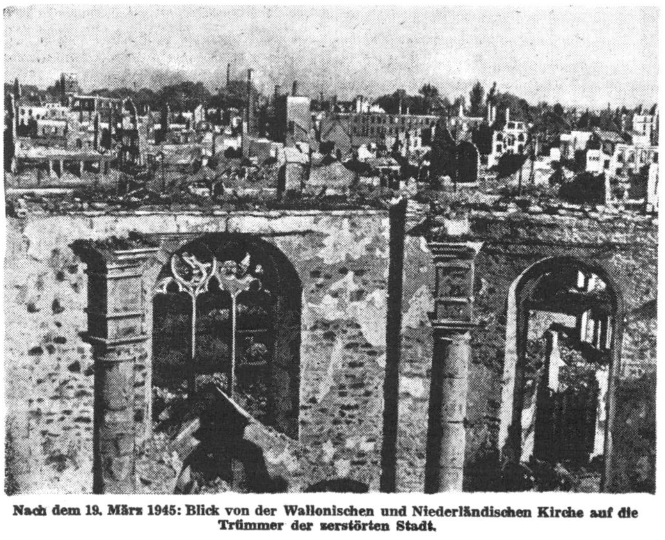

Nach dem 19. März 1945: Blick von der Wallonischen und Niederländischen Kirche auf die Trümmer der zerstörten Stadt.

Wohin gehen wir heute?

Capitol: „Der Koloß von Rhodos" mit Rory Calhoun.

Luxor: „Auf den Straßen einer Stadt" mit Margot Philipp und Jimmy Makulis.

Central-Theater: „Frühstück bei Tiffany" mit Audrey Hepburn.

Palette: „Die Ferien des Monsieur Hulot"

Gloria: „Unser Haus in Kamerun" mit Johanna von Koczian und Götz George.

Betrunkene aufgegriffen

Von einer Polizeistreife wurde am Samstag in der verlängerten Birkenhainer Straße ein Betrunkener aufgegriffen. Er wurde zur Ausnüchterung in den Polizeigewahrsam gebracht. Zwei betrunkene Männer fuhren gestern abend mit einem Moped in Schlangenlinien durch die Nürnberger Straße. Von beiden wurde Blutprobe entnommen.

Streiflichter vom Tage

An der Ecke Mühltorweg/Gartenstraße wurde in der Nacht zum Sonntag ein amerikanischer Personenwagen aus der Kurve getragen und riß ein Verkehrsschild um. Der Fahrer wurde ermittelt.

Auf der Lamboybrücke wurde in der Nacht zum Sonntag ein unbeleuchteter Personenwagen aufgefunden. Weil er den Verkehr gefährdete, wurde er auf Anordnung der Polizei abgeschleppt. Der Besitzer hat sich inzwischen gemeldet.

Was bringt heute das Fernsehen:

I. Programm

17.00 Zehn Minuten mit Adalbert Dickhut
17.10 Das Märchen vom Geistchen
17.30 Die Kinder von Bullerbü (Vergnügliche Filmgeschichten nach dem gleichnamigen Buch von Astrid Lindgren)
20.00 Tagesschau/Wetter
20.20 Mode (Die Reporter der Windrose berichten)
20.50 Das Fernsehgericht tagt (2. Verhandlungstag, Zeugenvernehmung)
22.05 Bei mir bin ich schön (Spielereien mit Muskeln)
22.25 Tagesschau (Spätausgabe)

II. Programm

20.00 Tagesschau/Wetter
20.20 Wir sprechen für die Zone
20.35 Der Mann aus der Fremde (Ein Spielfilm)

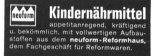

Wohnungsbau am Teichweg

Baugesellschaft hat Aufträge vergeben

Sobald die Bodenverhältnisse es zulassen, wird die Hanauer Baugesellschaft mit dem Wohnungsbau am Teichweg beginnen. Wie der Vorsitzende des Vorstandes der Baugesellschaft, Bürgermeister Dr. Hermann Krause, gestern erklärte, hat der Vorstand die Arbeiten für die Errichtung von drei Blocks mit je 48 Wohnungen bereits vergeben. Die Arbeiten für den Bau von zwei weiteren Blocks mit je 20 Wohnungen sollen in den nächsten Tagen vergeben werden, so daß am Teichweg insgesamt 88 Wohnungen entstehen. Diese Arbeiten gehören zum Wohnungsbauprogramm 1962 der Baugesellschaft, das infolge von Grundstücksschwierigkeiten erst jetzt in Angriff genommen werden kann. „Von der Idee bis zum Baubeginn vergehen in der Regel eineinhalb Jahre", sagte der Bürgermeister. „Daran können wir nichts ändern." Die Baugesellschaft hofft, die 88 Wohnungen bis zum Sommer 1964 fertigstellen zu können.

Vorbereitungslehrgang für Schwestern-Helferinnen

Im Stadtkrankenhaus Hanau begrüßte Frau Ingeborg Mann, die Beauftragte für das Schwestern-Helferinnen-Programm im Kreisverband 14 Teilnehmerinnen und die Referenten. Ein Erste-Hilfe-Lehrgang von acht Doppelstunden und ein Sanitätslehrgang von zwölf Doppelstunden gehen diesem Vorbereitungslehrgang voran. An zwei Wochenenden vermittelten Schwester Eva Jakob und Schwester Gerda Rohde (Wiesbaden) die praktischen Übungen am Krankenbett und die Handhabung von Instrumenten und Material. Es folgt dann ein Praktikum im Krankenhaus von 14 Tagen oder 80 Stunden. Kreisverbandsarzt Dr. Weyer hat die ärztliche Leitung des Lehrgangs. Frau Gertrud Thiele, die Leiterin der Frauenarbeit beim Bezirksverband Wiesbaden, sprach über die Stellung des Roten Kreuzes in der Welt und seine vielfältigen Aufgaben speziell der Frauenarbeit im Sanitätsdienst, Pflegedienst und Sozialdienst im Katastrophenfall. Interessenten an den kostenlosen Kursen nimmt die DRK-Dienststelle, Nußallee 12, entgegen.

Beinahe unfallfrei

Beinahe ohne Unfälle verlief der gestrige Montag. Nur am Nachmittag kam es zu zwei leichteren Verkehrsunfällen, die von der Polizei gebührenpflichtig geahndet werden konnten.

Vereinskalender

(Vereinsnachr werden nicht telefonisch angenommen)

1860 Hanau (Handballabteilung). Wegen Beginn der Feldhandballrunde findet am Donnerstag um 20 Uhr eine wichtige Spielersitzung im Vereinsheim Sandelmühle statt. Das Training fällt an diesem Abend ausnahmsweise aus. Zu erscheinen haben die aktiven Spieler und die der Jugendmannschaften.

AC Hanau (Gewichtheber-Abt.). Heute Trainingsstunde im AC-Clubheim, Alter Rückinger Weg. Beginn 19 Uhr. Interessenten willkommen.

Oratorienverein 1848 Hanau. Heute um 20 Uhr Singstunde in der alten Johanneskirche.

GV „Concordia". Heute, 20 Uhr, Singstunde des gesamten Chores.

GV „Fröhlichkeit". Heute, Dienstag, um 20 Uhr Singstunde im Vereinslokal.

1. Hanauer Carneval-Gesellschaft 1893. Heute, 19.30 Uhr, Vorstandssitzung. Um 20.30 Uhr Zusammenkunft in den Hans-Sachs-Stuben.

Neue Hanauer Carnevalgesellschaft 1910. Mittwoch, 20 Uhr, Stammtisch und Vorstandssitzung.

Kreisverband der Ruhestandsbeamten und Hinterbliebenen (Frauen). Am Donnerstag, 21. März, Fahrt in den Palmengarten zur Frühlingsblumenschau (Konzert). Abfahrt: 13.45 Uhr Spessartstraße; 14 Uhr Busbahnhof; 14.05 Uhr Kesselstadt.

Donnerstags-Kränzchen (Stadt und Land). Wir treffen uns am Donnerstag im Park-Restaurant, Lamboystraße.

Dieser Ausgabe liegt ein Prospekt der Firma Feldmühle, Aktiengesellschaft, Düsseldorf, bei.

Erinnerungen an den 19. März 1945

„Im Schlafanzug lagen wir auf den Kohlen"

Hanauer Einwohner berichten von den schrecklichen Erlebnissen jener Nacht des Grauens

„Die Hölle kann nicht fürchterlicher sein", sagt ein alter Mann, als ich ihn in einer Wirtschaft nach seinen Erinnerungen an den 19. März 1945 frage — an jenen Tag, an dem innerhalb weniger Minuten Tausende in Hanau durch Bomben umkamen. Die Leute trinken ihren Apfelwein, plaudern und freuen sich. Die Musikbox gröhlt irgendeinen Schlager. Der alte Mann mit den weißen Haaren rückt an meinen Tisch. „Ich denke immer noch an den 18. März", berichtete er. „Es war ein Sonntag. Ich hatte meine Frau im Krankenhaus besucht und ging wieder nach Steinheim zurück. Der Himmel war dunkel verhangen. Es regnete leicht. Das Theatercafé am Paradeplatz war leer. Auch auf der gegenüberliegenden Seite das Kaisercafé. Dieses triste Bild ließ mich ganz melancholisch werden. Einem Freunde, der mir auf der Mainbrücke begegnete, erzählte ich von meiner Stimmung und meinen seltsamen Befürchtungen. Aber er winkte lächelnd ab und beruhigte mich mit den Worten, daß schließlich die amerikanischen Panzerspitzen schon in Mainz seien. Warum sollten wir noch einen Luftangriff bekommen?" Haben so viele Hanauer gedacht? Rechneten sie nach den schweren Angriffen am 5. und 6. Januar mit keinem neuen mehr?

*

„Auch die feindlichen Sender haben keinen Angriff gemeldet", berichtet das Ehepaar H. „Wir haben nämlich am Abend noch BBC London gehört. Eine Reihe von Städten, die bombardiert werden sollten, wurden aufgezählt. Wir wunderten uns noch über die genauen Einzelangaben. Zum Beispiel nannte der Sprecher Ginnheim. Nicht aber Hanau. — Es waren nämlich Flugblätter abgeworfen worden", ergänzt die Frau, „die uns rieten, die Sender der Alliierten abzuhören." Sie zieht aus der Schreibmappe einen kleinen Zettel. „Diese Flugblätter", so heißt es darauf, „sollen nicht Leben vernichten, sondern Leben retten. Aber Flugzeuge können nicht immer rechtzeitig Anweisungen und Ratschläge an die Zivilbevölkerung abwerfen. In Deinem Interesse schalte daher Radio London, Moskau oder Luxemburg ein. Unterrichte Dich und Deine Nachbarn über die Warnungen, Befehle und Anweisungen der anrückenden Heere der Alliierten. Sie sind dazu bestimmt, den Krieg zu verkürzen und unnötiges Blutvergießen zu vermeiden."

*

„Wir wurden damals überhaupt nicht gewarnt", sagt Frau K., die den Angriff im Kurhaus Wilhelmsbad erlebt hatte. „Ich weiß noch genau, als an dem Abend die in Langendiebach stationierten Flugzeuge abbrummten. Es geschah vor jedem Angriff und war für uns Wilhelmsbader immer ein Alarmzeichen. Hatte man den Flugplatz informiert, die Stadt aber vergessen?"

Sie erzählt dann, wie kurz darauf ihr Schlafzimmer taghell erleuchtet gewesen sei, und ein gleißender Lichtkörper habe fast greifbar vor dem Fenster gehangen. Ein „Tannenbäumchen". Und dann habe es furchtbar gekracht. Die ersten Bombenabwürfe zwischen Wilhelmsbad und Beethovenplatz. „Das Kurhaus bebte, hob sich richtiggehend in die Höhe und schwankte, als wollte es wie ein Kartenhaus zusammenfallen. Fenster flogen in die Wohnung. Holz splitterte. Stuck fiel von der Decke." Ihren zweijährigen Jungen in den Armen, den Vierjährigen auf dem Rücken und neben sich eine schon ältere Pflegetochter, lief die Frau die Treppen hinunter. „Plötzlich aber merkte ich, daß wir alle ja nur unsere Nachtbekleidung anhatten. Trotz der Gefahr, der wir in der Wohnung ausgesetzt waren, kehrte ich um, damit ich noch Decken, Mäntel und Kissen holen konnte. Die Treppe konnte man fast schon hinunterrutschen. Auf dem Sand, auf den zerbrochenen Steinen. Unten standen dann die Hilfswilligen: Polen, Litauer und Russen, deren Keller in der Nähe des Karussells war. Aber vorm Haus brannte es. Ich rief ihnen zu, mit mir zu kommen, obwohl es ihnen verboten war, in unseren Keller zu gehen. Bis ich dorthin richtig kam, war der Angriff schon fast vorbei. Was sich in diesen Minuten in der Stadtmitte ereignet haben mußte, erkannten wir, als wenig später die ersten Schwerverwundeten in die Kurhaussäle getragen wurden. Es war ein grauenhafter Anblick!" Und wie war es in der Stadt? Das Ehepaar H., das wie durch ein Wunder in ihrem Haus am Freiheitsplatz den Angriff überlebt hatte, sagt zu Anfang: „Kürzlich haben wir wieder einmal den Bericht Plinius des Jüngeren über den Tod seines Onkels beim Untergang Pompejis gelesen. Es kann bei uns nicht viel anders gewesen sein."

Ihre kleine Tochter hatte sie damals Minuten vor dem ersten Bombenabwurf geweckt. Sie trommelte gegen die Schlafzimmertür. „Man kann nicht ergründen, ob das Kind gespürt hat, daß Bomber kommen ... Es stand da mit ängstlichen, hilfesuchenden Augen."

*

Frau H. hat die schrecklichen Minuten aufgezeichnet. Man liest dort: „In der Stadt schien die Hölle losgelassen. Ich hörte Bomben fallen, Flugzeuge heulen, Häuser zusammenstürzen ... Anziehen konnten wir uns nicht mehr. Im Schlafanzug und barfuß lagen wir auf den Kohlen, diesmal ganz sicher mit dem Tode rechnend. Der Keller schwankte und dröhnte ... Entsetzliche Schläge folgten rasch hintereinander ... Ich hatte mich über das Kind gelegt, um es vor herabfallendem Schutt und Steinen zu schützen. Ach, ich wollte nicht, daß es einen so elenden Tod sterben sollte ..."

Die Frau hatte Tränen in den Augen. „Ich rief immer wieder den Namen meines Mannes. Ich wußte nicht, ob er noch da ist. Es war stockfinster."

Sie liest weiter. „Die Treppe lag quer. Das Haus brannte, oben und unten, aber nicht nur unser Haus: Die ganze Stadt brannte. Alles brannte. Wir sahen nur Rauch und Feuer, halbnackte und entsetzte Menschen, schreiende Kinder, stöhnende Verletzte."

Den Tag über halfen sie mit, in den Trümmern nach verschütteten Menschen zu suchen. „Hier und da hörte man ein Klopfzeichen. Wir buddelten ein Loch und reichten zunächst eine Kanne mit Wasser hinunter. In manchen Kellern fanden wir dann dick aufgeschwemmte Frauen und Männer, die leblos in Stühlen hingen. Und draußen fuhren Pferdefuhrwerke mit verstümmelten Leichen vorbei. Schrecklich!"

In Minuten wurden Hoffnungen und Leistungen von Generationen ausgelöscht. „Hanau sollte diesen Tag zu einem Tag der Besinnung werden lassen", meint ein Zahnarzt. „Eine Veranstaltung für geladene Gäste im schwarzen Anzug reicht nicht. Sie wird leicht zu einer Farce. Ich habe bis vor drei Jahren am 19. März meine Praxis geschlossen. Heute aber hätten dafür die Patienten wenig Verständnis. Ja, man vergißt so schnell. Wo bleiben die Rückschlüsse?"

Günter Gastrock

Homogenes Klaviertrio-Musizieren

„Mannheimer Trio" spielte bei der Dunlop Mozart, Beethoven und Ravel

Unter der Bezeichnung „Mannheimer Trio" haben sich drei junge Musiker zusammengefunden, die nicht nur ihr Fach ausgezeichnet beherrschen, sondern eine echte geistig-künstlerische Gemeinschaft bilden, die ein homogenes Zusammenspiel bewirkt, das bereits verwöhnte kammermusikalische Ansprüche voll befriedigt. Günter Ludwig ist durch seine regelmäßigen Dunlop-Konzerte bereits als ein überaus feinsinniger und kultivierter Pianist aufs beste bekannt, sowohl als Solist als auch als Kammermusiker. Dieter Vorholz, Erster Konzertmeister beim Frankfurter Opernhaus- und Museumorchester, ist als Solist von bedeutendem Rang — er spielte erst vor kurzem ein Violinkonzert von Mozort in einem Museumskonzert — hervorgetreten. Auch als Kammermusiker wies er sich durch die subtile Feinheit seines Musizierens aus. Dazu kommt noch der Cellist Reinhold Buhl, dessen sauberes, klangedles Spiel eine hervorragende Ergänzung zu den beiden anderen Künstlern bildet. Überraschend ist das vorbildliche Zusammenspiel, das bei einem Klaviertrio sonst meistens durch das Dominieren des Klaviers gestört wird, hier aber absolut homogen ist.

Die bei den Dunlop-Konzerten gewohnt vorbildlich stilgerechte Programmgestaltung führte die etwa 200 aufmerksam lauschenden Hörer in drei wesensverschiedene Klangwelten: Mozart, Beethoven und Ravel.

Mozarts Klaviertrio in B (Köchel 502) ist eines jener zauberhaft weichen, unendlich gelösten Werke, in denen sich die Poesie und Anmut Mozarts offenbaren, die aber auch eine absolute Harmonie des Zusammenspiels erfordern. Das junge „Mannheimer Trio" bot hier einen exemplarischen Mozart von einer delikaten Schönheit und inneren Ausgeglichenheit.

Demgegenüber wirkt Beethovens Klaviertrio in D (op. 70, Nr. 1) durch die geistig-dramatische Konzentration ganz anders. Die Wiedergabe dieses Werkes war durch ein lichtes, kontrastreiches, mit klug bedachten Steigerungen versehenes Spiel ausgezeichnet, in dem sich der Übergang der Motive verbindend vollzog, während in dem langsamen Satz die gespenstige, romantisch verschwimmende Stimmung (nach diesem Satz wird das Werk als „Geister-Trio" bezeichnet) wie verträumt gezeichnet und im letzten Satz das lebhaft dahinfließende Presto eindringlich geformt wurde.

Und dann Maurice Ravels Klaviertrio in a-Moll. Dieses kostbare Werk, das zu den beliebten Standardprogrammen des "Trio di Trieste" und des „Suk-Trios" gehört, erfuhr eine höchst delikate Wiedergabe, die begeisterte. Es war ein bezauberndes Spiel der Klangfarben (ganz anders als bei Beethovens Geister-Trio), aufgelöst in einer spirituellen Transparenz, immer wieder versprühend und sich neu bildend. Die hervorragende Interpretation dieses Ravel-Trios wurde mit ganz besonderer Begeisterung aufgenommen.

Als Zugabe wurde der letzte Satz aus dem Klaviertrio in G-Dur (op. 1, Nr. 2), ein flottes Presto-Finale, gespendet. i.

* **Hanauer Apothekendienst:** Hof-Apotheke, Marktplatz 19.

Wie wird das Wetter?

Mild und regnerisch

Wetterlage: Nach kurzfristiger Wetterberuhigung greift ein neues Schlechtwettergebiet von Westen her auf Hessen über. Der Zustrom milder Meeresluft hält an.

Vorhersage: Anfangs stark bewölkt, später Aufheiterungen, gegen abend wieder Bewölkungszunahme aus West mit nachfolgenden Regenfällen. Mittagstemperaturen zwischen 10 und 15 Grad, nächtliche Tiefstwerte meist um 5 Grad. Schwache bis mäßige Winde aus West bis Südwest.

Aussichten: Nicht störungsfrei, wenig Temperaturänderung. Wetteramt Frankfurt

DAS LIEBES SCHATTENSPIEL

Roman von Mary Burchell

Copyright by Verlagshaus Reutlingen Oertel & Spörer

47. Fortsetzung

Entweder wurden Sie überredet, diese Geschichte zu erfinden, oder Sie haben es freiwillig getan; jedenfalls aber in der Absicht, mir die Abreise mit Ihrem Mann zu verheimlichen. Selbst wenn Sie nicht zugeben wollen, wie wahnsinnig und gefährlich es ist — ich weiß es, und ich bin entschlossen, die Angelegenheit in die Hand zu nehmen.

Es tut mir leid, wenn es Ihnen als eine unverzeihliche Einmischung in Ihr Privatleben erscheint, aber dies ist nebensächlich angesichts einer solchen Gefahr. Es widerstrebt mir, Ihnen eine Frist zu setzen, aber wenn ich bis zum Abend des Vierzehnten nichts von Ihnen gehört habe, gehe ich zur Polizei. Denn es bleibt mir kein anderer Grund, als anzunehmen, Sie hätten aus einem schrecklichen Grund diesen Brief nicht erhalten. Martin."

Die Polizei! Die Polizei da hineinzerren, um zu beweisen, daß Paul einen Mordversuch begangen hatte? Nein!

Um Himmels Willen, was fällt denn Martin ein?

Anne überlegte fieberhaft. Was viel wichtiger war, welches Datum war denn heute? Sie nahm einen Kalender zur Hand und suchte. Was war heute nur? Montag? Ja, Montag.

Samstag, der 12., Sonntag, der 13., Montag —heute war Montag, der 14.

*

Anne sprang auf. Wenn Martin dem Pulverfaß ein Streichholz näherte, konnte sie doch nicht sitzen bleiben und friedlich auf die Explosion warten. Sie mußte etwas tun.

Aber was?

Sie sah auf die Uhr. Es war beinahe schon fünf. Gefährlich nahe dem Tagesabschnitt, den man Abend nannte.

Sie konnte unmöglich rechtzeitig in der Stadt sein — abgesehen von der Schwierigkeit, eine geeignete Ausrede zu erfinden, damit Paul sie zur Bahnstation fahre.

Ein telefonisches Telegramm?

Nein. Das war auch nicht gut. Er würde es wahrscheinlich für eine Fälschung halten und annehmen, daß sie bereits tot sei.

Sie mußte telefonieren. Sie hoffte zum Himmel, daß Paul lange genug oben bleiben würde, bis sie Zeit hatte, die Verbindung mit Martin zu bekommen und ihn irgendwie zu überzeugen, daß er sich nicht um sie zu sorgen brauche.

Anne nahm das Telefon und flüsterte aufgeregt Martins Telefonnummer in die Muschel. Gleichzeitig hörte sie die Schritte von Paul im oberen Stockwerk und dann — zu ihrer unendlichen Erleichterung — das Rauschen von Wasser in der Badewanne. Nach der Reise wollte er wahrscheinlich ein Bad nehmen, und da blieb ihr noch ein wenig Zeit.

„Ich rufe Sie wieder, wenn ich die Verbindung habe", hörte sie die Stimme der Telefonistin.

Aber das war unmöglich, das Telefon durfte nicht läuten. Das führte nachher nur zu peinlichen Fragen.

„Nein, nein. Ich warte."

„Ich rufe Sie, wenn sie die Nummer kommt", wiederholte die Telefonistin unbarmherzig, als ob Anne nichts gesagt hätte.

Es war zwecklos. Sie mußte eben hier sitzen bleiben und sofort den Hörer abheben, wenn es zu läuten begann.

Seufzend legte sie den Hörer auf. Und als sie so dasaß und mit den Fingern nervös auf der Tischplatte trommelte, erinnerte sie sich plötzlich, wie sie auf eine andere Fernverbindung mit Martin gewartet hatte. Auch damals hatte sie, beinahe weinend gewartet; aber damals geschah es, weil sie ihm unbedingt erzählen wollte, daß ihr Vater nicht gekommen sei und daß an seiner Stelle ein unausstehlicher Fremder namens Paul Mickleham gekommen war, der sich noch obendrein um sie kümmern sollte.

Oh, wenn es nur schneller ginge! Dauerte es immer so lange, bis man eine Fernverbindung bekam? Nein, sie erinnerte sich nicht ... aber sie hatte schließlich auch noch nie vorher in so wahnsinniger Angst gewartet.

Und wenn er sein Büro früher als sonst verlassen hätte? Wenn sie in seiner Wohnung anrufen mußte, und das Warten begänne von neuem?

Anne biß sich auf die Lippen, um sie am Beben zu verhindern. Paul konnte nicht mehr lange brauchen ...

Da — das Telefon! Sie hatte abgehoben, ehe es noch richtig geläutet hatte.

„Ja?"

„Haben Sie eine Holborn-Nummer verlangt?"

„Ja, ja." Sie war wild vor Ungeduld. „Haben Sie sie?"

„Sie kommt eben", entgegnete die Telefonistin unendlich gleichgültig.

„Halloh, halloh! Spricht dort Dumroy und Milton? Ja? Bitte, könnte ich Mr. Velnott sprechen?"

„Sie wünschen Mr. Velnott?" Fragte eine kaum hörbare Stimme am Ende der Leitung.

„Ja, ja, ich hatte es doch eben gesagt."

„Bleiben Sie am Apparat, bitte."

Das schien auch jemand zu sein, der niemals Eile hatte.

„Es ist sehr dringend ..." begann Anne, und da fiel ihr ein, daß am anderen Ende doch niemand zuhörte.

Noch einige Sekunden — es war zum Verrücktwerden —, und dann kam Martins Stimme: „Hier ist Velnott. Wer spricht?"

„Martin!"

„Anne! Sind Sie es?"

Es war schwer zu sagen, welche der beiden Stimmen erregter klang.

„In Gottes Namen, wo sind Sie?" rief Martin, und gleichzeitig fragte sie dagegen: Sie haben Ihre Drohung doch nicht wahrgemacht, Martin?"

Beide begannen wieder zugleich zu sprechen. Und Anne schrie:

„Martin, lassen Sie mich reden, ich habe nur ein paar Minuten Zeit!"

„Ja. Reden Sie." Seine Stimme klang grimmig, und sie fühlte, daß ihre Aufgabe nicht leicht sein würde.

„Ich habe soeben Ihren Brief bekommen ...."

„Ja?"

„Sie haben doch nichts veranlaßt? Zur .. zur Polizei gegangen .... sind Sie nicht?"

„Noch nicht."

Auch das klang furchtbar grimmig.

„Noch nicht? Was soll das heißen?"

„Das hängt einzig und allein von dem ab, was Sie mir zu sagen haben", erklärte Martin.

„Seien Sie nicht so lächerlich, als wären Sie ein Untersuchungsrichter", schrie Anne; ihre Nerven ließen sie fühlbar im Stich.

Aber das Schweigen am anderen Ende zwang sie zur Selbstbeherrschung zurück.

„Martin, sind Sie noch da?"

„Ja."

„Also hören Sie! Nehmen Sie bitte zur Kenntnis, daß ich völlig in Sicherheit bin. Völlig! Verstanden?"

„Was? In einer Gegend, die Ihre Freunde nicht kennen, und mit einem Mann, der versucht hat ...."

„Nein! Das ist alles falsch. Es ist ein lächerlicher Irrtum."

„Entschuldigen Sie, Anne. Aber selbst wenn Sie getäuscht sein wollen, ich will es nicht. Dazu habe ich Sie viel zu gerne. Und außerdem will ich nicht, daß dieser Schurke ..."

„Aber so verstehen Sie doch ..."

Sie unterbrach sich plötzlich, denn sie hörte Pauls Schritte. Er mußte in jedem Augenblick da sein.

„Martin, ich kann nicht weiter sprechen, aber ...."

„Das heißt, daß Sie gefangen sind?"

„Aber nein! Ich werde Ihnen schreiben, Martin. Ich werde Ihnen schreiben!"

„Das genügt mir nicht." (Fortsetzung folgt)

Stadt Hanau

Jugendschutz

Wer Fersehen sagt, meint oft das Abendprogramm, weil da die meisten Leute einschalten. Die Sender der ARD strahlen aber auch mittags Programme aus. Und die sind mitunter noch interessanter — denn ihnen sehen die Jugendlichen und Kinder zu. Was man den Minderjährigen vorsetzt, ist beachtenswert.

Vorweg: die meisten Sendungen im sogenannten Familienprogramm sind harmlos. Sie sind, weil oft im Ausland billig eingekauft, zwar geschmacklich nicht gerade das Erlesenste, aber man kann sie noch akzeptieren. Aber es sind auch andere darunter, die bedenklich stimmen. Da gab es eine Serie, in der drei Kinder Bankräuber jagten. Mit Tränengas wurde gearbeitet, mit Waffen, und immer kamen die tapferen Kleinen gut davon. Zwar warnte die Sprecherin vorher immer die Zuschauer, das Spiel nicht mit der Wirklichkeit zu verwechseln, aber welcher richtige Junge läßt sich von solch moralichem Hinweis beeindrucken? In seinem Hirn wird sich das Bild besser einprägen — das falsche Bild, Gangsterfangen sei gar nicht so schwer.

Abenteuer können auch harmlos sein. Das denken sich offenbar die Verantwortlichen, wenn sie in letzter Zeit eine Reihe Filme zeigen, in denen auf die Jagd gegangen wird. Für Erwachsene ist es bildend, die Tierliebe der Kinder aber wird es kaum fördern, wenn sie unentwegt Tiere in Großaufnahme sterben sehen. Darüber hat sich Frankfurts Professor Grzimek, sonst neuerdings vornean, wenn es das Deutsche Fernsehen zu kritisieren gilt, noch nicht aufgeregt.

Wer kümmert sich eigentlich um den Jugendschutz im Fernsehen und bewahrt unsere Kinder vor Gedankenlosigkeiten? hs

Heute 20 Uhr:

Symphoniekonzert zum 19. März

Aus Anlaß des 19. Jahrestages der Zerstörung unserer Stadt Hanau findet heute abend um 20 Uhr im großen Saal der Stadthalle ein Gedenkkonzert statt. Das Jugendsymphonieorchester Frankfurt bringt unter der Leitung von Helmut Steinbach folgende Werke zu Gehör: P. Hindemith — Trauermusik, L. v. Beethoven — Konzert für Klavier und Orchester Nr. 3, F. Schubert — Symphonie Nr. 8 („Unvollendete"), J. Sibelius — Finlandia, Tondichtung op. 26,7. Solisten des Abends sind Henny Hesse, Klavier und Engelbert Trösch, Bratsche. Vor Beginn des Konzerts wird Oberbürgermeister Dröse Worte des Gedenken sprechen. Der Eintritt ist frei.

Ziegelbau mit Stahlbetonverstärkung

Richtkranz über St. Elisabethkirche

Nach den Sommerferien kann vielleicht schon die Weihe stattfinden

Nach sechsmonatiger Bauzeit konnte gestern nachmittag das Richtfest der Kesselstädter katholischen St. Elisabethkirche in Anwesenheit zahlreicher prominenter Ehrengäste, darunter Oberbürgermeister Herbert Dröse, Bürgermeister Dr. Hermann Krause, Stadtrat Heil und dem Beauftragten des Dekanatsausschusses für den Stadt und Landkreis Hanau, Staatsanwalt Pohl, gefeiert werden. Pfarrer Schönhals, der die katholische Gemeinde Kesselstadt einschließlich der dazugehörenden Gläubigen aus Wachenbuchen, Mitelbuchen, Hohe Tanne usw. betreut, dankte vor allem den Handwerkern und Bauarbeitern für den Einsatz während der Rohbauarbeiten. Er würdigte auch die gute Zusammenarbeit mit den städtischen Behörden und das Verständnis, das die Kirche mit ihren Anliegen bei der Stadt gefunden hat. Die Weihe des über eine Million Mark kostenden Gotteshauses, in dem 400 Gläubige Platz finden, kann voraussichtlich schon nach den Sommerferien dieses Jahres erfolgen.

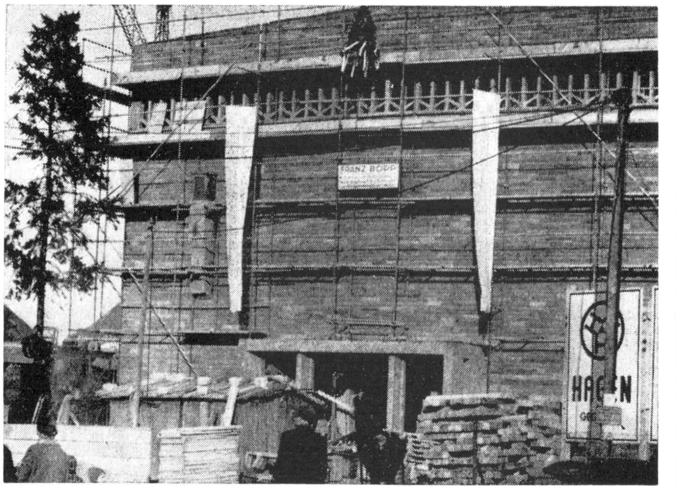

Geschmückt mit Kirchenfahnen und der Richtkrone war gestern nachmittag die im Rohbau fertige St. Elisabethkirche in Kesselstadt Mittelpunkt einer Richtfeier in Anwesenheit zahlreicher prominenter Gäste und Gemeindeglieder.

Zunächst hatte Architekt Johannes Reuter sen. (BDA) aus Kassel in einer kurzen Ansprache betont, daß man froh darüber sein dürfe, den Bau bis jetzt ohne Unfall errichtet zu haben. Er dankte allen Beteiligten für die zum Teil großzügige Unterstützung, der man auch künftig bedürfe. Reuter machte die Anwesenden, darunter auch die Mitglieder des Bauausschusses und einen Teil der 2500 Seelen zählenden katholischen Gemeinde, mit einer Sorge vertraut, die den Verantwortlichen einige Kopfschmerzen bereitet. Es handelt sich dabei um die bischöfliche Genehmigung zum Bau des vorgesehenen Turmes an der Kirche. Darüber sei allerdings das letzte Wort noch nicht gesprochen. Der Redner machte nur darauf aufmerksam, daß es eine Tatsache sei, daß Vorhaben sehr lange aufgeschoben werden, wenn sie nicht sofort verwirklicht werden können. Der Turm müsse also in Kürze angefangen werden, um das Gesamtbild des schmukken Kirchbaus zu vervollständigen.

Lobende Worte für die Arbeiter fand Pfarrer Schönhals, der sich vor allem darüber freute, daß das Sandsteinmauerwerk an der zur Kastanienallee weisenden Außenfassade so sorgfältig und sauber gelungen sei. Mit Gottes Hilfe wäre das Werk gelungen.

Oberbürgermeister Dröse gab seiner Freude darüber Ausdruck, daß die katholischen Bürger der Stadt an jener Stelle in Kesselstadt eine neue Heimstatt finden werden. Er dankte namens des Magistrats allen Beteiligten für ihren Einsatz. Pfarrer Schönhals bezeichnete er als Mentor und Motor der Arbeiten. Je stärker der Mensch gerade im technischen Zeitalter in der Religion und Weltanschauung verwurzelt sei, desto stärker fühle er sich auch der Gemeinschaft verbunden, sagte der OB. Brüderliche Toleranz und Gemeinsamkeit müßten das Leben aller bestimmen und für alle Zeiten erhalten bleiben.

Staatsanwalt Pohl, der auch die Grüße von Dechant Diel überbrachte, erbat zum erfolgreichen Abschluß der Arbeiten die Gunst des Höchsten, und auch er dankte allen Förderern für ihren Fleiß und ihr Verständnis. Anschließend wurde der Rohbau von den zur Feier erschienenen Gästen eingehend besichtigt. Dabei konnte Architekt Busch (Hanau) manche Aufklärung geben. In der Bausumme beispielsweise sind auch die Kosten für das neue Pfarrhaus enthalten, das sich an die alte Pfarrkirche anschließt. Sie soll zum Gemeindesaal umgebaut werden und im Obergeschoß auch einige Unterkunftsräume für durchreisende Jugendgruppen enthalten.

Bei einem Richtschmaus im traditionellen Kesselstädter Gasthaus „Zum Löwen" wurden die am Bau beteiligten Firmen Hagen (Hanau), Wolff (Höchst), Rehm (Larbach/Rhön) und Bopp für ihre Arbeit mit besonderem Lob geehrt. Gefallen hatte vor allem auch der Richtspruch des Zimmermanns Rehm an der Baustelle, den die Männer mit einem zünftigen Handwerkslied beschlossen. wl

Wer sah Peter Magerl?

Seit Montagmorgen verschwunden ist der am 2. Juni 1941 im Sudetenland geborene Peter Magerl, der in Hanau mit seiner Mutter in der Erzbergerstraße 59 wohnte. Er verließ an jenem Tag um 7 Uhr das Haus, um seine Arbeitsstelle aufzusuchen. Die Kriminalpolizei nimmt an, daß der an seelischen Depressionen leidende junge Mann noch in oder bei Hanau herumirrt. Er ist 1,70 Meter groß, schlank, dunkelblond, er hat eine frische Gesichtsfarbe und blaue Augen, er spricht hessischen Dialekt. Bekleidet ist er mit einem beigebraunkarierten Wollmantel und einem Jackett mit goldenen Knöpfen, einem weinroten Pullover, hellgrauer Hose und rotbraunen Halbschuhen. Peter Magerl trug eine schwarze Aktentasche bei sich. Sachdienliche Hinweise nimmt die Hanauer Kriminalpolizei entgegen.

Ueber das Betriebsklima

Freitagabendgespräch der DAG

Morgen findet in den „Hans-Sachs-Stuben" ein Freitagabend-Gespräch statt. Es beginnt um 20 Uhr. Gesprächspartner sind Detlef Dieterle, Personalchef in einem Hanauer Industriewerk, Heinrich Müller, Leiter der Landesberufsgruppe Kaufmännische Angestellte im Landesverband Hessen der DAG, und Egon Zeiger, Vorsitzender des Betriebsrates in einem der größten Versandhandelsunternehmen Deutschlands. Sie werden über das Betriebsklima diskutieren.

Gewerkschaft HBV:

Verdienst ist zum Sparen zu gering

Rechenschaftsbericht auf der Jahreshauptversammlung der Ortsverwaltung

Ueber die Möglichkeiten zur Eigentumsbildung und über das Ladenschlußgesetz äußerte sich der Geschäftsführer der Ortsverwaltung Hanau (Hanau, Gelnhausen, Schlüchtern) der Gewerkschaft Handel, Banken und Versicherung (HBV), Werner Heeg, neben dem allgemeinen Rechenschaftsbericht in der Jahresversammlung des Ortsverbandes.

In einer Uebersicht über die wichtigsten Tarifbereiche stellte er besonders den letzten Tarifabschluß für den hessischen Einzelhandel heraus, der in allen Altersstufen drei Tage mehr Urlaub vorsehe. Zusätzlich sei es gelungen — für den Einzelhandel erstmalig in der Bundesrepublik — eine Arbeitszeitverkürzung um zweieinhalb Stunden zu vereinbaren. Für den Bereich des Groß- und Außenhandels stünden Tarifverhandlungen bevor. Im März würden die Manteltarifsvertragsverhandlungen mit dem Arbeitgeberverband des privaten Bankgewerbes fortgesetzt. Da der Verband öffentlich-rechtlicher Kreditanstalten Verhandlungen abgelehnt habe, seien für diesen Bereich die Tarifverträge gekündigt worden.

Die Gewerkschaft könne auf eine aktive Lohnpolitik nicht verzichten, führte Heeg aus, da von einer nennenswerten Verwirklichung der Eigentumsbildung noch nicht gesprochen werden könne. Es sei dem größten Teil der Arbeitnehmer unmöglich, durch Sparen Vermögen und Eigentum zu bilden. Untersuchungen der letzten Jahre hätten gezeigt, daß die Sparschwelle für einen Normalhaushalt mit zwei Kindern bei einem Nettoeinkommen von 700 bis 800 Mark liege. Eine vermögenswirksame Anlage der Spargelder, etwa durch den Kauf von Wertpapieren, beginne erst bei einem doppelten Einkommen. Damit die Arbeitnehmer Eigentum bilden könnten, müßten Wege gesucht werden, wie sie vom DGB und kürzlich auch mit den Empfehlungen zur Eigentumspolitik von den Kirchen vorgeschlagen worden seien. Selbstverständlich verkenne die Gewerkschaft nicht die Wichtigkeit der Investitionen für ein stetiges Wirtschaftswachstum, es gehe aber nicht an, daß damit auf die Dauer nur einseitig Riesenvermögen einer sehr kleinen Schicht der Bevölkerung, in erster Linie den Produktionsmittel-Besitzern, zufließe. Nicht nur, daß die Arbeitnehmer an der Vermögensbildung nicht beteiligt wären, so würden noch obendrein die Lohnverbesserungen durch ständige Preissteigerungen aufgesogen oder stark im realen Wert gemindert. Die Schuld für die Preiserhöhungen der letzten Zeit liege eindeutig im Bereich der wirtschaftspolitischen Entscheidungen der Bundesregierung.

Zu der Polemik, die in der letzten Zeit um das Ladenschlußgesetz erfolgt sei, stellte Heeg nochmals den Standpunkt der Gewerkschaft HBV eindeutig heraus, daß sie nach wie vor am Ladenschlußgesetz festhalten und keinerlei Veränderungen zustimmen werde. Auch wenn die Arbeitszeit der Angestellten durch Tarifvertrag vereinbart werde, so sei dieses Gesetz doch weit mehr als eine Regelung zur Oeffnung und Schließung der Läden. Es schütze auch die Arbeitskraft der im Einzelhandel Beschäftigten — und zwar der Angestellten, wie der Einzelhändler — vor übergroßer Beanspruchung.

Im vergangenen Jahr wurde besonderes Augenmerk dem Schulungs- und Bildungsprogramm gewidmet. Außer an den Lehrgängen der Ortsverwaltung nahmen Mitglieder und Funktionäre an den Lehrgängen des DGB-Kreises und des HBV-Landesbezirks teil. Die Aufwärtsentwicklung der Ortsverwaltung habe sich fortgesetzt; Sorge bereite nach wie vor die Fluktuation, die sich besonders bei den Mitgliedern aus dem Handel zeige.

Der Vorstand der Ortsverwaltung setzt sich wie folgt zusammen: Vorsitzender Wilhelm Kasper, stellv. Vorsitzender Erwin Betz, Kassierer Erich Wörner, Schriftführer Roman Klepig; Beisitzer: Harry Witt, Günter Heeg, Anneliese Zielinsky, Heinrich Schmalz, Hans Rauch, Franz Laser, Josef Breitfelder, Adolf Möbus, Horst Lückhardt und Kaspar Simon. th

Wir gratulieren

Frau Helene Born, geb. Schwab, Lamboystr. 63, feiert heute ihren 73. Geburtstag.

Wohin gehen wir heute?

Capitol: „Zwei ritten zusammen" mit James Stewart und Richard Widmark.
Luxor: „Rhapsodie" mit Elisabeth Taylor und Vittorio Gassmann.
Central-Theater: „Wer erschoß Salvatore G?"
Palette: „Das Mädchen Irma la Douce" mit Shirley MacLaine und Jack Lemmon.
Gloria-Lichtspiele: „Aufruhr in Indien" mit Lex Barker und Klaus Kinski.
Rex: „Drakul der Rächer"
Stadthalle, 20 Uhr: Symphoniekonzert im Gedenken an den 19. März 1945.

Härte gegen Luftverpester gefordert

FDP nennt auch Hanauer Unternehmen

Die Gewerbe- und Ordnungsämter erfüllten nicht immer mit der notwendigen Härte ihre vom Gesetzgeber zugewiesenen Aufgaben im Bereich der Reinhaltung der Luft. Diese Meinung vertraten die hessischen Freien Demokraten. Als Beispiel werden von ihnen eine Oelraffinerie im Hanauer Hafen und eine Raffinerie in Raunheim angeführt. Durch die Abgase zu niedrig gebauter Schornsteine fühle sich die Bevölkerung in steigendem Maße belästigt und in ihrer Gesundheit gefährdet. Es mehrten sich Fälle, in denen die im Umkreis ansässigen Bewohner über starke Kopf- und Magenschmerzen klagten. Die FDP richtete deshalb an den hessischen Gesundheitsminister die Empfehlung, alles zu veranlassen, daß die ihm unterstellten Behörden bei der Ueberprüfung alter oder neuerbauter „luftverpestender" Betriebe im Interesse der Gesundheit der Bevölkerung strengere Maßstäbe als bisher anlegten.

Standortkommandeur gab Auskunft:

Arbeitskräfte werden nicht frei

Nur 80 Positionen im Großstandort Hanau müssen eingespart werden

Bei einem Essen im Offiziersclub, das Standortkommandeur Oberstleutnant Meconi gestern für einen kleinen Kreis geladener Gäste gab, und an dem auch als Vertreter der Arbeitsverwaltung Hanau, Verwaltungsamtmann Heinz Kirchheim, und der Chef der amerikanischen Personalabteilung, Rinn, teilnahmen, wurden die seit Monaten diskutierten Kürzungen des Etats besprochen.

Wir Oberstleutnant Meconi nachdrücklich betonte, komme es nicht zu der erwarteten Massenentlassung der bei den amerikanischen Dienststellen beschäftigten deutschen Arbeitskräfte. Es werde im gesamten Großstandort Hanau, wie er nach der Zusammenlegung mit Fulda, Gießen und einigen Garnisonen im südwestdeutschen Raum bzw. in Süddeutschland entstanden sei, nur eine Reduzierung von 80 Positionen vorgenommen werden müssen. Von diesen bisher aus amerikanischen Steuergeldern bezahlten Männern werde allerdings niemand entlassen, da es bei den Truppen genügend offene Stellen gebe, die ihnen angeboten werden.

In Hanau würden 20 Stellen eingespart, sagte der Oberstleutnant. Noch sei keine endgültige Entscheidung gefällt worden, um welche Positionen es sich handeln werde, aber im Gespräch sei die Auflösung der amerikanischen Berufsfeuerwehr, die auf freiwilliger Basis allerdings weiter existieren werde. Die Feuerwehrleute würden in anderen Jobs bei der Armee unterkommen. Man würde sich freuen, wenn diese verdienten Männer bei amerikanischen Dienststellen bleiben würden.

Von künftigen Einsparungsmaßnahmen an deutschem Personal sei ihm nichts bekannt, versicherte Meconi, der ausdrücklich betonte, daß zur verwaltungsmäßigen und anderweitigen Betreuung der Truppen ein gewisser Teil deutscher Arbeitskräfte absolut notwendig sei. Die untere Grenze sei bereits erreicht. Einer weiteren Personalkürzung könne dann nur eine Reduzierung der Truppenstärke vorausgehen, wenn eine ordnungsgemäße Betreuung aufrechterhalten werden solle.

Verwaltungsamtmann Kirchheim sagte dazu, das Arbeitsamt begrüße die frühzeitige Bekanntgabe der geringfügigen Einsparungsmaßnahme, die den Arbeitsmarkt keineswegs in Bewegung bringen werde, wie man zunächst angenommen habe. Beim Arbeitsamt lägen bereits Anfragen der deutschen Industrie um Zuweisung von freiwerdenden Arbeitskräften aus amerikanischen Dienststellen vor. Jetzt könne die Arbeitsverwaltung den Personalbüros verbindlich mitteilen, daß ihr Kräftebedarf nicht durch eine Entlassungswelle bei den Amerikanern gedeckt werden könne. Die Personalbüros könnten also noch rechtzeitig anders disponieren.

Oberstleutnant Meconi kündigte ferner eine Aktion zur Verschönerung militärischer Anlagen an. Vor der Pionierkaserne sei man beispielsweise dabei, ein Gelände von Felsbrocken und Steinen zu befreien, mit Mutterboden aufzufüllen und dann mit Blumen zu bepflanzen. wl

Was bringt das Fernsehen?

I. Programm

17.00 Peter entdeckt seine Stadt
17.20 Gleich nebenan
17.35 Jeder sechste heißt Pedro
18.10 Nachrichten der Tagesschau
20.00 Tagesschau/Wetter
20.15 Wilhelmsburger Freitag (Ein Fernsehspiel)
21.45 Riesi darf hoffen (Hilfe für eine sterbende Stadt)
22.30 Tagesschau/Wetter
22.45 Spektrum berichtet aus dem kulturellen Leben

II. Programm

18.30 Nachrichten anschl.: Aus Bund und Ländern
18.45 Auf die Antenne kommt es an
19.00 Den Kopf in der Schlinge (Ein Fernsehspiel)
19.30 Heute
20.00 Schlager des Monats
20.30 Journalisten fragen – Politiker antworten
21.15 Die Dame mit dem Spitzentuch (Nach Akten von Interpol)
22.15 Heute (Spätausgabe)

Vor 20 Jahren
19. März 1945 – Hanaus Schicksalstag

Seit 20 Jahren sprechen wir vom 19. März als dem Schicksalstag Hanaus. Dieses Datum ist zum ehernen Bestandteil der Geschichte unserer Stadt geworden. Unauslöschlich wird es für Generationen Sinnbild der Erinnerung an einen der fürchterlichsten Kriege sein, die die Menschheit je erlebt hat. Wie Hiroshima für die Welt, ist auch das Schicksal Hanaus für uns eine Mahnung geworden. Eine Mahnung zum Frieden, eine Warnung zugleich vor Diktatur und Gewalt.

*

Mitten unter uns, die wir wieder in einer blühenden Stadt leben, befinden sich noch Tausende von Mitbürgern, denen das schreckliche Erlebnis dieser Nacht zum 19. März 1945 noch immer unmittelbar vor Augen steht. Sie alle erinnern sich noch, wie plötzlich das Inferno der Vernichtung über die Stadt hereinbrach, ohne daß die meisten Zeit fanden, ihre notwendigsten Habseligkeiten zusammenzuraffen, als sie die Stiegen hinab in die schützenden Keller stürzten. Für ungezählte Mitbürger wurden diese Keller zu Massengräbern. Für die Überlebenden aber bleiben die Stunden unvergeßlich, als sie zitternd, betend und hoffend das Ende des Bombenhagels erwarteten, als sie schließlich erschüttert vor den Trümmern ihrer Häuser und Wohnungen standen.

*

Das Leben ging weiter. Es kam eine schwere Zeit. Von den einstmals 42 000 Einwohnern hielten in den Ruinen noch 8 000 Hanauer aus, die nach Beendigung des unheilvollen Krieges für einen neuen Anfang sorgten. Mit dem Mut der Verzweiflung, mit der damals vielleicht noch unbewußt sich äußernden Zuversicht, daß eine neue Zukunft begonnen hatte, wurden die Trümmer beiseite geräumt. Die Jahre des Wiederaufbaus begannen.

*

Inzwischen ist eine neue Generation herangewachsen. In den vergangenen zwei Jahrzehnten sind viele Wunden vernarbt. Die alten Hanauer und die Jungen, für die der 19. März 1945 nicht viel mehr als ein Datum mit tragischen Vorzeichen ist, die neuen Mitbürger, die hier eine zweite Heimat gefunden haben, sie alle leben jetzt gemeinsam in einer wieder lebendig pulsierenden Stadt, die sich neu geformt hat, die auf ihre Art zu einem Symbol für Kraft und Willen zum Wiederaufbau geworden ist und in der die Zeichen der Gegenwart wieder den Alltag bestimmen.

*

Schon vor zehn Jahren, als diese Stadt wieder aus der ärgsten Not herausgefunden hatte, wurde der 19. März nicht mehr nur als Gedenktag begangen. Er wurde bewußt auch als ein Tag betrachtet, mit dem für Hanau eine neue Epoche seiner langen, bewegten Geschichte begann. Er wurde ein Tag, der nicht nur der Rückschau und Trauer gewidmet war, sondern an dem es auch galt, in Dankbarkeit für das Geschaffene und im Vertrauen auf den in einem freien Gemeinwesen wieder erwachten Bürgersinn in die Zukunft zu blicken.

20 Jahre sind vergangen. In die verhaltene Freude über das in dieser Zeit vollbrachte Werk aber schleicht sich angesichts der Kreuze, die an die Opfer des 19. März 1945 mahnen, die bange Frage, ob wir in diesen 20 Jahren die Vergangenheit wirklich bewältigt haben? Wir wissen es nicht. Die Erinnerung, zu der uns der heutige Tag zwingt, ist noch immer nicht verblaßt. hb

Inmitten des gähnenden Trümmerfeldes waren die Außenmauern der Wallonisch-Niederländischen Kirche stehen geblieben.

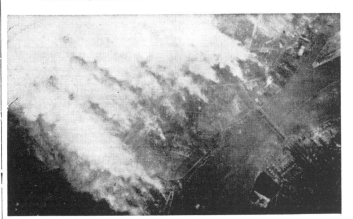

Dichte Rauchschwaden lagen über der Stadt. Ein alliiertes Luftbild vom Morgen nach dem Angriff.

Vom Deutschen Goldschmiedehaus waren nur die charakteristischen Außengiebel erhalten geblieben.

In der Altstadt rund um die Johanneskirchen-Ruine regte sich bald wieder das erste Leben.

Die Reste des „Anzeiger-Hauses" in der Hammerstraße.

Das Brüder-Grimm-Denkmal und einige Bäume — das war am Marktplatz erhalten geblieben. Heute herrscht wieder geschäftiges Leben auf dem Platz vor der historischen Fassade des wiederaufgebauten Rathauses.

Stadt Hanau
Frühlings-Anfang

Heute hat der Frühling begonnen. Laut Kalender und tatsächlich auch draußen im Freien, also in der Natur. Zwar lag morgens eine dicke Reifschicht auf den Gräsern und Sträuchern, aber der

blaue Himmel entschädigte für die Tatsache, daß man das Haus noch nicht ohne Mantel verlassen konnte.

Auch gestern hatte der Frühling, obwohl er offiziell noch gar nicht da sein durfte, bereits damit begonnen, die Menschen zu verlocken. Wie auf unserem Bild in Wilhelmsbad saßen sie auf den Terrassen oder in den Gärten der Ausflugslokale. Endlich wieder, freuten sich die Leute, und sie hoffen, daß der gute Start, den der Frühling hatte, auch in den kommenden Wochen anhält.

USA-Streitkräfte wollen Schadensfälle erledigen

Die amerikanischen Streitkräfte in der Bundesrepublik wollen bis Ende März alle Schadensfälle erledigen, die bei Verkehrsunfällen von Armee-Angehörigen verursacht worden sind. Allerdings müssen diese Angehörigen der Streitkräfte bei der niederländischen Versicherungsgesellschaft „Brandaris" versichert gewesen sein. Diese Zusicherung gab das Auswärtige Amt auf eine Kleine Anfrage von Abgeordneten der Koalitionsparteien. Bei der „Brandaris" sind vor allem Mitglieder der in der Bundesrepublik stationierten ausländischen Streitkräfte mit ihren privaten Kraftfahrzeugen versichert gewesen. Durch die Eröffnung des Vergleichsverfahrens über das Vermögen der Gesellschaft im Jahre 1960 sind noch zahlreiche deutsche Geschädigte ohne Entschädigung geblieben. Die schuldlos an Unfällen der Angehörigen der kanadischen und britischen Streitkräfte verwickelten Deutschen haben bisher noch keine Entschädigung erhalten, soweit die Schuldigen bei der „Brandaris" versichert waren.

Wertanalyse hilft Kosten senken

Der dringenden Forderung nach Kostensenkung in allen Betriebsbereichen steht u. a. die Tendenz steigender Preise auf den Beschaffungsmärkten entgegen. Beim Einkauf von Rohstoffen und Teilen ist daher das Prinzip der Funktionsgerechtigkeit unbedingt zu berücksichtigen. Das heißt, es sind die Vorprodukte in solchen Qualitäten zu beziehen, die den jeweiligen Erfordernissen gerade entsprechen. Die Qualität darf nicht geringer sein, sie darf aber auch nicht die tatsächliche Beanspruchung übersteigen. Da erfahrungsgemäß in diesem Bereich teilweise noch erhebliche Rationalisierungsreserven schlummern, die weitgehend nicht berücksichtigt werden, veranstaltet die Industrie- und Handelskammer gemeinsam mit dem RKW einen Informationsnachmittag, der sich mit diesen Fragen beschäftigt. Über praktische Wertanalyse und wie die Materialwirtschaft zur Wettbewerbsfähigkeit und zum Gewinn des Unternehmens beitragen kann, spricht am Mittwoch (23. März) um 14 Uhr im Lehrsaal der Industrie- und Handelskammer, Rathenaustr. 14, Direktor J. Sell, Einkaufsleiter der Firma G. M. Pfaff AG, Kaiserslautern. Die Kammer nimmt Anmeldungen entgegen und erteilt weitere Auskunft über Gebühren und Programm.

Frühmorgens läuteten die Glocken

Mahnung im Gedenken an den 19. März 1945
Feierliche Trauerstunde auf dem Ehrenfeld des Hauptfriedhofes

Zum 21. Male jährte sich am Samstag jener grauenvolle Tag, an dem die Stadt Hanau innerhalb weniger Minuten unter einem Bombenteppich in Schutt und Trümmer sank. In Erinnerung an die von Menschenhand ausgelöste „Naturkatastrophe" gedachten die Einwohner des 19. März 1945 in angemessener Weise. Um die Stunde des Angriffs läuteten die Glocken der Kirchen, und wen sie aus dem Schlaf schreckten wird sich sicher der tödlichen Minuten jenes frühen Morgens kurz vor Ende des Krieges erinnert haben.

Am Nachmittag fand auf dem Ehrenfeld des Hauptfriedhofes eine feierliche Trauerstunde statt. Die Hanauer Stadtkapelle unter Leitung von Kapellmeister Karl Goldbach und die Gemeinschaft Hanauer Gesangvereine unter Leitung von Th. Manheck umrahmten mit ernsten Vorträgen die Ansprache von Pfarrer Kurz, der für beide Konfessionen erklärte, daß im Gedenken an den 19. März 1945 für alle Hanauer eine Mahnung enthalten sei. Man müsse immer wieder Rückschau halten und dürfe sich auch nicht scheuen, der jungen Generation zu sagen, auf welche Weise ein ganzes Volk in „die Tiefe der Nacht" gehen konnte. Das von den gewaltsam getöteten Menschen gebrachte Opfer werde nur dann von Segen für die Lebenden sein, wenn sie zur Besinnung kämen und einsähen, daß ein Volk ohne Gott verloren sei.

Die dunkelste Nacht sei zugleich aber auch der Beginn eines neuen Anfangs in jeder Beziehung gewesen, sagte Pfarrer Kurz. Inzwischen sei eine Generation herangewachsen, die von den Schrecknissen des Krieges nichts mehr wisse und nur auf eine glückliche Zukunft hoffe. Sie zur Selbstprüfung und Selbstbesinnung anzuhalten sei eine Pflicht der Erfahrenen. Wenn Streit, Haß und Vernichtung aus dem Leben der Menschen verschwinden, sei das Opfer derjenigen, die den Krieg nicht überleben konnten, nicht umsonst gewesen. Möge die heranwachsende Generation nicht durch eine neue schreckliche Schicksalsnacht gehen müssen, sagte der Pfarrer.

Während des von der Stadtkapelle gespielten Liedes vom guten Kameraden legten Oberbürgermeister Dröse und Stadtrat Heil am Ehrenfeld den Kranz des Magistrats nieder. Zahlreiche der an der Trauerstunde teilnehmende Hanauer schmückten anschließend die Grabstellen auf dem Ehrenhain mit Blumen, um auch dadurch zu dokumentieren, daß der Schicksalstag und seine Opfer in Hanau unvergessen sind.
wl

Ohne Erwachsenenbildung keine Jugenderziehung

Im Rahmen der elternpädagogischen Arbeit der katholischen Mütter- und Elternschule spricht Studienrat Dr. Kluge am Dienstag, (22. März) um 20 Uhr in der Rebengasse 2 über das Thema „Ohne Erwachsenenbildung keine ganzheitliche Jugenderziehung". Die Notwendigkeit der Erwachsenenbildung und speziell der Elternbildung bewegt heute mehr denn je die verantwortlichen Kreise der Gesellschaft. Es ist ein weltweites Problem, und nicht umsonst spricht z. B. die französische Familienbewegung „La vie nouvelle" immer wieder von Mündigkeit und Erwachsensein im Hinblick auf die Eltern und nicht zunächst auf die Kinder. Es ist auch kein Zufall, daß sich das Schema XIII des Konzils „Über die Kirche in der Welt von heute" und darin die Probleme von Ehe und Familie einer wachen und kritischen Aufmerksamkeit erfreuen. Es wird in Zukunft noch viel mehr in die Entscheidungsfreiheit des einzelnen und damit in die damit verbundene Gefährdung gestellt werden. Die verantwortliche Wahrnehmung dieser großen Chance der Entscheidungsfreiheit setzt aber ein hohes Maß an Mündigkeit voraus.

Kranzniederlegung auf dem Ehrenhain durch den OB und Stadtrat Heil.

Modern Look
HUDSON

In Hudson-Strümpfen sind Sie modisch chic bis in die Zehenspitzen.

Hudson-Strümpfe bekommen Sie in allen guten Fachgeschäften und in den Strumpfabteilungen der Warenhäuser.

Stadt Hanau

Schnell vergessen

Angst und Schrecken ließ die Menschen in Hanau erzittern, als vor 22 Jahren in der Stadt die Geißel des Krieges erbarmungslos zuschlug, als reihenweise blühendes Menschenleben vernichtet wurde, als ganze Stadtviertel in Schutt und Trümmern sanken. Das Inferno hinterließ im Gesicht der Stadt tiefe Spuren, brachte über viele Familien durch den gewaltsamen Tod der Nächsten unsagbares Leid.

Doch ähnlich wie die Spuren der Verwüstung im Stadtbild durch zielstrebigen Wiederaufbau beseitigt wurden, geriet bei vielen der Verlust von Menschenleben in Vergessenheit. Die zeitlich immer größer werdende Distanz ließ im Empfinden der Menschen die Erinnerung immer schwächer werden, ließ Mitgefühl und Trauer in den Herzen erkalten.

Anders ist es nicht zu verstehen, daß nicht viele Menschen gestern die Wohlstands-Trägheit überwinden konnten, um den Veranstaltungen beizuwohnen, die in der Stadthalle und auf dem Hauptfriedhof zum Gedenken der Toten des 19. März 1945 durchgeführt wurden. Anders ist es nicht zu verstehen, daß die Zahl der Mitwirkenden nachmittags auf dem Ehrenfeld des Hauptfriedhofes größer war als die der Besucher. Anders ist es nicht zu verstehen, daß wir schon nach 22 Jahren zur „Tagesordnung" übergegangen sind, die streng in Arbeitszeit und Freizeit eingeteilt ist und für Gefühlsregungen keinen Spielraum läßt. my

Zwei Autos brannten

In Höher einer Tankstelle geriet am Samstag gegen 12.10 Uhr ein Personenwagen, der in Richtung Wolfgang fuhr, in Brand. Mit einem Handfeuerlöscher und mit Hilfe der Freiwilligen Feuerwehr konnte das Fahrzeug gelöscht werden. Die Feuerwehr mußte auch geholt werden, als am Sonntag gegen 19.45 Uhr ein Personenwagen am Heumarkt brannte.

In Heusenstamm gefaßt

Am Sonntag wurden in Heusenstamm vier Personen, zwei Männer und zwei Frauen, gefaßt, die im Verdacht stehen, Einbrüche in Hanau begangen zu haben. Die Festgenommenen hatten in einer Gaststätte am Westbahnhof Süßigkeiten und Spirituosen entwendet.

Wir gratulieren

Am Dienstag feiert Christian Wurst, Bruchköbeler Landstraße 12, seinen 80. Geburtstag.
Heute feiert Herr Christian Rieß, Limesstr. 48, seinen 82. Geburtstag.

Wohin gehen wir heute?

Capitol: „Der Mörder-Club von Brooklyn" mit Jerry Cotton.
Luxor: „Zwei tolle Kerle in Texas" mit Dean Martin und Alain Delon.
Central-Theater: „Ohne Dollar keinen Sarg" mit Richard Wyler.
Palette: „Ninotschka" mit Greta Garbo.

Die Toten mahnen

„Unzerstörbares Fundament des Friedens schaffen"

Matineeveranstaltung und Feierstunde auf dem Hauptfriedhof zum Gedenken der Opfer des 19. März 1945

In würdiger Form gedachten gestern die Stadt Hanau und Einwohner des 19. März 1945, an dem durch Bomben viele Menschen starben und der größte Teil der Stadt zerstört wurde. Das Kammerorchester Ernst Winter bot in der Stadthalle zusammen mit mehreren Solisten eine Matineeveranstaltung mit Niveau, nachmittags fand auf dem Ehrenfeld des Hauptfriedhofes, wo die meisten Opfer der Bomben in Massengräbern ihre letzte Ruhestätte gefunden haben, eine besinnliche Feierstunde statt.

Als Sprecher der katholischen und evangelischen Kirchengemeinde rief Dechant Diel (im Vordergrund) die Erinnerung an die Toten wach.

Geschmückte Gräber auf dem Ehrenfeld des Hauptfriedhofes.

Diese Gedenkstunde möge lebendige Erinnerung und Verbindung zu den Toten des 19. März 1945 und allen Toten bedeuten, die in der Stadt Hanau den Bomben zum Opfer gefallen sind, forderte Dechant Diehl als Sprecher der katholischen und evangelischen Kirchengemeinden Hanaus. Man sei nicht hergekommen, um das Grauen jenes Geschehens in der frühen Morgenstunde des 19. März wieder wachzurufen. Wer es miterlebt habe, werde diese Erinnerung niemals verwischen können. Den anderen aber könne man es kaum glaubwürdig schildern. Die furchtbare Stunde habe Ernüchterung gebracht und auf das Wesentliche hingewiesen, so daß man darüber nicht mehr viele Worte verlieren brauche. Man sei auch nicht hergekommen, um Schuld und Schuldige für dieses grausame Geschehen zu finden, auch nicht als Mensch ohne Hoffnung und nicht, um schöne Worte zu machen. Den Christen stehe es gut an, der Toten in Liebe und Dankbarkeit zu gedenken. Die Stunde verbinde im christlichen Gedenken lebendig mit all denen, die den Bomben zum Opfer gefallen seien. Es sei nicht das Verdienst der Überlebenden, daß sie dem Schrecken entkommen seien, sondern gnädige Fügung Gottes. Als Christ habe man die Gewißheit, daß die Toten nicht tot seien, sondern in der Herrlichkeit der künftigen Auferstehung weiterleben, denn es sei sicher, daß die Bombenopfer in der Stunde der Angst und Not Gott angerufen haben und so im Herrn gestorben sind. Weshalb gerade sie sterben mußten, bleibe ein dem Menschen unzugängliches Geheimnis. Ihr Auftrag an die Überlebenden sei die Mahnung, Gottes Wort zu verwirklichen und zu leben, damit das unzerstörbare Fundament des Friedens in den Herzen der Menschen lebendig werde.

Die Stadtkapelle Hanau unter der Leitung von Kapellmeister Goldbach und die Gemeinschaft Hanauer Gesangvereine unter Dirigent Manheck umrahmten die Feierstunde, in der Oberbürgermeister Dröse und Stadtrat Heil für den Magistrat der Stadt einen Kranz niederlegten, gekonnt mit musikalischen Vorträgen.

Das traditionelle Gedenkkonzert am Tage der Zerstörung Hanaus fand in diesem Jahr als Morgenfeier nicht den verdienten Besuch. Das war um so bedauerlicher, als Ernst Winter wieder eine hochwertige Interpretation von Werken klassischer Meister mit seinem Kammerorchester darbot.

Zur Einleitung gab es das zweite Tripelkonzert von Johann Sebastian Bach für Klavier, Flöte, Violine und Streichorchester, das Bach aus anderen Werken zusammengestellt hat. So sind z. B. die beiden Ecksätze aus einem Präludium und Fuge für Klavier entstanden. Aus diesem Grunde tritt das Klavier besonders stark in den Vordergrund (mit Recht wählte Ernst Winter hierfür nicht das Cembalo, weil sich der Konzertflügel gegenüber dem Streichorchester ganz anders durchsetzen kann). Diesen beiden Allegro-

(Fortsetzung auf Seite 4)

Supersize · Filter · nikotinarm im Rauch

Die Cigarette, die Sie um einen neuen Genuß reicher macht: ASTOR special. Format Supersize. Leicht. Frisch. Rein im Geschmack. Zünden Sie eine an.

Der neue Typ einer großen Cigaretten-Marke: ASTOR special. Format Supersize

Unzerstörbares Fundament des Friedens ...

(Fortsetzung von Seite 3)

Sätzen — namentlich dem Schlußsatz — ist eine motorische Triebkraft eigen, wie sie in unserem Jahrhundert Béla Bartók besonders ausgebildet hat. Ernst Winter betonte diese treibenden Kräfte mit seinem Kammerorchester, das durch Mitglieder des Frankfurter Rundfunk-Sinfonie-Orchesters verstärkt ist und in Walther Uhrhan einen hervorragenden, hier schon vielfach bewährten Konzertmeister hat, in einem frischen Musizierstil und beachtete auch im Adagio sehr genau das „ma non tanto". Henny Hesse spielte den Klavierpart mit belebender musikalischer Schönheit und mit starkem Ausdruck, im Mittelsatz, der den drei Solisten allein vorbehalten ist, mit sicherer Erfassung der elegischen Stimmung. Die junge Geigerin Ursula Trott entwickelte eine schöne Spielkultur (schade, daß ihr Instrument nicht besser den Klang trägt). Karl Hermann Seyfried war der dritte ausgezeichnete Solist (Flöte).

Das Bratschenkonzert in B von Karl Philipp Emanuel Bach spielte Wolfgang Uhrhan mit sicherer Beherrschung und schönem, edlem Ton, vor allem im Adagio mit beseelter Wärme. Vortrefflich gelang dem Streichorchester unter Ernst Winter ein aufgelockertes, schönes Musizieren sowie ein harmonisches Zusammenspiel mit dem Frankfurter Solisten.

Die Ouvertüre zu dem weltlichen Oratorium „Herakles", das Händel 1745 komponierte, erhielt auch in der Wiedergabe musikdramatische Züge (Händel bezeichnete sein Werk als „musikalisches Drama) in den beiden ersten Sätzen und klang in dem anmutig beschwingten Menuett gelöst aus. Eine vortreffliche Leistung des Streichorchesters, der Cembalistin (Henny Hesse) und des verdienten Dirigenten Ernst Winter. Die Errichtung von Bürgerhäusern im Landkreis Hanau sollte dazu führen, ein so wertvolles Kammerorchesterkonzert auch dort zur Aufführung zu bringen.

Oberbürgermeister Herbert Dröse gedachte in ernsten Worten jenes Schicksaltages unserer Stadt vor 22 Jahren, der Anlaß dieser Morgenfeier war, und dankte den Künstlern herzlich.

my/i.

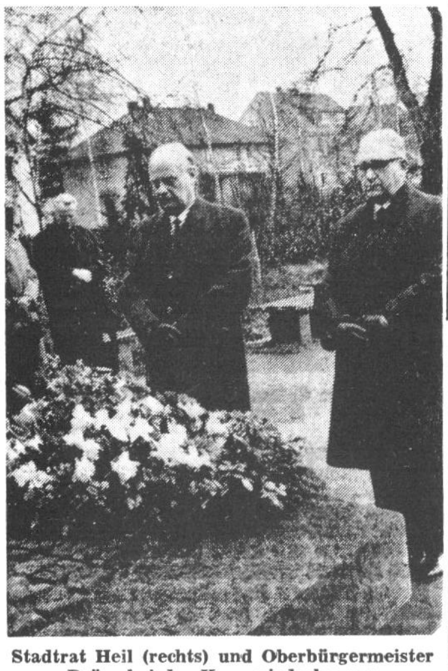

Stadtrat Heil (rechts) und Oberbürgermeister Dröse bei der Kranzniederlegung.

Vereinsnachrichten

(Mitteilungen für die „Vereinsnachrichten" müssen einen Tag vor der gewünschten Veröffentlichung schriftlich der Redaktion vorliegen.)

Kyffhäuser Frauenkameradschaft. Dienstag Abfahrt Limesstraße 13.45 Uhr, Freiheitsplatz 14 Uhr. Es sind noch einige Plätze frei.

1. Hanauer Skatclub 1962. Heute, 19.30 Uhr, Skatabend im Vereinslokal Kreishauskeller (im Landratsamt), Eugen-Kaiser-Straße 10. Gäste willkommen.

Hanauer Carnevelzug Verein 1954 (Fanfarencorps). Morgen fällt die Probe aus. Nächste Übungsstunde am 4. April in Kesselstadt.

AC Eiche 01 Hanau. Dienstag ab 17 Uhr Training der Schüler, ab 19 Uhr Training der Senioren und Junioren im Ringen und Gewichtheben, 20 Uhr Vorstandssitzung (erweiterter Vorstand).

Ski-Club Hanau. 20 Uhr Vorstandssitzung im Keglerheim am Hauptbahnhof.

Kreisverband Hanau der Ruhestandsbeamten u. Hinterbliebenen (Frauen). Abfahrtszeiten morgen: 13.45 Uhr Spessartstraße, 14 Uhr Busbahnhof.

1. FC Hanau 93. Heute, 18 Uhr, Filmvorführung (Weltmeisterschaftsfilm) im TFC-Heim; am Dienstag, 21. März, 20 Uhr, Wiederholung der Vorführung des Weltmeisterschaftsfilms im TFC-Heim.

Beilagenhinweis

Unserer heutigen Ausgabe liegt ein Prospekt der Fa. Fr. Schwab AG., Hanau, Kinzigheimer weg, bei.

Nur befristet gültig

Ein Deutscher darf mit einem ausländischen Führerschein in der Bundesrepublik nur befristet Auto fahren. Nach spätestens einem Jahr muß er vor einer deutschen Behörde die Fahrprüfung ablegen. Ein vorübergehendes Verlassen der Bundesrepublik entbindet von dieser Frist nicht. Das ergab sich aus einer Verhandlung vor dem Berliner Verwaltungsgericht. In der Entscheidung ging es um die Klage einer Angestellten mit österreichischem Führerschein gegen das Fahrverbot des Polizeipräsidenten. (Aktenzeichen: VG IV A 50/66.)

Im April und Mai:

Zwei Bundesminister kommen nach Hanau

Familienminister Heck voraussichtlich beim Junghandwerkertag in Hanau

Zwei Bundesminister werden im April und im Mai in Hanau erwartet. Eine vorläufige Zusage liegt vom Bundesminister für Familien- und Jugendfragen, Dr. Bruno Heck, für eine Ansprache beim Hessischen Junghandwerkertag am 22. April in Hanau vor. Minister Dr. Heck weilt zu dieser Zeit ohnehin in Hessen.

Am nächsten Tag spricht der prominente Schwabe beim Landestag der Hessischen Jungen Union in Frankfurt. Am Dienstag, dem 23. Mai, veranstaltet der Ausschuß für Sozialpolitik im Stadtkreisverband Hanau der Christlich-Demokratischen Union in der Stadthalle eine große Sozialausschuß-Tagung mit Arbeitsminister Hans Katzer als Hauptredner.

Der Leiter des Sozialpolitischen Ausschusses, Arbeitersekretär Dieter Hussing, hat bereits jetzt die Vorbereitungen für diese große Zusammenkunft übernommen. Mit dieser Veranstaltung soll die Ausschußarbeit innerhalb der Hanauer CDU, die als Beitrag zur Intensivierung der politischen Bildung gedacht ist, weitere frische Impulse erhalten.

dw

Auto gestohlen

Heute nacht wurde ein in der Karl-Marx-Straße geparkter Opel Caravan entwendet; das Fahrzeug hat das amtliche Kennzeichen HU—K 764.

Schulden gestiegen

Die Schulden der Gemeinden mit 10 000 und mehr Einwohnern und der Gemeindeverbände haben sich von 23,8 Milliarden Mark am 30. September 1966 auf 24,8 Milliarden Mark am 31. Dezember 1966 (3,9 Prozent) erhöht. Im Jahre 1966 war die Zunahme der Schulden mit insgesamt 2,9 Milliarden oder 13,1 Prozent niedriger als im Jahr 1965 (3,5 Milliarden oder 19,4 Prozent). Der Nettozuwachs 1966 ergibt sich aus 3,9 Milliarden Mark Neuaufnahmen und 1,1 Milliarden Mark Tilgungen. Bei den einzelnen kommunalen Körperschaftsgruppen sind die Schulden im Jahre 1966 unterschiedlich gestiegen. Sie erhöhten sich um 12,1 Prozent auf 17,3 Milliarden Mark bei den kreisfreien Städten, um 13,3 Prozent auf 5,4 Milliarden Mark bei den kreisangehörigen Gemeinden mit 10 000 und mehr Einwohnern und um 21,6 Prozent auf 1,6 Milliarden Mark bei den Landkreisen.

Was bringt das Fernsehen?

I. Programm

16.40 Nachrichten der Tagesschau
16.45 Für Sie
17.40 Meine Bücher – meine Freunde
18.00 Nachrichten der Tagesschau
18.10 Reise zum Vulkan
19.10 Ferien in Lipizza
20.00 Tagesschau/Wetter
20.15 Report
21.00 Nevergreens
Schlager, die keine wurden
21.50 Die Fernseh-Diskussion
aus München
22.35 Tagesschau/Wetter/Kommentar
22.50 Publikumsbeschimpfung
(Sprechstück von Peter Handke)
0.10 Nachrichten der Tagesschau

II. Programm

18.10 Nachrichten/Wetter
18.20 Die Drehscheibe
18.55 Soeben eingetroffen
Gus Backus präsentiert Hits aus 66
19.27 Der Wetterbericht
19.30 Heute
20.00 Tagebuch (Aus der kath. Kirche)
20.15 Alaska
(Bilderbogen von Martin Schließler)
anschl.: Kurznachrichten
21.00 Magdalena
● (Italienisch-französischer Spielfilm)
22.35 Heute

Das Standesamt meldet

Beim Standesamt Hanau wurden vom 5. bis 11. März 43 Geburten und 21 Sterbefälle beurkundet sowie zwölf Ehen geschlossen.

Geburten: Richard Raab, Langenselbold, Kreuze 7; Giuseppe Germanio Romano, Vorstadt 25; Volker Gunia, Somborn, Hanauer Straße 2; Saverio Vincenzo, Dörnigheim, Westendstraße 20; Nicole Thielemann, Dörnigheim, Königsberger Str. 38; Olaf Döll, Paul-Ehrlich-Straße 10; Uwe Adam, Steinheim, Berliner Straße 17; Michael Rumpf, Limesstraße 58; Alexander Weiland, Frankfurter Landstraße 24; Henrique Lourenco Costa Augusto, Wachenbuchen, Feldstraße 1; Jennifer Sirett, Nußallee 25; Petra Lückhardt, Kleibömerstraße 18; Michael Ihringer, Lortzingstraße 10; Maria Giuseppa Bizzoco, Körnerstraße 9; Bernhard Noodt, Langendiebach, Ronneburgstraße 18; Bernd Winkelbauer, Großkrotzenburg, Lindenstraße 38; Susanne Friedl, Bachstr. 35; James Georg Schwalm, Lamboystraße 23; Gabriele Dallwitz, Windecken, Bürgerstraße 3; Norman Schlimmer, Freigerichtstraße 10; Uwe Müller, Karlsbader Straße 31; Markus Horst Hamprecht, Großauheim, Pfarrgasse 2; Claus Martin, Bleichstraße 7; Stefan Ilg, Oberrodenbach, Barbarossastraße 21; Sylvia Brandt, Limesstraße 49; Oliver Schäfer, Langendiebach, Waldsiedlung 7; Anette Stabel, Hainchen, Lindheimer Straße 30; Thomas Kratz, Dudenhofen, Goethestraße 32; Anja Bachmeier Bleichstraße 1; Susanne Böhn, Hainstadt, Josefstraße 11; Sabrina Ruth, Mittelbuchen, Wassergartenstraße 1; Kirsten Redlich, Offenbach, Grimmstraße 71; Helmut Rainer Poerschke, Berliner Straße 6a; Norbert Heerdt, Essen, Hopfenstraße 57; Jens Gammersbach, Klein-Krotzenburg, Wilhelm-Leuschner-Straße 13; Stefan Jacobs, Plantagenstraße 6a; Zerrin Sayin, Hochstädter Landstraße 39; Sabine Schmidt, Kilianstädten, Berliner Straße 24; Thorsten Maisch, Mittelbuchen, Wachenbuchener Straße 13a; Annette Semmel, Neuenhaßlau, Hauptstraße 39; Jens Gräbner, Dörnigheim, Westendstraße 66; Winfried Bogon, Kahl, Grube-Friedrich-Straße 5; Roland Schroeder, Kilianstädten, Vogelsbergerstraße 20.

Sterbefälle: Anna Elise Heinzinger, geb. Rüppel, 78 J., Kattenstraße 26; Gustav Hänsl, 63 J., Feuerbachstraße 25; Anna Wombacher, geb. Klein, 78 J., Großauheim, Taunusstraße 16; Auguste Piatkowsky, geb. Engel, 51 J., Dörnigheim, Burgernickelstraße 32; Erna Walz, 62 J., Köppelweg; Johanne Rappe, geb. Keiser, 76 J., Steinau, Bahnhofstraße 2; Helene Martin, geb. Bickelhaupt, 78 J., Martin-Luther-Anlage 10-12; Rudolf Sauerwein, 79 J., Goethestraße 9; Wilhelm Wolf, 67 J., Ostheim, Ziegelstraße 7; Elise Scheich, geb. Lotz, 48 J., Mainstraße 9; Joseph Nath 70 J., Rommelhausen, Hauptstraße 49; Charlotte Kopp, geb. Baake, 79 J., Vor der Kinzigbrücke 46; Uwe Thalheimer, 1 Jahr, Langenselbold, Augustastraße 24; Waltraud Claiborne, geb. Dörrhöfer, 24 J., Kleibömerstraße 17; Stefan Jacobs, 2 Tage, Plantagenstraße 6a; Wilhelm Fischer, 52 J., Offenbach, Liebigstraße 28; Jakob Lutz, 70 J., Danziger Straße 13; Emilie Köhler, geb. Ferber, 62 J., Ravolzhausen, Feldstraße 6; Aloisia Gastan, geb. Nack, 83 J., Langenselbold, Rhönstraße 37; Elisabeth Herbert, geb. Öttinger, 85 J., Nürnberger Str. 36; Auguste Reinhardt, geb. Reinhardt, 85 J., Kattenstraße 26.

Eheschließungen: Karl Heinz Rühl, Dunlopstr. 2, und Ingrid Maier, Alzenau, Somborner Straße 11; Eugène Vito Gulotta, Wachenbuchen, Eichhornstraße 8, und Christel Wolf, Golfplatz Wilhelmsbad; Franz Woitaschek, Frankfurt, Egerstraße 11, und Katharina Woitaschek, geb. Reck, Limesstr. 52; Robert Allan Zunker, Solon Springs, Wisconsin, Box 248, und Josefine Zattler Engelsberg, Lupperting 55½; Rolf Heilmann, Rückertstraße 16, und Edith Bensing, Breitenbach Kressenbacher Str. 18; Walter Mosert, Lamboystraße 62 und Erna Liedberg, geb. Braun, Limesstraße 46: Horst Seegard, Rüsselsheim, Robert-Bosch-Straße 1, und Hannelore Salzer, Frankfurt, Leo-Gans-Straße 15; Volker Norek, Karl-Marx-Straße 54, und Inge Romahn, Westerburgstraße 5; Dieter Schneider, Hafenstraße 2, und Ellen Zell, Antoniterstr. 28e; Waldemar Krefting, Rheinstraße 4, und Ursula Reuter, Buchenweg 22; Reiner Blüming, Kahl, Mainstraße 10, und Marianne Erdt, geb. Gumpfer, Steinheimer Straße 3; Günter Höfer, Westerburgstraße 1, und Ulrike Köppert, Landgrafenstraße 11.

Hanauer Apothekendienst: Hofapotheke, Marktplatz 19.

Wie wird das Wetter?

Unbeständig und ziemlich kalt

Wetterlage: Auf der Nordostflanke eines ausgedehnten Hochdruckgebietes über dem östlichen Atlantik fließt Meeresluft polaren Ursprungs nach Deutschland. Mit ihr ziehen die Störungsausläufer eines nordatlantischen Sturmtiefs über Deutschland hinweg und gestalten das Wetter veränderlich.

Vorhersage: Wechselnd bewölkt mit kurzen Zwischenaufheiterungen. Gelegentliche, an den Nordhängen der Gebirge verstärkt auftretende Schauer, in höheren Lagen als Graupel oder Schnee. Tageshöchsttemperaturen in den Niederungen 5—8 Grad, Tiefsttemperaturen in der Nacht zum Dienstag nahe null Grad. Mäßiger bis frischer, zeitweise stark böiger Wind aus Nordwest bis West.

Aussichten: Wechselhaft mit meist schauerartigen Niederschlägen, keine wesentliche Temperaturänderung.

Roman von Barbara Busch

Die Vielgeliebte

1. Fortsetzung

„Hoho!" rief er. „Ich wünsche es dir, Fanny", fuhr er fort, „und den Unglücklichen, für die du jetzt schreibts."

Seine Worte gingen in dem Hupkonzert der Wagen unter, die sich bei dem Neben in den schamlen Durchfahrten am Karlstor gestaut hatten.

*

„Das kenn ich gar nicht", sagte Fanny; „hübsch ist es hier."

In der kleinen Gaststube, die man von der Garderobe durch einen Bogen sehen konnte, mischte sich Altes und Neues auf eine glückliche Weise. Vor der graurosa gestreiften Wand standen dunkle Stühle mit steifen Lehnen. Die Tische schimmerten weiß und silbern in dem intimen Zwielicht unter dem niederen Kreuzgewölbe. Die wenigen Gäste, unauffällig und elegant, hatten für Fanny einschüchternd gute Manieren und erschreckend blasierte Mienen.

„Einmal nur so dreinschauen können möcht ich", sagte sie seufzend. Sie wandte sich dem langen Spiegel im Vorraum zu. Anton half ihr aus dem Popelinemantel und vor ihr stand eine Person, die dem langen Mann dahinter eben bis zur Brust reichte, die nicht besonders hübsch war und schon gar nicht mondän aussah. „Und so groß möcht ich sein wie du", fuhr sie neidisch fort; „dann würde ich auf die Leute auch mehr Eindruck machen."

„Dann wärst du aber nicht so nett, Püppchen", sagte er lachend.

„Geschiedene Männer sind höflicher", murmelte sie. „So lange wir verheiratet waren, hast du mir nie so was Nettes gesagt. Gib mir deinen Kamm, bitte."

Sie kämmte heftig das braune, glatte Haar hinter die Ohren und lockerte ein bißchen die Stirnfransen, die ihr fast bis auf die dünnen Brauen hingen. Ihre Augen, auch sie braun wie ihr Haar, nur etwas heller, blickten unzufrieden. Also hatte sie in ihrer Hast und Aufregung doch wieder das alte graue Flanellkleid mit Perlmuttknöpfen angezogen. Erst auf der Fahrt zur Verhandlung war ihr eingefallen, daß ein schwarzes Kostüm passender gewesen wäre. Ihr schmales Gesicht wirkte ängstlich und unsicher.

„Ich weiß nicht — das hier ist doch ein sehr elegantes Lokal — wirst du dich nicht mit mir schämen, Anton?" fragte sie mit einem Blick auf seinen teuren grauen Anzug.

Anton war immer gut angezogen gewesen, schon zu Beginn ihrer Ehe, als Anton noch froh war, wenn er für die Schlächterin ein Plakat malen oder die Tochter von ihrem Kneipenwirt für einen Verehrer porträtieren durfte.

„Madame sehen heute blendender denn je aus", schwindelte Anton galant. „Aber nun genug mit der Musterung; ich schreie laut, wenn ich nicht gleich etwas zu essen kriege."

Fanny holte tief Luft und schritt engeben und mit gesenktem Kopf im Schutze von Antons breitem Rücken über den dicken graurosa Teppich in das Lokal hinein.

Sie saßen kaum, als Fanny mit Unbehagen den gewissen Ausdurck an Anton bemerkte. Sein Blick schweifte beobachtend im Lokal umher.

„Anton, ich bitt dich, tu mir das nicht an", bat Fanny; „die Leute hier sind so fein."

„Eben darum", antwortete Anton und hatte schon den kleinen Skizzenblock neben seinem Teller liegen. „So was sieht man nicht alle Tage."

Der Kellner in Schwarz und Weiß warf einen mißbilligenden Blick auf die Skizzen, während er nach der Suppe die silberne Platte mit den Schnitzeln auf den Tisch stellte

„Anton, hör auf, ich schäme mich", flüsterte Fanny.

„Gleich, gleich — nur noch den Kellner — er hat so herrliche Plattfüße", erwiderte Anton; „ich brauche ihn für eine Karikatur."

„Ich wundere mich nur, daß du nicht auch während der Verhandlung gezeichnet hast."

„Wollt ich — wollt ich auch; der Richter war eine herrliche Type", sagte Anton und kritzelte weiter.

Fanny griff über den Tisch und nahm ihm den Block weg. Anton fügte sich seufzend und wandte sein Interesse den Schnitzeln zu. Sie brutzelten noch, und Fanny merkte, daß auch sie halb verhungert war. Denn auch sie war heute ohne Frühstück aus der Wohnung gestürzt.

Es schmeckte ihr. Eigentlich war es roh und gefühlskalt, daß sie — im Augenblick wenigstens — über ihre Scheidung von Anton überhaupt nichts empfand und nur Hunger hatte.

„Schmeckt's?" fragte Anton.

„Mhm", machte sie mit vollem Mund. „Nur zu viel Besteck — ich weiß nicht, was ich nehmen soll. Als ob sie einen ärgern wollten."

Anton hörte zu essen auf.

„Das Schnitzel ist ein bissel fett, findest du nicht auch?" fragte er. Er hatte einen nervösen Magen, besonders dann, wenn er erst in der Frühe nach Hause gekommen ar. „Glaubst du, daß ich's vertragen werde?" sagte er bedenklich.

Fanny aß mit Genuß weiter.

„Ich glaube, das interessiert dich gar nicht", bemerkte er gekränkt.

„Ich vertrag es bestimmt" erwiderte Fanny ohne Mitgefühl.

„Der Malakoff-Pudding sieht delikat aus", sagte er später mit einem Blick auf den Nachbartisch. „Aber ich hab Angst, er könnte mir schaden."

„Mir schadet er bestimmt nicht", sagte Fanny ungerührt und folgte Antons Blick. Der Malakoff-Pudding — ein Gericht aus Schlagsahne, Früchten und Biskuit — stand vor einer Dame, auf die er keinen Eindruck machte.

„Soll ich ihn für dich bestellen?" fragte Anton.

„Ja, bitte." Sie starrte immer noch auf den Pudding und hörte nur mit halbem Ohr, was Anton sagte. „Was hast du gemeint?" fragte sie.

Anton steckte ein paar Pillen in den Mund, spülte sie mit einem langen Schluck aus seinem Weinglas hinunter und sagte:

„Püppchen, ich mein, nun laß uns endlich vernünftig miteinander reden. Du bist mir immer ausgewichen, wenn ich davon angefangen habe, und vor dem Richter wollte ich mich deswegen nicht mit dir herumstreiten."

Fanny war mit einem Male ganz bei der Sache. Sie wußte, was nun kommen würde. Sie ließ Messer und Gabel auf den Teller fallen. Es störte sie nicht, daß es laut klirrte. Sie richtete sich straff auf.

„Wenn du micht nicht vertreiben willst — dann, bitte, fang nicht davon an, Anton!"

„Aber, Fanny — das ist doch Wahnsinn — ich verdiene ganz gut, im Augenblick wenigstens, und du plagst dich sinnlos als Schreibkraft ab", sagte er.

„Hör auf, ich bitte dich; du kannst mich ja doch nicht verstehen!"

„Verdammt falscher Stolz! Du hast dich jahrelang mit mir herumgeplagt — schlechte Zeiten — immer nur Hoffnungen; ich hab halt keinen Namen gehabt — wer hat sich schon um einen Anton Sonntag geschert und ihm Aufträge gegeben. Nie war viel Geld im Haus. Und jetzt, wo ich in Mode gekommen bin, wo ich als Graphiker einen Namen habe, gehört es sich, daß du an meinen Erfolgen teilhast."

Fannys Gesicht war finster. Daß sie immer so wenig Kartoffeln zum Fleisch geben, dachte sie nervös.

„Ich kann ganz gut für mich allein sorgen. Was hat eine Frau schon für Bedürfnisse! Ich wenigstens hab noch nie viel für mich gebraucht — für das bißchen Essen und die Miete — und hie und da eine Kinokarte — reicht mein Einkommen."

„Dein Einkommen, wenn ich das schon höre", ereiferte er sich. „Die zweihundertfünfzig Mark, die geben sie dir nur, weil sie mir einen Gefallen tun wollen!"

Sie wurde blaß.

„Das ist nicht wahr, du willst mich nur kränken."

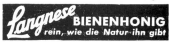

Stadt Hanau

Zu kurz

Zwar, die Offiziellen wußten es schon lange, auch wurden bereits entsprechende Eingaben gemacht, aber die Angelegenheit blieb mehr oder weniger intern. Als aber anfangs dieser Woche das für diese Jahreszeit ungewöhnliche März-Gewitter einsetzte und an einem Hochhaus an der Ecke Steinheimer Straße / Römerstraße Schaden anrichtete, wurde es in aller Öffentlichkeit deutlich: Die Freiwillige Feuerwehr der Stadt Hanau ist im Ernstfall nicht in der Lage, mit einer Leiter in die höchsten Etagen mehrerer Häuser zu gelangen, um Menschen zu retten.

Als die Wehrmänner bei besagtem Hochhaus am Montag von der höchsten Stelle der Drehleiter, sie hat eine Reichweite von 30 Metern, die erforderlichen Maßnahmen zur Absicherung von gelockerten Aluminiumplatten durchführen wollte, mußten sie sich mit einem Provisorium begnügen, weil die Leiter zu kurz war.

Nun geht es in diesem Fall noch an, daß weitere Gefahr provisorisch gebannt wurde, aber Fälle, in denen es kein Provisorium gibt – wer kann eine Garantie abgeben, daß sie nicht eintreten? Wer kann mit Sicherheit sagen, daß nicht durch Flammen und Rauch Menschen im obersten Stockwerk eines Hochhauses eingesperrt werden und nicht gerettet werden können? Wohl niemand. Auch wenn irgendwelche Vorschriften verlangen, daß bei Gebäuden von einer bestimmten Höhe an zwei getrennte Ausgänge vorhanden sein müssen.

In diesem Zusammenhang sei vor allem auf das Stadtkrankenhaus verwiesen. In den obersten Stockwerken sind vornehmlich Patienten untergebracht, die bettlägerig sind. Aber bis zum obersten Stockwerk reicht keine Feuerwehrleiter in Stadt und Landkreis Hanau. Freilich ist nicht zu wünschen, daß man erst durch Schaden klug wird, vor allem in diesem Fall nicht. Aber mit Nachdruck sei auf das Risiko hingewiesen, daß man eingegangen ist, als man den aus begründeter Sorge heraus gestellten Antrag der Feuerwehr auf Anschaffung einer Leiter mit 42 Meter Reichweite mit dem Hinweis, die Stadt habe in diesem Jahr kein Geld, auf Eis gelegte. Wer wird, ist einmal erst ein vermeidbarer Unglücksfall eingetreten, die Verantwortung tragen? my

Ist das Leid bewältigt?

Opfer haben zum Völkerfrieden beigetragen

Gedenkstunde auf dem Friedhof zum 19. März 1945

Zu einer kurzen, aber würdigen Feierstunde zum Gedenken der Opfer des 19. März 1945 versammelten sich gestern nachmittag Mitglieder des Magistrates und rund 200 Besucher auf dem Ehrenfeld des Hauptfriedhofes. Die Stadtkapelle unter der Leitung von Kapellmeister Goldbach sowie der Singkreis der Johannesgemeinde unter der Leitung von Frau Bock umrahmten die Feierstunde, in deren Verlauf Bürgermeister Martin und Stadtrat Heil für die Stadt Hanau einen Kranz niederlegten, mit passenden Vorträgen. Auf die Bedeutung des Tages vor allem für die Stadt Hanau ging Pfarrer Skroba, Christusgemeinde, als Sprecher der evangelischen und katholischen Gläubigen ein und forderte, daß jeder mit sich und seinem Nächsten Frieden schaffe, damit auf dieser Grundlage der Völkerfriede erreicht werde.

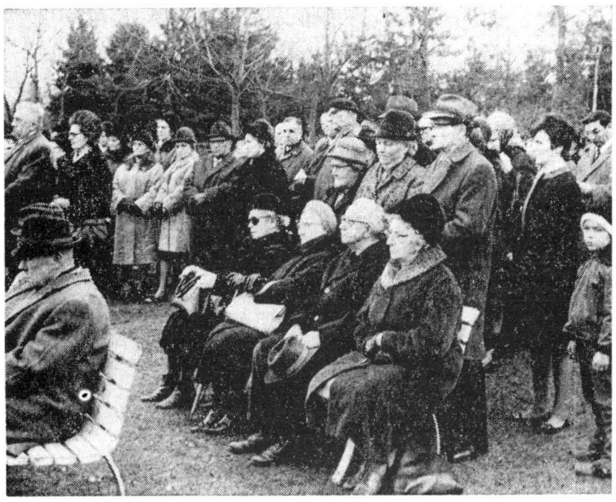

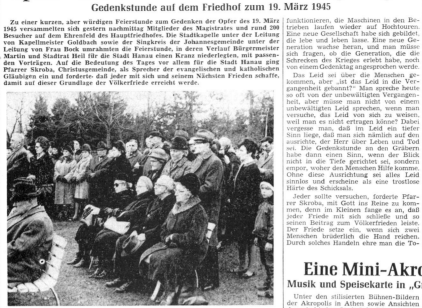

Alte und junge Bürger wohnten gestern der Gedenkstunde bei.

Vor 23 Jahren sei die Stadt des edlen Schmuckes in Trümmern gelegen, und wer durch die Straßen der Stadt gegangen sei, habe sich nicht mehr zurechtgefunden, erinnerte Pfarrer Skroba in seiner Ansprache. Heute gelte die Gedenkstunde jenen Menschen, die damals unter dem Hagel der Bomben ihr Leben ließen. Dem Elend von damals, der Trauer, den Tränen und dem Hunger seien ein mühsames Zurechtfinden, ein langsamer Anfang und schließlich ein grandioser Wiederaufstieg auch in dieser Stadt gefolgt. Alles scheine heute zu funktionieren, die Maschinen in den Betrieben laufen wieder auf Hochtouren. Eine neue Gesellschaft habe sich gebildet, die lebe und leben lasse. Eine neue Generation wachse heran, und man müsse sich fragen, ob die Generation, die die Schrecken des Krieges erlebt habe, noch von einem Gedenktag angesprochen werde.

Das Leid sei über die Menschen gekommen, aber „ist das Leid in die Vergangenheit gebannt?" Man spreche heute so oft von der unbewältigten Vergangenheit, aber müsse man nicht von einem unbewältigten Leid sprechen, wenn man versuche, das Leid von sich zu weisen, weil man es nicht ertragen könne? Dabei vergesse man, daß im Leid ein tiefer Sinn liege, daß man sich nämlich auf den ausrichte, der Herr über Leben und Tod sei. Die Gedenkstunde an den Gräbern habe dann einen Sinn, wenn der Blick nicht in die Tiefe gerichtet sei, sondern empor, woher den Menschen Hilfe komme. Ohne diese Ausrichtung sei alles Leid sinnlos und erscheine als eine trostlose Härte des Schicksals.

Jeder sollte versuchen, forderte Pfarrer Skroba, mit Gott ins Reine zu kommen, denn im Kleinen fange es an, daß jeder Friede mit sich schließe und so seinen Beitrag zum Völkerfrieden leiste. Der Friede setze ein, wenn sich zwei Menschen brüderlich die Hand reichen. Durch solches Handeln ehre man die Toten im rechten Sinn. Man müsse aber auch bereit zum Bekenntnis der eigenen Schuld sein, damit Friede werde. In Vietnam sei wieder Krieg, dort fließe das Blut und dort fließen Tränen. Wer den Krieg aus eigenem Erleben kennengelernt habe und wer, wie die Bürger dieser Stadt, die furchtbaren Schrecken habe über sich ergehen lassen müssen, der solle nicht schuldig werden an einem neuen Krieg. m~

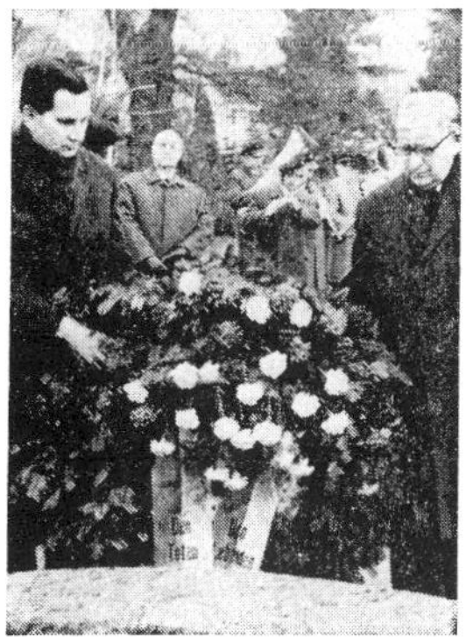

Kranzniederlegung durch Bürgermeister Martin und Stadtrat Heil

Eine Mini-Akropolis am Main

Musik und Speisekarte in „Groß-Saloniki" für die Griechen

Unter den stilisierten Bühnen-Bildern der Akropolis in Athen sowie Ansichten der griechischen Stadt Saloniki produzierten sich in diesen Tagen in Hanau eine schwarzhaarige Sängerin aus dem Land der Hellenen mit dreien ihrer Landsleute im Scheinwerferlicht des Fernsehens. Ein Team des Westdeutschen Rundfunks in Köln machte für die täglichen Gastarbeiter-Sendungen der Fernsehanstalt Aufnahmen, die den Südländern ein wenig heimatliche Atmosphäre vermitteln sollen.

Ort der Handlung: Der ehemalige Vereinsraum der Gaststätte „Mainlust" in der Philippsruher Allee. Das Etablissement ist kürzlich von einem Griechen übernommen worden, der daraus ein Zentrum für die im Hanauer Raum lebenden griechischen Gastarbeiter machen will. In „Groß-Saloniki" — diesen Namen wählte der Inhaber, weil er aus dieser Stadt stammt — werden sich in Zukunft die Griechen treffen, die sich bisher mit der deutschen Gastronomie noch nicht so recht befreunden konnten. Hier finden sie heimische Weine und auch viele Gerichte aus ihrer Heimat, auf die sie hier bisher weitgehend verzichten mußten. Immerhin leben in und um Hanau etwa 1 500 bis 2 000 Griechen. Einschließlich Frankfurt wird die Zahl auf rund 7 000 geschätzt.

Der Inhaber ist bemüht, seine Landsleute jedoch nicht nur mit Gaumenfreuden zu verwöhnen, sondern ihnen auch ein wenig heimatliches Brauchtum zu bieten. So sollen dort ständig Kapellen spielen, die mit den gitarre-ähnlichen Boucouki-Instrumenten als Melodieträger die typische griechische Volksmusik bieten sollen. Doch neben der überlieferten Musik mit der Anlehnung an Folklore werden die Griechen auch Gelegenheit haben, moderne Schlager zu hören und danach zu tanzen.

Selbstverständlich sind auch deutsche Gäste willkommen, betont der Pächter Eleftheriadis Eleftherios. Schließlich wollen sich die Griechen in der Bundesrepublik nicht abkapseln, sondern suchen auch den Kontakt zu den deutschen Bewohnern. Ihn zu finden, ist aber nicht immer ganz leicht. **b.**

Berufsfortbildung

Hanauer „Gewerbeakademie" geplant

Mehrere betroffene Institutionen treten gemeinsam als Träger auf

Die Erweiterung des Lehrgangswesens bezeichnete der Geschäftsführer der Kreishandwerkerschaft, Hans Heinrich, als eine der wichtigsten Aufgaben, die sich die Handwerkerschaft gestellt habe. Welche Bedeutung der Verband diesem Vorhaben beimißt, geht schon daraus hervor, daß eine weitere Verwaltungskraft als Sachbearbeiter für das Lehrgangswesen gewonnen wurde, die den Haushaltsplan des Verbandes erheblich belastet habe. Aber durch Einsparung an anderer Stelle sei es der Jahreshauptversammlung gelungen — wie bereits berichtet —, die geplante Erweiterung der Lehrgangsarbeit mit den entsprechenden Mitteln abzusichern. Die Maßnahme ist nach den Worten des Geschäftsführers als Vorarbeit für eine Intensivierung der Fort- und Weiterbildung anzusehen, die in naher Zukunft als „Gewerbeakademie" institutionalisiert werden soll.

Die ersten Verhandlungen mit dem Oberstudiendirektor der Ludwig-Geißler-Schule, der gewerblichen Berufsschule, Heinz Fackiner, wurden bereits aufgenommen, da für den Plan der Kreishandwerkerschaft die Schule einige Räume in den Abendstunden zur Verfügung stellen müßte. Im Hinblick auf eine neue Gesetzesvorlage, dem sogenannten Arbeitsförderungsgesetz, sei eine solche Einrichtung in Hanau zu begrüßen. Der Gesetzesvorlage zufolge soll die Ausbildung und die Fortbildung aller Berufstätigen der Mobilität der Wirtschaft angepaßt werden, denn in der Vergangenheit zeigten sich auf diesem Sektor gewichtige Fehlentwicklungen, die es aufzufangen gelte.

Das Gesetz geht von der Tatsache aus, daß viele Berufstätige im Laufe ihres Lebens den Beruf wechseln, bedingt entweder durch einen Strukturwandel oder durch technischen Fortschritt, der auch neue Berufe schafft. Zur Erhaltung der Arbeitsplätze in einer mehr und mehr sich automatisierenden Welt seien oftmals ebenfalls Umschulungen oder Weiterbildungskurse angebracht. Das Handwerk stehe auch den in der Entwicklung befindlichen Berufen der Wirtschaft zur Verfügung. Der daraus resultierende Aufgabenkomplex betrifft nach Ansicht Geschäftsführer Henrich Industrie und Handwerk sowie alle Gruppen, die an einer gesunden wirtschaftlichen Entwicklung interessiert sind.

Kernpunkt dieser Fort- und Weiterbildung sei eine geplante Konzentration mehrerer Institutionen, die sich alle die gleichen Aufgaben gestellt hätten. Eine intensive Vorbereitung sei bereits im Gange und durch das Zusammenwirken des Handwerks mit der Industrie, mit den Gewerkschaften, dem Arbeitgeberverband, den gewerblichen Berufsschulen und dem Arbeitsamt solle eine Institution zur Berufsausbildung und zur Fortbildung geschaffen werden, in der alle Gruppen als Träger auftreten. So sei es möglich, mehr finanzielle Mittel zu erhalten und diese rationell und sinnvoll anzuwenden.

Durch weitsichtige Planung hätten die Träger zu dieser Konzentration entschlossen, um aus allen Detaillehrgängen, die bisher getrennt unter der jeweiligen Regie der einzelnen Institutionen durchgeführt wurden, eine einheitliche „Gewerbeakademie" zu bilden, die hier in Hanau als Mittelpunkt der östlichen Exklave des Frankfurt—Wiesbadener Verwaltungsraumes ein gutes Einzugsgebiet hätte und dank der gemischten Wirtschaftsstruktur der Stadt Hanau Erfolg verspräche. Durch die rationellere Gestaltung aller Kurse könnten die vorhandenen Mittel besser eingesetzt und Überschneidungen, wie sie bisher vorkamen, vermieden werden.

Überschneidungen vermeiden

Bei der Handwerkerschaft registriert man wöchentlich etwa 500 Lehrgangsteilnehmer, die zum Teil überbetriebliche Unterweisungslehrgänge der Innung, ein Fortbildungsprogramm der Junghandwerkerschaft und in überwiegender Mehrheit Vorbereitungslehrgänge zur Meisterprüfung absolvierten. Die Aufgabe der neuen Institution sei es, Duplizitäten zu beseitigen, ohne dabei die horizontale Verflechtung zu zerstören, die nun einmal vorhanden sei.

Die Wirtschaft hat ständig Veranlassung, den Markt zu beobachten, um sich der jeweiligen Lage besser anzupassen. Die Industrie und die Großwirtschaft arbeiten für einen anonymen Kunden, beeinflussen den Markt und die Bedürfnisse des Käufers. Das Handwerk hingegen habe persönlichen Kontakt zum Kunden und arbeite größtenteils nur auf Bestellung. Trotzdem seien beide Bereiche verflochten. Die Aufgabe des Handwerks sei mehr die Versorgung der Bevölkerung mit Gütern und Dienstleistungen, trete hauptsächlich als Zulieferer oder Abnehmer der Industrie in Erscheinung und übernehme die Rolle des Kundendienstes.

Insofern werde das Handwerk nach Ansicht Hans Henrich auch in der Zukunft nicht zum Aussterben verurteilt sein, müsse sich aber jeder Veränderung der wirtschaftlichen Situation anpassen. Auch könne das Handwerk nicht verhindern, daß es mehr und mehr von der Industrie abhängig werde. er

Konzerte hatten hohes Niveau

Salzmann Ehrenvorsitzender des Sängerkreises Hanau

Zur Delegiertentagung des Sängerkreises Hanau Stadt und Land in Hanau begrüßte Kreisvorsitzender Walter Salzmann die Vertreter von 40 Kreisvereinen, ferner den früheren Bundesvorsitzenden und Präsidenten der IDOGO, Heinrich Nöll. In seinem folgenden Halbjahresbericht unterstrich Salzmann die rege, kulturelle Tätigkeit des Sängerkreises. Besonders lobend hob er das hohe Niveau der Konzerte und Liederabende hervor. Aus dem Kassenbericht war ersichtlich, daß der Kreis auf einer gesunden finanziellen Basis steht. Die Berichte des Kreischormeisters und des Kreisjugendleiters wurden von der Versammlung bestätigt. Aus dem Bericht des Kreisjugendleiters ging die Aktivität der Sängerjugend hervor. Sie gipfelte in der Kreisjugendveranstaltung in Roßdorf. Der Jugendleiter appellierte an die Delegierten, die Jugendarbeit noch intensiver zu unterstützen.

Für das kommende Kreiskritiksingen empfahlen die Mitglieder des Kreismusikausschusses, H. Oppermann und G. Schwachhöfer, Chorliteratur nach Möglichkeit aus den Arbeiten der vorgeschlagenen Komponisten auszuwählen.

Da sich Vorsitzender Walter Salzmann nach 14jähriger, aktiver Tätigkeit aus Altersgründen nicht mehr zur Wahl stellte, würdigte Heinrich Nöll dessen Verdienste. Er unterstrich, daß Salzmann die Ziele des DAS gut vertreten habe. Bei der Vorstandswahl wurde Salzmann zum Ehrenvorsitzenden des Sängerkreises gewählt.

Der neue Kreisvorstand setzt sich wie folgt zusammen: Vorsitzender Heinrich Häfner (Langenselbold), Stellvertreter Heinrich Haas (Oberau), 1. Schriftführer Walter Gruner (Oberissigheim), 2. Schriftführer Alfred Noll (Oberrodenbach), 1. Kassierer Herbert Viel (Langendiebach), 2. Kassierer Karlheinz Lapp (Dörnigheim), Beisitzer Fritz Höhn (Hanau), Rolf Hoffmann (Hanau), Heinz Preis (Rückingen), Heide Rauch (Kilianstädten) und Heinz Ries (Lieblos).

In der Aussprache wurde den Vereinen nochmals empfohlen, das Kreissängerfest und das Kreiskritiksingen zu besuchen, außerdem wurden Anregungen der Delegierten entgegengenommen, die zeigten, daß die einzelnen Kreisvereine starken Anteil am Geschehen des Sängerkreises nehmen.

Mit Frau und Kind nach Berlin

Angeklagter vergaß unterwegs geliehenen Wagen

Weil ihm wegen zweiter Verkehrsstrafen in Hanau der Boden unter den Füßen zu heiß wurde, wollte sich der 24 Jahre alte Angeklagte Dieter mit seiner hochschwangeren Frau und seinem kleinen Kind nach Berlin absetzen. Unterwegs „vergaß" er einen in Hanau geliehenen Wagen und wurde jetzt wegen Unterschlagung verurteilt.

Der Mann hatte in den von einer Hanauer Autovermietung geliehenen Kleinbus seinen Hausrat geladen und dann mit seiner Familie die große Reise angetreten, die ihn in die „Stadt der unbegrenzten Möglichkeiten" führen sollte. Unterwegs hatte er allerdings mit dem Auto eine Panne und mußte den Wagen auf einem Parkplatz in Braunschweig stehen lassen. Mit der Bahn setzte die Familie dann d[illegible] Reise fort.

Zwei Wochen stand das Fahrzeug auf dem Parkplatz, ehe es einer Polizeistreife auffiel. Im Handschuhfach lagen die Papiere und Schlüssel des Fahrzeugs. „Die Polizei wird den Wagen schon finden, dachte ich mir", sagte der Angeklagte im Gerichtssaal. Seine seltsame Einstellung zu dem Eigentum anderer stellte sich jedoch einwandfrei als Unterschlagung dar. Erster Staatsanwalt Karow wollte den Angeklagten deswegen für drei Monate ins Gefängnis geschickt wissen. Das Gericht verurteilte ihn zu sechs Wochen Gefängnis mit Bewährung und unterstellte ihn einem Bewährungshelfer.

Seit einiger Zeit wohnt die Familie übrigens wieder in Hanau. Der Ausflug nach Berlin hat ihr weiter nichts eingebracht als viel Ärger und dem Ehemann die Strafe. –in

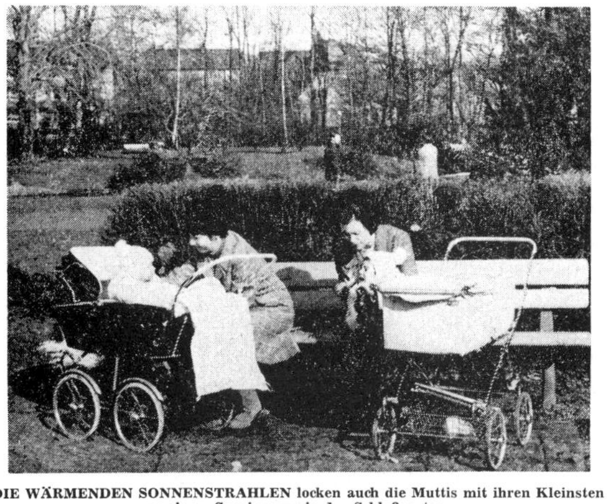

DIE WÄRMENDEN SONNENSTRAHLEN locken auch die Muttis mit ihren Kleinsten zu einem Spaziergang in den Schloßgarten.

Sprechstunden für Angestellte

Der Überwachungsbeamte der Bundesversicherungsanstalt für Angestellte hält am Mittwoch, dem 27. März, von 8 bis 14 Uhr, Sprechstunden im Rathaus, Am Markt, linker Seitenflügel, 1. Stock, Zimmer 107, ab. Allen Versicherten der Angestelltenversicherung wird wieder Gelegenheit gegeben, sich Auskunft in Fragen der Angestelltenversicherung direkt bei dem Überwachungsbeamten der Bundesversicherungsanstalt für Angestellte einzuholen bzw. beraten zu lassen.

Dokumentation im Rathaus-Foyer

Die unter dem Leitwort „Brüderlich teilen" stehende Aktion der katholischen und evangelischen Jugend Hanau, die Hilfe für die hungernde Bevölkerung in aller Welt bringen soll, ist erfolgreich angelaufen. Mehrere Gruppen verteilten in Hanauer Geschäften annähernd 100 Sammelbüchsen. Durch den Spendenaufruf sollte sich jeder Bürger bei seinen Einkäufen aufgefordert fühlen, ein Opfer für die unbeschreibliche Not in vielen Gebieten der Erde zu geben. Bilder und Berichte über die Not in der Welt wurden zu einer Dokumentation zusammengestellt, die ab Samstag, 23. März, im Foyer des alten Rathauses zu sehen ist.

Wohin gehen wir heute?

Capitol: „Die Brücken von Toko-Ri"
Luxor: „Leitfaden für Seitensprünge"
Central-Theater: „Gangster, Rauschgift und Blondinen"
Palette: „Alle Herrlichkeit auf Erden"
Rex: „Der Hund von Blackwood Castle" mit Heinz Drache, Karin Baal und Horst Tappert.

Verwechselt

Nach einigem Hin und Her hat es doch noch geklappt. Der Journalist bekam nach wiederholtem Versuch den Geschäftsmann endlich an die Strippe, um einen Termin für eine kurze Unterredung auszuhandeln. Schließlich war es dringend, da der Geschäftsmann in einem Verein eine wichtige Funktion ausübt und gerade eine aktuelle Sache für die Zeitung parat hatte. „Ja, da kommen Sie doch mittags vorbei, dann besprechen wir die Sache bei einem Glas Bier", schlug das Vorstandsmitglied vor. Dem Journalisten war es recht, obwohl er, wieder einmal, seine Mittagspause abkürzen mußte.

Um die Mittagszeit tauchte im Geschäft des Vorstandsmitgliedes ein junger Mann auf. Jovial begrüßte der Aufgesuchte den Besucher und klopfte ihm freundschaftlich auf die Schulter. Der Besucher war verdutzt, daß er gleich zu einem Glas Bier eingeladen wurde, aber er schlug die Einladung nicht aus.

Nach dem ersten „Prost" klagte der Geschäftsmann über die Sorgen seines Vereins. Jetzt erst gingen dem Gegenüber die Augen auf. Er sei, so klärte er auf, ein Vertreter, der den Geschäftsmann in einer geschäftlichen Sache aufsuchen wollte. Der Geschäftsmann brach die Bier-Runde auf und verlagerte das Gespräch in seinen Betrieb, wo inzwischen der Journalist zur vereinbarten Unterredung eingetroffen war. my

Erdgasprobleme und kein Ende

Traditionsgewerbe wurde vergessen

Aus der Hauptversammlung der Gold-, Silber- und Graveur-Innung

Nicht ohne Stolz bezeichnet Hanau sich als Stadt des edlen Schmuckes. Werbewirksam läuft das Lob des Traditionsgewerbes rund um die Welt, selbst die Post mixt ihren Beitrag per Abstempelungstext dazu. Doch wer nun glaubt, die Stadt wäre bemüht, die Edelmetallbranche mit Rat und Tat jederzeit zu stützen, der irt. Jedenfalls beim Erdgas nicht, das ab 1. Juni als neue Substanz durch die Röhren fließt. Da ist nichts von freudiger Erwartung auf die dem technischen Zeitalter entsprungene Modernität, sondern Sorge um technische wie finanzielle Probleme geistert quer durch alle Betriebe. Warum? Die Gründe sind klar — in striktem Gegensatz zu den technischen Daten, die bislang zu erhalten sind, wie bei der Hauptversammlung der Gold- und Silber- und Graveur-Innung festgestellt wurde.

Seit rund einhundert Jahren erhalten wir Gas, das aus Kohle gewonnen wird. Darauf sind in den Werkstätten die Zuleitungen und die Brenner eingerichtet. Mundgeblasen wird die Flamme und ihre Sauerstoffzufuhr geregelt. Für den Könner wird das Zusammenspiel von Blasen und Handführung schnell zu fast unbewußter Routine, die totale Konzentration auf das Werkstück ermöglicht.

Nun kommt das Erdgas. Sein Heizwert liegt viel höher als beim bisherigen Stadtgas. Die üblichen Kupferleitungen wird es verschmoren. Sein Sauerstoffbedarf ist derart hoch, daß maschinelle Lieferung notwendig wird. Nur ein Goliath könnte — vielleicht — diese Menge noch blasen! Für die rein handwerkliche Technik bedeutet das, sich mit einem Zusatzgerät, mit einem mechanischen Gebläse zu arrangieren. Aber wie? Welche Geräte sind für Erdgas schon erhältlich? Zu welchem Preis? Sind sie betriebssicher? Wie werden die neuen berufsgenossenschaftlichen Unfallverhütungsregeln lauten? Mit welchem Druck wird das Gas geliefert? Wird er konstant sein oder schwankend? Nur aus dieser Kenntnis können Drosselungsregeln abgeleitet und angewendet werden. Mit wievielen Tagen Arbeitsminderung werden die Betriebe rechnen müssen, weil keine Zeit und Möglichkeit zum vorherigen Üben und Ausprobieren gegeben ist?

Das Problem „Erdgas" setzt sich für die Edelmetallbranche aus einem dicken Bündel ungelöster Fragen zusammen. Während die Betroffenen sich noch sorgen, ist die Werbung munter auf den Plan getreten. Eine halbseitige Großanzeige wurde der Innungsversammlung auf den Tisch gelegt. Sie versprach Geräte zur Arbeit mit Erdgas — doch nur der Eingeweihte verstand, daß es irreführende Angaben sind: klein und bescheiden war der Satz versteckt, daß eigenes Ausprobieren empfohlen wurde. Die Gold- und Silberschmiede Hanaus haben weder Zeit noch Geld, die Experimente cleverer Industrieunternehmen auszuprobieren. In ihrer Sorge wurde ihnen Hilfe zuteil, die reiner Eigeninitiative entsprang. Seit 1840 existiert am Marktplatz in Hanau die Zuliefererfirma Gebrüder Ott. Ihr Geschäftsführer Faistenauer begann, die notwendigen Informationen hereinzuholen. Zunächst bei den Stadtwerken. Was er hier erfuhr, formuliert sich schnell; nämlich: nichts. Weder exakte Angaben über Druck oder Kalorien, noch über allgemeingültige Erfahrungen anderswo, von technischen Veränderungen in der Gold- oder Silberschmiede hat man überhaupt keine Vorstellung gehabt. Verblüfft quittierte die Innungsversammlung seinen Bericht.

Die Firma Gebr. Ott, fast einhundertdreißig Jahre schon dafür bekannt, der Hanauer Edelmetallbranche nicht nur mit Werkzeug und Gerät, sondern auch mit Rat zu dienen, gab sich mit dem Nichts der Stadtwerke nicht zufrieden. Die handfesten Informationen, die er den im Haus des Handwerks versammelten Meistern präsentierte, erhielt er von den Maingaswerken Frankfurt, den Stadtwerken der Hansestadt Hamburg und aus Hannover. So wurde der Vortrag Faistenauers zu echter Beratung. Bleibt als Kuriosum festzuhalten, daß die einzige Stadt unter den Befragten, die keine Antwort auf die Fragen der Betriebe wußte, ausgerechnet die einzige von allen war, die sich auf das Traditionsgewerbe beruft.

Sofern die Werkstatt nicht auf Propangas sich umstellt — was leider nur für sehr kleine Betriebe mit äußerstenfalls Zwei-Mann-Besetzung möglich ist —, wird mit Anschaffungskosten von etlichen hundert Mark zu rechnen sein. Ein großer Hanauer Betrieb der Edelmetallindustrie hat mit dem Test, d. h. mit Probearbeiten verschiedener Geräte begonnen. Ein amerikanisches Lötgerät, ein Mischrohr für Sauerstoff und Gas, scheint das sicherste zu sein. Soll man, um jedem Betroffenen die Chance des Übens zu geben, mit diesem Ventilrohr ein sit-in im Gaswerk planen? Man wird noch warten. Ein italienisches Gerät wurde zum Testen angefordert. Aus ganz bestimmtem Grunde: Die Regionalplanung der Gasversorgung sieht vor, daß im Falle des Nichtausreichens der Gasmenge aus Holland Erdgas aus Italien über Frankreich nach Mainz geleitet wird und von dort aus die Leitungen füllt. Soweit bisher bekannt, hat italienisches Gas eine niedrigere Kalorienzahl. Möglich also, daß italienische Lötkolben brauchbar werden.

Am 1. Juni soll der Stichtag sein, sofern Hanaus Traditionsgewerbe nicht erreicht, was Pforzheims Industrie sich erzwang: Terminverschiebung bis zum Herbst. Wie die Staatliche Zeichenakademie mit dem für sie besonders gelagerten Fragenkomplex fertig wird — das ist ein spezielles Problem. gus

Von der Jahreshauptversammlung gewählt:

August Möbius VdK-Vorsitzender

Nachfolger des verstorbenen Ferdinand Becker

Stark frequentiert war auch in diesem Jahr wieder die Jahreshauptversammlung der Ortsgruppe Hanau des Verbandes der Kriegsbeschädigten, Kriegshinterbliebenen und Sozialrentner Deutschlands (VdK), am Wochenende in der Polizeisporthalle. Die Mitglieder gedachten zu Beginn ihres langjährigen Vorsitzenden, Ferdinand Becker, der im Oktober vergangenen Jahres starb.

Der amtierende Vorsitzende und Stellvertreter Beckers, August Möbius, begrüßte die zahlreich erschienenen Mitglieder und überbrachte die Grüße von Oberbürgermeister Dröse und Stadtrat Ott, die am Kommen verhindert waren. Ebenso ließ sich Kreisvorsitzender Heinrich Stab wegen seiner plötzlichen Erkrankung entschuldigen.

Möbius ging in seinem Jahresbericht zunächst auf den Kampf des VdK zur Verbesserung der Kriegsopferversorgung ein. Mit der Wiederherstellung des Paragraphen 56 des Bundesversorgungsgesetzes (BVG) — in der Fassung des dritten Neuordnungsgesetzes — und der Zusage Bundeskanzler Kiesingers, die Kriegsopferrenten ab 1. Januar 1970 entscheidend zu verbessern, seien entscheidende Hürden für eine Erhöhung der Renten genommen worden.

Im weiteren Verlauf seiner Ausführungen gab Möbius einen Überblick über die Versammlungen und Veranstaltungen des vergangenen Jahres. Anneliese Röder berichtete über ihre Arbeit als Hinterbliebenen-Betreuerin. Sie sagte, daß es oberste Aufgabe des VdK sei, eine Vereinsamung der oft ganz alleinstehenden Witwen zu verhindern. Diese Aufgabe zu lösen, sei stets das Bestreben der Ortsgruppe Hanau gewesen. Es folgte der Kassen- und anschließend der Revisionsbericht. Das Kassenbuch lag zur Einsichtnahme auf. Nach der Aussprache zu den Berichten erfolgte die Entlastung des gesamten Vorstandes, da er in diesem Jahr satzungsgemäß neu gewählt werden mußte.

Die Neuwahl des Vorstandes hatte folgendes Ergebnis: August Möbius wurde in geheimer Wahl zum Vorsitzenden gewählt. Die Wahl des 2. Vorsitzenden fiel auf Anneliese Röder. Hinterbliebenen-Betreuerin wurde Elsa Kipfer, Schriftführerin Dina Schmidt und Kassierer Alfred Schenk. Beisitzer: Erna Gärtner, Gretel Grob und Maria Vaupel, sowie Walter Grüllich und Günter Willaschek; Revisoren: Ernst Günther Reinisch und Kurt Kessler; außerdem wurden die Delegierten zum Kreisverbandstag gewählt. Mit der Ehrung der Mitglieder für zehnjährige Mitgliedschaft wurde die Versammlung beendet.

Positive Bilanz

‚Wachablösung' beim ‚Frohsinn'

Reinhold Brandt jetzt Vorsitzender des Männerquartetts

Im Zeichen guter Kameradschaft, die weiterhin gepflegt und gefördert werden soll, stand die Jahreshauptversammlung des Männerquartetts „Frohsinn" 1925 Hanau, in der eine positive Bilanz gezogen werden konnte.

Vorsitzender Hans Zeller dankte nach seinen Begrüßungsworten allen Vorstandsmitgliedern für gute Zusammenarbeit, die zum Gelingen verschiedener Veranstaltungen wesentlich beigetragen habe. Schriftführer Strache stellte in seinem Tätigkeitsbericht die markantesten Ereignisse des Vereinsjahres heraus; er wies auch darauf hin, daß sich die Sänger an zahlreichen Veranstaltungen der Gemeinschaft Hanauer Gesangvereine beteiligten.

Einen ordnungsgemäßen Kassenbericht gab Kassier Brandt, der von Revisor Reinisch als sorgfältig und korrekt bewertet wurde, so daß dem gesamten Vorstand einstimmig Entlastung erteilt wurde.

Zum neuen Vorsitzenden des Männerquartetts „Frohsinn" wurde Reinhold Brandt gewählt, zum Stellvertreter Rudolf Schultheiß. Schriftführer ist Walter Strache, Stellvertreter Werner Kurth, Kassier K. H. Seifert, Stellvertreter Otto Trautmann und Vizedirigent Theo Manhek. Dem Vorstand gehören außerdem Willi Schultheiß, Werner Rössel, H. W. Kubina und Helfried Hage an.

Der neue Vorsitzende bedankte sich für das Vertrauen der Mitglieder und dankte auch seinem Vorgänger Hans Zeller für die bisher geleistete Arbeit. Abschließend erläuterte Reinhold Brandt Einzelheiten zu den Plänen für das neue Vereinsjahr. mg

Straße war zu eng

Als zu eng erwies sich der Kinzigheimer Weg, als sich gestern gegen 20.35 Uhr zwei Personenwagen begegneten, einer davon im Begriff, einen rechts parkenden Lastwagen zu überholen. Dabei stießen die beiden Personenwagen zusammen. Ein Fahrer wurde verletzt und zur stationären Behandlung ins Stadtkrankenhaus gebracht. Dort wurde ihm gleich eine Blutprobe entnommen und sein Führerschein einbehalten, da Verdacht auf Alkoholeinfluß bestand. Den Sachschaden bezifferte die Polizei mit 7000 Mark.

Finanzplan aufgestellt

Mehr Mittel für die Jugendarbeit

Vorstand der Gewerkschaft ÖTV gab Rechenschaftsbericht

Zusätzliche Mittel für die Jugendarbeit und für die Agitation beschloß der Vorstand der Gewerkschaft ÖTV, Kreisverwaltung Hanau, im Rahmen seines Finanzplanes für das Jahr 1969.

In seinem Rechenschaftsbericht über das verflossene Jahr konnte der Geschäftsführer der Gewerkschaft ÖTV, Kreisverwaltung Hanau, Klaus Nimrich, auf eine positive Entwicklung verweisen. Der Mitgliederstand hat sich nach Abzug aller Abgänge um 153 Mitglieder auf 5683 erhöht. Nimrich hob dabei besonders hervor, daß es zwischen zahlenden Mitgliedern und Karteimitgliedern keine Differenz gäbe. Im weiteren Verlauf seiner Sitzung befaßte sich der Kreisvorstand mit den derzeit aktuellen und umstrittenen Schulproblemen. Ausgehend von der Diskussion mit der Staatssekretärin im Hessischen Kultusministerium, Frau Dr. Hamm-Brücher, in der Stadthalle, beschloß der Vorstand, den DGB-Kreis Hanau als zuständige Dachorganisation aufzufordern, die Schulpolitik im Stadt- und Landkreis Hanau in einer außerordentlichen Sitzung des DGB-Kreisvorstandes zu behandeln. Zu dieser Sitzung sollten Sachverständige sowohl von den Lehrern, als auch vom Kultusministerium zu Wort kommen.

Zur »Hanauer Spitze«

Unter dem Motto steht ein Vortrag des Hanauer Alpenvereins am kommenden Donnerstag. Vereinsmitglieder haben diesen Lichtbilderabend gestaltet. Er steht in der Reihe der Veranstaltungen zum 75-jährigen Jubiläum der Sektion Hanau des Deutschen Alpenvereins und ist einmal als Rechenschaftsbericht gedacht über 75 Jahre Tätigkeit in den österreichischen Alpen; zum andern will er einen größeren Kreis von Bergfreunden mit dem Hüttengebiet bekanntmachen. Nebenbei wir er sicher manche Erinnerung wecken. Eine Reihe Bilder blendet zurück und zeigt die Entstehung der Hanauer Hütte bis zum gegenwärtigen Baustadium. Sinnfällige Würdigung der Tätigkeit Hanauer Bergsteiger bei der Erschließung der zentralen Lechtaler Alpen ist die offizielle Benennung des südlichsten Gipfels des Schlenkerkammes der 2553 m hohe Berg heißt Hanauer Spitze. Der Vortrag am kommenden Donnerstag findet um 20 Uhr in der Aula der Hohen Landesschule statt.

Kunsthistorischer Vortrag

Der Hanauer Geschichtsverein weist darauf hin, daß der angekündigte Vortrag des Landesarchäologen Prof. Dr. Helmut Schoppa (Wiesbaden) über „Römische Grabsymbolik am Rhein und Donau" heute — und nicht wie bei den Vortragsveranstaltungen des GV sonst üblich am Freitag — stattfindet. Vortragsraum: Saal 2 des Bürgerhauses. Beginn 20 Uhr.

Zusammenstoß an der Brücke

An der Kreuzung Friedrich-Ebert-Anlage mit der Rathenaubrücke stießen gestern gegen 16.50 Uhr zwei Wagen zusammen, weil ein Fahrer die Vorfahrt nicht beachtet hatte. Es entstand für 500 Mark Sachschaden. Ein „fahruntüchtiger" Wagen mußte von der Polizei abgeschleppt werden.

Mit Phantasie und Humor

André Roussins „Lokomotive" kommt in die Stadthalle

Mit André Roussins Komödie „Die Lokomotive" wird die Theatergemeinde Hanau Stadt und Land am kommenden Montag ihre Veranstaltungsfolge fortsetzen. Das mit viel Phantasie und köstlichem Humor ausgestattete Stück ist in den Hauptrollen mit Luise Ullrich, Corinna Genest, Karl Schönböck und Eric Pohlmann glänzend besetzt. Die um 20 Uhr beginnende Aufführung wird gegen 22 Uhr beendet sein.

André Roussins „Die Lokomotive" leitet ihren Titel von dem Umstand ab, daß im Stück keine Lokomotive vorkommt. Doch träumt die Heldin dieser Komödie immerhin vier Jahrzehnte lang von ihrem Liebhaber, der in den Wirren der russischen Revolution im Dampf einer Lokomotive unsichtbar und seither nicht mehr sichtbar wurde. Am Ende aber wissen wir es: Weder die Lokomotive noch deren Dampf hat es je gegeben, und noch manches andere nicht, was zur Lebenslüge der romantischen Exilrussin Sonja gehört.

Sie ist längst in einem französischen Haushalt daheim, ihr grauhaariger Gatte ist einer jener westlichen Rationalisten, die eher an Tatsachen und Zahlen glauben als an Lebenslügen. Sie hat eine Tochter mit Eheproblemen und Enkel, deren erst erotische Regungen zeigen, daß in ihren Adern das Blut der romantischen Großmama fließt. Allein Sonja, die von so komplizierten Triebkonflikten umgeben ist, merkt nichts davon, weil sie nur der Erinnerung an ihren während der Revolution verschollenen Kostja lebt. Eines Tages steht dieser im Haus — nicht mehr so schön und chevaleresk wie in Sonjas Erzählungen, sondern als ein müder alter Mann mit Motten in der Seele. Von den romantischen Erinnerungen bleibt angesichts dieser Konfrontation nicht sehr viel übrig: Sonja hat gelogen, vor ihrer Familie und vor sich selbst. Durch ein resolutes Husarenstück hindert sie am Ende wenigstens ihre Enkelin, gleich ihr einem Verschollenen nachzutrauern und bringt deren untergetauchtes Idol wieder zum Auftauchen.

Eine geringe Anzahl von Restkarten steht bei den bekannten Vorverkaufsstellen (Amtliches Reisebüro, Am Markt und Konzertbüro Heusohn & Schmidt, Im Kaufhof) noch zur Verfügung.

Konferenz der Betriebs- und Personalräte

Die Gewerkschaft ÖTV, Kreisverwaltung Hanau, veranstaltet für die Betriebs- und Personalräte des Stadt- und Landkreises Hanau, die der ÖTV angehören, am Freitag, dem 21. März, in Langenselbold, ihre erste diesjährige Betriebs- und Personalrätekonferenz. Auf der Tagesordnung steht die Einführung des Monatslohnes für die Arbeiter im öffentlichen Dienst. Referent für dieses Thema ist der Sekretär der ÖTV-Bezirksverwaltung Hessen, Dieter Baumann. Über die Ausweitung der Mitbestimmung in den Betrieben mit privater Rechtsform spricht der DGB-Vorsitzende Sepp Sigulla und über die Ausweitung der Mitbestimmung im öffentlichen Dienst der Geschäftsführer der ÖTV-Kreisverwaltung Hanau, Klaus Nimrich. Über Sozialpläne in den von Rationalisierungsmaßnahmen betroffenen Betrieben und Verwaltungen referiert Gewerkschaftssekretär Heinz Laska von der ÖTV-Kreisverwaltung Hanau.

Pfarrer Rudolf Koch:

„Die Wunde des Krieges blutet noch"

Gedenkfeier anläßlich des Jahrestages der Zerstörung Hanaus am 19. März 1945

Zum 24. Male jährte sich gestern der Tag, an dem Hanu innerhalb weniger Minuten zerstört wurde und mehrere tausend Menschen den Tod fanden. Zu früher Stunde läuteten gestern wie alljährlich die Glocken aller Hanauer Kirchen anläßlich des denkwürdigen Tages. Am Nachmittag nahmen viele ältere Hanauer Bürger an der Feierstunde zum Gedenken der Opfer auf dem Ehrenfeld des Hauptfriedhofs teil.

Mit einem Requiem von Jomelli eröffnete die Stadtkapelle unter Leitung von Kapellmeister Karl Goldbach die Veranstaltung, an der Mitglieder des Magistrats, Stadtverordnetenvorsteher Mattes und mehrere Stadtverordnete, sowie Vertreter der Verbände und eine Abordnung der Bundeswehr teilnahmen. Nach dem Chorlied „O Welt, ich muß dich lassen", vorgetragen von Mitgliedern der katholischen Kirchenchöre unter Leitung des Kantors Hans Eisermann hielt Pfarrer Rudolf Koch die Gedenkrede.

Pfarrer Koch erinnerte an die schreckliche Nacht, in der in zwanzig Minuten zerstört wurde, was in Jahrhunderten gewachsen sei und gebaut wurde. Der materielle Schaden sei in der Zwischenzeit wiedergutgemacht worden, aber die drei- bis viertausend Toten, die zum größten Teil auf dem Ehrenfeld begraben liegen, würden die Menschen von heute ständig mahnen.

„Wir wiegen uns heute in der trügerischen Sicherheit", sagte Pfarrer Koch, „während in der deutschen Hauptstadt noch die Wunde des Krieges blutet, die für den gesamten Organismus des Volkes gefährlich werden kann." In sein Gedenken schloß der Pfarrer die Opfer des unseligen Naziregimes ein, die im Einsatz für politische Freiheit und Achtung der Menschenrechte ihr Leben aufs Spiel setzten. Der Redner erinnerte an die Gedenkstätte Plötzensee, die symbolisch sei, für die Millionen Opfer des Dritten Reiches.

Nach dem Choral „Wenn ich einmal sollt scheiden" von Johann Sebastian Bach legten Bürgermeister Hans Martin in Vertretung des in Urlaub weilenden Oberbürgermeisters und Stadtrat Joseph Heil einen Kranz am Ehrendenkmal nieder. Gemeinsam beteten die Besucher der Feierstunde das einheitliche Vaterunser.

Während des Gedenktages wehten von den öffentlichen Gebäuden der Stadt die Flaggen auf Halbmast. er

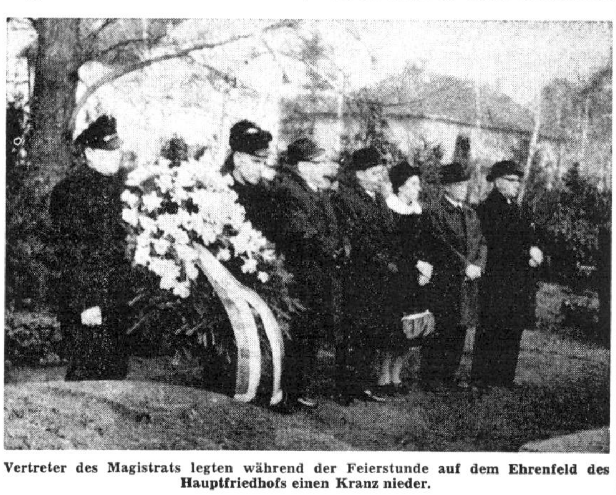

Vertreter des Magistrats legten während der Feierstunde auf dem Ehrenfeld des Hauptfriedhofs einen Kranz nieder.

Wir gratulieren

Heute begeht der kaufm. Angestellte Herr Rudolf Bergmann, Paul-Ehrlich-Str. 13, bei der Hofbrauhaus Nicolay AG., Hanau, sein 25jähriges Arbeitsjubiläum.

Wohin gehen wir heute?

Capitol: „Das Dschungelbuch"
Luxor: „Käpt'n Blackbards Spuk-Kaschemme"
Central-Theater: „Wenn Täubchen Federn lassen"
Palette: „Alaska — Wildnis am Rande der Welt"
Rex: „Pudelnackt in Oberbayern"

HANAU
19. März 1945

HANAU nach 25 Jahren

Die ganze Stadt war eine riesige Brandfackel

Dem 19. März waren mehrere andere Angriffe vorausgegangen — Eine Chronik über die Zerstörung Hanaus von 1941 bis 1945

Im Abstand von 25 Jahren zu dem schrecklichen Geschehen während und vor allem gegen Ende des Zweiten Weltkrieges sind es im Bild der Hanauer Innenstadt nur noch verhältnismäßig wenige Narben, die an die furchtbaren Zerstörungen erinnern. Insgesamt ist in dem inzwischen vergangenen Vierteljahrhundert eine neue Stadt entstanden, der es ganz gewiß nicht an Verknüpfungen mit der dahingesunkenen fehlt; man braucht etwa nur an das Straßengerüst zu denken, das in Verbindung mit den einbezogenen Plätzen auch nach dem Wiederaufbau noch den Unterschied in der Bauweise zwischen Altstadt und Neustadt als den beiden Grundelementen in der urbanen Entwicklung transparent macht. Andererseits aber ist das neue Hanau eine Stadt mit durchaus eigenem Gepräge, der es dabei auch nicht an besonderen städtebaulichen Akzenten mangelt, wenngleich man bedauern mag, daß nicht alle Chancen, die sich in dieser Beziehung beim Wiederaufbau boten, genutzt wurden; doch sollte man gerechterweise vielleicht besser sagen: genutzt werden konnten. Alles in allem wurden in den letzten 25 Jahren auch in Hanau von Bürgerschaft, Wirtschaft und Verwaltung Aufbauleistungen vollbracht, die sich sehen lassen können.

Für die Stadtverwaltung bot es sich daher geradezu an, zum 19. März 1970 dieses gigantische Werk im Rahmen einer Ausstellung darzustellen und es so in das Bewußtsein all derer zu rücken, die diese Ausstellung besuchen. Indem dabei die Gedanken der Besucher ganz von selbst hingeführt werden zu der furchtbaren Ausgangssituation, mischt sich mit der Freude über die vollbrachte Leistung zwangsläufig der Schmerz über die erlittenen Verluste an Gut und Blut.

Bezieht diese Ausstellung schon das Gedenken mit ein, so ist dies noch mehr Zielsetzung der folgenden Zeilen, mit denen — soweit wir sehen — im Rahmen der Berichterstattung des Hanauer Anzeigers zum ersten Mal der Versuch unternommen wird, die Etappen der Zerstörung, von der diese Stadt und ihre Nachbarorte betroffen wurden, in chronologischer Folge darzustellen. So sehr der Verfasser dabei auch um Vollständigkeit bemüht war, angesichts der außerordentlich schlechten Quellenlage würde es ihn selbst am wenigsten verwundern, wenn ihm das eine oder das andere Detail entgangen wäre.

Die ersten Bomben, die im Bereich von Stadt und Landkreis Hanau niedergingen, hatten möglicherweise dem Flugplatz bei Langendiebach gegolten. Sie fielen in der Nacht zum 11. August 1940. Getroffen wurde jedoch Bruchköbel, und hier bekam die Bevölkerung unseres Raumes einen ersten Begriff von dem, was Bombenkrieg heißt. Am 6. Mai 1941 war Bruchköbel erneut unter den vom Luftkrieg betroffenen Gemeinden des Landkreises, als in den frühen Morgenstunden einzelne feindliche Flugzeuge ihre Schächte außerdem über Bergen-Enkheim, Wachenbuchen, Langendiebach, Rückingen und Ostheim leerten.

Innerhalb der Stadt Hanau fielen die ersten Bomben wenige Tage später, in der Nacht zum 11. Mai. Es entstand verhältnismäßig geringer Schaden an der Fallbach, da die Mehrzahl der Bomben in den Bruchwiesen niedergegangen war. Weitere Angriffe mit ebenfalls vergleichsweise geringen Schäden folgten am am 24. Juli 1941 (Frankfurter Landstraße), in der Nacht zum 2. April 1942 (Hauptbahnhofstraße) und in der Morgendämmerung des 9. September 1942 (Rosenau).

Als sich mit der Kapitulation der VI. deutschen Armee in Stalingrad die Wende des Krieges abzeichnete und Hitler und sein Propagandaminister unter dem Druck des militärischen Mißerfolges den „totalen Krieg" proklamierten, antworteten die Alliierten mit einer Verschärfung des Luftkrieges gegen westdeutsche Städte. Auch in Hanau hatte man sich auf die gegebene Situation einzustellen. In Ermangelung von Bunkern wurde auf Grund eines „Führerbefehls" vom 5. Mai 1943 auch hier damit begonnen, gedeckte Splittergräben für die Zivilbevölkerung anzulegen.

In Hanau war diese Maßnahme wegen der geringen Standfestigkeit des anstehenden Sandbodens besonders schwierig. Auf dem Freiheitsplatz, damals noch Paradeplatz genannt, kam insofern noch eine weitere Erschwernis hinzu, als man hier auf die Wehrmauern und Bastionen des äußeren, aus der Zeit um 1530 stammenden, 1768 niedergelegten Befestigungsringes der Altstadt stieß. Da die Arbeiten nicht schnell genug vorangingen, wurden im August 1943 dazu 600 Soldaten abgeordnet. Die Ausstattung der Deckungsgräben mit elektrischem Licht und mit Heizkörpern machte jedermann klar, daß die Verantwortlichen noch mit einer langen Kriegsdauer rechneten und daß es um den so oft großsprecherisch verkündeten „Endsieg" offenbar doch nicht zum besten bestellt war.

Zwar blieb Hanau selbst bis in den Spätherbst 1943 von weiteren Luftangriffen verschont, die Großangriffe am 4. Oktober 1943 auf Frankfurt mit Schäden gewaltigen Ausmaßes im Gebiet von Hanauer Landstraße, Ostbahnhof, Großmarkthalle, Zoo und Römer und am 22. des gleichen Monats auf Kassel ließen jedoch keinen Zweifel, was jederzeit auch das Schicksal von Hanau sein konnte. Auch evakuierte Frauen und Kinder aus westdeutschen Industriestädten, die über Hanau ins Hanauer Hinterland geleitet wurden, wußten von Schrecken durchlittener Bombennächte zu berichten.

Doch weder dies, noch der Abwurf von Brandbomben über Kesselstadt am 26. November 1943 um 2 Uhr nachts, wodurch örtliche Brandherde in Burgallee, Kastanienallee, Alexanderstraße, Feldstraße und Mittelstraße verursacht wurden, noch ein schwerer Tagesangriff auf Orte des Landkreises in den Mittagsstunden des 4. Februar 1944, bei dem in Bischofsheim 32 Scheunen und 2 Wohnhäuser abbrannten und in Mittelbuchen 10 Menschen den Tod fanden, scheinen den Hanauern die Gefahr, in der sie sich befanden, in vollem Umfang bewußt gemacht zu haben. Noch Ende April 1944 berichtete eine Hanauer Chronik: „Die Luftschutz-Vorschriften werden in keiner Weise beachtet, nur weil in Hanau noch nichts passiert ist. Dieser Leichtsinn muß unterbunden werden."

Noch einen Sommer lang blieb Hanau verschont. Dann aber erfüllte sich sein Schicksal, Schlag folgte auf Schlag. Mit einem Angriff am 25. September begann die Serie der Vernichtungsschläge. Zahlreiche Menschenleben waren dabei zu beklagen.

Inzwischen hatten die Alliierten auch ihre Jagdbomber — den Älteren noch hinreichend bekannt und in schrecklicher Erinnerung unter der Bezeichnung „Jabos" — zu einer gefürchteten Waffe entwickelt, mit der sie mitunter einzelne Bauern auf dem Felde angriffen. Die gegnerische Luftüberlegenheit wurde von Tag zu Tag spürbarer, und dem allem hatten die Machthaber im eigenen Lande nur die Ankündigung ihrer in der Entwicklung begriffenen Wunderwaffen und das am 18. Oktober 1944 verkündete Aufgebot des Volkssturms entgegenzusetzen. Wie so oft schon wurden erneut Gestalten aus der deutschen Geschichte, allen voran der „Alte Fritz", als Vorbilder für letztlich doch vom Schicksal honoriertes Durchstehvermögen bemüht. Umgekehrt wurden alle, die es wagten, sich gegen das NS-Regime und seine schon längst zum Verbrechen gewordene Kriegsführung auch nur im geringsten zu äußern, gnadenlos dem Henker ausgeliefert. Die Heimat wurde zur Heimatfront erklärt. Gestorben wurde nur noch in Massen.

Einer Kette von Angriffen war die Stadt Hanau in der Zeit zwischen dem 7. Dezember 1944 und dem 6. Januar 1945 ausgesetzt. Sie begann am 7. Dezember mit der Detonation von 4 Luftminen, die — eine davon im Bangert — bei Voralarm niedergingen und beträchtliche Schäden verursachten. Tagesangriffe am 11. und 12. Dezember trafen mit empfindlicher Wirkung das Industriegebiet im Osten der Stadt sowie den Bereich des Neustädter Marktes. Am 13. Dezember zerschlug eine Bombe den Wasserbehälter des Wasserwerkes Wilhelmsbad; die Feuerwehr behob den Versorgungsausfall mittels einer Schlauchleitung, die an einen Brunnen der Maschinenfabrik Wilhelma in Kesselstadt angeschlossen wurde. Weitere Luftminen detonierten am 17. Dezember. Ein in den frühen Abendstunden des 1. Januar 1945 mit Sprengbomben geführter Angriff, bei dem glücklicherweise eine große Zahl von Bomben in den Main fiel, richtete vor allem im Bereich der Kinzigmündung umfangreiche Verwüstungen an. Ein erneuter Tagesangriff am 5. Januar, diesmal mit Konzentration auf den Ostteil der Stadt und die Kasernen, vernichtete die Gummischuhfabrik, Teile der Werksanlagen der Dunlop und den Hauptbahnhof.

Den ersten Großangriff auf Hanau flogen alliierte Bomberverbände am Abend des Dreikönigstages (6. Januar). Die Zahl der beteiligten Flugzeuge wurde auf 500 bis 700 Maschinen geschätzt. Die Anzahl der abgeworfenen Bomben vermag niemand auch nur annähernd anzugeben, solange die alliierten Archive noch ihre Geheimnisse hüten. Genannt wurden folgende Zahlen: 22 Luftminen, 5000 Sprengbomben aller Kaliber, 3000 Flüssigkeitsbrandbomben und 120 000 Stabbrandbomben. Durch diesen Angriff wurde ein breiter Streifen quer durch die Altstadt — von der Marienstraße bis zur Badergasse und hin bis zur Nordstraße — völlig niedergewalzt. Aber auch in anderen Bezirken der Innenstadt gab es gravierende Schäden. Unter dem unmittelbaren Eindruck des furchtbaren Geschehens berichtete damals ein Hanauer Vater in einem Feldpostbrief an seinen Sohn über die Zerstörungen in der Neustadt: „Es steht kein Haus mit Renaissance-Giebel mehr. (Später berichtigt er: doch noch „Stadt Antwerpen", Ecke Römer- und Glockenstraße.) ‚Nordsee', Hofapotheke, Hosse (Römerstraße) usw., alles ist ausgebrannt und eingestürzt. Auch Lossow, Zippelius, Zeiß (mit dem einen Marktturm) sind weg, die Hammerstraße bis Alberti einschließlich, auf der anderen Seite alles außer Schwab und Ufa/Speitel. In der Krämerstraße steht am Ende nur noch Müller/Höche und der ‚Riesen', auf der anderen Seite die Löwenapotheke. Eine andere Groß-Schadensstelle ist zwischen Leimenstraße—Hirschstraße—Salzstraße. Was weiter ist — Eberhardschule, T. F. C., Hola (Dach ab durch Mine!), Leipziger Straße, Freigerichtstraße usw. — habe ich selbst nur zum kleinsten Teil bisher gesehen. Alles in allem dürften rund 40 Prozent zerstört, vielleicht weitere 30 Prozent z. Z. unbewohnbar, aber noch herzurichten sein. Man spricht von 22 000 Obdachlosen — weg sind sicherlich mehr Menschen. Hoffentlich kommen sie nicht nochmals!" Die Zahl der Toten wurde mit 90 angegeben. Auch im Landkreis, vor allem in Mittelbuchen, entstanden an jenem 6. Januar 1945 beträchtliche Bombenschäden.

Was auch der Luftkrieg der Hanauer Bevölkerung bisher an Schrecklichem beschert hatte, es wurde in den Schatten gestellt durch den endgültigen Vernichtungsschlag vom 19. März 1945. Als der Tag graute — es war ein Montag, gegen 4.20 Uhr — brach über die Stadt die Hölle herein. Ohne daß Luftalarm gegeben worden war, waren sie wieder da, die feindlichen Geschwader, und ließen Feuer und Schwefel vom Himmel regnen. Über einem genau abgesteckten Ziel, dessen Zentrum die Innenstadt bildete, warfen sie ihre Tod und Verderben bringende Last ab. Knappe 20 Minuten dauerte das Ganze, und dann war Hanau eine einzige, riesige Brandfackel. In einem alles verzehrenden Feuersturm ging die historische Stadt, an der die Jahrhunderte gebaut hatten, unter. In der Altstadt blieben von etwa 450 Häusern ganze 7 erhalten, und in der Neustadt sah es nicht anders aus.

Unbeschreiblich die Szenen, die sich damals im tödlich getroffenen Hanau abgespielt haben. Gottlob aber war die Zahl der Toten dann doch nicht so groß, wie man zunächst glaubte annehmen zu müssen, da viele schon durch den schweren Januarangriff obdachlos gewordene Familien bereits in den Gemeinden der Umgebung Zuflucht gesucht und gefunden hatten.

25 Jahre sind seitdem vergangen. Daß aus den Ruinen neues Leben, daß aus den Trümmern eine neue, man mag sogar mit Recht sagen: eine schönere Stadt erwachsen ist, tritt uns tagtäglich ins Bewußtsein, und wie in so mancher anderen Hinsicht hat auch hier die Zeit dazu beigetragen, Wunden zu heilen. Doch an einem Tag wie dem heutigen geziemt es sich für die Überlebenden, der Toten und ihrer Angehörigen in Ehrfurcht zu gedenken. Und nicht nur dies: Aus dem Gedenken und der Besinnung muß die Verpflichtung erwachsen, in Politik und öffentlichem Leben alles und das Letzte zu tun, daß eine Wiederholung solcher Schrecken für alle Zukunft ausgeschlossen wird. Möge die mahnende Stimme der Opfer für alle Zeit unüberhört bleiben!

K.D.

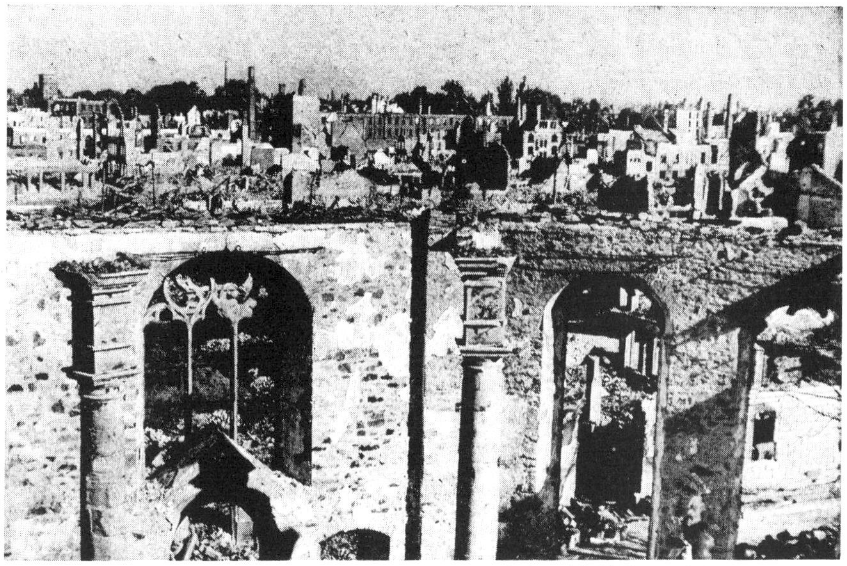

Trümmerfeld der Hanauer Innenstadt mit der Ruine der Wallonisch-Niederländischen Kirche.

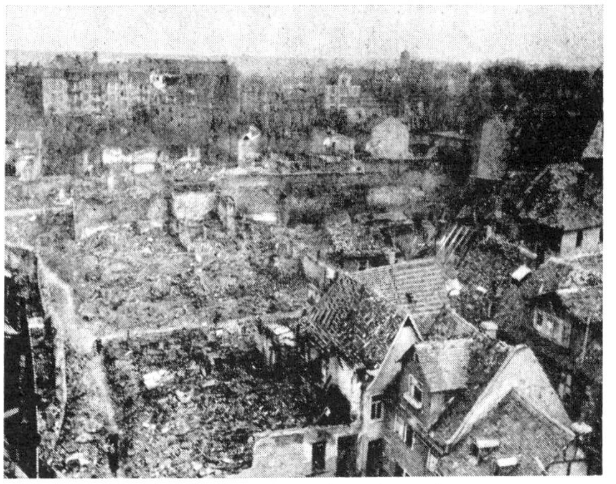

Das Gebiet Nordstraße/Badergasse nach dem Luftangriff am 6. Januar 1945

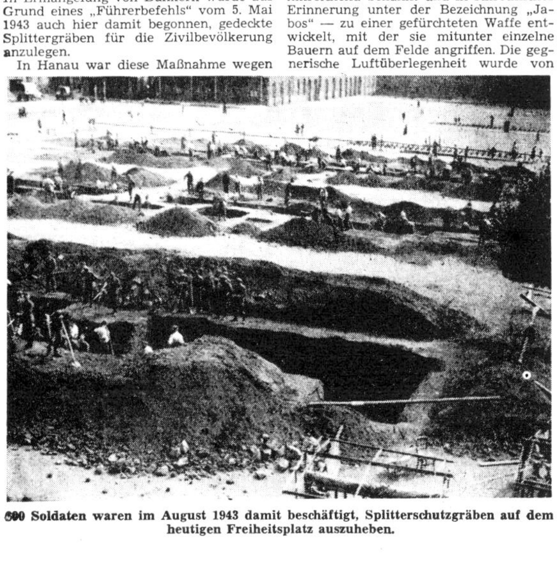

600 Soldaten waren im August 1943 damit beschäftigt, Splitterschutzgräben auf dem heutigen Freiheitsplatz auszuheben.

Es war das Toben der Hölle

Die Schreckensnacht in einem Hanauer Krankenhaus

„Ich kann mich erinnern, daß eine unserer Schwestern einen Feindsender abgehört hatte, in dem die Bevölkerung von Frankfurt und Umgebung zum Verlassen der Städte aufgefordert wurde", erzählt Dr. Ferdinand Stenger, Chefarzt des St. Vincenz-Krankenhauses. „Aber wir haben das nicht weiter berücksichtigt. Doch haben wir die oberen Stockwerke nicht mehr belegt. Die schwerkranken Patienten wurden schon aus Gewohnheit abends in die Keller verlegt. Ich war damals Oberarzt und hatte am 19. März Bereitschaftsdienst. Es ging sowieso rund um die Uhr. Operationen wurden teilweise im Keller des I-Baues durchgeführt.

Einige Schwestern sahen am 19. März 1945 gegen 4 Uhr morgens zuerst die „Christbäume". Die Evakuierung der Patienten und die Flucht in den Keller war eine Hektik. Die Keller waren zwar stabil, aber als der Angriff begann, flog der Putz von den Wänden und die Zwischentüren brachen heraus. Der Keller schaukelte wie ein Schiff auf hoher See. Im Keller in der Bleichstraße fing es an zu brennen, das Licht ging aus, Leitungsrohre zerbrachen und die Patienten lagen teilweise im Wasser.

Was sich in dieser Nacht in den Kellern abspielte, läßt sich in Worten nicht mehr wiedergeben. Es war das Toben der Hölle. Mag für alles die Aufzeichnung des Gebetes einer Schwester stehen „Wir können nicht mehr, liebe Mutter Gottes, laß doch eine Bombe auf's Haus fallen, damit wir Ruhe haben, Ruhe, Ruhe, Ruhe." Immerfort raste der Luftdruck durch die Räume.

Kaum war der Angriff vorüber, schafften wir die Patienten in benachbarte Gärten und versorgten sie notdürftig. Das Vinzenz-Krankenhaus war vollkommen zerstört; nur die Ruine des I-Baues ragte wie eine Insel aus dem Chaos. Auf dem Dach zählten wir mehr als 20 Bomben, die nicht zur Explosion gekommen waren. Die Stadt lag, so weit wir sehen konnten, in Trümmern, einem brausenden Feuer zum Fraß hingeworfen.

Wir zählten in dieser Nacht nur zwei Verletzte, Chefarzt Dr. Roeper und eine Assistentin. Sie wurden bei der Flucht in den Keller unter Trümmern verschüttet. Nach zwei Stunden konnten wir sie bergen und notdürftig nähen. Die Patienten wurden in ein Krankenhaus in der Nähe von Friedberg verlegt. Ich selbst habe dann im Stadtkrankenhaus bis zum Mittag operiert."

uth

Das obere Bild auf der ersten Seite zeigt die Luftaufnahme eines amerikanischen Aufklärungsflugzeuges vom brennenden Hanau nach dem Bombenangriff am Morgen des 19. März 1945. — Darunter ein Blick über den Freiheitsplatz in Richtung Stadtkrankenhaus und Industriegebiet im Jahre 1970.

Aufnahmen dieser Beilage: Stadt- u. Kreisbildstelle, Weitkamp, Dauth, Archiv Hanauer Anzeiger. — Textbeiträge: Helmut Blome, Dr. Karl Dielmann, Karlheinz Gramss, Manfred Ester, Jürgen Dauth, Rolf Schmidt, Gudrun Schwandner.
Anzeigen: Klaus Schmitt.

Hanauer Anzeiger Sonderbeilage 19. März 1970

Luftbild von der Innenstadt vor der Zerstörung

Die Ruine des Altstädter Rathauses

Blick auf die Innenstadt mit den Ruinen beiderseits der Nürnberger Straße

HANAU
vor und nach der
Zerstörung

Die Nürnberger Straße mit einem Wagen der alten Hanauer Straßenbahn (Bild ganz links). In der Nürnberger Straße standen nach dem Luftangriff nur noch die Außenmauern des alten Kaufhofes (Bild oben).

Mittelpunkt der Neustadt war der Marktplatz mit dem Rathaus, dem Brüder-Grimm-Denkmal und den alten Brunnen. (Bild Mitte). Der historische Teil des Rathauses, dessen Außenfassade noch erhalten geblieben war (Bild oben), ist wieder aufgebaut worden. Auch das Grimm-Denkmal blieb erhalten, während die Brunnen teilweise restauriert werden mußten. Bild ganz links: Blick in die Johanneskirchstraße mit dem Turm der Johanneskirche.

Im Gegensatz zum Marktplatz hat sich das Gesicht des heutigen Freiheitsplatzes, des früheren „Paradeplatzes", völlig gewandelt. Das Bild links zeigt den damaligen Paradeplatz, der für Aufmärsche, Jahrmarkts- u. Zirkusgastspiele Verwendung fand. Auf dem rechten Bild ist im Hintergrund die Fassade des zerstörten Zeughauses zu erkennen, in dem die Feuerwehr untergebracht war. Der Platz wurde nach dem Krieg zunächst für die Trümmerverwertung genutzt.

Hanau bewältigte die Vergangenheit

Ein Weg aus Schutt und Trümmern

Der Wiederaufbau eines Vierteljahrhunderts — Dokumentation des Leistungswillens

Es konnte im Laufe der vergangenen 25 Jahre nicht ausbleiben, daß der 19. März nicht mehr nur ein Tag der Besinnung war, sondern gleichzeitig zu einem Datum wurde, mit dem auf die Gegenwart und die für die Gemeinschaft notwendigen Aufgaben hingewiesen wurde. Mit der Einweihung des Altstädter Rathauses als Deutsches Goldschmiedehaus am 19. März 1958 wurde sozusagen eine Zäsur vollzogen, indem nunmehr der Hanauer Schicksalstag zu einer Repräsentation des Lebenswillens und des Fortschrittsdenkens genutzt wurde. Seitdem sind am 19. März alljährlich wichtige Gebäude und Einrichtungen ihrer Bestimmung übergeben worden. Wir erinnern uns dabei an verschiedene Schulbauten, an das Hallenschwimmbad, das neue Rathaus und das Bürgerhaus. Davon abgesehen jedoch vollzog sich der Wiederaufbau gleichzeitig im kleinen Maßstab. Jeder Hanauer hatte auf seine Weise Anteil daran, ob er nun zu den Aktiven der ersten Stunde gezählt werden muß, oder ob er später, in den Wirtschaftsprozeß eingegliedert, an seinem Platz mithelfen konnte, das Räderwerk wieder in Gang zu bringen.

Als am 19. März 1945 Hanau in Schutt und Trümmer fiel, begann eine neue Zeitrechnung in der bewegten Geschichte der im Laufe der Jahrhunderte immer wieder schwer geprüften Stadt. Die Menschen, die dem Inferno eines sinnlosen Krieges entronnen waren, standen vor einem neuen Anfang. Somit wurde das Datum, dessen wir heute nach 25 Jahren gedenken, gewissermaßen zu einem Nullpunkt, an dem eine andere Ära begann, eine Ära des Wiederaufbaus, in der sich immer eindringlicher der Mut der Hanauer und die Lebenskraft ihrer Stadt abzeichneten. Jetzt, nachdem ein Vierteljahrhundert ins Land gegangen und in dieser Zeit eine neue Generation herangewachsen ist, muß sich der Rückblick auf das denkwürdige Datum der jüngeren Hanauer Geschichte zwangsläufig nicht nur mit dem dramatischen Ereignis und seinen tragischen Folgen selbst, sondern auch mit den gewaltigen Leistungen beschäftigen, die seit 1945 vollbracht worden sind. So konnte die Vergangenheit bewältigt und der Weg in die Zukunft geebnet werden.

Der Umfang des in diesen 25 Jahren Geleisteten wird erst vollends deutlich, wenn einige Zahlen aus dieser Zeit miteinander verglichen werden. So war Hanaus Einwohnerzahl von ursprünglich 42 000 im Jahre 1939 auf etwa 6- bis 8000 nach dem 19. März 1945 zusammengeschmolzen. Von den ursprünglich nahezu 13 000 Wohnungen waren bis auf 4000 alle zerstört worden. Die Innenstadt war ein einziges totes Trümmerfeld, in dem nur noch wenige Menschen in Notbehausungen oder Kellern ihr Leben fristeten. Heute hat Hanau wieder nahezu 56 000 Einwohner mit 19 300 Wohnungen. Nicht weniger aufschlußreich ist die Tatsache, daß nach dem Luftangriff noch 17 Klassenräume in den Hanauer Schulen intakt waren. Inzwischen sind wieder über 300 Klassenräume neu erstanden, die jedoch bei den erhöhten Anforderungen auf dem schulischen Sektor bekanntlich noch immer nicht ausreichen. Während 1945 keine Kinderspielplätze, Kindergärten und Kindertagesstätten mehr zu benutzen waren, existieren im Hanauer Stadtgebiet jetzt 56 öffentliche Kinderspielplätze, sowie sechs kommunale und elf Kindertagesstätten der freien Wohlfahrtspflege.

An öffentlichen Gebäuden wurden das Landratsamt, das Amts- und Landgericht, das Hauptpostamt, das Haus des Handwerks, das Gebäude der Industrie- und Handelskammer, das Verwaltungsgebäude der Ortskrankenkasse, das Rathaus, das Feuerwehrgerätehaus, die Stadthalle mit dem später angeschlossenen Bürgerhaus, der Hauptbahnhof sowie der Erweiterungsbau der Kreisverwaltung instandgesetzt oder neu errichtet. Großzügige Lösungen wurden für die Neubauten des Fuhrparks, des Stadtgartenamtes und für die Erweiterung und Modernisierung des Schlachthofes gefunden.

Auch das kulturelle Leben hat in den vergangenen 25 Jahren bemerkenswerte Impulse erhalten. Nach dem Verlust des alten Stadttheaters am Freiheitsplatz, dessen Ruinen schließlich ganz abgerissen werden mußten, war es lange Zeit nur unter schwierigen Umständen möglich gewesen, Theatervorstellungen und Konzerte abzuhalten. Erst mit dem Wiederaufbau der Stadthalle wurden dafür wieder die erforderlichen Voraussetzungen geschaffen. Mit der im Vorjahr abgeschlossenen Restaurierung des Comödienhauses in Wilhelmsbad verfügt die Stadt wieder über ein wenn auch nur kleines, aber um so reizvolleres Theater. Im Schloß Philippsruhe, das die Stadt nach dem Krieg käuflich erwerben konnte, wurde das Historische Museum in repräsentativen Räumen eingerichtet. Die wieder aufgebaute Stadtbibilitoehk verfügt über 34 000 Bände, und das Deutsche Goldschmiedehaus ist zu einem Schaufenster des heimischen Traditionshandwerks geworden, dessen Ausstellungen weithin Beachtung und Anerkennung gefunden haben. Während 1945 nur noch die beiden Kesselstädter Gotteshäuser unversehrt waren, sind inzwischen wieder zehn Kirchen und Gemeindezentren, sowie mehrere Gemeindehäuser entstanden.

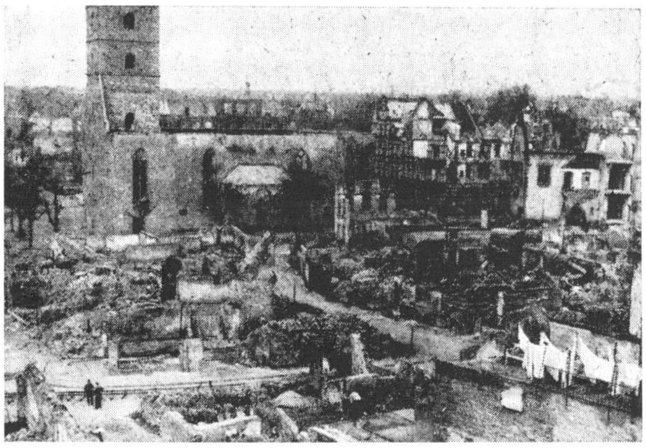

Und neues Leben blüht aus den Ruinen — Blick auf die zerstörte Johanneskirche.

Mit dem Wachsen der Stadt hat auch das öffentliche Verkehrswesen einen ungeahnten Aufschwung genommen. Nur zwei Wagen der alten Hanauer Straßenbahn waren 1945 noch intakt gewesen. Die Schienenwege waren weitgehend zerstört, so daß eine Umstellung auf Busverkehr mit provisorisch hergerichteten Wagen erfolgen mußte. 1969 verkehrten in Hanau wieder 43 städtische Omnibusse, die auf sieben Linien 11,3 Millionen Fahrgäste beförderten. Auch das ohnehin ausgedehnte Hanauer Straßennetz mußte wieder in Ordnung gebracht, Brükken gebaut und die zum Teil zerstörten Versorgungsleitungen ergänzt werden. Die wachsende Leistung der Stadtwerke wird daraus ersichtlich, daß wegen der Zerstörung des stadteigenen Gaswerkes keine Gasversorgung mehr möglich war. 1970 werden fast 28 Millionen Kubikmeter Gas durch die Leitungen strömen. Der Elektrizitätsverbrauch steigerte sich von 8 Millionen Kilowattstunden 1945 auf 280 Millionen in diesem Jahr, während sich der Wasserverbrauch im gleichen Zeitraum verzehnfacht hat. Der Umschlag des Mainhafens hat sich von 10 000 Tonnen 1945 auf 1,5 Millionen Tonnen in diesem Jahr gesteigert.

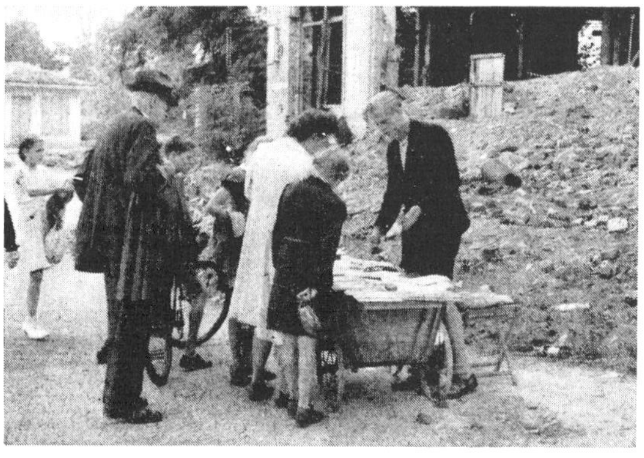

„Fliegende Händler“ begannen zwischen Trümmern Zeitschriften oder Bücher auf Handkarren anzubieten.

Auch die Hanauer Wirtschaft, die überhaupt erst die Grundlage für das Wiederaufblühen der Stadt legte, mußte 1945 praktisch von vorn beginnen, da fast sämtliche Produktionsstätten beschädigt oder zerstört waren. Die Stadt verfügt jetzt über 2510 Gewerbebetriebe, die Hanau wieder zu einem Zentrum der Industrie und des Handels werden ließen. Im einzelnen existieren jetzt 67 Industriebetriebe mit mehr als zehn Beschäftigten, 24 Bauunternehmen mit mehr als 20 Beschäftigten, 846 Handelsbetriebe, 486 Handwerksbetriebe, 416 Unternehmen des verarbeitenden Gewerbes, 190 Dienstleistungsbetriebe einschließlich Hotels und Gaststätten, 130 Betriebe des Verkehrsgewerbes, 81 Institute von Banken und Versicherungen, sowie 270 sonstige Gewerbebetriebe. Insgesamt bietet Hanau 49 000 Arbeitsplätze, mit täglich fast 19 000 Einpendlern. 3150 Hanauer suchen Tag für Tag Arbeitsplätze außerhalb der Stadt auf.

Diese Zahlen vermögen mehr als Worte über die Entwicklung der Stadt in den vergangenen 25 Jahren auszusagen. Sie sind nicht nur ein Dokument des Aufbauwillens, sondern auch der Leistungskraft Hanaus und seiner Einwohner, die mit Stolz auf dieses Vierteljahrhundert zurückblicken können. **hb**

Eine Tat der ersten Stunde

Philipp Daßbach organisierte den Hanauer Ehrendienst

Schlägt man das Einwohnerverzeichnis unserer Stadt auf, so findet man bei dem heute 76jährigen Philipp Daßbach die Berufsbezeichnung „Einsatzleiter“. Vor genau 25 Jahren fiel Hanau in Trümmer, und Philipp Daßbachs Verdienst war es, die Beseitigung dieser Trümmer organisiert und damit den Grundstein für den Wiederaufbau unserer Stadt gelegt zu haben.

„Ich hatte überhaupt keine Kenntnisse über Organisation von Aufräumungsarbeiten. Sie sagten einfach, daß ich zusehen soll, wie ich fertig werde“, erinnert sich Daßmann heute. Im September 1945 rief er Stadt und Land zu einem „Großeinsatz gegen Schutt und Asche“ auf. In Wolfgang besorgte man sich das notwendigste Arbeitsgerät, das dort in einem ehemaligen Lager des Arbeitsdienstes aufbewahrt war. Am ersten Samstag im September hatte er 2200 Leute zusammengetrommelt, am Sonntag waren es schon über 3000 Freiwillige. Vorerst konnte nur an den Wochenenden die Straßenräumung durchgeführt werden, denn in der Woche mußten die Menschen an ihren Arbeitsplätzen sein.

Philipp Daßbach fuhr oft in andere Städte, um Anregungen für die Organisation der Trümmerbeseitigung zu sammeln. „Dann kam mir ein großartiger Gedanke. Ich mußte etwas finden, wo jeder gezwungen wurde, mitzuarbeiten“, sagt Daßmann. Er begann mit der Einrichtung des Ehrendienstes. In jeder Straße wurden Arbeits-Rotten aufgestellt, die nun täglich eingesetzt werden konnten. Für die Arbeit erhielt jeder Helfer Stempel auf eine Karte, und mit dieser Karte konnte Essen empfangen werden.

Den Arbeitgebern in den Betrieben machte Daßmann schnell klar, wie dringlich der Wiederaufbau in unserer Stadt sei. Ende 1945 ging die Arbeit zügig voran. „Im Januar 1948 hatten wir es geschafft. Straßen und Gehwege waren von Trümmern befreit. „Wir hatten keine Maschinen und Hilfsmittel, sondern haben über zwei Jahre alles mit der Hand geschafft“, sagte uns Philipp Daßbach. rs

Nach dem 19. März: 88,6 Prozent der Wohnungen zerstört

Nachschubwege sollten lahmgelegt werden

Präzisionsabwürfe der alliierten Geschwader — Ein »Double Blow« blieb Hanau erspart

Als Hanau am 19. März das Ziel eines massierten Angriffs alliierter Bomberverbände wurde, hatten die strategischen Luftoperationen der Royal Air Force und der in Europa eingesetzten 5. und 8. amerikanischen Luftflotte bereits ihren Höhepunkt erreicht. Bis zur Generalsoffensive der Anglo-Amerikaner am 23. Februar 1945 im Westen, hatten dabei gezielte Flächenangriffe gegen die Innenstadt dominiert. Dabei stand die moralische Wirkung auf die betroffene Bevölkerung im Vordergrund der Überlegungen der Einsatzstäbe, die von der Erwägung ausgingen, daß die Produktion in den Industriestädten durch die Zerstörung der Wohnungen der Arbeiter und viele Opfer genau so gemindert werden können wie durch die Zerstörung der Werke selbst.

Im Verlauf des Vorrückens der alliierten Erdtruppen auf deutsches Gebiet traten dann als weitere Angriffsschwerpunkte Ölraffinerien und Eisenbahnziele hervor. Daß durch den Ausfall zahlreicher Hydrierwerke zur Versorgung der kämpfenden Truppe und der deutschen Jägerabwehr mit Treibstoff der militärische Zusammenbruch erheblich beschleunigt würde, stellte sich als richtige Kalkulation heraus. Nicht weniger mußte eine systematische Bombardierung des Eisenbahnnetzes und Überwachung des rollenden Nachschubs auf Schienen und Straßen bei der Luftüberlegenheit der Alliierten verheerende Folgen haben.

Während die Stadt Hanau im Gegensatz zu anderen Mittelstädten in den Angriffsplänen für die meist von viermotorigen „Fliegenden Festungen“ geflogenen Einsätze bis dahin kaum in Erscheinung getreten war, wurde sie in den Zielkarten der Bombenschützen erstmals am 12. Dezember 1944 ausdrücklich markiert. An diesem Tag unternahmen 2000 englische und amerikanische Kampfflugzeuge, die größte Zahl an Maschinen, die bis dahin bei einer Aktion startete, einen strategischen Einsatz gegen das Eisenbahnnetz mit Anlagen bei Hanau, Darmstadt, Witten, Aschaffenburg und Osterfeld. Er sollte den Transport von Waffen und Munition an die Westfront treffen und auf diese Weise zur Schwächung der Kräfte beitragen, die am 16. Dezember in der „Ardennen-Offensive“ einen letzten, trotz beachtlicher Anfangserfolge mißglückten Gegenschlag gegen die alliierte Front führten.

Als Knotenpunkt für den Schienenverkehr in Nord-Süd- und West-Ost-Richtung bildeten die Hanauer Eisenbahnanlagen ein bevorzugtes Ziel für Präzisionsabwürfe auf Brücken, und Überführungen, Weichen und abgestellte Güterzüge. Wenn trotz des großen Aufgebots an Flugzeugen und des Abwurfs zahlreicher Luftminen und schwerer Sprengbomben Hanau als Knotenpunkt nicht ausgeschaltet werden konnte, so dürfte das wesentlich auf die hohe Anzahl von Fehlabwürfen und die schnelle Beseitigung der angerichteten Schäden zurückzuführen sein.

Waren am 12. Dezember 2000 Maschinen, meist B 17 fliegende Festungen, Liberator- und Halifax-Bomber beteiligt gewesen, so erfuhr diese Zahl noch eine imponierende Steigerung, als am 19. März über 7000 Kampfmaschinen, Jagdbomber und Begleitschutzjäger zu Massenangriffen starteten, die sich von den ersten Morgenstunden bis tief in die Nacht erstreckten. Die alliierte Luftkriegsführung setzte dabei erstmals 10 000-kg-Bomben ein, und intensivierte zugleich wieder die Flächenabwürfe auf noch intakt gebliebene Wohnviertel. Für Hanau sollte dieser 19. März zum Schicksalsschlag werden.

Obwohl der Angriff nur rund 20 Minuten dauerte, reichte die abgeworfene Bombenlast aus, um die Stadt nahezu vollständig zu zerstören. Hanau zählte nach diesem Vernichtungsschlag mit einem Wohnungsverlust von 88,6 Prozent zu den am schwersten getroffenen deutschen Mittelstädten. Hinter Düren, Paderborn und Bocholt rangierte es nach dem Grad der Zerstörung an vierter Stelle noch vor Emden, Würzburg und Osnabrück. Das bewirkte weiter, daß die Stadt an Main und Kinzig mit einer Bevölkerungsabnahme von über 50 Prozent 1945 zu den stärksten Fluchtregionen im Reichsgebiet zählte.

Daß das verantwortliche Bomberkommando nach dem Studium der Luftaufnahmen, die am 20. März ein Aufklärer aufgenommen hatte, zufrieden gewesen sein dürfte, bestätigt die Tatsache, daß Hanau ein unmittelbar folgendes zweites Bombardement erspart blieb. Diese Taktik des „Double Blow“ war vor allem in den letzten Kriegsmonaten zum Schrecken der Zivilbevölkerung praktiziert worden und hatte in mehreren Mittelstädten zu furchtbaren Verlusten unter der Zivilbevölkerung geführt. **kg**

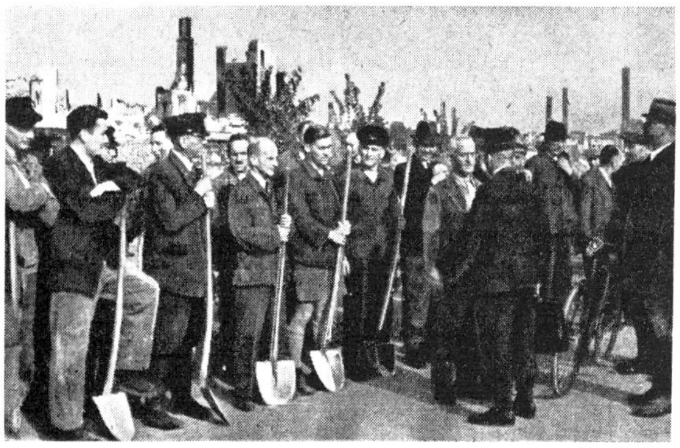

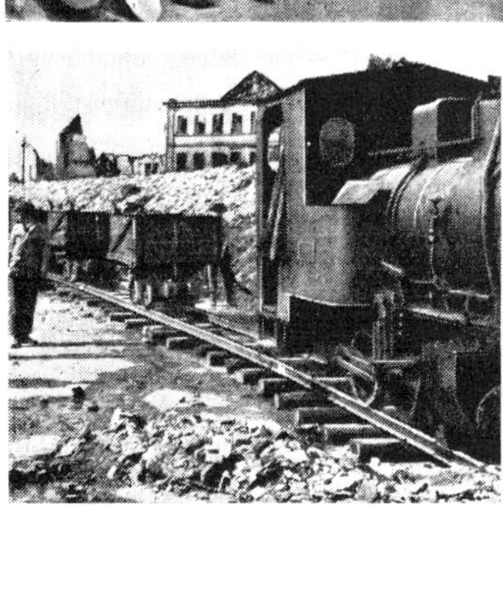

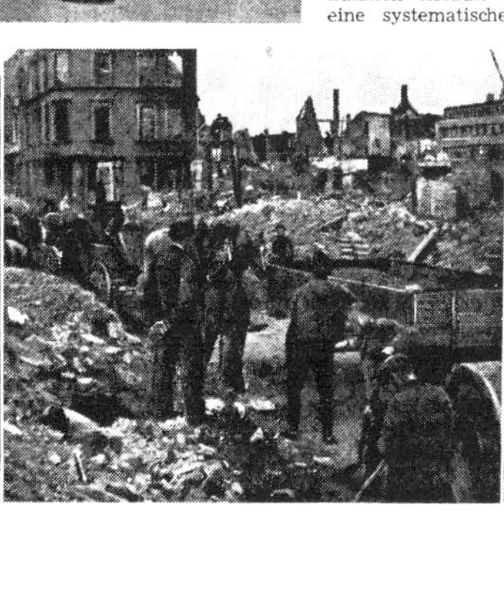

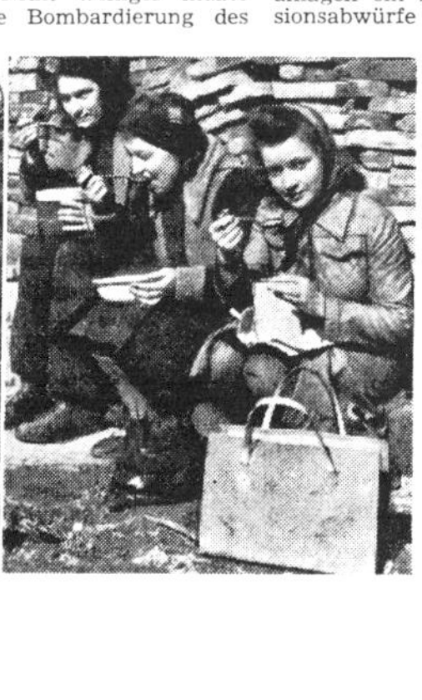

Unter schwierigen Bedingung und unter großen Opfern begannen die in der Stadt verbliebenen Hanauer schon bald mit den Aufräumungsarbeiten, auch wenn die Kost seinerzeit sehr schmal war. Als der Hanauer Ehrendienst eingerichtet wurde, konnte mit der Enttrümmerung systematisch begonnen werden. Schienen wurden durch die Straßen gelegt, so daß der Schutt mit Kipploren abgefahren werden konnte.

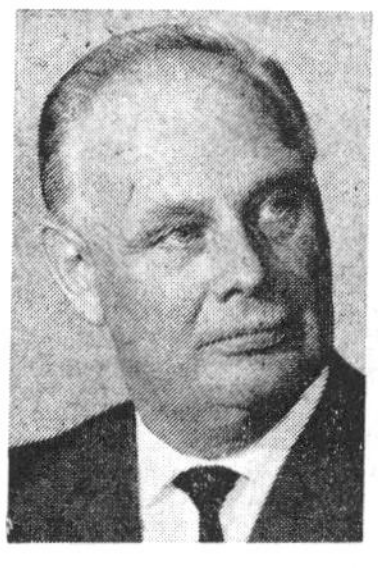

Herbert Dröse

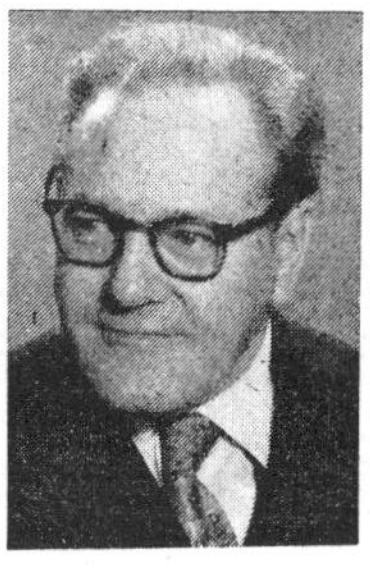

Heinrich Fischer

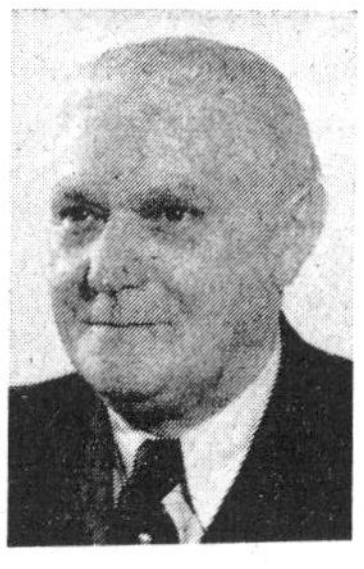

Karl Rehbein

Drei gewählte Oberbürgermeister seit 1946

Der politische »Wiederaufbau« — Sechsmal wählten die Hanauer ihre Stadtverordneten

Es war der Wunsch der Besatzungsmacht, nach zwölf Jahren Hitlerdiktatur und einem totalen physischen Zusammenbruch Deutschlands, die Demokratie in diesem Lande wieder auf die Beine zu stellen. Es war klar, daß sich nach so langer Zeit mit ihren einschneidenden Veränderungen nicht wieder sofort demokratische Lebensformen bilden konnten. Die amerikanischen Streitkräfte versuchten in ihrem Einflußbereich zunächst eine verwaltungsmäßige Ordnung herzustellen.

In Hanau wurde unmittelbar nach dem Zusammenbruch der 1933 abgesetzte Oberbürgermeister Dr. Kurt Blaum kommissarisch eingesetzt. Er blieb bis zu seiner Berufung als Leiter des Wiederaufbaues in Frankfurt in Hanau und half hier unbürokratisch, die größte Not zu lindern. Ihm folgten in gleicher Eigenschaft Karl Molitor, der am 26. August 1953 gestorben ist, und Dr. Hermann Krause.

Inzwischen hatten sich schon die ersten Parteien etabliert, so daß das politische Leben in Gang kam. Am 26. Mai 1946 fand die erste Wahl seit annähernd 25 Jahren statt: 14 284 Hanauer konnten über die Zusammensetzung des Stadtparlamentes bestimmen. Drei Listen, SPD, CDU und KPD, bewarben sich um 24 Mandate und die CDU wurde knapper Wahlsieger vor der SPD. 4299 Stimmen brachten den neuen Christdemokraten 9 Sitze, ebensoviel erhielten die Sozialdemokraten bei 4041 Stimmen und 2933 votierten für die Kommunisten, die mit 6 Sitzen ins Parlament einzogen.

Am 1. August des gleichen Jahres wurde von der Stadtverordnetenversammlung Polizeidirektor Karl Rehbein einstimmig zum Oberbürgermeister gewählt, Dr. Hermann Krause (CDU) wurde Stellvertreter. Die Wahl erfolgte zunächst auf zwei Jahre. Am 25. April 1948 fand die zweite Stadtverordnetenwahl statt. Von den 36 Sitzen entfielen 11 auf die SPD, 9 auf die CDU, 9 auf die KPD und 7 auf die LDP.

Vier Jahre später (4. Mai 1952) änderte sich die Sitzverteilung wie folgt: SPD 15 Mandate, CDU 7, FDP — sie trat an die Stelle der LDP — 6, KPD 5 und BHE 3. Am 28. Oktober 1956 wuchs die SPD-Fraktion auf 17 an, die CDU erhielt 9, der parteifreie Block (PHB) 5, die unabhängige Wählergemeinschaft Hanau (UWH) 3 und die FDP 2 Sitze, der BHE scheiterte an der 5-Prozent-Klausel. Im gleichen Jahr starb Oberbürgermeister Rehbein und die Stadtverordneten wählten Staatsminister a. D. Heinrich Fischer zu seinem Nachfolger.

Am 23. Oktober 1960 wurde zum fünften Male nach dem Krieg das Stadtparlament gewählt. Die SPD hielt sich bei 17 Sitzen, die CDU kam auf 11, der PHB sank auf 4, während FDP und BHE je 2 Mandate erzielten. Nach sechs Jahren Amtszeit wurde Oberbürgermeister Fischer, der 1962 die Altersgrenze erreicht hatte, von Herbert Dröse abgelöst. Zwei Jahre später — am 25. Oktober 1964 — erreichte die SPD bei den Stadtverordnetenwahlen zum erstenmal mit 23 Mandaten die absolute Mehrheit. Die CDU erhielt 12 und die FDP 2 Sitze, DFU und WHB/GDP kamen nicht über die 5-Prozent-Hürde.

Diese Position wurde von der SPD auch vier Jahre später behauptet. 1966 wurde der CDU-Bürgermeister Dr. Hermann Krause, der dieses Amt 20 Jahre inne hatte, von dem Sozialdemokraten Hans Martin abgelöst. Bei den Wahlen 1968 erhöhte sich die Gesamtzahl der Mandate auf 49, davon erhielt die SPD 26, die CDU 15, die FDP 5 und die NPD 3, während die DFU erneut leer ausging. er

Eine Million Mark für Hanau gerettet

Bemerkenswertes Beispiel von Zivilcourage – Gefährlicher Geldtransport auf dem Fahrrad

Die Stadtkasse hatte man in der Kesselstädter Schule notdürftig untergebracht. Fast alle Buchhaltungsunterlagen waren im Rathaus verbrannt, doch das Geld konnte gerettet werden. Es war eine stattliche Summe, denn Sparkassen und Banken funktionierten nicht mehr und waren fast alle in die umliegenden Orte verlagert. Mitten in die Tragödie hinein drangen die Nachrichten vom Nahen der amerikanischen Armee. Die Parteileitung verlor die Nerven und entschloß sich zum Prinzip der verbrannten Erde: Zerstörung aller noch existierenden Brükken und Vernichtung aller erreichbaren Werte — nichts sollten die Sieger erben.

So erhielt denn der Stadtkassenleiter Albrecht den irrsinnigen Befehl, das Geld rigoros zu vernichten. Doch in diesen Tagen hat jeder gewußt: Ausführungsverweigerung wurde mit Tod ohne Urteil quittiert. Auch Herr Albrecht hat das gewußt. Doch wußte er genauso klar, daß er diesen Befehl nicht ausführen durfte aus Liebe zu seiner Stadt und aus Mitgefühl für die Ausgebombten und die täglich einströmenden Flüchtlinge. Was also tun?

Zur Lösung dieser Konfliktsituation hat Kassenleiter Albrecht einen treuen Helfer gefunden: den damaligen Stadtkassenbuchhalter und Kassierer Willi Stumpf. Schweigend handelten sie, niemand durfte die Wahrheit erfahren. Nur scheinbar haben sie den Inhalt der Stadtkasse liqiudiert, tatsächlich aber haben sie das Geld versteckt. Es war eine halbe Million! Wie sie das geschafft haben? Durch den Mut und die Zivilcourage des Kassierers Stumpf. Verpackt in eine alte Tasche, in den Gepäckträger des Fahrrades gesteckt, fuhr er mit dieser kostbaren Fracht in sein Evakuierungsquartier im schwiegerelterlichen Haus in Bruchköbel. Den notwendigen Tagesbedarf nahm er täglich mit — immer per Rad — zum Amt in Kesselstadt. Wenn er — was viel zu oft geschah — unterwegs in den Graben sprang, weil Tiefflieger die Straße beschossen, dann bangte er mehr um das städtische Geld als um das eigene Leben.

Viel später erst wurde der psychische Druck der riesigen Verantwortung von Kassenleiter Albrecht und seinem treuen Mitarbeiter Stumpf genommen. Der von den Alliierten eingesetzte Oberbürgermeister Dr. Blaum, der durch Verhandlungen mit den Amerikanern die Stadtkasse in das Schloß Philippsruhe verlegte, war sehr bedrückt, weil für die notwendige Aufräumung kein Geld zu finden war. Da wagten es die beiden Retter der städtischen Finanzen, ihr Geheimnis preiszugeben. Dr. Blaum verstand, daß Schweigen noch immer notwendig war. Darum hat kein Mensch von dieser mutigen Tat jemals erfahren. Eines jedenfalls steht fest: Willi Stumpf hat eine halbe Million für die Stadt Hanau gerettet.

Kassenleiter Albrecht hat die Aufregungen dieser Tage mit einem Herzleiden bezahlt. Im Herbst 1945 trat er wegen dieser Krankheit in den Ruhestand. Seinen treuen Mitarbeiter, Willi Stumpf nominierte er zu seinem Nachfolger.

Ein viertel Jahrhundert später, am 9. März 1970, schloß Stadtoberinspektor i. R. Willi Stumpf im 62. Lebensjahr die Augen für immer. Nun, da keiner der beiden mutigen Retter der Stadtkasse mehr lebt, gaben die Familien dem Hanauer Anzeiger Genehmigung, über diese Tat zu berichten. Sie selbst hatten ihr Leben lang darüber geschwiegen — zu Anfang aus lebensnotwendigem Zwang, später aus ihrer Bescheidenheit. Denn über sich selbst spricht der aufrichtige Mann immer nur ungern und wenig. gus

Am Tage danach

Noch tropfte brennender Phosphor von den Stümpfen der Bäume, noch glühten verbogene Metalle, bizarr sich verformende Reste ehemaliger Zäune, Portale, Fassaden ... da machten sie sich auf, den Vater zu suchen. Carl Winkler, Chef der ersten deutschen Estamperie. An der Gärtnerstraße hatte das prächtige Wohnhaus gestanden, dahinter, an den Wallweg grenzend, lag die Fabrik mit ihren Nebengebäuden, gestern noch, am Sonntag, dem 18. März.

Suchend riefen sie seinen Namen, doch aus den Trümmern kam kein Echo zurück. Dann fanden sie ihn. Pantoffeln über die bloßen Füße gestreift, saß er auf einem gefallenen Baum mitten zwischen den Trichtern in der Ebertanlage. Neben ihm ein offener Koffer, inhaltlos, leer. Nie mehr fand er in seiner Erinnerung den chronologischen Zusammenhang aller Geschehnisse der vergangenen Stunden. Irgendwie hat er im Feuersturm zwischen Sog und Druck der Hitzewellen einen Notausstieg zum Wallweg gefunden. Doch ob er den Koffer leer mitgenommen hatte oder wo sein eventueller Inhalt geblieben war, das hat er nicht mehr gewußt.

Der Sohn besaß noch eine Kostbarkeit, die damals höchstes Glück vieler Retter war: ein Fahrrad. Der verstörte alte Mann ließ sich willig auf das Fahrrad binden und der Sohn schob seinen 75jährigen Vater aus der brennenden Stadt quer durch die Wälder nach Kahl am Main. Dort wohnte der ehemalige Werkmeister der Estamperie Fritz Hain — ehemaliger Akademieschüler — er nahm seinen alten Chef in sein Haus. Der Sohn aber kehrte am gleichen Tag nach Hanau zurück — wiederum durch die Wälder, denn Tiefflieger beschossen die Straßen — und begann mit den Überlebenden der Familie Maschinen und Edelmetalle aus den Trümmern zu bergen. gus

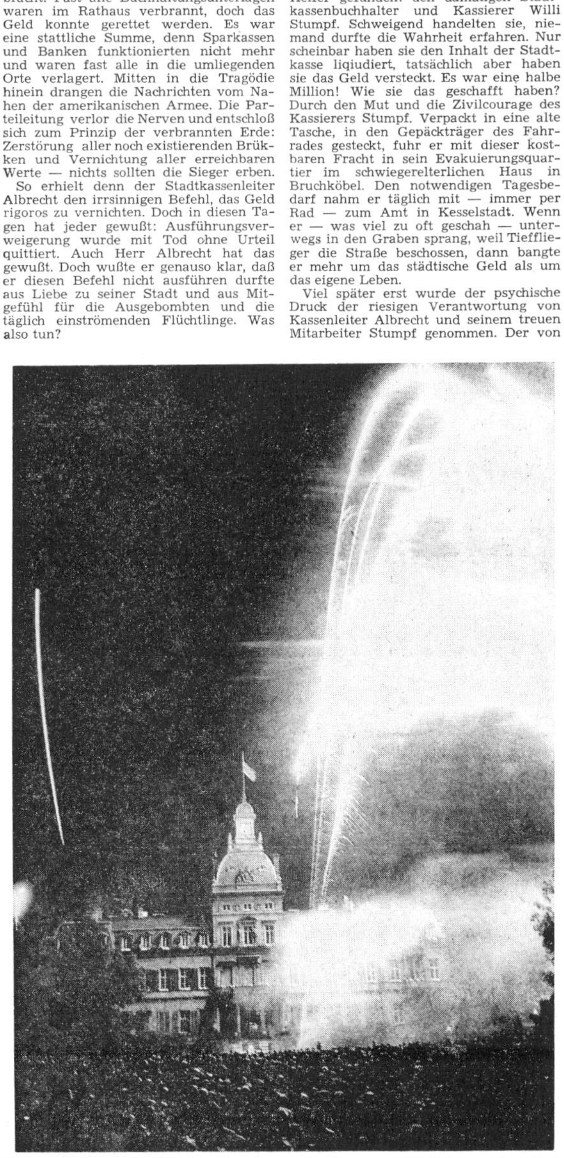

Zum Gedenken an den Wiederaufbau feiern die Hanauer alljährlich das Bürgerfest, das mit einem Brillantfeuerwerk vor der Kulisse des Schlosses Philippsruhe abgeschlossen wird.

Diese Nachricht kam zu spät

Hanauer Bürger berichten von der Nacht des Grauens — 20 Minuten bebte die Stadt

Seit der Bombennacht am 19. März 1945 sind 25 Jahre vergangenen. Dennoch ist bei den Hanauern, die das grauenvolle Geschehen miterlebten, das Bild im Gedächtnis, das die Straßen nach dem Angriff boten. Sind auch die Einzelheiten des Schreckens von der Zeit gnädig zugedeckt worden, erinnert sich doch mancher von ihnen an Handlungen und Gedanken, die ihn während dieser Stunden bewegten. Es wohnten zu dieser Zeit nur noch wenige Tausend Menschen hier, nämlich diejenigen, die von vorangegangenen Angriffen verschont geblieben waren. Am 19. März 1945 aber gab es kaum eine Familie, die nicht den Verlust von Hab und Gut oder gar lieben Menschen zu beklagen gehabt hätte.

Oskar und Else Schenck, Nußallee 32: „Wir wohnten damals in der Nürnberger Straße gleich neben unserer Möbelfabrik. An einen Luftangriff dachten wir nicht. In den Tagen davor standen zwar in der Umgebung von Hanau sogenannte Christbäumchen; aber daran waren wir gewöhnt. Es mag morgens gegen 4 Uhr gewesen sein, als wir durch die Detonationen der einschlagenden Bomben geweckt wurden. Der erste Eindruck war infernalisch. Wir sützten in unseren Keller, den wir mit weiteren 25 Hausbewohnern teilten. Kaum dort angekommen, wurde unser Haus getroffen."

Else Schenck erinnert sich weiter: „Mein Mann hatte sich über mich gebeugt und gesagt: „Jetzt ist es aus." Es war totenstill im Raum. Die Leute waren wahrscheinlich schon durch die vorangegangenen Angriffe abgestumpft. Ein junger Mann von der Wiesbadener Flak war mit im Keller. Er gab schließlich das Kommando zum Aufbruch.

Als wir durch das Gewölbetor wollten, lief schon der brennende Phosphor am Geländer herunter. Zu diesem Zeitpunkt fielen nur noch vereinzelt Bomben. Unser Glück war sicherlich, daß in unserem Viertel keine Sprengbomben geworfen wurden. Dadurch hielt wenigstens das Häuserfundament. Die Stadt war wie am Tage erleuchtet. Hanau war eine einzige Lohe. Ich habe heute noch das Rauschen der Flammen im Ohr.

Die Menschen auf der Straße suchten nach Angehörigen. Ein Nachbar hatte seine Tochter im Keller zurücklassen müssen. Sie war eingeklemmt und verbrannte bei lebendigem Leibe. „Papa, nimm mich mit", schrie sie. Die Tochter eines Bäckermeisters wurde verschüttet. Verwundete lagen herum und vor einer Spenglerei 29 verkohlte Leichen.

Um unsere Evakuierung nach Niedergründau einzuleiten, tauschten wir ein weißes Schlafzimmer, das noch in einer Werkstatt stand, gegen ein Fahrrad. Wenige Tage später sollen dann in der Nähe von Gelnhausen Flugblätter gefunden worden sein, in denen die Bevölkerung Hanaus von den Alliierten zum Verlassen der Stadt aufgefordert wurden. Diese Nachricht hatte uns eben zu spät erreicht."

Elisabeth Oettinger, Martin-Luther-Stiftung, hatte am 19. März 45 noch in der damaligen Admiral-Scheer-Straße (heutige Stresemannstraße) die Gastwirtschaft „Kaiser Friedrich". „Nachdem wir fast 5 Wochen von Angriffen verschont geblieben waren, fühlten wir uns einigermaßen sicher. Erstmals hatte ich mich zum Schlafengehen wieder ausgezogen.

Geweckt wurde ich durch den Treffer auf mein Haus. Ich konnte gerade noch den Keller erreichen. Dort sprangen die Wände. Durch die Risse konnten wir das Feuer draußen sehen. Wir dachten alle: Jetzt ist es mit Hanau zu Ende. Die Erinnerung an diese Nacht ist so furchtbar.

Mit brennendem Mantel stürzte ich auf die Straße. Menschen hasteten durcheinander. Eine Nachbarin stürzte mit dem Treppenhaus in die Tiefe. Sie wurde nie mehr gefunden. Ich bin dann, an den brennenden Bäumen vorbei, in Richtung Main gegangen. Seit dieser Nacht habe ich mein Gehör verloren."

„Wir hatten gerade unser Dach repariert", erzählt Hildegard Holtzheuer, die damals in der Friedrichstraße lebte. „Alle waren so ruhig. Was sollte schon noch geschehen, nachdem alle Fabriken zerstört waren? Der Angriff überraschte uns vollkommen. Glücklicherweise waren wir kurz vorher aufgestanden. Heute weiß ich nicht mehr, aus welchem Grunde.

Im Keller konnten wir es vor Hitze nicht aushalten. Die Straße war, wie die ganze Stadt, ein Flammenmeer. Die Bomben waren wie ein Teppich gefallen. Notdürftig angezogen, kümmerten sich die Menschen nur um sich selbst. Die Straße war heiß wie eine Herdplatte. Da standen wir dann und sahen zu, wie unsere ganze Habe verbrannte. Die einzelnen Stücke konnten wir sehen.

Ein älteres Ehepaar ging Arm in Arm die Straße entlang. Ihnen kam eine junge Frau entgegen. Als sie in den Alten ihre Eltern erkannte, schrie sie gellend vor angehaltener und nun befreiter Spannung auf. Sie war von Roßdorf zu Fuß hergekommen.

An toten Soldaten vorbei, über einen Eisenbahnwagen, der die Friedrich-Ebert-Straße versperrte, vom Bahnhof her bis dorthin geschleudert, gingen wir nach Kesselstadt zu Bekannten."

„Die Schnurstraße hatte nur noch eine Gehrinne von einigen Zentimetern", erinnert sich Glasermeister Karl Viel, 83 Jahre. „Unser Keller hat gehalten. Haus und Werkstatt brannten zusammen. Diese Nacht war eine Katastrophe. Anderntags fand meine Frau nicht einmal mehr unser Haus. Die verkohlten Leichen wurden auf Pritschenwagen geladen und zum Friedhof gebracht." uth

Friseur-Innung Hanau, Stadt und Land

Eine neue Frisur ist Vertrauenssache

SCHICK soll sie sein
jugendlich ELEGANT
und modisch GETÖNT

Ihr FRISEUR berät Sie gerne über
Form, Farbe, Dauerwelle,
denn „ER ist" Fachmann

Beginn als Ladengemeinschaft
Der alte Kaufhof war das erste Hanauer Kaufzentrum

Der Kaufhof Hanau geht zurück auf eine Filialgründung der Leonhard Tietz AG — eröffnet 1929 in dem von der Firma I. Hermann GmbH erworbenen Gebäude an der Ecke Hammer- und Langstraße.

Wie sehr die Bevölkerung diese neue Einkaufsstätte begrüßte, zeigte von Anfang an die große Kundenzahl, so daß die Räumlichkeiten bei weitem nicht ausreichten. Noch im gleichen Jahre wurde ein moderner, sachlicher Neubau mit 2700 qm Verkaufsfläche, das erste Warenhaus der Stadt Hanau, in der Nürnberger Straße eröffnet. So wurde einem dringenden Bedürfnis der Bevölkerung Rechnung getragen, belief sich doch die Einwohnerzahl Hanaus auf über 40 000, zu denen noch 60 000 Einwohner aus dem Einzugsgebiet kamen.

Im Zuge des totalen Krieges mußte das Haus 1943 geräumt und der Firma Heraeus als Ausweichlager überlassen werden. In den Räumen der Firma Dietrich am Markt konnten die Geschäfte unter Verringerung der Verkaufsfläche auf 125 qm behelfsmäßig weitergeführt werden, bis dieses Grundstück Ende 1944 durch Bomben zerstört wurde. Nun durfte der Verkauf wieder im eigenen Hause stattfinden, wenngleich auch nur ein kleiner Teil des Erdgeschosses zur Verfügung stand. Als am 19. März 1945 die Stadt fast völlig zerstört wurde, war auch die letzte Bleibe betroffen, und der Verkauf mußte eingestellt werden.

Aber bereits wenige Wochen später konnte durch die tatkräftige Hilfe aller Mitarbeiter der Verkauf mit ausgelagerten Warenbeständen notdürftig wieder aufgenommen werden. Das Haus, als eines der wenigen von Sprengbomben verschonten Gebäude der Innenstadt, zog rasch eine Reihe von Einzelhändlern an, die nun hier mit dem Kaufhof in Ladengemeinschaft die Versorgung der auf 9000 Einwohner zusammengeschmolzenen Bevölkerung der Stadt aufnahmen. Stück um Stück wurde der Verkaufsraum provisorisch erweitert, und bald bildete das Haus das Kaufzentrum der Innenstadt.

Der Aufschwung nach der Währungsreform brachte auch dem Kaufhof Hanau neuen Auftrieb, der Verkaufsraum konnte vollständig den eigenen Zwecken dienen. Durch die inzwischen wieder auf 30 000 Einwohner angewachsenen Bevölkerung wurden die Raumverhältnisse jedoch immer unzulänglicher. Nach Umbau und Erweiterung waren im Jahre 1950 wieder 2 000 qm Verkaufsfläche in Betrieb. Nur im II. und III. Stock blieben die Räume durch das Bauamt der Stadt Hanau bis 1952 belegt.

Das Wiedererstehen des Käufermarktes erforderte die Intensivierung aller Abteilungen und eine Vergrößerung der Sortimente. Da sich zudem durch den Wiederaufbau der Stadt das Zentrum zum Markt/Freiheitsplatz zurückverschoben hatte, wurde eine Modernisierung, Vergrößerung und Verlegung des Kaufhofs erforderlich.

Im Mai 1957 war es dann endlich soweit: man konnte mit den ersten Arbeiten für den neuen Kaufhof Am Markt beginnen. In sechs Monaten ist der Neubau erstellt worden: Am 28. November 1957 war Eröffnung.

Durch die Beteiligung am Bau der notwendig gewordenen Tiefgarage unter dem Marktplatz im Jahre 1966 konnte gleichzeitig die schon gewordene Verkaufsfläche der Lebensmittel-, Möbel-, Haushalt- und Elektrogeräte-Abteilung im Tiefparterre bedeutend erweitert werden. Nach der letzten Erweiterung beträgt die Verkaufsfläche jetzt rund 7000 qm. Durch zwei direkte Zugänge zur Tiefgarage wurde eine unmittelbare Verbindung zu dieser hergestellt.

Nur die Tresoranlage hielt stand
Dresdner Bank mit dem ersten Geschäftsgebäude am Markt

Die Dresdner Bank, heute mit drei Filialen im Hanauer Raum etabliert, hat als Großbank die wechselvolle Geschichte unserer Stadt in den letzten fünfzig Jahren mit durchgestanden und tatkräftig geholfen, die ungeheueren Schwierigkeiten im Auf und Ab der heimischen Wirtschaft zu meistern.

Erstmalig trat diese Bank 1921 mit Gründung einer Filiale in unserer Stadt in Erscheinung, gerade als die Wunden des Ersten Weltkrieges zu heilen begannen und sich alle Kräfte unserer fleißigen und stets aufgeschlossenen Bevölkerung neuen Aufgaben zuwandten. In einem der stolzen, alten Patrizierhäuser aus der Zeit der Wallonen und Niederländer, „Zum Braunenfels", am Markt — Ecke Paradiesgasse, wurde in bescheidenem Rahmen das erste Banklokal bezogen, das 1923 in die Krämerstraße verlegt wurde. Hier hatte man die den alten Hanauern noch bekannten Gaststätten „Carlsberg" und „Café Corso" vollständig umgebaut und vor allem große Tressoranlagen geschaffen, die später auch dem Bombenhagel standhielten.

Waren damals noch die Bank für Handel und Industrie bzw. Darmstädter- und Nationalbank die Namensträger der Filiale, so änderte sich dieser 1931 als Folge der Bankverschmelzung in Dresdner Bank.

Es waren auch damals in der Wirtschaftskrise schwere Jahre für alle Beteiligten. Schon hier zeigte sich die Bedeutung des Exportes, dessen Pflege sich die Dresdner Bank in ihren weltweiten Verbindungen besonders angelegen sein ließ. Der Hanauer Industrie kam dies sehr zustatten, besonders der Edelmetall- und Diamantindustrie, die nach dem Kriege wieder um die verlorenen ausländischen Märkte kämpfte.

Der Ausbruch des Zweiten Weltkrieges zerstörte dieses friedliche Wirken und am Ende stand der 19. März 1945, der auch die Bankfiliale mit ihrem mühsam durchgehaltenen Geschäftsbetrieb restlos zerstörte. Aber die Tresoranlagen hielten stand und manch wertvoller Familienbesitz in den Safes, Fabrikationspläne und Modelle, Schmuckstücke, wichtige Geschäftsunterlagen usw. konnten aus den freigebuddelten Tresoranlagen den Besitzern wieder ausgehändigt werden.

Ein Notbetrieb wurde in den Räumen der Landeszentralbank Nußallee eingerichtet und nach dreijähriger Gastfreundschaft in das Hansa-Haus (jetzt Hertie) verlegt. Trotz aller Schwierigkeiten wurden die 1950/51 im Erwerb und der Bebauung des Grundstücks Marktplatz-Ecke Fahrstraße, dem heutigen Bankgebäude, realisiert wurden.

Es war das erste, mehrgeschossige repräsentative Geschäftsgebäude am Marktplatz überhaupt. Inmitten des Trümmerfeldes zeugte es von dem Aufbauwillen der Bank und ihrem Streben, dem wichtigen Industrie- und Handelsplatz Hanau beim Aufbau zu dienen. So konnte die Dresdner Bank in erheblichem Maße mithelfen, das alte Prestige der Hanauer Wirtschaft zurückzugewinnen.

„Ladenstraße" im Garagentrakt
Stürmische Entwicklung der Firma Bommersheim

Wer sich heute in den Büroräumen der Firma Zentralgarage Bommersheim die sorgsam gehüteten Fotografien des am 19. März 1945 total zerstörten Betriebes ansieht, der muß einen tiefen Respekt vor der Leistung der Hanauer Bürger bekommen, die damals angesichts der Trümmerwüste den Entschluß faßten, die Stadt wieder aufzubauen.

Die Firma Zentralgarage K. Bommersheim oHG, die in diesem Jahr 40 Jahre besteht, wurde 1930 zunächst als Garagenbetrieb in der Herrnstraße von Gregor Bommersheim gegründet. Am 19. 3. 1945 versank der gesamte Betrieb im Feuersturm der Bombennacht.

Der ungebrochenen Initiative des damals schon bejahrten Inhabers ist es zu danken, daß also schnell mit den Enttrümmerungsarbeiten angefangen wurde. Mancher ältere Hanauer Bürger wird sich noch an die erste „Ladenstraße" in den notdürftig wiederhergestellten Garagen erinnern, von der aus die Firmen „Fisch-Feige", Lebensmittelgroßhandel Wombacher, Leder-Bleuel und Friseur Scheible begannen, die verbliebenen Hanauer Trümmerbewohner zu versorgen.

Die Firma selbst übernahm 1946 die Wartung der grün-weiß bebänderten Taxen des Taxendienstes Hanau—Gelnhausen—Büdingen. Nach dem Tode des Firmengründers im Jahre 1951 wurde die Geschäftsführung von dem Schwiegersohn und jetzigen Firmeninhaber, Hermann Josef Wolff, übernommen. Unter seiner Leitung erfolgten dann die Umstellung des Betriebes und der Ausbau des Betriebes zu einer Vertretung der Ford-Werke AG Köln.

Auf den in der Herrnstraße/Langstraße erworbenen Grundstücken, von denen über 7000 cbm Schutt abgefahren werden mußten, wurde zunächst eine Werkhalle gebaut, der dann im Jahre 1964 ein modernes Ersatzteillager angegliedert wurde, das heute zu den größten im Rhein-Main-Gebiet zählt.

In diesen Tagen geht der zweite Bauabschnitt zu Ende — ein modernes Bürohaus — das mit viel technischem Komfort ausgestattet wurde und von einer namhaften Hanauer Anwaltssocietät bezogen wird. Der dritte Bauabschnitt trägt der stürmischen Entwicklung der Firma Rechnung.

Gestützt auf eine im modernen Teamworkgeist eingestellten und über einem Jahrzehnt bewährten Mitarbeiterstab sowie auf 15 angeschlossene Vertragswerkstätten konnte die Firma in den letzten Jahren beachtliche Verkaufserfolge erzielen. Allein im Jahre 1969 konnten weit über 1000 Ford-Fahrzeuge verkauft werden.

Ab Herbst dieses Jahres wird der Gesamtbetrieb mit seinem Rechnungs- und Erfassungswesen auf ein „Vollcomputer"-System umgestellt, der das herkömmliche Buchungsverfahren rationell ablösen soll. Mit Hilfe der Stadt wurden weitere Grundstücke erworben, auf denen eine nochmalige Verzögerung des bestehenden Ersatzteillagers und der völlige Neubau einer Großreparaturwerkstätte geplant sind.

E. N.

Im Einkaufszentrum am Markt mit direktem Zugang zur Tiefgarage

- JUNG - MODERN - PREISWERT - LEISTUNGSFÄHIG -

KAUFHOF HANAU

Zentralgarage

 # K. Bommersheim

Ford-Haupthändler

645 Hanau/Main

Herrnstraße 21-23

Ersatzteillager

Langstraße 94-98 - Telefon 24551

stets gerne zu Ihren Diensten....

Am Wiederaufbau stark beteiligt
Bemerkenswerte Aufwärtsentwicklung der Stadtsparkasse

Die Stadtsparkasse und Landesleihbank Hanau, eine am 1. Januar 1955 vollzogene Vereinigung der 1841 gegründeten Stadtsparkasse Hanau mit der 1738 gegründeten Landesleihbank Hanau, stellt innerhalb der heimischen Bevölkerungs- und Wirtschaftskreise eines der bedeutendsten Bindeglieder dar. Ihrem öffentlichen Auftrag folgend erfüllt sie innerhalb ihres gesamten Geschäftsbereiches, zu dem die Stadt- und Landkreise Hanau, Gelnhausen und Schlüchtern zählen, in gemeinnütziger und sozialer Zielsetzung ihre große Aufgabe, im allgemeinen Interesse geld- und kreditwirtschaftliche Dienste zu leisten. In der Hilfsbereitschaft gegenüber den Mitmenschen sieht die Sparkasse ihre besondere Verpflichtung.

In der Tat hat das Institut die breitgefächerte Sparkapital- und Vermögensbildung auf größter Ebene stets vorbildlich gefördert und die ihr anvertrauten Gelder in Form von Krediten und Darlehen sinnvoll ausgeliehen. So konnte allen Kreisen der Bevölkerung finanzielle Hilfe, vor allem zum Bau von Wohnungen durch Hergabe von Hypothekendarlehen, gewährt werden. Die notwendigen finanziellen Impulse, die die Sparkasse der örtlichen Wirtschaft verleihen konnte, wirkten sich nutzbringend aus und trugen dazu bei, den heutigen örtlichen Entwicklungsstand auf dem Gebiet von Handel, Handwerk, Gewerbe und Industrie zu erreichen. Die Schaffung sozialer Einrichtungen sowie die Forcierung des öffentlichen Wohnungsbaues konnten durch Bereitstellung erforderlicher Mittel an kirchliche und kommunale Institutionen weitgehend unterstützt werden. Dadurch hat das Institut am gesamten Wiedererstehen der durch Kriegseinwirkungen zerstörten Stadt Hanau besonders großen Anteil.

Auch die Geschäftsräume der Sparkassen blieben von der Vernichtung nicht verschont und waren vor 25 Jahren dem Erdboden gleich. Nur unter schwierigsten Verhältnissen war es möglich, die Arbeit wieder aufzunehmen und sie in den Dienst der Allgemeinheit zu stellen. Der Aufbauwille der gesamten Bürgerschaft und das in die Sparkasse gesetzte Vertrauen wurde zu jenen Fundamenten, auf welchen die Anstalt zu ihrer jetzigen Größe gedeihen konnte. Zur Bewältigung ihrer umfangreichen und vielschichtigen Aufgaben stehen ihr heute auf arbeitstechnischem Gebiet neuzeitliche Automationsmittel in Form modernster Datenverarbeitungsanlagen zur Verfügung, die es als eines der fortschrittlichsten Geldinstitute nicht nur auf diesem Sektor, sondern auch geschäftspolitisch richtungsweisend erscheinen lassen. Zusammenfassend kann gesagt werden, daß die Stadtsparkasse und Landesleihbank Hanau die Belebung des privaten, wirtschaftlichen und öffentlichen Wiederaufbaues seither weitgehend gefördert hat und gleichzeitig eine Mittelpunktfunktion bekleidet, die es ihr auch künftig ermöglicht, ihre Tätigkeit stets zum Wohle aller auszurichten.

Großlager garantiert Versorgung
Raab Karcher trug zum Aufschwung des Mainhafens bei

Bei der Einweihung des Industrie- und Handelshafens Hanau im Jahre 1924 konnte das heute im Besitz der Firma Raab Karcher befindliche Hafenlager seiner Bestimmung übergeben werden. Zur gleichen Zeit wurde das Bürogebäude mit einem Stadtlager in der Steinheimer Straße errichtet.

Durch Kriegseinwirkung wurden die Gebäude in der Steinheimer Straße vollständig zerstört. Heute befindet sich dort eine Wohnwagen-Verkaufsausstellung von Raab Karcher.

Nach Überwindung der Schwierigkeiten in den Jahren nach 1945, konnte 1955 ein modernes Bürohaus im Mainhafen Hanau bezogen werden. Das Großlager im Hafen war entscheidend für einen schnellen Aufstieg des Geschäftes zu einem der größten und leistungsfähigsten Brennstoff-Handelsunternehmen des Hanauer Wirtschaftsgebietes.

Im Zuge des zunehmenden Umschlagstempos erhielt das Hafenlager 1960 einen 5-t-Elektrokran, der mit den Siebwerken für feste Brennstoffe, dem Großtanklager mit einem Fassungsvermögen von mehr als zehn Millionen Liter Heizöl und dem Silo für Braunkohlenbriketts eine einprägsame Hafensilhouette bildet.

Das Großtanklager gewährleistet auch bei Schiffahrtsschwierigkeiten auf dem Main eine jederzeitige Versorgung der Verbraucher. Silo-Fahrzeuge für feste Brennstoffe und Heizöltankzüge — insgesamt etwa 20 Lkws — versorgen nicht nur die Privatkundschaft, Händler und Industriebetriebe des Stadtgebietes, sondern das Gebiet von der Wetterau mit dem Vogelsberg bis zum Odenwald und bis Unterfranken.

Großtanklager im Hanauer Main-Hafen.

In jeder Phase ihres 128-jährigen Bestehens

Zur Schaffung, Erhaltung und Förderung privater und wirtschaftlicher Existenzgrundlagen sowie sozialer und öffentlicher Einrichtungen mit allen verfügbaren Mitteln im Rahmen gegebener Möglichkeiten stets beigetragen:

STADTSPARKASSE
UND LANDESLEIHBANK HANAU

Marktplatz 1 - Ecke Kölnische Straße - Telefon 2 40 81 — Zweigstellen: Kastanienallee 39 — Gustav-Hoch-Straße 57 — Leipziger Straße 17 — Lamboystraße 23 — Großauheim, Hauptstraße 37 — Nidderau-Windecken, Marktplatz 12 — Gelnhausen, Berliner Straße 19 — Schlüchtern, Fuldaer Straße 7.

ELEKTRIZITÄT
GAS
FERNWÄRME
WASSER

in die Haushalte und Betriebe unserer Stadt zu verteilen, dabei jederzeit jeden Bedarf zu decken und so preiswert wie möglich zu liefern, betrachten wir als unsere Aufgabe.

Hierbei ist günstige Beschaffung, sei es durch Einkauf oder durch Eigenerzeugung, ebenso notwendig, wie der Ausbau und die Unterhaltung leistungsfähiger Rohr- und Kabelnetze längs der Straßen und Wege unserer Stadt.

Wir haben in wenigen Jahren die kriegszerstörten Anlagen wieder hergestellt sowie die Versorgungsnetze und sonstigen Anlagen laufend den steigenden Anforderungen angepaßt. Ihre Erweiterung betreiben wir mit dem Ziel, der Bevölkerung die Errungenschaften moderner Energie- und Versorgungstechnik zuteil werden zu lassen.

STADTWERKE HANAU

Wir liefern an INDUSTRIE - GEWERBE - HAUSHALTUNGEN

BRENNSTOFFE - RK HEIZOEL

Unser Großlager am Mainhafen mit automatischen Absackanlagen und Silos, sowie das Heizöl-Großtanklager mit einer Kapazität von über 10 Millionen Litern garantieren eine immer gleichbleibende Qualität und eine günstige Preiskalkulation. Moderne Umschlagsanlagen, eigene Spedition.

RAAB KARCHER
645 Hanau/Main, Canthalstraße 6-8

- Feste Brennstoffe
- Heizoele
- Tankreinigung
- Heizoeltanks
- Düngetorf
- Umschlag
- Spedition

Hanauer Anzeiger — Sonderbeilage — 19. März 1970

Montags wurden Steine geklopft
Wiederaufbau der Firma Erich Beinhorn KG

Im Bombenhagel, der am 19. März 1945 Hanau in Schutt und Asche legte, wurde auch das Betriebsgelände der Firma Erich Beinhorn, Elektrotechnische Werkstätten, mit allen Gebäuden für 120 Arbeitsplätze total zerstört. Obwohl in den letzten Kriegswirren kaum jemand an die Zukunft dachte, mietete der Firmeninhaber eine unzerstörte Halle in der Zahnradfabrik der Firma W. Schwahn und begann am 15. April 1945 mit 40 Mitarbeitern wieder von vorne anzufangen. An jedem Montag in der Woche zog die ganze Belegschaft zum alten Betriebsgrundstück in der Friedrich-Ebert-Anlage, räumte den Schutt weg, barg Maschinen und ausgebrannte Motoren und Werkzeuge und klopfte Steine ab für den Wiederaufbau.

Im Jahre 1946 wurde unter größten Mühen der erste Bauabschnitt der den Kern des heutigen Betriebes bildet, errichtet und am 1. 1. 1947 bezogen. Im Zuge der Rückkehr der Soldaten stieg die Belegschaftsstärke bis zur Währungsreform auf 70 Mitarbeiter, um dann rasch durch den Beginn des Wiederaufbaues der Stadt Hanau, an dem die Firma Beinhorn maßgeblich mit der Elektroinstallationsabteilung beteiligt war, auf 120 Mitarbeiter weiterzuwachsen.

Durch die höhere Belegschaftsstärke gezwungen, wurde 1948 ein 2. Bauabschnitt für Werkstatt- und Lagerräume und 1950 für Büro- und Lagerräume als 3. Bauabschnitt notwendig.

In die Phase des Wiederaufbaues war die Firma Beinhorn nicht nur bei der Errichtung von Wohnungen und dem Aufbau der heimischen Industrie tätig, sondern auch bei vielen öffentlichen Bauvorhaben, wie z. B. St. Vincenz Krankenhaus, den Hanauer Schulen, Rathaus, Bürgerhaus, Johanneskirche, Kirche St. Josef usw.

Dem Zuge der Zeit folgend kamen zu den beiden schon immer bestehenden Zweigen Elektroinstallation und Elektromaschinenbau noch der Bau von Hochspannungsanlagen und Gemeinschaftsantennen sowie die Planungsabteilung für Industrie-Großinstallationen.

Diese neuen Zweige sowie der erhöhte Bedarf an Büroräumen, Werkstätten für den Schaltanlagenbau, Schlosserei und Motorreparatur machten 1969 einen IV. Bauabschnitt nötig, der am 2. 1. 1970 bezogen werden konnte. Heute ist der Betrieb, nach seiner restlosen Zerstörung, so wiedererstanden und wiederaufgebaut, daß er allen Forderungen der 70er Jahre entspricht.

Der historische Altstädter Markt

Ihr Einkaufsziel in Hanau

Neckermann-Preise... Ihr großer Vorteil!

NECKERMANN

„Nicht an der Sicherheit an der Prämie sparen"

Nutzen auch Sie die Vorteile der

Neckura — **Autoversicherung**
Niedrige Anfangsprämie, Schadensfreiheitsrabatte nach Versicherungsjahren

Familienschutz-Police — **Neckura**
Unfall-, Privathaftpflicht- und Verbundene Hausratsversicherung in einer Police

Neckura — **Einzelversicherungen**
Unfall-, Haftpflicht-, Hausrat-, Reisegepäck-, Reiseunfall-, Kinder-Unfall-Versicherung

Idealer Schutz vor finanziellen Schäden. Lassen Sie sich ausführlich und unverbindlich beraten im Kaufhaus

---

IMMER wenn's um Geld geht...

sollten Sie mit Ihrer Sparkasse sprechen. Nehmen wir ein Beispiel: planvolles Sparen für die Zukunft. Darin haben wir jahrzehntelange Erfahrung. Wenn Sie sich etwas vorgenommen haben, sollte doch möglichst schnell etwas daraus werden. Nutzen Sie alle Hilfen, die es heute gibt: hohe Prämien, Steuervorteile, Zinsen oder Gewinne aus Wertpapieren. Wir sagen Ihnen, wie Sie mit einem Prämiensparkonto oder mit einem modernen Investment-Sparplan Ihr Ziel erreichen. Schon mit kleinen monatlichen Sparbeträgen läßt sich etwas machen. Fragen Sie uns – machen Sie Wünsche und Pläne wahr, sichern Sie Ihre Zukunft.- durch Sparen.

wenn's um Geld geht - SPARKASSE

KREISSPARKASSE HANAU

Hauptstelle: Hanau am Main, Am Markt/Ecke Römerstraße
mit Zweigstellen im gesamten Kreisgebiet.

ERICH BEINHORN KG

Elektrotechnische Werkstätten

HANAU, Friedrich-Ebert-Anlage 2 a

Telefon 2 03 31 - 2 15 48

Wir errichten für Sie: Hoch- und Niederspannungsschaltanlagen, Transformatorenstationen, sämtliche Industrie- und Großinstallationen sowie Gemeinschaftsantennenanlagen

Wir liefern an Sie: Sämtliches Elektromaterial für den Industriebedarf

Wir reparieren für Sie: Motoren und Transformatoren jeder Art und Größe

Wir planen für Sie: Gemeinschaftsantennenanlagen, Lichttechnische Anlagen, Elektroinstallationen in Stark- und Schwachstrom für Kaufhäuser, Industrieanlagen und Hochhäuser

Hanauer Anzeiger — Sonderbeilage — 19. März 1970

Die Zukunft kann beginnen

Gummi - bei Dunlop ein dehnbarer Begriff

19. März 1945 — Für Dunlop eine traurige, nüchterne Bilanz

Das Hanauer Dunlopwerk zu Beginn des Jahres 1945: Eine nüchterne, traurige Bilanz. 60 Prozent des Werksgeländes sind den Bombenangriffen zum Opfer gefallen — 40 Prozent des Maschinenparks sind zerstört — und die in dieser Zeit doppelt wertvollen Rohstoffbestände sind vernichtet. Es mag wie eine gnädige romantische Geste des Schicksals ausgesehen haben, daß nur das Wahrzeichen des großen Hanauer Reifenwerkes, der Wasserturm, unzerstört aus Schutt und Trümmern herausragte, die die Bombennächte hinterlassen hatten. Doch entspricht es dem dynamischen Charakter des Hauses Dunlop, nicht zu resignieren. Dank der engen Verbundenheit der früheren Belegschaft zum Werk konnte sehr schnell mit den Aufräumungsarbeiten begonnen werden. Schon Ende 1945 lief eine bescheidene Produktion an. Einem zielstrebigen Wiederaufbau ist es zuzuschreiben, daß die deutsche Dunlop bald ihren alten Platz als zweitgrößtes Reifenwerk in Deutschland zurückerobern konnte.

Es begann mit Luft. 83 Jahre ist es her, daß der irische Tierarzt John B. Dunlop in Belfast den ersten Luftreifen erfand. Dies war ein seltsam anmutendes Holzscheibenrad. Sein Geheimnis bestand aus einem Kautschukstreifen, den der Vater des Luftreifens mit Hilfe eines Fußballventils zu einem aufblasbaren Schlauch gestaltete und diesen mit einer Textilumhüllung auf die Peripherie der Scheibe nagelte. Damit wurde die Idee, eingeschlossene Luft als Federungselement für Fahrzeuge zu nutzen, geboren und schon 1888, in der Regierungszeit der Königin Viktoria, patentiert.

Nur sechs Jahre jünger als der erste Dunlop-Reifen ist auch das Dunlopwerk in Hanau. Das in der Bruchköbeler Landstraße als kleiner Handwerksbetrieb gegründete Unternehmen entwickelte sich so rasch, daß es im Jahre 1902 schon einen Stamm von 210 Facharbeitern beschäftigen konnte. Mag auch der Großbrand, der das Werk ein Jahr später bis auf die Grundmauern zerstörte, ein schwerer Schlag gewesen sein, so schuf der Neubau auf dem heutigen Gelände im Osten der Stadt die Basis zu einer stetigen Expansion. Hierbei konnte sich das Unternehmen auf die kluge Voraussicht und hervorragende Mithilfe der Hanauer Stadtverwaltung stützen.

In der Chronik des Dunlopwerkes Hanau wurde eine neue Seite beschrieben: Aus dem ursprünglichen Handwerksbetrieb entwickelte sich eine weltbekannte Fabrik. Wo ein Arbeiter um die Jahrhundertwende zur Herstellung einer einzigen Garnitur Fahrradreifen noch 14 Tage benötigte, produzieren heute etwa 7000 Mitarbeiter an einem einzigen Tag ungefähr 20 000 Fahrzeugreifen - vom Zweirad- bis zum Riesenluftreifen für große Erdbewegungsmaschinen.

Wie stellt sich nun eine große Reifenfirma auf die Zukunft ein? — Indem sie sich nicht nur auf Reifen einstellt. Zwar sind die sechs Millionen Reifen pro Jahr immer noch der wichtigste Zweig des Werkes; für das Unternehmen jedoch kein **Grund, seinem traditionellen Werkstoff Gummi sklavisch treu zu sein.** Längst ist der Gummi für Dunlop im weitesten Sinne zu einem dehnbaren Begriff geworden.

Die Technologen in der Forschungsabteilung vermögen heute eine Vielzahl synthetischer Varianten des elastischen Lebenssaftes des Gummibaumes herzustellen. Hunderte von unterschiedlichen Gummimischungen, jeweils die optimale für Tausende von zukünftigen Spezialaufgaben.

Aus einer Kunstharz-Gummi-Mischung werden seit Jahren in Hanau die flexiblen Kotflügel für Nutzfahrzeuge geformt. Sie erfreuen sich nicht zuletzt deshalb einer wachsenden Beliebtheit, weil sie gegen Beulen unempfindlich sind. Nicht allein aus Gummi sind die Dunlop-Tennisbälle, die über das Netz auf der grünen Platte wechseln, ebenfalls nicht allein aus Gummi sind die Matratzen, Polsterungen und Autositze der Unternehmenstochter Dunlopillo.

Fußböden- und Wandbeläge von Dunloplan kennen den traditionellen Werkstoff schon nicht mehr. Sie verdanken ihre Existenz dem Kunststoff Polyvinylchlorid. Die bekannte „Fred-Perry"-Sport- und Freizeitkleidung ist garantiert frei von Gummi, ganz zu schweigen von den Golfbällen, Golf-, Tennis- und Badmintonschlägern und dem Kunststoffski „Dynamic VR 17", mit dem der dreifache Goldmedaillengewinner von Grenoble 1968, Jean Claude Killy, gegen seine Konkurrenten auf dem weißen Feld antritt. Das ist Aufbau und Entwicklung bei Dunlop. Die Zukunft kann kommen — bei Dunlop in Hanau ist man gerüstet.

Sechs Millionen Dunlop-Reifen verlassen jährlich das Werk.

Auch DUNLOP in Hanau lag 1945 in Trümmern

Aber Firmenleitung und Belegschaft haben gemeinsam aus der Katastrophe einen neuen Anfang gemacht!

Der Wiederaufbau ist längst in gemeinsamer Anstrengung geschafft worden!

Heute und morgen geht DUNLOP neue Wege!

- **DUNLOP** erweitert und modernisiert die Fabriken in Hanau.
- **DUNLOP** baut ein neues Reifenwerk in Wittlich.
- **DUNLOP** gründet zusammen mit anderen Firmen eine neue Stahlcord-Fabrik im Saarland.
- **DUNLOP** übernahm eine Ski-Fabrik und weitet das Sportgeschäft noch mehr aus.
- **DUNLOP** verbindet sich mit Pirelli zu einer der größten Unternehmensgruppen der Welt.
- **DUNLOP** ist bekannt für fortschrittliche Arbeitgeber-Arbeitnehmer-Beziehungen.
- **DUNLOP** ist in der Personalführung, -förderung und -ausbildung modern und richtungweisend.

Der Aufstieg der DUNLOP-Werke ist ein Ergebnis der Tüchtigkeit unserer Mitarbeiter auf allen Ebenen.

DUNLOP bietet jedem Tüchtigen vielfältige Chancen für Sicherheit und Erfolg!

Hanauer Anzeiger Sonderbeilage 19. März 1970

Am 24. November 1816 wurde die Polytechnische Gesellschaft in Frankfurt gegründet. Hier trafen sich namhafte Persönlichkeiten aus dem geistigen Leben, um Technik und Wissenschaft zu fördern. In den Mitgliederverzeichnissen finden wir unter anderen bedeutenden Männern Johann Wolfgang von Goethe, den Freiherrn vom und zum Stein, Justus von Liebig und Dr. August Anton Wöhler.

Die Polytechnische Gesellschaft errichtete im Jahre 1822 mit Genehmigung des Hohen Senats der einst Freien Reichsstadt Frankfurt Main die FRANKFURTER SPARKASSE VON 1822, die heute zu den modernsten und größten Sparkassen im Bundesgebiet zählt.

70 Zweigstellen

Frankfurter Sparkasse von 1822 (Polytechnische Gesellschaft) • Älteste Sparkasse in Frankfurt am Main, Hauptstelle Neue Mainzer Straße 49-51 • Postanschrift 6 Frankfurt (Main) 1 • Postfach 3449

Die Zeit der „tristen Stempelstellen" ist vorbei

Das Arbeitsamt — Aufgabenstellung und Erscheinungsbild im Wandel der Zeit

Ein Rückblick auf die letzten 25 Jahre zeigt, daß sich mit dem Fortschritt im sozialen, technischen und wirtschaftlichen Bereich auch die Aufgaben der Arbeitsämter wesentlich verändert haben.

In den ersten Nachkriegsjahren waren alle Bemühungen darauf gerichtet, die Arbeitslosigkeit durch Vermittlung in Arbeit und durch Schaffung neuer Arbeitsplätze zu reduzieren und die Arbeitslosen finanziell zu unterstützen. So wurden noch im September 1950 im Arbeitsamtsbezirk Hanau mehr als 4500 Arbeitslose gezählt, das waren 6,4 % aller Erwerbspersonen. Zum gleichen Zeitpunkt des Jahres 1958 war mit 1300 Arbeitslosen und einer Quote von 1,4 % die Vollbeschäftigung nahezu erreicht.

Aus dieser Entwicklung erwuchsen den Arbeitsämtern neue Aufgaben, wie etwa die Anwerbung und Vermittlung ausländischer Arbeitskräfte und die Förderung der beruflichen Ausbildung, Fortbildung und Umschulung. Es zeigte sich, daß viele dieser neuen Aufgaben mit den vorhandenen gesetzlichen Bestimmungen nicht befriedigend zu lösen waren. Aus diesem Grunde wurde im vergangenen Jahr das Arbeitsförderungsgesetz geschaffen. Damit ist den Arbeitsämtern die Möglichkeit gegeben, sich den Bedürfnissen einer modernen, vollbeschäftigten Wirtschaft anzupassen und die anstehenden Aufgaben zeitgemäß und sinnvoll zu erfüllen. Während früher die finanzielle Unterstützung des Arbeitslosen im Vordergrund stand, betont das neue Gesetz viel stärker die Notwendigkeit, Arbeitslosigkeit zu verhüten.

Mit der Veränderung der Aufgabenstellung vollzog sich auch eine Änderung des äußeren Erscheinungsbildes der Arbeitsämter. Dem aufmerksamen Beobachter dürfte nicht entgangen sein, daß sich diese Dienststellen von „tristen Stempelstellen" inzwischen zu modernen öffentlichen Dienstleistungsunternehmen entwickelt haben.

Das Kernstück des Arbeitsförderungsgesetzes bilden — wie bereits angedeutet — die Maßnahmen zur Förderung der beruflichen Ausbildung, Fortbildung und Umschulung. Sie umreißen eine der wesentlichsten Aufgaben des Arbeitsamtes — die berufliche Zukunft jedes einzelnen individuell vorzubereiten und zu sichern. Das hat in keiner Weise etwas mit Beeinflussung zu tun. Das Angebot des Arbeitsamtes — und damit der Bundesanstalt für Arbeit — ist so vielfältig, daß hier jeder genau die richtigen Informationen und Ratschläge bekommt, die er benötigt. Natürlich kann das Arbeitsamt keinem seine berufliche Zukunft frei Haus liefern. Nur der hat etwas vom Arbeitsamt, der selbst aktiv ist. Aber das versteht sich ja von selbst. Um welche Förderungsmaßnahmen handelt es sich nun im einzelnen:

Förderung der beruflichen Ausbildung

Über die Arbeitsämter fördert die Bundesanstalt für Arbeit durch finanzielle Zuschüsse Maßnahmen, die jedem einzelnen eine breite und zukunftssichere berufliche Ausbildung vermitteln. Es kann sich um eine Ausbildung in Betrieben oder überbetrieblichen Einrichtungen handeln, aber auch um die Teilnahme an Grundausbildungs- und Förderungslehrgängen und ähnlichen berufsvorbereitenden Maßnahmen. Die Berufsausbildungsbeihilfe setzt sich zusammen aus dem Bedarf für den Lebensunterhalt und für die Berufsausbildung (Lernmittel, Berufskleidung, Arbeitsgerät und Fahrkosten). Auf diese Beträge werden allerdings das Einkommen des Auszubildenden (zum Beispiel Ausbildungsvergütung) voll und das Einkommen der Eltern, soweit es bestimmte Freigrenzen übersteigt, angerechnet.

Förderung der beruflichen Fortbildung

Das Arbeitsförderungsgesetz sorgt dafür, daß die Sprossen für den beruflichen Aufstieg da sind. Auch Arbeitnehmer, die sich zu Ausbildungskräften heranbilden oder als Ausbildungskräfte weiterbilden wollen, können gefördert werden: ebenso ältere Arbeitnehmer, die dadurch leichter wieder im Berufsleben Fuß fassen. Besonders aber können Frauen, die lange Zeit nicht im Berufsleben standen, diese Förderungshilfen wahrnehmen.

Voraussetzung für eine finanzielle Förderung ist unter anderem eine abgeschlossene Berufsausbildung oder eine angemessene Berufserfahrung; und man muß damit rechnen können, daß die Förderungsmaßnahme Erfolg haben wird.

Während der Teilnahme an einer Maßnahme zur beruflichen Fortbildung zahlen die Arbeitsämter Unterhaltsgeld, das im ersten Halbjahr 130 Prozent, von da an 140 Prozent des Arbeitslosengeldes beträgt. Dazu gibt es einen Familienzuschlag für jeden Familienangehörigen. Das Unterhaltsgeld wird bei längerdauernden Maßnahmen außerdem der Lohnentwicklung angepaßt. Doch die Bundesanstalt für Arbeit zahlt nicht nur das Unterhaltsgeld. Auch für Lehrgangskosten, Lernmittel, Fahrgeld, Arbeitskleidung, Kranken- und Unfallversicherung und, bei auswärtiger Unterbringung, für Unterkunft und Verpflegung kommt sie ganz oder teilweise auf.

Berufliche Umschulung

Auch heute noch sieht mancher im Berufswechsel etwas Fragwürdiges. Wer so denkt und urteilt, ist stehengeblieben. Da alles von Beweglichkeit abhängt, ist es manchmal gut, ja sogar unumgänglich, einmal „die Pferde zu wechseln". Die Umschulung darf nicht daran scheitern, daß es an Mitteln und Möglichkeiten fehlt. Deshalb hilft auch in diesen Fällen das Arbeitsamt. Es finanziert die Umschulung nicht allein für Arbeitslose, sondern auch für Menschen, die zwar noch in einem Beschäftigungsverhältnis stehen, aber beim Arbeitsamt als Arbeitsuchende gemeldet sind. Voraussetzung ist allerdings, daß an der Umschulung ein arbeitsmarktpolitisches Interesse besteht. Ziel dieser Hilfen ist es nicht zuletzt, eine künftige Arbeitslosigkeit zu verhindern.

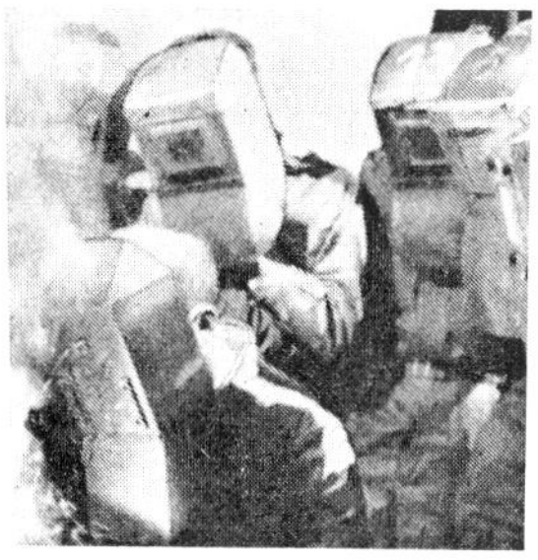

Umschulung zu Schweißern

Neben dem, was für den einzelnen individuell, also nach Maß, getan werden kann, um ihn beruflich zu bilden, hat das Arbeitsamt auch die Möglichkeit, Einrichtungen zu fördern. Unter bestimmten Voraussetzungen gibt es Darlehen und Zuschüsse für den Bau oder Ausbau von überbetrieblichen Lehrwerkstätten und ähnlichen Einrichtungen, die der Ausbildung, der Fortbildung ebenso dienen wie der Umschulung.

Auch an Ältere ist gedacht

Der Arbeitgeber, der zusätzlich ältere Arbeitnehmer einstellt, kann von der Bundesanstalt für Arbeit Zuschüsse zu den Lohnkosten erhalten. Voraussetzung ist, daß derartige Zuschüsse nach Lage und Entwicklung des Arbeitsmarktes zweckmäßig erscheinen, um die Arbeitslosigkeit älterer Arbeitnehmer zu beheben. Wer also in absehbarer Zeit auch mit Hilfe von Leistungen nicht in ein Arbeitsverhältnis vermittelt werden kann, dem kann das Arbeitsamt mit diesen Maßnahmen unter die Arme greifen. Höhe der Zuschüsse zu den Lohnkosten: bis zu 50 Prozent des tariflichen bzw. ortsüblichen Arbeitsentgelts. Mit Darlehen der Zuschüssen können aber auch der Bau oder Ausbau solcher Betriebe oder die Einrichtungen von Betriebsabteilungen gefördert werden, die die Beschäftigung älterer Arbeitnehmer zum Ziel haben.

Behinderte stehen ihren Mann

Behinderte suchen häufig mit großer Willenskraft und einem beispielhaften Elan neue Wege ins Arbeitsleben. Bei diesem Bemühen darf sie die Gemeinschaft nicht allein lassen. Deshalb können und dürfen körperlich und geistig oder seelisch Behinderte nicht abseits stehen. Viele von ihnen beweisen täglich, daß man trotz größter Behinderung leistungsfähig und deshalb unabhängig von fremder Hilfe sein kann. Die Energie, mit der Behinderte diesen Weg gehen, ist oft erstaunlich.

Die Bundesanstalt für Arbeit tut viel für die Eingliederung und Wiedereingliederung dieser Menschen in das Arbeitsleben. Auch hier ist die gründliche Information der erste Schritt. Er soll so früh wie möglich getan werden. Wenn einer weiß, daß er etwas leisten kann und wie er zum Ziele kommt, dann ist schon viel erreicht. Ihn beruflich leistungsfähig zu machen, ist dann Aufgabe des Arbeitsamtes. Es gewährt die gleichen finanziellen Hilfen wie bei einer beruflichen Fortbildung oder Umschulung. Sind andere Institutionen dafür zuständig, sind sie zu engem Kontakt mit dem Arbeitsamt verpflichtet. Das Arbeitsförderungsgesetz hat überdies eine bedeutende Neuerung gebracht: Man muß nicht schon behindert sein, um Hilfe zur Rehabilitierung zu beanspruchen. Auch wenn eine Behinderung droht, wird das Arbeitsamt aktiv.

Oft ist die eine Hürde gerade genommen, da türmt sich schon die nächste auf. Muß denn die Vermittlung eines neuen Arbeitsplatzes ausgerechnet daran scheitern, daß kein Geld für die Fahr- oder Umzugskosten zur Verfügung steht? Auch eine fehlende Arbeitsausrüstung oder die Kosten für einen getrennten Haushalt könnten die Arbeitsaufnahme erschweren oder sogar unmöglich machen. Doch die Bundesanstalt für Arbeit hat auch hier Vorsorge getroffen, damit auch diese oft letzte Hürde genommen werden kann, mit der

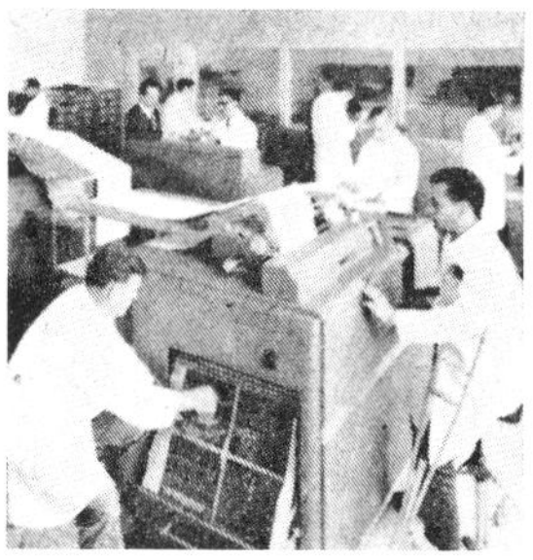

Berufsausbildung Behinderter

Förderung der Arbeitsaunfahme.

Persönliche Leistungen an den Arbeitnehmer gibt es als Zuschüsse oder Darlehen zu den Bewerbungs-, Reise- und Umzugskosten und als Fahrkostenbeihilfen. Auch die Kosten für eine neue Arbeitsausrüstung können übernommen werden. Wo eine getrennte Haushaltsführung unvermeidlich ist, zahlt das Arbeitsamt Trennungsbeihilfen. Überbrükkungsbeihilfen sollen über die Durststrecke bis zur ersten Lohnzahlung hinweghelfen.

Mit dieser Darstellung, die keinen Anspruch auf Vollständigkeit erhebt, können nur einige der wesentlichsten Dienstleistungen der Bundesanstalt für Arbeit der Öffentlichkeit vorgestellt werden, zumal den Förderungsmaßnahmen der Arbeitsämter im Hinblick auf die sich in jüngster Zeit in allen Bereichen anbahnende Entwicklung künftig eine erhöhte Bedeutung zukommen wird. **A. H.**

Wer vorwärtskommen will, muß das Lernen lernen

Opa lernte noch »fürs Leben«. Leute, die ihren Beruf wechselten, hielt er für unsolide. Die Zeiten haben sich geändert. Der »Beruf fürs Leben« ist zur Seltenheit geworden. Zumindest muß man einiges dazutun, um mit dem einmal Gelernten ein ganzes Leben auszukommen. Ob Opa niemals die Leute vom Arbeitsamt bemühte? Mag sein, daß er diese moderne Einrichtung gar nicht kannte. Ihm war ja vieles fremd, was in der Welt von heute selbstverständlich ist.

Nehmen Sie unsere vielfältigen Dienstleistungen, die wir Ihnen für Ihr berufliches Vorwärtskommen bieten, in Anspruch. Geschulte Fachkräfte werden Sie individuell und unentgeltlich beraten.

Arbeitsamt Hanau
Freiheitsp. 16, Tel. 06051/24201
Dienst. Gelnhaus., Tel. 06051/2285
Dienst. Schlüchtern, Tel. 0661/821

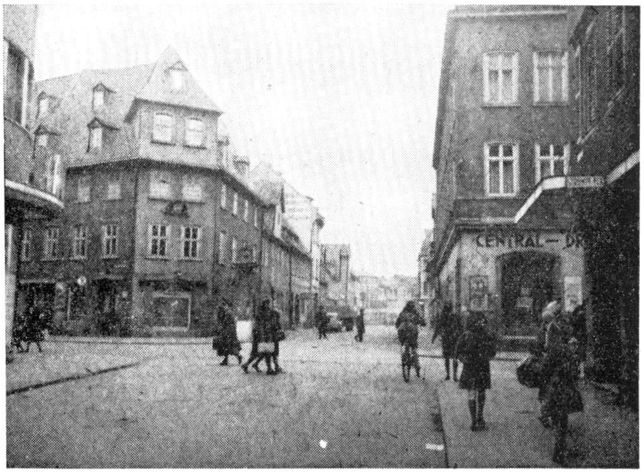

Den beschaulichen Anblick der Kreuzung Hirschstraße-Nürnberger Straße hat der Krieg hinweggewischt. Anstelle der Giebel und Erker bestimmen heute mehrgeschossige Glas- und Betonfassaden das Straßenbild.

Hanauer Anzeiger Sonderbeilage 19. März 1970

Von der Rechnerstube zur Bank
Der Aufschwung der Raiffeisenbanken nach dem Krieg

Die ältere Generation hat die Entwicklung der Raiffeisenbanken viel bewußter miterlebt als die Jüngeren unter uns. Früher, d. h. vor 1945, wurden die meisten Geldgeschäfte mehr oder weniger in den privaten sogenannten Rechnerstuben abgewickelt, denn im Kreis Hanau hatten damals nur Großauheim und Langendiebach eigene Bankgebäude.

Der Aufschwung der Raiffeisenbanken begann im Jahr 1950. Nachdem am 20. 6. 1948 durch die Währungsreform die Voraussetzungen für einen neuen Anfang geschaffen waren, entwickelten die Raiffeisenkassen eine rege wirtschaftliche Tätigkeit.

Schon bald genügten die vorhandenen Räumlichkeiten den sich immer mehr steigernden Bankgeschäften der damaligen Darlehenskassen nicht mehr. Die Darlehnskassen haben die Zeichen der Zeit erkannt und sich auf die Wünsche der Bankkunden rechtzeitig eingestellt. Schon bald war man gezwungen, neue, der Zeit angepaßte Bankgebäude zu erstellen, um den gestiegenen Anforderungen gewachsen zu sein. Die Raiffeisenbanken erkannten rechtzeitig, daß überall in den Gemeinden — und nicht nur in der Stadt — ein echtes Bedürfnis zur Abwicklung von Geldgeschäften vorhanden war.

Die Entwicklung der heutigen Raiffeisenbanken im Kreis Hanau ist nur ein Spiegelbild der Entwicklung der Raiffeisenbanken im ganzen Bundesgebiet. Heute bilden die Raiffeisenbanken eine der größten Bankengruppen. Diese imposante Entwicklung brachte die Raiffeisenbanken in die vorderste Reihe der deutschen Banken.

Die Raiffeisenbanken verfügen heute über das dichteste Bankstellennetz in Deutschland. Sie sind somit fast überall präsent und immer schnell zu erreichen.

Innerbetrieblich hat auch im Banksektor der Raiffeisenbanken die Automation längst Raum gegriffen. Die elektronische Datenverarbeitung erfaßt alle Bereiche bankbetrieblichen Rechnungswesens. Die Ausnutzung der elektronischen Datenverarbeitung bringt viele Vorteile (z. B. eine am Vormittag erfolgte Einzahlung erscheint am nächsten Morgen im Kontoauszug des Kunden).

Die Entwicklung der Raiffeisenbanken kam nicht von ungefähr; die konjunkturelle Aufwärtsentwicklung war der Ansporn den Anforderungen des modernen Bankkunden gerecht zu werden.

Ziel: Moderne Berufsausbildung
Friseur-Innung mit modernen Schulungseinrichtungen

Die Friseurinnung Hanau vereinigte in sich von Anfang an — sie wurde im Jahre 1912 gegründet — Tradition und fortschrittliche Aufgeschlossenheit.

Als eine große Familie, so erscheint sie auch heute noch Außenstehenden, vermochte sie beachtliche Gemeinschaftsleistungen zu vollbringen.

Dazu gehörten insbesondere die Friseur-Einkaufsgenossenschaft Egeno-Rhein-Main, sowie Schulungs- und Bildungseinrichtungen in einer Zeit, in welcher solche Vorhaben noch nicht als selbstverständlich galten.

Diese stolzen Gemeinschaftsleistungen erlitten am 19. März 1945 das gleiche Schicksal, wie die meisten öffentlichen Einrichtungen und die überwiegende Mehrzahl der Hanauer Bürger schlechthin.

Was übrig blieb waren Trümmer, Betroffenheit und Resignation. In den ersten Monaten des Schrecks und der Ratlosigkeit wollte niemand glauben, daß je wieder aus eigener Kraft auch nur Annäherndes geschaffen werden könne. Doch der Wille zur Leistung und zum Leben war stärker.

Bereits im Januar 1946 begann man das Innungsleben wieder zu gestalten. Zusammen mit dem damaligen Obermeister, Herrn Kohl, waren es Luis Müller, Karl Seim, Heinrich Seidel, die mit dem Neuaufbau der Innung und der Genossenschaft anfingen.

Es begann ein langer Marsch von dem zaghaften Wiederbeginn in einer kargen, von Entbehrung und Existenzkampf gezeichneten Umwelt in den Jahren nach dem Krieg bis zur heutigen Zeit.

Die Friseurinnung Hanau steht heute auf einem vorläufigen Höhepunkt. Die Genossenschaft Egeno-Rhein-Main, in einem ebenso schmucken wie modernen Gebäude im Eigentum, wuchs zur zweitgrößten Einrichtung dieser Art in der Bundesrepublik. Unter respektvoller Beachtung der westeuropäischen Fachwelt beging sie im vergangenen Jahr ihr 50jähriges Jubiläum.

Die Innung, längst wieder im Besitz eigener Schulungsstätten, führt an jedem Abend Meister- und sonstige Fachbildungskurse durch. Ihre Zielsetzung in der modernen Berufsausbildung ist nicht nur beispielgebend und akzentsetzend für das Friseurhandwerk in der Bundesrepublik, sondern findet neuerdings bereits Beachtung im deutschsprachigen Ausland.

Für diejenigen Kollegen, die vor den Trümmern des Innungslebens am 19. März standen, ist das alles manchmal wie ein Traum. Doch wollen sie nicht träumen, sondern tätig weiterwirken. Die Probleme sind heute andere. Die Friseurinnung Hanau-Stadt und Land wird sich ihnen genauso mutig stellen, wie vor 25 Jahren.

Die alte Mühltorstraße

Blick auf den Schloßplatz

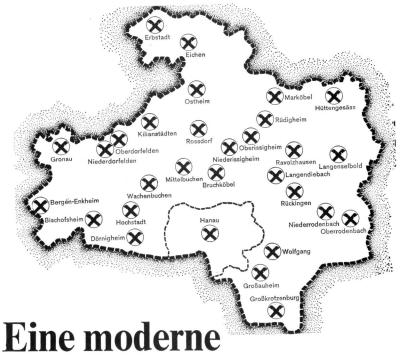

RAIFFEISENBANKEN

Eine moderne Bankengruppe überall im Kreis Hanau

1822
Seit Generationen ein Begriff... Wir beraten Sie in allen Geld-, Kredit- und Wertpapierfragen.
Bitte besuchen Sie uns!
Frankfurter Sparkasse von 1822
70 Zweigstellen

HANAU, Hammerstr. 7 - neben dem „Hanauer Anzeiger"
Telefon (06181) 24001 und 24002

Hanauer Anzeiger — Sonderbeilage — 19. März 1970

Produktion schnell wieder in Gang gebracht

Vacuumschmelze — ein in stetigem Wachstum befindliches Unternehmen

Bereits vor der Zerstörung der Stadt Hanau wurde das 1923 gegründete Unternehmen von zwei schweren Luftangriffen am 12. Dezember 1944 und am 6. Januar 1945 getroffen. Etwa 150 Sprengbomben fielen auf das Werksgelände. Mit Dr. Werner Hessenbruch, dem Technischen Vorstandsmitglied, verloren 48 Werksangehörige ihr Leben, meist langjährige Mitarbeiter, welche zu dem weltweit anerkannten Leistungsstand der Vacuumschmelze beigetragen hatten. Die Gebäude am Grünen Weg wurden größtenteils völlig zerstört. Bei den maschinellen Anlagen, wie Schmelzöfen und Walzwerken, waren die Totalschäden geringer, jedoch konnte an eine Betriebsaufnahme zunächst nicht gedacht werden. Mit großer Mühe wurde in den ersten Wochen die Energieversorgung behelfsmäßig in Gang gebracht, fiel aber dem Großangriff auf Hanau am 19. März 1945 erneut zum Opfer. Lediglich ausgelagerte Werkstätten im Zweigbetrieb Sterbfritz blieben unbeschädigt und konnten zunächst weiterarbeiten, bis kurz nach Kriegsende der Entschluß zu dessen Auflösung gefaßt werden mußte.

Die gesamte noch verfügbare und sich wieder sammelnde Belegschaft wurde zu Räumungs-, Reparatur- und Aufbaugruppen zusammengefaßt. Unter Führung von Dr.-Ing. Walter Deisinger, der in dieser ausweglosen Situation in den Vorstand berufen wurde, und von Ernst Bechtel, gelang es trotz schwierigster Bedingungen zu einem verhältnismäßig frühen Zeitpunkt, die Produktion, wenn auch in bescheidenem Rahmen, wieder aufzunehmen; schon Ende Juni 1945 konnte der erste Hochfrequenzschmelzofen und ein kleines Heißwalzwerk wieder in Betrieb genommen werden. 1949 war das Werk wieder auf seinem gesamten früheren Produktionsbetrieb arbeitsfähig; aber es dauerte noch weitere Jahre, bis durch Wiederherstellung bzw. Neubau der Stand vor der Zerstörung erreicht wurde.

Die Gründung der Firma ist auf das engste verbunden mit dem Wirken von Dr. Wilhelm Rohn; seine bahnbrechenden Leistungen auf metallkundlichem wie auf verarbeitungstechnischem Gebiet haben die Entwicklung des Unternehmens bis zu seinem Tod im Oktober 1943 entscheidend bestimmt. Die Herstellung metallischer Werkstoffe mit besonderen physikalischen Eigenschaften, die auch heute noch das Produktionsprogramm der Vacuumschmelze bestimmen, verlangten von Anfang an die Entwicklung neuer Fertigungsverfahren und der hierzu erforderlichen Einrichtungen, insbesondere das Schmelzen und Gießen im Vakuum sowie die Heiß- und Kaltverformung der Legierungen in eigens hierzu entwickelten Walzgerüsten.

Als Heraeus-Vacuumschmelze AG gegründet, wurde im Jahre 1933 die Mehrheitsbeteiligung an der Firma und im Laufe der Zeit deren gesamtes Aktienkapital von der Siemens & Halske AG erworben. Der vollständigen Eingliederung in das Haus Siemens wurde in späteren Jahren durch Änderung des Firmennamens Rechnung getragen. In den 50iger Jahren übernahm die Vacuumschmelze von Siemens eine in Berlin gelegene Fertigungsstätte, die seitdem als Betrieb Berlin weitergeführt wird. In den folgenden Jahren wurden die Werksanlagen in Hanau und Berlin den geschäftlichen und technischen Anforderungen entsprechend ausgebaut, insbesondere unter Berücksichtigung des immer stärker werdenden Trends zur Verfeinerung und zum Übergang vom Halbzeug zu vorgearbeiteten Teilen und einbaufertigen Bauelementen. Diese auch heute in völligem Fluß befindliche Entwicklung führte zum Ausbau vieler Einzelbereiche unter Einrichtung gänzlich neuer Abteilungen, in der Fertigung ebenso wie in den Laboratorien.

Neue Werksanlagen und Stockwerksgebäude wurden auf dem Werksgelände am Grünen Weg errichtet, darüber hinaus in den letzten Jahren ein zusätzliches Gelände am „Waldesel" erschlossen. Dort wurde kürzlich eine Fabrikationshalle mit annähernd 5000 qm Nutzfläche in Betrieb genommen.

Nur ein Stoßkarren war übrig geblieben

Firma Rödiger — vom Handwerksbetrieb zum weltbekannten Spezialunternehmen

Nicht nur in Deutschland existieren über 300 durch die Anlagenbau-Gesellschaft Wilhelm Roediger installierte modernste Klärwerke, sondern auch im angrenzenden Ausland; allein in der Schweiz sind ca. 20 Anlagen in Betrieb bzw. im Bau. Spezial-Geräte nach Roediger-Zeichnungen gibt es sogar in Japan.

Der Zunftmeister Peter Roediger gründete 1842 in der Schnurstraße einen Handwerksbetrieb für Spengler- und Brunnen-Arbeiten. Sein Sohn Wilhelm Roediger und dessen Sohn Theodor nahmen später die Ausführung von Sanitären- und Heizungs-Anlagen hinzu, so daß bei Beginn des letzten Krieges etwa 70 Mitarbeiter beschäftigt werden konnten. Von der so zu einem der größten Betriebe dieser Branche im hiesigen Raum stetig organisch gewachsenen Firma Wilhelm Roediger war am 19. März 1945 außer dem guten Namen nur noch eine Werkzeugkiste, ein Stoßkarren und ein fast wertloses Reichsmark-Bankkonto übriggeblieben.

Der Wiederaufbau durch Heinrich Roediger, durch die beiden jetzigen Gesellschafter und durch anfänglich nur ca. 20 Getreue war mühselig, aber erfolgreich, so daß heute über 300 Mitarbeiter im Betriebsgelände Kinzigheimer Weg, in der Schweizer Schwesterfirma und auf deutschen und ausländischen Baustellen wirken. Die Firma Wilhelm Roediger installiert heute Klärwerksausrüstungen für die Reinigung kommunaler und industrieller Abwässer, Heizungsanlagen (insbesondere Spezialheizungen für Industrie), sowie Wasserversorgungs- und Sanitäre Anlagen (insbesondere für Wohnblocks mit Installationszellen und mit Kompakt-Druckerhöhungsstationen aus eigener Fertigung, sowie Versorgungsanlagen für Industrie). Sie besitzt außerdem eine über 3000 qm große Apparatebauwerkstätte (Behälter und Spezialgeräte) und projektiert Meß- und Steueranlagen.

Der außergewöhnliche Aufstieg wurde insbesondere ermöglicht durch das Erkennen eines Spezialbedarfs nach wirtschaftlichen Anlagen zur Abwasser-Reinigung und durch das Beherrschen der entsprechenden neuen Technologie in Theorie und Praxis. Um als führendes Unternehmen die Entwicklung der modernen Technik des vielschichtigen Fachgebietes der Reinigung häuslicher und industrieller Abwässer stetig voranzutreiben, verfügt die Firma Roediger über ein Team eigener Ingenieure und Techniker der Fachgebiete Chemie, Physik, Biologie, Gesundheitstechnik, Verfahrenstechnik, Apparatebau, Heizungs- und Elektro-Technik.

Wegen der gut abgestimmten Leistungen dieser Spezialisten und wegen ihrer Beweglichkeit konnte die Firma Roediger oft auch wesentlich größere in- und ausländische Mitbewerber aus der verfahrenstechnischen Großindustrie überrunden, so daß heute die Abwasser-Fachleute der zivilisierten Welt den Namen Roediger — Hanau als einen Begriff mit gutem Klang kennen und schätzen.

VAC VACUUMSCHMELZE GMBH

Die Vacuumschmelze GmbH stellt seit ihrer Gründung im Jahre 1923 metallische Sonderwerkstoffe her, die vornehmlich in der elektrotechnischen Industrie, aber auch in anderen Zweigen des Geräte- und Apparatebaues Verwendung finden. Diese Erzeugnisse wurden ursprünglich nur in Form von Halbzeugen geliefert. Mit fortschreitender Technik und zunehmender Spezialisierung wurden aus diesen Halbzeugen in steigendem Maße auch Teile gefertigt. Dieser Weg führte in letzter Zeit zur Entwicklung und Herstellung einbaufertiger Bauelemente für vielfältige Anwendungen in der Elektronik.

Aus der großen Zahl von Werkstoffen mit besonders hochgezüchteten und eng tolerierten physikalischen und technischen Eigenschaften sind zu nennen: Heizleiterlegierungen, Werkstoffe für Thermoelemente, Thermobimetalle, Einschmelzlegierungen für den Bau von Elektronenröhren, Halbleitern und Hochvakuumgeräten, schließlich aushärtbare Legierungen für Schwingelemente, korrosions- und ermüdungsfeste Federn hoher Temperaturbeständigkeit sowie für verschleißfeste und funkensichere Bauteile und Werkzeuge. Hervorzuheben sind die weichmagnetischen Werkstoffe, welche in den letzten Jahren besondere Bedeutung gewonnen haben und für die verschiedensten Schalt-, Steuer- und Regelaufgaben in der Meß- und Nachrichtentechnik, der Datenverarbeitung und im elektrotechnischen Gerätebau Anwendung finden.

Um die notwendigen und oft nur unter besonderen Herstellungsbedingungen erzielbaren Werkstoffeigenschaften mit möglichst großer Sicherheit zu verwirklichen, hatte vor mehr als vier Jahrzehnten Dr. Wilhelm Rohn das Schmelzen unter Vakuum, welches damals nur im Laboratorium bekannt war, erstmals im großtechnischen Maßstab angewendet und damit die Grundlage für die Betätigung der Vacuumschmelze GmbH auf ihrem heutigen weitgespannten Fertigungsgebiet geschaffen. Darüber hinaus sind viele spezielle Fertigungs- und Prüfeinrichtungen für das Werk kennzeichnend geworden.

Die Vacuumschmelze hat im Kriege, wie viele andere Unternehmen, das Schicksal der fast völligen Zerstörung erlitten. Von dem Fleiß und dem Optimismus der ihr verbliebenen Mitarbeiter getragen, begann im Jahre 1945 mit dem Wiederaufbau eine erfreuliche Entwicklung, in deren Verlauf die Stellung eines wichtigen Zulieferanten der europäischen Elektroindustrie wiedergewonnen und gefestigt werden konnte.

Dem Werk in Hanau wurde im Jahre 1950 ein Betrieb in Berlin angegliedert, welcher magnetische Werkstoffe in Form von Halbzeugen, Teilen und Systemen fertigt.

TRADITION und FORTSCHRITT

gegründet 1842

Heizungs-Anlagen
Moderne Zentralheizungen mit Koks-, Öl- oder Gasfeuerung, Lüftungs- und Klimaanlagen.

Sanitär-Anlagen
Installationszellen-Fertigung, Sonder-Installationen (Industrie), Bauspenglerarbeiten

Klärwerks-Anlagen
Ausrüstung nach eigenen, im In- und Ausland geschützten Systemen für Städte und für Industrie

Apparatebau
Meß- und Steuerschränke mit Leuchtschaltbildern, Behälterbau

Unsere Kundendienstabteilung gewährleistet prompte Erledigung aller Wartungs- und Reparatur-Arbeiten

ANLAGENBAU-GESELLSCHAFT HANAU

Kinzigheimer Weg 104 (Hafen)   Sammelruf 2 44 66 bis 2 44 76   Fernschreiber 0 41 84/8 12

Heraeus-Betriebe wurden ständig vergrößert
Die Werksanlagen sind in 25 Jahren größer und moderner wiedererstanden

Größer und moderner aus den Trümmern, die der Bombenkrieg hinterließ, wiedererstanden — das ist der Eindruck, den der Betrachter gewinnt, wenn er heute durch die Heraeus-Betriebe geht.

Erinnern wir uns: Aus dem Einmann-Betrieb der Einhorn-Apotheke hatte sich die „Platinschmelze von W. C. Heraeus" zu einem Industriewerk entwickelt, das bei seinem 75jährigen Bestehen im Jahre 1926 rund 650 Beschäftigte zählte. Bis zum Beginn des letzten Krieges war die Zahl der Mitarbeiter weiter gewachsen, sie betrug etwa 1000.

Während der ersten fünf Kriegsjahre konnte die Arbeit praktisch uneingeschränkt und, wenn man von kurzen Unterbrechungen durch Fliegeralarm absieht, ungestört fortgesetzt werden. Dann kam der erste schwere Luftangriff, der das Werk traf: der Tagesangriff vom 12. Dezember 1944. Etwa 60 Prozent der Werksanlagen sanken in Schutt und Asche. Nach notdürftiger Wiederherstellung der stehengebliebenen Teile wurden am 6. Januar 1945 weitere 20 Prozent der Gebäude zerstört. Nach dem 19. März 1945, der den letzten schweren Luftangriff brachte, war das, was drei Generationen der Gründerfamilie durch Fleiß und Können aufgebaut hatten, nahezu völlig vernichtet. An Weiterarbeiten, selbst in bescheidenstem Umfange, war nicht mehr zu denken. Nur eines war bei aller Schwere des Geschehens tröstlich: die Bombenwürfe hatten innerhalb des Werkes keine Todesopfer gefordert.

Als kurz danach im Mai 1945 der Krieg endlich sein Ende gefunden hatte, begannen alle in Hanau verbliebenen Mitarbeiter, vom Geschäftsführer bis zum Hilfsarbeiter, unverzüglich damit, die Trümmer mit Schippe und Hacke und zum Teil mit den bloßen Händen abzuräumen, um Platz zu schaffen für den Wiederaufbau.

Noch im gleichen Jahr konnte in den ersten wiederaufgebauten Werkstätten die Fabrikation wieder anlaufen. Und wenige Jahre später, 1951, als die W. C. Heraeus GmbH auf ihr hundertjähriges Bestehen zurückblicken konnte, waren in ihren Betrieben bereits wieder etwa 1000 Mitarbeiter tätig.

Bald schon erwiesen sich die in den alten Grenzen und Grundrissen wieder aufgebauten Werksanlagen als zu klein. So begann schon um das Jahr 1950 eine Erweiterung, die bis heute noch nicht abgeschlossen ist.

Als erster Neubau entstand ein Werkstattgebäude für die heutige Werksgruppe Elektrowärme, das gerade noch rechtzeitig zum Firmenjubiläum 1951 fertig wurde. Ihm folgten zu Anfang der sechziger Jahre ein inzwischen stark erweitertes Gebäude für die damalige Heraeus Hochvakuum GmbH und die große Montagehalle im Industriegebiet Waldesel. Wenig später wurde auch das Sozialgebäude fertiggestellt, der größte Saalbau in der Stadt Hanau, der außer der auf das modernste ausgestatteten Kantine auch eine mit neuesten Einrichtungen versehene helle und luftige Lehrwerkstatt sowie eine Gymnastikhalle enthält.

Und schon wieder ist eine Erweiterung notwendig: Für die durch besonders starkes Wachstum gekennzeichnete Werksgruppe Metalle entsteht der mit mehr als 30 Metern höchste Industriebau Hanaus mit rund 600 zusätzlichen Arbeitsplätzen; er soll bereits im Herbst dieses Jahres bezogen werden. — Auch die Quarzschmelze am Hauptbahnhof wurde nicht nur wiederaufgebaut, sondern in den seither vergangenen Jahren wesentlich erweitert und modernisiert.

Der baulichen Entwicklung entspricht die des Mitarbeiterbestandes des Stammhauses. Er beträgt bereits über 4000 und wird nach Vollendung der noch laufenden Bauvorhaben am Jahresende 1970 die Zahl 4500 merklich überschreiten.

Das neue, erweiterte Industriegebiet mit den Betriebsanlagen der Firmen Heraeus, Vacuum-Schmelze und der Quarzlampen GmbH.

Heraeus

Wir sind ein weltweit bekanntes Unternehmen und auf vielen technischen Spezialgebieten tätig, die das Leben von morgen bestimmen. In mehreren Werken, auch außerhalb Hanaus, beschäftigen wir fast 5 000 Mitarbeiter. Damit zählen wir noch nicht zu den ganz Großen. Doch sind wir seit über 20 Jahren in einer anhaltenden Expansion begriffen.

Zukunftsorientierte Entwicklungen sind unsere Stärke. Und für die vielfältigen neuen Aufgaben brauchen wir noch mehr qualifizierte Mitarbeiter für alle Bereiche der Fertigung, der technischen Berufe und des Vertriebs.

Wir gehören auch nicht zu denen, die sagen: Die heutige Jugend ist schlecht! Im Gegenteil: schon immer sahen wir in unseren Lehrlingen die Mitarbeiter von morgen. Deshalb legen wir auf eine erstklassige Ausbildung des beruflichen Nachwuchses besonderen Wert. Und viele machen davon Gebrauch, denn bei uns finden sie

SICHERHEIT UND ZUKUNFT

Bahnhof wurde aus dem Inseldasein erlöst

Die Anfänge der Eisenbahn im Hanauer Raum liegen über 120 Jahre zurück

Im Jahre 1848 wurde das Hanauer Gebiet durch die Eröffnung der Strecke Hanau-West — Frankfurt (M)-Ost erstmals durch die Eisenbahn erschlossen. Diese eingleisige Bahn endete im heutigen Bahnhof West. Schon 6 Jahre später war auch die Fortsetzung dieser Bahnlinie nach Aschaffenburg fertig, so daß ab 1854 eine durchgehende Verbindung zwischen Frankfurt (M) und Aschaffenburg besteht. Ein zweiter für Hanau wichtiger Bahnbau war die Bebra-Hanauer Bahn. Bald nach Eröffnung der Bebraer Bahn schlossen Preußen und Hessen den Vertrag, eine Bahnverbindung linksmainisch nach Frankfurt zu schaffen. Zwischen Offenbach (M) und Sachsenhausen bestand sie schon seit 1848. Wohl verzögerte der Krieg 1870/71 den Beginn der Arbeiten. Doch schon am 15. 11. 1873 konnte die Strecke Hanau — Offenbach — Frankfurt dem Betrieb übergeben werden, deren schwierigstes Teilstück der Bau der Mainbrücke zwischen Hanau und Steinheim bildete. Den Bau dieser Strecke mag man als die Geburtsstunde des Zentralbahnhofs Hanau ansehen.

Das für die Erbauungszeit recht eindrucksvolle Empfangsgebäude des Bahnhofs stand inselartig zwischen den Gleisen der nördlichen Bebraer Strecke, der Nordseite, und den südlichen Gleisen der Aschaffenburger Strecke, der Südseite. Zu den Betriebsanlagen des Bahnhofs gehört das Bahnbetriebswerk im Mississippigelände mit seinem 1955 fertiggestellten neuen Sozialgebäude. Ein älteres, im Bereich des ehemaligen Bebraer Bahnhofs stehendes Maschinenhaus überlebte den 2. Weltkrieg nicht.

Gegen Ende des 2. Weltkrieges erlitt der Bahnhof Hanau Hbf durch feindliche Luftangriffe schwerste Schäden. Der östliche Teil des Empfangsgebäudes wurde völlig zerstört, die Gleisanlagen waren mit Bombentrichtern übersät und die vielen entgleisten Wagen bildeten ein wüstes Durcheinander.

So bot der Bahnhof beim Einmarsch der Amerikaner einen trostlosen Anblick. Es bedurfte ungewöhnlicher Anstrengungen, bis nach Monaten wieder ein halbwegs geregelter Zugbetrieb möglich war. Wichtigste Aufgabe der nun folgenden Jahre mußte es sein, Gleisanlagen und Zugbetrieb auf den neuen Stand technischer Entwicklung zu bringen. Dabei soll hier nur auf den elektrischen Zugbetrieb hingewiesen werden, der im Bahnhofsbereich und auf den Fernstrecken große Umstellungen erforderte. 1962 erhielt der Bahnhof seine neue Güterabfertigung, im gleichen Jahr wurde mit dem Bau des neuen Empfangsgebäudes an anderer Stelle begonnen. Am 1. 10. 1966 konnte das Gebäude in Benutzung genommen werden. Mit der kürzlichen Übergabe des neuen Sozialgebäudes fand das ganze Bauvorhaben seinen Abschluß. Trotz der einfach gehaltenen Bauweise bietet die großzügige Gesamtanlage einen imponierenden Anblick.

Der Hauptbahnhof Hanau ist einer der wichtigsten Knotenbahnhöfe des Bezirks, sowohl für den Reise- als auch für den Güterzugbetrieb. Er liegt im Schnittpunkt der Nord-Südstrecke Ruhr — Bayern und der Strecken Frankfurt (M) — Bebra und Frankfurt — Würzburg. Er ist außerdem Ausgangs- und Endbahnhof für die Friedberger und Eberbacher Strecke.

Durch die Teilung Deutschlands nach dem 2. Weltkrieg und die Nähe der Zonengrenze hat der Bahnhof seine Bedeutung als Zugbildungs- und Durchgangsbahnhof nach Mitteldeutschland und umgekehrt verloren, so daß jetzt im Reisezugverkehr nur noch Personenzüge und im Güterzugverkehr im wesentlichen Nahgüterzüge und Übergabezüge gebildet oder aufgelöst werden. Hinzu kommen noch eine größere Anzahl Reise- und Güterzüge, die hier mit Wagenaustausch behandelt werden.

Dieser Substanzverlust durch den Wegfall der Fernzugbildung, besonders auf dem Güterzugsektor, wird sich bei den bestehenden Konzentrationsbestrebungen auch künftig kaum ändern. Er wird allerdings wieder ausgeglichen durch die Aufgaben, die auf den Bahnhof Hanau Hbf durch das stetige Anwachsen der Industriestadt Hanau nach dem Kriege zugekommen sind und im Zuge des kommenden S-Bahnverkehrs noch weiter hinzukommen werden. Die Zunahme der Bevölkerung auf z. Z. etwa 60 000 Einwohner und die werktäglich etwa 23 000 bis 24 000 Berufseinpendler und 4000 bis 5000 Berufsauspendler erfordern, trotz der Abwanderung des Individualverkehrs auf den Kraftwagen, ein leistungsfähiges und den Forderungen der Wirtschaft entsprechendes Reisezugangebot, das durch Omnibuslinien ergänzt wird.

Der im Krieg zerstörte und inzwischen abgerissene alte Hanauer Hauptbahnhof

Die Tiefe Gasse mit dem alten Fachwerkhaus

Die Fassaden der Sternstraße

Blick in die alte Erbsengasse

DRESDNER BANK
AKTIENGESELLSCHAFT

FILIALE HANAU
645 Hanau
Am Markt 10
Telefon 2 41 05, 2 23 54

Zweigstelle Weststadt
Kurt-Schumacher-Platz 4
Telefon 2 44 96

FILIALE GROSSAUHEIM
6454 Großauheim
Rochusplatz
Telefon Hanau 5 25 55

Forschung im Dienst der Medizin
Der Weg zum neuen Erfolg bei der Quarzlampen GmbH

Im Jahre 1906 gelang dem Hanauer Physiker Dr. Küch und seinen Mitarbeitern eine epochemachende Erfindung. Es handelte sich um die erste brauchbare Quecksilberhochdrucklampe aus Quarzglas, die ein für damalige Verhältnisse intensives Licht abstrahlte. Zur industriellen Nutzung dieser Erfindung gründete die Firma Heraeus, deren Mitarbeiter Dr. Küch war, zusammen mit der heutigen AEG die Quarzlampengesellschaft mbH in Hanau, die jetzt ORIGINAL HANAU QUARZLAMPEN GMBH firmiert.

Darüber hinaus hatte man festgestellt, daß Quecksilberhochdrucklampen nicht nur Lichtquellen sind, wie man anfangs geglaubt hatte. Sie strahlen auch das unsichtbare Ultraviolett aus, das sich bei der Natursonne als so unentbehrlich für die Gesundheit erwiesen hatte. Was lag also näher, als diese künstliche Strahlenquelle in den Dienst der Medizin zu stellen, um unabhängig von der Natursonne die gesundheitsfördernde und nebenbei auch kosmetische Wirkung der Sonnenstrahlen genießen zu können. Diese Geräte erhielten den geschützten Namen HÖHENSONNE, der heute Weltgeltung hat.

An dem Tag, an dem Hanau in Schutt und Asche versank, wurde auch die Quarzlampen GmbH fast völlig zerstört, aber schon unmittelbar nach Kriegsende fanden sich die ersten Betriebsangehörigen wieder zusammen. Ohne Unterschied von Rang und Namen schufen sie die Grundlage für eine neue Existenz des Werkes. Innerhalb des ersten halben Jahres hatte man so bereits 50 Personen für die Trümmerbeseitigung und den Wiederaufbau herangezogen. Im März 1947 wurde die erste Werkstatt eingerichtet und konnte die Produktion aufnehmen. Natürlich noch nicht die Fertigung der Heimsonnen — dies ist der Gattungsbegriff für Ultraviolett-Bestrahlungsgeräte — denn die früheren technischen Einrichtungen für die Fertigung dieser Geräte waren zerstört und es fehlte an Materialien, die man für die Fertigung benötigte. Es wurde in dieser Zeit aus den noch vorhandenen Aluminiumbeständen Kochtöpfe und Spezial-Dampfkochtöpfe hergestellt, die damals in Hanau und Umgebung reißenden Absatz fanden.

Am 4. Juni 1948, also noch vor der Währungsreform, wurde die letzte Lore Schutt abgefahren. Am Abend dieses für die Firmengeschichte denkwürdigen Tages versammelten sich 180 Betriebsangehörige zu einem für die damalige Zeit opulenten Festmahl. Die Quarzlampen GmbH feierte den Wiederbeginn, und es ging schneller aufwärts als Optimisten an diesem Abend annehmen konnten.

Ende 1949 war die Zahl der Belegschaft auf 230 Angewachsen. Die Produktion der Heimsonnen konnte wieder aufgenommen werden. Durch Spezialisierung und der engen Zusammenarbeit mit Medizinern und Bio-Physikern gelang es, die HÖHENSONNE ständig zu verbessern. Das jüngste Ergebnis dieser Entwicklungsarbeit sind die Heimsonnen ORIGINAL HANAU, die im Impuls-Verfahren arbeiten. In 2 Sekunden erzielt man den gleichen Effekt, den man bei herkömmlichen Heimsonnen bei einer Anfangsbestrahlung von 2 Minuten erreicht.

Die HÖHENSONNE ist zwar das bekannteste, aber keineswegs einzige Produkt von ORIGINAL HANAU. Die zuerst entdeckten lichttechnischen Eigenschaften der Quecksilberhochdrucklampen führten zur Entwicklung eines breiten Programms elektromedizinischer und technischer Geräte, die innerhalb kurzer Zeit Weltgeltung erringen konnten. Besonders auf dem elektromedizinischen Gebiet wurden die unter dem Markenzeichen HANAULUX bekannten Operationsleuchten und Arztleuchten führend.

Gutes Licht ist eine wesentliche Voraussetzung für die Arbeit des Chirurgen, deshalb hat die ORIGINAL HANAU ein Operationsleuchtenprogramm entwickelt, das keinen Wunsch offenläßt. Schlagschattenfreies, kühles Licht, das dennoch die Plastizität nicht verwischt, muß mit der konstruktiven Forderung nach größtmöglicher Beweglichkeit vereint werden. Diesem Anspruch genügen die HANAULUX-Leuchten in vollkommener Weise. Erweitert werden die Möglichkeiten der beweglichen Leuchten durch das Satellitensystem, bei dem an einer zentralen Aufhängung zwei Leuchtenkörper, die unabhängig voneinander einstellbar sind, angeordnet werden.

Selbstverständlich besteht auch die Möglichkeit, eine Fernseh- oder Foto-Kamera in den Leuchtenkörper einzubauen mit dem Vorteil, daß eine Behinderung des Operationsteams weitestgehend vermieden wird, daß die Asepsis erhalten bleibt und daß die optische Achse der Kamera mit der Lichtachse der Leuchte zusammenfällt.

Ein breiter Fächer von technischen Geräten gehört seit vielen Jahren ebenfalls zum festen Produktionsprogramm. Licht- und Wetterechtheitsprüfgeräte, Waschechtheitsprüfgeräte, Thermofixierechtheitsprüfgeräte, Analysenlampen und technische Brenner sind untrennbar mit dem Markenzeichen, dem Mann in der aufgehenden Sonne, verbunden.

Rund 1000 Mitarbeiter der ORIGINAL HANAU QUARZLAMPEN GMBH arbeiten ständig daran, die Erzeugnisse weiter zu verbessern und zu vervollkommnen und neue Geräte zu entwickeln, die den technischen Fortschritt weitertreiben. Dies ist einer der Gründe für den Erfolg des Unternehmens: Jedes Gerät vereint die jahrzehntelange Erfahrung mit dem neuesten Stand der Technik und höchster Qualität.

Vom „Velodrom" zum Betrieb
Auch bei Auto-Schäfer mußte 1945 neu begonnen werden

Die alte Hanauer Firma Auto-Schäfer begann im Jahre 1898 als Lieferant für nahezu alle Fahrräder der Hanauer Bürger. Auf dem Grundstück an der Eugen-Kaiser-Straße stand das „Velodrom", wie man die Fahrradhalle damals nannte. Später, als das Automobil anfing, ein „technisches Abenteuer für vermögende Leute" zu werden, stellte sich die Firma langsam auf den Autoverkauf um. Es ging langsam vorwärts, denn nach dem Ersten Weltkrieg gab es nicht sehr viele Leute, die sich ein Auto leisten konnten. 1924 wurden zum Beispiel genau 32 Wagen verkauft. 1939 waren es bereits 136.

1945: Keine Autos — nur Trümmer

Nach dem Zweiten Weltkrieg bot auch die Firma Auto-Schäfer nur noch ein Bild der Verwüstung. Zwischen den Trümmern, verbogenen Eisenträgern und ausgebrannten Lastwagen standen die Betriebsangehörigen — wie die meisten damals — vor einem Nichts.

Aber man faßte auch hier den Entschluß, wieder von vorne anzufangen. Und so hat man mit dem Räumen der Trümmerwüste begonnen und Stück um Stück aus dem Gewirr von Mauerbrocken und verglühten Eisenkonstruktionen herausgeschleift. Groß war die Freude, wenn wieder ein Stück vom Zementboden der Halle sichtbar wurde.

Zwei Arbeiterwohnwagen, wie sie damals von den Dampfwalzen gezogen wurden, waren als Teile-Lager bzw. Büroraum eingerichtet worden. Eine Holzlatte vor dem Eingang war der Schalter. Diese beiden Wohnwagen waren lange Zeit die einzigen „Geschäftsräume". Bei den Aufräumungsarbeiten wurden die ganzen Backsteine aus den Trümmerbrocken herausgeschlagen und als kostbares Gut aufgesetzt und bewacht.

Langsam wurde wieder Ordnung geschaffen. Was nur vier Räder und einen Motor hatte wurde zusammengebaut und geflickt. Die ersten verkauften Autos gab es damals nur auf Bezugsscheine.

Schon Ende 1945 hatte die Firma Auto-Schäfer wieder 28 Betriebsangehörige, die hauptsächlich Lkws reparierten. Im Jahre 1950 waren es bereits 60 Neu- und Gebrauchtwagen, die verkauft wurden und zehn Jahre später, also 1960 waren es bereits 787. 1955 wurde eine große, moderne Reparaturhalle angebaut und außerdem, außer der Werkstatt, eine Spenglerei und Lackiererei hergerichtet. Aber bereits 10 Jahre später (1965) wurde nochmals angebaut und die Spenglerei und Lackiererei erweitert. Zur Zeit beschäftigt die Firma Auto-Schäfer in Hanau und den beiden Filialen Dörnigheim und Groß-Krotzenburg über 220 Mitarbeiter. Der Wagenverkauf konnte auf 2094 Neu- und Gebrauchtwagen 1969 gesteigert werden.

Durch Fleiß und fortschrittliches Denken wurde ein Unternehmen neu aufgebaut, das heute mit zu den modernsten Kfz-Betrieben in Deutschland zählt.

Wichtige Information

Heimsonnen sind UV-Bestrahlungsgeräte.
Unter allen Heimsonnen
dürfen aber nur ORIGINAL HANAU Geräte
als HÖHENSONNE bezeichnet werden.

Als Schutzmarke ist

ein international eingetragenes Warenzeichen.

Alle Heimsonnen, die diese Schutzmarke tragen, bürgen für
ORIGINAL HANAU Qualität und sind millionenfach bewährt.
Die erste Heimsonne wurde 1906 in Hanau erfunden.
ORIGINAL HANAU machte diese künstliche Sonne
unter der Marke HÖHENSONNE weltbekannt.
Seitdem ist Hanau die »Stadt der HÖHENSONNE«.

Die Wissenschaftler und Techniker von ORIGINAL HANAU
arbeiten ständig weiter, um die HÖHENSONNE zu vervollkommnen.
So vereint jede Heimsonne mit dieser Schutzmarke
jahrzehntelange Erfahrung mit dem neuesten Stand der Technik.

HÖHENSONNE - DIE HEIMSONNE AUS HANAU

Ihre Werkstatt - Ihre Sicherheit!

In modernsten Spritzkabinen und Trockenkammern werden die Wagen staubfrei lackiert und der Speziallack bei 80 °C eingebrannt. Kunstharz- und Emaillacke ergeben im Einbrennverfahren eine garantiert dauerhafte und farbgleiche Lackierung.

Durch modernste Einrichtung, wie zentrale Schweißanlage, Karosserierichtstand, bewegliche Punktschweißgeräte, Hydraulik und Preßluftwerkzeuge sind wir in der Lage, jede anfallende Karosseriearbeit in kürzester Zeit zu Ihrer vollsten Zufriedenheit durchzuführen.

Großzügige und moderne Werkshallen, hoch entwickelte Spezialwerkzeuge und geschultes Personal garantieren Ihnen gute und einwandfreie Arbeit. Unsere Endkontrolle überprüft nochmals alle durchgeführten Arbeiten an Ihrem Wagen.

In unserem Ersatzteil- und Zubehörlager können Sie lückenlos alles für Ihren Opel bekommen. Lassen Sie sich von der großen Auswahl an praktischem Zubehör überraschen.

AUTO-SCHÄFER GMBH
HANAU, AM OPEL-ECK, RUF 24308

Hanauer Anzeiger   Sonderbeilage   19. März 1970

Das neue HANAU

Moderne Wohn- und Geschäftshäuser prägen das Bild der Hanauer City.

Nürnberger Straße: Reges Geschäftsleben hinter Glas-Beton-Architektur.

Das Deutsche Goldschmiedehaus: Nach historischem Vorbild wiedererstellt.

Karl-Rehbein-Schule

Hanauer Stadtbad: Ein im weiten Umkreis beliebtes Erholungsziel.

Der Marktplatz: Harmonie zwischen Tradition und Zweckbauten.

Der neue Hauptbahnhof: Knotenpunkt für Personen- und Güterverkehr.

Das restaurierte Comoedienhaus in Wilhelmsbad: Ein Juwel im kulturellen Leben der Stadt.

Architektonisch ansprechendes Wohn- und Geschäftshaus in der Römerstraße.

Ein Tag, der nie vergessen werden darf...

Heute jährt sich zum 30. Male die Hanauer Zerstörung vom 19. März 1945

Hanau (kley). — „Plötzlich stand der ganze Himmel voller Christbäumchen." So erinnerte sich Gretel Lotz, die langjährige Hanauer Stadtverordnete, an das wohl schrecklichste Geschehen, das je über die Stadt hinwegging: die fast totale Zerstörung, die sich heute zum 30. Male jährt und die für den früheren Bürgermeister Dr. Hermann Krause nicht minder wie für andere stadtbekannte Hanauer, zum Beispiel Jupp Sütter und Hermann Schaub, noch immer schreckliche Erinnerung bedeutet. „Es ist Ehrenpflicht aller Hanauer, sich an diesen Arbeiten zu beteiligen", zitierte der im Ruhestand lebende Bürgermeister damals, im August 1945, unterzeichneten Aufruf, den der seinerzeitige Oberbürgermeister Molito, der kommissarische Polizeichef Rehbein und der Arbeitsamtsleiter Simon an die Hanauer Bevölkerung mit dem Ziel gerichtet hatten, sich an der Trümmerbeseitigung zu beteiligen.

Alle erwachsenen und jugendlichen Hanauer unter den damals etwa 8000 Bewohnern der Stadt, erinnerte sich Dr. Krause weiter, seien aufgerufen gewesen, bei der Trümmerbeseitigung zu helfen. „Insbesondere" alle Behörden „mit ihren leitenden Personen an der Spitze" als Vorbilder haben man aufgefordert, sich an der Bürgeraktion damaligen Sinngehaltes zu beteiligen. „Gearbeitet wird am Samstag von 14 bis 18 Uhr und am Sonntag von 6 bis 14 Uhr. Arbeitsgeräte sind nach Möglichkeit mitzubringen." Nun, die schwergeprüften Hanauer des Jahres 1945 ließen sich nicht zweimal bitten. Ihnen war bewußt, daß alle zupacken mußten, um wenigstens das Schlimmste jener Verwüstungen zu beseitigen, die durch den fatalen Bombenangriff zwischen 2 und 3 Uhr in Hanau entstanden waren. Die grausam anmutende Bilanz des rund 20 Minuten lang ausgelegten Bombenteppichs aus der Luft: um die 2000 Tote, ungezählte Verletzte, Leichen, die auf den Straßen herumlagen, ein Zerstörungsgrad der Hanauer Gesamtstadt von 70,1 Prozent und der Innenstadt von gar 98,4 Prozent, ein Absinken der Einwohnerzahl auf etwa 8000, ein Wohnungsbestand von nur noch knapp 4000. Und dazu, was am schwersten wog, unvorstellbares Leid in Tausenden von Familien, Trauer, Entsetzen und auch Resignation. Aber bald nach jenem 19. März 1945 ging es in Hanau wieder aufwärts. Nicht zuletzt dank der Einsatzfreude jener Männer wie Oberbürgermeister Molito, Polizeichef Rehbein, der späteren Hanauer Stadtoberhaupt Heinrich Fischer, Peter Röthel, Bernhard Nagel, Hermann Schaub, Karl Mattes und mancher anderer. Doch nur wenige jener, die damals an vorderster Front die Verantwortung dafür auf sich nahmen, wenigstens für elementar Notwendiges in der Stadt zu sorgen, sind noch unter uns — wie Dr. Krause, Gretel Lotz, Jupp Sütter und Hermann Schaub sowie Jean Gutmann, Josef Heil und Heinrich Seidel, um nur ein paar Namen stellvertretend für all jene Hanauer zu nennen, denen auch heute noch Dank für ihr beispielloses Tun gebührt.

Was sich seit 1945, in drei Jahrzehnten, in Hanau getan hat, kann nur staunen lassen, wenn man die Stadt in ihrem heutigen Zuschnitt sieht, wenn man bedenkt, was alle geleistet haben. Investitionen von privater und öffentlicher Seite können wahrlich nicht alles zum Ausdruck bringen, was Hanau längst wieder zu einer Stadt gemacht hat, in der sich leben läßt. Aber trotzdem: Die Stadt Hanau investierte von 1949 bis Ende letzten Jahres nicht weniger als 430 Millionen Mark, die Stadtwerke Hanau steuerten im selben Zeitraum fast 94 Millionen Mark bei. Milliardenaufwendungen der großen Unternehmen, der mittleren und kleineren Firmen und der übrigen Bürger kamen hinzu. Sie alle haben ihren Anteil daran, daß der schwarze Hanauer Tag vom 19. März 1945 heute weitgehend vergessen ist — auch wenn er niemals vergessen werden darf...

Wunden sind verheilt - aber...

Oberbürgermeister Martin zum Jahrestag der Zerstörung

Hanau. — Oberbürgermeister Martin hat zur heutigen 30. Wiederkehr des Tages der Hanauer Zerstörung am 19. März 1945 einen Aufruf formuliert. Er lautet:

Liebe Mitbürgerinnen und Mitbürger! Heute jährt sich zum 30. Male der Tag der nahezu vollständigen Zerstörung der Stadt Hanau durch den Bombenangriff in den frühen Morgenstunden des 19. März 1945. Über 2000 Opfer des Angriffs waren zu beklagen, über 98 Prozent aller Gebäude in der Innenstadt wurden zerstört. Wir fühlen besonders mit den Mitbürgerinnen und Mitbürgern, welche heute ihrer Angehörigen und Freunde gedenken, die sich unter den Opfern befanden.

Es würde schwer sein, vor dem geistigen Auge eines Fremden, der heute durch Hanau geht, das Bild der total zerstörten Stadt noch einmal auferstehen zu lassen. Die Spuren des Krieges sind nur noch für den Kundigen zu erkennen, der die Stadt vor jenem schrecklichen Angriff kannte. Die Wunden, soweit sie äußerlicher Natur waren — so könnte man sagen — sind glatt verheilt.

Wie lang und schwer aber der Weg von der Organisation des ersten Ehrendienstes für die Trümmerbeseitigung bis zu heute war, ist nur schwer darzustellen. Dieser Weg zeigt deutlich, was Wille, Leistungsbereitschaft und Können einer freien Gemeinschaft, die sich ein gemeinsames Ziel gesetzt hat, vermögen. So ist aus Ruinen wieder eine lebendige Stadt entstanden.

Wenn wir uns heute des 30. Jahrestages der Zerstörung in den Grenzen einer entscheidend vergrößerten Stadt Hanau erinnern, so muß auch diese Tatsache ihre besondere Aussagekraft. Nur weil die Bürger der im wörtlichen Sinne am Boden liegenden Stadt nicht aufgegeben haben, war schließlich auch deren Wachstum bis zu einem Ausmaß möglich, das die ursprünglichen Grenzen gesprengt und schließlich zur Vereinigung mit den Städten und Gemeinden des engeren Umlandes geführt hat.

Die Erinnerung an die Bombennacht des 19. März 1945 wird im Laufe der Jahre schwächer werden. Nicht schwächer werden dürfen unser Einsatz und unsere Arbeit für ein besseres Verstehen unter den Völkern das uns allein die Hoffnung gibt, künftig Kriege verhindern zu können.

Zwei Bilder — entstanden in Sommerzeiten —, die für sich sprechen: das Hanauer Rathaus und seine Nachbarschaft vor 30 Jahren und heute.

Heute Sinfoniekonzert

Hanau. — Das städtische Schul- und Kulturamt verwies erneut auf das heutige Sinfoniekonzert, zu dem die Bochumer Symphoniker unter der Leitung von Othmar M. F. Mága verpflichtet wurden. Der Solist des Abends ist Yasushi Abe (Violine). Auf dem Programm stehen die Symphonischen Metamorphosen über ein Thema von C. M. von Weber von Paul Hindemith, das Konzert für Violine und Orchester g-Moll op. 26 von Max Bruch und die Symphonie Nr. 4 d-Moll op 120 von Robert Schumann. Konzertbeginn ist 20 Uhr. Eintrittskarten sind im Büro der Volksbühne, Am Markt 22, oder an der Abendkasse zu haben.

19. März 1945: Wie in zwanzig Minuten eine Stadt begraben wurde

Das denkwürdige Datum wiederholt sich zum 35. Mal – „Mächtiger als die Not ist der Mensch und sein Wille" – Von Gudrun Schwandner

Hanau. – „Was soll das ewige Wühlen in alten Wunden? Warum denn Kranzniederlegung und traurige Musik, dazu Reden und Erinnerungen an Katastrophen des Krieges – was solls, uns geht das nichts an, wir waren garnicht dabei." So, vielleicht nicht wortgenau, aber sinngemäß, äußerten sich kürzlich einige junge Leute.

Sicher haben sie Recht, sie waren nicht dabei, denn sie sind erst nach 1945 geboren, von direkt erlebter Erinnerung kann naturgemäß keine Rede sein. Der viel beklagte Mangel zur Bereitschaft, an Kriegsgedenktagen teilzunehmen – das beginnt schon vor den Gefallenen-

Der Einzelne konnte – gemessen an dem Ausmaß der Aufräumarbeiten – kaum etwas vollbringen. Die gesamte Bürgerschaft war es, die zupacken mußte.
Foto : Kreisbildstelle

Ehrenmalen, die vom Leid einzelner Familien zeugen, und setzt sich fort bis zum Ehrenmal der Toten des 19. März 1945, in dem sich das Sterben der Heimatstadt Hanau spiegelt.

Dieses scheinbare Desinteresse entstand aufgrund fehlender oder zu schmaler Information und nicht zuletzt durch falsche Interpretation. Es geht nicht darum, alte Asche zu hüten, sondern eine kleine Flamme am Leben zu halten. Eine Flamme, in der sich die Hintergründe spiegeln und die teuflischen Manipulationen, die zur Katastrophe führten.

„Wo das Recht gebrochen wird, da stirbt die Freiheit" – diese Worte schlug Hanaus bekannter Bildhauer und Dozent an der Staatlichen Zeichenakademie Otto Crass in das sechs Meter hohe Monument, das als Ehrenmal für die Toten des Widerstandes, der Vertreibung und der Bombennacht in der Grünanlage vor der Martin-Luther-Stiftung steht. Wie könnte man deutlicher aussagen, als der Künstler Crass, was es heißt, zu sterben unter gebrochenem Recht?

Ein Elternpaar wird auseinandergerissen, der fallende Körper des Vaters erstarrt zu Stein im Stein – ebenso wie die erstarrte Mutter mit ihrem Kind. Manchmal sah ich, daß ein Blumenzweig am Fuße dieses Males lag. Trotzdem ist nicht sicher, wieviele Hanauer Bürger dieses Ehren- und Gedenkmal noch bewußt zur Kenntis nehmen. Was Otto Crass hier deutlich ablesbar ausgesagt hat, ist nicht nur Erinnerung an unvergeßliches Leid, es ist zugleich der zwingende Mahnruf: Nie wieder Krieg!

Eine dunkle Nacht

Es war Nacht, als der Tod wie ein apokalyptischer Reiter über Hanau hereinbrach. Schon hatten einzelne, vorangegangene kleinere Luftangriffe tiefe Spuren in das Bild der Stadt gezeichnet. Doch nun, an diesem frühen Morgen des 19. März 1945, tat sich die Hölle auf. Wer könnte die Wirklichkeit in Worte fassen? In nur zwanzig Minuten – von etwa 4.20 Uhr bis 4.40 Uhr – starb eine Stadt. Im Feuer der brennenden Häuser, Kirchen und Straßen verkohlte, was sich vor den Trümmern zusamenstürzender Gebäude retten wollte. Die genaue Zahl der Toten konnte niemals ermittelt werden. Die Stadt wurde in diesen Minuten zu gut 80 Prozent zerstört.

Damals glaubte niemand daran, daß Hanau jemals wieder aufgebaut werden könnte. Wer sollte den Schutt und die Trümmer beseitigen, um Voraussetzungen zum Aufbau zu schaffen? Doch es geschah. Damals sagte Oberbürgermeister Karl Rehbein: „Mächtiger als die Not ist der Mensch und sein Wille." Und er schrieb im Vorwort zum ersten Hanau-Buch, das mit dem Untertitel „Dokument des Lebenswillen einer deutschen Stadt" im Kuwe-Verlag 1951 erschien: „Es schien hoffnungslos, dem Chaos begegnen zu wollen, und vermessen, an den baldigen Wiederaufbau und die Wiederherstellung der Lebensgrundlagen und der alten Bedeutung der Stadt zu glauben. Trotz aller schweren Wunden aber, die zunächst unheilbar, ja tödlich schienen, hat diese Stadt ihren ungebeugten Lebenswillen bewiesen und mit Tatkraft und Mut den Wiederaufbau eines neuen Lebens begonnen."

Ein ganz neues Hanau wurde geboren. Schritt für Schritt kam man voran. Nazis, von den Spruchkammern zum Steinschleppen und Enttrümmern verurteilt, büßten ihre Schuld durch Schwerstarbeit bei kärglicher Kost. Doch das Phänomen, das heute noch allen Respekt verlangt, war: Eine Vielzahl nicht betroffener und unbescholtener Bürger stellte sich freiwillig für Enttrümmerungsarbeiten zur Verfügung. Auch sie litten sicher unter Hunger, und nur wenige besaßen das, was man heutzutage als selbstverständlich ansieht: eine menschenwürdige Wohnung.

Allein der Überlebenswille und die Liebe zu ihrer Stadt, die es zu retten galt, ließ diese Bürger private Sorgen wie Hunger, Trauer, Arbeitslosigkeit und Geldmangel zurückstellen und mutig das Werk beginnen. Sie trugen neues Leben in die Ruinen, doch der Preis war hoch. Mancher bezahlte mit seiner Gesundheit und einige sogar mit ihrem Leben, so schwer war es, die psychische und zugleich physische Schwerbelastung durchzuhalten.

Dann kam die Währungsreform

Was die Stadtverwaltung sofort begann und im Laufe weniger Jahre erreichte, grenzt – heute betrachtet – fast an Zauberei. Um diese Leistung zu verstehen, muß man sich an einige Fakten erinnern: Eine Abrechnung, von Bürgermeister Dr. Hermann Krause im oben erwähnten Hanau-Buch publiziert, weist unter anderem für die Zeit von 1945 bis zur Währungsreform 1948 aus: für Schuttbeseitigung 1 106 200 Mark. Für das Stadtkrankenhaus: 1 528 400 Mark, dazu in etwas niedrigerer, trotzdem beachtlicher Größenordnung sind die Kanalisation erwähnt, Häuser, Straßenreparaturen oder Neubauten und vieles andere mehr, so daß die Endsumme von 5 327 000 Mark herauskam.

Erinnert man sich, daß erst durch die Währungsreform die D-Mark entstand und die damaligen Summen nach heutigem Verständnis gut das Fünffache ergeben würden, dann kann man sich nur mit höchster Achtung der Männer der ersten Stunde erinnern, allen voran Oberbürgermeister Rehbein und Bürgermeister Dr. Krause.

Kleiner Überblick über die Situation, die nach der Bombennacht und der Kapitulation gegeben war: Von rund 600 Handwerksbetrieben waren 93 Prozent zerstört. Gleiches galt für die Industrie. Die Stromversorgung war je nach Schaltwerk zwischen 50 und 100 Prozent außer Funktion, was auch in ähnlicher Größenordnung für die Wasserversorgung galt. Banken und Sparkassen, Schulen, beide Krankenanstalten wie auch das Diakonissenhaus und alle Hanauer Kirchen, sämtliche innerstädtischen Verkehrsmittel waren funktionsunfähig.

Eine Aussage von E. Bomhardt – um noch einmal auf die großartige Dokumentation des Hanau-Buches zurückzugreifen: „Wer die Trümmer der stolzen Industrieanlagen im Osten und Norden der Stadt am 19. März 1945 gesehen hat, wer in den Industriezentren Berge von rauchendem Schutt erklettern mußte, um sich über den eigenen Standort orientieren zu können, der weiß, wie wir es meinen, wenn wir heute von einem an ein Wunder grenzenden Erfolg des Wiederaufbauwillens unserer Wirtschaft sprechen . . ."

Daß bereits ganz zu Anfang der Wiederaufbauphase Kultur und Kunst – wenn auch in bescheidenem Maße – nicht vergessen wurden, bezeugt die Planung um die Stadtbücherei, deren Restbestände – als aufgeschüttete Haufen im Schloß Philippsruhe gelandet waren. Am 21. November 1949 war die erste Ausleihe wieder möglich. Daneben begannen erste Programme für Konzerte. Ende 1950 gründete sich die Theatergemeinde, im gleichen Jahr hatte der Künstlerbund eine kleine Ausstellung möglich gemacht.

Vor 35 Jahren ging Hanau unter. Doch das neue Hanau, daß der Mut und der Opferwille der Bürger schuf, ist größer und lebendiger geworden. Also hatte der damalige Oberbürgermeister Rehbein wohl Recht, wenn er sagte: „Hilf dir selbst, dann hilft dir Gott" und fortfuhr: „Mächtiger als die Not ist der Mensch und sein Wille".

„Das Erreichte sichern"

Erklärung des Magistrats zur 35. Wiederkehr der Zerstörung

Liebe Mitbürgerinnen und Mitbürger!

Heute jährt sich zum 35. Mal der Tag des furchtbaren Bombenangriffs auf die Stadt Hanau in den frühen Morgenstunden des 19. März 1945.

Mehr als 2000 Hanauer Bürger verloren ihr Leben, die Innenstadt wurde nahezu vollständig zerstört, was viele Generationen mit unendlichem Fleiß aufgebaut hatten, sank in Schutt und Asche. Wir gedenken der Opfer dieses schrecklichen Bombenangriffs, wir trauern mit ihren Hinterbliebenen und Freunden.

Wir rufen uns in Erinnerung, daß die Zerstörung unserer Stadt das Ergebnis der nationalsozialistischen Gewaltherrschaft war. Diese hatte zuerst im Innern Deutschlands durch Beseitigung der demokratischen Staatsform, durch die Inhaftierung und Ermordung politischer Gegner und die Gleichschaltung aller wichtigen Einrichtungen jegliche Freiheit zerstört. Sodann wurde ein Eroberungskrieg und die Ausrottung von Millionen europäischer Juden begonnen. Der Eroberungskrieg ging verloren, Millionen Juden wurden in den Konzentrationslagern ermordet. Das Endergebnis war die Verwüstung und Teilung Deutschlands.

Der Weg, den es vom 19. März 1945 bis heute zurückzulegen galt, war steil und steinig. Unbändiger Wille, nie erlahmende Leistungsbereitschaft und hohes Können einer entschlossenen Bürgerschaft haben es ermöglicht, daß er bewältigt werden konnte. Der herzliche Dank dafür gilt heute unseren älteren Mitbürgerinnen und Mitbürgern, die in den ersten Jahren nach Kriegsende durch unermüdlichen Einsatz das für unmöglich Gehaltene geschafft haben, den Wiederaufbau ihrer geliebten Vaterstadt.

Die Schrecken des Krieges haben den Hanauer Bürgern in ganz besonderem Maße deutlich gemacht, wie wichtig es für jeden einzelnen ist, alle uns möglichen Anstrengungen für Frieden und Völkerverständigung zu unternehmen. Die Pflege der Partnerschaften zu sechs Städten in vier europäischen Ländern trägt ihren Teil dazu bei.

Wie schwer es aber ist, den Frieden überall auf der Welt zu bewahren, hat uns die jüngste Vergangenheit wieder mit beängistigender Deutlichkeit vor Augen geführt. Wie schnell die mühsam erreichten Erfolge der Entspannung zwischen Ost und West durch Handlungen zunichte gemacht werden, die allein machtpolitischen Interessen entspringen, hat uns der russische Einmarsch in Afghanistan gezeigt.

Gerade in der jetzigen Krise gilt es, alle Anstrengungen zu unterstützen, die dahin gehen, vorhandene Konflikte einzudämmen und neue nicht entstehen zu lassen. Was dabei die Bundesrepublik betrifft, so sind wir auf dem richtigen Wege, indem wir in vertrauensvollem Kontakt mit unseren europäischen Verbündeten und in enger Solidarität mit den Vereinigten Staaten die Politik aktiver Friedenssicherung fortsetzen.

Auf der Grundlage ausreichender Verteidigungsbereitschaft und Verteidigungsfähigkeit betrieben, hat sie in den vergangenen Jahren wertvolle Erfolge gebracht. Sie weist letztlich den einzig gangbaren Weg, wie die derzeitigen Krisen überall auf der Welt bewältigt werden können.

An dem Tag, da die Stadt Hanau und ihre Bürger vor 35 Jahren die dunkelste Stunde ihrer Geschichte erleben mußten, dürfen wir zu Recht auf das inzwischen Geleistete stolz sein. Zugleich aber haben wir uns zu vergegenwärtigen, daß es weiterer großer Anstrengungen bedarf, das Erreichte in Frieden für die Zukunft zu sichern.

Krätscherabend vorgesehen

Hanau-Großauheim. – Der neugewählte Vorstand des SPD-Ortsbezirks Großauheim hatte seine konstituierende Sitzung. Einstimmig wurden aus den Reihen der Beisitzer Ernst Hein als 2. Kassierer und Barbara Reißmann zur 2. Schriftführerin gewählt. Anschließend diskutierte der Vorstand über Veranstaltungen. Für April ist eine Mitgliederversammlung mit dem SPD-Bundestagskandidaten Bernd Reuter geplant. Im Juni will der Ortsbezirk eine Ortsbegehung mit anschließendem Dämmerschoppen durchführen. Die traditionelle Grillparty wird im August veranstaltet. Weiterhin sind ein „Krätscherabend" und Frühschoppen geplant. Zur Diskussion stand auch eine Mitgliederversammlung mit dem Thema „Die Geschichte der SPD". Darüber will sich der Vorstand noch auseinandersetzen, wie und in welcher Form dieser Abend durchgeführt werden könnte.

Frühlingsanfang

Der Frühling hält heute kurz nach 12 Uhr seinen Einzug. Die Bauernregeln, die einen kühlen Lenz verkünden, scheinen recht zu behalten. Wie die Meteorologen des Wetteramtes in Offenbach mitteilen, nähert sich Kaltluft aus dem skandinavischen und russischen Raum. Die Temperaturen werden keineswegs frühlingshaft ausfallen. In den Wetterweisheiten der Bauern und Schäfer heißt es offensichtlich nicht zu unrecht: „Der März muß kommen wie ein Wolf, dann geht er wie ein Lamm."

Zwar war der hinter uns liegende Winter nicht besonders kalt, schneereich in unserem Bereich überhaupt nicht. Und dennoch wird der Lenz von den meisten Mitbürgern herbeigesehnt. Der Tag, an dem im Kalender Frühlingsanfang verkündet wird, scheint in jedem Jahr wie ein Neubeginn. Nach grauen, nebligen und vor allem dunklen Wochen freuen sich die Städter auf jedes freie Wochenende und die Aussicht, in die grüne Umgebung zu fahren.

Lebenskünstler fangen an, jede sonnige Stunde zu genießen. Sie nehmen nach Büroschluß einen Umweg auf sich, um wenigstens ein paar Schritte durch eine Grünanlage zu laufen.

Wer mit wachen Augen einen Spaziergang unternimmt, beobachtet das Schwellen der Knospen an Bäumen und Sträuchern, sieht bunte Frühlingsblumen in Vorgärten und achtet auf die gelben Forsythienblüten. Weiße Wolken ziehen über den hellen Himmel. Und vor allem: Die Tage werden merklich länger. Die Gartenbesitzer sind voll Tatendrang. Bald beginnt ihre arbeitsreiche Zeit.

Nicht mehr lange – dann kann am Sonntag der Kaffee auf dem sonnigen Balkon eingenommen werden. hg

OBERBÜRGERMEISTER HANS MARTIN legte gestern am Hanauer Hauptfriedhof anläßlich einer Gedenkstunde zum 35. Jahrestag der Zerstörung Hanaus einen Kranz nieder (ausführlicher Bericht auf Seite 5). Foto: Gerhard Greiner

Lagerhalle brannte

Nidderau. – In der Nacht zum Donnerstag gegen 2.50 Uhr brach auf dem Gelände eines holzverarbeitenden Unternehmens in der Kilianstädter Straße im Stadtteil Windekken ein Brand aus, dem nach Angaben des Regierungspräsidiums in Darmstadt ein Drittel einer mit wertvollen Hölzern vollgestapelten Lagerhalle zum Opfer fiel. Die Nidderauer Freiwillige Feuerwehr konnte das Übergreifen der Flammen auf benachbarte Lagerschuppen verhindern. Die vorsorglich alarmierte Feuerwehr aus Hanau brauchte nicht mehr einzugreifen. Über die Höhe des entstandenen Schadens sowie über die Brandursache war bis Redaktionsschluß nichts bekannt.

Noch hat sich die Preislage für alle Opel-Modelle bei uns nicht geändert! Sie sollten jetzt schnell schalten!!!
OPEL GM
AUTO-SCHÄFER
Hanau und Maintal (Dörnigheim). Tel. 06181 / 24621

Dirk Pfeil Kandidat der Liberalen

Jahreshauptversammlung und Wahlkreiskonferenz der Main-Kinzig-FDP am Samstag in Gelnhausen-Haitz

Main-Kinzig-Kreis (dg). – Mit der Jahreshauptversammlung und der am gleichen Tag stattfindenden Wahlkreisversammlung für den Wahlkreis 137 zur Nominierung des Bundestagskandidaten der FDP des Main-Kinzig-Kreises schließt sich am Samstag in Gelnhausen-Haitz der ODreier-Zyklus!p der großen Parteiveranstaltungen in diesem Jahr im Vorfeld der Bundestagswahlen. Einziger bisher bekannter Bewerber um das Mandat für den Einzug in das Bonner Parlament ist Dirk Pfeil, Unternehmensberater aus Schöneck. Er ist Vorstandsmitglied und hat sich in zurückliegender Zeit bereits in den einzelnen Ortsverbänden vorgestellt.

Nach Aussage der FDP sind beim Rechenschaftsbericht des amtierenden Kreisvorsitzenden Dr. Helmut Hein aus Bad Soden-Salmünster bei der Jahreshauptversammlung kaum kontroverse Darstellungen zu erwarten. Die FDP sei im abgelaufenen „Amtsjahr" im ruhigen Fahrwasser gesteuert und habe eine sachbezogene Politik betrieben. Auch bei der Neuwahl des Kreisvorstandes stehen keine Überraschungen im Raum, lediglich dürften Kurt Eisenbach (Wächtersbach) und Manfred Stefanides (Schöneck) ersetzt werden, weil die beiden bisherigen Vorstandsmitglieder nicht mehr kandidieren wollen.

Insgesamt liegen für die Jahreshauptversammlung bisher vier Anträge vor, die sich schwerpunktmäßig mit sozialen Problemen und der psychiatrischen Versorgung im Main-Kinzig-Kreis befassen. Es werden innerhalb des Antragspaketes Vorschläge zur neuen Steuerreform erwartet, die Anregung, eine Verbesserung der Situation der Soldaten in der Bundeswehr herbeizuführen und eine Initiative im Bereich der Kernenergie im Zusammenhang mit einer Wiederaufbereitungsanlage, ein Antrag der ganz auf der Welle von Minister Heinz-Herbert Karry liegen dürfte.

Die Kreismitgliederversammlung (Jahreshauptversammlung) der Main-Kinzig-FDP beginnt am Samstag um 14 Uhr in der Mehrzweckhalle von Gelnhausen-Haitz, wobei der Vorsitzende, zwei Stellvertreter, der Schatzmeister, zehn Beisitzer, ein Schriftführer und jeweils zwei Rechnungsprüfer und Stellvertreter zu wählen sind.

Weiterhin steht die Wahl von 21 Delegierten zum Landesparteitag am 26. April in Darmstadt an, der über die Landesliste der Kandidaten zum Deutschen Bundestag entscheiden wird.

Im Anschluß an die Jahreshauptversammlung ist für 17 Uhr am gleichen Ort die Wahlkreisversammlung angesetzt, wobei Dirk Pfeil wohl das Vertrauen der Delegierten finden dürfte.

Die Polizei befürchtete, daß der im Mordfall Ursula Reinelt angeklagte Werner Horst auch nach dem Leben des Fabrikanten Arno Reinelt trachtete: Das sagte gestern im Frankfurter Schwurgerichtsprozeß der Hanauer Kriminalhauptkommissar Jürgen Grede (unser Bild) aus.

Sirenen werden erprobt

Hanau. – Am Mittwoch, 26. März, werden in Hessen wieder die Alarmsirenen erprobt. Um 10 Uhr werden die Signale „Dauerton von einer Minute" (Bedeutung im Verteidigungsfall: Beendigung der Gefahr nach Luft- beziehungsweise ABC-Alarm), Heulton von einer Minute Dauer (Luftalarm) sowie Dauerton von einer Minute (Entwarnung) ertönen.

Schulen ermitteln Waldlaufmeister

Main-Kinzig-Kreis. – Nahezu 1000 Schüler aus 26 Schulen des Main-Kinzig-Kreises werden am Samstag in Hanau-Wilhelmsbad am Golfplatz an den Start zu den Kreiswaldlaufmeisterschaften der Schulen gehen. Die Wettkämpfe werden von der Kreisverwaltung in Zusammenarbeit mit den Koordinatoren für den Schulsport durchgeführt. Das Meldeergebnis sei um so erfreulicher, als jede Schule in jedem Jahrgang nur acht Mädchen und acht Jungen habe benennen dürfen, meint man im Landratsamt. Die Wettkämpfe werden für Jungen und Mädchen im Alter von acht bis fünfzehn Jahren ausgetragen, die Jüngsten müssen eine Strecke von 800 Meter, die Ältesten eine strecke von 2000 Meter zurücklegen. Das größte Teilnehmerfeld mit 114 Meldungen stellt sich dem Starter bei den elfjährigen Jungen. Die drei Erstplazierten eines jeden Wettbewerbes erhalten Gold-, Silber- beziehungsweise Bronzemedaillen, die ersten Sechs werden außerdem mit Urkunden ausgezeichnet. Der Start zum ersten Lauf erfolgt um 9.30 Uhr. Bei reibungslosem Ablauf hoffen die Organisatoren, spätestens um 12 Uhr die Siegerehrung vornehmen zu können.

Namen - Nachrichten

Anna Korscheny (Bild), Hanau, Karl-Marx-Straße 49, begeht heute ihren 90. Geburtstag. Die Jubilarin wurde in Bielitz/Oberschlesien geboren. Seit ihrer Heirat im Jahre 1920 lebte sie in Großherrlitz bei Troppau im Sudetenland. Nach der Vertreibung im Jahre 1946 kam die Familie nach Oberissigheim im damaligen Landkreis Hanau. Seit 1953 wohnt Familie Korscheny in Hanau. Im Jahre 1955 verstarb der Ehemann. Die Jubilarin erfreut sich guter Gesundheit. Zu ihrem Ehrentag gratulieren ihr zwei Kinder sowie zahlreiche Verwandte und Freunde.

Anton Blum, Schuhmachermeister in Hanau, Langstraße 52, konnte auf dem Schuhmacher-Leistungswettbewerb in Wiesbaden eine Silber- und eine Bronzemedaille für Maß-Schuhe erringen.

Noch sechs Wochen Rückstau

Provisorium am Kreisel Tannenmühle kostet 500 000 Mark

Offenbach/Hanau (wi). – Noch sechs Wochen werden sich im Berufsverkehr die Autofahrer an der Baustelle am Autobahnzubringer Bundesstraße 45 an der Tannenmühle vorbeiquälen müssen, wenn sie auf die Autobahn Richtung Frankfurt fahren wollen. Besonders in den Morgenstunden kommt es zu kilometerlangen Rückstaus und wegen des Kreisverkehrs auch zu erheblichen Behinderungen in der Gegenrichtung. Manche Arbeitnehmer haben schon verspätet ihren Arbeitsplatz erreicht.

Schon seit langer Zeit ist die Autobahnauffahrt Richtung Frankfurt an der Tannenmühle ein neuralgischer Punkt. Verstärkt wurden die Stauungen in den Morgenstunden noch durch die Autobahn-Verbreiterungsarbeiten zwischen Hanau und Offenbach von zwei auf drei Fahrspuren. Meldungen über Verkehrsstörungen gehören seit langem zum Repertoire von hr 3.

Seit einigen Tagen hat sich die Situation an der Tannenmühle noch verschärft. Die Auffahrt wird umgebaut. Ein Sprecher des Autobahnamtes Frankfurt zieht einen Vergleich: „Einen entzündeten Blinddarm kann man nur durch eine Operation heilen." Die Straßenbauer lassen derzeit eine Beschleunigungsspur bauen, um so den abfließenden Verkehr auf die Autobahn abzulenken und den Kreisel für den Durchgangsverkehr nach Süden sowie für die aus dem Süden auf die Autobahn auffahrenden Wagen freizuhalten. Diese Spur beginnt bereits in der Mitte zwischen den beiden Kreiseln und führt direkt auf die Autobahn, wo ebenfalls die Auffahrspur verlängert und verbreitert wird.

Die gesamte Baumaßnahme wird etwa 500 000 Mark kosten. Allerdings, so wurde im Autobahnamt berichtet, hat diese Maßnahme nur provisorischen Charakter. In Planung ist nämlich ein vollkommener Umbau der Anschlußstelle mit Direktrampen und Überführbauwerken. Doch kann diese Großbaumaßnahme – es müssen verschiedene Pläne bereits von verschiedenen Stellen vorliegen – begonnen wird, ist beim Autobahnamt in Frankfurt unbekannt. Nach Angaben des Hessischen Landesamtes für Straßenbau in Wiesbaden ist bisher noch kein Planfeststellungsverfahren eingeleitet worden. Damit liegt das Projekt noch in weiter Ferne.

„Reinelt war in Gefahr"

Kripo glaubte an „weitere Taten" des Werner Horst

Bruchköbel/Frankfurt (dg). – Nach dem „Zeitplan" der Vorsitzenden Richterin Johanna Dierks soll am 21. April im Frankfurter Schwurgerichtsprozeß gegen den 43jährigen Bruchköbeler Architekten Werner Horst, der in der vergangenen Woche gestanden hat, am 15. September 1976 die 32jährige Fabrikantenfrau Ursula Reinelt in Lachen in der Schweiz entführt und etwa 20 Kilometer weiter in Wädiswill erschossen und verbrannt zu haben, das Urteil gefällt werden. Bis dahin muß sich das Gericht darüber Klarheit verschaffen, ob die Tat des Bruchköbelers als „Totschlag" mit einer Zeitstrafe zu ahnden ist, oder, wie vom Hanauer Gericht befunden, der Tatbestand des Mordes erfüllt und deshalb lebenslange Haft zu verhängen ist. Großes Gewicht dürfte nun dabei dem psychologischen Gutachten des schon im ersten Prozeß tätigen Prof. Dr. med. Reinhard Redhardt vom Zentrum der Rechtsmedizin in Frankfurt ebenso wie der Beurteilung des Angeklagten durch Dr. Elisabeth Müller-Luckmann zukommen.

Gestern sagten Hanauer Kriminalbeamte vor dem Frankfurter Gericht aus, ehe morgen die von diesen abgehörten Telefonate, die von den Anschlüssen des Werner Horst, des Zeugen Heinz Schätzer und des Fabrikanten Arno Reinelt geführt wurden, Gegenstand der Verhandlung sind und nach einer dreiwöchigen Pause der Prozeß am 17. April fortgesetzt wird.

Hauptkommissar Jürgen Grede, der von Hanauer Seite aus die Ermittlungen im Mordfall Reinelt geleitet hat, aber auch für die Koordination aller grenzübergreifenden Maßnahmen mit der Schweizer Polizei zuständig war, ließ gestern bei seiner Aussage in Frankfurt keinen Zweifel daran, daß aus Sicht der Ermittlungsgruppen nach der Fahrt des Angeklagten Werner Horst am 14. Juli 1977 in die Schweiz nach Zürich und Lachen das Leben des Ehemannes der erschossenen Frau, des 71jährigen Kosmetikfabrikanten Arno Reinelt, in permanenter Gefahr gewesen sei, eine Erkenntnis, die dann auch durch die am 5. Juli 1977 eingeleitete Telefonüberwachung ständig weiter bestätigt worden sei. Absprachen des Angeklagten über ein jeweiliges Alibi für Fahrten in die Schweiz, sowie die Anmietung eines „Opel-Commodore" hätten diesen Verdacht begründet. Schon bei seiner Vernehmung im Hanauer Prozeß hatte Jürgen Grede in etwa durchblicken lassen, daß nach dem Tod von Ursula Reinelt die Ermittlung gegen den Angeklagten, immer wieder an Arno Reinelt herankommen, nie nachgelassen habe.

Die Gefahr, in der sich Arno Reinelt wegen der Horst zu unterstellenden Mordabsichten befunden habe, sei Anlaß für aufwendige Observationen in Deutschland und der Schweiz gewesen. Reinelt habe schließlich unter ständigem Polizeischutz gestanden. Bei der Verhaftung des Angeklagten am 13. Juli 1977 habe aus Sicht der Polizei die Sicherheit für das Leben des Fabrikanten eine große Rolle gespielt, erklärte Grede gestern bei der Verhandlung.

Die neben der Pistole im Auto von Horst gefundenen Gegenstände, wie Munition, ein Ersatzmagazin, Kartenmaterial von der Schweiz, weiße Plastikschnüre und ein Klappmesser dürften die Berechtigung des Verdachts der Polizei noch nachträglich gestützt haben.

Die Verteidigung von Horst forderte und erhielt gestern von Grede dessen persönliche Aufzeichnungen, die sich der Hauptkommissar während des „Plauderns" mit Horst gemacht hatte, als dieser in der Nacht der Festnahme zunächst Aussagen verweigert, sich dann aber doch auf ein Gespräch eingelassen hatte. Die Darlegungen von Karl Brösamle, Kriminalhauptmeister in Hanau, der auch schon beim Unfalltod von Werner Horsts erster Frau ermittelt hatte, sollten Aufklärung über die ersten Vernehmungen im Mordfall Reinelt und dem Verhalten des Angeklagten dabei bringen.

Prof. Redhardt, der im Hanauer Prozeß einen die Tat leugnenden Angeklagten „als Mann von überdurchschnittlicher Intelligenz und „gedanklicher Klarheit" bezeichnet hatte, der seine Handlungen etwa nach dem Zeitablauf berlegen, planen und ausführen" rationell steuere, wird nun einen geständigen Täter psychologisch zu beurteilen haben, was zu neuen oder abgewandelten Erkenntnissen führen könnte.

Holen Sie sich für Ihr Erspartes noch 2 Prozent extra!

Ein Combi-Sparvertrag mit der Commerzbank ist ein erster Schritt zum eigenen Vermögen:
Sie zahlen jeden Monat 50 Mark (oder mehr) auf ein extra eingerichtetes Sparkonto – und das fünf Jahre lang. Dafür erhalten Sie pro Jahr 7 Prozent Zinsen. Nach Ablauf der vertraglichen Sparzeit gibt's noch mal 2 Prozent auf die eingezahlte Vertragssumme, sozusagen als Extra-Bonbon.
Sprechen Sie mit uns.
Stand: 10.3.1980

COMMERZBANK
Die Bank an Ihrer Seite

Unsere Geschäftsstellen in Ihrer Nähe: **Hanau,** Herrnstraße 1 · **Großauheim,** Hauptstraße 26

Unbekümmert nach Bombenwurf

Feierstunde auf dem Friedhof

Hanau (ju). – Dekan Schluckebier, der gestern anläßlich einer Gedenkstunde zum 35. Jahrestag der Zerstörung Hanaus auf dem Hauptfriedhof eine Ansprache hielt, zitierte zu Beginn die Worte eines britischen Ofiziers, der am 21. März 1945 aus seiner Sicht über das schreckliche Ereignis berichtet hatte: „Wir schmissen eine Menge Bomben und verfehlten, glaube ich, höchstens zehn Prozent. Es war eine wunderbare Nacht."

Die Wiedergabe dieser skrupellosen Aussage löste nicht nur bei den unmittelbar vom Krieg betroffenen Anwesenden Erschütterung und Bestürzung aus.

In erster Linie gedachte der Dekan der unzähligen Menschen, die in der Nacht des 19. März ihr Leben lassen mußten und derer, die ihre Angehörigen, Hab und Gut verloren haben. Er forderte sie auf, sich nicht in ein gesichtsloses schweigendes Schicksal zu begeben, auch wenn sich heute vielfach die Frage nach der Berechtigung eines Gedenktages 35 Jahre nach der Zerbombung stelle. Die Trauer richte sich als Anklage an alle, die mit dem Leben der Mitmenschen fahrlässig oder zerstörerisch umgingen.

Mit dem pessimistischen Ausspruch des Historikers Leopold von Ranke: „Das Einzige was wir aus der Geschichte lernen, ist, daß wir nichts aus ihr lernen", warnte Dekan Dr. Schluckebier vor dem damals wie heute fahrlässigen Umgang mit dem Gebot „Du sollst nicht töten". Diese hohe humane Forderung habe zu allen Zeiten ihre Gültigkeit und könne nicht dadurch gemildert werden, daß man Kriege oder deren Vorbereitung als Naturkatastrophen oder geschichtliche Betriebsunfälle rechtfertige.

Der Dekan mahnte zum Frieden und zur Verständigung unter den Völkern und gab der Hoffnung Ausdruck, daß zumindest in der heutigen Zeit, die immer noch nicht frei sei vom Ungeist der Machtgier, dem Aufbau von Feindbildern und der Menschenverachtung, der Ruf des Dichters Bergengruen ernstgenommen werden sollte, der mit den Worten schließt: Ändert euren Sinn.

Nach der Ansprache des Dekans beschloß Oberbürgermeister Hans Martin mit der Kranzniederlegung die Feierstunde.

Voll besetzt war gestern abend die Hanauer Stadthalle (links); die „Initiative 19. März 1945 – 19. März 1980" hatte zu einer Veranstaltung unter dem Motto „Nie wieder Faschismus – nie wieder Krieg" eingeladen. Im Foyer konnte die Ausstellung „Antifaschistischer Widerstand 1933–1945 in Stadt und Landkreis Hanau" besichtigt werden (rechts). Fotos: Gerhard Greiner

Wo die Jugend steht

Soziologe Prof. Jaide als Gast des 4. Main-Kinzig-Forums

Hanau (rb). – Wo haben Jugendliche ihre politische Heimat? Wie stark ist ihr Verlangen, sich politisch zu engagieren und Verantwortung zu übernehmen? Wie groß ist ihr Bedürfnis, politische und gesellschaftliche Verhältnisse umzugestalten? Prof. Walter Jaide unternahm beim 4. Main-Kinzig-Forum der CDU, das im Forum der Hohen Landesschule stattfand, den Versuch, Antworten auf diese Fragen zu geben.

Prof. Jaide, Leiter der Forschungsstelle für Jugendfragen Hannover, berichtete von Umfragen und Untersuchungen einer Gruppe 18jähriger. Die Befragungen fanden vor drei Jahren statt. Der Soziologe mit internationalem Renommée dämpfte allerdings allzu große Erwartungen unter den etwa sechzig Versammelten. Denn lediglich fünf Prozent der 730 Befragten räumten ein, so Prof. Jaide, daß sie gerne an der Mitgestaltung gesellschaftlicher und politischer Entscheidungsprozesse beteiligt wären.

Diese Gruppe erfahre durch die Medien eine zu große Beachtung, so daß die Auffassung von ihrer Bedeutung in der Öffentlichkeit mit den tatsächlichen Verhältnissen nicht übereinstimme.

Das Untersuchungsmaterial wies demgegenüber nach, daß der größte Teil der Jugendlichen die Verhältnisse in der Bundesrepublik positiv beurteile.

Auch löste die Feststellung Überraschung aus, daß seit Mitte der 60er Jahre innerhalb der jugendlichen Gruppen keine entscheidenden Einstellungsveränderungen zu bemerken seien. Eine lebhafte Diskussion mache immer wieder deutlich, daß die Vorstellungen vom Verhalten Jugendlicher nicht mit den wissenschaftlichen Ergebnissen übereinstimmten.

Der CDU-Kreisvorsitzende Walter Korn kündigte die systematischen Weiterentwicklung des Main-Kinzig-Forums an, das von Oberstudiendirektor Dr. Wolfgang Haseloff gestaltet wird. Als nächster Referent wird der Futurologe Prof. Karl Steinbuch erwartet.

Handball-Jungen der Hola auf dem dritten Platz

Hanau. – Im Landesentscheid „Jugend trainiert für Olympia" im Handball der Wettkampfklasse II der Jungen belegte die Hohe Landesschule in Frankfurt den dritten Platz hinter dem Landessieger Goetheschule Kassel und der Weidigschule Butzbach. An dem Turnier nahmen acht Schulmannschaften aus Hessen teil, die sich zuvor in den Regionalentscheiden qualifiziert hatten. In der Vorrunde schlug die Hola die Schillerschule Frankfurt 9:3, A.-v.-Humboldt-Schule Lauterbach 12:5, unterlag der Weidigschule Butzbach 5:6 und erreichte damit die Endrunde. Im Spiel gegen die überaus hart spielenden Kasseler Schüler unterlag die Mannschaft der Hola mit 3:5. Mit dem Sieg über die GS Kirchhain 10:8 sicherte sie sich jedoch den 3. Platz.

Weststadt. – Infolge Vorfahrtverletzung stießen am Dienstag um 18.15 Uhr im Einmündungsbereich Röntgen- und Hertzstraße ein Lkw und ein Pkw zusammen. Der Pkw-Fahrer und ein Beifahrer erlitten leichte Verletzungen. Bei dem Unfall entstand 8000 Mark Sachschaden.

Wunden dürfen nicht heilen

Veranstaltung in der Stadthalle

Hanau (sd). – Während gestern nachmittag auf dem Hanauer Hauptfriedhof eine Gedenkstunde mit Kranzniederlegung anläßlich des 35. Jahrestages der Zerstörung Hanaus stattfand, wurde der von der „Initiative 19. März 1945 – 19. März 1980" organisierte Abend in der Stadthalle völlig anders gestaltet. Die von zahlreichen politischen und kulturellen Gruppen getragene Veranstaltung zeichnete sich vor allem dadurch aus, daß einerseits im Foyer der Stadthalle die Ausstellung „Antifaschistischer Widerstand 1933–1945 in Stadt und Landkreis Hanau" besichtigt werden konnte, andererseits hatte der Hanauer Kulturverein im großen Saal ein Programm vorbereitet, das mit Hilfe von Rezitationen und Liedern auf das Motto der Initiative „Nie wieder Faschismus – nie wieder Krieg" hinweisen sollte.

Sepp Sigulla, der Vorsitzende des DGB-Kreises Main-Kinzig, eröffnete das Programm mit mahnenden Einführungsworten. Es reiche nicht aus, so Sigulla, der Toten zu gedenken. Vielmehr müsse als Konsequenz nicht nur der Hanauer Ereignisse von 1945 heute dem Neofaschismus der Kampf angesagt werden; es gelte sich für die Erhaltung der Demokratie und der Einheitsgewerkschaft sowie für Frieden und Abrüstung einzusetzen. Sigulla: „Die Wunden des Faschismus schmerzen noch immer, sie dürfen nicht heilen und in Vergessenheit geraten". Ihren direkten Beitrag dazu leisteten im Anschluß die Sängerin Renate Fresow aus Heidelberg und der Hanauer Kulturverein, der sich erfolgreich darum bemüht hat, ein ausgewogenes Programm zusammenzustellen, das zwischen lokalen und überregionalen Dokumenten in Form von Liedern und Textvorträgen vermittelte.

So hatte die Theatergruppe des jungen Hanauer Vereins authentisches Material aus dieser Zeit ausgewählt, um mit Erlebnisberichten von Hanauer Bürgerinnen und Bürger, Dokumenten über Widerstand bietende Arbeiter oder Protokollen grausamer Verbrechen des NS-Regimes im Hanauer Bereich zu warnen und aufzufordern, daß – wie es Renate Fresow rezitierte – „jeder wache, daß der Frieden hält". Was für die älteren Hanauer im Saal oftmals Erinnerung an die grauenvollste Zeit in ihrem Leben bedeutete, das war für die jüngeren insbesondere eine Animation zur Wachsamkeit. Und für viele dieser Jugendlichen und jungen Erwachsenen war es sicher auch neu, daß dieser Schrecken, diese ständige Angst in Hanau spätestens am 4. Juli 1941 einsetzte, als die erste Bombe nur 500 Meter westlich der Kesselstädter Burgallee niederging.

Der außerordentlich gute Besuch der Veranstaltung, die von einigen Bürgern nur im Stehen wahrgenommen werden konnte, obwohl der große Saal der Stadthalle zur Verfügung stand, dürfte die Initiative ermuntert, diese unkonventionelle Form der Würdigung in den kommenden Jahren fortzusetzen.

Brand in einer Gaststätte

Hanau. – Einen Sachschaden von 20 000 Mark hat gestern gegen 21.50 Uhr ein Brand in der Gaststätte „Zur Gabi" in Hanau an der Akademiestraße gefordert. Nach Angaben eines Polizeisprechers hatte der italienische Pächter mit seiner Frau gegen 20 Uhr die Gaststätte verlassen. Zuvor waren die Aschenbecher in einen Plastikeimer in der Theke geleert worden. Rund zwei Stunden später bemerkte der Hauseigentümer Brandgeruch und alarmierte die Hanauer Feuerwehr. Das Feuer, das sich bereits bis in die Küche ausgebreitet hatte, konnte in kurzer Zeit unter Kontrolle gebracht werden. Personen wurden nicht verletzt.

Verkehrswacht erhält Geldbuße

Verfahren wegen Betruges eingestellt – Kein Eintrag im Strafregister

Hanau (wi). – Mit der Einstellung des Verfahrens bei Auferlegung einer Geldbuße ist jetzt ein Verfahren aus dem Hanauer Landgericht gegen verschiedene Personen aus der Region vorläufig zum Abschluß gebracht worden, denen Betrug vorgeworfen worden war. Die Hauptangeklagten S. und W. waren zu Freiheitsstrafen, der Angeklagte M. zu einer Geldbuße verurteilt worden. Schließlich wurde noch gegen das Ehepaar M. verhandelt.

Gerhard M., 35 Jahre alter Kaufmann aus Hanau, gab vor Gericht zu, nach einem Skiunfall am 21. Februar 1973 – er war damals von S. verletzt worden – durch unrichtige Angaben eine höhere Haftpflichtentschädigung erhalten zu haben. Die übrigen angeklagten Fälle konnten ihm nicht nachgewiesen werden. Die Erste Große Strafkammer unter Vorsitzendem Richter Josef Worms stellte das Verfahren wegen geringer Schuld ein und verhängte eine Geldbuße in Höhe von 1000 Mark, zu zahlen an die Verkehrswacht Mainstal. Durch die Geldbuße kann das öffentliche Interesse an dem Fall beseitigt werden.

Das Verfahren gegen die ebenfalls mitangeklagte Ehefrau Gerda M. wurde wegen geringen Verschuldens eingestellt.

Offen bleibt jetzt nur noch das abgetrennte Verfahren gegen den Kaufmann Gerd H. Er hatte vor Gericht erklärt, er sei bereits in Frankfurt rechtskräftig zu einer Geldstrafe von 4000 Mark verurteilt worden. Nachforschungen haben dies bisher nicht bestätigen können. Auch im zentralen Strafregister in Berlin ist kein Eintrag vorhanden. Staatsanwaltschaft und Gericht ermitteln weiter.

Bezirksimkertag 1980

Hanau. – Der Bezirksimkertag 1980 findet am Sonntag, 23. März, im Bürgerhaus Wolfgang statt, teilte der Kreisimkerverein Hanau mit. Der Imkertag 1979 wurde in Bad Soden-Salmünster veranstaltet. Die Fachleute diskutieren am Sonntag zwischen 9.30 und 12 Uhr über Behandlungsmaßnahmen gegen die gefährliche Varoatose, eine Milbenkrankheit, die bereits Bienenstände in Maintal-Hochstadt und Bischofsheim befallen hat. Um 14.30 Uhr wird Professor Dr. Wellenstein von der Universität Freiburg einen Lichtbildervortrag „Honigquellen im Wald" halten, der einen Einblick in die Wunder der Natur bietet.

Hanauer Stadtnachrichten

Automaten aufgebrochen

Hanau. – Einen Gaststätteneinbruch meldet die Kriminalpolizei für die Nacht zum Mittwoch aus der Hanauer Innenstadt. Die Ganoven schoben einen Rolladen hoch und öffneten ein Fenster. Zwei Spielautomaten wurden aufgebrochen, das Münzgeld mitgenommen.

DAG-Seniorentreffen

Hanau. – Zum ersten Male fand für die Senioren der Deutschen Angestellten-Gewerkschaft Hanau ein Treffen in den Räumen der Deutschen Angestellten-Akademie an der Langstraße statt. Bei Kaffee und Kuchen wurden nicht nur die aktuellen Probleme diskutiert, wie die Sozialwahl am 1. Juni, die Zukunft der Renten oder das Gesundheitswesen, sondern auch eine Programmgestaltung für künftige Treffen festgelegt. Hierbei sollen Probleme wie die Rentenreform, das Familienrecht und Fragen der Gesundheitsvorsorge diskutiert werden. Auch Ausflugsfahrten sowie Dia- und Filmvorträge sind für das laufende Jahr geplant.

Touropa-Urlaubsfilme

Hanau. – Das Deutsche Reisebüro (DER) an der Nürnberger Straße veranstaltet am Dienstag, 25. März, 18 Uhr, im Central-Theater am Freiheitsplatz eine Filmveranstaltung, in der der neue Touropa-Urlaubsfilm „Griechenland für Liebhaber" gezeigt wird. Der Streifen ist eine Reise zu typischen und vielleicht nicht ganz typischen griechischen Reisezielen, ist ein Sprung von der Gegenwart in die Antike und wieder zurück in die Gegenwart. Als zweiter Streifen wird „Wandern in Südtirol" gezeigt. Karten im Vorverkauf beim DER oder an der Abendkasse.

Osterreise für Schwimmer

Hanau. – Der Hanauer Schwimmverein 1912 unternimmt Ostern mit 24 Sportlerinnen und Sportlern eine fünftägige Reise nach Windsor zu einem internationalen Schwimmwettreffen. Dort findet ein Wettkampf statt, an dem sich auch die befreundeten Vereine aus Goßlar, Neuilly (Frankreich) und Uccle (Belgien) beteiligen.

Abends läuft ohne Strom gar nichts.

Doppelpaß, Schuß und – Tor! Auf den Rängen des Frankfurter Waldstadions herrscht eine Bombenstimmung. 60.000 Fans geht es hier um die wichtigste Nebensache der Welt: Fußball. Und keinem ist in diesem Moment bewußt, daß ohne Strom das große Spiel in den Abendstunden ein Schuß ins Leere wäre.

Tiefstrahler sorgen für Flutlicht. Ohne sie läuft auf dem Rasen gar nichts. Nur dafür werden allein 1.488 kWh pro Spiel verbraucht! (Damit könnte man beim Schein einer 60-Watt-Lampe mehr als 8 Jahre lang jede Nacht durchlesen.)

Und was machten die Zuschauer ohne die Leuchttafel oder Lautsprecher? Die brauchen auch Strom,

genauso wie die Übertragungswagen des Fernsehens.

So verbrauchen wir täglich in Situationen Strom, die scheinbar gar nichts mit dem Energieproblem zu tun haben. Und unser Stromverbrauch steigt – trotz Sparmaßnahmen von jedem einzelnen von uns. Wir müssen unsere Stromversorgung weiter sicherstellen.

Kohle und Kernenergie sind heute die einzigen ergiebigen Energiequellen. Wir brauchen Kraftwerke. Doch bis ein Kraftwerk Strom liefert, vergehen bis zu 10 Jahre. Die Zeit drängt. Wir müssen handeln. Wenn wir unsere Lebensqualität erhalten wollen, müssen wir uns jetzt entscheiden.

Hessen braucht alle Energien... auch Kernenergie gehört dazu.

Gruppe Hessen im Informationskreis Kernenergie, Kettenhofweg 36, 6000 Frankfurt (Main)

Sonderbeilage des „Hanauer Anzeiger" zum 40. Jahrestag der Zerstörung Hanaus

1945 Vor 40 Jahren fiel Hanau in Schutt und Asche 1985

Erinnerungen an den schweren Luftangriff am frühen Morgen des 19. März 1945

Am Ballplatz, 19. März 1945.

Heute, am 19. März, jährt sich zum 40. Mal der Tag, an dem Hanau in den Morgenstunden in Schutt und Asche fiel. Tausende von Bürgern mußten ihr Leben lassen. Nicht nur das Ausmaß, sondern auch der Zeitpunkt, zu dem der Bombenhagel unsere Stadt fast gänzlich auslöschte, war besonders tragisch, denn der Zweite Weltkrieg war längst entschieden. Rauchschwaden lagen noch über der Stadt, als am 28. März 1945 amerikanische Truppen einzogen. Über zwei Drittel der Wohnungen lagen in Trümmern. Die Betriebe waren verwüstet, die meisten kommunalen Einrichtungen zerstört. Nur noch 6000 bis 8000 Bürger lebten inmitten der Schuttmassen. Die Mehrzahl war in die Gemeinden der Umgebung geflüchtet. So groß war der Grad der Zerstörung, daß es Überlegungen gab, die verbliebenen Gebäudereste auch dem Erdboden gleichzumachen. Dazu kam es glücklicherweise nicht. Im August und September 1945 folgte eine Großzahl entschlossener Bürger dem Aufruf zur Enttrümmerung. Ein 1946 geschaffener Ehrendienst setzte diese Arbeit fort und schaffte damit die Voraussetzung für den Wiederaufbau. Mit beispielloser Energie und zähem Arbeitswillen packten die Bürger damals zu. Sie waren geprägt vom unerschütterlichen Glauben an eine bessere Zukunft, von Mut und Zuversicht.

Unsere Anerkennung und Dankbarkeit für diese Leistung schließt auch die Flüchtlinge und Vertriebenen ein, die nach Kriegsende nach Hanau kamen. Sie haben entscheidenden Anteil am Wiederaufbau der Stadt.

Die unseligen Erinnerungen jener Zeit sollten nicht immer wieder „aufgewärmt" werden, hört man oft sagen. Diese Meinung vermag ich nicht zu teilen. Alle, die das Dritte Reich nicht erlebten, haben ein Recht, auf ihre Frage „Wie war das möglich?" eine Antwort zu bekommen.

Die jüngeren Menschen müssen wissen, wie es zu der Entwicklung kam, die nicht nur unsere Stadt und unser Land, sondern auch große Teile der Welt ins Unglück stürzte. Dabei geht es nicht vorrangig um Vergangenheitsbewältigung. Angesichts der erst 40 Jahre zurückliegenden Ereignisse haben wir die Verpflichtung, alle Anstrengungen zu unternehmen, daß es nie mehr zu einer solchen Entwicklung kommen kann. Krieg ist kein geeignetes Mittel, sich politisch auseinanderzusetzen. Gewalt darf in einer zivilisierten Gesellschaft kein Weg zum Lösen von Problemen sein. Demokratie braucht geistige Auseinandersetzung, braucht Toleranz, benötigt die Bereitschaft, alles für eine friedliche Zukunft zu tun. Nur dann waren die Toten zweier Weltkriege, waren die Opfer auch in unserer Stadt nicht sinnlos. Seien wir wachsam gegenüber allen aufflammenden Aktivitäten unverbesserlicher radikaler Gruppen. Die Welt muß wissen, daß solche Kräfte bei uns keine Chance mehr haben. Ihr Weg führt erfahrungsgemäß ins Unglück. Unser aller Einsatz muß stets dem Frieden dienen, dem Frieden im Zusammenleben in der Stadt, dem Land, der Völker. Das ist unsere Verpflichtung, die wir aus dem Geschehen des 19. März 1945 in Hanau zu übernehmen haben.

Kuhn

(Helmut Kuhn)
Oberbürgermeister

Ziel war völlige Zerstörung der Stadt

Die Zerstörung Hanaus am 19. März 1945 war ein schrecklicher Schlußpunkt des Bombenkrieges

„Durch Angriffe britischer Kampfflugzeuge in der vergangenen Nacht wurde neben Orten im Ruhrgebiet besonders Hanau betroffen." Was sich hinter dieser lapidaren Meldung des Oberkommandos der Wehrmacht vom 19. März 1945 wirklich verbirgt, vermag wohl nur der in seiner ganzen Tragweite ermessen, der Hanau vor dem Krieg gekannt und der es unmittelbar nach der Zerstörung durch jenen furchtbaren Angriff in den Morgenstunden des 19. März gesehen hat. Ein brennendes Trümmerfeld zog sich vom Westbahnhof zur Ehrensäule, von der Zeichenakademie zum Schloßgarten. Das Fazit war schrecklich: Fast 1500 Tote, die Mehrzahl der Häuser zerstört, die Bürger obdachlos. Und dies wenige Wochen vor der endgültigen Kapitulation der Wehrmacht.

Seither bewegt die Frage nicht nur die Historiker und Zeitgeschichtler, ob dieser Angriff notwendig war. War es noch ein Angriff im Rahmen der Doktrin des britischen Kriegskabinetts, das den Bombenkrieg gegen die deutschen Städte nach den Direktiven der Konferenz von Casablanca (Januar 1943) forcierte, um über die Zermürbung der Zivilbevölkerung den raschen Zusammenbruch des Deutschen Reiches herbeizuführen? Oder war es eine taktische Operation, um den Vormarsch der amerikanischen Truppen, die bereits am Rhein standen, zu erleichtern?

Es mag für beide Versionen gute Gründe geben, für die Stadt Hanau und ihre Bewohner waren sie an jenem Tag nicht von Belang. Hanau war während des Krieges lange Zeit nur am Rande vom Luftkrieg betroffen. Der erste Angriff fand zwar schon am 24. Juli 1941 statt, als einzelne Sprengbomben im westlichen Stadtgebiet, etwa 500 Meter von der Burgallee entfernt, niedergingen. Es entstand Sachschaden an der Hochspannungsleitung, ansonsten jedoch keine weiteren Verluste. Doch erst knapp ein Jahr später, am 3. April 1942, war auch in der Goldschmiedestadt das erste Todesopfer des Luftkrieges zu beklagen. Bei einem Angriff auf das Gebiet zwischen der Hauptbahnhofstraße und der Oberrealschule, die sich etwa an der Stelle der heutigen Brüder-Grimm-Schule befand, wurde in der Hauptbahnhofstraße eine Frau getötet. Im September 1942 wurde dann bei einem Angriff das Haus des Kreisleiters der NSDAP, Jordan, schwer beschädigt. Für viele Hanauer mag dies ein Zeichen gewesen sein. Trotz seiner kriegswichtigen Industrie, seiner Funktion als Verkehrsknotenpunkt und als wichtige Garnisonsstadt blieb Hanau bis Ende 1943 von schweren Angriffen verschont. Anfang 1944 häuften sich dann die Einsätze der alliierten Luftwaffe auf Hanau. Vom November 1944 bis zum 5. Januar 1945 zählte der Hanauer Stabsluftschutzführer Karl Ochs insgesamt sieben Angriffe. Am 6. Januar begann um 19.30 Uhr ein Großangriff auf die Industriebetriebe im Osten der Stadt. Betroffen sind die Firmen Degussa, Heraeus, Vacuumschmelze und Dunlop sowie das Stadtschloß und das Behördenhaus am Freiheitsplatz. Zahlreiche Häuser in der Umgebung der Bombenziele werden ebenso getroffen, die Verluste an Menschenleben sind beträchtlich. Es gibt Anzeichen dafür, daß bereits dieser Angriff zur Totalzerstörung Hanaus führen sollte. Durch eine falsche Zielsetzung der Luftlotsen, die den Bomberverbänden vorausflogen, warfen die Maschinen einen großen Teil ihrer tödlichen Fracht auf dem Gelände nordwestlich von Hanau, zwischen dem Dorf Mittelbuchen und der Staatsdomäne Kinzigheimer Hof, ab. Dabei wurde die Gemeinde Mittelbuchen stark getroffen. 90 Scheunen gerieten in Brand, von denen nur zehn gerettet werden konnten, 46 Wohnhäuser erhielten Treffer, 16 davon gerieten durch die Brandbomben in Brand und fielen dem Feuer zum Opfer. Die übrige Bombenfracht ging auf freiem Feld nieder und verursachte keinen Schaden.

Die Hanauer Altstadt, zwischen dem Stadtschloß der Grafen von Hanau und dem Paradeplatz, dem heutigen Freiheitsplatz, rund um Johanneskirche, Altstädter Rathaus, seit 1942 Deutsches Goldschmiedehaus, und der Marienkirche, war in ihrer mittelalterlichen Geschlossenheit nahezu unverändert erhalten. Ebenso die Neustadt mit ihren Mittelpunkten Marktplatz mit Neustädter Rathaus und der wallonisch-niederländischen Doppelkirche, 1603 von einem weitsichtigen Grafen und tatkräftigen Bürgern gegründet. Sie war ein Kleinod deutscher Stadtarchitektur.

Die Wunden, die der Angriff vom 6. Januar 1945 gerissen hatte, schmerzten. Doch war dies alles nichts gegen die Katastrophe des 19. März 1945, der diese weitere deutsche Stadt buchstäblich ausradierte.

In den letzten Kriegswochen stand die alliierte Luftmacht auf dem Höhepunkt ihrer Stärke. Die Luftherrschaft war nahezu uneingeschränkt, stark geschwächt war die Abwehr der deutschen Luftwaffe. An den Flak-Kanonen standen Schüler und Hitlerjungen. Das Luftwarnsystem war mit dem Vorrücken der alliierten Truppen fast vollständig ausgefallen. Die Vorwarnzeiten wurden immer kürzer, bisweilen wurden die Bürger ohne jede Warnung von den Angriffen überrascht. So nahm das Schicksal der Goldschmiedestadt seinen verhängnisvollen Verlauf.

In der verhängnisvollen Nacht des 18. zum 19. März herrschte im gesamten Luftraum östlich des Rheins reger Flugverkehr. Die Lage blieb für die deutsche Luftabwehr unübersichtlich. Kurz nach Mitternacht flogen englische Verbände in den deutschen Luftraum ein und griffen Nürnberg an. Zusammen mit einem Bomberverband, der sich Straßburg näherte, sollten sie vom eigentlichen Ziel dieser Nacht, von Hanau, ablenken. Um 2.35 Uhr hatten sich nördlich von London zwei starke Bomberverbände gesammelt und waren parallel fliegend mit striktem Ostkurs über der Mündung der Somme eingeflogen. Das deutsche Frühwarnsystem war zu diesem Zeitpunkt durch englische Störsender nachhaltig gestört. So wurden diese beiden Verbände erst erkannt, als sie im Raum Duisburg und Köln/Bonn auftauchten. Der erste Verband flog über Wesel am Niederrhein ein, der zweite, der südliche, über Siegburg. Um 4 Uhr am Morgen des 19. März warfen vorausfliegende Maschinen über Kassel Markierungen und Sprengbomben ab, um einen bevorstehenden Angriff vorzutäuschen.

Die deutsche Luftverteidigung ging so von einem bevorstehenden Angriff auf die nordhessische Stadt aus, doch hatten die beiden Bomberverbände bereits die entscheidenden Kursänderungen vorgenommen. Der nördlich fliegende Pulk nahm Kurs Südost und griff die Industriestadt Witten an der Ruhr an, der südlich fliegende Verband drehte über dem Sauerland ab und nahm direkten Kurs auf Hanau. Dieser Verband umfaßte 279 Maschinen. Die deutsche Luftabwehr wurde völlig überrascht. Erst mit großer Verspätung starteten 13 (!) Maschinen des Nachtjagdgeschwaders 6.

Blick von der Wallonisch-Niederländischen Kirche.

Der verheerende Angriff auf Hanau begann genau um 4.30 Uhr. Buchstäblich im Schlaf wurde die Bevölkerung von dem vernichtenden Bombenhagel überrascht. Orientierungspunkt für die anfliegenden Maschinen war der Marktplatz mit dem Brüder-Grimm-Denkmal, der von einer vorausfliegenden Maschine mit rot-grünen Leuchtbomben markiert worden war. Dann nahm das Verhängnis seinen Lauf. Rund 530 Tonnen Sprengbomben, darunter 250 „Luftminen", und 670 Tonnen Stab- und Flüssigkeits-Brandbomben luden die Flugzeuge ab. Hanau fiel in Schutt und Asche.

Was für die Stadt und ihre Menschen eine Katastrophe unübersehbaren Ausmaßes war liest sich im Kriegstagebuch des Luftgaus XVI Wiesbaden in einem Eintrag als Morgenmeldung vom 19. 3. 1945 folgendermaßen: „0434–0444 schwerer Angriff auf Hanau. LS mot 31 eingesetzt. Verbindungen unterbrochen." Und als Nachtragsmeldung vom gleichen Tag ist zu lesen: „. . . Stadtkern total zerstört, 600 Großbrände, mehrere Flächenbrände mit Feuersturm, etwa 2000 Obdachlose, Personenverluste nicht feststellbar, viele Verschüttete."

Im Bericht des Bomber-Kommandos der Royal Air Force wird die Zerstörung Hanaus mit militärischer Kürze abgehandelt. Dort heißt es: „Lancaster und Mosquitos griffen die Stadt bei relativ gutem Wetter, aber leichtem Bodendunst an. Das Ziel war nach Sicht identifiziert und die Markierung lag gut im Zielpunkt (Marktplatz, Anm. d. Red.). Das Bombardement wird als konzentriert angesehen." Weiter heißt es, das Ziel sei „die vollständige Zerstörung des bebauten Gebietes und der sich anschließenden Bahn- und Industrieanlagen" gewesen. Der Bericht fährt fort: „Die Zerstörung des bebauten Gebietes der Stadt war vollkommen. Weiter entstanden Schäden an den Bahn- und Industrieanlagen."

Blick von der Marienkirche zur Johanneskirche.

Im Oktober 1951 erschien Fried Lübbeckes einzigartiges Buch „Hanau – Stadt und Grafschaft". Auf beeindruckende Weise hat er ein Bild des alten Hanau mit seiner reichen Geschichte und seiner langen Tradition gezeichnet, das in jener Nacht unterging. Fried Lübbecke sah Hanau im Jahre 1947 wieder, anläßlich der 175-Jahr-Feier der Zeichenakademie, an der er vor dem Krieg lehrte. Im Vorwort seines Buches schreibt er über jene schreckliche Nacht, die er vom Taunus aus erlebte: „Wir eilten auf die Eller Höhe und sahen von dort aus eine ungeheure Glut den östlichen Himmel röten. Es konnte nur Hanau sein. Es war es – in zwanzig Minuten war das gräßliche Werk getan, eine Stadt vernichtet, der unser Herz gehörte. Vier Jahre später ging ich mit meinem jüdischen Hanauer Freund durch die Trümmer. Schon 1934 war er nach England geflohen und dort Staatsbürger geworden. Jetzt kam er zu einem Besuch zurück. Er erzählte mir: „Am 21. März saß ich auf der Terrasse eines Strandhotels in Brighton. Es war ein köstlicher Frühlingstag, das Meer ruhig wie ein Teich, neben mir schwätzten Offiziere der Royal Air Force. Einer fragte die anderen, wo wart ihr vorgestern nacht? Er antwortete: „It was a little spot near Frankfurt, Hanau, I believe. We dropped a lot of bombs and failed only ten per cent. It was a wonderful night, a lovely trip." Ja – es war eine liebliche Frühlingsnacht, in der Hanau versank und mit ihm Tausende seiner Bürger – Männer, Frauen und Kinder – in Stuben, Kellern und Straßen gnadenlos gemordet."

Der 19. März bleibt auch nach 40 Jahren in Hanau unvergessen. Daran erinnert die Ruine der französischen Kirche, den Toten zum Gedenken und den Lebenden als andauernde Mahnung.

Werner Kurz

Freiheitsplatz – Blick auf die Marktstraße.

Die Erinnerung an die Bombennacht ist bei vielen Hanauern noch wach

Augenzeugen berichten dem Hanauer Anzeiger von den schrecklichen Ereignissen des 19. März 1945 und über die Tage danach. – Das Geschehene bleibt unvergessen

Als Hanau am 19. März 1945 in Trümmer fiel, waren die meisten Männer an der Front. Frauen und Kinder lebten in der Stadt. Dies spiegelt sich auch in den Schilderungen der Zeitgenossen, die der Hanauer Anzeiger gesammelt hat. Die meisten Erzählungen, welche die HA-Redakteure aufzeichneten, machen auch heute noch betroffen, sind in ihrer Tragweite nur für den nachzuvollziehen, der dies alles miterlebt und überlebt hat.

Hella Stephan, geborene Ahrens lebte während der Kriegsjahre im Hause Landstraße 1 in Kesselstadt, der ehemaligen Gärtnerei des Schlosses Philippsruhe, zusammen mit ihren damals neun beziehungsweise sechs Jahre alten Töchtern Inge und Etta, den Schwiegereltern Gustav und Käthchen Stephan sowie das Ehepaar Sensel mit ihrer Tochter Anna Dinkel und deren Sohn Horst. Hella Stephans Mann Gustav war erst im September 1944 in den Kriegsdienst einberufen worden und unterließ als gelernter Gartenbautechniker eine kleine Gärtnerei, die die Stephans ernährte.

Wenn sich die heute noch lebenden beiden Töchter Inge und Etta an die frühen Morgenstunden des besagten 19. März 1945 erinnern, dann fällt ihnen ein, daß die Sirenen „viel zu spät" die Bedrohung ankündigten, daß sie von ihnen aus dem Schlaf gerissen wurden und praktisch gleichzeitig auch schon die ersten Bomben fielen. Im Keller des Hauses, der aufgrund seiner stabilen Gewölbe als Luftschutzraum genutzt wurde, fanden so nur noch die Hausbewohner, jedoch – wie in vorangegangenen Nächten üblich – ein Großteil der Nachbarn Zuflucht. Die Detonationen klangen „sehr nahe" und nachdem Ruhe einkehrte, gab es keine Entwarnung mehr – woraus man schloß, daß der Angriff vor nahen Innenstadt gegolten hatte.

Aus der Befürchtung wurde bei Tagesanbruch, als man sich endlich ins Freie traute, Gewißheit: Rauch- und Hitzeentwicklung als östlicher Horizont deuteten die Tragödie an. Im Laufe des Vormittags setzte dann auch schon der Flüchtlingsstrom Richtung Dörnigheim ein. Tausende meist nur notdürftig bekleideter Menschen zogen vorbei, baten um Kleider, Essen und – vor allem – um Unterkunft. Schnell wuchs so die Zahl der Hausbewohner auch auf knapp 20 an. Sich über die Warnungen der ängstlichen Töchter hinwegsetzend, machte sich Mutter Hella gegen Mittag auf, um nach den zahlreichen in der Innenstadt lebenden Verwandten zu sehen. Sie kam auf der Philippsruher Allee allerdings nur bis zu der Stelle, an der die Kinzig in den Main mündet: Ab der Hellerbrücke herrschte absolutes Chaos und ließen Hilfsmannschaften niemanden mehr passieren.

Von den Verwandten der Familie Stephan, die allesamt im Gebiet um die Französische Allee gewohnt hatten, starben im Bomben-Inferno von vor vierzig Jahren 18 Menschen. Auch Hellas Mann Gustav kam nicht mehr aus dem Krieg zurück – ein Beweis mehr dafür, daß auch diejenigen, die durch die Bomben der Alliierten nicht direkt betroffen wurden, sich meist einem harten Schicksal zu unterwerfen hatten. pdr

Ruth Riedel (62) berichtet über die Schreckensnacht: „Am 12. Dezember wurden wir bei einem Tagangriff auf Heraeus ausgebombt und nach Wachenbuchen evakuiert. Täglich gingen wir zu Fuß nach Hanau, um mit dem Leiterwagen oder Schlitten die noch heil gebliebenen Sachen zu holen. Am Abend des 18. März war es ruhig. Wir glaubten an eine ruhige Nacht. Lange nach Mitternacht wurden wir durch lautes Motorengedröhn wach. Jetzt erst heulten die Sirenen. Bevor wir in den Keller eilten, blickten wir in den Nachthimmel, der von „Christbäumen" hell erleuchtet war. Wir dachten an einen Angriff auf Frankfurt. Plötzlich sahen wir in Richtung Hanau ein riesiges Feuerwerk. Wir blieben im Hof stehen und sahen fassungslos dem gigantischen Schauspiel zu. Stunden später, es war bald Mittag, kamen die ersten Verwandte zu Fuß nach Wachenbuchen. Nur mit einem Mantel oder einer Decke über der Nachtbekleidung. Sie sagten nichts und wir fragten nicht. Sie konnten auch nicht mehr weinen. Sie wärmten sich ihre Finger an der heißen Tasse mit Kaffee und blickten starr vor sich hin. Erst später erzählten sie vom Sterben der Stadt, vom Sterben ihrer Angehörigen, Hausbewohner und Nachbarn. „Warum und wofür lebe ich noch?" fragte eine verzweifelte Frau. Die Stunden des Schreckens kann man nicht beschreiben. Zum Weinen war ihr Schmerz zu groß. Zum Trösten reichten unsere Worte nicht. Zum Helfen nicht unsere Kräfte." rr

Erika Schmidt (67) denkt mit Schaudern an den Großangriff am 19. März auf Hanau. Bei diesem Angriff kamen auch Verwandte ums Leben.
Bereits die früheren Angriffe hätten in Hanau schlimme Verwüstungen angerichtet, erzählt sie. Das Wohnhaus in der Rhönstraße 6, in dem der Vater bereits 36 Jahre gewohnt hatte, war im oberen Teil bereits zerstört. Nach diesem Angriff hatte die Familie, Erika Schmidt hieß damals noch Dachwitz, in Erlensee Unterschlupf gefunden. Eine eingebrochene Mauer mußte nämlich am Wohnhaus wieder hochgezogen werden.
Später zog die Familie wieder zurück. Beim Alarm wurde in der Regel der Brauereikeller aufgesucht. Doch am 19. März war dies nicht mehr möglich.
Es war morgens gegen 5 Uhr. Die Sirenen gaben Vorwarnung, erzählt sie. „Und da sind schon die ersten Bomben gefallen. Der ganze Himmel stand voller Christbäume. Wir haben im Keller gesessen und haben uns wie in einem Schiffsschaukel gefühlt. Alles hat gewackelt."
„Die Häuser Rhönstraße 1, 3, 5 und 7 und der Mühlterweg waren hinweggefegt. Unser Haus und das Nachbarhaus standen in Flammen". Sofort nach der Entwarnung, erzählt Erika Schmidt weiter, sei Militär dagewesen. Die Soldaten hätten aus den brennenden Häusern noch Mobiliar und Einrichtungsgegenstände geholt. So sei beispielsweise aus dem zweiten Stock ein Eichenschrank geworden worden. Mit den restlichen Habseligkeiten sei man dann wieder nach Erlensee gezogen. Der Weg nach Hanau wurde noch häufig gemacht. Meistens zu Fuß, denn öffentliche Verkehrsmittel fuhren nicht mehr. Nicht nur, um weitere Habseligkeiten aus den Trümmern zu bergen, auch Verwandte und Familienangehörige wurden gesucht. Und schließlich war Erika Schmidt zu jener Zeit bei der Heraeus Quarzschmelze dienstverpflichtet und mußte in dem Unternehmen erscheinen. wi

Werner Sönning, (55), heute evangelischer Pfarrer in Erlensee-Rückingen, war 1945 gerade 15 Jahre alt, als seine Heimatstadt in Schutt und Asche sank. „Wir lebten zusammen mit anderen Familienangehörigen in einem Fachwerkhaus in der Tiefe Gasse in der Nähe des Goldschmiedehauses, nachdem wir bereits am 12. Dezember 1944 unsere eigentliche Wohnung in der Spessartstraße verlassen mußten, die bei einem Fliegerangriff beschädigt worden war. Einen Teil des Hausrats konnten wir damals retten und im unbeschädigten Keller unterbringen. Die US-Truppen waren zu dieser Zeit bereits zwischen Bingen und Mainz bis an den Rhein vorgestoßen, und wir rechneten eigentlich nicht mehr mit einem solch großen Luftangriff auf Hanau, wie den am 19. März.
Wir waren alle im Bett, als uns gegen 4.20 Uhr das Getöse explodierender Bomben aufschreckte. Ich dachte zunächst an Artillerieeinschläge, weil die Bomben sich sonst durch ihr unheimliches Pfeifen ankündigten, aber es wurde uns schnell klar, daß es sich um einen Fliegerangriff handelte. Da wir fast angezogen in den Betten lagen, konnten wir rasch in den Luftschutzkeller in unserem Haus gelangen, doch es blieb keine Zeit, den „sicheren" Bunker am Goldschmiedehaus zu erreichen. Das war auch unser Glück, denn hier kamen, wie wir später sahen, zahlreiche Menschen ums Leben.
Mein Vater, er war Eisenbahner, wollte sich im Keller seine Stiefel anziehen. Das gelang ihm nicht, so stark schwankte der Keller unter den Erschütterungen der Detonationen und Druckwellen. In ein schreckliches Getöse, das nur von dem helleren Patschen der niedergehenden Brandbomben unterbrochen wurde.
Da die Vorderfront des Hauses eingestürzt war und rundherum alles brannte, schlugen wir den Durchbruch zum Nachbarhaus ein, um durch diesen Keller herauszukommen, aber auch dies klappte nicht, weil die Falltür von oben verstellt war. Mit unserem Luftschutzgepäck versuchten wir dann durch die brennenden Zimmer unseres Hauses auf die Tiefe Gasse zu kommen, was auch gelang. Auf unserer Flucht, vorbei am Goldschmiedehaus, sahen wir, wie der Turm der Marienkirche in Flammen aufging. In der Nähe des Schloßgartens fanden wir eine Ruine, in der wir zunächst Unterschlupf fanden. Zusammen mit meinem Vater wollte ich später noch einmal zum Wohnhaus zurück. Es wurde gerade hell, begegneten wir den ersten Feuerwehren von außerhalb, die gegen den Feuersturm in der Innenstadt anzukämpfen. Am Trümmern bedeckten Platz vor dem Goldschmiedehaus traten Helfer an, um die dort Eingeschlossenen zu befreien. Es gelang nicht. Alle waren erstickt. me

Blick in die Tiefe Gasse, wo Werner Sönning die Bombennacht des 19. März erlebte. Die Fachwerkidylle wurde völlig vernichtet und nach dem Krieg nicht wieder aufgebaut.

Die Schwestern Margarete Heimann und Anni Weber hatten Glück im Unglück, denn sie erlebten das Bomben-Inferno über Hanau nur „am Rande" mit. Anni Weber, deren Ehemann Karl als Soldat an der Front kämpfte, hatte mit ihren Kindern bis wenige Monate zuvor im Elternhaus an der Freigerichtstraße gewohnt. Schon in dieser Zeit sah sie sich immer wieder gezwungen, einen Luftschutz-Bunker aufzusuchen. Bereits im Januar 1945 wurde das Elternhaus der beiden Rüffer-Schwestern ein Opfer der Bomben und Anni Weber mit ihren Kindern Helga und Wolfgang nach Steinheim übergesiedelt, wo Ehemann Karl sie während eines Urlaubs von der Front wohlbehalten antraf. Das Getöse anfliegender Flugzeuge, fallender Bomben und zusammenstürzender Häuser erlebten die Webers nicht direkt, aber doch aus nächster Nähe mit. „Das Ziel der Bomber war offensichtlich die Stadt Hanau, um dort angesiedelte Industriebetriebe zu zerstören", vermutet Anni Weber, wenn sie heute das damalige Geschehen Revue passieren läßt. So gut wie keine Erinnerung an den 19. März hat Margarete Heimann, die diesen Tag auch nicht in Hanau verbrachte. Ihr Ehemann Karl, Betriebselektriker bei Degussa Hanau, war kurz zuvor aus beruflichen Gründen in eine Zweigstelle nach Salmünster versetzt worden. Die Tochter der beiden, Lisette Nix, geborene Heimann (18 Jahre alt), hatte ihr vorgeschriebenes Pflichtjahr im damaligen Reichsprotektorat Böhmen und Mähren absolviert und befand sich auf der Heimreise. Nach der Übernahme in Traunstein wurde sie von den einmarschierenden Amerikanern „überrascht" und festgehalten, so daß sie ihre Vaterstadt erst später und völlig zerstört wieder sah. fz

Ilse Bauer, 59, aus Hanau berichtet: „Die Nacht vom 18. auf den 19. März 1945 war klar und frühlingshaft mild. Ich schlief bei weit geöffnetem Fenster. Plötzlich wachte ich von den nur allzu bekannten dumpfen Grollen heranhahender Flugzeuge auf und sah von meinem Bett aus im Himmel unzählige „Christbäume" herabrieseln. Ein gespenstig-schönes Bild!
Merkwürdigerweise waren keine Sirenen zu hören. Schlaftrunken weckte ich meine Eltern und wir eilten, unsere Bettdecken unter dem Arm, in den Luftschutzkeller. Auf der Kellertreppe hörten wir schon das Krachen einschlagender Bomben und dann donnerte und krachte es pausenlos. Zwischendurch das unheimliche Dröhnen immer neuer Flugzeuge. Die Erschütterungen waren so stark, daß das ganze Haus bebte. Wir saßen zusammengekauert in unserem Verlies, wehrlos in diesem Inferno.
Zum ersten Mal in meinem Leben empfand ich Todesangst. Dieses furchtbare Bombardement schien nie enden zu wollen. Plötzlich: Stille! Ich eilte mit meinem Vater die Treppe hinauf. Unser Haus (Saliswerg 82) stand noch, aber Fenster und Türen waren herausgeflogen, auf dem Fußboden lagen unzählige Glassplitter, alle Bilder waren von den Wänden gefallen. Wir stiegen auf den Boden; er brannte an einigen Stellen, das Dach war total abgedeckt. Der Garten war übersät mit Brandbomben und unmittelbar hinter dem Gartenzaun auf der Wiese sahen wir einen riesigen Bombentrichter. Wenn diese ‚Luftmine' auf unser Haus gefallen wäre! Der Blick auf die Innenstadt war schaurig. Sie war ein einziges Flammenmeer! Man hörte das Rauschen des Feuersturms und immer wieder Explosionen.
Später versuchten mein Vater und ich in die Innenstadt zu gelangen. Je näher wir der Innenstadt kamen, desto beschwerlicher wurde das Durchkommen. Da waren keine Straßen mehr, nur noch Schuttberge; auf einigen lagen Leichen. Es wurde immer heißer und rauchiger, überall brannte es noch.
Das Atmen fiel uns schwer, die Augen schmerzten und tränten. Es stank entsetzlich nach Verbranntem. Schließlich fanden wir den Weg zu unserem Betrieb in der Hammerstraße. Er war total ausgebrannt, nur die Betondecken, die Stahlträger und die Maschinen standen noch. Ich sagte zu meinem Vater: ‚Hanau gibt es nicht mehr. Werden wir noch aufbauen müssen?' Er wußte keine Antwort, uns überfiel nur dumpfe Resignation. Es schien mir in diesem Augenblick undenkbar, daß unsere Stadt je wieder aufgebaut werden könnte.
An diesem Morgen wurde es nicht hell; der Himmel blieb den ganzen Tag über von riesigen schwarzen Rauchwolken verdunkelt. Es war Weltuntergangsstimmung." ib

Gusti Jacob, Hanauer Vorstadt 10, erzählt: „In der Nacht zum 19. März waren wir in Langenselbold. Gleich am Morgen kamen wir nach Hanau, denn meine Eltern waren in der Vorstadt geblieben. Als wir an der Vorstadt ankamen stand alles in Flammen. Standartenführer Zehner wollte uns zunächst nicht in die Vorstadt lassen. Alles war abgesperrt. Die Häuser brannten auf der ganzen Straßenseite, denn es war ja alles Fachwerk. Schließlich erfuhren wir, daß sich meine Eltern und die übrigen Anwohner an der Kinzig gerettet hätten. Dort trafen wir dann die gesamte Nachbarschaft. In der Vorstadt hat es glücklicherweise keine Toten gegeben, obwohl alle Häuser zerstört waren. Irgend jemand kochte Kaffee und irgendwoher brachte auch jemand Lebensmittel. Wir konnten an Hanau noch gar nicht glauben, was geschehen war." rz

Helmut Wenske, damals knapp fünf Jahre alt, erinnert sich noch vage an den 19. März: „Wir wohnten in der Appelallee, der heutigen Karl-Marx-Straße. Als die Bomben im Stadtgebiet fielen, gingen wir in den Keller, und prompt bekam unser Haus auch einen Treffer ab. Der Kellereingang wurde zugeschüttet, und erst einige Stunden später kam mein Großvater mit einigen Männern und schaufelte uns frei. Dann erinnere ich mich noch, wie ich auf einen Leiterwagen gepackt wurde, und wir fuhren zur Wohnung meines Großvaters in der Yorkhofstraße." rz

Hilde Holzschuh (67), erinnert sich, es sei an dem Morgen des 19. März 1945 keine Panik entstanden. Schließlich habe man mit dem Bombenangriff rechnen müssen. Hilde Holzschuh hatte, wie an allen Abenden zuvor, gemeinsam mit vier anderen Frauen vor dem Radiogerät gesessen, um die amerikanischen Nachrichten zu verfolgen. Als nächstes Angriffsziel sei am Vortag Mainz genannt worden, erzählt die Hanauerin. Die Frauen beruhigten sich gegenseitig und gingen schlafen.
„Frühmorgens wachte ich auf, weil es draußen verdächtig hell war", berichtet die heute 67jährige. Das Zeichen war untrüglich, die „Christbäume" waren gesetzt worden. Hilde Holzschuh nahm ihre beiden Söhne und eilte in den Luftschutzkeller des Hauses im Hafenviertel. Kaum angekommen, fiel die Bombe; sie zerstörte auch einen Teil des Kellers. Im Luftschutzkeller selbst sei des dennoch verhältnismäßig ruhig zugegangen, sagt Hilde Holzschuh. Nur die Kinder (ihre eigenen waren damals drei und sechs Jahre alt) hätten wegen der massiven Detonation geschrien.
Der Tag war kaum angebrochen, als einige Anwohner den Luftschutzkeller verließen. Das Wohnhaus war völlig zerstört, nur der Kamin war stehengeblieben. Das Gebäude brannte noch, nützliche Gegenstände lagen nur vereinzelt herum. Ein Gang in die nächste Umgebung ließ das schreckliche Ausmaß des Bombenangriffs erahnen: In einem benachbarten Trümmergrundstücke fand Hilde Holzschuh ihre getötete Freundin, am Pedro-Jung-Park lagen die verbrannten Körper von Männern. Der Himmel leuchtete noch grellrot von den Bombenangriffen, als bereits die ersten Menschen aus der Stadt angelaufen kamen, jene, die noch aus der Kernstadt fliehen konnten.
Zwei Nächte verbrachte Hilde Holzschuh im Luftschutzkeller des zerstörten Hauses. Dann ging sie nach Breitenborn, wo bereits ein Teil ihrer Familie untergekommen war. sto

Wie das Werk Ihren Mercedes gebaut hat, so betreuen wir ihn.

Den ersten Mercedes kaufen Sie, weil Sie Wert auf Qualität und Präzision legen. Den nächsten Mercedes kaufen Sie, weil Sie inzwischen wissen, daß Ihr Wagen bei uns mit der gleichen Präzision betreut wird. Und dafür sorgen Fachleute, die durch ständige Information auf dem neuesten Stand der Mercedes-Technik sind. Die sprichwörtliche Markentreue der Mercedes-Fahrer hat also auch diesen guten Grund: Wie das Werk Ihren Mercedes gebaut hat, so warten wir ihn auch.

Mercedes-Benz.
Ihr guter Stern auf allen Straßen.

Jean Rauch & Sohn GmbH
Vertragswerkstatt der Daimler-Benz AG
Bremsensonder- und Zwischenuntersuchung
Burgallee 2 - Tel. 0 61 81/2 46 67 – 6450 Hanau/Main

Fortsetzung auf Seite 3

Marktplatz/Ecke Krämerstraße mit Hofapotheke.

Fortsetzung von Seite 2

Ella Stückert (75), Hanau, Bangertstraße 3 sieht die Schreckensbilder nach dem Bombardement am 19. März noch deutlich vor sich. Mit ihrem Schwiegervater – er war damals 71 Jahre alt –, dem elfjährigen Sohn Albert und dem dreijährigen Töchterchen Erika hatte die Inhaberin der Parfümerie, die sich damals noch auf der Höhe der heutigen Metzgerei Ginsberg an der Bangertstraße 3 befand, nach Alarmauslösung ihre Wohnung verlassen und erreichte gerade noch vor den ersten Bomben den großen massiven Keller der benachbarten Goldschmiedewerkstatt Korff. Die dicken Kellerwände dämmten etwas das Bersten und Krachen der Detonationen im Umfeld. Als die Stückerts den Keller wieder verlassen hatten, bot sich ihnen die Bangertstraße als eine einzige Flammenwüste. Es gab nur noch den Umweg an der katholischen Kirche vorbei. „Als ich diesen Weg einschlagen wollte, merkte ich, daß mein Schwiegervater, der die kleine Erika auf dem Arm trug, nicht mehr da war. Mein Sohn Albert fand die beiden, die im Wirrwarr in Richtung brennende Bangertstraße gelaufen waren, mit größter Atemnot an einer Mülltonne. Das Kind saß auf der Tonne, der alte Mann rang nach Luft. Hätte Albert sie nicht gefunden, beide hätten nicht in Hitze und Rauch überlebt. Erika hatte Phosphor-Verletzungen an Stirn und Händen. Die Narben hat sie heute noch", schildert Ella Stükkert. Doch wenig später entrannen die vier Menschen gerade noch dem Tod: Sekunden nachdem sie die katholische Kirche passiert hatte, krachte der brennende Turm auf die Straße. Ein Luftschutzwart leitete die kleine Gruppe über den Freiheitsplatz, zum Sandeldamm und schließlich zum Nordbahnhof. „Da sahen wir schemenhaft die Sonne. Wir hatten überlebt", sagt Ella Stückert, die das Inferno deutlich noch in allen Details schildern kann. „Ich könnte die Szenerie des Schreckens malen." dg

Hans Reuling, im Frühjahr 1945 Abteilungsleiter bei der Firma Behrens in Hanau und eingezogen zur technischen Nothilfe, erlebte die Bombennacht des 19. März mit Frau und Kindern im Haus von Verwandten am Beethovenplatz, nachdem das eigene in der Freigerichtstraße am 6. Januar teilweise zerstört worden war:

„Wir glaubten nicht mehr an einen Angriff. Bei einzelnen Fliegern gab es gar keinen richtigen Luftalarm mehr", erinnert sich der heute 82jährige. Wochenlang hatte es ständig Warnungen gegeben, und „man war aus den Kleidern gar nicht mehr rausgekommen". Doch in diesen Märztagen fühlte man sich sicherer. „Am 18. März zogen wir uns abends aus und legten uns ins Bett. Ich wurde gegen Morgen von meiner Frau geweckt, die „so ein komisches lautes Brummen" gehört hatte. Und da fing es auch schon an zu knallen. Dann erst ging die Sirene, erstarb aber sofort wieder." Hans Reuling brachte zuerst die „aufgelöst herumlaufenden" Kinder in den Keller.

Draußen brannte es schon. „In einer Feuerpause mußte ich noch einmal hoch, weil meine Frau ihr Gebiß vergessen hatte", fällt ihm ein. „Da war die Tür schon aus den Angeln gerissen, und man konnte sehen, daß das Nachbarhaus brannte." Er versuchte dann, vom Dach aus mit einer Feuerpatsche das Feuer am Nachbarhaus zu löschen, aber „es war sinnlos". Außerdem mußte Hans Reuling zum Alarmlokal der technischen Nothilfe, das sich am Johanneskirchplatz in einer Schule befand. Unterwegs sah er einige brennende Häuser, kam aber ohne Schwierigkeiten bis zum Alarmlokal. Es war nur ein Teil der Mannschaft da.

„Wir wollten etwas tun und räumten dann ohne Einsatzbefehl die Straße für die Feuerwehrfahrzeuge." Zum eigentlichen Einsatz sagt er lapidar: „Wir gruben nur Tote aus." Viele Menschen waren, vom Bombenangriff überrascht, noch auf dem Weg zum Luftschutzkeller getötet worden. „Man merkte gar nicht, daß es Morgen wurde, alles erschien in einem seltsamen roten Dämmerlicht", beschreibt Hans Reuling die ersten Stunden des Tages, der soviel Tod und Zerstörung enthüllen sollte. tte

Erna Ludwiczak wohnt seit dem Jahre 1924 in der Hanauer Lamboystraße 49 a. Nur wenige Meter von den Kasernen der Deutschen Wehrmacht entfernt, hat sie gemeinsam mit den Eltern den Luftangriff am 19. März miterlebt. „Wir haben die ganze Nacht gewartet, ob es Alarm gibt". Wie so oft in den vorausgegangenen Monaten stellte man sich darauf ein, die Wohnung zu verlassen und im Keller Schutz zu suchen. Gegen 3 Uhr morgens, erinnert sich Erna Ludwiczak, glaubten wir alle, es wird ruhig bleiben diese Nacht. „Es war so still".

Als es plötzlich gegen 4 Uhr Alarm gab, war kaum noch Zeit, den rettenden Keller des vierstöckigen Hauses zu erreichen. „Als wir unten angekommen waren, gab es die ersten Einschläge". Lärm überall, die 20 Bewohner hatten jedoch unbeschadet Schutz gefunden. „Eine Bombe hat im Hof eine Garage eingedrückt", beschreibt die heute 86jährige die Ereignisse dieser Nacht.

Die schlimmen Befürchtungen, daß ein Hauptziel der Bombenangriffe die Kasernen in der Lamboystraße sein werden, bewahrheiteten sich nicht. „Die Amerikaner wollten die Kasernen vorsorglich stehen lassen", meint heute Erna Ludwiczak. Tatsächlich blieb der nordöstliche Ausläufer Hanaus relativ verschont, konnte eine Reihe von Häusern wieder Menschen aufnehmen.

In der Hanauer Innenstadt sind viele, viele Bekannte umgekommen. Im Haus der Schwiegereltern in der Nürnberger Straße 34 verließen die Menschen fluchtartig den Keller in Richtung Französische Allee. Die, die glaubten, im Kellergewölbe sicher zu sein, verbrannten im Flammenmeer, hat Erna Ludwiczak erfahren.

„In ganz Hanau war es so entsetzlich schlimm. Überlebende liefen im Nachthemd mit dem restlichen Hab und Gut durch die Lamboystraße auf die umliegenden Dörfer. Die Leute hatten mit sich selbst zu tun. Es galt zu retten, was zu retten war."

Die Schreckensnacht des 19. März überstanden die Bewohner der Lamboystraße 49 a wie durch ein Wunder unbeschadet. „Wir trauten uns nicht aus dem Keller. Erst am Morgen schauten wir einmal kurz heraus. Ich bin in die Innenstadt gelaufen. Alles in Trümmern." Erna Ludwiczak und ihre Eltern konnten jedoch in ihre Wohnung zurück. In der nächsten Zeit konnten sie vielen hinterbliebenen, hilflosen, ratlosen und zerbrochenen Menschen ein vorübergehendes Zuhause schenken. sl

Erich Keebe, in der Hanauer Bombennacht gerade 15 Jahre alt, heute Imbiß- und Gastwirt, damals noch nicht im „kriegsfähigen Alter", mußte in der sogenannten Feuerwehr-HJ Dienst tun, die in der Feuerwehrwache, dem Zeughaus am Freiheitsplatz, stationiert war. Erich Keebe erinnert sich: „Wir wohnten in den Kriegsjahren in der Lamboystraße 47, wurden schon am 6. Januar 1945 ausgebombt und zogen in einen in der Bulau gelegenen Sprengbunker. Vater mußte Anfang Februar '45 zum Volkssturm, ich zur Feuerwehr-HJ. Dort tat ich auch in der Bombennacht bis gegen 24 Uhr Dienst, ehe ich in unser Notheim zurückkehrte."

Als das Inferno über Hanau kam, versuchte sich der damals 15jährige in Richtung Stadtmitte durchzuschlagen: „Es war ein Chaos, überall lagen tote Pferde und auch Menschen. An der Lamboystraße Ecke Schwarzenbergstraße stieß ich auf einen Feuerwehreinsatztrupp. Ich half beim Löschen in dem Haus, wo das Café Lamboy ist. Dort brannte der Dachstuhl lichterloh. Dann ging es weiter zur Wilhelmsbrücke, wo das Haus neben der Post, heute der ‚Brückenkopf', brannte. Auch dort packten wir mit zu. Wir wurden dann an dieser Stelle von einer Frauenfeuerwehr, rekrutiert aus Langendiebacher Flakhelferinnen, abgelöst."

Der nächste Einsatzort lag für Erich Keebe und seine meist gleichaltrigen Kameraden nahe: das Quillmannsche Haus – dort, wo heute Getränke-Reichert seinen Sitz hat. Das dreigeschossige Haus brannte aus. Nächste Aufgabe für die Feuerwehr-HJ war es, eine Schlauchleitung von der Kinzig zur Innenstadt zu legen. Vom Fluß aus wurden die Schläuche am jetzigen Haus von Polizeidirektor a. D. Lutz Hobein vorbei, hinter dem Behördenhaus herum zum Freiheitsplatz gelegt. Keebe: „Wir waren da richtig schulmäßig angetreten, sprühten das Wasser in die Luft, um den in den Splittergräben Schutz suchenden Menschen Hilfe zu geben."

Als diese Aufgabe bewältigt war, versuchten die jungen Feuerwehrleute in die Leimenstraße zu kommen, wo die Badeanstalt Ernst in hellen Flammen stand. „Dort war Phosphor geworfen worden; ich sah zum erstenmal verbrannte Menschen", erinnert sich Erich Keebe. „Wir konnten dort nicht mehr viel tun."

In den späteren Morgenstunden, als im wesentlichen die ersten Auswirkungen der Bombennacht „im Griff" waren, war Erich Keebe dann noch zu Aufräumungsarbeiten eingesetzt: „Im jetzigen Parkrestaurant an der Lamboystraße wurden für Menschen, die ihre Wohnung verloren hatten, Notquartiere aufgeschlagen, wurden Bettstellen hergerichtet und geborgene Möbel untergebracht." Erich Keebes Reminiszenz: „Wir haben versucht, so vielen Menschen wie möglich zu helfen, aber oft kam leider jegliche Hilfe zu spät." hhs

Adelia, Florida und **Bogawina,** drei Schwestern des St.-Vinzenz-Ordens deuten auf die Bilder der vor ihnen liegenden Chronik des Hanauer St.-Vinzenz-Krankenhauses. „Es ist wie ein Wunder, daß wir dies alles überlebt haben. Nach dem nur zwanzigminütigen Angriff ragte der I-Bau mit seinem Flachdach als einziges Gebäude wie eine Insel aus dem Chaos hervor", sagt die 75jährige Schwester Adelia. Alle zum Krankenhaus gehörenden Häuser außer dem Haus an der Frankfurter Straße waren bis auf die Grundmauern zerstört.

Am Vorabend der Zerbombung Hanaus war es den Schwestern merkwürdig vorgekommen, daß der allabendliche Alarm um 22 Uhr ausblieb. Sie wohnten nach den vorangegangenen Bombardements in der Röntgenabteilung des Krankenhauses. Um kurz nach vier Uhr nachts wurden die Schwestern vom Feuerschein in den Fenstern und vom ohrenbetäubenden Lärm wach. Alles hastete in den Luftschutzkeller. Dorthin hatte man die zwanzig schwerkranken Patienten bereits Wochen zuvor umquartiert. Die noch gehfähigen Patienten, die im ersten Stock des Hauses lagen, kamen nach unten; Schwestern kümmerten sich um die, denen bei dem überstürzten „Umzug" geholfen werden mußte.

„Plötzlich war alles voller Staub", sagt Schwester Adelia. Eine Bombe, die am OP-Trakt niedergegangen war, hatte die Eisen von den Fenstern gerissen. Der Luftdruck ließ die Scheiben bersten und schickte einen Regen von Gesteinsbrocken und Splittern auf die Patienten und die Schwestern nieder. Da nun der Eingang nach draußen völlig verbarrikadiert war, mußten die Kranken nach dem Angriff durch die Kellerfenster ins Freie klettern oder befördert werden.

„Wir entwickelten damals fast übermenschliche Kräfte", schildert Schwester Florida – damals dreißig Jahre alt – die Situation. Mit nassen Tüchern vor dem Gesicht zerrten die Frauen die Patienten vom Krankenhaus zu einem etwa hundert Meter entfernt liegenden

Fortsetzung auf Seite 4

Der 19. März – Erinnerung und Vermächtnis

Von Helmut Blome

Wenn vier Jahrzehnte vergangen sind, dann kann man mit Recht davon sprechen, daß die Zeitläufe seitdem wieder einmal mehr als eine Generation hinter sich gelassen haben. Was bedeutet dies – eine ganze Generation? Es umspannt ein mittleres Menschenalter, das von seiner Geburt bis ins hohe Erwachsenenalter hinein eine bestimmte geschichtliche Epoche erlebt und gleichzeitig für das Heranwachsen wieder einer neuen Generation gesorgt hat.

Wer heute kaum vierzig Jahre alt ist, hat von dem, was den Inhalt dieser in eine Beilage eingebundenen Seiten ausmacht, nichts mehr persönlich erlebt. Er ist, zumindest was die ersten Jahre nach dem Zusammenbruch 1945 anbelangt, ein sogenanntes Nachkriegskind, das die Not der Zeit noch am eigenen Leibe erfahren mußte, wenn das Erinnerungsvermögen daran inzwischen auch getrübt sein mag.

Für alle anderen aber, die danach kamen, liegen diese Zeiten des Zweiten Weltkrieges mit ihrem ganzen Elend aber schon soweit zurück, daß sie nur noch als historische Ereignisse begriffen werden können. Ein junger Mensch, mit dem ich mich einmal über die jüngere deutsche Geschichte dieses Jahrhunderts unterhalten habe und der dabei erschreckende Kenntnislücken über weltbewegende, für die ältere Generation prägende oder gar unauslöschliche Ereignisse offenbarte, bekannte dazu ganz offen, daß für ihn Menschheitstragödien wie der Zweite und vor allem auch der Erste Weltkrieg in seiner Vorstellungswelt kaum minder weit zurückliegen wie der deutsch-französische Krieg von 1870/71 oder die Befreiungskriege vom Joch Napoleons vor mehr als anderthalb Jahrhunderten.

Hieran läßt sich deutlich erkennen, wie das Geschichtsbild verschiedener, nebeneinander lebender Generationen nicht nur vom Wissen und seinen mehr oder weniger subjektiv geprägten Quellen, sondern auch von der eigenen Erfahrung in der Umwelt der Gegenwart bestimmt wird. Insofern birgt das Erinnern an das Geschehen vor 40 Jahren für die ältere Generation auch eine doppelte Verpflichtung: Es soll nicht nur unvergessen gemacht werden, was damals geschehen und seitdem geleistet worden ist; als ein möglicherweise wichtigeres Anliegen muß der Versuch beurteilt werden, den Jüngeren unter uns klar zu machen, daß die für die meisten zumindest in materieller Hinsicht heile Welt von heute nicht als eine Selbstverständlichkeit hingenommen werden kann. Es gab Zeiten, da hatten die Menschen nicht nur um ihre nackte Existenz, sozusagen um das tägliche Brot, um einen stillen Winkel der Geborgenheit zu kämpfen, sie hatten auch tagtäglich um ihr Leben und um das ihrer Angehörigen und Freunde zu fürchten. Vor diesem Hintergrund muß vieles von dem, was die heutige Wohlstandsgesellschaft bewegt oder sogar in Angst versetzt, wie eine Bagatelle erscheinen.

Dennoch hat auch die jüngere Generation in ihrer Sorge um die Zukunft erkannt, daß aus dem, was vor 40 Jahren geschehen ist, Lehren und Konsequenzen gezogen werden müssen. Und hier schließt sich der Kreis. Ob nun die Älteren, die das Inferno schon als Erwachsene oder nur als Kinder oder Jugendliche erlebt und überlebt haben, oder die jüngere Generation, der diese leidvollen Erfahrungen erspart worden sind: Alle dürften sich einig wissen in der Erkenntnis, daß die Wahrung des Friedens die höchste gemeinsame Aufgabe bleiben muß. Falls dieses grundsätzliche Ziel nicht in Frage gestellt wird, ist es auch nur von sekundärer Bedeutung, welcher Weg als der richtige beurteilt wird, um ein neues Inferno zu verhüten. Nur darf das Wissen um das, was vor 40 Jahren geschah und was seitdem bewegt worden ist, nicht verdrängt werden. Hier ist ein gemeinsamer Nenner, der alle – wo immer der einzelne auch politisch, sozial oder kulturell stehen mag – miteinander verbindet. Das Ende des Zweiten Weltkrieges mit der deutschen Kapitulation und der Zerschlagung der NS-Herrschaft wird mit dem Datum des 8. Mai in diesem Jahr in der öffentlichen Diskussion in der Bundesrepublik noch eine große Rolle spielen und nicht nur die Historiker, sondern auch die Politiker und die Publizisten zu mancherlei Betrachtungen und Analysen veranlassen.

Das schwere Schicksal Hanaus war in dieses große nationale Verhängnis einbezogen. Es war nur ein Teil davon, aber es hat diese Stadt wenige Tage, bevor sie von den amerikanischen Truppen eingenommen wurde und wenige Wochen vor der Kapitulation, noch einmal schwer getroffen.

An all das Schreckliche, was seinerzeit geschehen ist, wurde auch in dieser Zeitung immer wieder erinnert. Dies soll auch heute, an diesem 40. Jahrestag, wieder so sein. Dabei zeigt sich in all den Erinnerungen und Beiträgen auf den Seiten dieser Beilage immer wieder, daß sich die grausamen Erlebnisse jener Nacht unauslöschlich im Gedächtnis der Überlebenden eingegraben, daß sie vielfach sogar Wunden geschlagen haben, die bei manchen möglicherweise nur äußerlich vernarbt sind.

In dieser Beilage, an deren Zustandekommen die gesamte Redaktion, Mitarbeiter und viele Leser mit Beiträgen und Informationen, aber auch die Stadtbildstelle mit ihrem umfangreichen Quellenmaterial beteiligt sind, soll erkennbar werden, daß Vergangenes nicht auszulöschen ist, daß Vergangenheit und Gegenwart untrennbar miteinander verwoben bleiben.

Auch nach dem 40. Jahrestag der Zerstörung wird der 19. März als Schicksalsdatum dieser Stadt nicht in den Archiven der Geschichte verschwinden können. Die Mahnung bleibt bestehen. Für alle. Auch oder gerade für jene, die als neue Generation Neues zu gestalten haben.

Aus Anlaß des 40. Jahrestages der Zerstörung am 19. März 1945 zeigt die Stadt Hanau vom 19. bis 29. März 1985 im Rathaus-Foyer die Ausstellung

Hanau 1945 und danach – Ein Neubeginn –

Öffnungszeiten: Montag bis Freitag von 10.00 bis 12.00 Uhr und 14.00 bis 17.00 Uhr, Samstag und Sonntag von 10.00 bis 13.00 Uhr.

Aktenvermerk

betr. die Opfer der Luftangriffe auf Hanau 1944/45.

Die Auswertung einer im Jahre 1961 von der Friedhofsverwaltung erstellten Liste der Hanauer Bombenopfer ergibt folgende Zahlen:

Zivilpersonen	1824
davon Männer	561
davon Frauen	910
davon Kinder (geb. nach 1. 1. 1930)	353
Militärpersonen	294

Bei den Militärpersonen handelt es sich nur zu einem sehr geringen Teil um Angehörige hier stationierter Einheiten der ehemaligen deutschen Wehrmacht.

Einige weitere sind Soldaten, die sich auf Heimaturlaub oder Genesungsurlaub bei ihren Familien aufhielten.

Bei den weitaus meisten dieser Militärpersonen dürfte es sich um ausländische Kriegsgefangene handeln, die sich hier im Arbeitseinsatz befanden.

Beim Einblick in die Sterberegister des Standesamtes wird erkennbar, daß eine große Anzahl russischer, französischer, polnischer, tschechischer, ungarischer, italienischer, holländischer, luxemburgischer u. a. Staatsangehöriger (auch Frauen) bei den Angriffen ums Leben kam.

Bereits bei Angriffen im Dezember 1944 starben mindestens 134 Menschen. Ein Angriff am 6. Januar 1945 forderte wenigstens 70 Opfer. Auch nach dem Großangriff am 19. 3. 1945 (z. B. am 25. 3. 45) gab es noch Tote unter der Zivilbevölkerung durch Tieffliegerangriffe.

Nach hier vorliegenden Unterlagen des ehemaligen Standesamtes Großauheim hatten auch die angreifenden Flieger Verluste.

So wurde am 6. 1. 1945 über dem ehemaligen Exerzierplatz ein englisches Flugzeug abgeschossen, wobei neun Besatzungsmitglieder getötet wurden. Ihre Leichen wurden im September 1947 auf dem Gemeindefriedhof Großauheim wieder ausgegraben und zusammen mit drei kanadischen Fliegern nach Heidelberg überführt.

Weiteres interessantes Material über die damaligen Geschehnisse (z. B. Berichte und Listen der Leichensuch- und Bergungstrupps) kann hier eingesehen werden.

Standesamt Hanau

Anmerkung der Redaktion: Außerdem sind nach vorliegenden Informationen noch 382 Tote geborgen worden, die nicht identifiziert werden konnten und als „unbekannt" gelten.

Hanauer Zeit

AMTLICHE TAGESZEITUNG DER NSDAP. FÜR DIE KREISE HANAU, GELN

Verlag, Schriftleitung u. Anzeigenannahme: Hanau, Hammerstr. 9, Ruf 2209, 2944: Postscheckkonto 3641 Ffm Geschäftsstellen: Gelnhausen, Röthergasse 20, Ruf 333; Schlüchtern, Obertorstr. 27, Ruf 300; Bad Orb, Eugen Ullinger, Hauptstr., Ruf 406; Langenselbold, Hermann Gottlieb, Seegasse, Ruf 148.

Bezugspreis: Monatlich RM. 1.86, zuzüglich 18 Rpf Postzeitungsgebühr), zuzüglich 36 Postamt und den Annahmestellen Ersche

Nummer 67 Dienstag, 20. März 1945

Feindliche Bewegungen an der Nahe verlangsamt

Schwerpunkte der Kämpfe im Westen - Feind stellt Angriffe zwischen Bitsch und Hagenau wegen schwerer Verluste ein

(Eigener militärischer Kommentar)

DNB. **Berlin**, 19. März. Das Schwergewicht der Kämpfe lag im Westen wieder am Brückenkopf östlich Remagen, im Nahe-Saar-Abschnitt und im Saar-Blies-Bogen, während die 7. nordamerikanische Armee zwischen Saar und Oberrhein unter dem Eindruck ihrer hohen Verluste ihre seit drei Tagen laufenden schweren Angriffe auf der 100 Kilometer langen Front zwischen Bitsch und Hagenau vorübergehend einstellte.

Am mittleren Rhein prallten am feindlichen Brückenkopf östlich Remagen den ganzen Tag über starke feindliche Angriffe und heftige eigene Gegenstöße aufeinander. Vom Großen Oelberg, der beherrschenden Höhe des östlichen Siebengebirges und ... bach aus drei ... die Nordamerikaner ... Arti... Brückenkopf und halten auch weiter südlich die Rheinschleife zwischen Oberlahnstein und Boppard.

Der Schwerpunkt der Schlacht auf dem westlichen Rheinufer lag wie bisher an der Nahe. Aus dem Raum von Kreuznach und Birkenfeld trieb der Gegner seine Panzer strahlenförmig nach Südosten und Süden vor. Trotz des starken und fortwährend wechselnden feindlichen Druckes ... unsere Führung ihre Verbände fest in der ...nd und verlangsamt durch wirksame Gegenmaßnahmen die feindlichen Bewegungen gegen die Glantalstraße sowie im Prüm- und Theelabschnitt.

Der Führer empfing kampfbewährte Hitlerjungen

Zwanzig tapfere Repräsentanten der deutschen Jugend im Hauptquartier

Führerhauptquartier, 19. März. Der Führer ... schlossen. Sie alle halfen der Truppe und dem

Hanauer Zeitung Dienstag, 20. März 1945

Als Feuermal weithin ins Land leuchtend

Des Feindes Luftterror wütete erneut in Hanaus Wohnvierteln — Mit Entschiedenheit dem Chaos zu Leibe

Was einstens Hanau war, gehört der Vergangenheit an. Die Stadt, in deren Mauern die Gedenkstätten an die poesievollen Märchendichter Grimm lagen, die viele ihrer Söhne in der Welt ihr Glück machen sah, die rastlos in emsiger Arbeit mit ihren Händen und ihren Hirnen der Schönheit in Silber und Gold edle Gestalt verlieh und auch in Profanerem nicht minder schaffenskräftig war, die unter den Sportstädten unseres Gaues eine bedeutende Rolle spielte — sie fiel im Amoklauf der Feinde.

Alle die Straßen und Plätze mit ihren mannigfachen Erinnerungen für jeden einzelnen, die Häuser in ihrer Vielfalt der Gesichter, die Stuben und Kammern mit einer oft generationenalten Patina an Glück und Leid, an Kummer, Sorgen und Freuden, an Menschwerden und Menschvergehen, an Tränen und Lachen — es war einmal. Mit Phosphorbrand und Sprengtod fielen die britischen Luftgangster über unsere Stadt her, ihr Vernichtungswerk zu vollenden, das sie vor nahezu dreieinhalb Monaten begonnen hatten. Wahllos entleerten sie ihre Brandbombenkästen über der Stadt, planlos warfen sie ihre Sprengbomben und Luftminen dazwischen, so die Stadt zu einer Fackel machend, die als Feuermal weithin ins Land leuchtete.

Wir wollen nicht klagen, wir wollen auch nicht um Mitleid heischen. Beides stünde unserer Stadt und ihrer Geschichte schlecht zu Gesicht. Gerade die vergangenen drei Jahrhunderte brachten für Hanau immer und immer wieder des Krieges Schrecken in vielfältiger Zahl. Gewiß, den Lebenden mag es immer so scheinen, als könnten die Schrecknisse ihrer Gegenwart von keiner Vergangenheit erreicht werden; hier aber ist Tatsache und wird es auch bleiben, daß diese Art der Kampfführung, daß diese Belastungen und diese Schwierigkeiten noch keiner Generation vor uns aufgebürdet worden sind. Noch kein Krieg war auch nur entfernt so unmenschlich wie dieser der Anglo-Amerikaner, der sich aus der Luft gegen Frauen, Kinder, Säuglinge, gegen Kranke, Alte und Gebrechliche, gegen Wohnhäuser und Gartenlauben, gegen Gastwirtschaften und Denkmäler, gegen Theater und Geschäftshäuser richtet; noch kein Krieg bisher konnte auch so im weitesten Sinne barbarisch sein, da niemals in früherer Zeit das Judentum einen so entscheidenden und bestimmenden Einfluß auf die Planungen unserer Gegner hatte, deren Endziel unsere Vernichtung, unsere physische Ausrottung und psychische Sterilisierung ist.

Hanaus Bevölkerung aber hat, ebenso wie die Volksgenossen in den vielen anderen, vom Luftterror des entmenschten Feindes heimgesuchten Städten, bewiesen, wie der Kreisleiter mit Recht in seinem Aufruf sagt, daß „auch dieser Terrorangriff ihren entschlossenen Abwehrwillen nicht zu beeinträchtigen in der Lage ist." Mit der sofort einsetzenden Hilfe der Gemeinschaft, die sich zunächst aufs Bergen und Löschen beschränkte, ging sie dem vom Feinde geschaffenen Chaos zu Leibe. Brannten auch die Augen vom beizenden Qualm, schmerzte die Kehle vor Trockenheit und Hitze, wollten manchmal die Hände oder Füße oder gar beide zusammen den Dienst versagen: der eigene Wille brachte alle wieder und wieder ans Werk, und wo es wirklich einmal nicht mehr gehen mochte, da sprang der Nachbar herzu und half trotz eigener Not zum Nötigsten.

Als dann der Abend kam und neue Brände aus den alten loderten, entfacht durch die sauerstoffhaltige kalte Luft, die mit der Dämmerung herniedersank, da bedeckte der mildtätige Schleier der Nacht, was Flammen und Feuerqualm nicht erhellten. Und als des Mondes Sichel am Firmament erschien, saßen die Hanauer, die sich an diesem vergangenen Tage wahrhaft heroisch gegen die Vernichtungswut des Feindes geschlagen hatten, zwar müde und zerschunden, doch haßerfüllt und kampfentschlossen an fremden Tischen.

Viele waren nun zu Gästen geworden, die 24 Stunden vorher noch Gastgeber waren. Ihre Gastgeber werden jetzt die Aufgabe haben, als kleines Teilchen unserer großen und unzerstörbaren Volksgemeinschaft den so schwer getroffenen Hanauern durch Entgegenkommen, Herzenstakt und Zurückstellung allen egoistischen Verlangens die tröstliche Gewißheit zu verschaffen, daß auch ihr Opfer nicht umsonst war, mag es ein Angehöriger sein, den des Feindes Perversität erschlug, oder mag es die persönliche Habe — Ergebnis oft eines ganzen langen und arbeitsreichen Lebens — sein, die in Flammen und Mauersturz vernichtet wurde. Und wenn uns einstens wieder ein Märchendichter in unseren Mauern ersteht, so wird er auf seiner Suche nach dem Untergründigen, Entsetzlichen und Vernichtungswütigen nicht weit zu phantasieren brauchen. Man nenne ihm die Hanauer Brandnacht vom 18. zum 19. März 1945.

G. K. N.

In höchstem Einsatz sieben Brücken gesprengt

Das Ritterkreuz für Feldwebel Heinrich Schönbusch

Der Untergang Hanaus im Spiegel der zeitgenössischen Presse

Als die Amerikaner schon im Raume Darmstadt kämpften, erschien immer noch die „Hanauer Zeitung". In diesem Kopfblatt der allein verbliebenen staatlich gelenkten Presse, der amtlichen Tageszeitung der NSDAP für die Kreise Hanau, Gelnhausen, Schlüchtern, wurde die Bevölkerung mit Durchhalteparolen gefüttert. Ein Ausschnitt der Ausgabe vom 20. März 1945 blieb erhalten und wurde von einem anonymen Bürger dem Hanauer Stadtarchiv übersandt.

Liest man die Schilderung vom Untergang Hanaus „Als Feuermal weithin ins Land leuchtend" mit heutigen Augen, so fällt der schwülstige, tendenziöse Stil auf (siehe Abbildung). Die Leser im Dritten Reich waren jedoch daran gewöhnt und hatten längst gelernt, zwischen den Zeilen zu lesen.

Ein bemerkenswertes Zeitdokument sind auch die übrigen Artikel dieses Zeitungsausschnittes vom Tage, nachdem Hanau unterging. Da wurde versucht, die Leser unter der Überschrift „Feindliche Bewegungen an der Nahe verlangsamt" mit der Meldung zu trösten, der Amerikaner habe Angriffe zwischen Hagenau und Bitsch „wegen schwerer Verluste eingestellt".

Unter dem Titel „Der Führer empfing kampfbewährte Hitlerjungen" wurde aus der Schande eine Tugend gemacht, daß Hitler in jenen Tagen, nur um sein Leben zu verlängern, am Ende sogar Kinder in den aussichtslosen Kampf schickte und die tapfersten der verblendeten und irregeleiteten Jungen mit dem Eisernen Kreuz auszeichnete. Wir wissen heute, daß dies der letzte öffentliche Auftritt Hitlers vor seinem Selbstmord war. Die Meldung „In höchstem Einsatz sieben Brücken gesprengt" beweist, daß in der Endphase des Zweiten Weltkrieges das Ritterkreuz sogar verliehen wurde, wenn ein Feldwebel in der eigenen Heimat das befohlene Zerstörungswerk an Brücken oder Bauten befehlsgemäß vollbrachte.

In der Bombennacht von Hanau gab es viel typischere Beispiele menschlicher Hilfsbereitschaft und hervorragender Tapferkeit unter den überlebenden Hanauern, die allerdings längst den Glauben an den Endsieg verloren hatten und nie eine Auszeichnung erhielten. Kaum eine Woche später war in unserem engeren Heimatgebiet der braune Spuk vorbei, und die „Hanauer Zeitung" verschwand von der Bildfläche.

Gerhard Flämig

Wir bieten mehr als Möbel und kleine Preise

Einen 1. Klasse Service

75 Jahre im Dienste der Kunden

Zu unserem leistungsstarken Möbel-Angebot bieten wir Ihnen ein umfangreiches Service-Paket. Das heißt, Fachleute beraten Sie und planen ganz nach Ihren persönlichen Wünschen. Millimetergenaue und sauberste Arbeit ist oberstes Gebot für unsere Monteure und Schreiner. Eine eigene Schreinerei ermöglicht uns Ihre individuellen Probleme preiswert zu lösen. Zum Beispiel die Herstellung von Türen und Decken passend zu Ihren Möbeln oder ein Einbauschrank, speziell auf Ihre Wohnung maßgeschneidert. Auch bei schwierigen, schrägen und winkeligen Räumen bieten wir Ihnen die ideale und günstige Lösung. Dafür garantiert Ihnen die Erfahrung und das Können unserer Spezialisten. Zu alle dem kommt ein perfekter Kundendienst. Auch nach Jahren. Überzeugen Sie sich selbst. Bei uns im Möbelhaus. Wir beraten Sie gerne. Ganz unverbindlich.

Möbel-Heuser Global

Ihr Spezialist für Wohnprobleme.

6456 Langenselbold, Friedrichstraße 6 a - 8, Tel.: 06184/30 51/52

Fortsetzung von Seite 3

Gartengrundstück, wo diese auf den Rasen gelegt wurden. Auch der damalige Chefarzt des St.-Vinzenz-Krankenhauses, Dr. Röwer, und eine Ärztin, die auf dem Weg zum Keller des I-Baues von herabstürzenden Trümmern verletzt worden waren, wurden dort medizinisch versorgt, so gut es eben ging.

Von dort wurden die Kranken noch am gleichen Tag in Kliniken und Behelfskrankenhäuser im Vogelsberg gebracht. Viele der Krankenschwestern verließen die zerstörte Stadt. Nur sechs oder sieben Vinzentinerinnen blieben in Hanau. Darunter die Schwestern Adelia, Florida und die heute 85 Jahre alte Rogadina. Sie hatten an diesem 19. März großes Glück: Die Diakonieschwestern des Altenheims gegenüber der einstigen Krankenhaus-Wäscherei wurden getötet, als sie das zerstörte Gebäude verlassen wollten. ju

Emmy Schäfer (87), Hanau: „Am frühen Morgen wurden mein Mann und ich von unserer damals 14jährigen Tochter geweckt, die vom Lichtschein der über der Stadt stehenden Christbäume aufgewacht war. Wir konnten nur noch die notwendigsten Kleidungsstücke an uns reißen und stürzten in den Keller, weil schon die ersten Detonationen in der Nähe zu hören waren. In dem Zwei-Familien-Haus in der einstigen Schlageterstraße, heute Am Pedro-Jung-Park, waren wir die einzige Familie im Keller, weil unser Hausherr, ein Landgerichtsrat, bereits evakuiert war. Zum Glück konnte ich meinen Mann daran hindern, die in der Wohnung in der Eile zurückgelassene Kassette mit Wertgegenständen herunterzuholen; denn schon im nächsten Moment hörten wir über uns Einschläge.

Kurz nachdem das Nachbarhaus von einer Sprengbombe getroffen und bis in die Kellerräume zerstört worden war, wobei es auch Tote gab, stand auch unser Haus in Flammen. In unserer Angst waren wir unter einen Tisch geflüchtet. Wir glaubten, daß unser Ende gekommen sei. Als wir nach einer Weile, die uns wie eine Ewigkeit vorkam, wieder nach oben wollten, mußten wir feststellen, daß die Treppe verschüttet war. So krochen wir durch ein Kellerloch zum Garten ins Freie.

Dort verharrten wir einige Stunden, ehe uns eine Nachbarin mit zum Beethovenplatz nahm, wo wir zusammen mit anderen Obdachlosen zunächst einmal eine Unterkunft fanden. Während in unserer Wohnung alles verbrannt war, konnten wir am nächsten Tag noch einiges an Kleidern, Wäsche und Möbelstücken aus dem Keller retten. Selbst die Kassette fand sich wieder. Mein Mann fand sie unter den Trümmern. Einige Reichsmarkscheine darin waren angekohlt. Aber die stark verrußten Schmuckstücke waren erhalten geblieben. Dann fanden wir für einige Zeit eine Bleibe auf einem Bauernhof bei Schlüchtern, ehe wir ein Zimmer in Kesselstadt beziehen und in die Stadt zurückkehren konnten. hb

Günter Krebs, Hanau, erinnert sich an den Morgen des 19. März 1945 noch ganz genau. Er lebte damals als 15jähriger in der Langstraße, wo sein Großvater eine Bäckerei betrieb. Daher war die Familie bereits früh auf den Beinen. Kurz nach vier Uhr hörte der Großvater Sirenengeheul in der Umgebung Hanaus – in der Stadt gab es allerdings keinen Alarm. Wenig später war Hanau taghell erleuchtet, die sogenannten „Christbäume" zum Abstecken der Bombenziele wurden abgeworfen. „Das war für meinen Großvater das Signal das ganze Haus zu wecken und auch die Nachbarn", erinnert sich Krebs, „alle hasteten in die Luftschutzkeller".

Die Familie Krebs ging in den eigenen Keller in der Langstraße. Wenig später begann das Inferno: Die Kellerwände bebten, Schutt und Staub rieselte, die Türen schwappten hin und her, obwohl sie verriegelt waren. „Ohrenbetäubende Schläge dröhnten, man hörte Wände und Häuser einstürzen. Nach etwa 20 Minuten war alles vorbei."

Günter Krebs erinnert sich auch an die Schreckensszenen danach. Am Freiheitsplatz kam ein neunjähriges Mädchen in den Flammen eines Eckhauses um, weil es nach dem Angriff versucht hatte, in die Wohnung der Eltern einzudringen, um Mutters Pelzmantel zu holen. Ähnlich erging es einem Kaufmann, der, gerade aus seinem Keller befreit, eine Kassette mit Wertsachen aus seinem Ladengeschäft im Erdgeschoß holen und durch einstürzende Wände verschüttet wurde. Mit Beginn der Helligkeit begannen die Überlebenden Verletzte und Leichen zu bergen. Aus manchem Kellergewölbe drangen Hilfeschreie. Die Leichen wurden auf den Straßen aufgebahrt und später mit Karren in den Schloßpark transportiert. Dort suchten viele Hanauer nach Angehörigen, doch – so erinnert sich Günter Krebs – die meisten der Toten waren nicht mehr zu identifizieren. er

Hanauer Anzeiger

Langenselbolder Zeitung

Sonderbeilage zum 40. Jahrestag der Zerstörung Hanaus am 19. März 1945.

Redaktion: Helmut Blome, Werner Kurz.

Bilder: HA-Fotos (Gerhard Greiner, Archiv) Stadt- und Kreisbildstelle Hanau

Das Neustädter Rathaus unmittelbar nach dem Bombenhagel.

Nach dem Bombenhagel: „Sieg oder Sibirien!"
Besonders schwer war das Schicksal der Familien von politisch Verfolgten – Not und Demütigungen

Frau Käthe Klösters, geb. Eckhardt, Buchbergstraße 9 in Hanau, berichtet in einem Gespräch:

Im Schlafzimmer unserer Wohnung, Gärtnerstraße 81, Hinterhaus, zog ich am 18. März 1945, nachdem ich das Licht gelöscht hatte, das Verdunklungsrollo hoch. Am Frühlingshimmel glänzten Sterne. Zum ersten Male seit vielen Wochen beschlossen wir, auszuziehen. Bis dahin waren wir zumeist mit vollen Kleidern zu Bett gegangen und fast Nacht für Nacht beim Ertönen der Sirenen in den nahegelegenen Luftschutzkeller der ehemaligen Brauerei an der „Wiener Spitz" (heute Haus der Bäckergenossenschaft) gerannt. Wir, das waren unsere Mutter Paula Eckhardt, damals alleinstehend, nachdem 1938 unser Vater Heinrich Eckhardt von der Zuchthaushaft in Butzbach als Gegner des Naziregimes von der Gestapo im KZ Buchenwald eingekerkert worden war, und drei ihrer vier Kinder. Unser Bruder Hans-Willi war mit 17 Jahren eingezogen worden und seit Januar 1945 an der Ostfront vermißt.

Den ganzen Tag war das Wummern der Artilleriefeuers aus dem Raume Darmstadt zu hören gewesen. Die amerikanischen Bomberpulks waren hoch über unseren Köpfen, unbehelligt von Flakfeuer oder deutschen Jägern, ins Innere des Reichsgebietes weitergeflogen: „Für uns ist der Krieg bald vorbei, denn in wenigen Tagen ist der Ami bestimmt in Hanau", hatte unsere Mutter vor dem Schlafengehen gesagt.

Ich wurde aufgeweckt von einem lauten Knall. Durch das offene Fenster drang heller Feuerschein. Zugleich hörten wir das entsetzliche Pfeifen und Bersten der Fliegerbomben, rafften unsere Luftschutztaschen und stürzten, noch im Laufen die Mäntel oder Nachthemden ziehend, in den Keller unseres Hauses.

Was sich dann ereignete, ist mit Worten kaum zu beschreiben. Es war einfach die Hölle. Noch heute habe ich das Schreien der mit Phosphor übergossenen oder eingeklemmten Menschen, besonders der Kinder, in den Ohren. Ich höre das Krachen der zusammenbrechenden Mauern und entsinne mich des Schrecks, als wir, nachdem das Donnern der Bombeneinschläge vorüber war, durch den Dreck und Mörtelstaub der Kellertreppe hochkrochen und feststellen mußten, daß unser Haus über unseren Köpfen weggebombt war.

Taghell vom Feuerschein war die Nacht. Beißender Qualm überall. Jemand rief: „Alles rüber zur Badeanstalt!" Die hatte dort gestanden, wo heute das Hochhaus der Baugesellschaft ist und war nur noch ein Trümmerhaufen. Wir stolperten über Steinbrocken und Leichen. Es war schrecklich.

Am frühen Morgen zog ein langer Zug verrußter, teils notdürftig bekleideter Menschen hinunter nach Kesselstadt, wo die Ausgebombten registriert und verpflegt wurden. Dort hing noch die Hakenkreuzfahne am Schloßeingang. An den Mauern der völlig unversehrten Häuser konnte man lesen: ,Sieg oder Sibirien!' und ,Führer befiehl – wir folgen!' Die Nazis hatten sogar das Inferno organisiert. Geschäftig eilten Amtswalter in braunen Uniformen zwischen den verzweifelten, apathischen Hanauern hin und her, versuchten Namenslisten zusammenzustellen und Evakuierungsorte zuzuteilen. Da wir Verwandte in Langendiebach hatten, kamen wir für mehrere Wochen dort unter.

Zum ersten Male bot sich dort Gelegenheit, die paar Habseligkeiten zu sichten, die wir gerettet hatten: Es waren unsere Tragtaschen mit dem, was man damals Luftschutzgepäck nannte, vor allem persönliche Papiere. Unsere Mutter zog Vaters letzten Brief, gestempelt im Januar 1945 im KZ Buchenwald, aus der Tasche. Darin stand zwischen den Zeilen die Hoffnung ausgedrückt, daß nun endlich und alsbald das Schreckliche vorbei sein möge und er uns nach so langen Jahren alle wiedersehen könne. Jede politische Bemerkung war in diesen dürftigen Briefen, die er – einmal pro Vierteljahr – abschicken durfte, streng verboten. Doch wir wußten, daß er fest mit der baldigen Vernichtung des Faschismus rechnete, so wie er es bereits 1933 vorausgesagt hatte.

Vater war bereits in den ersten Tagen des Dritten Reiches als ein führender Kommunist und Hanauer Stadtverordneter verfolgt, verhaftet und geschlagen worden. Weihnachten 1933 aus dem KZ Breitenau entlassen, hatte man ihn Anfang 1935 erneut verhaftet und als illegaler Organisator des Widerstandes und Flugzettelverteiler wegen ,Vorbereitung zum Hochverrat' zu dreieinhalb Jahren Zuchthaus und fünf Jahren Ehrverlust verurteilt. Nach Verbüßung dieser Strafe hatte ihn die Gestapo am Tage seiner Entlassung festgenommen und in das KZ Buchenwald bei Weimar verschleppt. Was er dort erleben und erleiden mußte, konnten wir damals nur ahnen.

Nach dieser schrecklichen Bombennacht galt die erste Sorge unserer Mutter dem Schicksal unseres Vaters und des vermißten Bruders: ,Was werden die Nazis mit den KZ-Häftlingen machen, wenn die Alliierten näherrücken?' Wir mußten mit dem Schlimmsten rechnen und hatten deshalb, neben dem Ausgebombtsein, noch eine besondere Sorge.

Zwölf Jahre hatten wir Demütigungen, Hunger und Not ertragen. Unsere Mutter, die keine Unterstützung erhielt, hatte sich und ihre Kinder mit Putzen und kleinen Dienstleistungen tapfer durchgeschlagen. Dank ihres besorgten und aufopferungswilligen Überlebenskampfes, verbunden mit der stillen und tatkräftigen Solidarität unserer Genossen, die ab und zu ein Lebensmittelpaket heimlich an die Wohnungstür legten, hatten wir überlebt. Ein ganzes Jahr lang hatte Mutter krank im Bett gelegen, nachdem sie von Verhör zu Verhör geschleppt und ihres Mannes beraubt worden war. Nun, am Ende des Zweiten Weltkrieges ging es unserer Familie wie Millionen anderer auch: Wir wollten endlich den langersehnten Frieden.

Am 11. April, drei Wochen nach der Hanauer Bombennacht, wurde von den Häftlingen selbst das KZ Buchenwald befreit. Doch unser Vater kam erst Ende Mai 1945 in unsere Hanauer Trümmerwohnung. Als Lagersanitäter hatte er nach der Befreiung seine schwerkranken Kameraden weiter betreut, bis auch der letzte in ein ordentliches Lazarett gebracht worden war. In der bewegten Stunde, als er uns in die Arme schloß, waren seine Worte: ,Laßt uns nun dafür kämpfen, daß der Frieden erhalten bleibt, nie wieder Faschismus, nie wieder Krieg!'

Gerhard Flämig

Der Wehrmachtbericht
vom 19. März 1945 im Wortlaut

An der Drau und im Raum zwischen Plattensee und Donau stehen deutsche und ungarische Truppen in erbittertem Abwehrkampf, der gestern auch auf den Frontbogen östlich des Sarvitz-Kanals übergriff. Während die Durchbruchversuche der Bolschewisten südlich des Velencze-Sees im Abwehrfeuer zusammenbrachen, sind nordwestlich Stuhlweißenburg und im Vertes-Gebirge heftige Kämpfe mit starken feindlichen Angriffsgruppen im Gange. Herangeführte Kräfte warfen sich den Sowjets entgegen und fingen ihre Angriffsspitzen am Ostrand des Bakony-Waldes und an den Ausgängen des Vertes-Gebirges nördlich Mor auf.

Unsere seit Wochen in harten Waldkämpfen bewährten Jäger und Grenadiere zerschlugen in der mittleren Slowakei wiederum alle feindlichen Angriffe großen Teils noch vor ihren Stützpunkten.

In Oberschlesien konnte der Gegner mit schnellen Verbänden, trotz erneuten Verlustes von 38 Panzern, weiter gegen den Raum von Neustadt vordringen. Eigene Kampfgruppen verhinderten beiderseits Leobschütz und Neiße den feindlichen Durchbruch nach Westen und stießen in wuchtigen Gegenangriffen in die Flanken der sowjetischen Panzerkeile.

Breslau und Glogau werden in vorbildlicher Gemeinschaft von kämpfender Truppe, Volkssturm und ziviler Verwaltung gegen anhaltend starken feindlichen Druck verteidigt. In der Lausitzer Neiße blieben verstärkte Aufklärungsvorstöße der Bolschewisten ohne Erfolg.

Die Besatzung des Brückenkopfes Stettin hielt auch gestern den unter hohem Munitionsaufwand geführten Angriff von 3 Sowjetarmeen stand und vernichtete 32 feindliche Panzer.

An der Ostküste des Großen Haffs wurden durch Kampffähren der Kriegsmarine ein Brennstofflager vernichtet und Truppenansammlungen sowie Munitionslager schwer getroffen.

In der Doppelschlacht an der Danziger Bucht setzte der Feind seinen Großangriff gegen den West- und Südwestteil des Verteidigungsgürtels um Gotenhafen und Danzig sowie gegen die Südostfront mit insgesamt 10 Armeen fort. Unsere tapferen Divisionen verteidigen jeden Fußbreit Boden, führten immer wieder entschlossene Gegenstöße und verhinderten den erstrebten Durchbruch der Sowjets ohne wesentlichen Geländeverlust.

Seestreitkräfte griffen mit guter Wirkung in die Kämpfe westlich Gotenhafen und südwestlich Königsberg ein.

In den Brennpunkten der Abwehrschlacht in Kurland zerbrach auch gestern der feindliche Ansturm an unserer standhaften Abwehr. Die Bolschewisten hatten hohe blutige Ausfälle und verloren 92 Panzer in 2 Kampftagen. In Luftkämpfen und durch Flakartillerie der Luftwaffe wurden gestern an der Ostfront 45 sowjetische Flugzeuge abgeschossen.

Am Niederrhein bekämpfte unsere Artillerie Bereitstellungen von Brückengerät und Pontons.

Die Amerikaner versuchten auch gestern, den Brückenkopf Remagen vorstarrt durch starke Angriffe gegen unsere nördliche und westliche Abschirmungsfront zu erweitern. Gegen erbitterten Widerstand unserer Truppen konnte der Feind nur einige Einbrüche an der Autobahn östlich und nordöstlich Honnef erzwingen.

Am mittleren und oberen Lauf der Nahe sind heftige Gefechte um die Flußübergänge entbrannt. Bad Kreuznach ging nach erbittertem Ringen verloren. Zwischen Kusel und Saarlautern widersetzten sich unsere Truppen dem starken gegen die nordwestliche Rheinpfalz gerichteten Druck des Feindes. Die gleichzeitigen Durchbruchsversuche der Amerikaner zwischen Saarbrücken und Zweibrücken fingen sich im Bunkerfeld des Westwalles.

In Mittelitalien wehrten unsere Truppen feindliche Vorstöße in den Bergen westlich Vergato und in der Romagna, beiderseits Cotignola, in harten Nahkämpfen ab.

Die Reichshauptstadt war gestern das Ziel eines Terrorangriffs starker amerikanischer Verbände. Durch Angriffe britischer Kampfflugzeuge in der Nacht wurde neben Orten im Ruhrgebiet besonders Hanau getroffen. Der Feind verlor nach bisherigen Meldungen 36 meist viermotorige Bomber.

Ergänzend zum Wehrmachtbericht wird gemeldet: Im Verband der auf den Brückenkopf Dievenow durchgebrochenen Kräftegruppe hat das Fahnenjunkerregiment der Artillerieschule IV unter Führung von Major Buchenau in beispielhaftem Angriffsschwung mehrere starke Sperriegel des Feindes durchbrochen und an entscheidender Stelle den sowjetischen Einschließungsring gesprengt.

Aus: Murawski, Erich; Der deutsche Wehrmachtbericht 1939–1945, in: Schriftenreihe des Bundesarchivs Band 9, Boppard 1962 (2. Auflg.).

Vorkriegsidylle: die Philipp-Ludwig-Anlage an der Südseite des heutigen Freiheitsplatzes.

In Kesselstadt regte sich das erste Leben

Beim Einmarsch der Amerikaner nur eine provisorische Verwaltung – Dr. Hermann Krause berichtet

Der langjährige Hanauer Bürgermeister Dr. Hermann Krause schrieb zur Ergänzung der schon 1983 zu seinem 75. Geburtstag veröffentlichten Erinnerungen an die ersten Jahre des Wiederaufbaues:

Im Hanauer Anzeiger habe ich im Juli und August 1983 Tagebuchaufzeichnungen und Fotos aus dem Beginn meiner Amtstätigkeit ab 1. Mai 1945 auszugsweise veröffentlicht. Aus Anlaß der 40. Wiederkehr der furchtbaren Ereignisse des 19. März 1945 möchte ich einen Tatsachenbericht über diese Zeit, die ich in Hanau nicht miterlebt habe, bekanntgeben. Dieser Bericht, der mir damals gefertigt wurde, stammt im wesentlichen von Herrn Amtmann König, der mir auf Grund einer langjährigen Tätigkeit im Dienst unserer Stadt im Bereich der Sozialverwaltung ein wertvoller Mitarbeiter war. Er hatte die Ereignisse in Hanau 1944/45 persönlich miterlebt. Für die Geschichte unserer Stadt ist diese Darstellung wohl von großer Bedeutung.

Am Montag, dem 19. März 1945, kurz nach 4 Uhr in der Frühe, sank Hanau, unsere Heimat- und Vaterstadt, der all unser Denken und Wirken galt, von Hunderten von Sprengbomben aller Kaliber und Tausenden von Brandbomben getroffen, in Schutt und Asche. Waren auch die in den Monaten Oktober, Dezember und Januar vorangegangenen Luftangriffe in ihren Auswirkungen sehr außerordentlich schwer, gegenüber dem Geschehen vom 19. März waren sie als „Kleinigkeiten" anzusehen. Der gesamte Stadtkern stand in hellen Flammen, die alles Menschenwerk unbarmherzig auflösten und verzweifelten Menschen den Weg in das rettende Freie verwehrten.

Die Einrichtungen des Luft- und des Feuerschutzes waren einer Katastrophe von solchem Ausmaße gegenüber machtlos; jeder war sich selbst der Nächste und auf seine eigene Kraft angewiesen. Selbst die Einwohner der vom Unglück verschont gebliebenen oder weniger stark getroffenen Ortsteile (Kesselstadt, Freigericht und Lamboyviertel) vermochten nur in geringem Maße helfend einzugreifen, der Zugang zur brennenden Stadt infolge der Feuerstürme und der Rauchentwicklung mit Lebensgefahr verbunden war.

So geschah es, daß mehr als 30 000 unserer Mitbürger ihr Obdach und fast ebensoviele ihr Hab und Gut – soweit sie nicht noch aus Trümmern und Flammen einiges retten konnten – verloren. Und besonders schmerzlich ist es, daß über 2000 Männer, Frauen und Kinder – eingeschlossen in den Kellern oder erfaßt vom Feuersturm – auf entsetzliche Weise ihr Leben lassen mußten. Rat- und hilflos standen die Menschen vor den Trümmern ihrer Wohnstätten, verzweifelt saßen die Mütter mit ihren Kindern sowie Alte und Kranke in den öffentlichen Luftschutzräumen. Die Einrichtungen der damaligen Volkswohlfahrt und anderer Hilfsorganisationen bemühten sich, soweit sie dazu noch imstande waren, um die Verpflegung und den Abtransport der Unglücklichen in die nähere und weitere Umgebung.

Nur schleppend und unter schwierigen Begleitumständen vollzog sich die Abwanderung und der Abtransport der Obdachlosen mit dem Rest ihrer Habe, und als nach einigen Tagen die Feuer erloschen und die Rauchwolken verflogen waren, da war das unsagbar entsetzliche Unglück in seinem ganzen Ausmaß erkennbar: Wohnhäuser, Fabriken, öffentliche Gebäude und Kirchen, alles war entweder in Schutt verwandelt oder zur Ruine geworden, alles Leben in dieser Stadt war ausgelöscht, die Bevölkerungszahl in den Außenteilen der Stadt war auf unter 10 000 gesunken, Hanau war zur toten Stadt geworden. Und alles das geschah in knapp 30 Minuten, und neun Tage vor der Besetzung unserer Stadt.

Am 28. März 1945, um sechs Uhr früh, als nach vorangegangener kurzer Beschießung einer in der Nähe des Schlosses Philippsruhe aufgestellten Flakbatterie die ersten amerikanischen Posten durch Kesselstadt patrouillierten und wenig später Panzer um Panzer, von der anderen Mainseite über Auheim kommend, in Richtung Frankfurt durch die Trümmer der Stadt rollten, war für Hanau der Krieg beendet.

Die Verwaltung unserer Stadt, deren Rathaus schon während des Monats Dezember 1944 durch Luftangriffe unbenutzbar geworden und die hierauf mit dem größten Teil ihrer Dienststellen in die Räume der Bezirksschule I und II am Johanniskirchplatz übergesiedelt war, erlitt am 19. März gleichfalls Totalschaden und verlor ihre gesamte Einrichtung und Registratur bis auf die Unterlagen und Werte, die in den vorangegangenen Monaten durch Auslagerung sichergestellt worden waren. Nach vorübergehendem Notdienst im Gebäude der Diamantschleifergenossenschaft am Sandeldamm, der sich im wesentlichen auf die kriegswirtschaftlichen Dienststellen (Ernährungsamt, Wirtschaftsamt, Kriegsschädenamt und Luftschutzbauamt) beschränkte, bezog die Verwaltung in den Räumen der Bezirksschule IV in Kesselstadt, wohin sich durch die Ereignisse das gesamte Geschäftsleben verlagert hatte, eine neue Wirkungsstätte, die wegen ihrer räumlichen Unzulänglichkeit ebenfalls nur als Provisorium angesprochen werden konnte.

Auch hier fanden lediglich die dringendsten Verwaltungsgeschäfte, insbesondere die Versorgung der Bevölkerung mit Nahrungsmitteln, Kleidung und sonstigen Bedürfnissen sowie mit notdürftigem Wohnraum ihre Erledigung. Als dann um die Mittagsstunde des 28. März (Tag der Besetzung) ein amerikanischer Offizier (Major) als vorläufiger Ortskommandant erschien, waren nur noch wenige der Beamten anwesend; die meisten hatten sich in Befolgung eines Befehls des damaligen Reichsverteidigungskommissars entweder dem Volkssturm zur Verfügung gestellt oder nach rückwärts in eine Ausweichstelle der Stadtverwaltung in der Rhön abgesetzt.

Die Leitung der Stadtverwaltung hatte sich zuvor ebenfalls „rückwärts abgesetzt". Der Verwaltungsinspektor Freud, der von dem NS-Oberbürgermeister Junker angewiesen war, als Beauftragter der Stadtverwaltung die Dienstgeschäfte in der Stadt weiterzuführen, nahm die ersten Weisungen der Amerikaner entgegen. Eine vorläufige Stadtverwaltung wurde eingesetzt. Auf Anordnung der Militärregierung übernahm am 3. April 1945 Herr Oberbürgermeister a. D. Dr. Blaum die Führung der Verwaltungsgeschäfte als kommissarischer Oberbürgermeister.

Wir haben qualifizierte Arbeitskräfte

Melden Sie deshalb jede offene Stelle sofort Ihrem Arbeitsamt – auch wenn Sie daneben noch auf anderen Wegen Mitarbeiter suchen.

Arbeitsvermittler und Arbeitsberater in den Arbeitsämtern bemühen sich, jede offene Stelle so schnell wie möglich mit den geeigneten Bewerbern zu besetzen. Je früher und vollständiger sie wissen, wo und wann welche Mitarbeiter benötigt werden, desto schneller können sie Ihnen helfen. Sie sparen also Zeit und Kosten, weil Ihnen die Arbeitsvermittler und Arbeitsberater bei der Vorauswahl helfen.

Immer mehr Arbeitgeber bestätigen: Es lohnt sich, das Arbeitsamt zu fragen!

Arbeitsamt Hanau
Am Hauptbahnhof 1, 6450 Hanau
Telefon 0 61 81/30 40

Verlorene Heimat

War eine Straße voller Glanz.
Die schnellen bunten Bälle sprangen,
und frohe Kinderrufe klangen
zu Reifenspiel und Kreiseltanz.

Geruhsam stand ein hohes Haus
im Stundengang und Kindertreiben,
und hinter blanken Fensterscheiben
sah meine Mutter nach mir aus.

Den Mann noch zog es oft zurück,
und kam er heim von fremden Wegen,
begrüßte ihn mit reichem Segen
erneut das alte Kinderglück.

Verlorene Freistatt! Ringsum loht
die Höllenglut der Phosphorbrände,
der Bombensturz zerreißt die Wände,
und auf die Trümmer steigt der Tod.

Fritz Martin Rintelen

(Wie uns Charlotte Rintelen, die Schwester des Verfassers, schon vor einigen Jahren aus Herford schrieb, hat ihr Bruder zur Erinnerung an den Tag des Angriffs dieses Gedicht verfaßt. Frau Rintelen, die den Nachlaß ihres Bruders, des Schriftstellers Fritz Martin Rintelen, verwaltet, hat den 19. März in Hanau miterlebt.)

In den Trümmern regte sich bald wieder Leben. Frische Fische gab es in einer Bretterbude auf dem Hanauer Marktplatz.

Samstag, den 15. September 1945 — Preis 10 Rpf.

Bürger des Stadt- und Landkreises!

Geht man jetzt durch die Straßen von Hanau, so sieht man, daß sich durch Eurer Hände Arbeit vieles geändert hat. Wo Berge von Steinen und Geröll die Straßen sperrten, sind wieder offene Straßenzüge entstanden, und mancher, der bei den Aufräumungsarbeiten dabei war, freut sich an der so geschaffenen Ordnung und sagt mit innerem Stolz: „Hier habe ich auch geholfen." Denjenigen, die die Freistunden opferten, um der Stadt, also, der Allgemeinheit, zu helfen, herzlichen Dank!

Sehr vieles ist schon geleistet, mit dem Rest werden wir auch noch unter Mithilfe der freiwilligen Helfer fertig werden. Es muß uns gelingen, die Straßenzüge vor Einbruch des Winters frei zu bekommen, sonst würden durch die mangelhafte Beleuchtung viele Unfälle vorkommen. Denkt daran, wie schwer es wird, wenn Regen, Schnee und Nebel auftreten und der Arbeiter oder Gewerbetreibende bei Dunkelheit zu seinem Dienst gehen muß.

Darum rufe ich nochmals alle pflichtbewußten Bürger des Stadt- und Landkreises auf:

Helft, helft die Straßen freilegen,

damit wir den Wiederaufbau vorwärts treiben können und keiner Schaden durch versperrte Straßen erleidet.

Alle Helfer bitte ich, denkt beim Aufräumen daran, daß jeder Stein zum Wiederaufbau gebraucht wird und sammelt da, wo Ihr arbeitet, auch Eisenteile und Holz — alles wird wieder seinem ernsten Zweck zugeführt.

Noch 2 – 3 Einsätze und wir haben es geschafft! Darum kommt Alle, Ihr aus der Stadt und Ihr vom Land

zum Großeinsatz am 15. und 16. September 1945

damit wir aus dem Trümmerhaufen wieder gangbare Straßen schaffen.

Hanau, den 13. September 1945 — gez. **MOLITOR**, k. Oberbürgermeister.

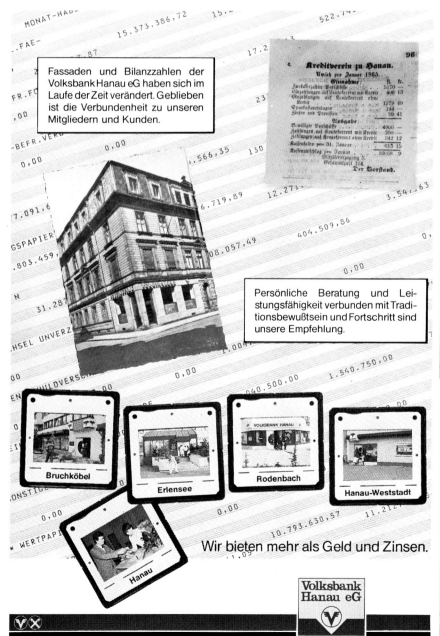

Fassaden und Bilanzzahlen der Volksbank Hanau eG haben sich im Laufe der Zeit verändert. Geblieben ist die Verbundenheit zu unseren Mitgliedern und Kunden.

Persönliche Beratung und Leistungsfähigkeit verbunden mit Traditionsbewußtsein und Fortschritt sind unsere Empfehlung.

Wir bieten mehr als Geld und Zinsen.

Volksbank Hanau eG

Hanau, Krämerstr. 12 · Tel. (0 61 81) 2760

Es blieb nur ein riesiger Schutthaufen . . .

In einer Jahresarbeit an der Eberhardschule beschrieb 1953 Hans-Jürgen Kinsel den 19. März 1945

Dieser Tag war einer der fürchterlichsten Tage für die Stadt; denn als man die Zerstörung nach der grausigen Bombardierung im Großen überschauen konnte, tauchten Gedanken auf, ob man überhaupt die Stadt einmal wieder aufbauen könnte.

Ein rieser Schutthaufen. Die Straßenzüge konnte man nur an Tälern in ihm ahnen, oder man erkannte sie an den Wandruinen, die von den ehemaligen, der Straße zu gelegenen Häusern stammten. Auch ich wohnte in solch einem Haus, in der Leimenstraße 40.

Unser Haus blieb in den ersten schweren Angriffen am 25. September, am 7., 11., 12. und am 17. Dezember 1944, auch am 6. Januar 1945 verschont. Doch acht Tage, bevor General George S. Patton mit seinen Panzern in Hanau einrollte und uns Ruhe brachte, sollte es das Schicksal ereilen. Es war eben am 19. März 1945. Sein und unser Schicksal teilten fast alle noch ganz gebliebenen Häuser und ihre Einwohner.

Es war in den frühen Morgenstunden. Wir schliefen noch und mit uns noch viele; aber auch viele waren auf dem Wege ins Geschäft, in die Fabrik.

Wir schliefen damals in dem Wohnzimmer, meine Mutter, meine Geschwister und ich. Meine Mutter wollte uns zusammen haben. Sie wußte von anderen Tagen, als wir noch im Kinderzimmer schliefen, wie lange es dauerte, uns herauszuholen, wenn es gerade schnell gehen mußte, ja wenn es auf Sekunden ankam. Ich weiß nicht, warum ich damals aufwachte. Meine Mutter machte Licht. Es war so still, so dumpf. Ich hatte Angst, Angst vor der Stille.

Man hätte damals durch das Fenster sehen sollen. Aber wir taten es nicht. Ich war klein, noch ganz klein, und meine Mutter kam auch nicht auf den Gedanken. Warum auch; wenn was kommen würde, würde es schon Alarm geben. „Schlafe, lege dich wieder hin“, sagte sie und knipste das Licht aus. Ich schlief wieder ein. Hätte doch einer durch das Fenster gesehen! Der Himmel war blutrot. Abgeworfene Leuchtkörper, sogenannte Christbäume, verbreiteten das unangenehme Licht. Auch unheimliches Brummen von Flugzeugen hörte man.

Doch hätten wir gewußt, weshalb diese Körper dort am Himmel schwebten? Nachbarn erzählten uns später, daß sie sie wohl gesehen hätten, daß sie aber nichts befürchteten, da ja kein Alarm gewesen war. Die Flugzeuge waren nach ihrer Meinung deutsche Nachtjäger. Plötzlich ein lauter Schlag und noch einer. Jäh fuhren wir aus dem Schlaf. Was war los? Gelähmt saßen wir aufgerichtet im Bett, bis eine gewaltige Detonation, ganz nahe, hinten im Krankenhaus, uns allen einhämmerte: Ganz einfach. Das sind Bomben, Bomben! Da – auch drei in gleichen Abständen erklingende Flakschläge! Kein Zweifel: Alarm! Schnell raus aus den Betten, die Kleider zusammengerafft, und so stürzten wir in den Flur. Hier wollte man noch etwas mitnehmen, da den Mantel noch. Was wollte man, jetzt, in dem Augenblick nicht alles mitschleppen!

Flammen schlugen schon aus dem eigentlichen Schlafzimmer und aus dem Herrenzimmer hervor. So schnell sind wir noch nie ins Treppenhaus gekommen.

Durch den Luftdruck der jetzt in rascher Folge einschlagenden Bomben flogen die Türen aus den Angeln, die Scheiben zerklirrten. Aus allen Wohnungen stürzten die Nachbarn hervor, notdürftig bekleidet, aufgescheucht, unfähig, etwas zu sagen, nur mit dem Gedanken: Runter in den Keller!

Ich muß zu meiner Schande gestehen, daß ich damals ein ganz großer Feigling war. Ja, ich war erst siebeneinhalb Jahre alt; aber wenn ich irgendwann einmal daran denke, überläuft es mich, und mein damaliges Verhalten bedrückt mich noch immer. Denn ich raste wie ein Irrer hinunter, ohne mich um jemanden zu kümmern. Doch meine Verängstigung legte sich bald. Im Parterre waren wir wieder beisammen. Im Vorbeihuschen konnte man auf

Die Eberhardschule, 1902 erbaut, wurde fast vollständig zerstört.

das gegenüberliegende Haus durch das obere, gebogene Haustürfenster sehen. Es stand auch in Flammen. Sie schlugen aus Fenstern und Türen. An unsere Haustüre hämmerten verzweifelt Fäuste um Einlaß. Meine Mutter wollte hinspringen und öffnen, doch sie wurde von den anderen mit Gewalt in den Keller geschleppt, und das war gut. Plötzlich pfiff ein Schrei herab, gellte laut auf, kreischte heran und verstummte in einem splitternden, alles vernichtenden Krachen, das ganz nah schien, aber doch auch fern und überall war. Unter uns zitterte die Erde, wie die Welt zu zittern schien. Endlich gelangten wir durch das Schwanken, Schaukeln und Zerbersten in den Keller.

Der Luftschutzkeller lag nach der Straße zu und war der Eckkeller des Hauses. An unser Haus, ein zweistöckiges, grenzte rechts ein großes Mietshaus und links nur ein einstöckiges Häuschen. Der Keller lehnte an das kleinere.

Wir zogen uns jetzt vollständig an und kauerten uns auf die Pritsche an der Wand nieder. So saßen wir geduckt vor dem immer wilder werdenden Lärm, vor dem Entsetzlichen, das alles auf uns herabschoß. Immer schneller hämmerten und zerbarsten jetzt die Einschläge. Dunkel lärmendes Getöse, Poltern, Platzen und Krachen, Knallen und Zersplittern wogte auf und ab. Auf der Straße zerplatzten und explodierten leichtere Bomben, meist Brandbomben.

Taumelnd stolperten noch zwei Einwohnerinnen aus dem Hinterhaus herein. Es waren Mutter und Tochter. Sie hatten nasse Tücher vor dem Mund gepreßt und waren weiß wie Bettlaken. Hilfsbereit erkundigten sich die Menschen, reichen von dem bereitstehenden Wasser.

Durch die Hustenanfälle häufig unterbrochen, begannen sie zu berichten: Sie lagen in den Betten und schliefen unbekümmert. Sie waren nicht durch die ersten lauten Einschläge aufgeweckt worden, sondern erst, als die Wände rissen, sich einzelne Steine lösten und die Scheiben klirrend auf den Boden fielen und als der anfangende Feuersturm die Gardinen herabriß und die Feuerfunken hereinwehte. Sie waren fast zu spät aufgewacht. Unter den Spülstein in der Küche konnten sie sich gerade noch retten, als über ihnen die Decke herunterkrachte. Qualm wallte auf. Flammen fraßen, leckten heran. Die Mutter wurde ohnmächtig. Ihre Tochter zog sie aber mit. Endlich hatte sie sich bis an die Tür vorgearbeitet. Die Tür, die war einmal, sie lag irgendwo im Hof. Sie stürzte mit ihrer Mutter in den Armen hinaus. Es war höchste Zeit. Viel Rauch hatten sie schon geatmet.

Und immer wieder das Singen und Pfeifen, das Sausen und Dröhnen, das Kreischen und Brüllen.

Ab und zu erkundigten sich die Nachbarn von dem anderen Hause und rufen durch den Kellerdurchbruch. Keiner glaubt, wie wohl nur ein Wort tat. Es waren noch welche da; sie fragten noch nach uns. Wie herrlich! Man brauchte nicht immer wieder das Jammern „Herr, hilf uns, warum tust du uns das an“, „Vater unser, der du bist . . .“ oder „Kinder, betet, betet“ von verängstigten Menschen zu hören, die nicht sitzen bleiben konnten, die im Gang des Kellers auf und ab gingen und flehend die Hände verkrampft emporreckten. Da – was ist das?

Wir saßen erstarrt, doch unsere Augen huschten an den Wänden entlang. Sie verweilten einen Augenblick an der flackernden Flamme der Kerze, huschten weiter, blieben erschrokken an den Schatten auf der Wand hängen, beruhigten sich wieder und flackerten, wie die Kerze, weiter. Wanderten durch die offenstehende Tür in den gegenüberliegenden Keller und erstarrten alle bei einem Punkt.

Durch das kleine Fenster sickerte es sprühend hell; gleich einer smaragdgrünen Schlange kam es angekrochen, leckte es an der Wand herunter, langsam, behäbig und doch schnell. Es sammelte sich am Boden und krabbelte weiter. War das Phosphor?

Ja, es war Phosphor, ganz einfach Phosphor, was da aus dem Kellerfenster hereinfloß, und wir hatten geglaubt, es wäre gut gesichert.

Die Eigentümerin des Kellers stürzte hinein. Ihr Mann lag irgendwo zwischen Hanau und Mannheim unter seiner Lokomotive, als die Tiefflieger wie Raubvögel auf seinem Zug herumhackten.

Sie konnte gerade zwei oder drei Kleider, ich weiß nicht genau wieviel, ergreifen; die anderen hingen wie lebendige Fackeln auf einem alten Garderobenständer. Weißlicher Qualm drang hervor. Die Schwaden zogen erst an die Decke, wurden immer dichter, immer dicker. Sie kam zurück, sie weinte nicht einmal, sie schien nicht zu begreifen.

Da zerriß ein nahes Pfeifen das allgemeine Gemurmel, jeder duckte sich noch mehr zusammen. Das Kreischen sauste herab und verstummte atemlos.

„Kommen Sie herüber, schnell, los, schnell!“ rief, schrie meine Mutter, und Frau Jäger kam herüber.

Wie die Frauen aussahen! Sie hatten die Münder zusammengepreßt, bleich, weiß verschwommen wie Milch. Die Augen waren eingesunken und blickten wie aus weiter Ferne. Die wenigen Männer saßen oder standen wie alte Greise und stierten, glotzten.

Da geschah es.

Wir schaukelten und schwankten durcheinander. Die Decke zerriß, einzelne Steine erst, dann große wuchtige Steinbrocken polterten herab, zermalmten den Stuhl, auf dem vor Sekunden noch die Frau gesessen hatte. Zersplittertes Holz, Balken und Möbel stürzten nach, verfingen sich, drückten zusammen, schaukelten noch ein wenig und blieben als nutzloser Haufen hängen. Mörtel rieselte auf uns herab.

Eine Bombe hatte getroffen!

Glück im Unglück hatten wir. Die Bombe war genau zwischen unserem Haus und dem kleinen explodiert. Wir saßen wie versteinert, keiner konnte etwas sagen. Die Kerze war verlöscht. Da löste sich die Verkrampfung in ein Lachen auf. Uns gegenüber saß ein alter Mann, Krug hieß er, mit einem großen Stein auf dem Schoß, und er strampelte, zappelte sich ab, um ihn los zu werden.

Warum lachten wir, warum überhaupt? War das Wahnsinn? Waren wir verrückt geworden? Ich weiß es nicht und die anderen auch nicht. Dieses Lachen galt nicht der komischen Figur des alten Mannes. Er war nur das auslösende Moment. Ich glaube, daß dieses Lachen die Reaktion war, die auf das plötzliche Bewußtwerden „Was du gehabt hast, ist jetzt zum Teufel gegangen“ folgen mußte. Der Gedanke war den Menschen völlig neu. Sie konnten es nicht fassen. Es war zu groß, zu urplötzlich war es gekommen, und da lachten sie eben, lachten über sich, lachten über die Welt, über alles.

Männer sprangen hinzu und wälzten den Brocken herunter. Dem alten Mann war nichts geschehen, er konnte die Beine bewegen, alles; er war unverletzt. So rätselhaft es klingen mag, es war so. Die dabei waren, wissen es; die andern müssen es glauben oder lassen. Es geschehen also immer noch Wunder.

Wir mußten jetzt hinaus. Der Qualm biß sehr unangenehm. Mutter machte uns dreien noch schnell die Tücher naß. Rasch den kleinen Koffer und die Tasche gepackt und fort. Keiner wollte allein sein, nur bei der Menge bleiben! Wir stolperten über Steine und Mörtel, über glimmende Holzteile in den Kellergang. Man arbeitete sich weiter vor, blieb hängen, riß sich los, tapste weiter vorwärts mit dem Gedanken: „Nur beim Haufen bleiben!“

Endlich, da war die Treppe. Aber sie hatte aufgehört, Treppe zu sein. Steine, zersplittertes Gebälk und Teile des Eisengeländers waren die Treppe heruntergerollt, hatten sie verschüttet, oben nur ein kleines, rundes Loch freilassend. Hindurch mußten wir, oder wir waren verloren. Langsam schlängelten wir uns durch, wie Aale.

Dann standen wir da, blöd und verloren. Ein neues Hindernis. Durch die Tür konnte niemand auf die Straße. Sie stand in Flammen. Wohin? Durch die Fenster! Wir stürmten durch die von dem Luftdruck aufgesprengte Tür in die Wohnung, über Kissen, umgestürztes Möbel, über den Teppich mit kreisrunden glühenden Löchern. Über Stühle, die im Wege standen, und die man mit einem Fußtritt hinwegschleuderte. Man fiel, stolperte, rappelte sich schon im Fallen wieder auf, stürzte weiter ans Fenster. Unter den Schritten stöhnte eine Standuhr auf. Wehmütig, als wollte sie Abschied nehmen, klang ihr heller Ton. Da hinunter! Nein! Die Straße brannte doch. Flammen bedeckten sie, wohin man sehen konnte. „Hinunter! Los doch, los!“ kreischten die anderen, und wir sprangen.

Die Straße brüllte. Über uns aus Dächern, Fensterhöhlen und Dachluken jagte der Feuersturm, der Todesstrom, der alles auffraß, der verschlang, was lebte oder was schon tot war, für den Häuser einfaches Papier waren. Mit brennenden Sohlen, als wären wir barfuß, liefen wir durch die brennende Bahn. Wer weiß, wieviel Hunderte von Füßen hier verbrannten!

Es wurde erstickend heiß, wer da nicht lief, der war verloren. Feuerflocken wirbelten um uns herum. Sie waren vor uns, waren hinter uns, überall. Sie flogen heran, hüllten uns ein, bedeckten Kleider, verfingen sich im Haar und verwandelten die Menschen im Nu in lebende Fackeln. Einzelne Sturmwellen sausten heran, rissen alles weg, was nicht fest saß oder gehalten wurde. Balken stürzten nieder, zersplitterten funkensprühend am Boden, andere rutschten nach. Einer zischte vor meiner Mutter herab, und ein Nagel durchbohrte ihr den Fuß. Doch sie konnte sich hochrappeln und weiterstürzen. Hinter uns brachen die Hauswände zusammen. Auch vor uns krachte eine Hauswand herab. Sie schwankte erst, der dritte Stock bekam das Übergewicht, riß den zweiten mit, und zusammen sausten beide herab. Wir wichen zurück, denn es war nur wenige Meter von uns entfernt, und blieben stehen. Eine heiße Welle schnitt uns den Atem ab; längst waren die Tücher getrocknet. Dann liefen wir, da eilten wir mit großen Sprüngen unter den Flammen hinweg, unverletzt! Wir hatten den Tod hinter uns gelassen, der unser schon ganz sicher gewesen war.

Wir erreichten den freien Platz, das Dreieck zwischen Salz- und Leimenstraße. Hier war die Luft kühl und frisch, obwohl sie vom Brand verdorben war. Einige Häuser standen hier noch, aber ihr Anblick sah so verloren, so hoffnungslos aus, daß keiner auf den neidischen Gedanken kam: „Siehst du, das da steht noch, warum mußte gerade unseres zerstört werden, warum ist nicht alles zerstört?“ Sie wußten: „Bald bricht auch das zusammen.“ Schon leckten die Flammen der brennenden Nachbarhäuser um sie herum.

Doch die Menschen, Kinder, Männer und Frauen versuchten zu retten, was ging. Sie warfen Kissen, Kleiderbündel, Teppiche aus dem Fenster, oder sie trugen Möbelstücke ins Freie, schafften wie besessen und wußten doch, daß schon die nächste Bombe ihre Arbeit zerstören würde.

Der Angriff war vorüber. Durch das Knistern und Prasseln der Flammen hörte man noch einige Explosionen von Zeitzündern oder die letzten, verlorenen Schüsse der Flak.

Die Menschen waren verdreht und halbnackt und besaßen nun nichts mehr als das, was sie am Leibe trugen. Aber was tat das? Ihre Verlorenheit, Verzweiflung, Nacktheit verwandelte sich in schwindelndes Glück: Sie lebten. Sie waren nicht tot. Was ist Leben doch schön!

Immer mehr Menschen, Schatten kamen aus den brennenden Straßenschluchten herüber. Versengt, verrußt, manche hatten auch hier wieder nur das Nachthemd am Leib und waren barfuß. Sie stolperten heran und fielen in irgendeine Ecke, um zu schlafen.

Meine Mutter wurde ohnmächtig. Wir Kinder wußten nicht, was Ohnmacht war. Als sie umfiel, fiel auch für uns alles ein. Die aufgespeicherte Angst, unsere Hilflosigkeit befreiten sich in einem haltlosen Weinen. Wir warfen uns über sie und schluchzten. Irgendwer hatte ihr ein Kissen unter den Kopf geschoben, und die herumstehenden Leute beruhig-

Fortsetzung auf Seite 8

Blick auf die Christuskirche an der Akademiestraße.

Fortsetzung von Seite 7

ten uns. Sie sagten uns, daß sie bald wieder zu sich käme, und sie kam zu sich.
Sie richtete sich schwankend auf, um mit den anderen zu beraten, wohin es jetzt gehen sollte. Meine ältere Schwester wollte ihre Tasche aufheben, aber sie war weg, gestohlen, auch Frau Mösgens Koffer war gestohlen.
Die Hilflosigkeit einer Mutter und ihrer Kinder und die Hilfsbereitschaft anderer Menschen hatten welche ausgenutzt, sich zu bereichern. Sie hatten Sachen gestohlen, für die andere ihr Leben riskiert hatten. –
Aber wir mußten weiter, denn auch hier wurde die Luft heiß, und der Sturm stob immer mehr Feuerflocken auf uns herab.
So zogen wir den Grünen Weg entlang, an der Hohen Landesschule vorbei, in den Hasenpfad. Die Straßen waren übersät mit Bombenlöchern und Phosphorkanistern. Die kahlen Bäume verdorrten in dem heißen Feuersturm. Er brüllte noch immer über uns. Es schien, als würde er nicht mehr ansteigen.
Im Hasenpfad erwarteten wir, geschützt hinter einer Mauer, den Morgen. Wir froren, denn unser Körper hatte sich an die Wärme gewöhnt. Nun, da wir in der frischen Luft waren, etwas entfernt vom Brandherd, merkte man die Kälte. Keiner sagte etwas, niemand schien was zu denken. Sie waren ausgebrannt, leer und hohl, wie die Häuser in der Stadt. Nur an den Augen, oder wenn sich einer die Decke hochzog, um sich besser einzuhüllen, konnte man erkennen, daß sie noch lebten.
Langsam dämmerte der Tag herauf, um (noch) zu enthüllen, was die Flammen in der Nacht noch nicht gezeigt hatten. Ab und zu zerplatzten immer noch einige Bomben, oder man hörte das Zusammenfallen irgendwelcher Schuttberge und Häuserteile.
Es war hell. Hinten auf der Wiese hatte das Krankenhaus die Verwundeten gebettet; viele, sehr viele lagen dort, und die Schwestern schleppten immer mehr herbei. Das Krankenhaus war schwer getroffen worden. Aber wen hatte es nicht schwer ereilt? Alle hatte es stark getroffen.
Hier sah es nicht nach einem schweren Angriff aus. Ja, die Straßen waren übersät mit Splittern, und die Bombensätze lagen umher. Auch die Fenster und Türen hingen zerbrochen an den Angeln, und der ganze Eitel der Menschen war hier zerstört. So hätte mancher sagen können, der von dieser Seite in die Stadt gekommen wäre. Aber auch diese Leute hatten genug gelitten, ihnen hatte es gelangt. Sie hatten genau solche Angst wie die, die es getroffen hatte. Was hatten sie gearbeitet, um ihr Haus zu retten! Sie hatten nur noch mal Glück gehabt, sonst nichts. Doch sie waren nicht übermütig geworden. Sie liefen im Treppenflur auf und ab, um die leeren Wassereimer zu füllen, untersuchten die Sandtüten, ob sie noch heil wären, stellten den Schrubber und das Wischtuch, mit dem sie die Flammen in der Nacht ausgeschlagen hatten, wieder auf seinen Platz und hofften, sie nicht mehr zu dieser Arbeit gebrauchen zu müssen.
Wir stellten unsere Koffer und Taschen in den Keller eines Lebensmittelgeschäfts. Der Besitzer hatte ihn geöffnet; denn man erwartete einen zweiten Angriff.
Dann gingen wir erst die älteren zur Besichtigung. Mittags durften wir mit.
Menschen sammelten sich, glaubten noch immer nicht daran und hatten es überdeutlich erlebt und vor Augen. Oder aber sie bemühten sich, etwas von ihrem Besitz zu finden. So krabbelten sie auf dem glühend heißen Schutt herum, der noch vor einer Nacht ihr ganzer Stolz gewesen war. Sie merkten nicht, wie ihnen die glühenden Backsteine und Eisenteile das letzte Paar Schuhe von den Füßen brannten.
Sie suchten nur und wußten gar nicht, wie sinnlos ihre Sucherei war. Ab und zu fand hier eine Frau ihre verbeulte Kaffeekanne oder da die Waschschüssel, dann jammerten sie, heulten und verfluchten alles. Oder aber sie lachten. Die hatten sich schnell in ihr jetziges, kommendes Leben eingewöhnt. Sie waren in 20 Minuten arm geworden, so arm wie der Bettler war, über den sie gelacht hätten.
Was sind schon ein Haus, Möbel und Sachen, die in einer halben Stunde vergehen!
Pah, wegen dem sollte man sich ärgern? Trotzdem suchten sie.
An der Ecke hatten die Familien alles gerettet und ihre Küche auf der Straße aufgebaut, wie sie im Hause ihren Platz hatte. Jetzt erst verbrannten die Häuser, es sank nach dem anderen. Die Flammen schlugen aus dem Dach, ließen es einstürzen, die Mauern stürzten nach, wirbelten Funken auf das nächste, und bald stand das im Feuer.
Die Leute grinsten zufrieden. Sie saßen am Tisch und aßen zu Mittag, boten den Vorüberhastenden an: „Schönes Fleisch, Hasenfleisch." Dabei war es die Katze des Nachbarn, und eine frisch geschlachtete hing auch schon da.
Das Essen machte die Herzen leicht. Sie schwatzten, und ihr Geschwätz griff über auf die anderen, die herumstanden, und bald war das schönste Geplapper im Gange. Sie tauschten aus, was sie wußten, sie prahlten nicht, sie klagten nicht, sie waren Menschen. Menschen, wie sie vorher waren, böse, gierig oder gut. Daß sie jetzt arm waren, war nicht schlimm; dies würde sich ändern; sie würden vergessen, daß sie einmal arm waren. Deshalb suchten sie in den Trümmern, deshalb stahlen sie den anderen die Koffer, und deshalb stöberten sie in den Kellern herum, wo Tote lagen, und suchten nach Sachen, die bald wieder viel wert sein würden. Deshalb flohen die Menschen mit Säcken auf den Rücken, wuchteten sich schwere Koffer auf und schoben vollbeladene Kinderwagen, um ja nicht die Zeit zu vergeuden, wieder neu anzufangen.
So waren alle. Nur für einige war das nicht mehr zuständig. Sie irrten umher, wie ihr Verstand verirrt war, und lallten irgendein dummes Zeug vor sich hin, brüllten nach ihren Kindern oder saßen da wie Betrunkene und gröhlten.
Das Militär war herangezogen worden, um aufzuräumen, zu helfen, Verschüttete zu bergen. Sie, mit all den Einrichtungen ein wirkliches militärisches Ziel, waren unbeschädigt geblieben.
Warum damals Hanau zerstört werden mußte, wird man nicht erfahren. Die Amerikaner wollten es nicht gewesen sein. Für sie hätte Hanau keine Bedeutung gehabt. Nach einem Bericht der Chicagoer „Daily Tribune" vom Montag, 1. März 1948, waren es die Engländer, die in Hanau ein starkes Verteidigungszentrum vermuteten und es durch einen starken Luftangriff vernichten wollten, um der Infantrie den Weg zu ebnen. Die Engländer sagen es genau umgekehrt.
So war es denn geschehen.
Als es damals so weit war, daß jedes Haus einen Luftschutzkeller haben mußte, wurde der unsrige genommen. Dafür bekamen wir einen Keller im Hinterhaus. Damals waren wir verärgert, weil wir gerade unseren Keller herrgeben mußten, und der neue lag so unbequem; man mußte immer durch den Hof. Heute, also einen Tag nach der Zerstörung, freuten wir uns. Wir konnten hoffen, daß diese Keller nicht ausgebrannt waren. Doch wollten wir ihn noch nicht öffnen. Wir hatten Angst, daß die jetzt bald freiwerdenden Gefangenen plündern würden, und dann hätten sie das auch noch mitgenommen. Aber Frau Braun und ihre erwachsene Tochter bestanden darauf, daß der Keller geöffnet werden sollte. Sie wollten weg, und da hätten sie sich nicht nochmals zurückkommen können, um ihre Sachen zu holen. So wurde denn ein Kellerfenster von Soldaten freigelegt, und jeder sollte seine Sachen heraufholen.
Hier hinten sah es wie überall aus. Der Hof war durch das Vorderhaus verschüttet; auch der Garten war durch Steine und Schutt zugedeckt, nur hier und da schauten die Rosenhecken hervor. Im Garten des kleinen Häuschens standen trostlos die Pflaumenbäume. Sie sahen jetzt aus wie die Haut eines alten Elefanten, verdorrt durch die große Hitze. Auch die Sachen im Keller waren versengt. Die Hitze, die sich im Keller entwickelt hatte, hatte nirgends abziehen können.
Wir standen vor dem Nichts.
Wir mußten achtgeben, die Luft war noch rein. Wie ein Blitz aus heiterem Himmel stürzten Jagdflugzeuge herab. Sie beschossen kurz alles, was sich regte, und verschwanden wieder, um bald darauf wieder da zu sein. Diese verhaßten Jabos, was werden die wohl gedacht haben, wenn sie daherjagten, um den Tod zu bringen?
Waren sie nicht auch alle Mörder, die von unserer Seite und sie? Sind sie nicht genauso belastet wie die, die sie heute als Kriegsverbrecher verurteilen, weil sie den Befehl gaben oder ausführen? Warfen sie nicht auch Bomben auf unschuldige Kinder, Frauen und Greise? Warum verurteilt man die einen und die anderen nicht? Warum wiegelt man die Völker durch das Verurteilen einiger von ihnen auf?

Fortsetzung auf Seite 9

ein Zeichen in Hanau
ein Begriff in der Welt

Zwei bedeutende Betriebe der Degussa AG liegen in Hanau: die Zweigniederlassung Hanau und Hanau-Wolfgang. Hier arbeiten über 4.000 Menschen, rund 30 % aller Mitarbeiter des Unternehmens.

Die Zweigniederlassung Hanau, Sitz des Geschäftsbereichs „Technische Metallerzeugnisse", produziert Halb- und Fertigerzeugnisse aus Edel- und Unedelmetallen für den industriellen Einsatz und Erzeugnisse für die elektrische Temperaturmessung. Auf dem gleichen Gelände hat die zur Degussa-Gruppe gehörende Demetron Gesellschaft für Elektronik-Werkstoffe mbH ihren Sitz.

Die Zweigniederlassung Hanau-Wolfgang stellt in verschiedenen Geschäftsbereichen Anlagen zur Wärmebehandlung von Metallen, Lote, Katalysatoren und Kunststoffe her. Sie ist zugleich Zentrum der Forschung und Anwendungstechnik des Metall- und Chemiebereichs der Degussa und beherbergt mit dem Metallwerk die größte Scheideanstalt auf dem europäischen Kontinent.

Degussa
Degussa, Teil unserer Welt.
Metall. Chemie. Pharma.

Blick in die Nürnberger Straße

Fortsetzung von Seite 8

Aber es war Krieg. Noch immer stürzten Bomben auf Menschen hernieder. Noch immer tobten die Schlachten. Was sollten da die Menschen in den zerstörten Städten? Sie wollten zurück in ihre Ordnung, nach Hause, zu Menschen. So flohen sie in die Dörfer oder zogen in die leeren Wohnungen der wenigen noch stehengebliebenen Häuser. Doch waren alle so? Nein, nicht alle versuchten nur, ihr Leben zu retten.

So gab es eine nicht geringe Menge, die ihr Leben für andere einsetzten. Kurz nachdem die letzten Bomben nochmals auf das schon zerstörte Haus gekracht waren, nochmals die aufgerissenen Straßen aufwühlten und der Luftdruck den zu früh hervorkommenden Menschen die Lungen zerriß, da waren sie da – die Sanitäter.

Menschen, die der Tod schon gestreift hatte, setzten ihr Leben auf's Spiel, warfen sich dem Tod in die Bahn, kämpften mit ihm und wußten doch, wie aussichtslos ihr Beginnen war. Aber sie begannen die Arbeit, und das ist ihr Verdienst. Sie liefen in den Brand, in das Flammenmeer, als die anderen herausstürzten. Sie hasteten ins Krankenhaus. Sprangen über Trümmer, zerrten hier und da hilflose Kranke, die schon mit dem Leben abgeschlossen hatten, unter Eisenträgern, Trümmern hervor, zurück ins Leben. Sie jagten in brennende Zimmer, warfen sich ohnmächtige Menschen auf die Schulter, liefen wieder hinaus, legten sie auf eine freie Stelle, stürzten wieder hinein und schleppten manchmal gleich zwei hervor. Legten bei besonders schlimmen Fällen Notverbände an, während andere an ihrem Stöhnen, an ihren Todesschreien, an ihrem Versinken vorbeieilten, über sie hinwegtrampelten.

An diesem Tage sah niemand auf die Bahren, die in langer Reihe auf der Straße aufgestellt waren. Keiner sah auf die Menschen, auf die alten und jungen, auf bleiche und gesunde, auf schöne und häßliche Gesichter. Auch keiner betrachtete sich das Haar, das weiß oder schwarz, blond oder brünett war.

Sie fühlten sich vergessen; deshalb blieben sie stumm, still zu, wie der Mann neben ihnen oder wie die Frau daneben mit dem Tod rang, wie sie zuckten, sich ihr Gesicht verzerrte, wie sie Grimassen schnitten, die ihre Schmerzen spiegelten, als sie sich nochmal gewaltig aufbäumten und dann zusammenfielen und sich nicht mehr rührten. Sie schrieen auch nicht, wenn ein Schatten heranhuschte und dem eben Gestorbenen das Medaillon oder die Uhr wegriß, das das Bild seiner Mutter oder seiner Braut trug und ihm alles bedeutet hatte. Sie empörten sich auch nicht, als zwei junge Sanitäter über die junge, schöne Frau Witze machten. Denn sie sahen es, die beiden meinten es nicht schlecht, sie freuten sich nur, daß sie nicht ins Grab getragen würden, wie sie jetzt die junge Frau trugen. Sie freuten sich über ihr Leben.

Die Kranken erkannten deutlich, wie der Tod nach ihnen griff, ob sie reich oder arm waren. Aber sie waren gar nicht vergessen, sie glaubten es nur, weil sie nicht gleich dran kamen. Darum erlebten sie mehr als der, der auch dabei war, aber nur schnell geflohen war. Sie hörten, sahen, beobachteten; denn sie hatten Zeit. Sie konnten nicht laufen oder waren zu verpackt. Schmerzen hatten sie, aber wenn sie sich ruhig verhielten, ging es. Ihnen wurde so deutlich bewußt, wie einsam der Mensch ist, wie schlecht er doch ist.

Keiner kümmerte sich um den anderen, bis auf die paar, eben auf die Sanitäter und Schwestern, auf die Ärzte und das Krankenpersonal.

Nicht alle Sanitäter. Es gab auch solche, die sich jetzt nicht zur Verfügung stellen wollten oder konnten. Denn sie saßen selbst hilflos irgendwo in der Steinheimer Straße, in der Glockenstraße oder sonstwo verschüttet und klopften verzweifelt. Aber die Schläge würden verhallen, und niemand würde ihnen helfen, weil die Kameraden nicht überall sein konnten. Oder sie wußten nichts mehr von dieser Welt, sie waren schon tot. Die anderen aber taten, was sie konnten. –

Heute wohne ich in einer Wäscherei. Damals hatte man die Bügelstube in ein Lazarett verwandelt. Es war schon immer eine Unfallstelle hier. Doch sie hätte nicht viel genützt, wenn nicht der führende Mann, Herr Thyriot, da gewesen wäre.

Er ist von Beruf Eisenbahner. Damals aber wurde das Rote Kreuz ständig gebraucht.

Da die Eisenbahn für den Nachschub verantwortlich war, war es auch ein stetiges Ziel des Gegners, der mit Flugzeugen in ein paar Minuten alles vernichtete, was gerade vorher der Tiefflieger über die Züge herlief, die dann die Wagen mit leichten Sprengbomben und Bordwaffen überschütteten. Bei solchen Angriffen gab es für das Rote Kreuz immer viel zu tun.

Herr Thyriot wurde da aus dem Dienst gezogen und dem Roten Kreuz zugeteilt, weil er ein erfahrener Sanitäter war. Am 18. März hatte es allein 7mal für den Bahnhof Alarm gegeben. Die Helfer waren so erschöpft, daß unbedingt eine Ablösung hätte herankommen müssen; aber sie wollten nicht, bis der Chef befahl.

Auch Herr Thyriot kam nach Hause. Erschöpft, müde zum Umfallen, aber er sollte keine Ruhe finden. Nachts kam er heim, und schon mußte er wieder heraus. Er nahm seine Uhr begann es. Er hörte auch die ersten Einschläge im Krankenhaus und lief mit den Mitbewohnern in den Keller. Später wollte er fortgehen, Menschen retten. Aber er brauchte nicht fort. Die Menschen kamen zu ihm; sie wußten, hier war eine Unfallstelle, sie stand noch, bei ihr würden sie Hilfe finden. Sie gab ihnen Hilfe. Er verband sie mit seinem Stab; er war Führer von zwölf Mann. Sie bekamen zu trinken und zu essen, was das Haus entbehren konnte. Viele suchten hier Obdach. Da brachten sie einen zwölfjährigen Jungen, sein Arm war zerquetscht, er mußte abgenommen werden, und kein Arzt war da. Sie waren selber Ärzte. Der Arm wurde abgeschnitten und der Armstumpf verbunden. Dem nächsten wurde das Bein abgenommen. Die ganze Einwohnerschaft half mit. Die kochte Wasser ab, die half verbinden, der reichte die Geräte; es ging alles gekonnt. Bis es nachließ.

Dann ging es fort, in die Stadt, in die Flammenmeer. Die Sanitäter halfen den Kollegen, Verwundete in ein Auto einladen, das eine Ladung zur Kinzigwiese brachte, die anderen in den Schloßgarten, dorthin, wo noch Platz war. Sie wagten sich, geschützt mit der Gasmaske, in die brennenden Straßen. Doch hier konnten sie nicht mehr helfen. Sie standen da, mußten zusehen, wie Menschen aus Kellerlöchern stürzten, plötzlich aufflammten und am lebendigen Leib verbrannten. Die hatten zu lange gezögert oder waren zu stark durch qualmige, dicke Luft vergiftet. Selbst durch die Masken drang es ein, schnitt ihnen den Atem ab. Sie mußten weiter, hier standen sie nur herum, ohne zu helfen.

Sie krabbelten in Keller, doch auch hier fanden sie nur verkohlte Leichen, die einen süßlichen, ekligen Geruch verbreiteten. Aber einige konnten sie retten. So in der Nürnberger Straße. Als noch einige, die sich jetzt erst aus den Kellern befreien konnten, sich heranschleppten und auch zusammenbrechen wollten, um zu verbrennen, packten sie die Sanitäter und trommelten mit Tüchern auf ihnen herum, rissen dann die glimmenden Stoffetzen herunter. Es sah aus, als wollten sie sie erschlagen, so aber retteten sie ihnen das Leben. Die Männer arbeiteten noch lange, zogen noch lange herum mit wechselndem Erfolg.

Wurde es auch Tag, für die Stadt schien es immer Nacht zu bleiben. Unsere Stadt war keine Stadt mehr. Von 42 000 Einwohnern blieben nur ungefähr 10 000. Hanau würde keinen Widerstand mehr leisten. Die Gegner konnten sie von der Karte radieren, für sie hatte diese Stadt keine Bedeutung mehr; sie würden durchfahren können.

Wo waren die zehntausend Menschen? Die wohnten, wie schon gesagt, in den stehengebliebenen Häusern am Rande der Stadt, in Kesselstadt, wo nur vereinzelt Häuser ausgebrannt waren, oder im Lamboyviertel, das auch noch stand. Die anderen, für die kein Platz mehr da war, hausten in Kellern, Werkstätten und in Gartenlauben unter schlimmsten Verhältnissen. Den Begriff Wohnung schien es überhaupt nie gegeben zu haben. Doch sie lebten, das war die Hauptsache. Sie hatten keine Töpfe, kein Geschirr, nichts, gar nichts, und doch wurden sie satt. Hier und da regte sich wieder ihre Ordnung. Der eine hatte noch einen Kamm; da, der hatte sogar noch eine Spiegelscherbe! Wasser war in der Kinzig. Seife, warum solche Luxusartikel? Mit Wasser ging es genausogut, vielleicht dauerte es etwas länger, aber sonst . . .

Da standen sie nun und wuschen sich; der schöpfte mit der hohlen Hand, der da war vorhin in der Stadt schon klüger gewesen: Er hatte eine Schüssel mitgebracht. Die war zwar verbeult, aber wenn man die Beulen ausschlagen würde . . .

Fortsetzung auf Seite 10

Plus-Punkte
für Privat und Geschäft

● **alle Reiseangelegenheiten**
Hotelreservierung · Visabeschaffung · Versicherung

● **alle Urlaubsveranstalter**
mit Pkw, Bahn oder Flugzeug
TOUROPA
SCHARNOW
HUMMEL
DR. TIGGES
TRANSEUROPA
TWEN-TOURS
AIRTOURS INTERNATIONAL

● **Flugtickets**
für alle Linien bei uns buchen und gleich mitnehmen

● **Bahnfahrkarten**
lösen Sie bei uns bequem (einige Tage vor der Abreise) zu Originalpreisen

Deutsches Reisebüro

Hanau, Nürnberger Straße 41
Geschäftsreisen: ☎ 2 45 21 · Ferienreisen: ☎ 2 40 21

**HOLZHANDLUNG
Seit 1765 im Familienbesitz
1945 total zerstört**

nur von **Holz-Müller**

6450 HANAU,
Philippsruher Allee 13
und Konrad-Adenauer-Straße 42, Telefon 2 46 81

Besichtigung unserer Musterschau und fachmännische Beratung unverbindlich und kostenlos.

Den neuen **GOLF** sowie alle anderen Modelle aus dem VW- und AUDI-Programm, bis zum **AUDI 200 TURBO**, können Sie unverbindlich bei uns probefahren. Besuchen Sie uns! Sie finden bestimmt den „Richtigen".

Eine der schnellsten Limousinen der Welt und reichlich Luxus:

der AUDI 200

Der neue Golf.
Länger, breiter, höher, bequemer,
stärker, schneller, sparsamer, leiser,
sicherer, wertvoller, schöner.

Bei Ihrem V.A.G Partner
AUTOHAUS LOTT
Nußallee 29 – Hanau – Telefon 2 44 35 / 2 44 36

Blick in die Mühlstraße

Fortsetzung von Seite 9

Sie pusteten und schrubbten mit Sand und grinsten vergnügt, als sie ihre hellen, sauberen Gesichter auf der Scherbe sahen. Da war noch ein Fleck, schnell weg! Dann zogen sie ihren Rock zurecht, putzten an den Kalkflecken herum und ärgerten sich schon wieder über die eingebrannten Löcher, daß sie vorhin nicht aufgepaßt hatten. Dann erst erinnerten sie sich, daß dies nicht möglich gewesen war. Sie scheitelten sich die Haare und kauten auf einem harten Brotknust herum, den sie ein paar Tage früher weggeworfen hätten.

So begann es wieder. Sie suchten Möbel zusammen, Kleider, schleppten einen Herd heran, auf dem sie kochten. Wie unsinnig, im Freien auf einem Herd zu kochen! Aber es war nicht unsinnig; sie hatten es immer so gemacht, und es ging gut so. Sie mauerten schon wieder ein bißchen, nagelten da schon wieder ein Dach zusammen, nicht sehr schön, aber ein Fortschritt.

Und wie sah es in der Stadt aus! Gefangene, befreit von den einrückenden Amerikanern, begannen jetzt eine wilde Plünderei. Nicht bloß diese Ausländer, die man zum Teil verstehen mußte, sondern Städter, Gesindel aus der Umgebung, sogar aus Frankfurt, plünderten und schleppten ungeheure Mengen aus den Kellern, hauptsächlich aus den Warenhäusern und dem Speicher (Silo) an der Cardwellstraße. Dennoch sollte man dieses Gesindel nicht so schwer verurteilen, wie die Horden, die es nur auf Wertsachen abgesehen hatten, und die ohne Rücksicht auf ihr Ziel losschritten.

Hanau war eine Kleinstadt und galt im Krieg als Luftschutzort zweiter Ordnung. Man glaubte nicht, daß der Feind diese Städte so stark angreifen würde, wie die Städte Hamburg, Berlin oder Frankfurt. Infolgedessen unterhielt Hanau auch keinen ständigen Sicherheitsdienst, der Bergungen und Aufräumungsarbeiten sofort nach den Angriffen vornahm. Diese Arbeiten machte in Hanau das Technische Nothilfenamt, eine Gruppe, die neben ihrem Beruf noch ihre Kraft für diese schwere Arbeit zur Verfügung stellte. Als auch unsere Stadt immer stärker bombardiert wurde, mußte unbedingt ein Sicherheitsdienst festangestellt werden. Dieses Problem löste man ziemlich einfach, indem die Polizei die Mitglieder der Technischen Nothilfe zu diesen Diensten verpflichtete.

Ihre Arbeit wechselte jetzt mit den starken Angriffen. Wenn sie in erster Zeit einen Instandsetzungsdienst darstellten, so wurden sie jetzt das Bergungskommando. Jetzt war ihre erste Aufgabe, Verschüttete zu retten; aber ihre Hilfe kam meistens zu spät und so wandelte sich ihr Name abermals. Sie hießen jetzt das Leichenbergungskommando.

Diese Bergungsarbeiten wurden bis zum letzten Tage vor dem Einzug der Amerikaner unter Leitung von Herrn Reuling ausgeübt, allerdings nur noch von einer kleinen Gruppe. Der größte Teil der Mannschaft war vorher auf Befehl abgezogen. Diese Männer waren sehr gesucht. Ihr Beruf war nicht gefragt, und der Krieg war noch nicht zu Ende, wenn auch für uns. Aber viele Städte wurden in den wenigen Tagen noch zerstört, und die Bergung der Toten mußte rasch geschehen, um keine Seuchen aufkommen zu lassen, deshalb mußte der größte Teil abziehen.

Obwohl die wenigen Mitglieder nichts mehr zu tun gebraucht hätten, meldeten sie sich bei der damaligen Stadtverwaltung in Kesselstadt und stellten sich zur Verfügung.

Mit diesen verhältnismäßig wenigen Männern konnte Herr Reuling nicht viel anfangen, so trommelte er sich die Männer zusammen, die teils wieder nach Hanau zurückgekehrt waren oder in der Umgebung, Unterkunft gefunden hatten.

Am 6. April konnte er mit 12 Mann die Arbeit beginnen. Auch die Amerikaner legten großen Wert darauf, daß die Toten geborgen würden. Um diese Arbeiter zu binden, damit sie nicht wieder weggehen würden, wurden sie von dem neuen Bürgermeister Dr. Blaum als Hilfsarbeiter eingestellt. Um für ihre unangenehme Arbeit eine Entschädigung zu leisten, wurden ihnen besondere Vergünstigungen gewährt: Ihr Lohn betrug 2,– DM pro Stunde. Spirituosen Rauchwaren und Lebensmittel erhielten sie extra.

Einen genauen Plan hatten sie nicht, da man den Leichengeruch berücksichtigen mußte. So wurde der Trupp zuerst dort eingesetzt, wo die Belästigung des Geruches besonders stark wurde. Auch wollte man die großen Todesstellen, an denen vierzig bis fünfzig Tote lagen, beseitigen, die an diesen Stellen besonders schnell Ratten sich ansammelten, und das wollte man verhindern, so gut es ging. So wurden in den ersten Wochen durchschnittlich 30 Tote am Tage geborgen. Oft schaffte man nur noch Knochen, Knochenteilchen unter den Trümmern hervor.

Die Leichen schichteten sie auf flache Wagen und fuhren sie auf den Friedhof, wo man sie in Massengräbern beerdigte. Auch der Friedhof war keiner mehr. Bäume lagen entwurzelt umher. Die Baumkronen waren an fast allen Bäumen von Splittern zerfetzt. Gräber waren durch Bombentrichter verschwunden. Die Grabsteine und Kreuze lagen mit den von den Bomben freigelegten Knochen wirr durcheinander. Ein Bild, ein Chaos, wie es in vielen Städten zu finden war.

Sobald die leichteren Fälle, also Fälle, wo man leicht an die Leichen herankommen konnte, erledigt waren, wurden die schwierigeren in Angriff genommen. Bald hatte es sich gezeigt, wie gering 12 Mann für diese Arbeiten waren und der Führer forderte Hilfskräfte an. Jedoch nur wenige, 6 Mann, fanden sich bereit zu arbeiten. Erst Mitte Juni hatte man die Mindestzahl beisammen. Dies kam zu Stande, als die Polizei ehemalige Parteimitglieder zu dieser Arbeit heranzog. Doch brauchten diese Männer nicht die Toten bergen, sie hatten nur die Aufgabe, den Keller, die vermutliche Stelle freizulegen. Sowie sich Zeichen von Leichen zeigten, trat der eigentliche Bergungstrupp an ihre Stelle. Sie räumten dann die letzten Trümmer mit der Hand von den Toten; natürlich trugen sie dazu Gummianzüge und -handschuhe.

So standen dem Bergungsführer 35 Mann für die Räumungsarbeiten zur Verfügung und so konnte er gleichzeitig 6 Stellen bearbeiten. Die Männer des Räumtrupps bekamen keine Vergünstigungen außer einer Wermutszuteilung alle 14 Tage.

Man hatte gehofft, Ende August die Bergung beenden zu können. Aber immer noch 70 Leichen waren nach den Meldungen zu finden. Nach Herrn Reulings Meinung mußten jedoch mindestens 600 Tote noch unter den Trümmern liegen.

Bei ihren Bergungsarbeiten ergab sich, daß sie öfters auch auf Lebensmittel und Brennstoff usw. stießen. Daraufhin wurde mit dem Wirtschaftsamt vereinbart, daß er alles aufnehmen sollte und melden. So konnten einige größere noch nicht geplünderte Lager sichergestellt werden.

Es konnte jedoch nicht verhindert werden, daß die Ratten sich ausbreiteten. Doch konnten die Männer eine regelrechte Rattenplage verhindern; sie hatten es durch Auslegen von vergifteten Brotbröckchen erreicht. Es wäre ihnen auch gelungen, das Auftreten von Ratten überhaupt zu verhindern, doch die Giftbeschaffung hatte zu lange gedauert.

Es ist zu bedauern, daß die Männer sehr oft angepöbelt und verächtlich gemacht wurden. Diese Spötter aber hatten vergessen, daß gerade sie der Stadt am meisten geholfen haben. Sie dachten schon wieder, genau wie die Sanitäter, an die Zukunft, an Arbeit, als die anderen sich verkrochen hatten. Dieser Trupp verhütete eine Seuche, und er ermöglichte durch seine Arbeit, daß die Stadt früh mit dem Wiederaufbau beginnen konnte. Denn hätte er nicht so früh die Bergungen vorgenommen, so hätte sich niemand mehr in die Stadt trauen können, und dann wären die Kosten gestiegen, und sie hätten Leichen bergen müssen, wie die des Soldaten Justin Steigerwald, die man erst am 29. 10. 45 durch Zufall fand, oder aber wie die 24 Personen, die erst am 5. 1. 46 geborgen wurden und am 7. 12. 44 umgekommen waren.

Sie waren von Ratten angefressen und von Maden durchbohrt oder verbrannt, wie die 24 Personen.

An der Fundstelle der 24 Personen

Hier und auf den zwei nächsten sind die Männer des Bergungskommandos mit der Freilegung beschäftigt.

Samstag, den 29. September 1945 Preis 10 Rpf.

Bürger vom Stadt- und Landkreis Hanau!

Einen großen Teil von Straßenzügen unserer Stadt habt Ihr durch Euren Fleiß freigelegt, der Verkehr kann darin ungehindert durchgeführt werden. Jetzt gilt es, den Rest der Straßen vom Schutt zu befreien, dieserhalb rufen wir zum

4. GROSS-EINSATZ

am Samstag, den 29., und Sonntag, den 30. September 1945, auf.

Der Arbeitseinsatz findet am Samstag von 2—6 Uhr und am Sonntag von 8—12 Uhr statt. Schippe und Hacke sind mitzubringen.

Stellplatz: Marktplatz.

Ich weiß, es gibt noch viele Drückeberger, besonders im Lamboyviertel und Freigericht. Diese Stadtviertel werden auch einmal unsere Hilfe nötig haben, dann werden wir deren Anstrengungen bewerten. Außerdem werde ich alle Drückeberger, sofern sie festgestellt werden, für andere Arbeiten dienstverpflichten.

Bürger! Denkt daran, unsere Aufgabe ist riesengroß, nur durch die Hilfe aller können wir den Aufbau vollziehen.

Auch Euch Evakuierten geht es an, denn Ihr alle wollt einmal in Eure Stadt wieder zurück.

Hanau, den 20. September 1945.
Der Einsatzleiter für den Wiederaufbau beim Arbeitsamt Hanau
PH. DASSBACH.

Auch die Nationalsozialisten verspottete man. Waren sie nicht mit Überzeugung in die Partei gegangen, hatten sie nicht alle gerufen:

„Es lebe der Führer! Hoch die Partei!" Viele beschuldigten sie, Schmuck und andere Wertsachen entwendet zu haben. Doch konnte das gar nicht vorkommen; denn immer war ein Wachtmeister da, der sofort alle gefundenen Sachen registrierte. Ich glaube, daß die anderen dies einsehen werden und dementsprechend anerkennen.

Langsam wandelte sich der Bergungstrupp wieder zurück in einen Instandsetzungstrupp. Als der größte Teil der Toten geborgen war, setzte man einige Männer zum Einreißen von einsturzgefährdeten Fassaden, Wänden und Giebeln ein. Die Zahl der Mannschaft wurde auch langsam verringert. Den 30. 8. 45 kann man als den letzten Tag der regelmäßigen Bergungsarbeiten annehmen, wenn auch der Trupp noch mit einer kleinen Abteilung bestehen blieb, um dann noch einzugreifen, falls noch Vermißtenmeldungen eingingen.

Insgesamt sollen 1166 Leichen geborgen worden sein.

Mit Hanaus Zerstörung ging fast zur gleichen Zeit ganz Deutschland unter. Die Verwaltung der Stadt versank mit der riesigen Verwaltung des Reiches in einem Chaos. Deutschland war ein Trümmerfeld, und in dem Trümmerfeld lag der Schutthaufen Hanau, die Stadt des edlen Schmuckes.

Die Beamten waren jetzt keine mehr, sie waren frei, ihr Schwur galt nicht mehr. Was sollten sie hier, gab es überhaupt noch was für andere zu tun, hatte es nicht aufgehört, Ordnung zu geben?

Nein, die Verwaltung wurde sofort wieder aufgerichtet. Die verantwortlichen Leute (Männer, die sich in der größten Not für die Stadt verantwortlich fühlten) waren sich vollkommen bewußt, was kommen würde, wenn sie keine Verwaltung schafften. Sie erreichten es.

Von der Zentrale in der Kesselstädter Schule führten sie die dringendsten Arbeiten durch. Kurz darauf siedelten sie mit anderen Behörden ins Schloß Philippsruhe über. Von hier wurde der Leichenbergungstrupp gelenkt. Hier wurden die Toten registriert, und hier wurden 929 Tote als Zahlen festgehalten, die niemand beweint, die wirklich vergessen sind. Sie konnten nicht identifiziert werden, sie waren verbrannt und lagen umher, bis sie die Männer wenigstens in verbeulte Waschwannen gesammelt hatten.

Von hier versuchte die Stadtverwaltung, wenigstens die stärkste Not zu lindern. So versuchte das Bauamt, die leichter beschädigten Häuser einigermaßen herzurichten. Dies war der Anfang des Wiederaufbaus in Hanau.

Der 19. März 1945 aber wird ein Mahnmal gegen den Krieg bleiben.

Hans-Jürgen Kinsel

Gaswerk (Kesselhaus)

Stadtwerke Hanau GmbH

Die Geschichte unseres Unternehmens reicht bis Anno 1848 zurück. Im diesem Jahr ging unser erster Betriebszweig, die „Gasbereitungsanstalt", in Betrieb. Ihr folgte 1890 die zentrale Wasserversorgung. Das Zeitalter der Elektrizität begann für Hanau 1898 mit einem kleinen Dampfkraftwerk. Als weitere Betriebszweige folgten 1924 der Mainhafen und 1966 die Fernwärmeversorgung in der Weststadt.

Stadtwerke
wir sorgen für alle in dieser Stadt.

Städtisches Elektrizitätswerk außen
(Abbildungen aus den 20er Jahren)

Niederdruckgaskessel mit Betriebsgebäude

Mit dem Einmarsch von Verbänden der amerikanischen Armee im zerstörten Hanau am 28. März 1945 begann ein neuer Zeitabschnitt in der Geschichte der Stadt. Aufräumungsarbeiten, erste Zeichen des Wiederaufbaus und die Versuche zur Einrichtung einer demokratischen Selbstverwaltung schilderte der frühere Hanauer Bürgermeister Dr. Hermann Krause in einer vor annähernd zwei Jahren im „Hanauer Anzeiger" erschienenen Serie.

Wie aus Trümmern eine neue Stadt entstanden ist

Hanau in den entscheidenden Jahren nach dem Zweiten Weltkrieg – Der Aufbau einer neuen Selbstverwaltung – Erinnerungen von Bürgermeister i. R. Dr. Hermann Krause

Hanau. *– In unserer Serie „Das Hanauer Tagesgespräch vor 50 Jahren“ berichten wir seit einigen Monaten über die politischen Ereignisse in dieser Stadt und im damaligen Deutschland, die zur Machtübernahme durch das Nationalsozialistische Regime unter Hitler geführt haben, mit der auch im Zweiten Weltkrieg der Untergang des Reiches und die Zerstörung Hanaus eingeleitet worden ist. Nunmehr können wir unseren Lesern in einer weiteren, für die nächsten Wochen vorgesehenen Serie den nach dem Zusammenbruch beginnenden Wiederaufbau im nahezu total zerstörten Hanau schildern. Hanaus erster Bürgermeister nach dem Zweiten Weltkrieg, Dr. Hermann Krause, hat uns aus seinen tagebuchähnlichen Erinnerungen dokumentarische Aufzeichnungen zur Verfügung gestellt, die einen aufschlußreichen Eindruck von den Schwierigkeiten vermitteln, in Hanau wieder eine demokratische Selbstverwaltung in Gang zu bringen und den Wiederaufbau der Stadt in Angriff zu nehmen. Dr. Hermann Krause, der nach wie vor in Hanau lebt und am 13. August seinen 75. Geburtstag begehen kann, war 1945 von den amerikanischen Besatzungsmächten als erster Bürgermeister eingesetzt worden, versah zwischendurch auch mehrfach die Geschäfte des kommissarischen Oberbürgermeisters, ehe er 1946 nach der ersten Stadtverordnetenwahl vom Hanauer Stadtparlament zusammen mit Oberbürgermeister Karl Rehbein (SPD) zum Bürgermeister gewählt wurde. Dieses Amt versah der Christdemokrat 20 Jahre lang bis 1966, als ihn die neue Mehrheit in der Stadtverordnetenversammlung nicht mehr in seinem Amt bestätigte. Die Aufzeichnungen Dr. Hermann Krauses beginnen mit dem 7. April 1945, zehn Tage nach der Einnahme und Besetzung Hanaus durch amerikanische Truppen am 28. März 1945.*

So sah der Marktplatz im Frühjahr 1945 aus. Ganz links Reste der Fassade des später wiederaufgebauten Historischen Rathauses, rechts die Stelle, wo heute die Gebäude der Stadtsparkasse und des Kaufhofs stehen.

7. bis 10. April 1945

In Hanau habe ich mir die Wohnung meiner Eltern angesehen. Ein Trümmerhaufen, wie die ganze Innenstadt, die ich tief erschüttert durchwandert habe. Es ist schauerlich. Warum ist das nur geschehen, fragt man sich immer wieder. In der Innenstadt ist aber auch alles zerstört, dazu alle öffentlichen Gebäude, Rathaus, Schulen, Kirchen, Krankenhäuser, Gericht, Bahnhöfe, Post, Fernmeldeamt, selbst der Hauptfriedhof ist durch Bomben umgepflügt. Nur die Randgebiete scheinen teilweise erhalten, insbesondere die Kasernen. Es ist unfaßbar. Das, was da am 19. 3.

Militärregierung - Deutschland

Bekanntmachung.

Alle verwaltungsmäßigen und wirtschaftlichen Kontrollmaßnahmen betreffend die Erzeugung, Verarbeitung, Ablieferung, Verteilung und Zuteilung von landwirtschaftlichen Erzeugnissen und Nahrungsmitteln aller Art im

Regierungsbezirk Wiesbaden
Freistaat Hessen
(ausschließlich des westrheinischen Gebietes)
Landkreis Hanau
Landkreis Gelnhausen
Landkreis Schlüchtern

müssen auf derselben Grundlage wie vor der Besatzung durchgeführt werden. Alle zu diesem Zweck eingesetzten Stellen und erlassenen Gesetze und Verfügungen werden in voller Kraft und mit voller Wirkung im Rahmen der Ausführungsbestimmungen zu Gesetz Nr. 1 „Abschaffung von Nazi-Gesetzen“ weiterhin ihre Gültigkeit behalten.

Im Auftrage der Militärregierung

1945 geschehen ist, die Zerstörung unserer Stadt, ist unter keinem Gesichtspunkt gerechtfertigt.
In der Stadt laufen viele ausländische Arbeiter, die als Zwangsarbeiter während des Krieges nach Deutschland gebracht worden sind, herum. Sie nehmen mit Vorliebe den Deutschen die Fahrräder auf offener Straße ab. Vor Hanau lagern im Lamboywald in hunderten von Zelten amerikanische Soldaten. Der Anblick dieser Zeltstadt hat etwas Gespenstiges. Es war herrliches Wetter, als ich mit dem Fahrrad nach Rückingen fuhr, wo meine Familie bei meinem Schwager untergebracht ist. Es war mir furchtbar zumute. In dem Straßengraben längs der Landstraße nach Rückingen lagen viele Flugblätter, die, mit dem Datum: 19. März 1945, offensichtlich von amerikanischen Flugzeugen abgeworfen waren. Einige Schlagzeilen: Massenflucht aus Frankfurt und Mannheim – Todeszonen werden geräumt – Saarpfalz-Abwehr bricht: Amerikanische Panzer sind 20 km vor Worms.
Der Krieg kann nicht mehr lange dauern. Am 10. April war ich wieder in Hanau, diesmal mit meinem Vater, um das Schicksal der Weststadt, insbesondere von Schloß Philippsruhe und Wilhelmsbad, zu erkunden. Dabei begegnete uns in der Nähe der Kesselstädter Schule, die jetzt Rathaus sein soll, Dr. Blaum, der uns aus der Zeit vor 1933 bekannt ist, sowohl aus der kommunalpolitischen Tätigkeit (mein Vater war mehrere Jahre Stadtverordneter in Hanau) als auch von der gemeinsamen Arbeit in der Deutschen Demokratischen Partei.
Er sagte, er sei von der Militärregierung wieder als Oberbürgermeister eingesetzt. Wir unterhielten uns lange mit ihm. Er möchte mich für eine Mitarbeit in der Stadtverwaltung gewinnen. Hanau ist eine Kleinstadt geworden, die nur noch 8000 bis 10 000 Einwohner haben dürfte; alle leben in kümmerlichen Verhältnissen. Aber es ist meine Heimat und ich meine, hier ist meine Aufgabe. Bei schönstem Frühlingswetter fuhr ich am gleichen Tag mit dem Fahrrad in den Landkreis, u. a. nach Wachenbuchen und Roßdorf. Pfarrer Göckel, von der Marienkirche in Hanau nach Roßdorf evakuiert, beerdigte dort auf dem Friedhof eine Familie, die am 19. März in Hanau bei dem Fliegerangriff umgekommen und verbrannt war. Es war nur ein Sarg, der da zu Grabe getragen wurde. An der Trauerfeier nahm ich teil. Anschließend habe ich mich mit Pfarrer Göckel lange unterhalten. Überall ist in englischer und deutscher Sprache eine Bekanntmachung des Generals Eisenhower angeschlagen.

19. bis 23. April 1945

Am 20. April war ich nach Hanau zu Dr. Blaum wegen einer Mitarbeit in der Stadtverwaltung gerufen worden. Ich wurde von ihm dem amerikanischen Kommandanten von Hanau, Mayor Thomas Thurner jr., der in der früheren Krebs'chen Villa (heute Pfarrer-Hufnagel-Straße 2) in Kesselstadt am Main Quartier bezogen hat, vorgestellt. Er erklärte nach einigen Dankesworten, die Angelegenheit überprüfen zu lassen. Da von General Eisenhower für die US-Armee ein striktes „Fraternisierungsverbot“ erlassen worden ist, verabschiedeten wir uns sofort. In der Krebs'chen Villa sind Büros der Militärregierung untergebracht. Es herrschte dort ein eifriges Kommen und Gehen.

1. Mai 1945

Heute, um 12 Uhr, war ich bei Dr. Blaum, da die amerikanische Militärregierung meiner Mitarbeit in der Stadtverwaltung Hanau zugestimmt hat. Vorerst werde ich kommissarisch, ebenso wie Dr. Blaum, tätig sein. Über zwei Stunden habe ich mich mit Dr. Blaum unterhalten. Nach seinen Informationen – er hat mit den höheren Dienststellen der US-Armee in Frankfurt Gespräche geführt – wird es für lange Zeit keine deutsche Regierungsgewalt geben. Die amerikanische Militärregierung werde nur eine örtliche deutsche Verwaltung einsetzen, wahrscheinlich dabei das Präfektursystem einführen. Eine höhere „Verwaltungsstufe“ soll es nicht geben. Die Zeiten würden schwer sein, mindestens bis Mai 1946 werde es mit allem noch weiter bergab gehen, insbesondere die Versorgungslage einschließlich der Belieferung mit Kohle werde schlechter werden. Hilfe vom Ausland hätten wir nicht zu erwarten, im Gegenteil! Unsere Gefangenen im Ausland würden vorerst nicht zurückkehren können. Eine Arbeitspflicht werde streng gehandhabt, auch würden wir Arbeitskräfte ans Ausland abgeben müssen. Viele Menschen in Deutschland sähen die Lage nicht real, insbesondere nicht nüchtern genug. Das deutsche Recht werde, abgesehen von dem nationalsozialistischen Zwischenspiel, in Kraft bleiben und könne örtlich weitergebildet werden, natürlich mit Genehmigung der Militärregierung. Dr. Blaum hat weitere Aufträge erhalten, so daß er froh ist, wenn ich ihn demnächst ganz vertreten kann. Ich habe Wert darauf gelegt, daß unsere Kompetenzen gegenseitig genau festgelegt werden. Neben der Vertretung des Oberbürgermeisters habe ich die sozialpolitische Abteilung, wozu Jugendamt, Fürsorgeamt, Fürsorgestelle für Kriegsbeschädigte, Familienunterhalt, Versicherungsamt und Wohnungsamt gehören, ferner untersteht mir das Melde- und Standesamt, Gewerbepolizei, Bestattungswesen, Feuerlöschwesen, schließlich das Kriegsschädenamt und Ernährungs- und Wirtschaftsamt. Auch das Gesundheitsamt wird von mir betreut. Ich habe also genug zu tun. Der Krieg ist formell noch nicht beendet. Angesichts des furchtbaren Zustandes der Stadt halte ich mich jedoch zu einer Mitarbeit verpflichtet. Dr. Blaum und ich sind uns freilich über die Schwierigkeiten unserer Position vor dem formellen Kriegsende im klaren. Im Rheinland sind von der US-Militärregierung eingesetzte Bürgermeister erschossen worden. Trotz allem Pessimismus habe ich große Hoffnung, daß sich auf der Basis der örtlichen deutschen Selbstverwaltung wieder ein deutscher demokratischer Staat entwickeln wird. Übrigens, eine Ernennungsurkunde habe ich nicht erhalten, es wurde alles mündlich „abgemacht“.

2. und 5. Mai 1945

Am 2. Mai wurde ich von Dr. Blaum den wenigen städtischen Dienststellenleitern und Beamten vorgestellt. Alle Dienststellen waren sehr primitiv in der alten Kesselstädter Schule und in zwei Baracken auf dem Schulhof untergebracht. Fast alle Akten waren verbrannt. Unterlagen, wie Gesetzessammlungen oder Texte, waren nicht vorhanden. Telefon gab es

Beim Ehrendienst zur Beseitigung der Trümmerhaufen mußte jeder Hanauer Hand mit anlegen, wenn er die Berechtigung auf den Bezug von Lebensmittelkarten erhalten wollte. Ganz rechts (mit Hut) Karl Rehbein, Hanaus erster gewählter Oberbürgermeister nach dem Krieg, links Dr. Hermann Krause.

nicht. Ich selbst hatte ein kleines Zimmer, in dem ein Tisch, ein Stuhl und ein Schemel für den Besucher gerade noch Platz hatten.
Es war eine recht mühevolle Aufbauarbeit. Sehr umfangreich war die Tätigkeit des Fürsorgeamtes und des Wohnungsamtes. Dort war ein recht erheblicher, ständig zunehmender Publikumsverkehr, besonders auf dem Wohnungsamt; letzteres hatte besonders große Schwierigkeiten. Die Abgabe der Lebensmittelkarten war von dem Vorhandensein einer Wohnung bzw. Wohnungszuweisung abhängig. Da 80 Prozent der Wohnungen in der Stadt durch Fliegerangriffe zerstört waren, konnte dem größten Teil unserer Bürger, die von außerhalb jetzt wieder in die Stadt wollten, keine Wohnung zugewiesen werden und damit auch keine Lebensmittelkarte in Hanau. Infolgedessen gab es im Wohnungsamt häufig recht erregte Auftritte. Alle Mitarbeiter dieses Amtes verdienen angesichts der miserablen Situation, in der sie arbeiten mußten, höchste Anerkennung.
Damit die Lebensmittelversorgung nicht zusammenbrach, hatte die Militärregierung am 5. Mai 1945 die folgende Bekanntmachung herausgeben lassen:
„Alle verwaltungsmäßigen und wirtschaftlichen Kontrollmaßnahmen betreffend die Erzeugung, Verarbeitung, Ablieferung, Verteilung und Zuteilung von landwirtschaftlichen Erzeugnissen und Nahrungsmitteln aller Art müssen auf derselben Grundlage wie vor der Besatzung durchgeführt werden. Alle zu diesem Zweck eingesetzten Stellen und erlassenen Gesetze und Verfügungen werden in voller Kraft und mit voller Wirkung im Rahmen der Ausführungsbestimmungen zu Gesetz Nr. 1 ‚Abschaffung von Nazi-Gesetzen' weiterhin ihre Gültigkeit behalten.“
Trotzdem, die Versorgungslage war außerordentlich kritisch geworden. Die Lebensmittelrationen wurden für die Woche vom 30. April bis 6. Mai 1945 wie folgt festgesetzt:
(Siehe Tabelle unten):

Bis Ende Mai 1945

Nach den bisherigen Unterlagen sind infolge der Bombenangriffe auf unsere Stadt umgekommen:

	Zivilisten	Soldaten	Ausländer	zusammen
bis September 1944	22	50	4	76
im Dezember 1944	138	37	25	200
bis Januar 1945	63	53	40	156
19. März 1945	664	7	16	687
				1119

Etwa 1000 Personen liegen wohl noch unter den Trümmern. Eine traurige Pflicht der Stadt ist es, die Toten aus den Trümmern zu bergen. Ein Leichenbergungstrupp unter Leitung von Herrn Jüngling für die Bergung der Toten wurde gebildet. Die Arbeit dieser Männer verdient unser aller Respekt. Zahlreiche Fotos von dieser traurigen Tätigkeit sind im Stadtarchiv vorhanden.

Trotz unserer erheblichen Arbeitslast erörtern Dr. Blaum und ich ständig Fragen des Wiederaufbaus der Stadt. Prof. Dr. Neuendorfer und sein Mitarbeiter, Architekt Drevermann vom Soziographischen Institut der Universität Frankfurt, wurden von uns mit der Erstellung eines Wiederaufbauplanes beauftragt.
Der Postverkehr wurde wieder in Gang gesetzt. Ein Postamt wurde in einer Gastwirtschaft in Kesselstadt eingerichtet.
Dr. Blaum wird von der Militärregierung zum Oberbürgermeister in Frankfurt ernannt. Er hat mir erklärt, daß er mich in Hanau gern als seinen Nachfolger sehen würde. Der Leiter der Militärregierung, Major Thurner, hat mich jetzt auch in diesem Sinne befragt. Wir haben uns eingehend unterhalten. Es ist wohl so, daß im nächsten Frühjahr Gemeindewahlen stattfinden und die dann gebildeten Körperschaften die leitenden Beamten der Gemeinden und Städte wählen. In unserer Stadt existieren zur Zeit bereits die Sozialdemokratische Partei und die Kommunistische Partei, denen ich mich nicht anschließen werde. Andere Parteien gibt es zur Zeit nicht. Es ist erstaunlich, wer sich mir schon als Mitglied der Kommunistischen Partei vorgestellt hat. Man müsse sich rechtzeitig arrangieren, meint man. Ich bin der Überzeugung, daß ich als Verwaltungsbeamter, der außerdem Hanauer ist und die Verhältnisse genau kennt, das Bürgermeisteramt anstreben sollte. So habe ich mich dann auch gegenüber Major Thurner geäußert. Nach sechs Wochen teilte mir dieser am 5. Juli mit, daß er Herrn Molitor zum Oberbürgermeister ernannt habe. Er fügte hinzu: „You shall continue in office as Stellvertreter of the Oberbürgermeister.“ Als Herr Molitor nach mehreren Monaten zurücktrat, übernahm ich auch die Oberbürgermeistergeschäfte bis zum 18. Juli 1946. An diesem Tage wählte die aus den Kommunalwahlen hervorgegangene erste demokratische Stadtverordnetenversammlung, in der die CDU neun, die SPD neun und die KPD sechs Sitze hatten, Herrn Karl Rehbein zum Oberbürgermeister, mich zum Bürgermeister und Herrn Bernhard Nagel zum Stadtrat. Trotz unterschiedlicher politischer Grundauffassungen waren wir ein gutes Gespann. (Fortsetzung folgt)

11. Lebensmittelrationen für die Woche vom 30. April bis 6. Mai 1945.

Für die 1. Woche der 75. Zuteilungsperiode werden folgende Lebensmittelmengen aufgerufen:

Menge	Warenart	Personenkreis	Bezugsabschnitte der Lebensmittelkarten der 75. Periode
1500 g	Roggenbrot	üb. 6 J.	1 E, 1 Jgd.
500 g	Roggenbrot	6 – 18 J.	5 Jgd.
1000 g	Weißbrot	0 – 6 J.	1 K.
250 g	Weißbrot oder 187,5 g Mehl	üb. 6 J.	9 E, 9 Jgd.
200 g	Fleisch	üb. 6 J.	17—20 E, 17—20 Jgd. über je 50 g
100 g	Fleisch	0 – 6 J.	17—18 K über je 50 g
75 g	Butter	für alle	25 E, 25 Jgd., 25 K.
62,5 g	Käse	für alle	33 E, 33 Jgd., 33 K.
62,5 g	Nährmittel	für alle	41 E, 41 Jgd., 41 K.
125 g	Kindernährmittel	0 – 6 J.	42 K,
62,5 g	Hülsenfrüchte	üb. 6 J.	42 E, 42 Jgd.
125 g	Zucker	für alle	49 E, 49 Jgd., 49 K.
125 g	Quark	6 – 18 J.	34 Jgd.
1 Stück	Ei	für alle	Abschnitt 7 der Reichseierkarte

Noch Wochen und Monate nach Kriegsende wurden bei den Aufräumungsarbeiten in den Trümmern die Überreste von Toten des Luftangriffs vom 19. März 1945 gefunden.

Wie aus Trümmern eine neue Stadt entstanden ist

Hanau in den entscheidenden Jahren nach dem Zweiten Weltkrieg – Der Aufbau einer neuen Selbstverwaltung – Erinnerungen von Bürgermeister i. R. Dr. Hermann Krause

Über die gewaltigen Schwierigkeiten, vor die sich die Menschen nach dem verlorenen Krieg 1945 gestellt sahen, berichtet in einer in unserer letzten Samstagausgabe begonnenen Serie der erste Hanauer Bürgermeister nach dem Zweiten Weltkrieg, Dr. Hermann Krause. Die Versorgung der noch in der schwer zerstörten Stadt zurückgebliebenen Bevölkerung mit den notwendigsten Dingen des täglichen Lebens, die Bereitstellung von Wohnraum für Obdachlose, der Aufbau einer neuen Selbstverwaltung und die Zusammenarbeit mit den amerikanischen Besatzungsstreitkräften türmten immer wieder Probleme auf, mit denen die wenigen Verantwortlichen fertig werden mußten, die sich in jener Zeit zur Verfügung stellten oder von der Besatzungsmacht akzeptiert wurden, um auf den von der Nazi-Diktatur zurückgelassenen Trümmerbergen einen neuen demokratischen Staat aufzubauen. Dr. Hermann Krause, der von 1945 bis 1966 über zwei Jahrzehnte lang Bürgermeister in Hanau war und der am 13. August dieses Jahres seinen 75. Geburtstag begehen kann, schildert in seinen tagebuchähnlichen Erinnerungen in mehreren Fortsetzungen seine Erfahrungen und persönlichen Eindrücke aus dieser Zeit. Während im Mittelpunkt des Auftaktberichts die ersten Wochen nach dem Einmarsch der Amerikaner von Ende März/Anfang April bis Ende Mai standen, beschäftigt sich die heutige erste Fortsetzung mit Ereignissen in den Monaten bis zum Ende des Jahres 1945.

11.–15. Juni 1945

Im Schloß Philippsruhe, das ich für die Verwaltung der Stadt beschlagnahmt habe, werden z. Zt., so gut es geht, Büroräume für die Stadtverwaltung eingerichtet. Die in der Kesselstädter Schule recht notdürftig und sehr zusammengedrängte Stadtverwaltung erhält dann eine gute Unterkunft, in der sie wohl noch einige Jahre bleiben wird. Mit der Militärregierung habe ich zur Absicherung dieser Beschlagnahmeverfügung mehrfach mit Erfolg verhandelt. Auch wegen meiner eigenen Zuständigkeit habe ich intensive Verhandlungen mit Major Turner geführt. Ich habe es durchgesetzt, daß die Entscheidungen der Stadt in Wohnungssachen von der Militärregierung nicht mehr überprüft und etwa aufgehoben werden können. In Wiesbaden hat die Landesmilitärregierung das Amt des Regierungspräsidenten wieder in Funktion gesetzt. Ich stattete dem Regierungspräsidenten, Herrn Bredow, dem früheren Reichsrundfunkkommissar der Weimarer Zeit, einen Besuch ab. Herr Bredow hatte allerdings große Bedenken, anzunehmen, daß Stadt und Landkreis Hanau zu seinem Aufsichtsbezirk gehören; denn bis 1944 gehörte in der Tat Stadt- und Landkreis Hanau zum Regierungsbezirk Kassel und war erst kurz vor dem Zusammenbruch durch Führererlaß zum Regierungsbezirk Wiesbaden zugeschlagen worden. Ich redete dem Herrn Regierungspräsidenten gut zu, sich dafür einzusetzen, daß es bei dieser letzten Regelung bleiben möge, was dann auch geschah.

Das Ernährungsamt der Stadt hat mich darauf hingewiesen, daß in Hanau kein Salz mehr für die Bevölkerung, insbesondere für die Bäcker zum Brotbacken vorhanden ist. Zur Beschaffung von Salz erhielt ich von der Militärregierung eine schriftliche Reisegenehmigung nach Eisenach in Thüringen, um in Vacha oder in Dorndorf den Salzeinkauf für unsere Gegend vorzunehmen. Am 14. 6. fuhr ich mit dem Pkw bis nach Eisenach. Unterwegs begegneten mir zahlreiche Flüchtlinge, da – nach den Pressenotizen – Thüringen und Sachsen von den Russen besetzt werden sollen. Die Menschheit wird also schon wieder in Bewegung gebracht – ein trauriges Bild. Kontrolliert wurden wir auf der ganzen Fahrt nur ein einziges Mal kurz vor Eisenach.

9.–15. Juli 1945

Besonders schwierig für die Verwaltung ist z. Zt. die Lage auf dem Hauptbahnhof, der völlig zerstört ist. Dort lagern viele tausend Menschen, die nicht weiterreisen können. Besonders fallen die vielen evakuierten Saarländer auf, denen die Franzosen die Einreise in das Saargebiet bisher verweigert haben. Ein Zug nach dem anderen wird nun ausgerechnet in Hanau auf dem Hauptbahnhof aufs Abstellgleis gestellt, vollgeladen mit Saarländern jeden Alters, auch sterbenden Menschen und hochschwangeren Frauen. 30 000 Essensportionen (Suppen) hat unsere Volksküche in diesen Tagen ausgeben müssen Die sanitären Verhältnisse auf dem Bahnhof sind das schlimmste.

Schwierig ist auch die Situation in unseren Kasernen, die in der Lamboystraße und in Wolfgang im wesentiichen unbeschädigt geblieben sind Alle Kasernen sind voll belegt, zumeist von Soldaten der US-Armee. Aber auch eine große Zahl von Displaced Persons sind in den Kasernen untergebracht. In einer Kaserne sind es allein 4000 Polen, Italiener und andere Nationalitäten, deren Verpflegung die Stadt monatlich 150 000 RM kostet. Wo das Geld auf die Dauer herkommen soll? Wenn wir nicht schleunigst eine übergeordnete Verwaltung erhalten, weiß ich nicht, was werden soll.

23.–29. Juli 1945

Mit einigen polnischen Displaced Persons hatte ich in meinem Arbeitszimmer eine heftige Auseinandersetzung weil diese Leute – sie waren alle schwer bewaffnet – in drohender Haltung von mir einen Millionenbetrag aus der Stadtkasse als Entschädigung für ihre persönlichen Schäden verlangten. Ich machte sie darauf aufmerksam, daß wir jetzt in einem Rechtsstaat leben, in dem ihr Vorbringen mit ordentlichen Beweismitteln belegt werden müsse. Das habe ich stur so lange wiederholt, bis sie den Rückzug antraten.

Am Ende dieser Woche wurde dem Oberbürgermeister befohlen, 35 Beamte der Stadt, die Parteimitglieder waren, zu entlassen. Die Situation unserer Verwaltung ist höchst kompliziert geworden Mit Herrn Molitor habe ich in dieser Woche Industriebetriebe in unserer Stadt besichtigt, um die ernsten Probleme, die hier bestehen und uns große Sorgen bereiten, zu erörtern.

Abtransport von Leichen, die in den Ruinen in der völlig zerstörten Glockenstraße gefunden worden sind.

„Stabsbesprechung" an Ort und Stelle. Zum Abtransport der Trümmerberge waren in den Straßen der völlig zerstörten Innenstadt Schienenstränge für Transportwagen verlegt worden. Im Hintergrund des im Herbst 1945 entstandenen Bildes sind die Reste des Johanneskirchturms und rechts davon eine Giebelwand des Altstädter Rathauses, des heutigen Deutschen Goldschmiedehauses, zu erkennen.

13. August – 31. Dezember 1945

Die Botschaft des Generals Eisenhower vom 6. 8. 1945 ist überall öffentlich bekanntgemacht worden.

Botschaft des Generals Eisenhower

An das deutsche Volk in der Amerikanischen Besatzungszone:

Drei Monate sind seit der entscheidenden Niederlage Deutschlands verstrichen. Wir haben während dieser Zeit hauptsächlich auf Beseitigung der Nazis aus allen für das deutsche öffentliche Leben wichtigen Stellungen hingearbeitet. Ferner haben wir Recht und Ordnung wiederhergestellt und zahlreiche Maßnahmen getroffen, die eine Grundlage bieten, auf der Ihr jetzt Eure äußersten Kräfte zur Milderung der Euch im kommenden Winter bevorstehenden Schwierigkeiten anspannen könnt. Unser Programm, den Nationalsozialismus auszumerzen, ist jetzt weit genug fortgeschritten, und die Zeit ist gekommen, um weitere Pläne für die Amerikanische Besatzungszone Deutschlands bekannt zu machen. Diese Pläne entsprechen in jeder Beziehung den Grundsätzen, die von den Alliierten Staatsmännern in der soeben beendeten Konferenz in Potsdam festgelegt worden sind.

Die Erfahrungen zweier Kriege innerhalb 25 Jahren bestärkt uns in unserer Absicht, nie wieder eine Bedrohung des Weltfriedens durch Deutschland zuzulassen. Nationalsozialismus und Militarismus in jeglicher Erscheinungsform werden ausgerottet. Kriegsverbrecher werden vor Gericht gestellt und der gerechten Strafe zugeführt. Deutschland wird vollkommen entwaffnet. Mit einem Wort, jede Möglichkeit ,Krieg vorzubereiten, wird und bleibt in Deutschland beseitigt. Jedoch unsere Ziele sind nicht nur negativ.

Es ist nicht unsere Absicht, das deutsche Volk zu demütigen. Wir werden Euch helfen, Euer Leben auf demokratischer Grundlage wieder aufzubauen. Sobald Eure Gerichte und Schulen von Nazi-Einflüssen gereinigt sind, werden sie wieder geöffnet werden.

Rechtspflege und Erziehungswesen, die auf echten demokratischen Grundsätzen beruhen, werden kräftigste Unterstützung finden.

Bereits heute veröffentlicht Ihr eine Anzahl eigener Zeitungen, wählt Vertrauensmänner, die Euch in Euren Betrieben vertreten, und arbeitet in Ausschüssen als Berater der Militärregierung. Diese und ähnliche Maßnahmen werden weiter ausgebaut werden.

Es wird Euch gestattet werden, örtliche Gewerkschaften zu bilden und Euch örtlich politisch zu betätigen.

Versammlungen zu diesen Zwecken dürfen mit Genehmigung der örtlichen Militärregierung abgehalten werden. Zu den vordringlichsten Aufgaben von Gewerkschaften und politischen Parteien gehört die Mitwirkung an solchen Maßnahmen, wie sie jetzt zur Vorbereitung auf den kommenden Winter notwendig sind.

Volle Freiheit zur Bildung von Gewerkschaften und zur Ausübung politischer Tätigkeit in demokratischem Sinne werdet Ihr schnellstens dort erlangen, wo Ihr zeigt, daß Ihr bereit seid, solche Vorrechte verständig auszuüben. Es hängt von Euren eigenen Handlungen ab, wann die noch bestehenden Beschränkungen von uns aufgehoben werden können. Die kommenden Monate werden für Euch eine schwere Prüfung sein. Es ist unvermeidbar, daß sie hart sein werden. Alle Anzeichen deuten auf Knappheit an Lebensmitteln, Heizungsstoffen, Wohnraum und Transportmitteln. Dies sind die Folgen des Angriffskrieges. Es steht jedoch in Eurer Macht, durch beharrliche Arbeit und gegenseitige Hilfe diese Not zu lindern. Müßiggang darf es nicht geben.

Die Ernteaussichten sind gut. Jedoch ist es zur vollen Einbringung der Ernte notwendig, daß die Stadtbevölkerung auf das Land geht und dort arbeitet.

Für die Beheizung von Wohnhäusern wird in diesem Winter keine Kohle zur Verfügung stehen. Zur Deckung des notwendigsten Bedarfes müßt Ihr in den nächsten Monaten in den Wäldern genügend Holz fällen und einsammeln.

Eure dritte Hauptsorge ist die Beschaffung von Wohnraum. Solange die Witterung es gestattet, müssen beschädigte Häuser ausgebessert werden, um während dieses Winters so viel Schutz wie möglich zu bieten. Zu diesem Zweck müßt Ihr in größtmöglichem Umfange Altmaterial und in den Wäldern gefälltes Holz verwenden.

Dies alles sind Eure Probleme. Deren Lösung hängt allein von Eurer Arbeit ab. Die Militärregierung hat auf vielen Gebieten deutsche Zivilbehörden eingesetzt, damit Ihr Euch selbst helfen könnt, bis die Zeit reif ist, Eure eigene Regierung auszuwählen. Falls Ihr das Eure tut, können wir Euch anderweitig helfen. Ich habe bereits militärische Transportmittel zur Verfügung gestellt, um zur Verhütung des Verderbens der Ernte auf den Feldern beizutragen.

Militärpersonen unter meinem Befehl ist jetzt gewöhnlicher Umgang mit Euch in der Öffentlichkeit gestattet. Auf diese Weise werden wir in der Lage sein, die Probleme, die die kommenden Monate für Euch bringen werden, besser zu verstehen.

Trotz aller Not braucht Ihr nicht ohne Hoffnung der Zukunft entgegenzusehen. Durch Eure eigenen Anstrengungen könnt Ihr Euch sowohl in der Heimat wie in den Augen der Welt wieder Achtung verschaffen. Es liegt in Eurer Macht, am Ende ein gesundes, demokratisches Leben in Deutschland aufzubauen und in die Gemeinschaft der Völker wieder einzutreten. Um dieses Ziel zu erreichen, müßt Ihr zeigen, daß Ihr Euch für immer von Militarismus und Angriffsgeist losgesagt habt und in Frieden mit der Welt zu leben gewillt seid.

Dwight D. Eisenhower
General of the Army
Oberbefehlshaber der
amerikanischen Streitkräfte in Europa

Dieses Bild zeigt den Autor des Berichts, Dr. Hermann Krause, der in seiner Eigenschaft als Bürgermeister den Helfern des Ehrendienstes aus der Zigarrenkiste eine kleine Freude bereitet – gehörte etwas Rauchbares damals doch zu den ausgesprochen raren Luxusgütern.

Am 18. und 19. August wurde mit gutem Erfolg die Bevölkerung zum freiwilligen Einsatz bei der Trümmerbeseitigung aufgerufen. Oberbürgermeister und Bürgermeister waren selbstverständlich auch dabei. Wir werden bis zum Beginn des Winters diese Einsätze noch einige Male durchführen und werden dadurch wohl erreichen, daß wenigstens die Hauptstraßen in der Innenstadt frei sind von Trümmern.

Ich bin in den letzten Wochen dabei, überall von unserem Kulturgut zu retten, was noch zu retten ist. Von der Wetterauischen Gesellschaft gegenüber der Stadthalle habe ich alle Zugänge zumauern lassen, weil in dem Gewölbe, in dem die wertvolle Bibliothek untergebracht ist, die Displaced Persons sich aufhielten und die großen dicken Folianten wegzuschleppen versuchten. Im Keller der Zeichenakademie war die dort gelagerte Bibliothek auch Gegenstand der Plünderungen. Kurzerhand habe ich alle Bücher in das Schloß Philippsruhe bringen lassen, wo sie in einem Abstellraum neben meinem Amtszimmer gelagert wurden.

Eine wertvolle Mithilfe war mir Herr Birkner, mit dem mein Vater seit langem befreundet ist. Wir brachten zusammen alle ausgelagerten Bestände der Stadtverwaltung und des Geschichtsvereins auf dem Dachboden des Klosters in Seligenstadt, wo sie nach menschlichem Ermessen sicher sein müssen. Viele denkmalswerten Bauteile der zerstörten Häuser habe ich durch das Bauamt asservieren lassen. Leider zeigt die Bevölkerung an dieser Arbeiten wenig Interesse. Insbesondere diejenigen versagen sich, von denen ich eine Mitarbeit erwartet hatte.

Die Denazifizierung wird seitens der Militärregierung mit äußerstem Hochdruck betrieben. Beamte haben wir bei der Stadt immer weniger. Sogar auf dem Standesamt muß ich deshalb einspringen und Amtshandlungen vornehmen. Eheschließungen finden vor mir statt. Ich ersticke fast in Arbeit. Übrigens, für die gesamte Stadtverwaltung gibt es jetzt Telefon, allerdings nur ein Telefon, und das bedient meine Sekretärin, Fräulein Gabel. Alle übrigen Verbindungen zu den Dienststellen sind zerstört und es dauert wohl noch lange, bis diese Situaiton verbessert sein wird.

Trotz meiner schrecklichen dienstlichen Belastung habe ich mir noch eine zusätzliche Arbeit aufladen lassen, ich habe mich bei der Gründung der Christlich Sozialen Partei (später in Christlich Demokratische Union umbenannt) entscheidend und sehr intensiv beteiligt. Die Partei wurde von der Militärregierung genehmigt.

Aufruf!

Die Aufräumungsarbeiten in unserer Stadt wurden bisher von aktiven Nazis durchgeführt und damit schon recht schöne Erfolge erzielt.

Die Zerstörung ist aber so umfangreich, daß mit diesem Einsatz allein die gewaltige Aufgabe nicht gelöst werden kann. Es ergeht deshalb der Aufruf an die gesamte Hanauer Bevölkerung, sich an dem

Gross-Einsatz

zu Aufräumungsarbeiten zu beteiligen, der für

Samstag, den 18. u. Sonntag, den 19. August

festgesetzt ist. Alle männlichen Einwohner von Hanau von 15—65 Jahren haben sich daran zu beteiligen. Insbesondere haben alle Behörden mit ihren leitenden Personen an der Spitze mit gutem Beispiel voranzugehen und sich zu den Arbeiten einzufinden. Gearbeitet wird am

Samstag von 14-18 Uhr und am Sonntag von 6-14 Uhr.

Arbeitsgeräte sind nach Möglichkeit mitzubringen. — Als Treffpunkte sind folgende Stellen festgesetzt:

Im Schulhof der Bezirksschule IV in Kesselstadt-Mittelstr. · Vor der Kinzigbrücke, Ausgang Frankfurterlandstraße · Am Schloßhof-Stadthalle · Am Straßenbahndepot · Am Hafenplatz.

Es ist Ehrenpflicht aller Hanauer, sich an diesen Arbeiten zu beteiligen.

Der k. Oberbürgermeister: **Molitor.** Der k. Polizeidirektor: **Rehbein.** Der k. Direktor des Arbeitsamtes: **Simon.**

Bekanntmachungen der Militär-Regierung

Christlich-soziale Partei

1. Die nachfolgend bezeichneten Personen sind von der Militärregierung als Vorstand für die Christlich-soziale Partei für den Stadt- und Landkreis Hanau anerkannt worden:

Oberlies, Johann
Gärtner, Hans
Kreß, Heinrich
Zeitz, Eduard
Callnik, Franz
Gutmann, Johann
Dr. Eisenberg, Oswald
Dr. Krause, Hermann
Möller, Wilhelm

2 Unter den folgenden Bedingungen können politische Parteien im Stadt- und Landkreis Hanau gebildet werden:

a) Der Vorstand, der eine Partei bilden will, muß erst von der Militärregierung anerkannt werden.

b) Die Organisation soll weder einen militaristischen noch einen nationalsozialistischen Charakter haben.

c) Die Partei soll rein örtlich und kein Teil einer ähnlichen Gruppe in anderen Landkreisen noch mit solchen verbunden sein.

d) Alle Richtlinien bezüglich der Teilnehmerschaft, Parteiprogramme und öffentliche Bekanntmachungen sollen zwecks Ueberprüfung der Militärregierung unterbreitet werden.

e) Oeffentliche Versammlungen können nur nach Zustimmung der Militärregierung veranstaltet werden.

gez. THOMAS TURNER, Jr.
Major AUS
Military Govt. O. Commanding.

Es waren nur wenige Personen, die diese Partei gründeten, insgesamt 9 aus Stadt- und Landkreis. Angesichts der Denazifizierungsmethoden und der Notwendigkeit, bei jeder Betätigung Fragebogen auszufüllen, ist der Zulauf von Mitgliedern zu der neuen Partei gering. Wir nehmen jedoch an, daß die Zahl der Wählerstimmen bei einer kommenden Wahl groß sein wird. Wahrscheinlich habe ich mir mit der Gründung und Beteiligung in der neuen Partei viel neue und zusätzliche Arbeit aufgeladen. Doch halte ich die Bildung einer nicht marxistischen Volkspartei mit Sozialverantwortung für eine dringende Notwendigkeit.

Die Zusammenarbeit mit der Militärregierung ist recht gut. Ich bin in der Woche mehrfach bei dem Leiter der Militärregierung, Major Turner, und seinen Offizieren zur Besprechung und werde dann meist zum Mittagessen eingeladen. In meiner Amtstätigkeit habe ich die Respektierung meiner Zuständigkeit durchgesetzt, ich werde bereitwillig unterstützt, auch in den komplizierten Fällen, wenn sich Soldaten Übergriffe erlauben (z. B. wenn sie für ihre Mädchen Möbel „beschlagnahmen").

(Fortsetzung folgt)

Auch die Kontakte zwischen der Bevölkerung und den Besatzungssoldaten verbesserten sich im Laufe der Zeit zusehends. Daß es dabei zu sichtbar deutlich werdenden Ergebnissen kam, beweist dieses Bild einer jungen Mutter mit dem ersten Hanauer „Besatzungskind"

Wie aus Trümmern eine neue Stadt entstanden ist

Hanau in den entscheidenden Jahren nach dem Zweiten Weltkrieg – Der Aufbau einer neuen Selbstverwaltung – Erinnerungen von Bürgermeister i. R. Dr. Hermann Krause

In den bisher veröffentlichten beiden Berichten hat sich der erste Bürgermeister Hanaus nach dem Zweiten Weltkrieg, Dr. Hermann Krause, in seinen Erinnerungen mit den Schwierigkeiten beschäftigt, die sich 1945 unmittelbar nach dem Zusammenbruch und dem Ende des Krieges für die provisorische Stadtverwaltung bei der Sicherstellung der dringendsten Versorgungsleistungen für die noch in der schwer zerstörten Stadt verbliebenen restlichen Einwohner ergeben haben. In dem jetzt folgenden dritten Teil zeigt Hermann Krause die Probleme auf, die sich in der Zusammenarbeit mit der amerikanischen Besatzungsmacht auftürmten. Überdies beschäftigt er sich mit den Wiederaufbaumaßnahmen in der Innenstadt, die sich den Aktionen zur Beseitigung der Trümmerberge anschlossen. Wie der frühere Bürgermeister in seinen Erinnerungen schildert, wurden schon 1946 die ersten Überlegungen angestellt, wie durch einen im Innenstadtbereich angekurbelten Wohnungsbau den evakuierten Hanauern die Rückkehr in ihre Stadt wieder erleichtert werden konnte.

Januar 46

Die wirtschaftlichen Verhältnisse werden immer schlechter. Besonders hart sind die Steuern. Ich habe meine Gehaltszettel aus dieser Zeit aufgehoben. Ich erhielt nach Abzug der Steuern (verheiratet und drei Kinder) 302,60 RM monatlich. Die Ernährungslage wird ebenfalls immer schlechter. Die Lebensmittelzuteilung vom 5. Januar 46 ist ein interessantes Dokument. (Siehe unten.)

Am 3. 1. 46 habe ich für die Christlich-Demokratische Union in Bruchköbel meine Jungfernrede gehalten. Es war die erste Versammlung, die unsere neue Partei abgehalten ha. Parteiversammlungen bedürfen der Genehmigung der Militärregierung, worüber sogar eine besondere Urkunde ausgestellt wird. Es ging alles gut vonstatten, gute Freunde hatten sogar eine Musikkapelle bestellt.

Am 27. Januar ist in allen kreisangehörigen Gemeinden bis zu 20 000 Einwohnern Wahl für ein Gemeindeparlament. Am 28. April wird in den übrigen Gemeinden gewählt und für den Kreistag, und schließlich soll am 26. Mai in den kreisfreien Städten gewählt werden. Da inzwischen das Land Großhessen, wie es heißt, durch Erlaß der Militärregierung begründet wurde und Professor Geiler Ministerpräsident ist, wird in Bälde wohl auch eine verfassungsgebende Landesversammlung gewählt werden müssen. Abend für Abend bin

Sämtliche städtischen Gebäude in der Innenstadt waren zerstört. Zusammen mit dem bekannten Hanauer Historiker Dr. Rudolf Bernges (links) wurden die Ruinen von Oberbürgermeister Rehbein und Bürgermeister Dr. Krause (rechts) inspiziert und auf möglicherweise wiederverwendbare Bausubstanz hin begutachtet.

ich jetzt nach harter Arbeit den ganzen Tag über draußen in Versammlungslokalen und halte Wahlreden. Mir macht das offensichtlich Spaß, obwohl es reichlich strapaziös ist.

Mein Verhältnis zur Militärregierung unserer Stadt hat sich inzwischen so gestaltet, daß es auch starken Belastungen standhalten konnte, wie ein Vorfall zeigt, der meinen ganzen Einsatz erforderte.

Die US-Armee hatte ohne vorherige Fühlungnahme mit der Stadtverwaltung eine Beschlagnahmeverfügung für sämtliche Wohnhäuser in der Lamboystraße gegenüber den Kasernen übermittelt mit dem Ersuchen, unverzüglich die Ausquartierung der dort wohnenden Zivilpersonen durchzuführen – ein Ersuchen, das angesichts der Wohnverhältnisse in unserer Stadt eine Katastrophe und praktisch undurchführbar war. Ich entschloß mich daher, mich mit aller Entschiedenheit dagegen zur Wehr zu setzen, und teilte der Militärregierung der Stadt mit, daß ich nicht in der Lage sei, das Ersuchen durchzuführen; ich müßte mein Amt zur Verfügung stellen, wenn Armee und Militärregierung auf der Durchführung bestünden. Ich machte zugleich darauf aufmerksam, daß die Bevölkerung aufs äußerste erregt sei und ihre Wohnungen lieber in Brand stecken würde als sie der Armee zu übergeben.

Nach drei Tagen ging ich zur üblichen Routinebesprechung. Im Laufe der Unterhaltung erklärte Major David beiläufig lächelnd, das Armee-Hauptquartier in Heidelberg, General Clay, habe die Beschlagnahmeverfügung aufgehoben – die Angelegenheit sei erledigt.

Juli 1946

Die Trümmerbeseitigung in unserer Stadt wird nicht mehr auf freiwilliger Basis durchgeführt. Da immer weniger Bürger im vergangenen Jahr zur freiwilligen Mitarbeit bereit waren, ist – wie ich es von Anfang an gewollt hatte – nunmehr die gesamte arbeitsfähige Bevölkerung notdienstverpflichtet, und zur Kontrolle die Ausgabe von Lebensmittelkarten mit der Ableistung des „Ehrendienstes" gekoppelt. Manche Leute haben zwar bei mir Bedenken angemeldet, passiert ist aber bisher nichts.

Über eine Feldbahn werden die Trümmer zum „Großen Rohr" am Hauptbahnhof gebracht und damit die Voraussetzung für eine Verlegung des Bahnhofsgebäudes zur Stadtseite geschaffen. Auch die Zuschüttung des „Mainkanals" mit Trümmern ist für die städtebauliche Entwicklung unserer Stadt bedeutsam. Der tägliche Einsatz wird in hervorragender Weise von Herrn Daßbach geleitet.

Nachdem der Regierungspräsident in Wiesbaden dem Wiederaufbauplan von Dr. Neuendorfer und Architekt Drerermann zugestimmt hat, sind vielfältige Fragen zu entscheiden, über die im Wiederaufbauausschuß mit den Architekten Chlormann und Schorch eifrig beraten wird. Fragen, z. B. ob zwei- oder dreigeschossig gebaut werden soll, wie der Marktplatz gestaltet werden kann. Ein Wettbewerb für die Marktplatzgestaltung soll ausgeschrieben werden.

Förderung des Wohnungsbaues

Der Beginn des Wiederaufbaues unserer Stadt 1945–1950. Meine Notizen aus dieser Zeit würden ausgearbeitet ein Buch füllen. Ich möchte daher im folgenden – in gedrängter Form – nur Teilaspekte erörtern.

Die wichtigste Aufgabe für unsere Stadt im Zuge des Wiederaufbaues ist für lange Zeit die Förderung des Wohnungsbaues gewesen. Daß wir die Baugesellschaft der Stadt, deren Aufsichtsratsvorsitzender und späterer Geschäftsführer ich wurde, wieder in Funktion setzten, war ein naheliegender und normaler Verwaltungsvorgang. Ebenso der Wiederaufbau der ausgebrannten Häuser der Baugesellschaft im Hafen und ebenso die der Stadt gehörenden Häuser des Hafenblocks am Eingang zum Hanauer Mainhafen. Das Richtfest des Hafenblocks wurde am 8. 10. 1949 in Anwesenheit des Herrn Ministerpräsidenten Stock gefeiert und damit in seiner Bedeutung noch besonders herausgestellt. Entscheidend und das Besondere aber war, daß die Wohnungsbauförderungsmaßnahmen des Landes mit der Sanierung der Innenstadt in Hanau verbunden werden konnten. Um die Bevölkerung zu veranlassen, wieder in die Innenstadt zu ziehen, wurde von der Baugesellschaft der 1. Baublock mitten in die Trümmer der Stadt in der Französischen Allee gebaut. Das Gelände an dieser Stelle gehörte zur Hälfte bereits der Stadt, die andere Hälfte konnte bald erworben werden. Die US-Armee besorgte die Enttrümmerung. Meine Frau dolmetschte damals bei den Verhandlungen mit den amerikanischen Offizieren, die die Maßnahme zu genehmigen hatten und deshalb vom US-Hauptquartier nach Hanau gekommen waren.

In vielen Zeitungsinterviews in der Hanau-Post der Jahre 1948 und 1949, die von Herrn Flämig, dem späteren Bundestagsabgeordneten, als Journalist dieser Zeitung verfaßt waren, habe ich damals die Bevölkerung über die weiteren Absichten der Stadt unterrichtet. Ich hatte rechtzeitig erkannt, daß in der Altstadt an vielen Stellen bei der Kleinheit der Grundstücke eine vernünftige Bebauung nicht durchführbar war und schon von 1947 ab den Grunderwerb für die Stadt betreiben lassen.

Eine von mir veranlaßte Aktennotiz über den 1. Baublock in der Altstadt an der Nordstraße veranschaulicht die dabei aufgetretenen Schwierigkeiten.

Aus dieser Aktennotiz zitiere ich:

„Die Altstadt hat eine Ausdehnung von ca. 500 m in der Ost-West-Richtung und 300 m in der Nord-Süd-Richtung und umfaßt etwa 150 000 qm. Der erste Baublock Nordstraße ist 100 m lang und 150 m breit und umfaßt ca. 15 000 qm, mithin etwa 1/10 der Altstadt.

Erworben wurden 78 Grundstücke. Darunter zwei große von 1819 qm und 1990 qm aus öffentlichem Besitz. Die Masse der Grundstücke hatte eine Größe zwischen 33 qm und 120 qm. Das gesamte Baugebiet umfaßte 12 813 qm. 4150 qm waren vorhandene Straßenfläche.

Die erworbenen Grundstücke waren durchweg Trümmergrundstücke. Auf den erworbenen Grundstücken befanden sich zwei Behelfsheime, ein bewohnter Keller und ein Gewerbebetrieb mit einem Behelfsheim und behelfsmäßigen Betriebsgebäuden. Der Gewerbebetrieb und ein Behelfsheimbewohner erhielten andere Grundstücke zur ordnungsmäßigen Bebauung. Zwei Behelfsheimbewohner erhielten durch Vermittlung der Stadt Wohnungen.

Der Erwerbspreis betrug durchschnittlich 21,50 Mark pro qm, im ganzen wurden 185 029 Mark von der Stadt für Grunderwerb in diesem Baublock aufgebracht. Die Zahl der beteiligten Eigentümer betrug 128, die der beteiligten Gläubiger 79, mithin waren es insgesamt 207 Beteiligte. Im Höchstfall waren an einem Grundstück von 51 qm 11 Beteiligte (sieben Eigentümer, vier Gläubiger).

Schwierige Verfahren

Zur Ermittlung der berechtigten Beteiligten mußten 47 Erbscheine und etwa 300 Geburts-, Heirats- und Sterbeurkunden beschafft werden. Das Auffinden der Beteiligten war mitunter schwierig. In einem Fall mußte der Eigentümer ein halbes Jahr lang gesucht werden. Es stellte sich heraus, daß er in einem auswärtigen Altersheim verstorben war. Die Erbfolge und die Erben waren nur mit vieler Mühe feststellbar. Mit einem Ausländer war zu verhandeln. Zwei Grundstücke waren im Rückerstattungsverfahren. Langwierige und schwierige Verhandlungen waren nötig, um sie rechtzeitig zu beenden. Zehn Eigentümer ließen lange mit sich verhandeln.

Es kam jedoch in keinem Fall zu einem Rechtsstreit. Als Abfindung gab es entweder Geld oder Ersatzgrundstücke. Letzteres war schwierig, weil die Eigentümer meist sehr wählerisch waren. Alle Grundstücke gingen lastenfrei auf die Stadt Hanau über. Die Stadt verpflichtete sich zur Übernahme aller Umstellungsgrundschulden. Das erforderte eine Verwaltungsbelastung großen Ausmaßes.

Erwerbsverfahren: förmliche Enteignung nach dem hessischen Aufbaugesetz, das damals noch in Geltung war und dem Magistrat das Enteignungsrecht verliehen hatte. Es dient zur Beschleunigung, Verbilligung und Vereinfachung. Voraussetzung: vorheriges Einverständnis der Grundeigentümer. Hervorragende Zusammenarbeit mit Amtsgericht, Herrn Dr. Schrey.

Gleichzeitig wurden die Bangertstraße, die Hospitalstraße und die Nordstraße begradigt und die Grundstücke an diesen Straßen für die private Bebauung zweckmäßig zugeschnitten. In der Schulstraße entlang dem Grundstück der Firma Transchel wurden sämtliche Anliegergrundstücke erworben. Man kann sich heute nicht mehr vorstellen, daß diese Seite der Straße noch mit Häusern bebaut war.

Das Ziel war, den Bürgern dort, wo die Grundstücke eine ausreichende Größe hatten, die eigene Bebauung zu ermöglichen, die übrigen Flächen aber ins Eigentum der Stadt zu überführen und durch die Baugesellschaft zu bebauen. All das wurde erreicht, ohne daß es auch nur zu einem einzigen Rechtsstreit kam. An einer einzigen Stelle in der Altstadt waren die Schwierigkeiten nicht zu überwinden, so daß selbst heute, im Jahre 1983, eine Bebauung in angemessener Form nicht stattgefunden hat. Mit großer Dankbarkeit denke ich an die gute Zusammenarbeit aller zuständigen Beamten der Stadt in dieser schwierigen Zeit, besonders an die Tätigkeit von Liegenschaftsdirektor Höltje und dessen Nachfolger Vermessungsrat Helle. Daß diese Baublöcke zwei- und dreigeschossig gebaut wurden und damit ein Zeichen gesetzt wurde, ist der Inintiative der Hanauer Architekten, vor allem Architekt Chlormann zu verdanken, die – von mir unterstützt – bei den zuständigen Dienststellen, bei Magistrat und Stadtverordneten immer wieder vorstellig wurden.

Hinter einer aus Steinquadern provisorisch aufgeschichteten Rednertribüne begrüßte vor dem Zeughaus am Freiheitsplatz, dem ehemaligen Paradeplatz, der zum Leiter des Ehrendienstes für die Trümmerbeseitigung berufene Philipp Daßbach die mit Arbeitsgeräten versammelten Männer. Jeder Einwohner zwischen 15 und 65 Jahren war zum Arbeitseinsatz verpflichtet, wenn er Lebensmittelkarten erhalten wollte.

Loyale Zusammenarbeit

Als der erste Baublock in der Altstadt fertiggestellt war, erschienen zu meiner großen Überraschung in meinem Amtszimmer Oberbürgermeister Rehbein und der Stadtverordnetenvorsteher Röthel, um mir für diese geleistete Arbeit im Namen ihrer SPD-Fraktion zu danken. Der Ausgleich der bei einer Sanierung so vielfältig berührten Interessen war nur deshalb erfolgreich durchführbar gewesen, weil damals alle in loyaler Weise zusammenstanden.

Die Förderung des gemeinnützigen öffentlichen Wohnungsbaues, wie er in der Innenstadt praktiziert worden war, ermöglichte es den Körperschaften, auch den privaten Wohnungs- und Hausbau ebenso intensiv zu fördern durch Bereitstellung von Landesbaudarlehen und von städtischen Bürgschaften. Von den Bürgschaften, die bald eine Höhe von 10 Millionen DM erreichten, wurde keine einzige notleidend. Gleichzeitig konnte der Ankauf bebauungsfähiger Grundstücke seitens der Stadt mit großen Geldmitteln betrieben werden, z. B. das ganze Stadtviertel entlang der Gustav-Hoch-Straße. Der Weiterverkauf der Grundstücke an bauwillige Bürger erfolgte nur gegen Einräumung eines Rückkaufrechtes für die Stadt, wenn die Bebauung innerhalb von fünf Jahren nicht erfolgt war. Die Spekulation war damit ausgeschaltet.

Im Anschluß an die Altstadtsanierung wurden das angrenzende Gebiet des Freiheitsplatzes und die Anliegergrundstücke geordnet und einer guten Bebauung zugeführt. Das war nicht einfach, da überall Notquartiere, selbst in den Ruinen des ehemaligen Zeughauses, entstanden waren. Die Ruinenreste von Theater, Zeughaus und der alten Hohen Landesschule wurden abgerissen, das schöne Portal der Hohen Landesschule wurde von Stadtbaumeister Rink asserviert. Der Platz erhielt an der Südfront eine einheitliche Fluchtlinie.

In der Neustadt gelang nur die Verbreiterung der Nürnberger Straße. Es war ein Kampf um Zentimeter, alles andere scheiterte, insbesondere die Verbreiterung von Alt- und Kirchstraße mit der Öffnung nach beiden Seiten, um parallel zur Nürnberger Straße die Verkehrssituation zu verbessern. Auch aus der Absicht für eine bessere Zufahrt zum Hauptbahnhof wurde leider nichts.

Die Spannung zwischen der Notwendigkeit, schnell Wohnraum zu schaffen, und den Erfordernissen einer angemessenen architektonischen Gestaltung ist groß und in den ersten schweren Jahren des Wiederaufbaues unserer Stadt nur schlecht zu lösen gewesen. Als der erste Baublock an der Französischen Allee gebaut wurde, bin ich bis zum Bundeswohnungsbauministerium vorstellig geworden, um angesichts der finanziell schwierigen Lage der Stadt 10 000 DM für die Gestaltung der Fassade an der Französischen Allee (Erker u. a.) zu erwirken. Aber vielfach – wie z. B. in der Vorstadt – ist das, was damals baupolizeilich genehmigt wurde, keine Zierde für die Stadt geworden.

(Fortsetzung folgt)

In einer der ersten Sitzungen der neugewählten Hanauer Stadtverordnetenversammlung im Juli 1946 im Schloß Philippsruhe wurden die vom Stadtparlament gewählten Repräsentanten des Magistrats in ihre Ämter eingeführt: Oberbürgermeister Karl Rehbein (SPD), am Kopfende links sitzend, Regierungspräsident Nischalke (stehend in der Mitte des Tisches), rechts neben dem Redner (sitzend) Bürgermeister Dr. Hermann Krause (CDU). Erster Hanauer Stadtverordnetenvorsteher war Peter Röthel (SPD).

MITTEILUNGSBLATT

für den Stadt- und Landkreis Hanau

…gegeben vom Oberbürgermeister der Stadt Hanau mit Genehmigung der Militär-Regierung / Anzeigenpreis: 1 mm Höhe, 45 mm Breite 25 Rpf.

39 Samstag, den 5. Januar 1946 Preis 10 Rpf.

Lebensmittelzuteilungen im Stadt- und Landkreis Hanau in der 84. Zuteilungsperiode (7. 1. bis 3. 2. 46)

Warenart und Verbrauchergruppe	Altersgruppe (Jahre)	Bezeichnung der Verbrauchergruppen	Gesamt-Zuteilung für 4 Wochen (g)	Von der Gesamtzuteilung können bezogen werden: wahlweise in der 1.–4. Woche (g)	in der 1. Woche (g)	in der 2. Woche (g)	in der 3. Woche (g)	in der 4. Woche (g)
1. Brot								
a) Normalverbraucher	1–3	Klst	4 000	1000	800	800	700	700
b) Selbstversorger (außer in Brot)	1–3	SV 8, 9	4 000	1000	800	700	800	700
c) Normalverbr. u. Selbstvers. (außer Brot)	3–6	Klk, SV 5, 6	5 700	1000	800	1300	1300	1300
d) wie vor	6–10	K, SV 3a, 4a	11 600	800	3000	2500	3000	2500
e) wie vor	10–18	Jgd, SV 3, 4	16 000	1000	4000	3500	4000	3500
f) wie vor	über 18	E, SV 1, 2	12 000	1000	3000	2500	3000	2500
g) Teilschwerarbeiter	—	—	2 400	—	600	600	600	600
h) Schwerarbeiter	—	—	4 600	—	1150	1150	1150	1150
i) Schwerstarbeiter	—	—	9 200	—	2300	2300	2300	2300
2. Fleisch								
a) Normalverbraucher und Selbstversorger in Butter	1–3	Klst, SV 9	200	200	—	—	—	—
b) wie vor	3–6	Klk, SV 5	400	200	50	50	50	50
c) wie vor	6–18	K, Jgd, SV 3, 3a	1 200	200	250	250	250	250
d) wie vor	über 18	E, SV 1	800	200	150	150	150	150
e) Teilschwerarbeiter	—	—	300	—	75	75	75	75
f) Schwerarbeiter	—	—	600	—	150	150	150	150
g) Schwerstarbeiter	—	—	1 200	—	300	300	300	300
h) Werdende und stillende Mütter	—	Mü	400	—	100	100	100	100
3. Butter								
a) Normalverbraucher	alle	Sgl. Klst. Klk. K. Jgd. E	250	—	62,5	62,5	62,5	62,5
b) Selbstversorger in Fleisch u. Schlachtfetten	—	SV 2, 4, 4a, 6, 8	125	—	62,5	—	62,5	—
c) Teilschwerarbeiter	—	—	150	—	35	40	35	40
d) Schwerarbeiter	—	—	300	—	75	75	75	75
e) Schwerstarbeiter	—	—	600	—	150	150	150	150
f) Werdende und stillende Mütter	—	Mü	200	—	50	50	50	50
4. Margarine								
a) Normalverbraucher	alle	Sgl. Klst. Klk. K. Jgd. E	150	150	—	—	—	—
5. Nährmittel								
a) Normalverbraucher (außer Vollselbstversorger)	über 1	E. Jgd. K. Klk. Klst. SV 1–6, 8, 9	600	600	—	—	—	—
b) Säuglinge	unter 1	Sgl	1 500	1500	—	—	—	—
c) Vollselbstversorger	alle	SV 11	300	300	—	—	—	—
d) Werdende und stillende Mütter	alle	Mü	2 000	2000	—	—	—	—
6. Käse und Sauermilchkäse								
a) Normalverbraucher und Selbstversorger	über 3	Klk. K. Jgd. E. SV 1–6, 11	62,5	62,5	—	—	—	—
b) Schwerarbeiter	—	—	125	—	62,5	—	62,5	—
c) Schwerstarbeiter	—	—	250	—	125	—	125	—
d) Werdende und stillende Mütter	—	Mü	400	125	—	275	—	—
7. Quark								
a) Normalverbraucher und SV 8	bis 3	Sgl. Klst. SV 8	125	125	—	—	—	—
b) Schwerarbeiter	—	—	125	—	—	62,5	—	62,5
c) Schwerstarbeiter	—	—	250	—	—	125	—	125
d) Werdende und stillende Mütter	—	Mü	300	125	—	—	—	175
8. Zucker								
a) Normalverbraucher und Selbstversorger	über 6	E. Jgd. K. SV 1–4a, 11	100	100	—	—	—	—
b) wie vor	3–6	Klk, SV 5, 6	125	125	—	—	—	—
c) Säuglinge	unter 1	Sgl	1 250	1250	—	—	—	—
d) Kleinstkinder	1–3	Klst, SV 8, 9	250	250	—	—	—	—
9. Marmelade								
a) Alle Kinder bis 3 Jahre	—	Sgl, Klst, SV 8, 9	250	250	—	—	—	—
b) Werdende und stillende Mütter	—	Mü	250	250	—	—	—	—
10. Kaffee-Ersatz								
a) Alle Verbraucher über 3 Jahre	über 3	E. Jgd. K. Klk. SV 1–6, SV 11	100	100	—	—	—	—
b) Teilschwer- und Schwerarbeiter	—	—	100	—	25	25	25	25
c) Schwerstarbeiter	—	—	200	—	50	50	50	50
11. Kartoffeln								
a) Bezugsausweis-Inhaber	bis 3	Sgl, Klst	5 000	—	—	2500	—	2500
b) wie vor	über 3	Klk. K. Jgd. E	12 000	—	3000	3000	3000	3000
c) Teilschwerarbeiter	—	—	2 000	—	500	500	500	500
d) Schwerarbeiter	—	—	4 000	—	1000	1000	1000	1000
e) Schwerstarbeiter	—	—	8 000	—	2000	2000	2000	2000
12. Vollmilch								
a) Bezugsausweis-Inhaber	bis 3	—	21 Ltr.	tgl. 3/4 Ltr.				
b) wie vor	3–6	—	14 Ltr.	tgl. 1/2 Ltr.				

Wie aus Trümmern eine neue Stadt entstanden ist

Hanau in den entscheidenden Jahren nach dem Zweiten Weltkrieg – Der Aufbau einer neuen Selbstverwaltung – Erinnerungen von Bürgermeister i. R. Dr. Hermann Krause

In dem heute veröffentlichten vierten Teil seiner Erinnerungen beschäftigt sich der erste Hanauer Bürgermeister nach dem Zweiten Weltkrieg, Dr. Hermann Krause, mit einigen Ereignissen, die den Fortgang des Wiederaufbaues der schwer zerstörten Stadt maßgeblich beeinflußt und gleichzeitig auch Weichen für die Zukunft gestellt haben. Es waren grundsätzliche Entscheidungen zu fällen, die nicht minder als heute umstritten waren, die jedoch in einer Zeit der nach wie vor herrschenden Not Mut und Voraussicht erforderten. In dieser Situation war die Begegnung mit dem aus Hanau stammenden Deutschamerikaner Charles Engelhard ein Markstein. Engelhard war es, der seinerzeit nicht nur Vertrauen in eine gemeinsame Zukunft zu verbreiten wußte, er engagierte sich nach diesem Besuch auch unmittelbar für die Stadt und war einer der wesentlichen Initiatoren für den Wiederaufbau eines Teils der Wallonisch-Niederländischen Kirche, den er auch selbst mit einer namhaften Spende unterstützte. Gleichzeitig trat die Frage, ob das Schloß Philippsruhe käuflich erworben werden sollte, in ihre entscheidende Phase.

29. August – 2. September 1946

Ich bin jetzt im Zuge der Arbeiten des „Ehrendienstes“ tagtäglich in der Innenstadt und gehe in den Trümmern umher. Dabei habe ich auch das Gelände der städtischen Oberrealschule aufgesucht. Ein merkwürdiges Ereignis, das mich tief berührt hat, hatte ich auf dem Hof der Oberrealschule. Es flogen dort mancherlei Papiere vom Winde getrieben herum, ich stocherte etwas in den Papieren und plötzlich finde ich unter diesen Papieren:

Hohe Landesschule Hanau, lateinische Prüfungsarbeit, Abitur 1927, Hermann Krause. Ist das schon einzigartig zu erleben, so ist es geradezu gespenstisch, was wir damals aus Ciceros Briefen übersetzt hatten und was ich, in den Trümmern meiner Vaterstadt stehend, nun lesen konnte:

„In welch gefährlicher Lage ich mich befinde und das Schicksal aller Redlichdenkenden und die Existenz des Staates schwebt, das kannst Du daraus ersehen, daß wir Haus und selbst Heimat verlassen haben, um sie der Plünderung oder den Flammen zu übergeben. Soweit hatte sich die Lage zugespitzt, daß wir nicht heil davonkommen, wenn nicht Gott oder ein Glücksfall uns aus unserer Not herausbringt.“

1. September – 5. Oktober 1947

Ein einzigartiges Ereignis war der Besuch des in Hanau geborenen Deutschamerikaners Charles Engelhard, einer der bedeutendsten Deutschamerikaner. Die Unterhaltung mit ihm habe ich unmittelbar nach der Beendigung aufgezeichnet.

Bei der Unterredung waren auch Oberbürgermeister Rehbein und Stadtrat Nagel anwesend. Herr Engelhard, der im 81. Lebensjahr steht und körperlich und geistig noch außerordentlich rüstig ist, bedauerte zunächst, daß er zu der feierlichen Übergabe des Ehrenbürgerbriefes, die am Tage vorher geplant war, nicht hätte erscheinen können, weil er vermeiden möchte, daß irgendwelche Äußerungen über seine Reise nach Deutschland in der amerikanischen Presse veröffentlicht würden. Durch die feierliche Überreichung des Ehrenbürgerbriefes unter Teilnahme von Presse und Rundfunk wäre jedoch diese Absicht vereitelt worden. Er sei in Amerika eine weithin bekannte Persönlichkeit und müsse auf seine öffentliche Stellung Rücksicht nehmen. Er sei hundertprozentiger Amerikaner, er erkläre jedoch mit dem gleichen Nachdruck, daß er sich stets dessen bewußt sei, in Deutschland geboren zu sein, und er fügte hinzu, daß er seine Heimat niemals vergessen werde. Er denke über sein Verhältnis zu Deutschland genau wie sein Freund Karl Schurz, der ihm gelegentlich in bezug auf das Verhältnis zwischen Deutschland und Amerika erklärte, daß man seine Braut nicht lieben könne, wenn man seine Mutter nicht verehre.

Wir kamen alsbald auf die allgemeinen politischen Verhältnisse zu sprechen. Herr Engelhard meinte, daß Deutschland eine sehr schwierige Stellung im Ausland habe und daß die Verhältnisse anders seien, als nach dem Ersten Weltkrieg, da sich Deutschland durch die furchtbaren Massenmorde in den KZ-Lagern und im Osten die Sympathien allgemein verscherzt habe und infolge dessen noch sehr viel Zeit ins Land gehen müsse, bis diese Animosität beseitigt sei. Andererseits sei man von der ungeheuren Lebenskraft des deutschen Volkes überzeugt. Wenn darauf hingewiesen würde, daß mit den früheren Verbündeten Deutschlands, Italien usw., bereits Friedensverträge unterzeichnet seien, so läge das daran, daß diesen Staaten keine große Bedeutung zukomme. Der Friedensschluß mit Deutschland sei eines der wichtigsten internationalen Probleme. Daß dieser sobald nicht zustande kommen könne, sei an sich für Deutschland außerordentlich bedauerlich, andererseits und letzten Endes auch ein Ausdruck der Anerkennung seiner Größe.

Er habe sich viel mit Roosevelt über die Verhältnisse in Deutschland unterhalten, er könne begreiflicherweise darüber nichts ausführen. Er habe eine große Korrespondenz mit Roosevelt geführt, die er seinem Familienarchiv anvertraut habe. Zu gegebener Zeit würde diese Korrespondenz – etwa 90 Briefe Roosevelts und über 100 Briefe von seiner Seite – veröffentlicht werden. Wie auch Roosevelt die deutsche Tüchtigkeit beurteilt habe, ergäbe sich aus einer bezeichnenden Unterhaltung, die er in Warmsprings mit ihm gehabt habe. Als sie dort an den Bädern vorbeigingen, habe Roosevelt zu ihm gesagt, daß er die Instandsetzung und den Ausbau dieser Bäder nur einem deutschen Ingenieur anvertraut wissen wolle, weil es hier allein auf die menschliche Zuverlässigkeit und Qualitätsarbeit ankomme. In Warmsprings hat Roosevelt, der an spinaler Kinderlähmung erkrankt war, sich wieder erholt.

Er führte dann weiter aus, daß Deutschland, was auch kommen möge, sich auf die Seite Amerikas stellen möchte, denn Amerika sei die Hoffnung der Welt, alle Energien der Welt hätten sich in Amerika zusammengeballt, und zwar deswegen, weil Amerika in seiner inneren Staatsform liberal sei. Nur die freie Entfaltung der Persönlichkeit hätte Amerika zu dieser Bedeutung gebracht. Auf den Einwand, daß man Rußland nicht so weit hätte nach Zentraleuropa vormarschieren lassen sollen, erklärte Herr Engelhard, daß Roosevelt seinerzeit die Russen noch nicht so genau gekannt hätte. Er jedenfalls stehe bereits seit 50 Jahren mit den Russen in Geschäftsverbindung, aber nur so, daß er, wenn er die Ware den Russen gebe, sich auch sofort das Geld geben lasse.

Bei der Fahrt durch die Trümmer von Hanau war Engelhard außerordentlich interessiert. Als wir in der Wallonischen Kirche standen, bemerkte er, daß er hier an der Stelle, wo früher der Altar stand, getraut worden sei und daß er keine Bedenken hege zu erklären, daß Hanau aus den Trümmern wieder auferstehen werde. Er sei Optimist, der Wiederaufbau Hanaus sei kein schwieriges Problem. Er hob jedoch den Zeigefinger und sagte, daß man allerdings nicht erwarten könne, daß bereits morgen der Aufbau fertig sei. Er sei jedoch überzeugt, daß die deutsche Tüchtigkeit sich wieder durchsetzen werde, und er warnte davor, den Erziehungsanstalten in Deutschland, den Schulen, ihre Bedeutung zu nehmen. Das gute Schulwesen habe Deutschland zu seiner großen Bedeutung in der Welt gebracht. Allerdings sollten die Deutschen nicht in den Fehler verfallen anzunehmen, daß sie mehr wüßten als die anderen, weil sie viel gelernt hätten. Dadurch hätten sie sich in der Welt ungeheuer unbeliebt gemacht. Er hätte es gelernt, in Amerika seine Person zurückzustellen und lieber anderen die Ehre zu überlassen.

Sehr interessant war, als er erklärte, daß die Steuergesetzgebung in Amerika außerordentlich drückend sei, er müsse 100 Dollar verdienen, um 10 Dollar zu besitzen. Die Steuergesetzgebung sei besonders für die hohen Einkommen sehr scharf und führe dazu, daß die Zahl der reichen Leute in Amerika immer geringer würde. Außerdem sei es so, daß auch die menschliche Natur dafür sorge, daß die reichen Leute ihre Vermögen bald wieder verlören. Es sei ja nicht immer so, daß die tüchtigen Männer auch tüchtige Söhne bekämen. Er erzählte ferner von einer Unterredung, die er mit dem Präsidenten einer der großen amerikanischen Versicherungskonzerne gehabt habe. Dieser habe ihm erzählt, daß 95 % aller großen Vermögen durch die Schwiegersöhne durchgebracht würden.

Ankauf des Schlosses Philippsruhe

Eine Maßnahme muß allerdings noch besonders angemerkt werden, nämlich der Ankauf des Schlosses Philippsruhe. Seit 1947 hatte ich deswegen Verhandlungen geführt. Um die Bevölkerung mit dem Schloß Philippsruhe vertraut zu machen, hatte ich angeregt, dort im Park ein Festzelt aufzustellen und die Bevölkerung dorthin einzuladen. Das, was dann passierte, schilderte der Hanauer Anzeiger vom 12. August 1950 in anschaulicher Weise mit der schönen Überschrift: „Die Stadt war auf den Beinen“.

(Fortsetzung folgt)

Auf dem Marktplatz hatte nur das Brüder-Grimm-Denkmal bis auf einige Schrammen das Inferno des Krieges einigermaßen unbeschadet überlebt. Dahinter die noch stehengebliebene Fassade des Historischen Rathauses, das später wieder aufgebaut wurde.

Vom alten Bibliotheksgebäude am Bangert ist nur noch ein Trümmerhaufen übrig geblieben. Im Hintergrund die Ruine des ehemaligen Hanauer Stadttheaters am Freiheitsplatz, das später völlig abgerissen worden ist.

Auf einer Rundfahrt überzeugte sich der aus Hanau stammende deutschamerikanische Industrielle Charles Engelhard von dem Ausmaß der Zerstörungen in Hanau. Rechts neben Engelhard (Mitte, mit Hut) Bürgermeister Dr. Krause, gegenüberstehend der der KPD angehörende frühere Hanauer Stadtrat Bernhard Nagel, dahinter (mit dem Rücken zur Kamera) der damalige Oberbürgermeister Rehbein, rechts daneben der spätere Präsident der Industrie- und Handelskammer Hanau, Dr. Werner Canthal.

Die geschichtsträchtige Wallonisch-Niederländische Kirche an der Französischen Allee. Das kleinere Kirchenschiff konnte dank einer Spendenaktion wieder aufgebaut werden.

Auch das Philipp-Ludwig-Denkmal auf der Französischen Allee war durch Kriegseinwirkung zerstört worden. Doch konnte die erhaltengebliebene Büste des Hanauer Grafen, der sich Ende des 16. Jahrhunderts um die Aufnahme der Glaubensflüchtlinge aus den Niederlanden und um die Gründung der Hanauer Neustadt große Verdienste erworben hatte, nach dem teilweisen Wiederaufbau der Wallonisch-Niederländischen Kirche dort wieder aufgestellt werden.

Notiz

H2 D2 2ND ECA REGT HANAU–DEUTSCHLAND

Die Annahme von Postkarten.

Mit Genehmigung der Militärregierung beginnt die Annahme, Beförderung und Zustellung von Postkarten für den Stadtbezirk Frankfurt/M. am 5. Juli, für die Kreise Obertaunus, Friedberg, Maintaunus, Hanau und Offenbach am 9. Juli, und die Briefbeförderung zwischen den vorgenannten Gebieten am 16. Juli 1945.

Die Postkarten werden an den Postschalter gebracht werden. Gegenwärtig kann jeder Absender nur eine Postkarte an einen Empfänger schicken. Die Postkarten werden am Schalter gestempelt. Marken werden weder an Sammler noch für den allgemeinen Verbrauch abgegeben.

Gebühr: Für gewöhnlich 5 Rpf. im Ortsverkehr und 6 Rpf. im Verkehr zwischen den angegebenen Gebieten.

Gestattet sind:

Gewöhnliche Postkarten, Feldpostkarten, alte Postkarten mit aufgedruckten Marken nach Entfernen (Abschneiden) derselben, Postkarten mit nationalsozialistischen Sprüchen auf der linken Vorderseite nach Ausschneiden derselben.

Banken können Umschläge benutzen.

Nicht gestattet sind:

Postkarten mit alten Marken, Postkarten mit überklebten Marken, Postkarten mit nationalsozialistischen Bildern, Sprüchen usw., vor allen Dingen die in diese Gruppe gehörenden offiziellen Postkarten, Postkarten von Frankfurt/M. nach Neu-Isenburg (früherer Stadtdienst) und Postkarten über Entfernungen, für die kein Postdienst angegeben ist. Gewöhnliche Briefe, Briefkarten usw. im Ortsdienst und Fernverkehr, ebenso ungestempelte Postkarten.

Im erlaubten Postdienst von Postkarten wird die Bevölkerung die folgenden Zensurbestimmungen einhalten:

1. Zensur: Alle Mitteilungen sind der Zensur unterworfen und können verzögert, unterbrochen, angehalten, beschlagnahmt oder sonstwie behandelt werden auf Beurteilung der Zensur hin, ohne Benachrichtigung des Absenders oder Empfängers. Die Berechtigung zur Benutzung der Nachrichtenmittel kann jederzeit abgelehnt werden. Die Zensur wird nicht verantwortlich sein für irgendwelchen Verlust, Beschädigung oder Verzögerung in Bezug auf die Benachrichtigungen.

2. Handschrift: Jede Schrift muß leserlich sein. Die Adresse, Absender und Angabe der Sprache muß entweder maschinengeschrieben oder mit großen Buchstaben in lateinischer Schrift geschrieben sein.

3. Absender:

a) Alle Mitteilungen müssen den vollen Namen und die Adresse des Absenders tragen. Postkarten müssen diese Angaben in der oberen linken Ecke auf der Adressenseite führen.

b) Die Adresse des Absenders muß die dauernde Adresse des Absenders sein, d. h. die Adresse, die auf der Ausweiskarte angegeben ist.

c) Wenn eine Nachricht von einem anderen Ort als dem dauernden Aufenthaltsort des Absenders abgeschickt wird, dann muß der angegebene Absender die dauernde Adresse sein. Die zeitweilige Adresse kann in dem Text angegeben werden.

d) Der Name des Absenders muß in derselben Form erscheinen, wie er auf der Ausweiskarte angegeben ist.

4. Sprache: Die Sprache, in der die Benachrichtigung abgefaßt ist, muß in englisch oder mit Druckschrift geschrieben sein.

5. Mitteilungen: Geschäftliche Mitteilungen müssen das Wort „Geschäftlich“ unterhalb der Angabe der Sprache stehen haben. Bei geschäftlichen Mitteilungen ,die Transaktionen betreffen, für die eine Genehmigung oder besondere Erlaubnis erforderlich ist und erteilt wurde, muß die Nummer der Genehmigung oder Erlaubnis angegeben werden.

6. Unterschrift: Alle Nachrichten, gleichgültig ob privat oder geschäftlich, müssen den vollen Namenszug des Absenders tragen. Der Name des Unterzeichnenden einer geschäftlichen Nachricht muß deutlich darunter gedruckt oder mit Druckschrift geschrieben sein.

Militärregierung–Deutschland

Wie aus Trümmern eine neue Stadt entstanden ist

Hanau in den entscheidenden Jahren nach dem Zweiten Weltkrieg – Der Aufbau einer neuen Selbstverwaltung – Erinnerungen von Bürgermeister i. R. Dr. Hermann Krause

Im heute veröffentlichten fünften und letzten Teil seiner Erinnerungen an die Hanauer Wiederaufbaujahre nach dem Zweiten Weltkrieg beschäftigt sich der damalige Bürgermeister Dr. Hermann Krause weiter mit dem umstrittenen Ankauf des Schlosses Philippsruhe, für den sich seinerzeit gemeinsam SPD und CDU eingesetzt hatten. Daß dieser Beschluß richtig und zukunftweisend war, hat sich inzwischen längst erwiesen. Gleichzeitig war dies als ein Akt des Vertrauens in die weitere Entwicklung Hanaus zu werten, hatte sich doch auch das kulturelle Leben längst wieder zu regen begonnen. Mit dem inzwischen vorangetriebenen Wiederaufbau und den ständig wachsenden Einwohnerzahlen hatte sich auch die Innenstadt wieder belebt. Damit stellte sich den städtischen Körperschaften die Aufgabe, die Infrastruktur weiter zu verbessern und der Stadt jene Attraktivität zu verleihen, die sie brauchte, um als Einkaufszentrum und als Wirtschaftsmetropole des hiesigen Raumes neue Bedeutung zu gewinnen. Die Notwendigkeit zur Verbesserung der Verkehrssituation ging damit Hand in Hand. So schildert der erste Bürgermeister nach dem letzten Krieg, der dieses Amt rund 20 Jahre innehatte, die ersten Verhandlungen, die zum Bau des Hauptbahnhofes und zu der damals noch kaum für möglich gehaltenen Sprengung des verkehrsbehindernden Schienenpanzers führte, der die Hauptverbindungsstraßen blockierte und die Stadt einschnürte. Mit all diesen Maßnahmen wurden die Weichen für die nächste Phase des Wiederaufbaus gestellt, die nicht mehr allein nur dazu diente, den Aufbau – unter welchen Voraussetzungen auch immer – zu forcieren, sondern der Stadt auch wieder ein eigenes Gesicht zu geben und ihren Wohnwert zu erhöhen. So wollte Bürgermeister i. R. Dr. Hermann Krause, der am heutigen Tag seinen 75. Geburtstag begehen kann, mit seinen Erinnerungen auch einen Beitrag dazu leisten, größeres Verständnis für die Schwierigkeiten dieser Pionierzeit in den Nachkriegsjahren zu wecken und eine allgemein vorhandene Informationslücke bis in die 50er Jahre zu schließen, als mit dem dann einsetzenden Wohlstand in der Bundesrepublik auch für Hanau ein neuer Aufstieg begann. Mit dem heutigen Beitrag soll die Serie einer gekürzten Fassung aus den Erinnerungen Hermann Krauses daher abgeschlossen werden.

Inzwischen zu einem Zentrum der Kultur und Geselligkeit in Hanau geworden: Das Schloß Philippsruhe, das die Stadt im Jahre 1950 käuflich erworben hat.

Unter der Überschrift „Die Stadt war auf den Beinen" schilderte der Hanauer Anzeiger in seiner Ausgabe vom 12. August 1950, was sich im Schloß Philippsruhe abspielte, als dort ein Zelt aufgestellt und die Bevölkerung eingeladen worden war, um sie mit dem Schloß und den Gründen für seinen Kauf durch die Stadt vertraut zu machen, über den seit 1947 verhandelt worden war (siehe auch die Reproduktion des Originalberichts auf dieser Seite).

Trotzdem gab es eine Reihe von Leuten, die strikt gegen den Ankauf des Schlosses Philippsruhe waren. Noch eine Stunde vor der entscheidenden Stadtverordnetensitzung rief Oberbürgermeister i. R. Dr. Blaum bei mir an, um mich im Auftrag verschiedener Bürger zu bitten, von dem Ankauf Abstand zu nehmen. In der folgenden Stadtverordnetensitzung am 7. 11. 50 wurde der Ankauf gegen 7 Stimmen genehmigt, der Hanauer Anzeiger berichtete über diese Stadtverordnetensitzung wie folgt:

Schloß kostet 550 000 D-Mark

Nachdem die vorgenannten Punkte erledigt waren, holte Bürgermeister Dr. Krause tief Luft und erklärte: „Wir kommen nun zu dem Höhepunkt des Tages!" Gemeint war damit der unter Punkt 18 bescheiden mit Tinte auf der Tagesordnung eingetragene Ankauf des Schlosses Philippsruhe.

Bürgermeister Dr. Krause legte nochmals die bereits hinreichend bekannten Gründe dar, die für einen Ankauf des Schlosses sprechen, und verlas darauf einen Kaufvertragsentwurf, der besagt, daß das 120 000 Quadratmeter umfassende Gelände einschließlich aller Gebäude zu einem Preis von 550 000 DM zu erwerben sei. Die auf 20 Jahre verteilten Raten betragen bis 1960 jährlich 43 700 DM und ab 1961 jährlich 31 800 DM. Im Grunde bedeute diese Aufwendung nicht mehr als die Miete für den gleichen Zeitraum. Einschließlich Zinsen – der Zinssatz solle auf 4 % festgelegt werden – betrage der Gesamtpreis somit 755 000 DM. Im Kaufvertrag werde man sich die Möglichkeit zur Aufnahme einer Hypothek vorbehalten. Die Übergabe des Schlosses erfolge am 1. April 1951. Gewiß seien die Instandsetzungskosten erheblich, doch genieße die Stadt ja andererseits das Recht, alle Mieten einzuziehen, so daß also jährlich eine Einnahme von 26 000 DM für die Renovierung zur Verfügung stehe. Man könne daher sagen, daß die Mieteinnahmen im Laufe der nächsten zehn Jahre die Kosten für die notwendigsten Instandsetzungen decken werden.

Stadtverordneter Eckhardt (KPD) nahm entschieden gegen diesen Plan Stellung und fragte, was die Stadt denn eigentlich mit diesem Gebäude anfangen wolle, das doch bekanntlich zur Unterbringung von Büros und für ähnliche Zwecke völlig ungeeignet sei. Überdies müsse man befürchten, daß die Kosten für die Wiederinstandsetzung weit die bisherigen Schätzungen überschreiten werden. Schon für die Instandsetzung des Daches, die mit 80 000 DM veranschlagt wurde, müßte nach seiner Meinung eine bedeutend höhere Summe ausgegeben werden. Insgesamt könne man für die Instandsetzung einen Betrag von 1,3 bis 1,5 Millionen DM einsetzen. Dieses Geld solle man lieber für den Wiederaufbau des Rathauses verwenden. Die KPD-Fraktion empfehle daher, gemäß ihrem Antrag eine Befragung der Bevölkerung durchzuführen, deren Ergebnis dann respektiert werden solle.

Oberbürgermeister Rehbein entgegnete darauf, daß die Stadt sich diesen Plan sehr wohl reiflich überlegt habe. Es wäre unverzeihlich, wenn die Stadt diese einmalige Gelegenheit, ihren Grundbesitz wesentlich zu erweitern, durchgehen ließe. Unter Berücksichtigung der Tatsache, daß der Rathausbau in nächster Zeit noch nicht in Angriff genommen werden könne, sei nun für einen Ankauf des Schlosses der günstigste Zeitpunkt gekommen. Zudem habe sich die interessierte Bevölkerung bei dem kürzlich einberufenen Forum für den Plan ausgesprochen, so daß eine Befragung – die überdies noch kostspielig sei – überflüssig wäre.

Stadtverordneter Fischer (SPD) sagte, daß die Stadt mit der Übernahme des Schlosses zweifellos Sorgen übernehme. Dennoch habe sich die Fraktion für einen Ankauf entschlossen, da man bei diesem Plan die künftige Entwicklung unserer Stadt berücksichtigen müsse. Die gleiche Ansicht vertrat Stadtverordneter Heil (CDU), der ausführte, daß man zunächst dem Plan skeptisch gegenübertrat, nach Kenntnis der Kaufsumme und Zahlungsweise jedoch zustimmen müsse. Zudem bestehe noch die Möglichkeit, daß die Stadt über dieses Objekt zu weiteren Geldmitteln kommen könne.

Gegen 7 Stimmen stimmten die Stadtverordneten darauf dem Ankauf zu. Zum Schluß der Sitzung wurde noch ein Dringlichkeitsantrag der KPD-Fraktion an den Magistrat überwiesen, worin der Magistrat aufgefordert wird, sich mit allen Mitteln bei der Landesregierung und der Militärverwaltung für eine Sicherstellung der Hausbrandversorgung sowie der Kohlenversorgung der Gewerbebetriebe einzusetzen.

Mein Versuch, auch die Fasanerie in Wilhelmsbad von der Familie des Prinzen Wolfgang von Hessen für die Stadt Hanau zu erwerben, scheiterte leider schon in den Anfängen, ebenso meine Bemühungen, Wolfgang, Klein- und Großauheim sowie Steinheim 1948 einzugemeinden; meine Denkschrift zu diesem Thema erregte großes Aufsehen und in Stadt- und Landkreis Hanau leider nur „helle Empörung". 25 Jahre später – als das Eingemeinden modern war, wurden die Eingemeindungen dann doch durchgeführt. Wenn man meinem Vorschlag damals gefolgt wäre, wäre beim Aufbau des zerstören Hanau der Standort manches öffentlichen Gebäudes anders gewählt und das Zusammenleben der neuen Stadtteile mit den alten sehr gefördert worden.

Hessens erster Ministerpräsident, Christian Stock (zweiter von links), der einer aus SPD und CDU gebildeten Koalitionsregierung vorstand und nach der Landtagswahl 1950 von Georg August Zinn abgelöst wurde, informierte sich über den beginnenden Wiederaufbau inmitten des Trümmerfeldes der Innenstadt.

Der neue Hauptbahnhof

Die Landtagswahl am 19. 10. 1950 hatte der SPD die absolute Mehrheit der Mandate gebracht. Die Koalitionsregierung SPD und CDU unter Ministerpräsident Stock wurde abgelöst von Ministerpräsident Zinn, der eine Regierung bildete, die von der SPD allein getragen wurde. Die CDU-Minister schieden aus der Regierung aus. Für meine Tätigkeit als Bürgermeister hatte dieses Ereignis eine unerwartete Folge. Herr Hilpert, bisher als CDU-Landesvorsitzender Finanzminister und stellvertretender Ministerpräsident im Kabinett Stock wurde nach seinem Ausscheiden als Minister in den Vorstand der Bundesbahn berufen. Er war mehrfach in Hanau und auch immer in unserer Familie zu Gast, ebenso übrigens wie auch Heinrich von Brentano als Abgeordneter und später als Außenminister der Bundesrepublik, wenn er in unsere Gegend zu Wahlreden kam.

Auf Grund dieser Beziehung hatte ich bald Gelegenheit, die Frage des Aufbaues des Hanauer Hauptbahnhofes und die Beseitigung der schienengleichen Übergänge in unserem Stadtgebiet mit Herrn Hilpert zu besprechen. Als ich zum ersten Mal davon anfing, schaute er mich groß an und sagte: „Ich habe 54 zerstörte Bahnhöfe bei der Deutschen Bundesbahn wieder aufzubauen, aber ich will Ihnen helfen, wenn die Stadt Hanau etwas zu den Kosten beitragen kann, und zwar die Zinsen über 5 % der Baukostenanleihe". Wir einigten uns auf die Zahlung eines Betrages von 1 Million DM in Raten durch die Stadt Hanau.

Bürgermeister Dr. Hermann Krause, der Autor der hier veröffentlichten Erinnerungen, in seinem Dienstzimmer im Schloß Philippsruhe, das bis zum Bau des neuen Rathauses am Marktplatz den größten Teil der städtischen Verwaltungsdienststellen beherbergte.

Die großen Schwierigkeiten, die er und ich, jeder in seinem Bereich, zu überwinden hatten, brauche ich hier nicht erörtern. Wir haben jedenfalls beide durchgehalten. Und der Hanauer Hauptbahnhof steht heute so, wie es notwendig gewesen ist.

Auch den Beginn der Beseitigung der schienengleichen Bahnübergänge hat Herr Hilpert sehr gefördert. Durch seine Vermittlung wurde der Verkehrsminister Seebohm veranlaßt, unsere Stadt zu besuchen und wir haben damals als erstes die Beseitigung des schienengleichen Überganges an der Leipziger Straße erörtert und vereinbaren können. Das Eis war damit gebrochen. Die Notwendigkeit der Beseitigung der verschiedenen schienengleichen Übergänge in unserer Stadt war bei den höchsten Stellen bekannt und wurde im Laufe der nächsten 20 Jahre dann auch durchgeführt.

Richtfest für einen Wohnblock in der Französischen Allee, wo zum ersten mal nach 1945 in der Innenstadt Wohnungen in massierter Bauweise erstellt werden konnten. Ganz rechts im Bild Oberbürgermeister Rehbein, in der Mitte (zweite Reihe neben der nicht identifizierten Dame) der damalige Hanauer Landrat Wilhelm Voller.

Die Stadt war auf den Beinen

Zehntausend auf der Straße – zehntausend auf dem Bürgersteig

Behaupte noch einer, daß der Ruf nach der neuen Stadthalle nicht durch die ganze Stadt halle! Der gute Zweck des Sommerfestes lockte Hunderte, das damit verbundene Vergnügen Tausende auf den Festplatz hinter dem Philippsruher Schloß. Der gestrige Abend war ein überzeugender Beweis der Zusammengehörigkeit aller alten und neuen Hanauer, er war ein überwältigender Ausdruck frohen Lebenswillens und stellte — was das Massenaufgebot anbelangt — sogar den „Lambewald" in den Schatten.

Wer zählt die Fackeln, nennt die Lampions, die sich samt ihrem menschlichen Zubehör zu einem lichtfreudigen Festzug zusammenfanden! Es waren schätzungsweise . . . nun, wir wollen nicht übertreiben, aber rund 10 000 Menschen hatten sich zu diesem Festzug vereinigt und weitere 10 000 säumten die Straßen. Aus drei Richtungen, von der Freigerichtstraße, der Wilhelmstraße und der Rosenau, näherten sich die Teilzüge dem Stadtzentrum, angeführt von Kapellen und Spielmannszügen, begleitet von Reitern, Fahnen und Festwagen. Zum Lob der Hanauer Vereine darf festgestellt werden, daß sie im Dienste der Sache liebevolle Mühe aufgewendet haben, und zum Lob der Hanauer Bevölkerung muß hervorgehoben werden, daß sie ein beachtliches Kontingent zu dem Umzug stellte.

Am Marktplatz angelangt, gesellten sich noch unsere Stadtväter dem Festzug zu, und dann wand sich die drei Kilometer lange Feuerschlange durch die Straßen bis zum Main. Von der Hellerbrücke ab wurde der Lichterreigen noch bereichert durch die lampiongeschmückten Boote der Hanauer Ruderer und Paddler, die den Zug begleiteten, bis er in das Philippsruher Schloß einmarschierte. Die Front des Schlosses erstrahlte zum Empfang in bengalischem Licht und bot einen festlichen Anblick. Es dauerte geraume Zeit, bis die letzten Nachzügler durch das Schloßtor marschiert waren und sich im Park mit den anderen vereinigt hatten.

Im großen Festzelt angekommen, wollte Bürgermeister Dr. Krause eine Rede halten. Die Rede wäre gewiß noch zu halten gewesen, aber das Volk war es nicht mehr: es überschüttete ihn mit ohrenbetäubendem Beifall, noch bevor er überhaupt einen Satz hervorbringen konnte. Vor soviel stürmischer Begeisterung mußte der Bürgermeister lachend kapitulieren und statt des Wortes die Flucht ergreifen. Sein Volk aber hatte ihn wohl auch ohne Worte trefflich verstanden, denn es bewies durch spontane Ovationen sein Einvernehmen mit ihm.

In dieser prächtigen Stimmung wurde der Abend fortgesetzt, bis sich in vorgeschrittener Stunde das Festzelt und die letzten Flaschen allmählich leerten. Und im Morgengrauen traten die beharrlichsten Gäste ihren Heimweg an, zwar ohne Lampions, aber dennoch freundlich illuminiert. Ein wenig schwankend vielleicht, doch mit dem festen Entschluß, heute abend zum Tatort zurückzukehren. —dt.

Zwei „Männer der ersten Stunde", die sich um den Wiederaufbau Hanaus in den Nachkriegsjahren besonders verdient gemacht und die – auch bei dem Bemühen, das Schloß Philippsruhe anzukaufen – vertrauensvoll zusammengearbeitet haben: der erste gewählte Hanauer Oberbürgermeister Karl Rehbein, SPD (links), sowie Bürgermeister Dr. Hermann Krause, CDU (rechts).

Die Sparsamkeit bleibt oberstes Gebot

Die finanziellen Probleme der Stadt beim Wiederaufbau / Von Bürgermeister Dr. Krause

Das, was durch private und öffentliche Initiative für den Wiederaufbau der Stadt Hanau seit 1945 getan worden ist, sollte uns alle mit Befriedigung und Stolz erfüllen. Trotz der ungeheuren Schäden hat Hanau seine städtische Existenz behauptet. Ueber die Aufgaben, die uns im einzelnen der Wiederaufbau stellt, ist schon viel geschrieben worden, auch über die Standortfrage der öffentlichen Bauten und die Rangfolge, so daß es sich erübrigt, darauf in einem Neujahrsbericht des Näheren einzugehen. Von Jahr zu Jahr treten jedoch die finanziellen Nöte und Schwierigkeiten bei dem Wiederaufbau unserer Stadt immer stärker in den Vordergrund. Jeder, der den Wiederaufbau einer so zerstörten Stadt wie Hanau mit offenen Augen und mit wirtschaftlichen Ueberlegungen betrachtet, muß sich die Frage stellen, wie diese Dinge, auf die Dauer gesehen, weitergehen sollen. Und in der Tat handelt es sich hier um sehr ernste Fragen, die im nächsten Jahr und in den folgenden Jahren auf uns zukommen und rechtzeitig erkannt werden müssen.

Der Aufbau unserer Stadt kostet immense Summen. In einem dreigeteilten System wird der Aufbau finanziert, aus Ueberschüssen des Etats, aus Finanzzuweisungen des Landes Hessen und aus Anleihen. Es scheint so, daß alle drei Quellen in der nächsten Zeit nicht richtig funktionieren. Mit Finanzzuweisungen des Landes Hessen ist — so wie die Dinge jetzt liegen — nur in ganz bescheidenem Umfang zu rechnen. Die Ueberschüsse des Etats der Stadt Hanau werden ebenfalls von Jahr zu Jahr geringer. Als letzte Möglichkeit bleibt die Anleiheaufnahme. Dabei liegt der an sich gesunde Grundsatz zugrunde, daß die Finanzierung des Aufbaues großer öffentlicher Einrichtungen, die erhebliche Kosten erfordern, auf möglichst breite Schultern, d. h. auf die Zeit einer Generation, verteilt werden sollte und demgemäß Anleihen mit langfristiger Tilgungsdauer aufgenommen werden. Auf diese Weise sind die großen Aufgaben der Städte und des Staates in früheren Zeiten gelöst worden. Heute stellen sich hier unüberwindbare Schwierigkeiten entgegen, die in der Situation des Kapitalmarktes und letzlich im verlorenen Krieg ihre Ursache haben. Die Zinssätze sind hoch für jegliches Geld, das wir aufnahmen, und die Laufzeiten aller Anleihen sind kurz, d. h. sie betragen zumeist nur fünf Jahre. Und wenn sie länger sind, beträgt das Disagio bis 18 Prozent und mehr. Bei der kurzfristigen Laufzeit der Anleihen wird die Anleihekapazität der Stadt Hanau in kurzem ausgeschöpft sein. Bei langfristigen Anleihen mit hohem Disagio sind die Nebenkosten der Anleiheaufnahme außerordentlich hoch und verlustreich.

Ein plastisches Beispiel der Schwierigkeiten, die sich aus der derzeitigen Situation gegenüber früheren Zeiten ergeben, läßt sich schon an einem Beispiel hinsichtlich der Tilgung sehr schnell und einfach darlegen: 10 000 000,— DM Anleihe erfordern bei fünfjähriger Laufzeit allein an Tilgung jährlich 2 000 000,— DM, demgegenüber erfordern 10 000 000,— DM bei einer Laufzeit von 50 Jahren 200 000,— DM. Diese Gegenüberstellung zeigt die großen Schwierigkeiten, die der Kapitalbeschaffung für den Wiederaufbau entgegenstehen Sie macht es aber auch deutlich, daß der Wiederaufbau der Stadt Hanau, auf die Dauer gesehen nur in einem besseren Zusammenwirken mit dem Staat und mit dessen Unterstützung möglich ist und der Finanzausgleich zwischen Stadt und Staat darauf abgestellt sein muß.

Auch der Umfang der Aufbautätigkeit der Stadt bedarf in der Folgezeit einer sorgfältigen Ueberprüfung. Man sollte das private Bauen viel stärker fördern — nicht, um irgend einer Weltanschauung zu dienen, sondern um den städtischen Haushalt zu entlasten und für andere Aufgaben freizustellen. Nachdem die Landesbaudarlehen entsprechend den Baukosten angehoben worden sind und es möglich ist, zusätzliche Gelder aus Mitteln des Lastenausgleichs zu erhalten, sollte die Stadt den Wohnungsbau Privater und durch Privatgesellschaften in viel stärkerem Maße zulassen, um die dadurch freiwerdenden Mittel in stärkerem Maße als bisher für den Aufbau der noch fehlenden öffentlichen Einrichtungen bereitstellen zu können.

Den Wohnungsbau durch die Stadt zu betreiben und dafür weitgehend zusätzliche Mittel der Stadt zur Verfügung zu stellen, ist angesichts des Aufgabenkreises und der Wiederaufbauaufgaben der Stadt auch auf anderem Gebiet nicht gerechtfertigt, wenn die Bürgerschaft selbst zum Bauen bereit ist und die Auflagen der Landesbaudarlehen auch dort erfüllt werden Vielleicht ergibt sich gerade im nächsten Jahr für das private Bauen eine einmalige Chance, solange eine günstige Steuergesetzgebung, z. B. aus dem § 7 des Einkommens- bzw Körperschaftsgesetzes, ein steuerbegünstigtes Bauen zuläßt.

Es läßt sich freilich nicht verkennen, daß auch der privaten Betätigung Grenzen gesetzt sind angesichts der starken Besteuerung, wie sie in der Oeffentlichkeit zur Zeit ausgiebig erörtert wird.

Was die Hanauer Verhältnisse angeht, darf ich sagen, daß zur Zeit laufende Steuern seitens unserer Bürger mit einer erfreulichen Pünktlichkeit bezahlt werden. Die Frage der Zahlung der rückständigen Steuern aus den Veranlagungen der vergangenen Jahre bereitet jedoch Sorgen. Zur Zeit handelt es sich mehr um die Zahlung der Steuern aus den Veranlagungen der Jahre 1948—49 und 1950; es werden alsbald die Veranlagungen für 1951—52 hinzukommen. Wenn auch die Stadt sehr daran interessiert ist, daß die Steuervorauszahlungen möglichst der Ertragslage des einzelnen angepaßt sind und keine Steuernachzahlungen entstehen, so ist die Summe der sich aus der endgültigen Veranlagung ergebenden Steuerzahlungen doch recht beträchtlich. Das starke Anschwellen der Steuerrückstände, zusammen mit Lastenausgleich u. a., wird eine sehr große Belastung der einzelnen Steuerschuldner darstellen, zugleich aber auch zu einem ernsten Problem im öffentlichen Haushalt werden. Es bleibt nur zu wünschen, daß die gesamte Steuerpolitik sich so rechtzeitig den hier drohenden Gefahren anpaßt, daß eine ernsthafte Gefährdung unserer Haushalte nicht eintritt und eine günstige Konjunktur im Wirtschaftsleben anhält.

Ich habe nur zwei Problemkreise aus dem Finanzgeschehen unserer Stadt berührt, die jedoch ein sehr aufschlußreiches Bild unserer Lage in der nächsten Zeit vermitteln. Sie zeigen, wie schwierig die Dinge geworden sind, und daß wir in jeder Beziehung auf Mithilfe angewiesen sind. Auch in der Erörterung der Probleme vor der Oeffentlichkeit erhoffe ich als Finanzdezernent der Stadt die Unterstützung, besonders der Presse, mit der auf diesem diffizilen Gebiet gut zusammenzuarbeiten eine Lebensfrage für die Stadt und mein aufrichtiger Wunsch ist.

Mein Ziel bleibt auch im folgenden Jahre, den Wiederaufbau der Stadt mit aller Kraft vorwärtszutreiben, dabei aber auch die Grundsätze sorgfältiger Finanzgebarung nicht zu verletzen, wie es einer guten Tradition städtischer Selbstverwaltung entspricht.

Schulverhältnisse sind verbessert

Aber es besteht weiterhin Schulraumnot / Von Schulrat Erich Simdorn

Das Jahr 1952 war für unsere in erstaunlich schnellem Tempo wieder erstehende Stadt ein Jahr regster Bautätigkeit auf allen Gebieten, auch auf dem des Schulwesens. Wenn in diesem Jahre auch nur der erste Bauabschnitt der neuen Bezirksschule I seiner Bestimmung übergeben werden konnte — was immerhin eine leichte Linderung der großen Schulraumnot gebracht hat —, so werden nach Fertigstellung der zur Zeit im Bau befindlichen Schulgebäude zum Teil schon zu Beginn des neuen Schuljahres weitere wesentliche Verbesserungen unserer äußeren Schulverhältnisse eintreten.

Der nach den Herbstferien von 515 in diesem Einzugsgebiet wohnenden Schüler der drei anderen Bezirksschulen bezogene erste Teil der Bezirksschule I enthält acht Unterrichts- und fünf Nebenräume, die zum Teil vorübergehend auch als Klassenräume benutzt werden. Ein weiterer Raum im Erdgeschoß wurde dem vom Roten Kreuz betreuten Kinderhort zur Verfügung gestellt. Damit hat Hanau wenigstens wieder zwei Horte. Kinderhorte sind gerade unter den heutigen Verhältnissen für das Elternhaus, die Schule und die Schüler außerordentlich wertvoll. Weitere Horte müssen und werden deshalb eingerichtet werden.

Im zweiten Bauabschnitt der Bezirksschule I sollen im März 1953 insgesamt 20 Räume bezugsfertig werden, die sämtlich für das Realgymnasium für Mädchen vorgesehen sind, das sehr beengt in zwei weit voneinander entfernt liegenden Bauten untergebracht ist. Damit gewinnt die Mittelschule die bisher vom Realgymnasium benutzten so dringend benötigten Räume. Ohne diese Lösung hätte bei dem Ostern zu erwartenden außergewöhnlich starken Andrang zu den weiterführenden Schulen — es kommen diesmal eineinhalb Jahrgänge in Frage, und die Zahl der zu bildenden Aufnahmeklassen ist im Gegensatz zu den letzten Jahren unbegrenzt — die Schulraumnot zu einer Katastrophe geführt. Diese Unterbringung ist nur als Notlösung gedacht, denn selbstverständlich muß auch unsere einzige städtische „Höhere Schule" so bald wie möglich ein eigenes Heim erhalten.

Das gleiche gilt für unsere äußerst kümmerlich untergebrachten „Hauswirtschaftlichen Schulen". Diese Schulen werden bereits zu Beginn des neuen Jahres in einen Teil der für sie vorgesehenen Räume in der Zeichenakademie übersiedeln. Auch für unsere kaufmännischen Schulen reichen die vorhandenen Räume bei weitem nicht mehr aus; hier muß ebenfalls Abhilfe geschaffen werden.

Im Bau befindet sich weiterhin die neue Hilfsschule in der Gärtnerstraße; in ihr sollen zu Anfang des neuen Schuljahres vier Klassenräume in Benutzung genommen werden. Im dritten Bauabschnitt III sollen schon Ende Januar 1953 weitere sechs Unterrichts- und vier Nebenräume bezogen werden.

„Wenn man's so hört, möcht's leidlich scheinen", und es ist auch bereits außerordentlich viel für den Wiederaufbau des Hanauer Schulwesens geleistet worden. Aber es ist halt sehr schwer, mit dem geradezu sprunghaften Anwachsen der Hanauer Einwohnerzahl und dem dadurch bedingten dauernden Steigen der Schülerzahl Schritt zu halten.

Der Schulraumbedarf aller Hanauer Schulen wird auch im kommenden Jahre noch nicht restlos befriedigt werden können, und alle Schulen werden mehr oder weniger noch den für alle Beteiligten so unerfreulichen und so wenig fruchtbaren Schichtunterricht beibehalten müssen.

Aber es wird weitergebaut werden; daran ist in unserer so schulfreundlichen Stadt keinerlei Zweifel möglich.

Besonders dankbar anerkannt werden soll auch bei diesem Jahreswechsel wieder, daß alle neu errichteten oder noch im Bau befindlichen Schulgebäude den neuesten pädagogischen Forderungen entsprechend ausgeführt und eingerichtet werden. Jeder neue Bau zeugt in seinem Aeußeren und Inneren von gediegener Zweckmäßigkeit und ansprechender Schönheit, ohne dabei irgendwie luxuriös zu sein. Hanau darf auf sein wiederaufblühendes Schulwesen stolz sein.

Ohne auf die Entwicklung des Schulwesens im Landkreis im einzelnen näher einzugehen, muß gesagt werden, daß auch hier das Jahr 1952 erfreuliche Fortschritte gebracht hat. Eine sehr schöne zweiklassige Schule baute Niederissigheim. Durch Anbauten wurden die Schulgebäude in Rückingen und Gronau dem Bedarf entsprechend vergrößert. Mehrere Bauvorhaben sind so weit vonangetrieben, daß in Kürze mit ihrer Ausführung begonnen werden kann. Allgemein bekannt ist wohl der in stetigem Wachsen begriffene große Schulneubau in Dörnigheim, der in seiner weit vorausschauenden Großzügigkeit musterhaft für Hessen werden dürfte und dessen erster großer Bauabschnitt bereits mit Beginn des neuen Schuljahres sämtliche Klassen der alten Dörnigheimer Schule aufnehmen soll. Wo im Landkreis im vergangenen Jahre nicht gebaut worden ist — es wären viele Neu- bzw. Erweiterungsbauten erforderlich —, da sind wenigstens die vorhandenen Schulräume zu einem großen Teil neu hergerichtet und mit neuzeitlichen Schulmöbeln ausgestattet worden. Dafür sei ebenfalls an dieser Stelle gedankt.

Alles in allem: Es geht mit unserem Schulwesen in Hanau-Stadt und -Land vorwärts, und es wird auch weiterhin vorwärts gehen.

Auch 1953 wird weitergebaut

Im Juli dieses Jahres brachten wir diese Luftaufnahme von Hanau, die beim heutigen Betrachten zeigt, wie viele Bauten inzwischen bereits wieder erstanden sind. Im nächsten Jahr werden gewiß wiederum etliche Lücken geschlossen sein.

Planung und Rangordnung

Die Arbeit der Stadtverordneten / Von Stadtverordnetenvorsteher Peter Röthel

Das nunmehr zu Ende gegangene Jahr war für das kommunalpolitische Leben unserer Stadt von besonderer Bedeutung. Durch die in Kraft getretenen neuen Kommunalgesetze wurde nicht nur das in der hessischen Verfassung festgelegte Selbstverwaltungsrecht der Gemeinden bedeutend erweitert, sondern auch den Gemeindevertretungen (Stadtverordnetenversammlung) als den gewählten Organen der Bürgerschaft neue und größere Aufgaben als bisher zugewiesen.

Der Gesetzgeber wollte diese größere Verantwortlichkeit auch dadurch unterstreichen, daß er den Gemeinden die Gelegenheit gab, mit dem Inkrafttreten der neuen Gesetze auch die Gemeindevertretungen neu zu wählen. Diese Wahlen, die am 4. Mai 1952 stattfanden, haben eine größere Anzahl von Männern und Frauen in die Stadtverordnetenversammlung berufen, die bis dahin noch nicht in der Kommunalpolitik tätig waren. Sie und auch die bisherigen Stadtverordneten auf die größere Last der Verantwortlichkeit anläßlich des Jahreswechsels hinzuweisen, halte ich besonders deswegen für meine Pflicht, weil man im neuen Jahre wieder eine Anzahl weiterer großer Aufgaben am Wiederaufbau unserer so schwer zerstörten Stadt ihrer Entscheidung vorlegen muß.

Was im abgelaufenen Jahr von der Stadtverordnetenversammlung — der alten und der neuen geleistet wurde, kann an dieser Stelle nicht aufgezählt werden; die Presse hat jeweils ausführlich darüber berichtet. Hier sei nur darauf hingewiesen, daß der Wohnungsbau, wie all die Jahre vorher, im Mittelpunkt aller Sorgen stand und dies auch noch lange Zeit bleiben wird. Die finanziellen Möglichkeiten auf diesem Gebiete restlos auszuschöpfen und zweckentsprechend einzusetzen, wird auch eine der wichtigsten Aufgaben im neuen Jahre sein. Große finanzielle Anstrengungen erforderte der Beginn bzw. die Weiterführung dreier großer Schulbauprojekte zu gleicher Zeit. Selbstverständlich können so große Bauaufgaben nicht in einem Jahre zu Ende geführt werden. Bis ins Jahr 1954 hinein werden diese Projekte noch die Finanzkraft unserer Stadt in Anspruch nehmen. Begonnen und im neuen Jahr zu Ende geführt werden muß auch der zweite Bauabschnitt des Kulturhauses. Unser Stadtkrankenhaus — im abgelaufenen Jahr — wurde der große Medizinbau zu Ende geführt und damit die Einrichtung einer vollwertigen Frauenklinik ermöglicht. Weitere große Bauprojekte, deren Kosten mit drei Millionen DM veranschlagt sind, werden vom Dezernenten dieser Anstalt bereits angemeldet.

Zu all diesen bereits begonnenen, aber noch nicht zu Ende finanzierten Bauvorhaben kommen noch eine ganze Reihe anderer Aufgaben, die in der Oeffentlichkeit immer wieder mehr oder minder lebhaft erörtert werden. Es seien nur aufgezählt: das Realgymnasium für Mädchen, die Erweiterung der Kaufmännischen Berufsschule, eine Badeanstalt mit Medizinbädern, ein Hallenschwimmbad, der Wiederaufbau des Altstädter Rathauses (Goldschmiedehaus), der erste Abschnitt des Neustädter Rathauses und noch manches andere. Wenn das Rathaus am Marktplatz in seiner neuen Gestaltung fertiggestellt und alle Amtsräume in dem Komplex zwischen Marktplatz und Langstraße untergebracht sind, entsteht die Frage: Was geschieht mit Schloß Philippsruhe? Dieses herrliche Gebäude am Main mit seinen schönen Parkanlagen müßte bis dahin so weit wieder hergerichtet sein, daß es der Oeffentlichkeit zugänglich wäre.

Neben diesen ins Auge springenden Bauwünschen sei aber auch des vielfach geradezu katastrophalen Zustandes unserer Straßen, besonders in den Außenbezirken, gedacht. Daß so viele und finanziell so schwere Aufgaben nur Zug um Zug in Angriff genommen und gelöst werden können, darüber besteht wohl nirgends ein Zweifel. Die Schwierigkeiten dürften erst da entstehen, wo die Dringlichkeitsskala festgelegt wird, nach der die einzelnen Projekte und Wünsche zu reagieren haben. Die Festlegung einer solchen Reihenfolge und ihre Abstimmung auf die finanzielle Leistungsfähigkeit unserer Stadt ist eine große Verantwortung der Stadtverordnetenversammlung, die sie allein zu tragen hat und die ihr niemand abnimmt. Dieser Entscheidung soll auch nicht vorgegriffen werden, wenn an dieser Stelle darauf hingewiesen wird, daß in Hanau noch immer Hunderte von Familien in unmenschenwürdigen Wohnungen hausen und daß beim Wohnungsamt noch 3500 Wohnungssuchende gemeldet sind. Es ist in letzter Zeit sehr häufig — in der Presse und im Stadtparlament — von den „alten Hanauern" die Rede gewesen. An dieser Stelle sei deshalb auch jener 3500 alter Hanauer gedacht, die als Ausgebombte immer noch außerhalb ihrer Vaterstadt in unzulänglichen Unterkünften hausen. Daß gerade sie bei dem Problem Nr. 1, dem Wohnungsbau, nicht vergessen werden, das ist ein Neujahrswunsch, der unseren Stadtverordneten besonders ans Herz gelegt sei.

Dank und Anerkennung sei allen denjenigen ausgedrückt, die durch ehrenamtliche Tätigkeit im abgelaufenen Jahre zum Wohle der Stadt und ihrer Bürger gearbeitet haben. Dank und Anerkennung aber auch den Vertretern unserer heimischen Wirtschaft, die mit so viel Verständnis die Arbeiten der Stadtverordneten und der Stadtverwaltung unterstützt haben. **Ihnen allen ein frohes neues Jahr.**

Auch in den in eigener Sache erschienenen Sonderbeilagen des „Hanauer Anzeiger" – 1969 zum 20. Jahrestag des Wiedererscheinens und 1975 in einer umfangreichen Dokumentation zum 250jährigen Bestehen als eine der ältesten deutschen Zeitungen – wurden der Zerstörung der Stadt und ihrem Wiederaufbau besondere Kapitel gewidmet.

Der Anfang zwischen Trümmerbergen

Eine Stadt und ihre Zeitung — Rückblick auf 20 Jahre Wiederaufbau in Hanau / Von Helmut Blome

20 Jahre Hanauer Anzeiger – das sind zwei Jahrzehnte neue Geschichte, in denen sich die Wiedergeburt einer Stadt vollzogen hat. Der Hanauer Anzeiger ist zum Spiegelbild dieser zwanzigjährigen Entwicklung geworden. In den Spalten dieser Zeitung hat sich angekündigt und nachvollzogen, was auf dem beschwerlichen Weg vom Trümmerfeld bis zum blühenden Gemeinwesen erdacht und geschaffen worden ist. Als einzige Tageszeitung, die in Hanau redaktionell und technisch gestaltet wird, ist der Hanauer Anzeiger in dieser Zeit mehr als nur zur Chronik des täglichen Geschehens geworden. Er selbst hat sich als Parallelfall zum Wiederaufbau und zur Entwicklung dieser Stadt erwiesen. Er hat dieser Stadt und ihren Menschen gedient, er hat versucht, befruchtend auf das kommunale, wirtschaftliche und kulturelle Leben einzuwirken und ist dabei selbst zu einem wirtschaftlich bedeutenden Faktor geworden. Daß er damit zugleich als Kommunikationsmittel in den ihm räumlich gesetzten Grenzen seinen Auftrag zu erfüllen versuchte, an der Gestaltung des demokratischen Lebens in Hanau Stadt und Land mitzuwirken, ist zwar im Rahmen der ihm durch die Pressefreiheit auferlegten Rechte und Pflichten eine Selbstverständlichkeit, erfordert jedoch täglichen Einsatz, unentwegtes Engagement und die Kraft, sich im Interesse der Allgemeinheit die geistige und wirtschaftliche Unabhängigkeit zu erhalten.

Die erste Ausgabe von 20 Jahren

Als die Stadt Hanau 1945 in Schutt und Trümmer gesunken war, als nach dem Zusammenbruch die Besatzungsmacht eine provisorische deutsche Verwaltung einsetzte, war am allerwenigsten in der Stadt zwischen Main und Kinzigbogen an das Wiedererscheinen einer Zeitung zu denken gewesen. Zunächst einmal galt es, die primitivsten Lebensbedürfnisse der Menschen sicherzustellen. Das Erbe, das die nationalsozialistische Gewaltherrschaft nach dem fürchterlichen Kriegsgeschehen hinterließ, hatte in Hanau ein besonders entmutigendes Beispiel gefunden. Die Stadt war zu über 70 Prozent zerstört. In der Innenstadt stand kein bewohnbares Haus mehr, sie war zu 98,4 Prozent zerstört. Ein Häuflein von 200 Menschen fristete in Kellern und behelfsmäßigen Räumen in der Innenstadt sein Dasein. Von den nahezu 45 000 Einwohnern lebten noch rund 8000 innerhalb der Stadtgrenzen, vorwiegend im Stadtteil Kesselstadt, der vom Inferno des Krieges weitgehend verschont geblieben war.

Allmählich erst kehrten die Evakuierten aus der näheren und weiteren Umgebung in die Stadt zurück. Überlegungen, ob es überhaupt noch sinnvoll sei, dieses Trümmerfeld aufzuräumen, oder die Stadt an anderer Stelle völlig neu zu errichten, lähmten zunächst jede Initiative, zumal es ja vor allem galt, elementare Existenzgrundlagen sicherzustellen. Doch allmählich setzte sich der später vielgerühmte Wiederaufbauwille der Menschen dieser Stadt durch. Der dann ins Leben gerufene Ehrendienst, der alle Hanauer, gleich welchen Alters und Standes, zwang, Pikkel und Schaufel in die Hand zu nehmen und sich an der Beseitigung der riesigen Schuttmassen tatkräftig zu beteiligen, setzte das eigentliche Signal zum Wiederaufbau, der der Stadt und ihren Menschen viele Jahre lang alle Energien abverlangte.

Ähnlich verhielt es sich mit dem Anzeigerhaus in der Hammerstraße. Dort war wenigstens noch ein Teil der Außenmauern stehengeblieben, so daß es nach der Beseitigung der Trümmerberge gelang, einigermaßen verwendbare Produktionsräume herzurichten. Verschiedene Maschinen konnten wieder instand gesetzt werden. Als sich aus dem Ruinenfeld der Innenstadt die ersten Straßen herauszuschälen begannen und es wieder möglich war, mit einem Kraftwagen in die Hammerstraße zu gelangen, konnte die Drukkerei als einer der ersten Betriebe im innerstädtischen Bereich überhaupt ihre Arbeit unter provisorischen Bedingungen wieder aufnehmen.

An die Herausgabe einer Zeitung war vorerst nicht zu denken gewesen. Die Militärregierung hatte es sich vorbehalten, nur eine begrenzte Zahl von Lizenzen, vorwiegend in Großstädten, zu vergeben mit dem offensichtlichen Ziel, in Deutschland das Zeitungswesen in den USA zu kopieren. Ebenso umstritten wie die Vergabe der Lizenzen im einzelnen jedoch war das System überhaupt. Das Ziel, das deutsche Volk zu Demokraten zu erziehen, war letztlich ohne ein freies Pressewesen nicht erreichbar. Je mehr daher die administrativen Aufgaben wieder in deutsche Hände übergingen, um so stärker wurde das Bemühen, mit dem Aufbau einer freien Presse wichtige Grundlagen für die Entfaltung eines demokratischen Bewußtseins zu schaffen.

So betrachteten es Landesregierung und Landtag in Hessen nach ihrer Konstituierung als eine der vordringlichsten Aufgaben, mit einem Pressegesetz die Voraussetzungen für das Wiedererscheinen auch der Heimatzeitungen zu schaffen. Trotz heftiger Gegenwehr vieler Lizenzzeitungen, die um ihre inzwischen zu Monopolstellungen gewordenen Positionen bangten, entschloß sich überdies die amerikanische Besatzungsmacht zur Erteilung einer Generallizenz, die zeitlich ungefähr mit dem Erlaß des Hessischen Pressegesetzes zusammenfiel.

Während zuvor in Zusammenarbeit mit der Stadt Hanau nur ein kleines, wöchentlich erschienenes Mitteilungsblatt herausgegeben werden konnte, war damit der Weg zum Wiedererscheinen des Hanauer Anzeigers frei. Vom 1. September 1949 an hatte Hanau wieder eine eigene Tageszeitung. Acht Jahre lang hatte das Blatt nicht erscheinen können, nachdem die NSDAP im Zuge der Gleichschaltung der Presse 1941 auch den Hanauer Anzeiger verboten und ein von der Partei kontrolliertes Organ für Hanau und das Kinzigtal herausgegeben hatte.

Das Wiedererscheinen des Hanauer Anzeigers vor zwanzig Jahren war von der Bevölkerung lebhaft begrüßt worden. Der Verleger und Herausgeber Paul Nack schrieb in der ersten Nummer: „Der Hanauer Anzeiger will seine Tradition als Heimatblatt fortsetzen. Eine im wahrsten Sinne der Heimat verbundene Presse muß aber auf dem Heimatboden entstehen, wenn sie dem Volke dienen will." Der damalige Oberbürgermeister Karl Rehbein gratulierte in einem Grußwort, in dem es zum Schluß hieß: „Möge der Hanauer Anzeiger durch sein Einwirken mithelfen am Aufbau eines freien, demokratischen, sozialen Staatswesens. Dies ist mein besonderer Wunsch zum heutigen Tage!" Und Landrat Wilhelm Voller schrieb seinerzeit: „Die Presse arbeitet verantwortlich an der Wiedergewinnung wahrer Freiheit und echter demokratischer Auffassung mit. Wir müssen hinweg über das Trümmerfeld, das so weit verbreitet vor uns liegt. In diesem Lebenskampf soll die Presse ihre Aufgabe erfüllen. Zu dieser hohen Aufgabe wünsche ich dem Hanauer Anzeiger besten Erfolg."

Wie für alle Heimatzeitungen begann damit auch für den Hanauer Anzeiger eine Zeit des harten Existenzkampfes. Unter denkbar schwierigen redaktionellen und technischen Bedingungen, ohne fremde Hilfe, ohne die Unterstützung der Besatzungsmacht mußte der Kampf mit den Lizenzblättern aufgenommen werden, die auch im Hanauer Raum erschienen und sich hier schon beträchtliches Terrain erobert hatten. Bald jedoch gelang es, die einstmals dominierende Stellung zurückzugewinnen und an die Auflage früherer Jahre anzuknüpfen. Nicht nur Tradition und Heimatgefühl waren es, die dazu beitrugen, dem Hanauer Anzeiger schon bald eine größere Leserdichte als früher zu sichern und ein in Hanau erschienenes Lizenzblatt zur Kapitulation zu zwingen. Die unmittelbare Bindung zum Raum und zu seinen Menschen, die Chance, die sich gerade im lokalen Teil für eine Mittagszeitung bei der aktuellen Berichterstattung bot, waren wohl die entscheidenden Momente dafür, daß sich der Hanauer Anzeiger ohne jeden Werbeaufwand sehr schnell eine feste Position in Hanau Stadt und Land erwerben konnte.

Von da an wurde der Hanauer Anzeiger zum ständigen Begleiter alles dessen, was in und um diese Stadt geschah. Mit dem Wiederaufbau der Stadt vollzog sich auch die Wiedererrichtung des Verlags- und Druckereigebäudes, das schließlich am 31. Oktober 1953 in feierlicher Form seiner Bestimmung übergeben werden konnte. Zur gleichen Zeit konnte man auch in der Stadt Hanau stolze Zwischenbilanz ziehen. Von 1950 an brachte fast jedes Jahr neue Rekorde im Wohnungsbau. Immerhin waren zu diesem Zeitpunkt nahezu 5000 Wohnungen wieder aufgebaut worden. Hanaus Einwohnerzahl war spürbar angestiegen. Das Geschäftsleben pulsierte wieder, die Produktion der heimischen Industrie lief auf vollen Touren und auch das kulturelle und sportliche Leben hatte sich längst wieder zu normalisieren begonnen. Nicht allein die reine Zweckmäßigkeit bestimmte die Wiederaufbauarbeit. Längst waren auch die städtischen Anlagen wieder instand gesetzt worden. Historische Bauten, Zeugen aus der bewegten Geschichte dieser Stadt, wurden — soweit wie möglich — erhalten und der Versuch unternommen, eine vernünftige Synthese zwischen Vergangenheit und Gegenwart zu finden. Hanau fand wieder zu einem eigenen Gesicht. Der Streit darüber, ob im Hinblick auf künftige Gestaltungsformen und notwendige Veränderungen unserer Umwelt zuwenig zukunftweisend geplant worden sei, vermochte indes nichts an der Tatsache zu ändern, daß die Not der ersten Stunde gewiß manchen Kompromiß begünstigte, der sich später als falsch oder zumindest anfechtbar herausstellen mußte.

So kündigte sich auch bald eine Wende an, als sich die Verantwortlichen entschlossen, sich immer stärker auf das Hanau der Zukunft zu konzentrieren. Mit der Einweihung des Deutschen Goldschmiedehauses am Altstädter Markt, inzwischen zum Gütezeichen des Hanauer Traditionsgewerbes geworden, wurde die eigentliche Phase des Wiederaufbaus abgeschlossen.

In Hanau begann — wenn man so will — nach 1958 eine neue Ära. Die Spuren des Krieges waren weitgehend beseitigt worden. Unter neuen Voraussetzungen konnte nun die weitere Gestaltung der Stadt fortgesetzt werden. Der Fortschritt der Technik, die ständige Zunahme des Verkehrs, wachsende Ansprüche einer sich in rasanter Fortentwicklung befindlichen Konsumgesellschaft stellten erhöhte Anforderungen an die Kommunen. Immer deutlicher schälte sich die Aufgabe heraus, Probleme der nahen und ferneren Zukunft zu bewältigen. Ein modernes Gemeinwesen erforderte fortschrittliche Überlegungen und Entscheidungen. Der Bau von Schulen, die Weiterentwicklung des Gesundheitswesens, die Errichtung von Sport- und Kulturstätten und die

Ein neuer Abschnitt

Als am 1. September 1949, nach einer erzwungenen Unterbrechung von acht Jahren, der Hanauer Anzeiger wieder erscheinen konnte, begann ein neuer Abschnitt in seiner nun fast 250jährigen Geschichte.

Niemand wußte damals, ob es gelingen würde, wieder eine lebensfähige und wirtschaftlich unabhängige Hanauer Tageszeitung aufzubauen und zu erhalten. Doch das Können und der Wille aller im Verlag, in Redaktion und Technik Tätigen, begünstigt durch die politische Stabilität unserer freien parlamentarischen Demokratie und das wirtschaftliche Wachstum in der Bundesrepublik, hat den Hanauer Anzeiger wieder seinen angestammten Platz einnehmen lassen als unabhängigen Mittler zwischen dem einzelnen und den öffentlichen Interessen im überschaubaren Hanauer Wirtschaftsraum.

Seine große Stärke ist das enge Vertrauensverhältnis zu seinen Lesern, die wohlabgewogene, interessenfreie Berichterstattung und die Intensität, mit der er täglich von seinen treuen Beziehern gelesen wird.

So ist er eine tragende Stütze des demokratischen Denkens in seinem Verbreitungsgebiet. Herausgeber und Redaktion sehen eine bedeutsame Aufgabe darin, diese Stellung in einem freien Land zu bewahren.

Dr. Horst Bauer
Herausgeber des „Hanauer Anzeiger"

Diese Luftaufnahme vermittelt einen Eindruck von der Zerstörung Hanaus nach dem Luftangriff am 19. März 1945

HANAU — WIE ES EINMAL WAR

Der heutige Freiheitsplatz, früher Paradeplatz genannt, in seiner alten Form. Rechts das Zeughaus, in dem bis zur Zerstörung die Feuerwehr untergebracht war.

Der alte „Fischbrunnen" gehörte zu den Zierstücken des früheren Marktplatzes. Von den einst vier Brunnen ist nur einer erhalten geblieben.

Die alte Nürnberger Straße war schon vor dem Krieg eine der Hauptgeschäftsstraßen Hanaus. Sie wurde auch von der Hanauer Straßenbahn durchfahren.

Altstadt-Idylle: Blick auf die Johanneskirche.

Der Hanauer Marktplatz in seinem ursprünglichen Zustand. Nur der historische Teil des Neustädter Rathauses ist in seiner alten Form wiederaufgebaut worden.

In der ehemaligen Philipp-Ludwig-Anlage an der Südseite des heutigen Freiheitsplatzes stand der aus dem 18. Jahrhundert stammende Röhrenbrunnen, der zerstört wurde und nicht mehr restauriert werden konnte. Links das Theater-Café.

Eine Partie in der früheren Krämerstraße mit dem Eckhaus der Löwen-Apotheke.

Die frühere Tiefe Gasse repräsentierte ein Stück echter Hanauer Altstadt.

Schon früher gehörte der Heumarkt zu den geschäftlichen Mittelpunkten der Stadt.

Anfang der 40er Jahre entstand dieses Bild: Ein Blick von der Schnurstraße in Richtung Rosenstraße.

Der Altstädter Markt, an dessen Grundform sich auch nach dem Wiederaufbau nur wenig verändert hat.

Aus dem Jahre 1938: Die Marktstraße mit dem alten Gasthaus „Zur Sonne".

Ein interessantes Fachwerkgebäude war die frühere Kommandantur an der Ecke Schloßstraße und Erbsengasse.

Hanau – ein Luftbild der Innenstadt vor der Zerstörung.

Das brennende Hanau – aufgenommen von einem alliierten Aufklärer am Morgen des 19. März 1945.

Nach 20 Minuten war Hanau eine Trümmerstadt

Vom ersten Bombenabwurf im Jahre 1941 bis zur Zerstörung am 19. März 1945

Hanau gehört zu den deutschen Städten, die im Zweiten Weltkrieg durch Luftangriffe mit am stärksten in Mitleidenschaft gezogen worden sind. Obwohl lange Zeit von größeren Angriffen der Alliierten verschont geblieben, wurde die Stadt dann am 19. März 1945, kurz vor dem Ende des Krieges, durch einen massierten Angriff doch noch schwer getroffen und zu über 70 Prozent zerstört. Abgesehen von den zahlreichen Menschenleben, die dieser Angriff kostete und deren genaue Zahl noch heute nicht einwandfrei feststeht, ist der 19. März 1945 auch in anderer Hinsicht zu einem historischen Datum von großer Tragweite für Hanau geworden: Neben den unermeßlichen Werten, die vernichtet worden sind, ist die Stadt um viele jahrhundertealte Zeugnisse ihrer Vergangenheit beraubt worden. Damit mußte sich im Zuge des Wiederaufbaues der Charakter der Stadt in vielerlei Hinsicht verändern. Über die Luftangriffe auf Hanau während des Zweiten Weltkrieges hat Fritz Ochs, Leiter der Luftschutzorganisation während des Krieges und später erneut örtlicher Selbstschutzbeauftragter, eine Dokumentation vorgelegt, in der die Bombenabwürfe und Luftangriffe im einzelnen geschildert und die Notizen für das Ge-

Ein Splitterschutzgraben vor dem ehemaligen Stadttheater.

schehen am 19. März 1945 vor dem Hintergrund der strategischen Bedeutung Hanaus als Verkehrsknotenpunkt erläutert werden.

Als noch niemand daran dachte, welche Ausmaße der Luftkrieg einmal annehmen würde, gelang es den alliierten Fliegern schon Anfang der 40er Jahre, in den Luftraum des damaligen Deutschen Reiches einzudringen und die Bevölkerung mit punktuellen Bombenabwürfen zu beunruhigen. Im Sommer 1941 wurde Hanau erstmals unmittelbar mit dem Luftkrieg konfrontiert. Auf Grund von Beobachtungen und vorhandenen Aufzeichnungen ergeben sich in chronologischer Reihenfolge folgende Stationen des Leidensweges bis zur fast völligen Zerstörung der Stadt:

24. Juli 1941

An diesem Tag fallen die ersten Sprengbomben innerhalb des Stadtgebietes rund 500 Meter westlich der Burgallee und ebenso weit südlich der Frankfurter Landstraße. Es handelt sich um 5-Zentner-Bomben, die eine Hochspannung beschädigen. Verluste entstehen keine.

12. September 1941

Acht Sprengbomben werden auf eine Flakstellung am Siebenmeterloch abgeworfen. Eine Bombe mit Langzeitzünder detoniert erst nach neun Stunden. Auch hier keine Verluste.

3. April 1942

Abwurf von fünf Bomben zu je fünf Zentnern zwischen Hauptbahnhofstraße und der damaligen Oberrealschule an der heutigen Friedrich-Ebert-Anlage. Ein Haus in der Hauptbahnhofstraße zerstört. Eine Frau fand dabei den Tod. In der Holzhandlung Schaurer zerschellte eine Bombe an einer Mauer, ohne zu krepieren.

9. September 1942

Spreng- und Brandbomben fallen auf den westlichen Teil der Stadt (Nachtangriff). Ein Haus in der Gustav-Hoch-Str. Nr. 33, Ecke Händelstraße, wird schwer beschädigt. Zwei Bomben mit Langzeitzünder explodieren erst um die Mittagszeit, ohne daß Menschenverluste zu beklagen sind.

Zwischen 20. und 28. September 1942

Eine Luftmine geht auf dem Gebiet Ecke Salisweg/Frankfurter Landstraße nieder (ein Uhr nachts). Die Rosenau und ein städtisches Haus im Salisweg, in dem der damalige NS-Kreisleiter Jordan wohnte, werden schwer beschädigt. Frau Glasmacher, Ehefrau des damaligen Kaufhof-Geschäftsführers in Hanau, wird verwundet.

September 1943

Im Ortsteil Kesselstadt gehen Spreng- und Brandbomben nieder. Vorher — die genauen Termine sind unbekannt — sind bereits Bombenabwürfe auf die Gebiete westlich des Beethovenplatzes, zwischen Hochstädter Landstraße, Burgallee (Wasserwerk) und Frankfurter Landstraße, erfolgt.

26. November 1943

Nachtangriff mit Spreng- und Brandbomben. Drei Großbrände entstehen im Haus Winkler (Gärtnerstraße), bei Kohlen-Hauser (Steinheimer Straße) und bei der Firma Ochs und Bonn, Fischerstraße.

4. Februar 1944

Im Stadtteil Kesselstadt werden bei einem Tagesangriff erneut Brandbomben abgeworfen, ohne daß jedoch dabei nennenswerte Schäden entstehen.

25. September 1944

Tieffliegerangriffe auf die Mainbrücke zwischen Hanau und Steinheim. Außerdem werden Sprengbomben und Luftminen auf das Gebiet um die Friedberger Straße und die Lamboystraße abgeworfen.

5. November 1944

In den späten Abendstunden Luftminenabwürfe auf den Bereich Leipziger Straße, Engelhardstraße, Steinheimer Straße und Fallbachstraße.

November und Dezember 1944

Auf das Gebiet Wilhelmsbad fallen einzelne Sprengbomben (10. 11.). Ein größerer Angriff trifft den Westbahnhof und die umliegenden Wohngebiete (11. 12.). Tagesangriff zwischen 11 und 12 Uhr (12. 12.) auf das Hanauer Industriegebiet, den Hauptbahnhof und den Bereich um die Annastraße. Bei einem Nachtangriff (17. 12.) fallen Spreng- und Brandbomben im inneren und äußeren Stadtgebiet.

1. bis 5. Januar 1945

Im Ortsteil Kesselstadt, vor allem am Mainufer, fallen zum Jahresbeginn Spreng- und Brandbomben. Am 5. 1. wird das östliche Stadtgebiet von einigen Bomben getroffen, wobei auch die Dunlop in Mitleidenschaft gezogen wird.

6. Januar 1945

Abends 19.30 Uhr Großangriff auf die Industriefirmen Dunlop, Vacuum, Heraeus, Degussa und andere sowie auf das Behördenhaus, Stadtschloß und umliegende Häuser. Wahrscheinlich sollte schon bei diesem Angriff Hanau vernichtet werden, aber durch falsche Zielsetzung der feindlichen Luftlotsen wird ein großer

Im August 1943 wurde auf dem Paradeplatz, dem heutigen Freiheitsplatz, mit dem Bau von Splitterschutzgräben zum Schutz gegen Luftangriffe begonnen.

Teil der Spreng- und Brandbomben auf die Gemeinde Mittelbuchen und auf die Gemarkung Mittelbuchen sowie über der Domäne Kinzigheimerhof abgeworfen. Dennoch entstehen in den großen Industriebetrieben, namentlich bei Heraeus und in der Vacuumschmelze, schwerste Schäden und auch Verluste an Menschenleben. In der Gemeinde Mittelbuchen werden 90 Scheunen getroffen. Davon können durch die Selbstschutzkräfte 10 gerettet werden. Von 46 getroffenen Wohnhäusern werden 30 gerettet, während 16 niederbrennen. Diese Häuser waren von den Bewohnern verlassen worden, um außerhalb des Ortes Schutz zu suchen.

19. März 1945

Der Tag des Vernichtungsangriffs auf Hanau. Die Stadt hatte vor dem Krieg 3638 bebaute Wohngrundstücke mit 8100 Gebäuden und 12 749 Wohnungen. Die Einwohnerzahl betrug im Jahre 1939 42 990. Am 19. März wurden 2240 Gebäude mit 7984 Wohnungen vollständig zerstört und 242 Gebäude mit 869 Wohnungen sehr schwer beschädigt. Alle übrigen Gebäude sind mehr oder minder in Mitleidenschaft gezogen worden. Die Totalzerstörung betrug 70,1 Prozent und stellt somit die höchste in Hessen sowie eine der höchsten im ganzen Bundesgebiet dar.

Die Anzahl der Toten läßt sich nicht mehr genau feststellen. Sie beträgt insgesamt während des ganzen Krieges ca. 2000. Allein am 19. März wurden etwa 1400 Personen getötet, während 250 noch als vermißt gelten. Es wird angenommen, daß die Vermißten vollständig verbrannt sind, doch müssen sie so lange in der Vermißtenliste geführt werden, bis sie auf Antrag für tot erklärt werden. Die genaue Zahl der Toten läßt sich nicht feststellen, da sich zur Zeit des Angriffs viele Soldaten, Fremdarbeiter und andere polizeilich nicht gemeldete Personen in der Stadt aufgehalten hatten. Nachforschungen haben jedoch ergeben, daß die meisten Opfer nicht durch direkte Waffeneinwirkung ums Leben gekommen, sondern erstickt und durch Sauerstoffmangel gestorben sind.

Hintergründe des Angriffs

Es stellt sich die Frage, wie es geschehen konnte, daß kurz vor Kriegsende, in einer einzigen Nacht, so viele Menschen sterben mußten? Für den massiven Angriff auf Hanau waren verschiedene Gründe maßgebend. Am 6. März hatten die Amerikaner aus der Hocheifel heraus mit einer Großoffensive in Richtung Remagen, Koblenz und unterhalb Mainz auf den Rhein zu begonnen. Am Abend des 7. März hatten US-Streitkräfte die Stadtteile von Koblenz links der Mosel besetzt. Bei Remagen war es den Amerikanern gelungen, mit sich zurückziehenden deutschen Truppen über die Rheinbrücke auf das rechtsseitige Rheinufer zu gelangen und einen Brückenkopf zu bilden. Der hier befehlende deutsche Major Scheller wollte im letzten Augenblick die Brücke sprengen lassen, wobei jedoch die Zündung versagte. Drei Tage später wurde er mit zwei anderen Pioniermajoren standrechtlich erschossen. Um die unterhalb von Mainz auf den Rhein vorstoßende Armee des Generals Patton vor einem Flankenangriff von Mainz her zu schützen, wurde die Stadt am 26. Februar durch einen Luftangriff schwer zerstört. Als die US-Armeegruppe bei Oppenheim den Rhein erreichte, setzte sie an einer Stelle, wo der Brückenbau durch eine Rheininsel stark erleichtert wurde, über den Fluß und trennte sich dann in zwei Teile.

Das Schicksal besiegelt

Eine Gruppe marschierte in Richtung Würzburg — Regensburg, die andere stieß nach Norden in Richtung Frankfurt und Hanau vor. Damit war das Schicksal der Städte Hanau und Würzburg besiegelt. Um jedes Risiko bei ihrem Vormarsch auszuschalten, wurde Würzburg am 16. März und Hanau am 19. März durch Luftangriffe dem Erdboden gleichgemacht. Hanau war und ist — ebenso wie Würzburg — ein wichtiger Verkehrsknotenpunkt, in dem Straßen und Eisenbahnlinien von allen Seiten zusammentreffen — eine bei den strategischen Überlegungen der Kriegführung wichtige Tatsache. Daneben aber waren auch die Industriebetriebe wegen ihrer speziellen Erzeugnisse von großer Wichtigkeit. Überdies beginnt bei Hanau die alte Leipziger Straße, ein geschichtlich bedeutsamer Kriegs-, Verkehrs- und Handelsweg, dessen Wichtigkeit schon die alten Römer erkannt und den sie deshalb mit Wehrtürmen und Bastionen befestigt hatten. Auch in der jüngeren Geschichte, im Jahre 1813, wurde diese Straße nach der Schlacht bei Leipzig von den geschlagenen Truppen Napoleons als Rückzugsstraße benutzt. Somit ist Hanau das Tor zur Leipziger Straße — einerlei, ob man von Osten oder Westen kommt. Jeder muß durch dieses Tor hindurch. Da die Amerikaner jedes Risiko ausschalten wollten, mußte dieses Tor deshalb mit Gewalt aufgebrochen, gleichzeitig aber auch eine mögliche Bedrohung von dieser Seite aus unterbunden werden. Deshalb war der Angriff auf Hanau ein Bestandteil des militärischen Konzepts.

Das Warnsystem war ausgefallen

Zum Angriff selbst: Verhängnisvoll wirkte es sich aus, daß das vordem vorhandene Warnsystem ausgefallen war, da die Amerikaner schon am Rhein standen. Während die alliierten Flugzeugverbände früher schon beim Überfliegen des Ärmelkanals erkannt und ihre Flüge genau verfolgt werden konnten, war nun eine Warnung oder gar Vorwarnung der Bevölkerung nicht mehr möglich. Zudem hatte der Gegner seine Luftbasen von England nach Frankreich verlegt und damit kürzere An- und Abflugzeiten. In der verhängnisvollen Nacht zum 19. März hatte überdies im gesamten Luftraum östlich des Rheins eine sehr rege Lufttätigkeit geherrscht. Überall wurden kleine Gruppen oder einzelne Flugzeuge gemeldet, ohne daß es zu Bombenabwürfen kam. Schließlich wurde der Abflug eines größeren Verbandes auf Kassel gemeldet. Doch war dies ein Täuschungsmanöver. Kurz vor dem angenommenen Ziel bogen die Flugzeuge wieder ab und waren plötzlich verschwunden. Diese Taktik war zuvor schon öfters angewandt worden. Die Bomber, die für den Angriff bestimmt waren, gingen auf eine Höhe von 12 000 bis 14 000 Meter, flogen dann mit abgestellten Motoren im Gleitflug, stellten die Motoren in 5000 bis 6000 Meter Höhe wieder an, um dann wieder hochzuklettern. Das alles geschah nach einem genauen Zeitplan. Zu einem vorher bestimmten Zeitpunkt setzten dann die Fluglotsen ihre Leuchtbomben (auch „Christbäume" genannt), womit alle mittlerweile in die Nähe des Angriffszieles gelangten Maschinen ihre Bombenlast in den abgegrenzten Raum abzuwerfen hatten. Wie genau die Ortungsgeräte in den Flugzeugen gearbeitet haben, läßt sich daraus ersehen, daß die Kasernen im Lamboyviertel und in Wolfgang, wo die Amerikaner ihre Truppen unterbringen wollten, verschont blieben. Auch das Schloß Philippsruhe, das für die Verwaltung vorgesehen war, blieb unbeeinträchtigt. Die Abwurfgrenze bildete im Westen und Norden die Kinzig.

Anfang Dezember 1944 wurde das frühere Gustav-Adolf-Krankenhaus, das auf dem Gelände der heutigen Martin-Luther-Stiftung stand, bei einem Luftangriff zerstört.

Das war das Inferno

Eine weitere Überraschung war, daß der Angriff auf Hanau zu einer ungewöhnlichen Zeit erfolgte, in der die Flugzeuge normalerweise längst auf dem Weg zu ihren Heimathäfen waren. Das hing nicht nur mit den kürzeren Flugwegen von den neuen Basen in Frankreich zusammen, sondern war auch eine Folge des total zusammengebrochenen deutschen Abwehrsystems. Bekanntlich existierte um diese Zeit die deutsche Luftwaffe nicht mehr. Hinzu kommt, daß die meisten Menschen angesichts der ständigen Unruhe im Luftraum die ganze Nacht über in den Kellern gesessen und sich erst gegen Morgen, übermüdet und abgespannt, ins Bett gelegt hatten. Da aber setzte der Angriff erst ein und überraschte die meisten im Schlaf. Eine Alarmierung mit Sirenen

Ein bei einem Luftangriff im Januar 1945 schwer beschädigter Wagen der Hanauer Straßenbahn in der Hammerstraße.

war nicht möglich gewesen, weil der Strom ausgefallen war. Wohl hatte die Polizei versucht, mit einer Handsirene von einem durch die Straßen fahrenden Auto aus Alarm zu geben. Doch mußte dieser Versuch bald aufgegeben werden, als das Inferno hereinbrach.

Der eigentliche Angriff auf die Stadt dauerte genau 19 Minuten — von 4.30 Uhr bis 4.49 Uhr. Er wurde mit etwa 350 Maschinen geflogen. Etwa 3000 Sprengbomben und Minen sowie 150 000 Brandbomben sind in dieser Zeit abgeworfen worden. Die Innenstadt stand bald in hellen Flammen. Hilfe war teilweise überhaupt nicht mehr möglich, weil kein Durchkommen durch die von Schutt und Trümmern übersäten Straßen war. So kamen viele Menschen nicht nur in ihren Häusern und Luftschutzkellern, sondern auch bei der Flucht ums Leben, als ihnen das Flammenmeer keinen Ausweg mehr ließ.

Für die Bedrohten gab es daher nur noch eines: Rette sich, wer kann! In notdürftig hergerichteten Behausungen, in den wenigen noch bewohnbaren Häusern, vor allem aber in Kesselstadt und in den Gemeinden der Umgebung fand die Mehrzahl ersten Unterschlupf. Erst einige Zeit nach dem kurz darauf erfolgten Einmarsch der amerikanischen Truppen setzte die Rückkehr der Evakuierten langsam wieder ein. Das Zentrum aber blieb lange noch eine „tote Stadt", bis nach der Arbeitsaufnahme der von der Besatzungsmacht eingesetzten deutschen Verwaltung mit den ersten Aufräumungsaktionen begonnen werden konnte.

HANAU NACH DEM 19. MÄRZ 1945

Luftaufnahme von Hanau wenige Tage nach dem Angriff: Links die Ruine des Stadttheaters, rechts die Reste der Stadtpfarrkirche und am oberen Bildrand die noch stehengebliebenen Teile des Anzeiger-Hauses.

Schuttmassen türmten sich in der Nürnberger Straße. Im Hintergrund der alte Kaufhof.

Nach den ersten Aufräumungsarbeiten: die Hammerstraße mit dem zerstörten Anzeiger-Haus.

Vom Altstädter Rathaus standen nur noch die Außenfassaden.

Die Ruine der Johanneskirche.

Die später abgerissenen Außenmauern des ausgebrannten Stadttheaters.

Trümmerfeld in der Innenstadt.

Der Marktplatz mit einem der zerstörten Brunnen.

Blick von der Wallonisch-Niederländischen Kirche auf das Ruinenfeld der Innenstadt.

Die erste Phase des Wiederaufbaus

Riesige Schuttmassen mußten in der Innenstadt weggeräumt werden.

Schon bald nach Beendigung des Krieges fanden sich die in Hanau verbliebenen Einwohner zusammen und begannen mit den Aufräumungsarbeiten. Zu diesem Zweck wurde ein Ehrendienst ins Leben gerufen.

Eines der ersten Gebäude, die in der Altstadt wiedererstanden, war das Haus der früheren Bäckerei Diehl in der Marktstraße.

Mit die ersten Wohnungsbauten entstanden in der Nordstraße. Ein Teil der alten Stadtmauer blieb erhalten.

Auch das Geschäftsleben regte sich allmählich: Bücherverkauf von einem Leiterwagen aus.

Der Wiederaufbau des Neustädter Rathauses erfolgte noch vor der Unterkellerung des Marktplatzes als Tiefgarage.

In der Nürnberger Straße entstanden die ersten Geschäfte.

Sozialer Wohnungsbau an der Nordstraße. Im Hintergrund die Marienkirche mit dem noch nicht wiedererrichteten Glockenturm.

Wohnungsbau war die Devise für die ersten Nachkriegsjahre. Ein Innenhof der Wohnanlage in der Französischen Allee.

Mit dem Wiederaufbau des Altstädter Rathauses und seiner Einweihung als Deutsches Goldschmiedehaus in Anwesenheit des damaligen Bundespräsidenten Prof. Theodor Heuss wurde am 29. April 1958 ein Schlußpunkt für die erste Wiederaufbauphase gesetzt.

Zu den ersten wiederaufgebauten Schulgebäuden gehörte die Pestalozzischule am Johanneskirchplatz.

Das moderne Gesicht Hanaus

Der Freiheitsplatz — nach seiner Umgestaltung Anfang der 60er Jahre.

Gemischtes Baugebiet in der Weststadt: Einfamilienhäuser neben Hochbauten.

Die Stadthalle ist durch Erweiterungsbauten in Form eines Bürgerhauses vergrößert worden.

Einer der markanten Punkte der Innenstadt: Das Betten-Hochhaus des Stadtkrankenhauses.

Wichtige Verkehrsader für den Nah- und Fernverkehr: Die Bundesstraße 8 mit den Hochbauten des Tümpelgartenbaugebietes.

Die Nürnberger Straße — nach wie vor eine der belebtesten Geschäftsstraßen der Innenstadt.

Ein freundlicher gewordenes Wohngebiet: Die Karl-Marx-Straße mit der Kreuzkirche.

Großzügig gestaltet: Die kombinierte Hallen- und Freibadeanlage des Heinrich-Fischer-Bades.

Interessante bauliche Variante in der Innenstadt: Die Südseite des Freiheitsplatzes.

Ein Akzent neben den Hochhäusern der Weststadt: Moderner Kindergarten in Gestalt einer Kinderburg.

Die Fußgängerzone Hammerstraße ist zu einem beliebten Geschäftszentrum der Innenstadt geworden.

Aus Altem und Zerstörtem wuchs eine neue Stadt

Zeugnisse für Hanaus ungebrochenen Lebenswillen / Von Hans Clormann

Hans Clormann, Diplom-Ingenieur in Hanau; 1924 als Sohn eines Architekten geboren; nach dem Notabitur 1942 bis 1945 Eisenbahnpionier in Rußland; holte 1946 das Abitur in Friedberg nach und studierte an der Technischen Hochschule in Stuttgart, wo auch die Diplom-Hauptprüfung abgelegt wurde; nach praktischer Tätigkeit seit 1958 selbständiger Architekt in einer Sozietät in Hanau; Bauten: Jugendzentrum Ronneburg, Degussa-Hochhaus, Kaiser-Schule u. a.; verheiratet seit 1952, zwei Söhne, eine Tochter.

Über fünfzig Jahre Hanauer Baugeschichte zu schreiben, heißt: im Jahre 1925 beginnen, in dem Jahr, als der „Hanauer Anzeiger" 200 Jahre alt wurde, in dem aber ein wesentlicher Einschnitt in der baulichen Entwicklung Hanaus nicht bestand. Dieser Zeitpunkt liegt vielmehr mitten in einer bemerkenswerten Entwicklung des Bauwesens in unserer Stadt.

Niederländer und Wallonen

Es ist also notwendig, zuerst einen Blick in die Vergangenheit zu werfen und sich zu erinnern, daß Hanau aus der mittelalterlichen Altstadt und der von Niederländern und Wallonen erbauten Neustadt gewachsen ist, im 18. Jahrhundert durch verschiedene bedeutende Bauten bereichert wird und daß nach einem Jahrhundert geringen Wachstums dann vor etwa hundert Jahren eine immer mehr zunehmende Bautätigkeit beginnt.

Ursache ist die Industrialisierung, die Entwicklung der Verkehrsmittel wie Eisenbahn und Automobil sowie die damit verbundene Zunahme der Bevölkerung. Die Bauten dieser Gründerzeit werden oft ohne stadtplanerische Vorarbeit errichtet und sind in vielen Fällen unbefriedigend, da sie den Bedürfnissen der Menschen in praktischer und ästhetischer Hinsicht nicht gerecht werden.

Das neue Jahrhundert bringt eine Umbesinnung, ernste Versuche zu einem neuen Stil. Nach dem Krieg 1914—1918 und der beginnenden wirtschaftlichen Gesundung setzt auch in Hanau ein neuer Stil — nicht nur des Bauens, sondern auch der Stadtplanung ein. Im Jahre 1923 wird eine Bauzonenordnung erlassen; 1924 der Hanauer Hafen eröffnet. Man weist im Osten der Stadt, also im „Windschatten", Industriegebiete aus, macht sich Gedanken über Waldgürtel, Wohngebiete, Sportanlagen und Grünanlagen, über Geschäftsgebiete und öffentliche Gebäude.

Ein Hauch von Bauhaus

Ernsthaft wird überlegt, ob nicht aus Hanau, Steinheim und Großauheim eine Stadt entstehen könnte, die so auch wirklich am Main liegt; mit Uferstraßen, Brücken, einem Stadtbild auch vom Main aus gesehen. Es gibt einen Plan, die Zeichenakademie auf der „Ochsenwiese" am Main neu zu errichten (heute stehen hier kleine Wohnhäuser).

Der Paradeplatz, der heutige Freiheitsplatz, ist schon damals eher Bindeglied als Trennung zwischen Neustadt und Altstadt. Damals wie heute hat man ihn als besondere städtebauliche Chance erkannt. Das Kaufhaus Wronker wird auf der Westseite errichtet. Der Platz ist jetzt umschlossen von ansehnlichen Bauten; dem Stadttheater, dem Zeughaus, den Häusern an der Philipp-Ludwig-Anlage und der — leider sehr häßlichen und noch heute bestehenden — Kaserne auf der Ostseite. Die Nürnberger Straße erhält durch das Kaufhaus Tietz, dem späteren Kaufhof, mit dem großen „T" auf dem Dach einen Akzent, der an dieser leichten Schwenkung der Straße besonders reizvoll ist.

Der Stil des Dessauer Bauhauses spiegelt sich wider in manchen Bauten der ausgehenden zwanziger Jahre. An der Freigerichtstraße werden 360 Wohnungen für die Kleinwohnungsbaugesellschaft in mehrgeschossigen, gut gegliederten Flachbauten errichtet. An der Kreuzung Hochstädter Landstraße — Kastanienallee entsteht der rundumbaute Beethovenplatz, der internationale Beachtung findet, anschließend das im Baustil angepaßte Musikerviertel. Die Wohnbauten am Hafenplatz mit dem Denkmal der Arbeit sind damals entstanden.

Korrektur und Stimulans

Kein Politiker im kommunalen Bereich kommt an der Lokalpresse vorbei. Er braucht „seine" Zeitungen. Sie sind Korrektur und Stimulans seiner Arbeit, sie sind in Sprache und Bild gegossene Information über seinen Wirkungsbereich; ihre Meinungen verhelfen ihm zum Zwiegespräch mit dem Bürger.

Das mag allgemein klingen. Für mich freilich sind es konkrete Erfahrungen, die ich nicht nur in meinem unmittelbaren Heimatbereich als Kommunalpolitiker gewann.

Dabei verkenne ich keineswegs, daß die Aufgabe der Lokalpresse nicht zuerst und allein Hilfestellung für den politisch handelnden Bürger sein kann. Das ist sie auch.

Zu allererst — das habe ich sehr früh gelernt — hilft die Lokalzeitung dem Bürger, daß er seine unmittelbare Umwelt besser versteht und deutlicher erkennt, daß er letztlich für sie engagiert und sich über seinen familiären Bereich hinaus verantwortlich fühlt. Wie wäre sonst Demokratie möglich?

All das summiert sich dann für mich zu der einfachen Feststellung, daß ich nur von „meinen" Zeitungen rede.

Karl Ravens
Bundesminister
für Raumordnung, Bauwesen und Städtebau

Die Wirtschaft baut

In dieser Zeit entsteht auch der Neubau der Waisenhausbuchdruckerei (1929), der in moderner Bauart als Stahlskelett errichtet ist. Hier wird — noch heute — der „Hanauer Anzeiger" gedruckt.

Eine Anzahl weiterer gewerblicher Bauten und Industriebauten entsteht in dieser Zeit, die Neuanlage der Firma Heraeus - Vacuumschmelze, Neubauten bei W. C. Heraeus, Quarzlampengesellschaft, Siebert (heute Degussa), Dunlop, Gummischuhfabrik (Lamboyviertel), Gebäude des Schmuckgewerbes u. a.

Bedeutende Bauten im Bereich von Kultur, Gesundheitswesen und Sport entstehen ebenfalls in den zwanziger Jahren; Neubau der Hohen Landesschule, Umbau des landgräflichen Marstalls zur Stadthalle, Neubau am St.-Vincenz-Krankenhaus, Erweiterung der beiden anderen Krankenhäuser (Landeskrankenhaus und Gustav-Adolf-Krankenhaus), Sportplatzanlagen des FC Hanau 93, des Tennis- und Hockeyclubs, der Turngemeinde, dann die Bootshäuser der beiden Rudervereine.

Nicht zu vergessen aber auch wichtige Baumaßnahmen des Tiefbaus, wie zum Beispiel städtische Straßen, das Wasserwerk 2 und der Ausbau der Straßenbahn, deren Netz bis nach Steinheim, zum Beethovenplatz beziehungsweise zum Nordbahnhof reicht.

Sprung in Außenbezirke

Die Planung für die in den 30er Jahren gebaute Umgehungsstraße wird durchgeführt. Eine große Hypothek aus dem vorangegangenen Jahrhundert ist die Führung der Eisenbahnlinien und die Lage des Hauptbahnhofes. Sämtliche Ausfallstraßen sind durch schienengleiche Übergänge blockiert. Der Bahnhof liegt, durch große Dämme von der Stadt getrennt, eher in Großauheim als in Hanau.

Weitere Wohnungsbauvorhaben sind die „13er Siedlung" in der Hochstädter Landstraße, Häuser in der Schwedenstraße und die aus roten Klinkersteinen errichteten Wohnhäuser der Bachstraße.

Projekte zur Verbesserung dieser Situation werden gemacht, völlig neue Linienführungen für die Bahn diskutiert, aber die realistische Einschätzung des Finanzbedarfs führt zur Resignation.

In den Jahren 1930 bis 1932 tritt die weltweite Wirtschaftskrise auf; es folgt die Zeit, in der das moderne Hanau entscheidend geformt wird, der Sprung in die Außenbezirke erfolgt und die Grundlagen für eine geordnete Entwicklung gelegt werden.

Die Jahre 1933 bis 1945 bringen ein ganz anderes Bild. An der Aschaffenburger Straße werden riesige Kasernenbauten erstellt, zum Teil bis über die damalige Stadtgrenze nach Wolfgang hinein. Andere militärisch benutzte Bauten entstehen in der Nähe der Lamboystraße. Östlich der Bruchköbeler Landstraße entsteht eine Siedlung mit kleinen Wohnhäusern (heute Marköbeler Straße usw.).

Gebot aus Trümmern

Die wirtschaftliche Konsolidierung führt dazu, daß — zwar in bescheidenem Rahmen — eine Reihe von Ein- und Mehrfamilienhäusern entsteht, vor allem im Westen der Stadt. Auch Industrie und Gewerbe erweitern, modernisieren. In der Akademiestraße wird die Christuskirche gebaut. Die beiden großen Krankenhäuser erhalten jeweils einen Neubau mit Isolierstation. Durch den Bau der Umgehungsstraße im Norden der Stadt wird für den stärker werdenden Autoverkehr eine sehr wichtige Verbesserung geschaffen.

Zwei Dinge fallen dem Beobachter dieser Bauperiode auf: Der damals gelenkte Stil und die Ausrichtung sehr vieler Baumaßnahmen auf den Zweck der Rüstung; das gilt vor allem für die Baumaßnahmen während des Krieges.

In den letzten Kriegsjahren wird Hanau zum größten Teil zerstört. Die in der Innenstadt erhalten gebliebenen Gebäude kann man an einer Hand aufzählen. Von 13 Schulen steht beispielsweise nur noch eine. Das Jahr 1945 bildet einen ganz entscheidenden Einschnitt, nicht nur für den einzelnen Bürger, für die politische, gesellschaftliche und wirtschaftliche Ent-

Die Bebauung des Beethovenplatzes findet in den 20er Jahren internationale Beachtung.

Am Hafenplatz entstehen Wohnbauten mit dem Denkmal der Arbeit.

Von der Goldmark zur D-Mark

Die Kreissparkasse besteht über 75 Jahre, das heißt mehr als sieben Jahrzehnte Erfahrung, Leistung, Vertrauen.
Unsere Kunden wissen, warum sie uns zum Partner nehmen.
Das Vertrauen unserer Kunden ist unser größtes Kapital.
Man kann bei uns nicht nur sparen.
Wir bieten auch ein lückenloses Kreditprogramm und einen umfassenden Bankservice.
Mit 28 Zweigstellen sind wir überall in Ihrer Nähe.

Seit über 75 Jahren

Erfahrung
Leistung
Vertrauen

Kreissparkasse Hanau

In der Nürnberger Straße wird das Kaufhaus Tietz, später Kaufhof, gebaut.

Der Betrieb der Firma Keller in der Philippsruher Allee setzt als moderner Industriebau neue Akzente.

wicklung, sondern auch für die bauliche Entwicklung unserer Stadt.

Schwere Entscheidungen sind in den ersten Jahren nach dem Krieg zu treffen; sie müssen zwischen den beiden extremen Möglichkeiten liegen: Ausnutzung der Chance zu großzügigster Neuplanung, neues Straßennetz nach modernen, auch verkehrstechnischen Gesichtspunkten, oder aber Wiederaufbau auf dem alten Grundriß, Erhaltung auch jeder kleinsten noch vorhandenen Bausubstanz, insbesondere der Anlagen des städtischen Tiefbaues, wie Kanal, Versorgungsleitungen u. a.

Alternative — wie?

Die Entscheidung liegt näher bei der zweiten Lösung. Man kann das heute kritisch beurteilen, muß aber dabei bedenken, daß die echte Alternative ganz anders lautet, nämlich das wirtschaftlich Machbare zu verwirklichen oder eben gar nichts zu unternehmen. Niemand kann es verantworten, angesichts der Wohnungsnot, des Mangels an wichtigsten öffentlichen Gebäuden und an gewerblichen Bauten, nur zu planen und die Verwirklichung in eine — ja immerhin unbekannte — Zukunft zu verschieben.

So beginnt also die Phase des Wiederaufbaus, in den ersten Jahren durch Improvisation gekennzeichnet. Nur an wenigen Stellen werden Straßen umgelegt oder verbreitert. Anstelle der alten Straßenbahn werden Busse eingeführt — eine gute Entscheidung angesichts der Ungewißheit für die weitere Entwicklung und der dadurch bestehenden Forderung nach Flexibilität. Manche Einrichtungen bleiben an falschen Standorten bestehen, zum Beispiel der Schlachthof oder die Stadtwerke.

Schon sehr bald werden Bauleitpläne entwickelt, die als Grundlage für den geordneten Wiederaufbau dienen. Unter Beibehaltung der Straßen werden ganze Gebäudeblocks „ausgekernt" und durch Umlegungen saniert. Ein früheres Beispiel hierfür sind die Blocks der Hanauer Baugesellschaft an der Französischen Allee, ein Beispiel allerdings auch dafür, wie die Erkenntnisse und Möglichkeiten sich doch in den letzten 25 Jahren gewandelt haben.

Die zunächst in dem weitgehend erhaltenen Kesselstadt aufgenommenen Behörden, Geschäfte, Betriebe, usw. wandern wieder zurück in die Innenstadt.

Noch fehlte Integration

Der weitere Verlauf des Wiederaufbaus ist im Rückblick durch eine erstaunlich gleichmäßige Aufteilung in private und öffentliche Initiative gekennzeichnet: Großer Anteil des öffentlich geförderten Wohnungsbaus, ebenfalls große Leistungen des privaten Wohnungsbaus, Leistungen der öffentlichen Hand in Schulbau, Krankenhausbau, Kindergartenbau und allen anderen Sparten der städtischen

Ein Gebäude aus den 20er Jahren: die Hohe Landesschule.

Was ist „Provinz"?

Was ist eigentlich das, was man heute mit dem abschätzigen Wort „Provinz" belegt? Es ist immerhin eine Wurzel der Kraft, aus der die Zentren leben, und die Art und Weise, in der an der Wurzel informiert wird, entscheidet mit darüber, was schließlich in den großen Städten gewußt und gedacht wird.

Für mich ist es immer wieder erfrischend, „draußen im Lande" erleben zu können, wie eng das Verhältnis der Belange des Bürgers zur Politik ist.

Ich meine, viel Schaumschlägerei könnte vermieden werden, wenn jeder, der öffentlich wirkt, sich zu einem Schuß Provinz in diesem guten Sinne bekennen könnte. Die Feststellung, daß ich diese Erfahrung nicht zuletzt in Wahlkämpfen gewonnen habe, wird man mir nicht verargen können.

Ich wünsche der lokalen Presse und heute vor allem dem 250jährigen „Hanauer Anzeiger" gutes Gedeihen. Wir leben, Gott sei Dank, nicht nur in Ballungsgebieten.

Klaus Schütz
Regierender Bürgermeister von Berlin

Der KAUFHOF
bald 50 Jahre in Hanau

Die Geschichte des Hauses

Der Kaufhof Hanau geht zurück auf eine Filialgründung der Leonhard Tietz AG — eröffnet 1929 in dem von der Firma I. Hermann GmbH erworbenen Gebäude an der Ecke Hammer- und Langstraße.
Wie sehr die Bevölkerung diese neue Einkaufsstätte begrüßte, zeigte von Anfang an die große Kundenzahl, so daß die Räumlichkeiten bei weitem nicht ausreichten. Noch im gleichen Jahre wurde ein moderner, sachlicher Neubau mit 2700 qm Verkaufsfläche, das erste Warenhaus in Hanau, Ecke Hirschstraße/Nürnberger Straße eröffnet. Damit wurde einem dringenden Bedürfnis der Bevölkerung Rechnung getragen, belief sich doch die Einwohnerzahl Hanaus auf über 40 000, zu denen noch 60 000 Einwohner aus dem Einzugsgebiet kamen.
Im Zuge des totalen Krieges mußte das Haus 1943 geräumt und der Firma Heraeus als Ausweichlager überlassen werden. In den Räumen der Firma Dietrich am Markt konnten die Geschäfte unter Verringerung der Verkaufsfläche auf 125 qm behelfsmäßig weitergeführt werden, bis dieses Grundstück Ende 1944 durch Bomben zerstört wurde. Nun durfte der Verkauf wieder im eigenen Hause stattfinden, wenngleich auch nur ein kleiner Teil des Erdgeschosses zur Verfügung stand. Als am 19. März 1945 die Stadt fast völlig zerstört wurde, war auch diese letzte Bleibe betroffen und der Verkauf mußte eingestellt werden.
Aber bereits wenige Wochen später konnte durch die tatkräftige Hilfe aller Mitarbeiter der Verkauf mit ausgelagerten Warenbeständen notdürftig wieder aufgenommen werden. Das Haus, als eines der wenigen von Sprengbomben verschonten Gebäude der Innenstadt, zog rasch eine Reihe von Einzelhändlern an, die nun hier mit dem Kaufhof in Ladengemeinschaft die Versorgung der auf 9000 Einwohner zusammengeschmolzenen Bevölkerung der Stadt aufnahmen. Stück um Stück wurde der Verkaufsraum provisorisch erweitert, und bald bildete das Haus das Kaufzentrum der Innenstadt.
Der Aufschwung nach der Währungsreform brachte auch dem Kaufhof Hanau neuen Auftrieb; der Verkaufsraum konnte vollständig den eigenen Zwecken dienen. Durch die inzwischen wieder auf 30 000 Einwohner angewachsene Bevölkerung wurden die Raumverhältnisse jedoch immer unzulänglicher.
Nach Umbau und Erweiterung waren im Jahre 1950 wieder 2000 qm Verkaufsfläche in Betrieb. Nur im II. Stock blieben die Räume durch das Bauamt der Stadt Hanau bis 1952 belegt.
Das Wiedererstehen des Käufermarktes erforderte die Intensivierung aller Abteilungen und eine Vergrößerung des Sortiments. Da sich zudem durch den Wiederaufbau der Stadt das Zentrum zum Markt/Freiheitsplatz zurückverschoben hatte, wurde eine Modernisierung, Vergrößerung und Verlegung des Kaufhofs erforderlich.
Im Mai 1957 war es dann endlich soweit; man konnte mit den ersten Arbeiten für den neuen Kaufhof am Markt beginnen. Zwar gab es noch große technische Schwierigkeiten zu lösen, jedoch merkte man, hier gingen wahre Meister ans Werk.
In sechs Monaten ist der Neubau erstellt worden: Am 28. November 1957 Eröffnung. Der neue Kaufhof ist vollendet — ein Warenhaus mit allen Fortschritten der Technik und mit den modernsten Einrichtungen, in dem nichts fehlt, was uns helfen kann bei unserer täglichen Aufgabe — im Dienste am Kunden!
Die ständig wachsenden Käuferwünsche machten eine weitere Vergrößerung der Sortimente notwendig. Die Verkaufsräume wurden 1966 modernisiert und dabei kam der Shop-im-Shop-Gedanke, ein neuer Warenhausstil zum Tragen.
Endlich konnte die notwendig gewordene Erweiterung unserer Lebensmittel-Abteilung der Hartwaren und Einrichtungs-Abteilung mit dem Bau der Tiefgarage unter dem Marktplatz durchgeführt werden. Mit dieser Erweiterung hat der Kaufhof Hanau jetzt eine Verkaufsfläche von 7500 qm.

KAUFHOF HANAU

Bauten in einem bisher noch nie gekannten Maß.

Nicht zu vergessen die großartige Wiederaufbauleistung der gesamten Wirtschaft, die gerade in Hanau in beispielhafter Weise erfolgte, so daß Hanau heute im Verhältnis der Arbeitsplätze zu der Einwohnerzahl in der Bundesrepublik an der Spitze liegt.

Nach der Zeit des Wiederaufbaus beginnt — in allmählichem Übergang in den fünfziger und sechziger Jahren die Erschließung neuer Baugebiete, das Wachsen unserer Stadt. Neue Wohngebiete entstehen; im Osten das Tümpelgartengebiet, im Süden das Kinzdorf und dann als größtes neues Wohngebiet die Anlage westlich der Burgallee. Allen Gebieten fehlt zunächst im einen oder anderen Sinn die Integration in die Gesamtstadt. Über

Brücke zur Öffentlichkeit

Zweieinhalb Jahrhunderte Zeitungsgeschichte, ein wahrhaft seltenes Jubiläum. Ihre Zeitung begleitete die Menschen Ihres Raumes in der Monarchie, Demokratie, Diktatur, in Krieg und Frieden, Freud und Leid. Welch eine Spannweite!

Als Einzelhandelspräsident gratuliere ich Ihnen herzlich zu diesem Ereignis, weil der Einzelhandel und die lokale Zeitung zwei traditionelle Partner sind. Darum sollte dieses Jubiläum auch zugleich eine Mahnung an diejenigen sein, die vor lauter Rationalisierungen und Gleichschaltungen vergessen, wieviel individueller Gestaltungswille durch diese Konzentration zerstört wird.

Es ist für mich, als Präsident der Hauptgemeinschaft des Deutschen Einzelhandels, immer wieder eine angenehme Überraschung, wieviel Sachverstand mit bei den Lokalzeitungen zu den Problemen unserer Tage begegnet.

Hier gibt es keine verschlafene Provinz, sondern am aktuellen Zeitgeschehen orientierte Bürger.

Das möge so bleiben, und das kann nur so bleiben, wenn neben den modernen Medien Funk und Fernsehen eine leistungsstarke Lokalpresse das Geschehen der engeren Heimat transparent macht.

Friedrich Conzen
Präsident der Hauptgemeinschaft des Deutschen Einzelhandels

Der 1970 entstandene Komplex der Kaufmännischen Schulen an der Ameliastraße.

Jahre werden hier aber entscheidende Verbesserungen durchgeführt, die auch für die Zukunft noch notwendig sind.

Der Trend zum Zentrum

Für Industrie und Gewerbe werden große Flächen im Norden und Nordosten erschlossen, beiderseits der Friedberger Bahnlinie. Diese Gebiete liegen hinsichtlich der Windrichtung, des Verkehrsanschlusses und anderer Merkmale sehr glücklich für diesen Zweck. Problematisch ist — besonders auch noch für die Zukunft — die Unterbringung kleinerer Handelsbetriebe, der Ladengeschäfte und der verschiedensten Dienstleistungen.

Alle diese Dinge gehören in das Stadtzentrum. Diese Erkenntnis hat sich durchgesetzt und zu all den Überlegungen und Maßnahmen der letzten Jahre geführt — mit der Einrichtung von Fußgängerzonen, der gemischten Nutzung innerstädtischer Grundstücke und der überlegten Verkehrsplanung.

Eine vollständige Aufzählung aller wesentlichen Neubauten der Nachkriegszeit ist selbst in diesem Rahmen nicht möglich, und ich muß mich daher auf einige Beispiele beschränken.

Nach dem Wiederaufbau alter Schulen werden neue gebaut. Beispielhaft die Tümpelgarten-Schule, an der erstmalig neue technische Baumethoden erprobt werden, oder auch der Komplex Geibel-Schule/Otto-Hahn-Schule, die wohl der zur Zeit modernste Bau allgemeinbildender Schulen in Hanau ist.

Zu erwähnen auch die berufsbildenden Schulen, die durch ihre umfangreichen technischen Einrichtungen auffallen und in diesen Jahren gerade große Erweiterungen erfahren.

Modernes, Historisches

Das Altstädter Rathaus wird nach dem Wiederaufbau in alter Form zum Deutschen Goldschmiedehaus, das historische Rathaus am Marktplatz entsteht das neue Rathaus der Stadt. Neben dem Landratsamt errichtet die Kreisverwaltung ihren Neubau.

Stadtkrankenhaus und St.-Vincenz-Krankenhaus werden erheblich erweitert. Aus dem dritten Krankenhaus entsteht das große Altenheim der Martin-Luther-Stiftung, im Westviertel ein privates Altenheim. An der Stelle des alten städtischen Kinderheims wird im Pedro-Jung-Park das Albert-Schweitzer-Kinderdorf gebaut. Zahlreiche Kindergärten im Stadtgebiet — in den letzten Jahren die „Kinderburgen" — werden errichtet. Die Stadthalle wird zum Bürgerhaus erweitert.

Außer zahlreichen anderen Sportanlagen entsteht die beispielhafte Doppel-Anlage des Stadtbades mit Freibad und Hallenbad.

Weitere städtische Neubauten sind der Fuhrpark mit Straßenbahn, die Stadtgärtnerei, die Tiefgarage unter dem Marktplatz, das Parkhaus in der Frankfurter Straße, die neue Feuerwache und die Kläranlage an der Landstraße.

Funktionsträger Bahnhof

Fast alle Kirchen der Stadt sind im Krieg zerstört worden. Wieder aufgebaut werden die Wallonische Kirche mit ihrem charakteristischen Dach, die Marienkirche und weitere Kirchen. An Neubauten verdienen u. a. die Kirchen St. Elisabeth in Kesselstadt und die Johanneskirche an der Frankfurter Landstraße Erwähnung.

Post und Bahn erneuern oder ersetzen ihre verschiedenen Dienstgebäude; größtes Projekt ist der neue Hauptbahnhof, der jetzt endlich nach Jahrzehnten eine Stadt hin orientierte Lage erhält. Leider ist es noch nicht gelungen, den Bahnhof-Vorplatz mit einer angemessenen Bebauung zu gestalten; hier bleibt eine Aufgabe.

Alle Banken und Sparkassen müssen nach dem Krieg zunächst primitiv und dann in wiederhergestellten Gebäuden unterkommen. Jahr für Jahr folgen Neubauten, wobei die letzten Umbauten der beiden Sparkassen als besonders moderne Lösung zu erwähnen sind.

Es kamen Hochhäuser

Außer den bis jetzt aufgeführten Beispielen des öffentlichen Bauens bleiben noch die zahlreichen und eindrucksvollen Bauten, die aus privater Initiative entstanden sind. Hanau erhält Hochhäuser, zum Beispiel an der Südost-Ecke des Freiheitsplatzes oder an der Kreuzung Steinheimer Straße/Römerstraße. Nicht alle anderen Hochhäuser sind glückliche Lösungen. In den neuen Wohngebieten zeigt es sich, daß solche Wohnmöglichkeiten leicht den Charakter von menschenfeindlichen Quartieren erhalten können.

Viele Geschäftshäuser entstehen; die Warenhäuser am Marktplatz und am Freiheitsplatz und viele andere.

Vor der Fernseh-Zeit werden noch neue Kinos gebaut, zum Beispiel das Gloria-Kino (jetzt Bauhaus) oder das Luxor-Kino. Ein Gewinn für Hanau ist die Restaurierung des Comoedienhauses in Wilhelmsbad, die erheblichen Einfluß auf das Kulturleben hat.

Industrie, Handel und Handwerk haben an dem großen Wiederaufbau und dem späteren Wachsen der Stadt erheblichen Anteil. Genannt werden sollen die Neubauten der Firmen Heraeus, Degussa, Vacuumschmelze, Dunlop, Original Hanau, Dekalin und viele andere Betriebe. Der Erwähnung bedarf die Neuansiedlung der Firma Keller & Co. als größtem Hersteller von echtem Schmuck vom Rohstoff bis zum fertigen Schmuckstück. Vielleicht wird dadurch der schon eine Generation Begriff von Hanau, der „Stadt des edlen Schmuckes", wieder bekannter werden.

Mahnung aus 1925

Schließlich sei noch auf eine Entwicklung verwiesen, die von allergrößter Bedeutung für Hanau ist: das Aufsprengen des Schienenpanzers. Der Friedberger Übergang im Osten, die Überführung Rathenaustraße, die Unterführung am Nordbahnhof, die Brücke an der Kastanienallee und jetzt die im Bau befindliche Unterführung am Westbahnhof sind die Stationen zu dieser Befreiung. Hier kann man den verantwortlichen Stellen nur Anerkennung zollen und im übrigen hoffen, daß die letzte Entwicklung des neuen Straßennetzes um Hanau nicht etwa einen neuen Panzer erzeugt.

Als alter Hanauer lebe ich gerne in dieser Stadt und wünsche mir möglichst viele zufriedene Mitbürger. Man könnte natürlich auch stolz auf alles oder vieles oder manches sein. Doch zögere ich und muß an einen Satz denken, den mein Vater 1925 zum 200. Geburtstag des „Hanauer Anzeiger" schrieb:

„Unser Stolz wird nur gedämpft durch die Frage, ob unsere moderne Schaffens- und Arbeitswut auch weise ist, ob wir nicht lieber bescheidener leben, weniger Ansprüche an Technisches stellen und dafür mit mehr Bewußtsein und Besinnung leben sollten."

An der Basis wirksam

Ein Unternehmer sagte kürzlich mit Recht: „Eine Öffentlichkeitswirkung, die unter die Haut geht, kann man nicht von Informationszentralen aus machen, nicht von Instituten, Akademien, Verbänden und Pressediensten." Wer die breiten Bevölkerungsschichten erreichen will, muß an der Basis wirksam werden, und das wiederum ist nur möglich mit Hilfe der lokalen Presse.

Den Leser interessiert das Geschehen aus seiner eigenen auf ihn zuge-

schnittenen Welt. Und nur die lokale Presse ist im Grunde in der Lage, die Landwirtschaft in diese eigene Welt des Lesers hinein zu projizieren. Nur so muß die Identität der Lebensgrundlagen und Interessen hergestellt werden.

Wir wissen, daß wir auf die lokale Presse angewiesen sind, wir wissen, daß hier die wesentliche Meinungsbildung erfolgt. Deshalb ist die deutsche Landwirtschaft an der gesicherten Existenz unter lokaler Organe nicht nur interessiert, sie hält sie für notwendig in einer demokratischen freiheitlichen Gesellschaft.

Dies ist mein Wunsch zum Jubiläum des „Hanauer Anzeiger".

Constantin Freiherr
Heereman von Zuydtwyck
Präsident des Deutschen Bauernverbandes

Friedrich Wilhelm Lenz KG

6450 HANAU, Herrnstraße 13, Tel. 06181-20110/21322

Lizenz für Raum Hanau
MULTIBETON® Raumheizung

- Keine Radiatoren
- Keine kalten Füße
- Gesundes, behagliches Raumklima
- Senkung der Heizkosten um mind. 20 %
- Energiegewinnung mittels Wärmepumpe aus dem Grundwasser bzw. Erdreich oder durch Sonnenenergie

WIR PLANEN
WIR BAUEN
WIR BETREUEN

- Heizung
- Ölfeuerung
- Sanitär
- Schwimmbad-Technik
- Planungen

Das Gebäude des alten Hanauer Hauptbahnhofes

Erst nach dem Krieg wurde der Hauptbahnhof durch ein modernes Gebäude aus seiner Insellage befreit.

Bungalows, Mehrfamilienhäuser und Hochhäuser prägen die Hanauer Weststadt.

Eine durch Spenden finanzierte Einrichtung: das Albert-Schweitzer-Kinderdorf.

Seit 1948

stehen wir mit unserem reichhaltigen Lager in technischen Bedarfsartikeln im Dienste von Industrie und Handwerk.

Aber auch dem Privat-Kunden können wir für Haus und Garten vieles bieten!

E. Klaus KG
Technische Großhandlung
Nürnberger Straße 7 - Tel. 21608/09
Telex 04-184825

Unsere Haupt-Artikel-Gruppen:

Schläuche aus Gummi- und Kunststoffen für jeden Verwendungszweck, auch Hydraulik-Schläuche für Hoch- und Höchstdrücke.

Kugellager Gesamt-Programm der Firma FAG, Kugelfischer, Schweinfurt.

Keilriemen Spitzenfabrikate der Deutschen Gummi-Industrie

Technische Gummi- und Kunststoff-Erzeugnisse in vielen Varianten

Asbest in Plattenform, in Schnüren, als Packungen

Arbeiter-Schutzkleidung aus Asbest, Gummi, Kunststoff, Leder, Gummistiefel, Anzüge, Handschuhe, Schutzhelme

Armaturen in Messing und Stahl, in Standard- und Sonderausführungen

Chemisch-technische Produkte Klebstoffe, Dichtungsmittel, Schmierstoffe

Schweiß-Zubehör

Blechwaren und Filze

Pumpen Elektro- und Benzinpumpen, Handpumpen

und vieles, vieles mehr!

Eine Kostbarkeit: das Goldschmiedehaus
Aufgaben und Möglichkeiten / Von Fritz Bredel

Das Deutsche Goldschmiedehaus hat sich nach dem Wiederaufbau und der glanzvollen Einweihung 1958 — dreizehn Jahre nach der Zerstörung Hanaus — eines großen Interesses und einer eindrucksvollen Unterstützung der Tages- und Fachpresse, des Fernsehens und Rundfunks und insbesondere auch des „Hanauer Anzeiger" erfreuen können.

So ist denn das 250jährige Jubiläum des Blattes ein willkommener Anlaß, die Entwicklungsstationen und die Vorstellungen der Persönlichkeiten darzustellen, die sich damals mit großem persönlichem Engagement für den Wiederaufbau und die Funktion des Deutschen Goldschmiedehauses eingesetzt haben.

Bereits am 23. Februar 1951 war der Gedanke an die Wiedererrichtung so weit gereift, daß im Amtszimmer des damaligen Oberbürgermeisters Karl Rehbein die erste Besprechung stattfinden konnte, an der Stadtrat Hans Kargl, Direktor Bernd Oehmichen von der Staatlichen Zeichenakademie und Verwaltungsdirektor Erich Bomhardt teilnahmen. Die vorhandenen Aufzeichnungen bis zum tatsächlichen Baubeginn im Jahre 1955 belegen, daß harte Arbeit zu verrichten war. Nicht weniger als 68 weitere Besprechungen folgten, ehe die Bauarbeiten beginnen konnten.

Ein Brief von Heuss

Das wichtigste Dokument aus dieser Zeit ist ein Schreiben des damaligen Bundespräsidenten Theodor Heuss vom 17. März 1952 an Oberbürgermeister Rehbein; darin heißt es u. a.: „Ich habe mir berichten lassen, daß das Goldschmiedehaus wieder erstellt werden soll. Dadurch, daß die beiden starken Giebel noch stehen, ist ja das Maß-Gebende, was das Entscheidende ist, gerettet. Da ich viele Jahre im Vorstand des Deutschen Werkbundes mitgewirkt habe, ist mir durchaus vertraut, was Hanau an Tradition und immer wieder erneuter frischer Schöpferkraft in dem Bezirk der Gold- und Silberschmiedearbeit und des edlen Schmuckes bedeutet hat.

Natürlich ist bei der Verarmung in Deutschland und bei der Trennung seines Gebietes der Neuaufbau eines dieser Arbeiten mit tragenden Käufermarktes schwer genug. Aber das, was in Jahrhunderten an „Goodwill" und an spezifischem Können erworben wurde, muß auch in den bedrängten Zeiten erhalten werden, um für den Weg deutscher Qualitätsarbeit in die Welt einen der festen Punkte neu zu sichern. Darin sehe ich den inneren Sinn des Versuchs, das Goldschmiedehaus nicht nur äußerlich wieder herzustellen, sondern seine innere Sinngebung zu vertiefen.

Vor ein paar Monaten habe ich mich mit den Herren von der Gesellschaft für Goldschmiedekunst über die Gesamtproblematik einmal eingehend unterhalten und empfunden, daß dort viel kräftiger Sinn lebendig ist, den Schwierigkeiten des Tages entgegenzutreten. Ich möchte annehmen, daß auch in diesen Kreisen der Versuch der Hanauer Gemeinde und der Hanauer Gewerbetreibenden Dank und moralische Stütze findet."

Präsentation und Begegnung

Sechs Jahre später war es dann soweit, daß eines der schönsten historischen Bauwerke Deutschlands die nach und nach sich aus den Trümmern erhobene Stadt wieder verschönte.

Die bauliche und kunstgeschichtliche Wertung dieses in der Altstadt dominierenden Bauwerks wurde kürzlich in den Mitteilungen des Hanauer Geschichtsvereins gewürdigt; sie soll demnächst durch die Darstellung der Funktion des Deutschen Goldschmiedehauses ergänzt werden und der Öffentlichkeit dann zur Verfügung stehen.

Um die Funktion des Hauses gab es nach der Wiedereröffnung in den Jahren 1958 bis 1961 viele Diskussionen, unterschiedliche Auffassungen und natürlich auch Kritik; diese Diskussionen bezogen sich auf die Trägerschaft dieser Einrichtung und auf das unmittelbare Ausstellungsgeschehen. In der Tat waren beträchtliche Anlaufschwierigkeiten zu überwinden. Oberbürgermeister Herbert Dröse blieb es dann vorbehalten, im Jahre 1963 den Unklarheiten ein Ende zu bereiten; es wurde eine klare Konzeption über die Aufgabenstellung und zur Verwaltung des Hauses entwickelt, die sich bis heute bewährte.

In nunmehr zwölf Jahren konnte durch über 150 Ausstellungen, zahlreiche Fachtagungen und Kongresse sowie Veranstaltungen der Fachorganisationen in zäher Kleinarbeit Anerkennung sowohl in den Fachkreisen des In- und Auslandes, aber auch in der Öffentlichkeit erreicht werden.

Werbung für Hanau

Heute ist eine klare Aussage über den gegenwärtigen und zukünftigen Weg des Deutschen Goldschmiedehauses möglich:

Förderung des Hanauer Schmuck- und Edelmetallgewerbes durch eine ständige Ausstellung im Goldsaal;

Unterstützung junger Gold- und Silberschmiede, denen im Schmuckstudio eine Möglichkeit gegeben ist, sich den Fachkreisen und der Öffentlichkeit vorzustellen;

Fortsetzung der engen Zusammenarbeit mit dem Zentralverband für das Juwelier-, Gold- und Silberschmiedehandwerk, dessen Landesverbänden und den örtlichen Innungen;

gemeinsame Ausstellungs- und Veranstaltungspläne mit der Deutschen Gesellschaft für Goldschmiedekunst und ihren internationalen Schwesterorganisationen;

Austausch von Ausstellungen mit den weiteren deutschen Schmuckstädten Pforzheim, Idar-Oberstein und Schwäbisch-Gmünd;

Einbeziehung des Deutschen Goldschmiedehauses in die Öffentlichkeitsarbeit und Besuchsprogramme der Stadt Hanau, vor allem bei Tagungen, Kongressen, Partnerstadtbegegnungen;

weitere Förderung der Verbindungen mit der Staatlichen Zeichenakademie Hanau und den allgemeinbildenden Schulen;

Ausbau der Fachbibliothek.

Mit dieser Aufgabenstellung wird das Deutsche Goldschmiedehaus auch in Zukunft eine wichtige Aufgabe in der Stadt Hanau und für die Stadt Hanau erfüllen.

Die Ausstellungen im Goldschmiedehaus finden starke Beachtung.

Das Goldschmiedehaus als beliebtes Motiv für Sonderprägungen.

Das Goldschmiedehaus — ehemals Altstädter Rathaus.

Höhepunkt des Ausstellungsprogramms: Herrscher-Kronen aus aller Welt.

Auch die Künstler aus Hanau und Umgebung haben mit ihren Ausstellungen im Goldschmiedehaus eine Heimat gefunden.

Leistungen und Erfolge der Gewerkschaften für die Arbeitnehmer:

- Verbesserung der Einkommen
- Mehr Urlaub und Urlaubsgeld
- 40-Stunden-Woche bei vollem Lohn- und Gehaltsausgleich
- Lohnfortzahlung im Krankheitsfall
- Flexible Altersgrenze
- Sicherung der Betrieblichen Altersversorgung
- Kostenloser Rechtsschutz im Arbeits- und Sozialrecht vor den Arbeits-, Sozial- und Verwaltungsgerichten

Wichtige Forderungen des DGB:

- Sicherung der Arbeitsplätze
- Gleichberechtigte Mitbestimmung der Arbeitnehmer
- Reform der Berufsbildung

Deutscher Gewerkschaftsbund Kreis Hanau
6450 Hanau, Freiheitsplatz 6, Ruf 2 26 40

IG Metall, Ruf 2 26 88

IG Chemie-Papier-Keramik, Ruf 2 05 01

Gewerkschaft Öffentliche Dienste, Transport und Verkehr, Ruf 2 47 21

Gewerkschaft der Eisenbahner Deutschlands, Ruf 2 15 57

IG Bau-Steine-Erden, Ruf 2 26 46

IG Druck und Papier, Ruf 2 26 46

Gewerkschaft Handel-Banken-Versicherungen, Ruf 2 26 46

Gewerkschaft Erziehung und Wissenschaft, Ruf 0 61 87-2 26 49
G. Neumeyer

Gewerkschaft Nahrung-Genuß-Gaststätten, Ruf 2 26 46

In einer Sonderbeilage zum Stadtjubiläum im Jahre 1978 wurde die Geschichte Hanaus in vielfältiger Form lebendig, wobei die Ereignisse von 1945 und in den Jahren danach einen besonderen Stellenwert einnehmen.

675 Jahre Stadt Hanau

1303
─────
1978

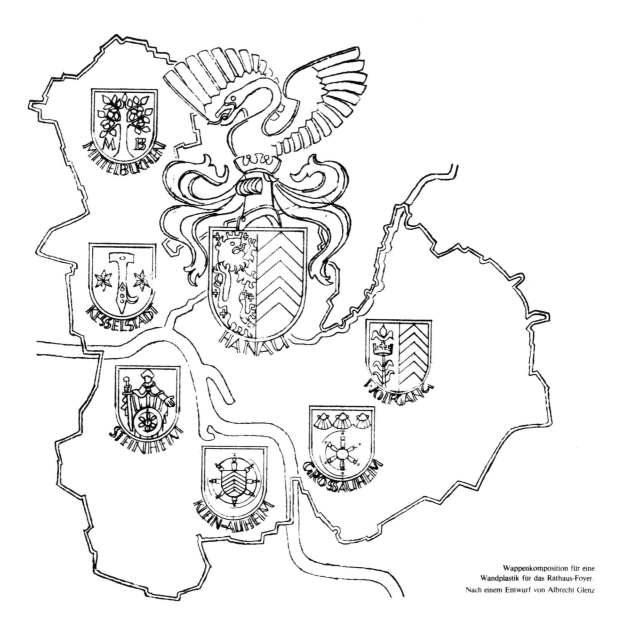

Wappenkomposition für eine
Wandplastik für das Rathaus-Foyer.
Nach einem Entwurf von Albrecht Glenz

Eine Sonderbeilage des Hanauer Anzeiger zum Stadtjubiläum im Jahre 1978

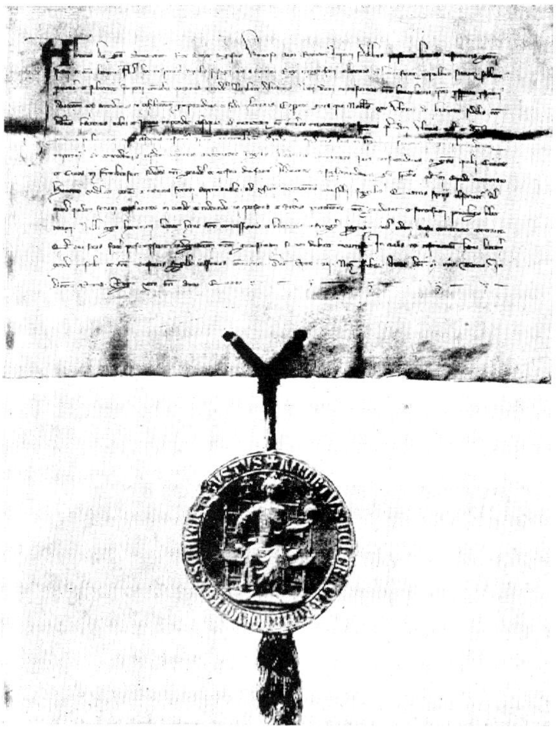

In Speyer am 2. Februar 1303: König Albrecht I. verleiht Hanau die Stadtrechte. Die Urkunde im Staatsarchiv zu Marburg bezeugt dies. Hier eine verkleinerte Nachbildung. Das Original, in Pergament, mißt 23 mal 32 Zentimeter. Das Majestätssiegel ist von gelblichem Wachs und hängt an grünen und roten Seidenfäden.

...in Hanau die königliche Gnade

Wortlaut der Urkunde zur Stadtrechtsverleihung von 1303

Albrecht, von Gottes Gnaden, entbietet allen Getreuen des Heiligen Römischen Reichs, die diese Urkunde lesen werden, seine Gnade und alles Gute.

Zu dem Zweck bekennen Wir Uns vom höchsten König auf die Warte königlicher Höhe gestellt, daß es Unsere Pflicht ist, den ehrenvollen Zustand des Gemeinwesens mit Eifer voranzubringen und großmütig auf das Wohl der Reichsuntertanen bedacht zu sein. Denn wenn Wir durch Zuwendungen Unserer Freigiebigkeit für ihr Gedeihen sorgen, so steigern Wir ihre Ergebenheit, und sie legen noch größere Beflissenheit und Treue an den Tag.

Indem Wir Uns also mit vollem Recht die dankenswerten Dienste ins Gedächtnis rufen, die der edle Mann Ulrich von Hanau, Unser Lieber Getreuer, Uns und dem Reich bisher erwiesen hat, und hoffen, daß der erwähnte Ulrich nicht aufhören wird, Uns und dem genannten Reich noch willkommenere Dienste in Zukunft zu erweisen, so versichern Wir mit Rücksicht auf ihn seinem Ort und dessen Einwohnern in Hanau die Fülle königlicher Gnade und verleihen ihnen aus der Vollmacht königlicher Würde die Freiheiten, Immunitäten, Rechte, Gewohnheiten und Gnaden, welche Stadt und Bürger von Frankfurt, Unsere Getreuen, offensichtlich genießen. Wir fügen aus zusätzlicher besonderer Gnade hinzu, daß in dem genannten Ort Hanau von jetzt an und in Zukunft ein Wochenmarkt zum Nutzen jeder Art von Handel jeweils am Mittwoch abgehalten wird. Die zu diesem Markt zusammenkommen, sollen auf dem Hin- und Rückweg in ihren Personen und ihrer Habe Unseren Schutz und das Privileg der Marktfreiheiten genießen. Keinem Menschen soll es erlaubt sein, diese Urkunde Unserer Gewährung und Freiheit zu verletzen oder ihr in unbedachtem Wagnis entgegenzuhandeln. Sollte er dies etwa zu tun sich unterfangen, so möge er nicht zweifeln, daß er Unserer schwersten Ungnade verfallen ist.

Zum Zeugnis dessen haben Wir diese Urkunde schreiben und mit Unserem Majestätssiegel besiegeln lassen.

Gegeben zu Speyer, am 2. Februar, im 1303. Jahr des Herrn, der ersten Indiktion, Unserer Königsherrschaft aber im fünften.

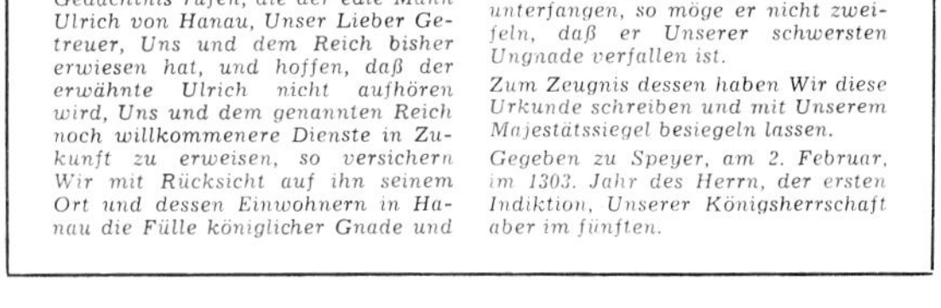

Im Jubiläumsjahr maßgebend für die Geschicke der Stadt Hanau (von links): Stadtverordnetenvorsteher Hans Mattes, Oberbürgermeister Hans Martin (beide SPD), die Vorsitzenden der beiden Fraktionen des Stadtparlamentes, Klaus Remer (SPD/30 Abgeordnete) und Helmut Kuhn (CDU/29).

Der Freiheit würdig erweisen

Von Hans Martin
Oberbürgermeister

Liebe Hanauer Mitbürgerinnen und Mitbürger,

als die Stadt Hanau mit der Urkunde vom 2. Februar 1303 die Stadtrechte verliehen bekam — es wurden ihr „die Freiheiten, Befreiungen, Rechte, Gewohnheiten und Vergünstigungen bewilligt, deren sich die Stadt Frankfurt und ihre Bürger zu erfreuen hatten" —, war dies ein ganz besonderer Erweis der Huld König Albrechts I. von Habsburg. Daran einmal zurückzudenken, einige Gedanken darauf zu verwenden, daß „Freiheiten und Rechte" nicht als etwas dem Gemeinwesen wie dem einzelnen Bürger selbstverständlich Zustehendes galten, sondern gleichsam als Belohnung für das Wohlverhalten dem Herrscher gegenüber von diesem nach freiem Gutdünken verliehen wurden — auch dazu sollen die Geburtstagsfeierlichkeiten unserer Stadt Anlaß sein.

Freie Bürger in freien Gemeinwesen — das ist, wenn wir uns die Geschichte des Phänomens Stadt betrachten, eine im wesentlichen auf die Neuzeit beschränkte Errungenschaft. Dieser Feststellung steht nicht entgegen, daß schon in der Antike mächtige und blühende Städte existierten, deren Bewohner selbst, ebenso wie ihre Zeitgenossen, der Meinung waren, es handele sich dabei — um mit unseren heutigen Worten zu sprechen — um Gemeinwesen mit freier und demokratischer Verfassung, mit Wahlen und dem Respekt vor dem als Mehrheitsmeinung sich darstellenden Willen des einzelnen. Sicher wiesen diese Städte — und wir können das bis zu den „freien Reichsstädten" in unserem Land im Mittelalter verfolgen — Verfassungsregelungen auf, die an demokratische Elemente erinnern könnten.

Aber der große und der entscheidende Unterschied zu unseren heutigen Städten ist der, daß diese von der demokratischen Mitarbeit und der Anteilnahme aller getragen werden, während in jenen jeweils nur eine bestimmte Gruppe Träger der Bürgerrechte war. Die Erkenntnis, daß ein solches Gemeinwesen möglicherweise über eine gewisse Zeit existieren kann, aber in seiner inneren Verfassung gegen die grundlegenden Gebote der Humanität verstößt und deshalb auf Dauer nicht zu bestehen vermag, ist eine zumindest in den westlichen Demokratien gewonnene und heute nicht mehr in Frage gestellte geschichtliche Erfahrung.

Eine Erfahrung, die — und das ist in den meisten von uns noch gegenwärtig — sich nach 1945 als richtig erwiesen hat. Nach dem Ende des 2. Weltkrieges waren die Städte und Gemeinden zunächst die alleinigen Träger des entstehenden freiheitlich-demokratischen Gemeinwesens Bundesrepublik Deutschland.

Wenn wir heute mit voller Berechtigung auf die überragende Bedeutung der selbstverwalteten Städte und Gemeinden für unsere freiheitliche und demokratische staatliche Ordnung verweisen, so muß auch deutlich gemacht werden, daß von der Stadt des Jahres 1303, die ihre Rechte von des Herrschers Gnaden verliehen bekam, bis heute ein langer und schwieriger Entwicklungsprozeß zu bewältigen war. Noch im Jahre 1896 hieß es in einer Stellungnahme der Reichsregierung in Berlin zur Gründung des „Preußischen Städtetages": „Überall hat die städtische Selbstverwaltung den Drang nach freier Selbstbestimmung der Städte genährt. Es liegt die Gefahr nahe, daß der Preußische Städtetag derartigen Bestrebungen einen neuen Stützpunkt gewährt."

Diesem, wenn auch unfreiwillig ausgesprochenen Kompliment müssen wir uns heute, da die Freiheiten von Städten und Gemeinden Verfassungsrang haben — ich verweise auf Artikel 28, Abs. 2, des Grundgesetzes und Artikel 137 der Hessischen Verfassung — würdig erweisen.

Dazu ist die Mitarbeit möglichst zahlreicher Bürger an all dem, was in vielfacher Weise in ihrer Stadt zu bewältigen ist, unverzichtbare Voraussetzung dafür, daß wir die gemeindliche, aber letztlich auch die staatliche Ordnung in unserem Lande erhalten können, die eben dieser aktiven Teilnahme möglichst vielen Raum gibt — und das ist nur eine freiheitlich demokratische Ordnung.

Tagsüber eine Großstadt

Die Bedeutung Hanaus im Main-Kinzig-Raum – Von Klaus Manthey

„Heute präsentiert sich Hanau als eine pulsierende Stadt, der es nicht schwerfällt, gegen die Main-Metropole Frankfurt und in einer weitgehend verstädterten Rhein-Main-Landschaft ihre Anziehungskraft auf ihre Bewohner und vor allem die des östlichen und des nördlichen Umlandes auszuüben und ein eigenes Gesicht zu zeigen." Auch wenn dieser Satz zur Selbstdarstellung Hanaus aus dem neuesten stadtamtlichen Informationsheft ein wenig zu freundlich klingen mag — niemand kann bezweifeln, daß Hanau an fünf Tagen einer jeden Woche vom frühen Morgen bis zum späten Nachmittag wirklich so etwas wie eine Großstadt darstellt. Denn während dieser Stunden sind zusätzlich einige Zehntausende von Menschen in der Stadt, die allerdings außerhalb wohnen. Und mit dem, was seit einiger Zeit die Stadtflucht genannt wird, ist auch schon das entscheidende Wort für eine der größten Sorgen nicht nur der Hanauer Rathausverantwortlichen gegeben. Trotzdem: Hanaus Bedeutung als siebtgrößte Stadt Hessens — nach den sechs kreisfreien — ist unbestritten, auch wenn es aller Voraussicht nach sehr lange dauern wird, bis die Main-Kinzig-Stadt die noch immer gültige Schranke zur Großstadt ohne Wenn und Aber, die 100 000-Einwohner-Grenze, überschreiten kann.

Denn die Einwohnerentwicklung ist seit Jahren rückläufig. Derzeit mögen es um die 88 000 Menschen sein, die in Groß-Hanau zu Hause sind. Die neueste amtliche Statistik spricht freilich von 92 325 Wohnberechtigten, die man am 31. Dezember 1977 zählte — nach 93 536 am Jahresende 1976.

Auch ansonsten kann Hanau mit eindrucksvollen Zahlen aufwarten, die seinen Rang als Fast-Großstadt eindrucksvoll unterstreichen. Das gilt für Zehntausende von Arbeitsplätzen, für die nach wie vor große Gruppe der Schülerinnen und Schüler, die Tag für Tag aus dem Umland in die leistungsstarken Hanauer Bildungseinrichtungen strömen, und für vieles andere. Zum Beispiel für den Hanauer Main-Hafen, der 1977 — trotz einer rückläufigen Entwicklung — immerhin einen Güterumschlag von rund 1,3 Millionen Tonnen verzeichnete.

Was an Hanau besonders beeindruckt, ist sicherlich das, was die Rathaus-Verantwortlichen in der jüngsten Selbstdarstellungsbroschüre mit dem Titel „Herzlich willkommen in Hanau" durch den Satz skizzierten: „Wie eine Spinne sitzt Hanau in einem dichtgewebten Verkehrsnetz, dessen Fäden als Kreis-, Landes- und Bundesstraßen, als Zubringer zu nahen Autobahnen zum Flughafen Frankfurt und als Schienen in alle Himmelsrichtungen laufen."

Größte Fortschritte hat Hanau während der letzten Jahre im Bereich der sogenannten sozialen Infrastruktur erreicht. Über 30 Kindertagesstätten, -horte und -krippen sowie andere Betreuungseinrichtungen für den Nachwuchs, acht Altenwohn- und -pflegeheime, 14 Altentagesstätten, zwei Krankenhäuser mit mehr als 1000 Betten, um die 40 Sportplätze mit einer Gesamtfläche von 200 000 Quadratmetern, rund 30 Gymnastik-, Turn- und Sporthallen, zwei kombinierte Hallen- und Freibäder und vieles andere sprechen für sich. Die wunderschönen Erholungsanlagen in Wilhelmsbad, in der Klein-Auheimer Fasanerie, im Schloßpark Philippsruhe und der Fachwerk-Reiz eines Stadtteiles wie Mittelbuchen tun ein übriges, um die Hanauer Attraktivität — trotz aller Probleme, die Verkehr und Umweltbelastung mit sich bringen — zu dokumentieren. Abgesehen vom regen kulturellen Leben, das zunehmend neue Impulse erhält, vom breiten Bildungsangebot und der weitgefächerten Struktur der Hanauer Wirtschaft, die mit der Vielfalt ihrer großen, mittleren und kleinen Firmen von herausragender Bedeutung ist. Hinzu kommt die vielgestaltige Struktur der Behörden und sonstiger öffentlicher Einrichtungen, die Hanau für ein weites Umland große Bedeutung geben.

Hanau und Main-Kinzig

All dies ist auch in Zusammenhang mit dem Main-Kinzig-Kreis, dem zweitgrößten Kreis in Hessen (nach der Stadt Frankfurt), zu sehen, der Mitte 1974 durch die Zusammenfassung der Bereiche Hanau-Stadt, Hanau-Land, Gelnhausen und Schlüchtern entstand. Die Bildung des Großkreises mit der Einbeziehung Hanaus — trotz der aus der Sicht einiger Kreisteile etwas peripheren Lage der Stadt — war ein Schritt in die richtige Richtung, weil er zwischen Main und Schlüchtern all das zusammenführte, was in Form der alten Grafschaft Hanau sowie der Zuständigkeitsbereiche vieler Behörden und öffentlich-rechtlicher Einrichtungen ohnehin vorgegeben war und insofern lediglich einen Nachvollzug auf der politischen Bühne bedeutete.

Das gilt um so mehr, als ohnehin rund zwei Drittel der Menschen im Main-Kinzig-Raum seit langem direkt auf Hanau ausgerichtet sind. Und für die Stadt brachte die Einbindung in den Kreis — auch wenn noch immer, rund vier Jahre nach dem Vollzug der Gebietsreform, über verschiedene Teilaspekte im politischen Bereich gestritten wird — eine Konsolidierung der Hanauer Situation mit sich.

Denn als Alternative zum durchgeführten Kern der Gebietsreform hätte durchaus herauskommen können, daß die Hanauer Westgrenze und die Frankfurter Ostgrenze an der Kesselstädter Schleuse zusammengefallen wären — eine Entwicklung, die niemand aus der Sicht Hanaus und des Main-Kinzig-Raumes gutheißen kann. Denn sie hätte zwangsläufig zu erheblichen Funktionswertverlusten in Hanau, etwa durch den Abbau qualifizierter Arbeitsplätze in Behörden und anderen öffentlichen Einrichtungen, und zur „Abkoppelung" weiter Umlandbereiche führen müssen, die auf die Main-Kinzig-Stadt ausgerichtet sind.

Doch nun, da Hanau erheblich vergrößert und außerdem als Hauptstadt des Main-Kinzig-Kreises mit seinen rund 360 000 Menschen „festgeschrieben" wurde, sieht es für die Stadt an den beiden Flüssen auch für die Zukunft günstig aus: Hanau ist zur Fast-Großstadt geworden.

675 Jahre Stadt Hanau

Inhalt der Jubiläumsbeilage

Der Freiheit würdig erweisen. „... in Hanau die königliche Gnade". Tagsüber eine Großstadt (Seite 2).

Was der Monat Mai bietet. Hochbetrieb im Festzelt. Auftakt mit einem Sonderkonzert (Seite 3).

Hanauer Stadtgeschichte im Spiegel von Zahlen und Ereignissen (Seiten 4/5).

Geschichte mal anders gefragt (Seite 6).

Fortsetzung: Geschichte mal anders gefragt. Das Hanauer Stadttheater (Seite 7).

300-Jahr-Feier der Neustadt (Seiten 8/9).

Die Burg Hagenowe sollte einst ein Gotteshaus erhalten (Seiten 10/11).

Hanaus Grafengeschlecht einst im heutigen Niederdorfelden ansässig (Seite 12).

Justitia und die letzten 100 Jahre (Seiten 13/14).

Selbstverwaltung als Voraussetzung für den demokratischen Geist (Seite 15).

Selbstverwaltung . . . (Fortsetzung). Stadtrechtsurkunde wichtiges Zeugnis der Hanauer Frühgeschichte (Seite 16).

Stadtrechtsurkunde . . ., Fortsetzung (Seite 17).

Stadtrechtsurkunde . . . (Fortsetzung). Welches Hanau meinen wir? (Seite 18).

Welches Hanau . . ., Fortsetzung (Seite 19).

Mei gut' alt Hanau. Das moderne Hanau (Seite 20).

Hanauer Anzeiger

Langenselbolder Zeitung

Herausgeber: Dr. jur. Horst Bauer
Chefredakteur: Helmut Blome

„675 Jahre Stadt Hanau"

Gestaltung und Redaktion: Helmut Blome, Klaus Manthey; Anzeigenleiter: Gerhard Reinfurth; Technische Leitung: Theodor Kracht; Vertriebsleiter: Heinz Preihs.

Verlag und Druck: Hanauer Anzeiger GmbH + Co, Druck- und Verlagshaus, 6450 Hanau, Hammerstraße 9, Telefon 0 61 81/2 42 11 und 2 42 12.

Erscheinungsdatum: 29. April 1978

ACKER & STICHEL

6450 HANAU
Schützenstraße 33, Tel. 2 28 63/2 00 01

6460 GELNHAUSEN
Hailerer Straße 1, Tel. 27 88

IHR LIEFERANT FÜR:
Werkzeuge, Maschinen
Schweißbedarf
Lager-, Werkstatteinrichtungen
SKF Kugellager
Allgemeinen Industriebedarf

SKF · LOCTITE · BOSCH · HELI-COIL · F.D. · MESSER GRIESHEIM · DALEX · OERLIKON · PERKEO · MAUSER

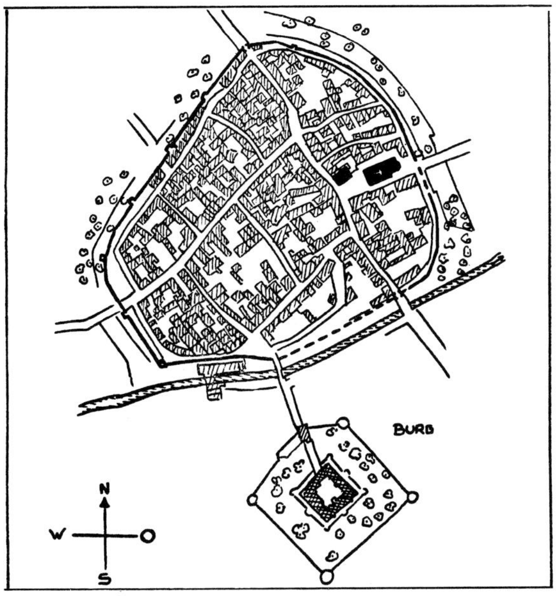

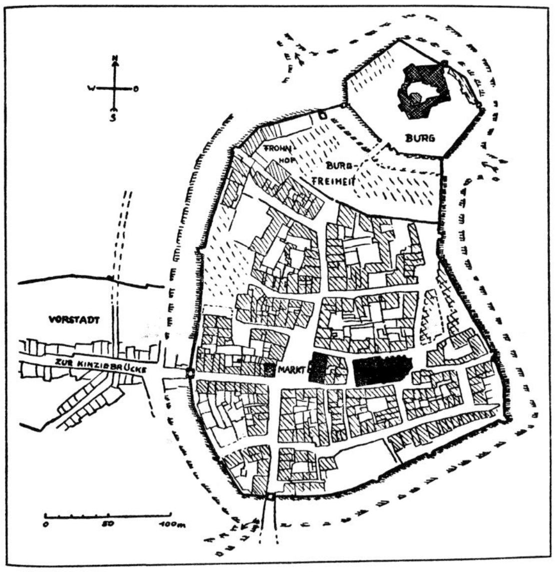

Der Vergleich zwischen den Residenzstädten Hanau und Babenhausen zeigt, daß beide die alte Bauregel von Kirche und Rathaus an einem Platz erfüllten, bis die Hanauer sich ihr zweites Rathaus 1538 quer vor die Kirche setzten. (Aus Gerhard Bott, Städte der Wetterau und im Kinzigtal.) Oben Babenhausen.

Aufnahme: Kreisbildstelle

Wachsendes Selbstbewußtsein

(Fortsetzung von der Vorseite)

Kopfhaltung — Zeichen der unbeeinflußten Nachdenklichkeit — wie in vielen anderen Figurationen des 17. Jahrhunderts ersetzt.

Ganz anderes meint Hanaus kleine Justitia. Sie scheint — so belebt schuf der Steinmetz sein Werk — den hoch erhobenen Schwertarm zu schwenken, und die Waage, mit keinem Blick bedacht, schlappt lässig fast auf dem Boden. Hier ist eindeutig Macht vor Recht gesetzt, jedenfalls vor dem nachdenklichen Abwägen. Wer gab den Auftrag zu dieser Figur, und wer hat sie so gewollt? Wem wollten Hanaus Ratsheren und Bürger zeigen, daß der, der Hanaus Recht verletzt, die Macht zu spüren bekommt?

Ein kunstgeschichtliches Unikum ist der kleine Brunnen am Markt. Doch er zeugt, genau wie das Rathaus es tat, vom erwachten Selbstbewußtsein der Bürger.

Das Hanauer Stadttheater

Geliebte Stätte von Kultur und Unterhaltung – Von F.-W. Adami

Die Geschichte des Hanauer Stadttheaters begann mit dem Jahre 1781. Damals ging das Hanauer „Comoedienhaus", das auf dem eingeebneten Festungsgelände zwischen der Alt- und Neustadt (später: Paradeplatz bzw. Freiheitsplatz) am 22. September 1768 von Franz Ludwig Cancrin erbaut (Frankfurt erhielt erst 1782 sein erstes Theater) und ab 1803 als „Kurfürstliches Schauspielhaus", ab 1866 einfach als „Theater in Hanau" bezeichnet wurde, in die Verwaltung der Stadt Hanau über. Das Theater wurde völlig renoviert und eine regelmäßige Bespielung durch ein eigenes Theaterensemble unter der Direktion des Kommissionsrats Dr. Daniel Frey sichergestellt, nachdem vorher in diesem Haus nur gelegentlich Theatervorstellungen von Wandertheatern und Liebhaberbühnen durchgeführt worden waren. 1890 wurde die Zuschauerzahl durch einen weiteren Umbau auf 800 erhöht. Hanau hatte damals 25 000 Einwohner.

Das Hanauer Stadttheater war ein Dreispartentheater (Oper, Operette, Schauspiel). Es verfügte deshalb über ein kleines Theaterorchester von 18, ab 1880 von 20 Musikern, die von der Stadtkapelle unter Musikdirektor Karl Kämpfer, zeitweise auch durch die Kapelle des Infanterie-Regiments 166 (Kapellmeister Karl Schmidt) gestellt wurden. Direktor Steffter vergrößerte das Theaterorchester bis auf 40 Musiker, die außer vom Infanterie-Regiment 166 zeitweise auch vom Ulanen-Regiment 6 und vom Eisenbahn-Regiment 2 gestellt wurden. Seit den 20er Jahren (Inflation) bildete das Städtische Orchester mit 25 Musikern das Theaterorchester. Außerdem verfügte das Stadttheater über einen kleinen Chor von durchschnittlich je acht Damen und Herren.

Seit 1877 gab es ein eigenes Opernensemble von acht Sängern (darunter Kammersänger Dr. Gury) und sieben Sängerinnen, außerdem ein eigenes Ballett (Ballettmeister, ein Solotänzer, zwei Solotänzerinnen und „Corps de ballet" von 18 „Fräuleins"). Das technische Personal wies einen Maschinisten, einen Dekorationsmeister (Ersatz für den Bühnenbildner, der damals nicht erforderlich war, weil die Bühnenbilder nicht individuell für ein Theaterstück angefertigt wurden, sondern immer wieder verwendet wurden), einen Theatermeister mit vier Gehilfen, einen Beleuchtungsinspektor, eine Garderobiere und einen Friseur mit je zwei Gehilfen auf.

Ausrichtung auf den Geschmack

Der Spielplan, der im allgemeinen bis zu 30 Neuinszenierungen je Spielzeit umfaßte, entsprach der damaligen Auffassung, daß das Theater der Unterhaltung und der Erheiterung der Bevölkerung dienen sollte und damit den allgemein üblichen Spielplänen der deutschen Stadttheater. Diese Ausrichtung auf den seinerzeitigen Durchschnittsgeschmack der Theaterbesucher bewirkte, daß überwiegend Schwänke, Lustspiele, Singspiele und Salonstücke gespielt wurden. Die meisten Theaterstücke und ihre Autoren sind heute vergessen. Die Zahl der Klassikeraufführungen war relativ gering. Die künstlerische Güte der damals aufgeführten Theaterstücke war meistens recht minderwertig.

Aus der Fülle der Schwänke und Lustspiele sollen einige Beispiele angeführt werden, die schon durch die Titel charakteristisch sind: Das Stiftungsfest, Auf der Treppe, Lamm und Löwe, Anti-Xantippe, Der Elefant, In einem Garten vor dem Tor, Sie kommt und sie ist da, Der liebe Onkel, Der Bummelfritze, Ein passionierter Raucher, Ein Besuch im Carcer, Wenn man im Dunkeln küßt, Die Lachtaube, Auf der Hochzeitsreise, Geheimrats Töchterlein, Der wilde Toni, Der Wohltätigkeitskuß, Das Blitzmädel, Im Negligé, Mama kommt, Die Schützenliesel, Aus der Großstadt, Lumpenliesel Lieschen, Der Salontiroler, Die Zillertaler, O diese Mädchen, Goldfische, Die talentierte Tochter, O dieser Papa, Der Löwe des Tages, Galloschen des Glücks, Der Goldonkel, Das Mädel ohne Geld, Eine Nacht in Berlin, Der Pariser Taugenichts usw. Auch Beispiele von Salonstücken kennzeichnen den damaligen Geschmack.

An klassischen Theaterstücken gab es im Hanauer Stadttheater u. a. Schillers „Räuber" und Nestroys „Talisman" (1870), Goethes „Faust I.", Schillers „Maria Stuart" und „Wilhelm Tell" (1871), Hebbels „Maria Magdalena" (1874), Shakespeares „Was ihr wollt" (1876), Shakespeares „Cymbeline" und „Der Widerspenstigen Zähmung" (1877), Schillers „Braut von Messina" (1879), die „Wallenstein"-Trilogie (1888), „Die Jungfrau von Orléans" (1889), Byrons „Manfred", Gustav Freytags „Graf Waldemar", Sardous „Cyprienne" und Kleists „Käthchen von Heilbronn" (damals unter dem Titel „Die Feuerprobe") im Jahre 1884. Damit wurden immerhin Bestrebungen offenbar, auch mehr oder weniger zeitgenössische wertvolle dramatische Werke zur Aufführung zu bringen.

In Hanau erfreuten sich besonderer Beliebtheit die leichten Singspiele wie z. B. „Papa hat's erlaubt", „Triefel und Wiesel". In den Spielplänen war auch die Spieloper vertreten. So gelangten zur Aufführung: die Kinderoper „Schneewittchen", Webers „Preziosa", Viktor E. Neßlers „Rattenfänger von Hameln" (1882, bereits drei Jahre nach der Uraufführung) und „Der Trompeter von Säkkingen".

Das Hanauer Stadttheater hatte weit über die Stadt hinaus einen guten Ruf. Im Jahre 1889 bestritt es die Sommerspielzeit in Essen und gastierte regelmässig bis zur Zerstörung die Städte Aschaffenburg, Offenbach und Bad Homburg, auch in Gelnhausen und Wiesbaden. Auffallend sind schon im 19. Jahrhundert die vielen Gäste aus Frankfurt, Wiesbaden, Köln, Braunschweig, Schwerin, Dessau, Breslau, sogar aus Berlin, München, Wien, St. Petersburg, New York usw. Die Bedeutung des Hanauer Stadttheaters für die schauspielerische Nachwuchspflege zeigt sich daran, daß viele Schauspieler(innen) oft nach kurzer Zeit an größere und große Bühnen verpflichtet wurden. In den Jahren 1873/75 wirkten sehr erfolgreich Rudolf Retty und Katharina Schäfer, die in Hanau heirateten und die Eltern der bedeutenden Hof- und Burgschauspielerin Professor Rosa Albach-Retty, geboren am 26. Dezember 1874 in Hanau, sind; das Künstlerpaar ging von Hanau nach Berlin. Alice Verden kam von Hanau nach Köln und an das Dresdener Staatsschauspiel, dem sie 40 Jahre angehörte. Ernst Stahl-Nachbaur begann als jugendlicher Held in Hanau, ebenso der als Filmkomiker berühmte Paul Heidemann, Anny Hannewald, Margarete Lanner, Max du Mesnil, Bertl Gräberer, die am Theater an der Wien erfolgreich war, und Marion Matthäus, die als Opern- und Konzertsängerin in Hamburg, Berlin, München, Basel und Rio de Janeiro sowie in weltweiten Gastspielen sich einen internationalen Ruhm erwarb.

Die Direktion des Hanauer Stadttheaters lag um die Jahrhundertwende bei Hermann Jaritz und Max Oppmar. 1904 wurde das Theater umgebaut, ab 1905 leitete Hermann Jaritz allein das Theater, ab 1907 Felix Hauser, ab 1908 Adalbert Steffter, dem besonders die Pflege des damals zeitgenössischen Schauspiels am Herzen lag, so daß hier viele Werke von Rudolf Herzog, Ernst Wildenbruch, Oscar Wilde, Sudermann, Schnitzler, Shaw, Werfel, Hauptmann usw. zur Aufführung kamen. Ludwig Spannuth-Bodenstedt übernahm die Theaterdirektion 1918; er legte besonderen Wert auf ein gutes Ensemblespiel und auf klassische Werke. Aus dieser Zeit leben viele Bühnenkünstler noch heute in der Erinnerung der Hanauer Theaterfreunde fort: Margarethe Lanner und Max du Mesnil, Dora Erl und Albert Badewitz, Catharina Reichert, Willi Schuchard, Willi Biondino, Karl Striebeck, Hans und Franziska Schwarz, Eduard Pasquale, Johannes Poetsch, Thea Bosse, Lilly Buob, Lucia Devora, Erika Rydin, Lilly Sedina, Meta-Maria Kopp, Erna Kreuter, Joop de Vries usw. Auf Ludwig Spannuth-Bodenstedt folgten die Theaterdirektoren Johannes Poetsch (1921), Ludwig Piorkowsky (ab 1924), Robert Rohde (ab 1933), Fritz Kranz (ab 1936) und Anton Ludwig (ab 1941).

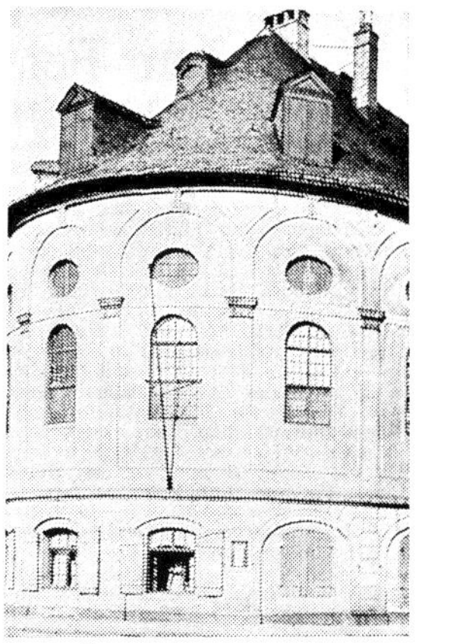

In guter Erinnerung: das frühere Hanauer Stadttheater.

Bedeutende Künstler gastierten am Hanauer Stadttheater.

Seit Beginn des 20. Jahrhunderts gab es Werke von Emile Zola, Sardou, Hartleben, Sudermann, Gerhart Hauptmann, Oscar Wilde, Werfel, Schönherr, Thomas, Bahr, Björnson und im Musiktheater Opern von Adolphe Adam, Weber, Beethoven, Offenbach, Flotow, Verdi und Wagner, auch zeitgenössische Opern von Richard Strauss, Paul Gräner, Antonin Dvorak u. a.

Das Hanauer Stadttheater wurde infolge der Inflation geschlossen, eine Notgemeinschaft der Hanauer Schauspieler spielte unter Johannes Poetsch wöchentlich zweimal in der Centralhalle, im Saalbau und in einer Turnhalle. 1933 riß die Arisierung Lücken in das Hanauer Theaterensemble. Neue Werke von Bedeutung gab es nicht, weil das NS-Regime Neues und Eigenes nicht hervorbringen konnte. Statt dessen wurden ältere Werke mit betont „nationalem Charakter" gespielt. Der Zweite Weltkrieg traf das Hanauer Stadttheater besonders schwer, weil seine vorwiegend jungen Schauspieler kriegsdienstverpflichtet wurden.

Durch die kriegsbedingte Einstellung des Theaterbetriebs 1944 und die Zerstörung des Stadttheaters im Jahre 1945 trat eine neue Lage ein. Der Bariton Emmerich Marbod sammelte die übriggebliebenen Künstler zu einem Notbetrieb im Festsaal des Schlosses Philippsruhe, im Kammermusiksaal der Stadthalle, im Centraltheater (Kino), in der Polizeisporthalle, in der ehemaligen Reithalle (Lamboyviertel) und in der Dunlophalle. Das „Hanauer Kammerspiel" unter Fritz Schlegel und später Norbert Kammil hielten einen Theaterbetrieb behelfsmäßig aufrecht. Erst mit dem Wiederaufbau der Hanauer Stadthalle konnten wieder regelmäßig Theateraufführungen durchgeführt werden. Dazu kam dann die Wiederherstellung des Comoedienhauses Wilhelmsbad im Jahre 1969, nachdem sich die Hanauer Volksbühne schon elf Jahre vorher dafür eingesetzt hatte, aber aus finanziellen Gründen sich nicht durchsetzen konnte.

Die Geschichte des Hanauer Stadttheaters endete mit seiner Zerstörung im Jahre 1945, nach 164 Jahren. Das Theaterleben aber ist in Hanau nicht tot. Wenn auch die Unterhaltung eines eigenen Theaterensembles finanziell nicht mehr möglich ist, blüht das Theaterleben durch die regelmäßigen Gastspiele bedeutender Tourneetheater und stehender Theater und hat durch das wiederhergestellte Comoedienhaus Wilhelmsbad weiteren Auftrieb erhalten.

Jubiläums-Festzelt Freiheitsplatz

Herzlich willkommen zum Eröffnungsabend
Freitag, 5. Mai 1978, 20 Uhr

Buntes Programm · Faßanstich · Musik

Es laden ein:
Stadt Hanau und Hanauer Bürgerclub

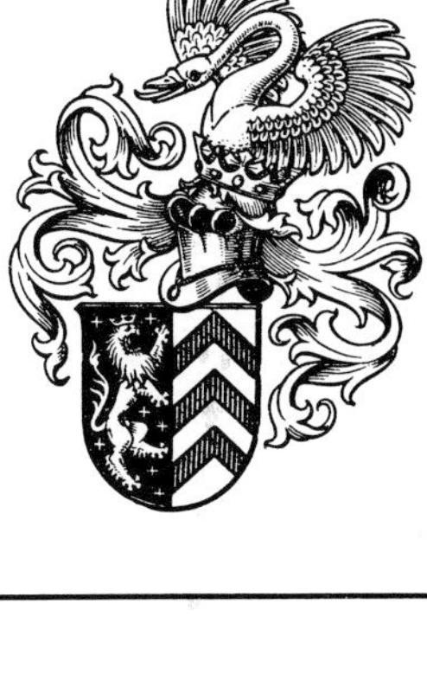

675 Jahre Stadt Hanau

300-Jahr-Feier der Neustadt
Was sich im Jahre 1897 tat – Von Dr. Eckhard Meise

Es wird nicht ein Bourgeoisfest, es wird ein Hanauer Fest gefeiert werden, hieß es am 4. Februar 1897 in der „Hanauer Zeitung" in einer Vorausschau auf das Stadtjubiläum. Die Jubiläumsfeiern der Neustadt und die Vorbereitungen dazu waren in der ersten Jahreshälfte 1897 das Thema für die Hanauer Zeitungen. Mit den Festvorbereitungen befaßten sich ein Zentralausschuß unter der Leitung des damaligen Oberbürgermeisters Dr. Eugen Gebeschus, ein Festzugsausschuß (Leiter der Direktor der Zeichenakademie, Prof. Max Wiese), ein Finanzausschuß, ein Vergnügungsausschuß, ein Zug- und Ordnungskomitee etc. Fast täglich wurden die Zeitungsleser über den Stand dieser Vorbereitungsarbeiten unterrichtet, so etwa über den Eingang der erforderlichen Genehmigungen des Regierungspräsidenten für die Veranstaltung der Feiern und des geplanten Festzugs oder über Verhandlungen mit dem Eisenbahnpräsidium in Frankfurt wegen an den Festtagen einzulegender Extrazüge, eventuell mit Preisermäßigung.

Die Feiern sollten kein Bourgeoisfest werden, und dies glaubte man unter anderem durch die Vielfältigkeit der Programmgestaltung und durch die Wahl des Zeitpunktes der Festtage erreichen zu können. Jubiläumstag war der 1. Juni, doch beschloß der Zentralausschuß, die allgemeinen Feiern auf die Pfingsttage zu verlegen, denn in dieser arbeitsfreien Zeit ist den Arbeitern die beste Gelegenheit zu einer schönen Feier geboten, nicht braucht er durch Aussetzen der Arbeit finanzielle Verluste erleiden, sich nicht gedrückt fühlen, wenn Bessergestellte sich in Festfreude und -feiern befinden, an die Arbeit gehen zu müssen, und es wird jedem Einwohner Gelegenheit gegeben, sich freudig der Gegenwart hingeben zu können. Der Armen solle auch gedacht werden, doch dies bedürfe wohl kaum der Erwähnung bei dem ausgesprochenen Wohltätigkeitssinn unserer Bürgerschaft und den Leitern derselben. Das Programm der Jubiläumsfeiern sollte vielgestaltig und umfangreich sein und wirklich alle Bevölkerungskreise ansprechen.

Viel Planungsarbeit

Möglich waren diese gewaltige Planung und auch deren Durchführung jedoch nur durch die starke Unterstützung durch die Stadt und ein heute kaum noch vorstellbares aktives Engagement der Einwohner Hanaus. Alle Vereine beteiligten sich, die Kirchengemeinden und Schulen waren ebenso tätig wie das in Hanau stationierte Militär. Ohne all diese Mitwirkung hätte zum Beispiel der Festzug, an dem dann schließlich fast 2000 Personen teilnahmen, überhaupt nicht durchgeführt werden können.

Die Mitarbeit betraf auch ganz andere Bereiche. Einige Beispiele für die Vielseitigkeit dieser Aktivität seien herausgegriffen: So plante etwa die Turngemeinde die Vorführung eines uns wahrscheinlich kurios anmutenden, dem Geschmack der damaligen Zeit entsprechenden Fächertanzes, über dessen Vorbereitung folgendes berichtet wird: „Unter den Klängen der Metra'schen Serenade (Valse espagnole) führten die Gruppen in chinesischen Herren- und Damen-Costümen einen abwechslungsreichen kunstvollen Reigen vor, der durch Anwendung der größeren und kleineren verschiedenfarbigen Fächer zur Ausschmückung der mannigfachsten Gruppierungen einen ganz eigenen Reiz erhält und seine Wirkung s. ZT. auf die Zuschauer nicht verfehlen wird." Zahlreich war auch die zum Jubiläum erscheinende Literatur, und manche der damals veröffentlichten Schriften sind heute noch Standardwerke zur Hanauer Geschichte. Weiterhin fällt es, um noch ein Einzelbeispiel für die wirklich umfassende Beteiligung der Hanauer Bevölkerung zu nennen, beim Lesen der zeitgenössischen Berichte immer wieder auf, in wie starker Weise etwa die Zeichenakademie bei den Festvorbereitungen mitwirkte. Von der Planung und Ausschmückung der Festhalle angefangen über die Organisation und äußere Gestaltung des Festzuges bis hin zu den Entwürfen für Festpostkarten und Jubiläumsbecher, stets sind es Dozenten der Zeichenakademie, deren Namen hier begegnen. Der über das Deutsche Reich hinausgehenden Tradition der Hanauer Geschichte waren sich die Veranstalter bewußt und versuchten dieser Internationalität bei der Festgestaltung gerecht zu werden. Schon zu Beginn des Jahres hatten sich 35 junge Leute aus Dortrecht (Holland) gemeldet und ihre Beteiligung am Fest zugesagt; sie nahmen später als vielbeachtete Gruppe am Festzug teil. Die Wallonisch-Niederländische Gemeinde ließ in französischen und niederländischen Zeitungen Artikel erscheinen, die auf die bevorstehende Hanauer Jubiläum hinwiesen und die dortige Bevölkerung zur Mitwirkung aufforderten. Man war mit einem gewaltigen, ungetrübten Optimismus bei der Sache; die Hanauer Geschichte schien gleichsam auf die Gegenwart, so wie sie war, hingesteuert zu haben. Kaiser Wilhelm II. war der Rechtsnachfolger des Grafen Philipp Ludwig II. Pathetisch wurden Vergangenheit und Gegenwart gepriesen:

Ein Stück kämpferisch-demokratischer Tradition der Stadt Hanau. Die Gruppe „Ausmarsch der Turner nach Baden 1849" (gestellt von der Turngemeinde Hanau), aufgestellt für den Festzug am 7. Juni 1897. Die Aufnahme wurde im Turnhof, Fischerstraße 1, gemacht.
Geschichtsverein/Kreisbildstelle

Streik der Diamantarbeiter

Otto Reinhard, der Leiter des Comités der streikenden Diamantarbeiter, hatte den Oberbürgermeister gebeten, bei der Einstellung von Hilfskräften für die Festveranstaltungen die hiesigen Diamantarbeiter, die infolge des Diamantarbeiterstreiks schon lange Monate arbeitslos sind, ganz besonders zu berücksichtigen, und Gebeschus hatte, auf das Problem einer anderen Berufsgruppe hinweisend, geantwortet, daß lediglich Kassierer eingestellt werden. So viel mir bekannt, ist dies bereits geschehen. Sonstige Hülfskräfte, außer Feuerwehrleuten (für den Ordnungsdienst), Mitgliedern des Sanitätsvereins (für den Sanitätsdienst), werden, so weit ich übersehen kann, nicht benötigt. Es würde übrigens, auch wenn Hülfskräfte nötig sein sollten, nicht in der Lage sein, die Diamantschleifer zu berücksichtigen, sondern würde in erster Linie unsere ehemaligen Nachtwächter, die durch einen Akt der Gesetzgebung (Aufhebung des Nachtwachtdienstes in Städten mit Königlicher Polizei-Verwaltung) brodlos geworden sind, berücksichtigen. In derselben Zeitung, in der dies berichtet wird, steht auch zu lesen, daß wegen der Maifeier ... in Berlin etwa 150 Holzarbeiter und 100 Metallarbeiter auf etliche Tage von der Arbeit ausgesperrt worden sind. Zu einem anderen in Hanau ansässigen Gewerbezweig schrieb Carl Kohlhepp, der äußerst produktive Autor zahlreicher Liedtexte und Gedichte, in der letzten Strophe seines in einem Festprogramm abgedruckten Goldschmidtsliedes: Jetzt freilich is die Zeit net fett / So goldern wie vor Jahr'n, / So manches Werkbret steht jetzt leer,/'s is manches annerscht wor'n / Des Handwerk ist noch goldern zwar. / Seun Glanz verlor'sch noch net. / Allaa' es mecht, 's is leider wahr, / Die Goldschmidt net mehr fett.

„Segen Dir und Heil für alle Zeiten / Deutsche Stadt am blüthenreichen Main, / Mög' der Schwan die Schwingen schützend breiten / Sinnbild dir für Blühen und Gedeih'n."

Doch konnten die Festvorbereitungen trotz aller damit verbundenen Euphorie nicht isoliert von den Gegenwartsproblemen bleiben: In den Hanauer Zeitungen finden sich so neben den Berichten über die bevorstehenden Jubiläumsfeiern immer wieder Nachrichten von dem Hanau stark betreffenden Diamantarbeiterstreik. Auch eine direkte Beziehung von Streik und Festvorbereitung ergab sich.

Die Durchführung der Veranstaltungen nahm aber dann den erwarteten festlichen, fröhlichen und — nach unseren Begriffen — pompösen Verlauf. Am Jubiläumstag, dem 1. Juni 1897, fand die kirchliche Jubelfeier der Wallonisch-Niederländischen Gemeinde statt, die neugeschaffene Denkmal des Grafen Philipp-Ludwig II. vor der Kirche wurde enthüllt, und anschließend wurde das offiziell bekanntgegeben, was schon im Februar mit dem Hinweis, auch der Armen solle gedacht werden, angekündigt worden war: Mit dem Datum des Jubiläumstages wurden eine von der Wallonisch-Niederländischen Gemeinde finanzierte Kinderkrippe und außerdem die Stiftung „Lungenheilstätte" geschaffen. Ausgangspunkt dieser Stiftung war eine Spende des Vizebürgermeisters Heraeus von 10 000 Mark gewesen, es folgte eine Großspende der Firma Hosse Wwe. von 15 000 Mark, und bis zum 1. Juni betrug das Stiftungskapital bereits 57 000 Mark.

Die Rede des Oberbürgermeisters zeigt bemerkenswerte Aspekte der damaligen Sozialpolitik auf. Gebeschus meinte, daß das Datum 1. Juni 1897 in späterer Zeit nicht so sehr wegen des Neustadtjubiläums bedeutend sein werde — wir hoffen, daß diese Feier noch oft im Laufe der kommenden Jahrhunderte stattfinden wird — sondern wegen der Gründung dieser beiden sozialen Einrichtungen. Durch die Kinderkrippe sei die noch vorhandene Lücke in der Betreuung der Kinder, deren Mütter zum besseren Fortkommen der Familie zum Mitarbeiten außer dem Hause gezwungen sind, geschlossen worden. Diese Kinder könnten nun vom 14. Lebenstag an bis zum 3. Lebensjahr in die Kinderkrippe, danach
(Fortsetzung nächste Seite)

Reaktor-Brennelement Union GmbH

Hanau/Wolfgang-Industriegelände

Fertigung von Brennelementen auf der Grundlage niedrig angereicherten Urandioxids.
Export von Anlagen und Technologie

Fertigung von plutonium-haltigen Brennstäben für den Einsatz in Leichtwasser- und in Schnellbrutreaktoren. Entscheidender Beitrag zur Lösung der Entsorgung

900 aufgabenbewußte Mitarbeiter aus Hanau und Umgebung fertigen Brennelemente unter höchsten Qualitätsanforderungen für 30 Kernkraftwerke im In- und Ausland.

300 Mitarbeiter aus Hanau und Umgebung arbeiten engagiert auf einem zukunftsorientierten Gebiet modernster Technik.

RBU und Alkem tragen als derzeit einzige Unternehmen ihrer Art in der Bundesrepublik wesentlich zur langfristigen Sicherung der deutschen Energieversorgung bei.

Als kerntechnische Betriebe erfüllen sie besonders hohe Sicherheitsanforderungen.

675 Jahre Stadt Hanau

Streik der Diamantarbeiter

(Fortsetzung von der Vorseite)

würden sie bis zum schulpflichtigen Alter in der Kleinkinderschule und daran anschließend im Knaben- oder Mädchenhort betreut. Die Lungenheilstätte hingegen solle den unbemittelten Einwohnern unserer Stadt die Segnungen eines auf der Höhe der Zeit stehenden sanitären allgemeinen Instituts zu Theil werden ... lassen. Er betonte weiter: Unsere Zeit steht in dem Zeichen der Sozialpolitik. Man verschließt nicht mehr die Augen gegen soziale Nothstände, wie früher, wo man sie entweder negirte oder als Fatum hinnahm, das zu ändern man ohnmächtig war, sondern man regt heute fleißig die Hände, um soziales Elend zu mildern und zu beseitigen, allerdings zu beseitigen in verständigen Rahmen und mit erreichbaren Zielen.

Der Inhalt der Zeitungen der folgenden Tage wird dann völlig von den eigentlichen Festveranstaltungen geprägt. So wurde in den Anzeigenteilen zum Kauf von Eintrittskarten und Festprogrammen aufgefordert und zur Generalprobe des Festkonzerts eingeladen. Der Leiter des Festzugskomitees forderte die Verkäufer von Erfrischungen auf, sich bei ihm für den Festzug Passierscheine abzuholen, die Polizei machte die erforderlichen Straßensperren bekannt, und das Ordnungskomitee gab die Stellen in der Stadt an, wo die Sanitätskolonne des Hanauer Kriegervereins während des Festzuges Stationen einrichten wollte. Fürsorglich wurde auch noch auf die große Gefahr, die durch die von den Blumengeschäften angebotene mit Draht gebundenen Blumensträuße entstehen könnte, hingewiesen: „Es ist bei derartigen Veranstaltungen schon öfters vorgekommen, daß Leute durch die mit möglichst großen Aufwande von Draht hergestellten Sträußchen Verletzungen davongetragen haben und daß Pferde, da eine solche Begrüßung von schöner Hand ja leider nicht zu würdigen verstehen, scheu geworden sind. Es wird deshalb, um Unglück zu verhüten, dringend gebeten zum Werfen nur lose Blumen zu benützen und vor allem die Pferdegruppen zu verschonen."

Festzug als Höhepunkt

Nach dem Festkonzert am Pfingstsonntag, dem 6. Juni, war der große Festzug am Montag ohne Zweifel der äußere Höhepunkt der Festtage. Die ganze Stadt, nicht nur die Straßen, die der Zug passierte, waren geschmückt. Das Wetter war gut, und die Straßen waren mit schaulustigen Menschen gefüllt. Alle Gruppen des Zuges anzuführen, wäre zu weitläufig, sie sind in der Festzugsordnung aufgezählt. Der Zug zeigte die Geschichte Hanaus von der Altzeit bis zur Gegenwart, wobei die jüngste Geschichte der damaligen nationalen Grundstimmung und dem Geschmack der Zeit entsprechend durch Militär und Prunkwagen der Germania repräsentiert war: In der Nische eines Felsens stand die Idealfigur der Germania, überkrönt von der auf Purpurkissen ruhenden Kaiserkrone. Den Vordertheil des Wagens zierte die Büste Kaiser Wilhelms I., ein Wappen mit dem Reichsadler, überragt von der Königskrone. Es folgten der Kriegerverein und die Kriegsveteranen. Die Gruppen am Schluß versinnbildlichten die verschiedensten Industriezweige und Verkehrsmittel: eine ungetrübt optimistische Darstellung industriellen Fortschritts. Ob den Beschauern der altertümelnde Aufputz des Germaniawagens als unzeitgemäß auffiel? Wahrscheinlich ist es ironisch gemeint, wenn es im Feuilleton einer Hanauer Zeitung zu diesem Wagen heißt: „Superb sage ich Dir Freund, ganz superb; das ganze sinnige Arrangement: die Felsenwand mit dem Adler und der Kaiserkrone, die reckenhafte Germania und vorn der Reichsadler mit dem Büste unseres alten Wilhelm, ihr zur Seite die riesigen Germanen in Urtracht mit „Blechhelm" und „Blechschild!"

Das „Blech" meinst Du? Historisch mein Junge, alles historisch. Bedeutsam ist an diesem Festzug, der ja als die Präsentation der historischen Tradition Hanaus, so wie sie die damalige Zeit sehen wollte, aufzufassen ist, daß auch Gruppen darin auftraten, die bestimmt nicht in das im Kaiserreich amtlich gewünschte Geschichtsbild paßten: Die Turngemeinde und der Turnverein zeigten ein Stück kämpferisch demokratischer Tradition der Stadt, nämlich die Hanauer Turnerwehr unter August Schärttner und Friedrich Engel und ihren Ausmarsch zur Unterstützung der badischen Mairevolution 1849 und außerdem des Arbeiterfreikorps des Karl Röttelberg aus dem Jahre 1848 mit seinen charakteristischen Waffen, den geradegeschmiedeten Sensen gefolgt von Soldaten dieser Zeit; nach Meinung des Hanauer Anzeigers ein etwas düsteres Bild.

Das offizielle Festbankett für geladene Gäste fand am Nachmittag des Pfingstdienstags statt. Hier wurden von verschiedenen Vertretern der politischen Hierarchie, auch von den Oberbürgermeistern benachbarter ud befreundeter Städte Reden gehalten und Glückwünsche ausgesprochen, wurde die festliche Atmosphäre des Stadtjubiläums gepriesen und wiederholt auf das ausgeprägte und mehrfach bewiesene Talent der Hanauer, Feste zu feiern, hingewiesen. Oberpräsident Graf Wilhelm Bismarck lobte den trotz der Oppositionslüsternheit der Hanauer vorhandenen Sinn für Ordnung und Gerechtigkeit und brachte – dies wird hervorgehoben – der vaterlandstreuen Stadt Hanau (meinte er den vaterlandstreuen Teil der Stadtbewohner?) einen Toast dar. Geschwärmt wurde von der geographischen Lage Hanaus: „Hier fluteten die deutschen Stämme zusammen, hier fänden sich die Herzen zusammen von oben und von unten, es sei das Bindeglied zwischen Nord und Süd."

Alle anderen Veranstaltungen, die dem historischen Festzug am Montag bis zum letzten der Festtage, dem Donnerstag, folgte, hatten wahrhaft Volksfestcharakter. Es gab Konzerte mit musikalischen Darbietungen der unterschiedlichsten Art, gestaltet von Hanauer Musikvereinen und den Militärkapellen des 6. Thüringischen Ulanen, bzw. des Infanterieregiments Nr. 166, vor allem aber Veranstaltungen mit gemischtem Programm, auf denen die Vereine dem Publikum die Attraktionen vorführten, die ihre Mitglieder in den langen Wochen vorher einstudiert hatten. Genannt werden besonders die von den Turnern gestellten Pyramiden, Kunstradfahrvorführungen, lebende Bilder (Tableaux) mit solchen Themen wie „Ein ersehnter Augenblick", „Mondfee" oder „Ein seltener Fisch" und der schon oben erwähnte Fächertanz der Turngemeinde. Beifall erweckte die Serpentintanz der Großherzogl. Hofballetmeisterin Fräulein Paula Bajz, bei dem die durch die Beleuchtung von geradezu fascinirender Wirkung ... auf dem wallenden Gewande der Tänzerin hervorgerufenen Lichteffekte die Zuschauer verblüfften und nach Meinung der Zeitungen ein Bild schufen, das den hinsichtlich meisterhafter Ausübung höherer Tanzkunst hochgeschraubten Anforderungen eines am Ende des 19. Jahrh. stehenden Publikums gerecht wurde. Die Zuschauer wurden in das Programm mit einbezogen durch das gemeinsame Singen von Liedern, deren teilweise humorvolle, meist eher pathetische Texte eigens für das Fest verfaßt worden waren (so etwa Ein Hoch den Frauen und Jungfrauen Hanaus nach der Melodie von „Steh ich in finstrer Mitternacht"). Den letzten Festtag beschloß ein Feuerwerk. Getrunken wurden auf dem Festplatz 11 678 Flaschen Wein und Schaumwein. $18^{1/2}$ Hektoliter offener Wein und 225 Hektoliter Bier. Relativiert wird das Pathos so manches Liedes und manchen Berichtes durch ein bereits oben zitiertes Feuilleton der „Hanauer Zeitung", das auch die Darstellung der Feiern des Jahres 1897 beschließen soll. Zu den auf dem Festplatz als Attraktion aufgetretenen Spaniern heißt es da: Letztere sind eigens zu dem Feste hergereist, so weiß gerade nicht mehr woher. Cuba war es nicht, Lissabon auch nicht, Paris es bleibt also nur noch Hüttengesäß oder Niederrad.

*

Gekürzter Vorabdruck eines Aufsatzes aus dem Katalog, der zur stadtgeschichtlichen Ausstellung des Hanauer Geschichtsvereins im September dieses Jahres erscheinen wird. Neben vielen zum Teil umfangreichen Erläuterungen verschiedener Autoren zu den ausgestellten Objekten wird der Katalog die folgenden Aufsätze enthalten: Heinrich Bott/Karl Dielmann, Abriß der Baugeschichte Hanaus vom 12. bis zur Mitte des 17. Jahrhunderts; Fred Schwind, Zu den Anfängen der Herrschaft und Stadt Hanau; Erich Maul, Die Stadtpläne der Architekten Heinrich Busch; Eckhard Meise, Johann Adam Bernhard und sein Bericht über die Anfänge der Stadt Hanau; Heinz Kurz, Das Althanauer Hospital; Eckhard Meise, Frühere Hanauer Stadtjubiläen.

Die Gruppe „Altstadt Hanau" im Festzug am 7. Juni 1897. Die Aufnahme wurde an der Ecke Lang- und Rosenstraße gemacht; der Blick geht in Richtung Hirschstraße.

Emigrantengruppe für den Festzug am 7. Juni 1897 im Hof des Gasthauses „Zum Elefant". Geschichtsverein/Kreisbildstelle

---

Die Stärke unseres Unternehmens liegt seit über einem Jahrhundert im **Bau** hydraulisch betriebener **Spezialmaschinen**. Das bedeutet, die vielfältigen Probleme dieses Fachgebiets kennengelernt, durchdacht und letztlich gelöst zu haben. Das bedeutet auch, stets mit der technischen Entwicklung Schritt gehalten zu haben. So ist der Fortschritt bei uns Tradition. Das Handeln nach diesem Leitsatz befähigt uns, unser Wissen und unsere Erfahrung erfolgreich für die Aufgaben der Gegenwart zu nutzen. In diesem Geist wuchs ein Stab befähigter Konstrukteure und Ingenieure und ein Stamm tüchtiger **Facharbeiter** heran. Sie alle sind Spezialisten **auf ihrem Gebiet.** Wir sind dadurch **in der** Lage, hydraulisch angetriebene **Sondermaschinen** für jeden Zweck **zu** entwickeln und zu bauen; **selbst** ausgefallene Kundenwünsche werden erfüllt. Die Leistungsfähigkeit der Wirtschaft **von** morgen setzt immer größere **Maßstäbe** und Dimensionen in **allen** Bereichen der Technik — und besonders im Maschinenbau. Unser Wissen und unsere Erfahrungen auf diesem Gebiet stehen unseren Kunden zur Verfügung, wenn es darum geht, nach zukunftsorientierten Lösungen zu suchen.

BRACKER HANAU

G. D. BRACKER Söhne Maschinenbau GmbH

6450 Hanau, Fischerstraße 5-9, Telefon 24076

675 Jahre Stadt Hanau

Die Burg Hagenowe sollte einst ein Gotteshaus erhalten

Die evangelische Marienkirche hat eine mehr als 700jährige Geschichte: Sie ist älter als die Hanauer Stadtrechte – Von Pfarrer Heinz Kurz

Die älteste Inschrift, die man auf einem der wenigen noch erhaltenen historischen Gebäude unserer Stadt finden kann, ist die Jahreszahl 1449 in Spitzbogen der kleinen zugemauerten Tür an der Südwand der Marienkirche. Die Kirche als solche ist jedoch wesentlich älter, diese Jahreszahl weist nur auf ihren ersten Umbau hin. Als Hanau 1303 zur Stadt erhoben wurde, besaß es bereits ein Gotteshaus, es war aber viel kleiner als die heutige Kirche und wurde in manchen Urkunden darum nur als Kapelle bezeichnet. Wann dieses Kirchlein, das der Maria Magdalena geweiht war, erbaut wurde, läßt sich nicht genau ermitteln. Ein erster Hinweis auf seine Gründung könnte in dem Erbteilungsvertrag von 1234 gegeben sein. Damals teilte Reinhard III. von Dorfelden und Hagenowe mit seinem Bruder Heinrich das väterliche Erbe. Er selbst bekam die Burg in Hanau, der Bruder die Burg in Dorfelden samt den jeweils zugehörigen Gütern. Im gleichen Vertrag vermachte Reinhard zur Sühne seiner und seiner Eltern Sünden dem Zisterzienserorden in Eberbach seinen Hanauer Besitz und bestimmte, daß der Orden in der Burg Hagenowe eine Kirche bauen sollte.

Ob die Zisterziensermönche damals oder überhaupt eine Kirche in Hanau gebaut haben, ist nicht nachzuweisen. Erste urkundliche Erwähnungen der Kirche kommen erst in den Jahre 1316 und 1317 vor. Dies waren Ablaßbriefe, in welchen den Besuchern der Maria-Magdalena-Kirche an gewissen Feier- und Heiligentagen oder denjenigen, die etwas für die Kirche spendeten oder auch den ehren Herrn Ulrich von Hanau und seine Gemahlin Agnes beteten, ein vierzigtätiger Ablaß gewährt wurde. Aus diesen Urkunden ergibt sich nur, daß das Kirchlein in Hanau 1316 schon bestanden hat, aber nicht, wann und durch wen es erbaut worden ist. Es war eine Filialkirche der älteren Pfarrkirche „Unserer lieben Frauen" im Kinzdorf, einem kleinen Ort südlich von Hanau. Dort war auch der Kirchhof, auf dem die Toten von Hanau bis ins Jahr 1633 bestattet wurden.

Der Pfarrer von Kinzdorf hatte die geistliche Verantwortung außer für seine dortige Pfarrkirche und die Marien-Magdalenen-Kirche in der Stadt auch noch für die Martinskapelle in der Burg und die Elisabethkapelle im Hospital wahrzunehmen. Er bildete mit seinen Kaplänen eine Art Priestergemeinschaft für die Parochie Kinzdorf-Hanau. Diese werden in verschiedenen Urkunden als „seine Gesellen" bezeichnet und waren 1364 insgesamt fünf an der Zahl. Die Einwohner von Kinzdorf siedelten nach und nach in die Stadt über, aber die Kinzdorfkirche blieb weiterhin die eigentliche Pfarrkirche. In ihr wurde übrigens eine wundertätige Marienstatue verehrt, die sich heute in der alten Großsteinheimer Kirche befindet, wohin man sie nach der Reformation verbracht hat.

Erweiterung durch gotischen Chor

Das Abhängigkeitsverhältnis von der Kinzdorfer Mutterkirche änderte sich erst im Jahre 1434. Graf Reinhard II., der erste „Graf von Hanau", verlegte seine Residenz von Windecken nach Hanau. Er verlieh seinem Gotteshaus in der Stadt pfarrkirchliche Rechte und erließ eine genaue Gottesdienstordnung für seine Geistlichen, die nunmehr unter anderem täglichen Meß- und Vesperdienst in der Marien-Magdalenen-Kirche zu halten hatten. Damit war der kirchliche Schwerpunkt vom Kinzdorf nach Hanau verlagert worden, und die Marien-Magdalenen-Kirche wurde eine zweite Pfarrkirche innerhalb der Parochie der alten Kinzdorfkirche. Außerdem stattete der Graf die Einkünfte der Priester besser aus und legte dies in einer neuen Präsenzordnung fest. Danach bekam jeder Altarist, wenn er selbst seine gottesdienstlichen Pflichten an den für ihn zuständigen Altar regelmäßig versah (d. h. präsent war), seine ihm zustehende

Der Erbauer der ältesten Hanauer Kirche: Philipp der Jüngere von Hanau-Münzenberg.

Gebühr. Die Einkünfte hierfür in Gestalt von Naturalien oder Geld erhob und verwaltete ein eigens dafür bestimmter Präsenzverwalter. Noch heute besteht bei der Marienkirche eine Präsenzverwaltung, die die restlichen Liegenschaften aus dem Alten Pfründenbesitz zweckbestimmt zur Bauerhaltung von Kirche und Pfarrhäusern verwaltet.

Graf Reinhard wollte die Kirche in seiner Residenzstadt aber auch größer und schöner gestalten und vor allem eine neue Grablege für sich und seine Nachkommen in Hanau einrichten. (Seine Vorfahren waren im Kloster Arnsburg bestattet.) Zu diesem Zweck ließ er die seither einschiffige Kirche wesentlich vergrößern zu einem dreischiffigen Langhaus. Dieser Umbau begann im Jahre 1449, daher die vorerwähnte Inschrift über der Spitzbogentür, und wurde 1454 vollendet, davon zeugt eine Jahreszahl über der Tür auf der Nordseite. Das Kirchenschiff erhielt also damals bereits seinen heutigen Umfang. Die Apsis wurde ebenfalls vergrößert, und als erster wurde ihr Erbauer, Graf Reinhard II., im Jahre 1451 in dem damals noch unvollendeten Chorraum beigesetzt. Sein Grabstein, der erste und älteste der Kirche, befindet sich heute an der Nordseite des Chorraums.

Kostbare Ausstattung

Die wesentlichste Veränderung der Marien-Magdalenen-Kirche sowohl hinsichtlich ihrer baulichen Gestaltung als auch ihrer kirchlichen Bedeutung führte aber Graf Philipp, der Jüngere, durch. Er ließ den prächtigen gotischen Chor erbauen, der uns heute noch erhalten ist, und erhob seine Kirche zu einem Kollegiatstift mit insgesamt 12 Klerikern unter der Führung eines Dechanten. Der fromme und in kirchlichen Dingen sehr eifrige Graf gab im Jahre 1485, von einer Reise ins Heilige Land heimkehrend, den Auftrag zur Errichtung dieses Chorbaus in erstaunlichen Dimensionen, die dem angrenzenden Kirchenschiff gar nicht entsprechen. Man nimmt daher an, daß dies nur der erste Abschnitt eines noch wesentlich zu erweiternden Kirchbaus war, zu dessen Vollendung es aber später nicht mehr gekommen ist.

In einer Tiefe von 22 m und einer Breite von 10 m erhebt sich der Innenraum des Chors 16,40 m hoch. Zehn aufstrebende Säulen nehmen die vielfältigen Rippen auf, die netzartig das Gewölbe tragen und im östlichen Ende in einem Stern zusammenlaufen. Alle Schlußsteine in der Mitte sind mit in Stein gehauenen und bemalten Wappen geziert, die dem Erbauer Philipp dem Jüngeren und seiner Gemahlin Adriane von Nassau sowie seinen Eltern und Großeltern zugehören. Im Schlußstein des Sterns ist die Kirchenpatronin Maria Magdalena abgebildet, wie sie vor dem auferstandenen Christus als dem vermeintlichen Gärtner niederkniet. Die seitlichen Schnittpunkte der Gewölberippen sind mit kleineren Wappen geschmückt und die Felder zwischen dem Netz mit Ranken, Blüten und Strahlen lebendig ausgemalt. Acht hohe und zwei halbhohe Fenster zeigen gotisches Maßwerk, dessen Formen in jedem Fenster verschieden sind. Sie waren früher durchweg bunt verglast, besitzen aber heute nur noch Restteile der ehemaligen *(Fortsetzung nächste Seite)*

Sicherheit in der GAS- und WASSER-VERSORGUNG ist seit 1926 unser oberstes Gebot.

Die Zukunft mit ihren umwälzenden Veränderungen und neuen Aufgaben verpflichtet uns,

nicht nachzulassen in unserem Streben, der Allgemeinheit zu dienen.

KREISWERKE HANAU GMBH

GAS - modern, wie die Zeit, in der wir leben —

Sauberes WASSER, kostbares Gut

6450 Hanau - Eugen-Kaiser-Straße 7, Kreishaus
Telefon 06181/292-1

Was der Monat Mai bietet

Eine Übersicht zu den Veranstaltungen des Hanauer Stadtjubiläums

Neben dem Sonderprogramm, das im Festzelt Freiheitsplatz abgewickelt wird, bieten die Veranstaltungen zum Stadtjubiläum eine Fülle sonstiger Darbietungen. Hier eine Übersicht des Mai-Programms:

Donnerstag, 4. Mai: 10 bis 18 Uhr: Marktplatz, Ausstellung des DRK, der Feuerwehr und der Polizei; von 10 bis 12 Uhr Platzkonzert der Stadtkapelle; 15 bis 18 Uhr: Sportgelände Rabenstein, Internationales A-Jugend-Fußballturnier, Veranstalter: DJK Eintracht Steinheim.

Freitag, 5. Mai: 9 bis 18 Uhr: Marktplatz und mehrere Innenstadtstraßen: Mai-Markt des Hanauer Einzelhandels, u. a. mit 675 m Geburtstagstafel „Hanau bittet zu Tisch", Musik und „Stadtgebabbel" von und mit Herbert Kranz, Kindereisenbahn, Hanau-Puzzle und Jubiläumstombola; 17 Uhr: Marktplatz, „Singendes Hanau". Ein Freisingen zum Mitmachen für jedermann, Veranstalter jeweils: AG Wirtschaftswerbung; 16 bis 18 Uhr: Sportgelände Rabenstein, Internationales A-Jugend-Fußballturnier, Veranstalter: DJK Eintracht Steinheim.

> In dieser Jubiläumsausgabe sind drei Programmblöcke enthalten. Sie beziehen sich einmal auf jene Veranstaltungen, die in den Monaten Februar, März und April stattfanden, zum anderen auf das für den Mai vorgesehene Sonderprogramm, das im Festzelt auf dem Freiheitsplatz abgewickelt wird, sowie schließlich auf die übrigen Veranstaltungen und Darbietungen, die der „Wonnemonat" mit sich bringt. Bei Redaktionsschluß zu dieser Beilage war es nicht möglich, auch jene Treffen, Zusammenkünfte und sonstigen Angebote zusammenzufassen, die im Zuge des Stadtjubiläums in der Zeit ab Juni stattfinden. (Darüber berichtet der Hanauer Anzeiger zum gegebenen Zeitpunkt.)

Samstag, 6. Mai: 7 bis 14 Uhr: Marktplatz, „675 Jahre Hanauer Wochenmarkt", u. a. Gratisverlosung durch die Marktbeschicker bis 12 Uhr; 8 und 9 Uhr: Rathausbalkon, Weckruf des Bläserchors des Hanauer Jagdclubs e. V.; 10 bis 12 Uhr: Vor dem Rathaus, Platzkonzert der Stadtkapelle, Veranstalter jeweils: Stadt Hanau; 9 bis 18 Uhr: mehrere Innenstadtstraßen, Mai-Markt des Hanauer Einzelhandels, u. a. mit 675 m Geburtstagstafel „Hanau bittet zu Tisch", Musik und „Stadtgebabbel" von und mit Herbert Kranz, Kindereisenbahn, Hanau-Puzzle und Jubiläumstombola, Veranstalter: AG Wirtschaftswerbung; 14 Uhr: Parkanlagen Wilhelmsbad, Kinderfest im Park, Veranstalter: Hess. Rundfunk; 14 bis 15 Uhr: Innenstadt, Umzug des Musikkorps „Wuppergold", Veranstalter: Stadt Hanau in Verbindung mit der AG Wirtschaftswerbung; 15.30 Uhr: Brüder-Grimm-Denkmal, Anschnitt einer Geburtstagstorte von 675 cm Umfang und Verkauf zugunsten der Aktion Sorgenkind; Platzkonzert; Veranstalter: AG Wirtschaftswerbung; 15 bis 18 Uhr: Sportgelände Rabenstein, Internationales A-Jugend-Fußballturnier, Veranstalter: DJK Eintracht Steinheim; 8 bis 17 Uhr: Betriebsgelände Theodor-Fontane-Straße, Tag der offenen Tür des Stadtgartenamtes; Sportfest der Schmuckstädte Hanau, Pforzheim, Schwäbisch Gmünd und Idar-Oberstein, Veranstalter jeweils: Stadt Hanau; 13.30 bis 18 Uhr: Main-Kinzig-Halle, Hallenhandball; 14 bis 18 Uhr: Sporthalle Otto-Hahn-Schule, Tischtennis 14 bis 18 Uhr: Stadion Wilhelmsbad, Leichtathletik; 17 Uhr: Rathaus-Foyer, Eröffnung der Kunstausstellung „Bewegung", Veranstalter: Künstlerbund Simplicius; 20 Uhr: Kasino Fa. Heraeus, Bunter Abend mit Costa Cordalis und den Hitkids, Veranstalter: Deutsches Rotes Kreuz Hanau.

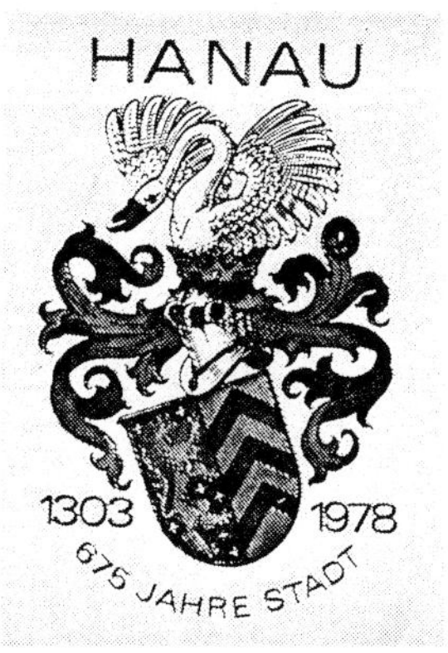

Werbemittel im Jubiläumsjahr: Das Hanauer Wappen mit entsprechender Beschriftung.

Sonntag, 7. Mai: 11 Uhr: Sportgelände Rabenstein, Endspiel des internationalen A-Jugend-Fußballturniers und Siegerehrung, Veranstalter: DJK Eintracht Steinheim.

Montag, 8. Mai: 9 bis 18 Uhr: Innenstadt, Mai-Markt des Hanauer Einzelhandels; 9 bis 18 Uhr: Marktplatz, Markt des Handels, Veranstalter jeweils: AG Wirtschaftswerbung; 20 Uhr: Stadthalle, Sondergastspiel des Pfalztheaters Kaiserslautern mit „Fidelio", Veranstalter: Volksbühne Hanau e. V.

Dienstag, 9 Mai: 9 bis 18 Uhr: Innenstadt, Mai-Markt des Hanauer Einzelhandels; 9 bis 18 Uhr: Marktplatz, Markt des Handels; 15 Uhr: Marktplatz, Rennwagenausstellung und Autogrammstunde; 17 bis 19 Uhr: Marktplatz, Platzkonzert des Musikvereins Germania Horbach, Veranstalter jeweils: AG Wirtschaftswerbung.

Mittwoch, 10. Mai: 9 bis 18 Uhr: Innenstadt, Mai-Markt des Hanauer Einzelhandels, Veranstalter: AG Wirtschaftswerbung; 16 Uhr: Marktplatz, Platzkonzert der 3. US-Army-Band, Veranstalter: Stadt Hanau und US-Standort.

Donnerstag, 11. Mai: 9 bis 18 Uhr: Innenstadt, Mai-Markt des Hanauer Einzelhandels und Western-Show mit Buffalo-Child, Veranstalter jeweils: AG Wirtschaftswerbung.

Freitag, 12. Mai: 9 bis 18 Uhr: Innenstadt, Mai-Markt des Hanauer Einzelhandels; 15 Uhr: Marktplatz, Kinderfest, Veranstalter jeweils: AG Wirtschaftswerbung.

Samstag, 13. Mai: 9 bis 18 Uhr: Innenstadt, Mai-Markt des Hanauer Einzelhandels, Veranstalter: AG Wirtschaftswerbung; 17 bis 21 Uhr: Heinrich-Fischer-Bad, Schwimmwettkämpfe: Hanau — Dartford — Neuilly — Uccle — Windsor und Conflans, Veranstalter: Stadt Hanau; 20 Uhr: Main-Kinzig-Halle, Bezirksturnier der Ringer, Veranstalter: AC Eiche 01.

Dienstag, 16. Mai: 9 bis 18 Uhr: Innenstadt, Mai-Markt des Hanauer Einzelhandels; 15 Uhr: Marktplatz, „Jubiläums-Brotzeit" mit 675 cm langer Wurst, Brot und Apfelwein. Verkauf zugunsten der Aktion Sorgenkind, Veranstalter jeweils: AG Wirtschaftswerbung.

Mittwoch, 17. Mai: 9 bis 18 Uhr: Innenstadt, Mai-Markt des Hanauer Einzelhandels, Veranstalter: AG Wirtschaftswerbung; 15 bis 17 Uhr: Innenstadt, Umzug des Binding-Sechserzuges, Veranstalter: Binding-Brauerei; 15 bis 17 Uhr: Marktplatz vor dem Rathaus, Mai-Singen Hanauer Schulchöre, Veranstalter: AG Wirtschaftswerbung; 17 Uhr: Goldschmiedehaus, Eröffnung eines „Altstadtmarktes" mit Platzkonzert der Stadtkapelle, Veranstalter: Stadt Hanau.

Donnerstag, 18. Mai: 9 bis 18 Uhr: Innenstadt, Mai-Markt des Hanauer Einzelhandels, Veranstalter: AG Wirtschaftswerbung; 14 bis 18 Uhr: Marktplatz, Kinderspieltag „Großer Tag der Kleinen", Veranstalter: Stadt Hanau; 15 bis 18 Uhr: Marktplatz, Konzert des Jugendorchesters Burgjoß, Veranstalter: Stadt Hanau in Verbindung mit der AG Wirtschaftswerbung; 14 bis 22 Uhr: Altstädter Markt, Altstadtmarkt, Veranstalter: Stadt Hanau.

Freitag, 19. Mai: 9 bis 18 Uhr: Innenstadt, Mai-Markt des Hanauer Einzelhandels; 11 und 13 Uhr: Marktplatz, Wolkenstürmerschau Wittmany, Veranstalter jeweils: AG Wirtschaftswerbung; 14 bis 22 Uhr: Altstädter Markt, Altstadtmarkt, Veranstalter: Stadt Hanau.

Samstag, 20. Mai: 9 bis 18 Uhr: Innenstadt, Mai-Markt des Hanauer Einzelhandels; 10 bis 13 Uhr: Innenstadt, Umzug der Krotzenburger Trachtenkapelle; 10 bis 13 Uhr: Fußgängerzone Krämerstraße, Ochs am Spieß, Veranstalter jeweils: AG Wirtschaftswerbung; 15 Uhr: Stadthalle, Jubiläumsfestakt; 15.30 bis 17 Uhr: Schloßgarten. Kinderveranstaltung mit dem Musikalclown „Dumkow"; 14 bis 22 Uhr: Altstädter Markt, Altstadtmarkt, Veranstalter jeweils: Stadt Hanau; 18 bis 22 Uhr: Marktplatz, Buntes Programm, Veranstalter: US-Standort Hanau; 18 bis 24 Uhr: Innenstadt, Großes Straßenfest „Abends in der City" mit Musik, Tanz, Folklore und Jahrmarkt; Veranstalter Stadt Hanau; 19 bis 22 Uhr: Fußgängerzone Krämerstraße, Ochs am Spieß, Veranstalter: AG Wirtschaftswerbung; 19 bis 21 Uhr, Marktplatz, Wolkenstürmerschau Wittmany, Veranstalter: Stadt Hanau; 20 Uhr: Rollsportanlage Brucknerstraße, Rollsportlaufen mit Weltmeistern, Veranstalter: 1. HREC; 22.15 Uhr: Freiheitsplatz, Brillant-Höhenfeuerwerk, Veranstalter: Stadt Hanau.

Sonntag, 21. Mai: 10 Uhr: Stadthalle, Gelbes Foyer, Lichtbildervortrag über das „Hanauerland", Veranstalter: Stadt Hanau und Stadt Kehl; 11 Uhr: Schloßgarten, Gastspiel der Musik- und Tanzgruppe „Hanauer Musikverein Kehl"; 20 Uhr, Schloßgarten, Roberto-Blanco-Show, Veranstalter jeweils: Stadt Hanau; 20 Uhr: Rollsportanlage Brucknerstraße, Rollsportschaulaufen (Wiederholung vom Vortag), Veranstalter: 1. HREC.

Freitag, 26. Mai: 8 bis 18 Uhr: Wilhelmsbader Hof, Reit- und Springturnier, Veranstalter: Reit- und Jagdclub Hanau-Wilhelmsbad.

Samstag, 27. Mai: 8 bis 18 Uhr: Wilhelmsbader Hof, Reit- und Springturnier, Veranstalter: Reit- und Jagdclub Hanau-Wilhelmsbad; 15 Uhr: Parkpromenade Wilhelmsbad, Führung durch Wilhelmsbad, Veranstalter: Hanauer Bürgerclub; 15 bis 17 Uhr; Stadthalle/Kammermusiksaal, Märchenlesung von den Brüdern Grimm bis zur Gegenwart, Veranstalter: Stadt Hanau.

Sonntag, 28. Mai: 8 bis 18 Uhr: Wilhelmsbader Hof, Reit- und Springturnier, Veranstalter: Reit- und Jagdclub Hanau-Wilhelmsbad; 19 Uhr: Reinhardskirche, Kammerkonzert, Veranstalter: Albert-Schweitzer-Kinderdorf e. V.

Auftakt mit einem Sonderkonzert

Was das Jubiläum im Februar, März und April mit sich brachte

Das Hanauer Stadtjubiläum begann im Februar mit einem Konzert auf dem neuen Glockenspiel im Rathausturm. In jenem Monat sowie im März und April schloß sich ein Reigen von Veranstaltungen an, der zum Höhepunkt der Feierlichkeiten, dem Programm für den Monat Mai, hinführte. Im Februar, März und April war das Stadtjubiläum durch folgende Sonderveranstaltungen gekennzeichnet:

2. Februar: Rathausturm, Sonderkonzert des Glockenspiels (Veranstalter: Stadt Hanau).

2. Februar: Stadtgebiet, Einläuten des Stadtjubiläums durch volles Geläut sämtlicher Hanauer Kirchen (ev. und kath. Kirchengemeinden).

2. Februar: Schloß Philippsruhe, Weißer Saal, Akademische Feier mit Festvortrag des Historikers Dr. Rauch (Stadt Hanau und Hanauer Geschichtsverein e. V.).

3. Februar: Freiheitsplatz-Südseite, Einfahrt Busbahnhof, Aufstellung eines Gedenksteines zur Erinnerung an das frühere Geburtshaus der Brüder Jacob, Wilhelm und Ludwig Emil Grimm (Stadt Hanau).

8. Februar: Dienstzimmer des Oberbürgermeisters, Übergabe des neuen „Hanau-Buches" durch Autor Gerd Lobin und Verleger Wolf-Arnim Nagel (Stadt Hanau).

17. Februar: Hanauer Kunstkabinett, Burgallee, Eröffnung der Ausstellung „Hanau im Bild der Jahrhunderte" (Kunstkabinett im Dr.-Hans-Peters-Verlag).

4. März: Heraeus-Kantine, Festkommers anl. 90. Jubiläum des DRK Hanau (DRK Hanau).

7. März: Rathaus-Foyer, Eröffnung der Ausstellung „Hessen zur Stunde Null" (Hess. Staatsarchiv).

10. März: Marktplatz, Start eines Heißluftballons aus Anlaß der Eröffnung des Textilkaufhauses C & A Brenninkmeyer (Fa. C & A Brenninkmeyer).

10. März: Schloß Philippsruhe, Roter Saal, Verleihung der Ehrenplakette der Stadt Hanau an Dr. Rosenthal, Dr. Geisel und Dr. Tapp (Stadt Hanau).

12. März: Stadthalle, Endrunde der Landesmeisterschaften des Hess. Tanzsportverbandes (Tanzsportclub Schwarz-Gold Hanau e. V.).

15. März: Kaufhaus Hertie, „Verschönerungseröffnung" des Kaufhauses Hertie (Fa. Hertie).

18. März: Garten- und Friedhofsamt, Theodor-Fontane-Straße, Baumverschenkungsaktion (Stadt Hanau).

19. März: Gelbes Foyer, Eröffnung der Ausstellung „1958—1978 / 20 Jahre Deutsches Goldschmiedehaus" (Stadt Hanau.

19. März: Hauptfriedhof, Gedenkstunde für die Opfer der Zerstörung Hanaus im 2. Weltkrieg (Stadt Hanau).

8. April: Rathaus-Foyer, Eröffnung einer Ausstellung des Künstlerbundes Pupille (Künstlerbund Pupille).

8. April: Parkanlagen Wilhelmsbad, Treffpunkt Musikpavillon, Führung durch Wilhelmsbad (Hanauer Bürger-Club).

9. April: Kulturhalle Steinheim, Jubiläumskonzert des Gesangvereins Harmonie Steinheim (Gesangverein Harmomit der Stadt Hanau).

14./15. April: Stadthalle, Jahrestagung der Gesellschaft für Goldschmiedekunst (Gesellschaft für Goldschmiedekunst, Hamburg).

15. April: Gesamtstadt, Beginn eines Foto-, Dia- und Film-Wettbewerbs „Hanau" (Foto- und Filmclub e. V. in Verbindung mit der Stadt Hanau.

15. April: Schloß Philippsruhe, Roter Saal, Empfang für die Gesellschaft für Goldschmiedekunst und Verleihung des Ehrenringes der Gesellschaft an Frau Ebbe Weiß-Weingart, Salem (Stadt Hanau in Verbindung mit der Gesellschaft für Goldschmiedekunst).

15./16. April: Kinzigwehr Otto-Wels-Straße, Internat. Kanu-Ländervergleichskampf mit Lauf zur Hess. Kanu-Slalom-Meisterschaft (1. SKG Hanau).

21. April: Schloßplatz und Stadthalle, Sternfahrt und Mobilwettbewerb des Deutschen Amateur- und Radio-Clubs (Amateur-Radio-Club, Ortsverband Hanau).

23. April: Stadthalle, Johann-Strauß-Konzert mit dem Orchester des Pfalztheaters Kaiserslautern und Sylvia Geszty (Volksbühne Hanau).

29./30. April: Golfplatz Wilhelmsbad, Internat. Golf-Wettspiel-Wochenende (Golf-Club Hanau).

Hochbetrieb im Festzelt

Sonderprogramm während der Maitage auf dem Freiheitsplatz

Zum Höhepunkt des Stadtjubiläums wurde ein Sonderveranstaltungsprogramm zusammengestellt, das im Mai im Festzelt auf dem Freiheitsplatz abrollt:

Freitag, 5. Mai: 19.30 bis 23.00 Uhr: Bürgertreff mit buntem Programm und Tanz, Eröffnung der Zeltveranstaltungen mit Faßanstich, Veranstalter: Hanauer Bürgerclub in Verbindung mit der Stadt Hanau.

Samstag, 6. Mai: 10.30 bis 12.30 Uhr: Jubiläumsfrühschoppen; 14 bis 18 Uhr: Jugend-Disko; 20 bis 24 Uhr: Tanzabend mit der Kapelle Solino, Veranstalter jeweils: SPD-Stadtverband Hanau.

Sonntag, 7. Mai: 10.30 bis 12.30 Uhr: Frühschoppen und Kinderbelustigung; 14.30 bis 16.30 Uhr: Konzert von Spielmannszügen, Jubilarenehrung, Tanztee mit der Calypso-Band; 20 bis 23 Uhr: Tanzabend mit der Calypso-Band, Veranstalter jeweils: SPD-Stadtverband Hanau.

Montag, 8. Mai: 15 bis 18 Uhr: Western-Store-Modenschau, Veranstalter: Fa. Western-Store-Freizeitmoden.

Dienstag, 9. Mai: 14 bis 16 Uhr: Kindernachmittag; 20 bis 22 Uhr: Unterhaltungsabend mit buntem Programm, Veranstalter jeweils: Fa. Binding-Brauerei.

Mittwoch, 10. Mai: 14 bis 17 Uhr: Malwettbewerb „Kinder malen unsere Stadt", Veranstalter: AG Wirtschaftswerbung.

Donnerstag, 11. Mai: 14 bis 18 Uhr: Seniorennachmittag mit buntem Programm, Veranstalter: Stadt Hanau.

Freitag, 12. Mai: 15 bis 18 Uhr: Western-Store-Modenschau, Veranstalter: Fa. Western-Store-Freizeitmoden.

Samstag, 13. Mai 9.30 bis 12 Uhr: Frühschoppen; 14 bis 17 Uhr: Konzert der Stadtkapelle; 20 bis 24 Uhr: Bunter Abend mit Bata Illic und dem Hellberg-Duo, Veranstalter jeweils: Gemeinschaft Hanauer Gesangvereine.

Sonntag, 14. Mai: 9.30 bis 12 Uhr: Freundschaftssingen mit Gastvereinen; 14 bis 17 Uhr: Kinderchorsingen und Instrumentalgruppen, 19 bis 24 Uhr: Tanz mit der Kapelle „Golden Line", Veranstalter jeweils: Gemeinschaft Hanauer Gesangvereine.

Dienstag, 16. Mai: 10 bis 12.30 Uhr: Frühschoppen, Veranstalter: CDU-Stadtverband Hanau; 13 bis 15 Uhr: Jugend-Disco, Veranstalter: Junge Union Hanau 15.30 bis 17 Uhr: Kaffeenachmittag mit Programm, Veranstalter CDU-Frauenvereinigung Hanau; 17 bis 19.30 Uhr: Dämmerschoppen mit Unterhaltungsmusik eines Jugendorchesters; 20 bis 24 Uhr: Tanzabend; Veranstalter jeweils: CDU-Stadtverband Hanau.

Mittwoch, 17. Mai: 20 bis 24 Uhr: „Modezirkus" mit Fredy-Breck-Show und Pantomime Nemo, anschließend Tanz, Veranstalter: NB Bailly Moden.

Donnerstag, 18. Mai: 10 bis 18 Uhr: Ausstellung und Info-Schau „Lebenshilfe", Veranstalter: Verein Lebenshilfe und Verein zur Betreuung spastisch Gelähmter und anderer Körperbehinderter.

Freitag, 19. Mai: ab 14 Uhr: Ausschank und Musik; 20 bis 24 Uhr: Bunter Abend mit den Hellenbachfinken, den Rainer-Singers, den Landsknechten und dem TSV-Ballett, Veranstalter jeweils: Karnevalsgesellschaft Klein-Auheim.

Samstag, 20. Mai: 10 bis 12 Uhr: Frühschoppen; 20 bis 22 Uhr: Tanz mit der Calypso-Band, Veranstalter jeweils: Karnevalsgesellschaft Klein-Auheim.

Sonntag, 21. Mai: 10 bis 12 Uhr: Clubvergleichskampf des Boxrings Hanau gegen BC Zeilsheim. Veranstalter: Boxring Hanau.

1928 **50 Jahre** 1978

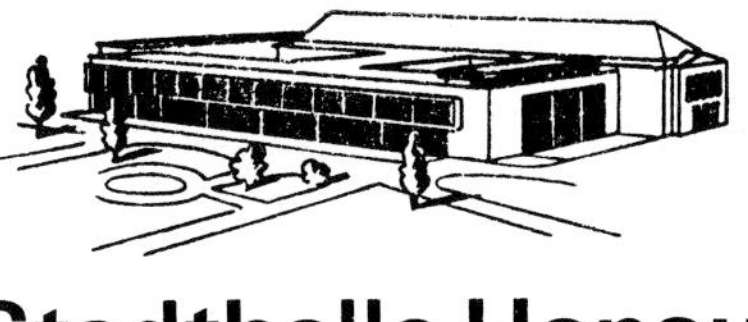

Stadthalle Hanau

Auskunft und Beratung: Büro der Stadthalle Hanau
Schloßpl. 1, Tel. 0 61 81/2 84 44, Restaurant Tel. 2 15 43

Die Stadthalle Hanau, der ideale Treffpunkt für Konferenzen, Tagungen, Jubiläen, Theateraufführungen, Familienfeste und sonstige Veranstaltungen.

Das Tages- und Abendrestaurant für alle Ansprüche empfiehlt sich

„Hanauer Stubb"

am Schloßgarten

Hanauer Stadtgeschichte im Spiegel von Zahlen und Ereignissen

Uraltes Siedlungsland, das schon steinzeitliche Straßen durchzogen, Schnittpunkt der Wanderwege vorgeschichtlicher Völker und Kulturen, geprägt durch die Invasion der Römer, verwandelt durch die Siedlungspolitik des Frankenreiches und die Christianisierung — all dies sind Merkmale der südlichen Wetterau, des Main- und Kinziggebietes, in deren Landschaft sich Stadt und Grafschaft Hanau bildeten. Doch erst durch die Hofschreiber Karls des Großen sowie durch die Schreibstuben der Bischofssitze und Klöster von Mainz, Würzburg, Lorsch, Fulda und Hersfeld wurde Geschichte in Zahlen erfaßbar.

8. Jahrhundert

768: Am 30. August schenkt Isinhard dem Kloster Lorsch Güter in Turinvelde (Dorfelden). Ob Ober- oder Niederdorfelden gemeint war, ist strittig.

798: Erste Erwähnung des Namens Bucha (der sich 850 in Buochon, 1243 in Wagghenbuche und ab 1266 in Wachenbuchen wandelte).

12. Jahrhundert

1143: Dammo, Eigentümer der Burg von Buchen (Wachenbuchen), unterschreibt eine Mainzer Urkunde mit dem Namen Dammo von Hagenove.

1192: Reinhard von Dorfelden und Heinrich von Hagenova unterschreiben mit Cuno de Minzinberg eine Urkunde (Reimer I, 118).

13. Jahrhundert

1234: Reinhard II. von Dorfelden beurkundet mit seinem Bruder Heinrich II. eine Erbteilung, in der Heinrich Dorfelden mit der Burg bekam, aber Reinhard das Castrum Hagenova behielt.

1237: Reinhardus de Hagenovia scheint nicht mehr am Leben gewesen zu sein; denn sein Bruder nennt sich in einer Schenkungsurkunde an die Antoniter von Roßdorf Henricus nobile de Hagenove et de Dorfelde.

1243: Reinhard, Sohn von Reinhard II. von Dorfelden und Hanau, wird Nachfolger seines Onkels Heinrich II. Mit ihm beginnt die Stammreihe der Herren von Hanau, die in ihrem Namen weder den Ort Buchen noch Dorfelden führen. Darum wird er in der Geschichte von Stadt und Land Hanau Reinhard I. genannt. Das Reitersiegel seiner Väter wie auch ihr Wappenbild, den doppelschwänzigen, springenden Löwen, behielt Reinhard I. bei.

1245: Durch Eheschließung des Reinhard I. mit Adelheid, Erbtochter des Ulrich I. von Münzenberg, gelangen die Ämter Babenhausen, Dornheim und Rodheim in hanauischen Besitz.

1266: Reinhard I. bewohnt nicht das „Castrum Hanau“ und auch nicht die Wasserburg Niederdorfelden, sondern regiert von seiner neuen Burg Wonnecken über Tezelnheim (heute Windecken).

1277: Durch Landtausch mit dem Mainzer Mariengredenstift erwirbt Reinhard I. die Waldungen Hanau und Bulau. Reinhards Sohn Ulrich I. führt ein neues Wappen für die Herren von Hanau ein: Den springenden Löwen im Schild ersetzt er durch drei Sparren. Seine Gemahlin Elisabeth, Tochter des Grafen Ludwig von Rieneck-Rothenfels, bringt wichtige Ländereien den Hanauern zu. Außerdem soll der „Rienecker Schwan“ durch diese Ehe in die Helmzier des Hanauer Wappens gelangt sein.

1281: Reinhard I. stirbt.

1288: Ulrich erhält für seine Stadt Windecken Stadtfreiheit durch Rudolf von Habsburg.

1290: Stadtrecht für das oppidum Steinau mit Gelnhäuser Recht.

1295: König Adolf genehmigt Ulrich I. „Gerechtsame der Stadt Frankfurt“ für Babenhausen.

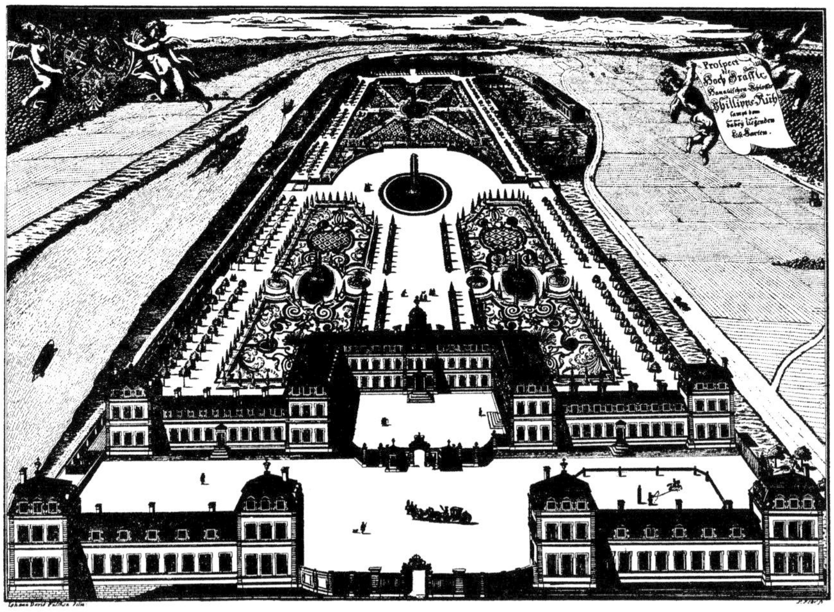

Schloß Philippsruhe, Kupferstich von Peter Fehr nach Vorlage von Johann David Fülck. Nach einem Original im Historischen Museum Hanau. Entnommen der Sammlung „Hanau in alten Ansichten“, Dr.-Hans-Peters-Verlag, Hanau.

14. Jahrhundert: Befestigungsmauer

1300: König Albrecht I. ernennt Ulrich I. von Hanau zum Landvogt in der Wetterau und befiehlt den Städten Oppenheim, Boppard, Oberwesel, Frankfurt, Friedberg, Wetzlar und Gelnhausen, diesem ihrem gemeinsamen Vogt „getreulich zu gehorchen“.

1301: Ulrich I. zerstört die Steinheimer Burg.

1303: König Albrecht I. folgt dem Wunsch des Ulrich I. und verleiht dem oppidum Hanaw die Freiheiten, Befreiungen, Rechte, Gewohnheiten und Vergünstigungen, deren sich die Frankfurter erfreuen.

1306: Ulrich I. stirbt. Ihm folgt sein Sohn Ulrich II.

1317: Erstmals wird eine in der Stadt Hanau liegende Kirche erwähnt. Sie ist der Heiligen Maria Magdalena geweiht. Peter von Aspelt, Erzbischof zu Mainz, erwähnt sie in einem Ablaßbrief und bezeichnet sie als Pfarrkirche. Die viel ältere Kirche im Kinzdorf, die Burgkapelle, und eine Kapelle im Spital sind ihr „incorporiert“.

1333: Ulrich II. von Hanau überträgt seine Burg Dorvelden an Kursachsen zu Lehen.

1338: Die junge Stadt Hanau vollendet ihre erste Befestigungsmauer, die Stadt und Burg einschließt.

1346: Ulrich II. stirbt. Ihm folgt sein Sohn Ulrich III.

1349: König Karl IV. beruft Ulrich III. von Hanau zum Landvogt in der Wetterau.

1371: Gerhard von Eppstein verpfändet Steinheim mit allem Zubehör an Ulrich V., seit dem Tod seines Vaters 1369 Regent der Hanauer Territorien. Ulrich IV. wird — wie sein Vater und sein Urgroßvater — kaiserlicher Landvogt der Wetterau.

15. Jahrhundert

1425: Steinheim sowie beide Auheim werden von Gottfried von Eppstein an den Mainzer Erzbischof Konrad von Daun verkauft.

1429: Reinhard II., Regent seit 1411, wird am 11. Dezember in den erblichen Reichsgrafenstand erhoben.

1436: Graf Reinhard II. verlegt die Residenz von Windecken nach Hanau.

1449: Erste Umbauten zur Vergrößerung der Maria-Magdalena-Kirche, die von nun an Grabstätte der Hanauer Grafen ist.

1458: Das Hanauer Grafenhaus teilt sich in die zwei Linien Hanau-Münzenberg und Hanau-Lichtenberg.

1468: Der Trompeter Hasefuß stiftet in der Bulau eine Kapelle zu Ehren des Heiligen Wolfgang.

1484: Hanaus Bürger bauen sich ein Rathaus an der Ecke Metzgergasse und Altstädter Markt.

1485: Philipp der Jüngere, von einer Wallfahrt in das Heilige Land zurückgekehrt, erhebt die Pfarrkirche Maria Magdalena zur Stiftskirche für sechs Kanoniker und sechs Vikare; zugleich läßt er in einem Erweiterungsbau den neuen spätgotischen Chor mit kostbaren Glasmalereifenstern versehen.

16. Jahrhundert

1528: Ein neuer, erweiterter Befestigungsgürtel wird um die Stadt Hanau gelegt. Graf Reinhard von Solms, berühmter „Militärschriftsteller und Kriegsmann“ (Zimmermann), entwarf den Befestigungsplan nach dem Polygonalsystem, welches Albrecht Dürer empfohlen hatte. Hanau wird die erste Stadt im damaligen Deutschland, das diesen modernsten, damals sichersten Festungsgürtel erhält.

1528: Die Reformation beginnt sich in Stadt und Land Hanau durchzusetzen, nachdem bereits drei Jahre zuvor Niederrodenbacher Bauern das Klösterlein Wolfgang in der Bulau zerstörten.

1537: Hanaus selbstbewußte Bürger bauen sich ein neues Rathaus an ihrem Marktplatz. (Heute ist dieses Haus als „Deutsches Goldschmiedehaus“ weltbekannt.)

1539: Der Kurfürst von Sachsen besucht Hanau, um die neue Festungsanlage zu studieren.

1560: Um diese Zeit wird erstmals der Gedanke diskutiert, „die Kinzig zu räumen, um mit Schiffen aus dem Main bis in die Stadt hineinfahren zu können“. (Der Plan kann erst nach Gründung der Neustadt realisiert werden.)

1597: Graf Philipp Ludwig II. schließt mit Glaubensflüchtlingen aus den Niederlanden die berühmte „Kapitulation“, die ihnen die Gründung einer Stadt vor den Toren der Altstadt Hanau zugesteht. (Die Neustadt Hanau leitet eine neue Phase der Entwicklung für ganz Hanau ein.)

17. Jahrhundert

1600: Am 9. April wird der Grundstein für die Wallonische Kirche gelegt. Das erste Marktschiff ist unterwegs zum Frankfurter Markt vor dem Fahrtor. Da es unter seinen „Waren“ stets gelbe Rüben mitführt und offensichtlich diese Mohrrüben aus Hanau besonderen Ruf genießen, entsteht der Neckname für die Hanauer „Geele Riewe“. (Durch den Hanauer Berjer-Klubb, der die „geele Rieb“ in seinem Wimpel führt, kam die folkloristische Bezeichnung wieder in Erinnerung.)

1608: Die Doppelkirche der Niederländer und Wallonen ist fertiggestellt.

1610: Das Mainzer Erzbistum, erzürnt wegen der stark befestigten Neustadtgründung in Hanau, verbietet den Steinheimer und Großauheimer Bauern, den Hanauer Markt zu beschicken.

1617: Der Mainkanal ist fertig. (Noch heute erinnert daran der Kanaltorplatz, an dem die Hauptpost steht.)

1630: Zwölf Jahre nach Beginn des Dreißigjährigen Krieges ziehen die befreundeten Schweden in Hanau ein.

1632: Gustav Adolf schenkt das Amt Steinheim den Hanauer Grafen, doch fällt es drei Jahre später an Mainz zurück.

1635: Der kaiserliche General Lamboy belagert Hanau; sein Hauptquartier hat er im Steinheimer Schloß. In Hanau wütet die Pest.

1636: Landgraf Wilhelm von Hessen trifft am 12. Juni mit seinem Heer in Windekken ein. Am 13. Juni beginnt der Kampf, der zur Niederlage der kaiserlichen Truppen führt und den Belagerer Lamboy vertreibt. (Noch heute wird im Lamboyfest die Freude über den Sieg gefeiert.)

1638: Der schwedische Stadtkommandant von Hanau, General Ramsay, der eine despotische Herrschaft errichtete und die Grafen samt Familie und Hofstaat gefangenhielt, wird durch einen Handstreich des Johann Winter von Güldenborn verwundet und gefangengenommen; Hanau ist befreit.

1642: Friedrich Casimir von Hanau-Lichtenberg trifft in Hanau ein, um sein Erbe anzutreten, nachdem die Linie Hanau-Münzenberg erlosch. Der Erbvertrag war Anno 1610 zwischen Johann Reinhard I. von Hanau-Lichtenberg und Philipp Ludwig II. von Hanau-Münzenberg als „eventueller Sukzessions-Vergleich“ geschlossen worden.

1658: Grundsteinlegung für die lutherische Kirche im Beisein des Kurfürsten von Sachsen. Sie erhält den Namen Johanneskirche. (Heute dient sie dem kirchlichen Rentamt und wird — nach Abschluß der derzeitigen Erweiterungsbauten — auch der Marienkirche zur Verfügung stehen.)

1665: Das Gebäude der Hohen Landesschule wird eingeweiht.

1661: Die Hanauer Fayencenmanufaktur wird gegründet.

1669: Der Hanauer Mercurius, Hessens erste Zeitung, erscheint.

1691: Ein neues Regierungsgebäude — heute Kulturhaus — wird errichtet.

18. Jahrhundert: Bau in Philippsruhe

1701: In Kesselstadt wird der Bau des Schlosses Philippsruhe begonnen. Beauftragt von Graf Philipp Reinhard und — nach dessen Tod 1712 — unter der Regentschaft Johann Reinhards III., schaffen die Baumeister Girard und Rothweil das Kleinod am Main in einer Bauzeit von fast 13 Jahren.

1714: Erstmals Straßenbeleuchtung für Hanau. Die „Anzündung der Nachtlaternen“ wird durch die Bürger — „ohne Ausnahme“ — durch eine jährliche Abgabe bezahlt.

1712: Baubeginn des Marstalles am Schloßplatz (heute Stadthalle).

1713: Der Fürstenbau des Stadtschlosses entsteht.

1714: Die Fasanerie wird angelegt. (Heute Golfplatz.)

1722: Das Frankfurter Tor wird von Baumeister Christian Ludwig Hermann umgebaut (errichtet Anno 1603).

1725: Am 27. September erscheint unter dem Titel: „Wöchentliche Hanauer Frag- und Anzeigungsnachrichten“ die erste Nummer des Hanauer Wochenblattes (aus dem sich der Hanauer Anzeiger entwickelte).

(Fortsetzung nächste Seite)

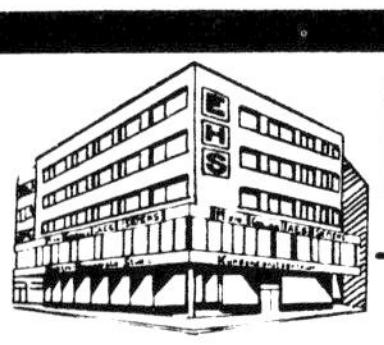

Ihr Elektro-Fachgeschäft in Hanau

UNSER SORTIMENT:

- Elektro-Großgeräte wie Waschmaschinen, Herde, Kühlgeräte etc.
- Elektro-Kleingeräte wie Staubsauger, Bügeleisen etc.
- Radio — Fernseh — Phono
- Fernsehtische, Schallplatten, Kassetten
- Kücheneinrichtungen, Spültische
- Installations- und Sanitärmaterial
- Ersatzteile namhafter Elektro-Hersteller

UNSERE LEISTUNG:

- Fachliche Beratung durch geschulte Fachkräfte
- Große Auswahl an Elektrogeräten
- Eigener technischer Kundendienst mit Werkstatt und Ersatzteilverkauf

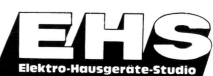

EHS
Elektro-Hausgeräte-Studio

6450 Hanau/Main
Krämerstr. 22/
Ecke Am Heumarkt
Tel. (0 61 81) 20 0 24

675 Jahre Stadt Hanau

Täglich Hochbetrieb: der Busbahnhof am Hanauer Freiheitsplatz. Dort kreuzen sich nicht nur verschiedene Linien des innerstädtischen Verkehrs der Hanauer Straßenbahn AG. Auch die sogenannten Überlandbusse, die Hanau mit vielen Städten und Gemeinden in seiner Nachbarschaft verbinden, steuern den Freiheitsplatz an.   Aufnahme: Merlau

Hanauer Stadtgeschichte ...

(Fortsetzung von der Vorseite)

1729: In der Altstadt wird das lutherische Waisenhaus gegründet.
1731: Es folgt, ebenfalls in der Altstadt, das reformierte Waisenhaus.
1731: Stiftung des französischen Waisenhauses in der Neustadt.
1733: Das Neustädter Rathaus, von Baumeister Herrmann erbaut, wird seiner Bestimmung übergeben.
1736: Johann Reinhard III., letzter Graf von Hanau, stirbt am 28. März. Durch Erbvertrag von 1643 tritt das landgräfliche Haus Hessen-Kassel die Erbfolge an.
1756: Die Franzosen besetzen die Stadt Hanau im Zuge des Siebenjährigen Krieges (1756—1763) und legen den Einwohnern unerschwingliche Kontributionen auf. Harte Bedrückung der Bürger von Stadt und Land führt zur ersten bedeutenden Auswandererwelle in die Neue Welt.
1765: Erbprinz Wilhelm, der seit 1664 in Hanau residierte, läßt die Befestigungswälle zwischen Alt- und Neustadt Hanau niederlegen. Der Paradeplatz entsteht. (Heute Freiheitsplatz.)
1768: Erbauung des Collegienhauses (heute Behördenhaus) und des Stadttheaters.
1772: Gründung der „Akademie der Zeichenkunst" für das aufblühende Gold- und Silberschmiedegewerbe. (Heute Staatliche Zeichenakademie.) Das erste Gebäude der Akademie lag an der Gärtnerstraße. (Seit 1880 am heutigen Platz.)
1778: Das Hanauer Magazin, durch den lutherischen Superintendenten Joh. Christian Stockhausen gestiftet, um „allen guten Köpfen Hanaus Gelegenheit zu geben, ihre Gedanken zu allgemeinem Nutzen und Frommen darinnen zu veröffentlichen". (Das trotz wissenschaftlicher Seriosität höchst populäre Magazin erschien nur bis 1785.)
1776: Hanauer Truppen werden am Main eingeschifft, um aufgrund des Truppenvertrages mit England am Krieg in Amerika teilzunehmen.
1777: Beginn der Bauten für die Kuranlage Wilhelmsbad.
1785/86: Die Brüder Jacob und Wilhelm Grimm werden in Hanau geboren. Ihr Vater war fürstlicher Amtmann.
1792: Durch die Französische Revolution und den Krieg wurden Hanaus Bürger schwer belastet. So sollen beispielsweise im Jahr 1795 2064 Flüchtlinge aus Frankfurt in Hanau aufgenommen worden sein.

19. Jahrhundert

1801: Das Oberamt Steinheim wird von Kurmainz getrennt und Hessen-Darmstadt zugeordnet.
1803: Napoleon löst das Kurfürstentum Mainz auf. Landgraf Wilhelm IX. wird Kurfürst und erhält den Titel „Fürst von Hanau".
1806: Napoleon setzt den Kurfürsten ab. Hanau kommt unter französische Militärverwaltung. Die Festungswälle werden geschleift.
1808: Die „Wetterauische Gesellschaft für die gesamte Naturkunde" wird gegründet.
1809: Durch Dekret Napoleons wird in Hanau die katholische Gemeinde wiedererrichtet.
1813: Schlacht bei Hanau. Napoleon, der mit seiner in der Völkerschlacht bei Leipzig geschlagenen Armee den Rhein zu erreichen trachtete, kann bei Hanau die ihn angreifenden bayrischen Truppen unter General von Wrede zurückdrängen und entkommt.
1816: Staatsvertrag zwischen Hessen-Darmstadt und Hessen-Kassel (Kurhessen): Der Main wird als Grenzfluß festgelegt.
1817: In Hanau wird der erste Turnverein gegründet.
1818: Die reformierte und die lutherische Kirche schließen sich in der Hanauer Union zusammen.
1821: An die Spitze von Alt- und Neuhanau tritt ein gemeinsamer Bürgermeister.
1828/29: Von Aschaffenburg nach Hanau wird eine neue Staatsstraße angelegt. (Heute Bundesstraße 8.)
1829: Das alte Schloß der Grafen von Hanau wird abgebrochen. Vergeblich protestieren die Bürger und der Stadtrat, die den alten Turm zu erhalten wünschen.
1830: Bei den Unruhen in Oberhessen wegen der Zollgesetzgebung kommt es zu den Hanauer Krawallen.
1834: Durch die Kurhessische Gemeindeordnung werden Alt- und Neustadt-Hanau vereinigt. Bürgermeister Eberhard wird erster Oberbürgermeister.
1848: Eine Hanauer Bürgerdelegation überbringt das „Hanauer Ultimatum" der kurfürstlichen Regierung in Kassel. August Schärttner und Karl Röttelberg bilden das Hanauer „Freicorps". Erster Deutscher Turnertag in Hanau, Friedrich Ludwig Jahn spricht in der Wallonischen Kirche, Robert Blum auf dem Maifest in Wilhelmsbad.
1848: Am 10. September wird die Eisenbahnlinie Frankfurt-Hanau in Betrieb genommen. Der Oratorienverein wird gegründet.
1849: Täglicher Briefpostverkehr von Hanau nach Großauheim.
1850: Weihe der katholischen Kirche im Bangert.
1851: Am 20. Februar wird die von Aschaffenburg nach Hanau führende Königlich-Bayrische Staatstelegraphenlinie für die Regierungskorrespondenz wie auch für den privaten Gebrauch eröffnet. Am 22. September brennen erstmals die neuen Gaslaternen in der Neustadt; ein Jahr später werden sie auch für die Altstadt eingeführt.
1854: Am 22. Juni Eröffnung der Eisenbahnlinie von Hanau bis Aschaffenburg.
1851: Über das gesamte kurhessische Land wird wegen der Steuer- und Finanzmanipulationen des Ministers Hassenpflug die Bundesexekution verhängt. Die „Strafbayern" rücken in Hanau ein und halten die Stadt neun Monate lang besetzt. Wilhelm Carl Heraeus, 24 Jahre alter Apotheker, übernimmt die Einhornapotheke (die somit Stammhaus der weltweit verzweigten Heraeus-Werke wurde).
1866: Kurhessen wird preußisch. In Hanau und Großauheim rücken preußische Truppen ein.
1867: Matthias Daßbach gründet in Hanau einen Ortsverein des Allgemeinen Arbeitervereins, des Vorläufers der SPD.
1869: August Gaul in Großauheim geboren (gestorben 1921 in Berlin).
1873: Die Mainbrücke zwischen Hanau und Steinheim wird eröffnet. Die vorher dort bestehende Fähre wird eingestellt, und die Familie Kaiser, die seit Generationen das Fähramt innehatte, steckt einen Teil ihrer Ersparnisse in die Gründung des „Bijouterie-Kabinetts" Gertenbach & Kaiser. Ebenso sind viele andere bedeutende Namen der Hanauer Edelmetallbrande auf Gründungen des 19. Jahrhunderts zurückzuführen.
1874: Friedrich Houy, von Amsterdam eingewanderter Edelsteinschleifer, erhält die Genehmigung, in Hanau die erste Diamantschleiferei einzurichten.
1875/78: In der Bulau, unweit Wolfgangs, entsteht eine Pulverfabrik.
1879: Die steinerne Lamboybrücke über die Kinzig wird dem Verkehr übergeben.
1882: Mit der Fertigstellung der Mainbrücke zwischen den beiden Hanaus wird die Bahnlinie Hanau-Babenhausen eröffnet.
1886: Hanau wird kreisfreie Stadt.
1887: Mit 45 Teilnehmern wird das erste Hanauer Telefonnetz in Betrieb genommen.
1890: Der Schloßpark wird von der Stadt Hanau angekauft.
1890: Inbetriebnahme der neuen Wasserleitung und Beginn der Kanalisation.
1893: Die Dunlop eröffnet ihre erste Fabrik in Hanau.
1894: Errichtung der ersten Kaserne an der Lamboystraße und Verlegung des Thüringischen Ulanenregimentes Nr. 6 nach Hanau.
1895: Paul Hindemith in Hanau geboren (gestorben 1963).
1896: Große Feiern in ganz Hanau zur Enthüllung des vor dem Neustädter Rathaus aufgestellten, von Syrius Eberle geschaffenen Denkmals der Brüder Grimm.

20. Jahrhundert: Die Eingemeindungen

1907: Kesselstadt wird eingemeindet.
1908: Die erste elektrische Straßenbahn fährt durch Hanaus Straßen. In Großauheim wird ein Exerzierplatz angelegt.
1910: Beginn der Kanalisierungsarbeiten im Main (die bis 1920 anhielten), entsprechend einem Vertrag von 1906 zwischen Preußen, Bayern, Baden und Hessen „wegen Kanalisierung des Mains von Offenbach bis Aschaffenburg".
1928: Der ehemalige Marstall wird zur Stadthalle umgebaut.
1921-24: Bau des Hanauer Mainhafens durch Oberbürgermeister Dr. Kurt Blaum, der trotz der Notzeit und Inflation das Wagnis beginnt, um „dringend benötigte Arbeitsplätze zu beschaffen". (Heute gehört der Hanauer Hafen zu den wichtigsten Umschlagplätzen der Binnenschiffahrt.)
1938: Hanau hat 40 000 Einwohner, darunter 400 Juden. In der sogenannten „Kristallnacht" werden die Synagoge in der Nordstraße und die Leichenhalle auf dem Jüdischen Friedhof angezündet und jüdische Geschäfte geplündert.
1942: Das Altstädter Rathaus wird Deutsches Goldschmiedehaus.
1945: Bombenhagel über Hanau. Besetzung durch amerikanische Truppen. Der Freiwillige Ehrendienst der Bürger beginnt, die Trümmer abzuräumen und Straßen und Plätze wieder freizulegen.
1946: Zusammentritt der ersten wieder frei gewählten Stadtverordneten-Versammlung.
1951: Die Stadt Hanau erwirbt Schloß und Park Philippsruhe.
1953: Das erste hessische Dorfgemeinschaftshaus — auf Initiative des Ministers für Arbeit, Wirtschaft und Volkswohlfahrt, des späteren Hanauer Oberbürgermeisters Heinrich Fischer in Mittelbuchen errichtet — wird eingeweiht.
1956: Großauheim wird zur Stadt erhoben.
1958: Das Deutsche Goldschmiedehaus wird nach dem Wiederaufbau mit seiner ersten, vielbeachteten Ausstellung eröffnet.
1959: Der Freiheitsplatz wird Großraum-Parkplatz. Das erste als Frei- und Hallenbad kombinierte Stadtbad, heute Heinrich-Fischer-Bad, wird eröffnet. Ein zweites Gymnasium, die Karl-Rehbein-Schule, wird eingerichtet. Bau der Autobahn Frankfurt-Würzburg mit Anschluß Hanau.
1960: Inbetriebnahme des Busbahnhofes Freiheitsplatz.
1963: Baubeginn des Wohngebietes Tümpelgarten. Der dritte Hessentag wird nach Hanau vergeben.
1965: Einweihung des wiederaufgebauten Rathauses. Baubeginn in der Gemarkung Kesselstadt für den Weststadt-Komplex.
1966: Die Tiefgarage unter dem Marktplatz wird gebaut. Umbau der Stadthalle und Erweiterung zum Bürgerhaus. Neubau des Hauptbahnhofes.
1967: Eröffnung des Historischen Museums im Schloß Philippsruhe. Der neue Wildpark, aus Klein-Auheims ehemaliger Fasanerie entstanden, wird eröffnet.
1969: Das Comoedienhaus Wilhelmsbad wird wieder eröffnet.
1970: 650-Jahr-Feier der Stadt Steinheim.
1972: Einweihung der Main-Kinzig-Großsporthalle. Die erste innerstädtische Fußgängerzone wird eröffnet. Mittelbuchen schließt sich freiwillig der Stadt Hanau an.
1974: Hanau-Eingliederung der Städte Großauheim (mit Wolfgang) und Steinheim sowie der Gemeinde Klein-Auheim mit dem Wachenbucher Ortsteiles Hohe Tanne, die damit Stadtteile werden. Bildung des Main-Kinzig-Kreises.
1975: Fertigstellung des ersten Kinderdorfes des Vereins Albert-Schweitzer-Kinderdorf Hessen am Pedro-Jung-Park.
1976: Freigabe der Straßenunterführung am Westbahnhof.
1978: Jubiläumsjahr mit vielen Veranstaltungen zum Gedenken an die Stadtrechtsverleihung vor 675 Jahren.

*

Zusammengestellt nach: Ernst J. Zimmermann: Hanau Stadt und Land (1919); Gerhard Bott: Die Städte in der Wetterau und im Kinzigtal (1951); Nagel/Lobin: Hanau (1978).

Jean Rauch & Sohn

Mercedes-Benz-Vertragswerkstatt
für Pkw-, Lkw- und Karosserie-Arbeiten
Amtlich anerkannter Prüfdienst nach § 29 StVZO

6450 Hanau — Burgallee 2
Telefon 21 68 81 und 25 94 85

675 Jahre Stadt Hanau

Geschichte – mal anders gefragt

Altstädter Rathaus und Gerechtigkeitsbrunnen – Von G. Schwandner

Es ist ein reizvolles Spiel, an längst bekannte Historie einmal neue Fragen zu stellen. Anlaß zu dem hier aufzurollenden Fragenkomplex gab Erinnerung an Gespräche mit auswärtigen Gästen, die – unbekümmert um lokale Tradition – die provokative Frage äußerten: „Warum stellten Hanaus Bürger ihr imposantes Rathausgebäude dem Hauptportal der Marienkirche quer in den Weg?"

Tatsächlich wirkt das heutige Goldschmiedehaus wie ein Riegel, der den profanen und den sakralen Raum des damaligen Stadtkerns trennt. Dieses Kleinod mittelalterlicher Fachwerkbaukunst verbirgt durch sein steil hochgezogenes Dach sogar den Kirchturm vor den Augen der Marktbesucher, lediglich durch die seitlichen Gassen ist der Sakralbau zu sehen. War das von den Bauherren gewollt, oder lag unausweichlicher Zufall zugrunde?

Wie lösten andere Gemeinden das Standortproblem für ihr nach der Stadterhebung notwendiges Rathaus? Antwort, mit informativen Zeichnungen und Abbildungen versehen, findet sich in den Büchern von Karl Gruber: „Das Deutsche Rathaus" (München 1943) und „Die Gestalt der Deutschen Stadt" (München 1976, 2. überarbeitete Auflage) sowie bei Gerhard Bott: „Die Städte der Wetterau und im Kinzigtal" (Hanauer Geschichtsblätter Nr. 15, Hanau 1951). Die Untersuchungen beider Autoren zeigen Variationen des Ursprungs des Gemeinwesens. Stand die Kirche des Ortes im Friedhof – also Kirchhof –, war Trennung des Sakral-Bezirks vom profanen Bereich ganz zwangsläufig gegeben. Lag der Friedhof außerhalb der Stadtmauer – und dies war für Hanau mit dem Kinzdorf gegeben –, so stand die Stadtkirche auf einem Platz, der als „Kommunikationszentrum" für die Kerb und andere Volksfeste da war.

Die zentrale Funktion dieses Platzes ist für frühe Städte und Dörfer unübersehbar. Dem Geist des Mittelalters entsprechend – in dem alle Lebensbereiche mit Religion und Kirche verbunden waren –, wurde das Rathaus, wenn nur irgend möglich, an diesen Platz gestellt. Gelnhausens Obermarkt gibt ein prächtiges Beispiel ab, ebenso Babenhausen, und auch Althanaus Bürger taten so: Ihr erstes nachweisbares Rathaus, 1483 erbaut, stand an der Ecke zur Metzgergasse am Altstädter Markt, also an der Südwestecke des Platzes, den im Osten die Kirche begrenzte. Eine (nach Zimmermann) dazwischen liegende Querreihe „kleiner Häuser oder Marktbuden", vermutlich auch das bereits im 14. Jahrhundert genannte „spilhaus", das heißt „Haus der Gespräche" und wahrscheinlich auch „Haus des Rates", dürfte weder den Blick auf die Kirche noch deren Einbeziehung in die Einheit des Marktplatzes mit Kirche und Rathaus gestört und zerschnitten haben.

Bleibt also die Frage: Warum wechselten Hanaus Bürger den Standort, als sie ihr zweites Rathaus planten? Baumeister vom Rang derer, die in Hanau bauten – es gibt trotz allem noch genug Zeugnisse davon –, wären in der Lage gewesen, das alte Rathaus geschickt zu vergrößern, notfalls durch Überbauung der Metzgergasse, wie andere Orte es taten. Und wenn sie schon ihr Rathaus quer vor das Portal der Stadtkirche stellten, hätten sie sehr wohl – wie es in Stralsund geschah – eine Straße als Weg zum Kirchenportal durch das Haus hindurchführen oder durch Reduzierung der Höhe die Breite vergrößern können. Sie hätten! Jedenfalls dann, wenn sie die Einheit zwischen Kirche und Staat, besser: die Gleichwertigkeit der weltlichen und der kirchlichen Macht, respektiert und anerkannt hätten.

Man sagt, Architektur sei „Stein gewordener Geist der Zeit". Wenn das stimmt, dürfte die hier aufgeworfene Frage im Geist der Zeit ihre Antwort finden. Da sind allerdings erhebliche Nervositäten zu entdecken, die zum Teil vor Baubeginn 1537, zum weiteren direkt in die Bauzeit hineinfallen. Wer Genaues wissen will, der studiere die Anfänge und die Einführung der Reformation, die um 1523 in Hanau begann. 1525 stürmten Niederrodenbacher Bauern das Klösterlein Wolfgang, 1524 beschwerte sich Kurfürst Albrecht von Mainz beim Hanauer Grafen Philipp II., daß dieser einen Pfarrherrn bei sich habe, „der sich der lutherischen Sekt und Lehr täglich auf der Kanzel öffentlich gebrauche, mit unverschämter Anzeigung, als ob Seel- und andere Messen niemands zugute komme, auch niemand zu beichten, fasten oder heiligen Tag zu feiern verpflichtet sey, sein nur Menschengesetze..." Gemeint war der 1523 nach Hanau berufene Pfarrer Arbogast, der im Kinzdorf predigte und lebte. Und 1525 erhoben die Bürger der Stadt Beschwerde gegen ihre Geistlichkeit von der Maria-Magdalenen-Kirche, die damals Stiftskirche war. Sie erhielten von der gräflichen Kanzlei den Bescheid: „Will mein gnädiger Herr diesmal keine Änderung mit seiner Priesterschaft machen, sondern bleiben lassen, wie seit alther." Pfarrer Neunheller, 1528 in die Stadt Hanau berufen, versuchte sehr behutsam, die zwischen ihm und den Stiftsherren eingetretenen „Irrungen und Gespänn" aus der Welt zu schaffen, um schrittweise sich der neuen Lehre zu öffnen.

Wachsendes Selbstbewußtsein

Leider gab es damals wieder einmal keine direkte Führung, denn es gab keinen Regenten, der mündig war, und die Vormünder saßen in Lich und Dillenburg, nachdem der dritte Vormund, Graf Balthasar, 1534 starb. Gleichzeitig mit dem Aufbruch in Neuland, der durch die religiösen Nervositäten gekennzeichnet war, mußte das Selbstbewußtsein der Hanauer Bürger wachsen. War doch im Zuge des neuen Festungsbaues (1528 bis 1535) die Stadt durch eine Vorstadt vergrößert, das alte Mini-Spital am Kinzortor durch einen Neubau in der Hospitalgasse erheblich vergrößert. Kurzum: Alles deutet darauf hin, als hätten die Hanauer Bürger zu dieser Zeit ein Selbstbewußtsein entwickelt, das eine Art „politisches Bewußtsein" gewesen sein muß. Ließe sich diese Vermutung beweisen, wäre die Antwort klar, und niemand würde mehr fragen, warum Althanaus ihr Rathaus als imposanten Querriegel den Stiftsherren vor die Nase setzte und seinen Wochenmarktplatz unbekümmert vom Kirchplatz abtrennte. Vorerst bleibt nur zu statuieren – gestützt auf Literatur des mittelalterlichen Städtebaus –, daß Hanau mit seinem Altstädter Rathaus ein Unikum besitzt und daß – diese Vermutung sei erlaubt – Ratsherr und Baumeister Speck ein politisches Programm im Bauprogramm manifestierte.

Um 1550 dürfte das neue Rathaus voll in Funktion gewesen sein. 1611 enstand ein neues, beachtenswertes Zeichen für das Selbstbewußtsein der städtischen Bürger, das als Unikum bezeichnet werden darf: der Gerechtigkeits- oder Justitia-Brunnen. Conrad Büttner, Steinmetz und Steinbildhauer aus Büdingen, soll der Schöpfer der Justitia-Figur sein.

Die Attribute der Justitia als Allegorie der Justiz sind festgelegt: Schwert und Waage. Soweit stimmt der Althanauer Marktbrunnen mit den Regeln überein. Aber die Symbolik verlangt noch mehr – und gerade hier liegt Hanaus lustige Variante: Die Justiz als Wahrerin der Gerechtigkeit – so sagt die uralte Regel – muß zuhören und abwägen (daher die Waage), sie darf sich nicht blenden lassen (darum die Binde vor den Augen, Beispiel: Nürnbergs Gerechtigkeitsbrunnen), sie hat die Wahrheit als Basis des Rechtes zu finden (darum hebt sie die Waage hoch) und hat jeden Machtanspruch dem Recht zu unterwerfen. Darum senkt sie die Schwerthand, sei es nun wie an Frankfurts Brunnen, der das Schwert aus tief gesenkter Hand spitzwinklig führt, oder wie im Beispiel des Hanauer Ratsbechers, der um 1616 dem Rat der Neustadt übergeben wurde und in stellung wird die Augenbinde durch die Schwertspitze senkt. In dieser Darseiner Justitia nicht nur die Hand, auch

(Fortsetzung nächste Seite)

Die um 1616 entstandene silberne Justitiafigur auf dem Neustädter Rathausbecher entspricht der Regel mit erhobener Waage und gesenktem Schwert, während die krönende Figur des Brunnens am Altstädter Markt mehr Macht als Wahrheitsfindung symbolisiert. Wenn sie erst ihr Schwert aus der Restaurierungswerkstatt wiedererhält, wird der Unterschied noch deutlicher.

Aufnahmen: Kreisbildstelle (Silberfigur), Schwandtner (Brunnenfigur)

675 Jahre Stadt Hanau

Kostbare Ausstattung

(Fortsetzung von der Vorseite)

ligen Glasmalereien, unter denen die Pieta, die Heiligensippe und die Wappenscheibe des Hausbuchmeisters besonderer Erwähnung bedürfen. Der Chorraum war ursprünglich rundum mit dem Gestühl der Stiftsgeistlichen ausgestattet. Drei Gestühlswangen davon sind noch erhalten. Die eine zeigt als Schnitzbild Philipp den Jüngeren, kniend in Ritterrüstung mit der Inschrift: „philips graffe und her zu hanawe hatt diese gestule machen lassen anno 1496." Auf den beiden anderen Wangen sind sein Sohn, Graf Reinhard II., sowie dessen Gemahlin Katharina von Schwarzburg abgebildet, ebenfalls kniend in anbetender Haltung. Für seine früh verstorbene Gattin Adriane hat Philipp ein steingehauenes Grabmal von edler Schönheit in die Nähe des früheren Hochaltars setzen lassen. Auch dieses spätgotische Kunstwerk befindet sich heute noch in der Kirche.

Gleichzeitig mit dem Chorbau wurde an dessen Südseite eine kleine Kapelle angebaut. Sie diente ursprünglich als Kapitelhaus für die Stiftsgeistlichen. Der Schlußstein in ihrem Kreuzgewölbe trägt das Bild des Märtyrers Laurentius. Das Märtyrium dieses Heiligen, der auf einem glühenden Rost zu Tode gebracht wurde, ist auch noch einmal als Fresko in einer Fensternische dargestellt. Dieses und die anderen Fresken in der Kapelle (Anbetung der Könige, die Heiligen Cosmas und Damian und unbekannte Heiligenfiguren sowie Weihekreuze) wurden übrigens erst nach der Zerstörung des 1945 wiederentdeckt, als sie unter der abgeblätterten Tünche zum Vorschein traten.

Als im Jahre 1492 der prächtige Chorneubau vollendet war, zählte man in der Kirche fünf Altäre (nach anderen Überlieferungen sogar neun). Der Hochaltar war der Maria Magdalena geweiht und mit ihrem Bilde geschmückt, welches später durch eine holzgeschnitzte Statue der Kirchenpatronin ersetzt wurde. Zehn Messingleuchter, zwei hohe Zinnleuchter, dreizehn Meßbücher, kostbare Altardecken und Teppiche werden beim Kircheninventar erwähnt. Man kann sich unschwer das reichhaltige gottesdienstliche Leben in dieser Stiftskirche am Ende des 15. Jahrhunderts vorstellen. Als Philipp d. J. am 24. Aug. 1500 verstarb, sollen nicht weniger als 214 Geistliche seiner Beisetzung in der von ihm erneuerten und vergrößerten Kirche beigewohnt haben.

Letzte Etappe der Baugeschichte

Die große Zeit des Stifts zu St. Maria-Magdalena in Hanau mit ihrem vielgestaltigen gottesdienstlichen Leben, zelebriert von einer großen Schar von Geistlichen, sollte aber nicht sehr lange währen. Das anbrechende 16. Jahrhundert war geprägt und bewegt von der kirchlichen Erneuerungsbewegung der Reformation. Bereits im Jahre 1523 wurde ein Pfarrer Adolf Arbogast ins Stiftskapitel aufgenommen, der bei seiner Berufung erklärte, „daß er mit der täglichen Messe und Vesper möglichst wenig zu tun haben wolle", weil er sich viel mehr der Predigt des Evangeliums zu widmen gedachte. Sein Nachfolger Magister Philipp Neunheller ist aber der eigentliche Reformator von Hanau zu nennen. Unter seinem geistlichen Einfluß gewann die Kirchenerneuerung immer mehr an Boden, sowohl in den Reihen der Stiftsherren als auch unter den Gemeindegliedern. Zwar wurde der katholische Stiftsgottesdienst nie offiziell aufgehoben, er ging aber tatsächlich an personeller und geistlicher Schwäche zugrunde. Durch Tod, Wegzug oder Verheiratung der Geistlichen, deren Stellen nicht mehr neu besetzt wurden, wurde die Zahl der Altaristen immer weniger. Im Jahre 1537 bestand das Kapitel noch aus acht Geistlichen, 1548 waren es nur noch vier, 1550 hörte der Meßgottesdienst in der Marien-Magdalenen-Kirche ganz auf. Es waren nunmehr nur noch zwei, später drei reformatorische Pfarrer an der Kirche tätig, die ihren Auftrag in Predigt, Sakramentsverwaltung und Seelsorge erfüllten.

Die dritte und letzte Etappe in der Baugeschichte der Kirche ist von den Erfordernissen des reformatorischen Gottesdienstes her bestimmt gewesen. Die Predigt vor der versammelten Gemeinde steht danach im Mittelpunkt, dem hat auch die bauliche Gestaltung zu dienen. In diesem Sinn ordnete Graf Philipp III. im Jahre 1558 einen gänzlichen Umbau des Langhauses der Kirche an. Die dreischiffige Einteilung wurde beseitigt, die Außenmauern wesentlich höher gezogen und das Kirchendach in seiner Höhe dem Chorbau angepaßt, der vorher das niedrige Schiff weit überragt hatte. Im Inneren wurden an den Längsseiten Emporen eingebaut, die den Männern als Sitzplatz dienten, während die Frauen an den Kirchstühlen unten Platz nehmen mußten. Nur für die Professoren, Beamten und Ratsherren gab es auch unten Gestühle, die aber besonders vergittert waren. Der Herrschaftliche Stuhl, später Fürstenstuhl genannt, befand sich auf der Stirnseite der ersten Empore. Die flache Decke des Innenraumes war mit schweren Holzsäulen abgestützt. Diese hatten neben der Decke auch noch die Lasten des Dachbodens zu tragen, den man als Präsenzscheuer benutzte zur Aufbewahrung der Naturalabgaben aus den Pfründen. Die Umbauarbeiten wurden 1561 abgeschlossen, davon zeugt heute noch das über dem Haupteingang angebrachte Doppelwappen des Bauherrn und seiner Gemahlin.

Leider ging man mit der Inneneinrichtung der Kirche nicht so behutsam um wie in den Stiftskirchen zu Gelnhausen und Friedberg. Alle Altäre bis auf einen wurden abgebrochen, Bilder, Schmuck und Kunstwerke entfernt. Nur das geschnitzte Chorgestühl, die Grabdenkmäler und die Buntfenster schmückten noch den sehr leer gewordenen Chorraum. Wohl um hier einen Ausgleich zu schaffen, entschloß man sich 1570, eine Chorbühne einzubauen. Dies war eine geschlossene Empore, die fast die ganze hintere Hälfte des Chorraums einnahm.

Blickpunkt in der Hanauer Kernstadt: die evangelische Marienkirche, die vor etwa zwei Jahren einen neuen Außenanstrich erhielt.
Aufnahme: Hans-Peter Merlau

Sie war in ihrem unteren Teil mit Glasfenstern versehen und diente zur Aufnahme der Kirchenbibliothek und der Archivalien. Über 100 Jahre später baute der Hanauer Orgelbauer Valentin Markert das wunderbare Barockorgel auf die Chorbühne. Das reich geschnitzte Gehäuse war früher ganz in Weiß und Gold gehalten und erhielt erst später seine braune Tönung. Diese Gestaltung des Chorraums mit der Orgel als beherrschendem Blickpunkt wird allen älteren Hanauern noch in guter Erinnerung sein.

In diesem baulichen Zustand verblieb die Kirche, die nunmehr „Hochdeutsche Reformierte Kirche" genannt wurde, bis in unser Jahrhundert. Es bleibt noch zu erwähnen, daß nach der Umwandlung des Kirchenschiffs auch der Turm aufgestockt wurde in seiner endgültigen Höhe. Die Jahreszahl 1568 in einer Fenstereinfassung gibt das Jahr der Vollendung an. In seinem Aufbau war eine Wächterstube eingerichtet, in der ständig ein Beobachter für evtl. ausgebrochene Brände saß, deren Richtung er tagsüber mit einer Flagge und nachts mit einer Laterne anzuzeigen hatte, mit dem dazugehörigen Sturmgeläut.

Unter Landgraf Philipp Ludwig II. wurde 1602 die Gruft unter dem linken Chorraum angelegt. Die Särge der vorher verstorbenen Angehörigen des Hauses Hanau-Münzenberg wurden einfach ins Erdreich unter den Bodenplatten des Chors bestattet. Als erster in der neuen Gruft wurde 1612 der berühmteste unter allen Hanauer Grafen, Philipp Ludwig II., in einem reich verzierten Zinnsarg beigesetzt. Sein Sarkophag steht heute noch unversehrt an seinem Platz.

Die verheerende Zerstörung von 1945 legte dieses ehrwürdige 700jährige Gotteshaus in Trümmer. Das Schiff wurde total hohl gebrannt, wie auch der Turmhelm, von dem die Glocken herabstürzten und in der Glut zerschmolzen. Auf dem Schreibtisch des Verfassers dieser Zeilen liegt ein Stück zerschmolzener Glockenbronce, es wird zwar als Briefbeschwerer benutzt, erinnert aber jeden Betrachter an das schreckliche Geschehen, aus dem es hervorgegangen ist.

Erstaunlicherweise hielt das Gewölbe des Chores stand, obwohl das brennende Dach mit seinen Trümmern daraufstürzte. So konnte blieb es Trümmern daraufstürzte. So konnte dieses kostbare Bauwerk vor völliger Zerstörung bewahrt und wieder restauriert werden. Nach den Plänen von Prof. Gruber wurde zunächst der Chor mit seinem herrlichen Deckengewölbe (1951), dann das Schiff (1956) wieder hergestellt, und zwar ohne Emporen, so daß die ursprüngliche dreischiffige Gestalt wieder erkennbar wird. Die neue Orgel wurde auf die Westseite verlegt, dadurch blieb der Chorraum frei und seine architektonische Schönheit wirkt wieder so wie ihn vom ursprünglichen Baumeister einst gedacht. Die wenigen erhaltenen Kunstwerke, Kirchenfenster und Chorwangen wurden wieder eingebaut und die Grabmäler restauriert. Hier darf ein Wort des Dankes an Pfarrer Georg Göckel nicht versäumt werden, der vorsorglich alle Kunstwerke sowie die 1593 am vorhanden sind, sichergestellt und so vor der Vernichtung bewahrt hatte. Er war auch der Initiator für den Wiederaufbau dieser unserer ältesten Kirche in Hanau.

Den Namen Marienkirche hat dieses Gotteshaus erst im Jahre 1818 erhalten. Anläßlich der Kirchenvereinigung der reformierten und lutherischen Gemeinden in der sogenannten Hanau Union legten diese für ihre Kirchen alle Bekenntnisbezeichnungen ab, und die beiden Altstadtkirchen legten sich Namen zu. So wurde die reformierte „Marienkirche" genannt nach der verehrten Landgräfin Maria zu Hessen-Kassel und die lutherische „Johanneskirche" nach dem Kurfürsten Johann von Sachsen, der einst ihren Grundstein gelegt hatte.

675 Jahre Stadt Hanau

Zwei Spezialitäten aus der größten Apfelwein-Kelterei Deutschlands

KELTEREI WILHELM HÖHL HOCHSTADT
Seit 1779 im Familienbesitz

Speierling-Apfelwein nach bester, alter Art!

Hanaus Grafengeschlecht einst im heutigen Niederdorfelden ansässig
Windecken, der Wohnort der Herren von Hanau, erhielt die Stadtrechte Jahre vor der Stadt am Main – Von Rolf Hohmann

Am 2. Februar 1303 bewilligte „Albrecht von Gottes Gnaden römischer Kaiser" dem Grafen Ulrich I. für sein „Oppidum Hanowe" die „Freiheiten, Rechte, Gewohnheiten und Gnaden, wie sie Frankfurt hat" — also die Stadtrechte. Die 675. Wiederkehr dieses Tages feiert man im Jubiläumsjahr mit einer ganzen Reihe von Veranstaltungen, in denen zumeist viel von der Geschichte der Stadt Hanau und ihren Herren die Rede ist. So gut wie nicht wird daran erinnert, daß das Hanauer Grafengeschlecht seinen Stammsitz im heutigen Niederdorfelden hatte. Die Herren von Dorfelden-Hagenowe werden 1166 erstmals urkundlich erwähnt. Der Sohn Reinhard III. von Dorfelden-Hagenowe, Reinhard I. (gestorben 1281), folgt als erster in der Hanauer Genealogie. Auch die Tatsache, daß König Rudolf unter Berücksichtigung der „Verdienste des edlen Herrn Ulrich von Hanau, Unseres getreuen und geliebten", dem Ort Wunecke (Windecken) bereits am 5. August 1288 die Stadtrechte verlieh, findet kaum Erwähnung. Schon Ernst J. Zimmermann notierte in seinem im Jubiläumsjahr 1903 erschienen umfangreichen Werk „Hanau — Stadt und Land" dazu: „Es ist bemerkenswert, daß Windecken, der Wohnort der Herren von Hanau, früher Stadtrechte erhielt als Hanau."

Windecken ist auf altem Kulturboden gegründet. Fehlen bisher auch Zeugnisse aus der ältesten Menschheitsepoche, der Altsteinzeit (Paläolithikum), so deuten doch verschiedene Indizien darauf hin, daß diese Gegend in der Mittelsteinzeit (Mesolithikum) von Jägern durchstreift wurde. Ungewöhnlich zahlreich dagegen sind die bisher bekanntgewordenen Fundstätten aus Jungsteinzeit (Neolithikum). Das erste seßhafte Ackervolk, nach den typischen Verzierungen seiner Tongefäße „Bandkeramiker" genannt, lockte der fruchtbare Lößboden der südlichen Wetterau zur Ansiedlung. Die Menschen der nachfolgenden Epochen hinterließen ebenfalls reiche Spuren ihres Erdendaseins. Der 1912 am „Heiligen Haus" in einem bronzezeitlichen Frauengrab gefundene Wendelring erregte damals in der Fachwelt einiges Aufsehen; denn er war nach einer bis dahin unbekannten Methode gefertigt worden. Dieses Schmuckstück aus längst vergangener Zeit ziert noch heute eine Vitrine im Historischen Museum Hanau.

In einem wahrscheinlich um 850 n. Chr. entstandenen Verzeichnis von Schenkungen an das Kloster Fulda wird erwähnt, daß ein Uldarich unter anderem seine Güter in Tezelenheim dem heiligen Bonifatius vermacht. Diese kleine Ansiedlung an der Nidderfurt – die Ortsbezeichnung wird auf den Personennamen „Tezelin" zurückgeführt — war jahrhundertelang nur ein „Anhängsel" des damals bedeutenderen Nachbardorfes Ostheim.

In späteren Urkunden wurden Güter in „Decelnheim" genannt, und 1251 verkaufte das Kloster Meerholz dem Antoniterkloster in Roßdorf, eine Gründung Heinrich II. von Dorfelden-Hagenowe (1235), Besitzungen in „Detzelheim". Im Jahre 1262 kam die Ansiedlung in den Besitz der Herren von Hanau, als Bischof Berthold von Bamberg die Güter des Stifts Ostheim und Tezelenheim nach der bereits zwei Jahre zuvor erfolgten wiederlöslichen Verpfändung Graf Reinhard I. zu Lehen gab.

Die von diesem auf der die Nidderfurt beherrschenden Höhe wahrscheinlich auf einer älteren Anlage errichteten Burg muß zu diesem Zeitpunkt zumindest im Kern bereits bestanden haben; denn im selben Jahr wird der erste Burgmann (in Wunekken castellano), Gutzoldo de Elbenstadt (Ilbenstadt), urkundlich erwähnt. Dabei tritt erstmals der Name der Burg entgegen, und diese Bezeichnung dürfte bald auf die Ansiedlung Tezelenheim übergegangen sein. Aus Wunnekke (Wuneke) oder auch Wonnecken wurde Wuneckin, Wynecken und schließlich Windecken. Die erste bekannte, von Graf Reinhard auf Burg Wunnekken ausgestellte Urkunde datiert vom 25. Juli 1277. Seine Unterschrift unter diesen Kaufvertrag setzte auch ein Petrus de Dezzelnheim. Wie die Burg zu ihrem Namen kam, ist nicht überliefert, so hat es die Bürger der Stadt immer wieder beschäftigt. Der wunderbare Blick von diesem reizvollen Fleckchen Erde über die fruchtbaren Fluren der Wetterau bis hin zu den Höhen des Taunus, der sich auch heute noch bietet, könnte erklären, weshalb der Erbauer Graf Reinhard die Burg nach der Legende „Wonnecken" nannte — das heißt „wonniges Eckchen".

Es muß auch seinen Nachfolgern dort gut gefallen haben; denn die Grafen von Hanau residierten auf ihrer Burg Wonnekken ständig bis zum Jahre 1436. Dort wurde am 8. November 1417 Philipp der Ältere, Sohn Reinhard II. geboren, Stifter der Linie Hanau-Lichtenberg; „undt tauffte man Ihne zu Wonnecken in der Capellen vor der Burgk, unff der Mittwochen nach des vorgenanten Sanct Martins tage zu Abendt", schrieb damals der Chronist. Doch auch später weilten die Hanauer Grafen mit ihren Familien oft in ihrer ehemaligen Residenz Windecken, in deren Burg am 20. September 1449 auch Philipp der Jüngere, Stifter der Linie Hanau-Münzenberg, das Licht der Welt erblickte. Der Chronist bemerkte zu diesem Ereignis: „Anno domini 1449 uff den Sambstag Sanct Mattheus des hailigen Aposteln undt Evangelisten Abendt und was nemlich Fronfasten, des morgens zwischen vier und fünff Uhr ongeferhlich, gelag die obgenannte Frau Margretha Ihres Ersten kindes undt Sohnes, nemlich Jungker Philipsen." Taufpaten waren Reinhardt von Cleen, „Thumdechant zu Meintz", der Abt von Seligenstadt, Cune von Beldersheim und Junker Frank von Cronberg. Auch die älteste Tochter Philipp Ludwig II., Erbauer der Hanauer Neustadt, wurde am 10. August 1597 in Windecken geboren. Zur Taufe von Charlotte Louise am 4. September des gleichen Jahres war hohe Fürstlichkeit in das Städtchen an der Nidder geeilt, darunter die Kurfürstin von der Pfalz. Im Jahre 1606 floh die gräfliche Familie samt Kanzlei und Konsistorium vor der in Hanau wütenden Pest in ihre Burg Windecken. Auch der Stiftungsbrief der Hohen Landesschule aus dem Jahre 1607 ist in Windecken ausgestellt worden. Nach dem Tode des Grafen (1612) diente die Burg seiner Gattin Catharina Belgica, Tochter Wilhelms von Oranien, als Witwensitz.

Noch im Dreißigjährigen Krieg, im Jahre 1629, wurden auf Burg Windecken umfangreiche Erweiterungsarbeiten durchgeführt. Der Frankfurter Kupferstecher Merian beschreibt den Besitz als „ein fein Schloß, lustig anzusehn".

Sechs Jahre später hatte alle Herrlichkeit ein Ende. Am 15. Mai 1635 zerstörten Kroaten große Teile der Baulichkeiten. Das wenige, erhalten Gebliebene schleifte das schwedische Regiment Schmidberger bei seinem Überfall auf die Stadt im Jahre 1646. In der „Topographia Hassiae", von den Merian'schen Erben 1655 herausgegeben, beginnt die Beschreibung des Städtchens wie folgt: „Windecken/Winnicken oder Winneker so alles ist viel hiebevor ein sehr feines Städtlein gewesen/mit einer Ringmauer umgeben: Ligt aber jetzunder kast auff die Helffte in der Aschen/und ist in eine elende Wüsteney/und Einöde gerathen. Es hat vor diesem eine schöne Burg darinnen/und solche seine vornehme Burg Mannen und Gebräuch/fast gleich wie Friedberg/Gelnhausen/Staden und dergleichen gehabt."

In die Wirren des Dreißigjährigen Krieges fiel auch ein Ereignis, das vielfach abgehandelt wurde und das in keinem Heimatgeschichtsbuch unerwähnt bleiben darf: Auf der Höhe bei Windecken nach Roßdorf zu, unmittelbar an der prähistorischen „Hohen Straße", erhob sich eine mächtige, sturmzerzauste Linde, ein Wahrzeichen des Hanauer Landes. Ins Licht der Geschichte trat der Wartbaum in jenen schicksalsschweren Tagen des Jahres 1636, als er von General Lamboy belagerten Stadt Hanau der Retter nahte. In der Nacht vom 10. zum 11. Juni war Landgraf Wilhelm V. von Hessen mit seinem Entsatzheer in Windecken angekommen und ließ auf der Höhe „bei dem Wartbäumchen genannt" den Belagerten durch zwei Kanonenschüsse und ein weithin leuchtendes Fanal die so sehr ersehnte Hilfe ankündigen. Am 16. Juni 1636 zogen die siegreichen hessischen Truppen nach der Befreiung Hanaus wieder am Wartbaum vorbei in ihre Heimat zurück.

Das Erhaltengebliebene innere Tor der Burg Windecken mit dem Hanauer Wappen. Federzeichnung von Karl Schales, Windecken.

Zum Gedenken an Völkerschlacht

Zum Wartbaum schallte am 30. und 31. Oktober 1813 auch der Donner der Schlacht bei Hanau hinauf. Kurz zuvor hatte das Heer Napoleons bei Leipzig seine entscheidende Niederlage erlitten. Zum Gedenken an diese Völkerschlacht versammelten sich am 18. Oktober 1814 auf der Wartbaumhöhe nach zeitgenössischen Berichten 8000 bis 10 000 Menschen aus dem gesamten Hanauer Land. Die Abordnung jeder Gemeinde wurde mit einem Ehrengruß aus drei Kanonen und von der jubelnden Menge empfangen. Den Dankgottesdienst hielt der früh verstorbene, aber heute noch unvergessene Windecker Pfarrer Wilhelm Zimmermann. Lobgesänge stiegen zum Himmel empor, und große Freudenfeuer wurden angezündet. Der Chronist gab die Stimmung jener denkwürdigen Nacht mit folgenden Worten wieder: „Die fröhliche Menge jauchzte im hellerleuchtenden Kreise der hochlodernden Flamme, jauchzte des erhebensten Anblicks und umher durch die Flammen auf allen Bergen in der Nähe und der Ferne, wie von einem großen Feuerkranze umgeben zu sein. Sich beglückwünschend, solchen Tag erlebt zu haben, ging man auseinander und versprach sich, kräftig zu arbeiten, daß dieser teutsche Tag alljährlich in immer günstigere Aufnahme komme."

Windecken von der Wartbaumhöhe aus, gesehen mit Stiftskirche und ehemaligem Schloß (rechts). Kupferstich um 1850.

Festplakat zur 650-Jahr-Feier der Stadt Windecken (heute Stadtteil von Nidderau), entstanden 1938 mit dem Burgtor als Motiv.

WIR - Ihr Vertragspartner mit SOFORT-SERVICE

können natürlich auch IHNEN bei NEUKAUF ein unverbindliches Angebot machen.

AUTOHAUS LOTT
Hanau, Nußallee 29, Telefon 2 25 89 — Ihr VW-AUDI-Händler für Stadt und Land

675 Jahre Stadt Hanau

Welches Hanau meinen wir?

(Fortsetzung von der Vorseite)

Hanau mit großen Teilen des nördlichen Elsaß eine staatliche Einheit bildete. Diese ergab sich vielmehr aus der dynastischen Verbindung der Münzenberger und Lichtenberger Grafenhäuser. Und eben durch das Wirken der in Hanau regierenden Lichtenberger hatte unsere Stadt ihren vollen Anteil an der europäischen Kultur des Barocks. Zeuge dafür ist neben vielen anderen Bauten das Schloß Philippsruhe, in dem wir heute der Stadtrechtverleihung gedenken. Dynastische Beziehungen schließlich führten zu der Aufteilung der hanauischen Lande zwischen Hessen-Kassel und Hessen-Darmstadt, und dies erhielt wieder in den Jahren nach 1813 Bedeutung; denn die als Ergebnis der komplizierten Verhältnisse im alten Deutschen Reich entstandenen durchaus künstlichen Grenzen schnürten Hanau, das wegen seiner Industrie ja auf freien Handel angewiesen war, ein, führten zur wirtschaftlichen Isolierung und schließlich zu einer andauernden Wirtschaftskrise. Die daraus resultierende soziale Misere in Verbindung mit dem in Hanau auf Grund der historischen Entwicklung vorhandenen freieren Geist hatte schließlich zur Folge, daß unsere Stadt auch in den revolutionären Bewegungen bis zur Mitte des 19. Jahrhunderts eine bedeutende Rolle spielte.

Nennen wir weiter die religiösen Traditionen. Werke der Wohltätigkeit, erwachsen aus religiöser Verantwortung, haben in Hanau eine lange Geschichte; heute etwa noch dokumentiert durch die Martin-Luther-Stiftung oder das St.-Vincenz-Krankenhaus. Weiterhin führte das in Hanau wieder auf Grund seiner Geschichte vorhandene Nebeneinander der verschiedenen Konfessionen schon früh zu einer religiösen Toleranz, die noch Anfang des 19. Jahrhunderts die aus anderen Gegenden Deutschlands stammenden Zeitgenossen in Erstaunen versetzte.

Nennen wir weiter die bürgerlichen Traditionen. Am Anfang der Neustadt steht ein Vertrag zwischen einem Hanauer Grafen und den Neubürgern, der quasi als eine Art Verfassung eine gewisse Selbständigkeit der Neustadt garantierte, die die Grafen von Hanau und auch ihre hessischen Nachfolger respektierten. Als beim Thronwechsel 1821 der neue Landesherr Wilhelm II. erstmals die Bestätigung verweigerte, war dies der Auftakt zu einer Willkürherrschaft von zuvor nicht dagewesenem Ausmaß und ein weiterer Grund für das Anwachsen der Unzufriedenheit mit den bestehenden Verhältnissen. Aber auch in der Altstadt, obgleich sie stets mehr zum Hof der Grafen hin orientiert war, gab es ein solches bürgerliches Selbstbewußtsein: Sigillum Civium in Hanowe (Siegel der Bürger in Hanau) ist das älteste Stadtwappen umschrieben. Als 1642 Friedrich Casimir von Hanau-Lichtenberg seine Hanauer Erbschaft antreten wollte, mußte er zuvor auch mit der Altstadt einen Vertrag abschließen, in dem er sich verpflichtete, die überlieferten Rechte der Bürger zu respektieren. Auch dieser Vertrag wurde von den Nachfolgern bestätigt.

Nicht zuletzt aus diesem bürgerlichen Selbstbewußtsein heraus wurden in Hanau schon früh demokratische Ideen und Vorstellungen diskutiert; die Stadt wurde im frühen 19. Jahrhundert zu einem Zentrum der liberalen Presse, und das Hanauer Ultimatum vom 9. März 1848, in dem der Landesherr zur Erfüllung demokratischer Forderungen aufgefordert und im Fall der Ablehnung der Gehorsam aufgekündigt wurde, war bis dahin ohne Beispiel. Diese demokratischen Forderungen vermischten sich in Hanau nicht selten auch mit sozialistischen Ideen. Bekannt ist, mit welcher Radikalität die Hanauer sich für ihre politischen Überzeugungen einsetzten; am deutlichsten wird es durch das bewaffnete Eintreten der Hanauer Turnerwehr für die Reichsverfassung während der Kämpfe in Baden im Mai 1849.

Dr. Karl Dielmanns Beitrag

An dieser Stelle sei ein Wort des Gedenkens gestattet. Mit all den genannten Traditionen, neben vielen anderen Aspekten der Hanauer Geschichte, hat sich Dr. Karl Dielmann, der zu früh verstorbene Vorsitzende des Hanauer Geschichtsvereins, beschäftigt. Sei es, daß er sich selber forschend damit auseinandersetzte; sei es, daß er anderen Anregungen zum eigenen Forschen gab; sei es, daß er die Hanauer Geschichtsblätter als Publikationsorgan zur Verfügung stellte. Sein Interesse und sein Wirken galten der Hanauer Geschichte in ihrer ganzen Spannweite, mit all ihren verschiedenen Aspekten.

Es sei daran erinnert, daß die beiden letzten Bände der Hanauer Geschichtsblätter grundlegende Arbeiten zur demokratischen Tradition Hanaus im 19. Jahrhundert enthalten und daß keiner, der sich wirklich ernsthaft mit dieser Tradition beschäftigt, an diesen von Dr. Karl Dielmann betreuten Veröffentlichungen vorbeigehen kann. An dieser Stelle sei auch gesagt, daß eines der zuletzt unter Dr. Karl Dielmann im Ausschuß diskutierten Projekte eine Ausstellung zur Geschichte der Arbeiterbewegung in Hanau war. Vielleicht ist das Jahr 1980 der geeignete Zeitpunkt, aus Anlaß des dann 150 Jahre zurückliegenden Hanauer Septemberaufstandes von 1830 die genannten demokratischen Traditionen Hanaus in einer Ausstellung einer breiteren Öffentlichkeit zu verdeutlichen.

Feudale, religiöse, bürgerliche, demokratische und sozialistische Traditionen weist die Geschichte Hanaus auf, aber auch — man darf die Augen davor nicht verschließen — nationalistische und auch faschistische. Alle genannten Traditionen haben teils im Zusammenwirken, teils im Widerstreit, eingebettet in die allgemeine deutsche und europäische Geschichte, die Geschicke Hanaus geprägt, haben die Stadt zu dem gemacht, was sie heute ist. Diese Vielfalt der Traditionen macht Hanaus Geschichte aus, und wer sie wirklich verstehen will, muß sich mit allen Traditionen auseinandersetzen. Dies heißt nicht akzeptieren und bedeutet deshalb nicht, daß man all diese Traditionen bejaht. Begreift man Geschichte als das politische Geschehen der Vergangenheit, so wird man auch auszuwählen und Urteile zu fällen haben. Sicher kann man Vergangenes nicht einfach leugnen und wird bei seinem Urteil auch die geschichtliche Dimension zu berücksichtigen haben. So wäre es beispielsweise unhistorisch und unsinnig, wollte man einem Hanauer Grafen des 15. Jahrhunderts vorwerfen, keine demokratische Verfassung eingeführt zu haben. Das historische Urteil muß eben die jeweiligen Zeitumstände berücksichtigen. Man wird aber doch manche Tradition als Vorbild für die Gestaltung der Gegenwart ansehen, andere dagegen als historisch abgeschlossen und wieder andere als Fehlentwicklung begreifen.

Der Mensch ist kein eindimensionales Wesen, das nur in seiner jeweiligen Gegenwart lebt — und wird er es, dann ist er total manipulierbar. Begreifen wir Geschichte als die Politik der Vergangenheit, so sehen wir sie als etwas von Menschen und nicht von irgendwelchen anonymen Kräften Gestaltetes, begreifen also auch die Gegenwart und die Zukunft als nicht in Abhängigkeit von irgendwelchen Menschen Gestaltbares, sehen also auch die Verantwortung, die unsere Zeit für die Zukunft hat. Dies durch einen Brückenschlag in die Vergangenheit, und das

Der Festakt vom 2. Februar im Schloß Philippsruhe.

ist ja unsere heutige Feier, sich klarzumachen, ist vielleicht das Wichtigste eines historischen Jubiläums.

Meine sehr geehrten Damen und Herren! Als vor 75 Jahren in Hanau das 600ste Jubiläum der Altstadt gefeiert wurde, waren die Hanauer trotz der damals vorhandenen wirtschaftlichen Schwierigkeiten optimistisch, und dieser Optimismus spricht aus den damaligen Wahlsprüchen, die lauteten: Noch 600 Johrn su! oder In 100 Johrn widder! In der Zeit zwischen diesem Jubiläumsjahr und dem heutigen Tag liegen für Deutschland zwei Kriege und eine faschistische Diktatur, für Hanau die nahezu völlige Zerstörung der Stadt.

Ein Optimismus wie 1903 scheint uns heute nicht mehr angebracht, deshalb wollen wir uns bescheiden, wollen aber doch mit den besten Wünschen für Hanau und seine Bewohner sagen: In 25 Johrn widder!

Das BfG-Kapital-Sparbuch bringt jedes Jahr mehr Zinsen. Ihr Sparbuch auch?

BfG. Die Bank für Gemeinwirtschaft.

BfG-Kapital-Sparbücher bringen 3% im ersten, 4% im zweiten, 5% im dritten, 6% im vierten und 7% im fünften Jahr. Das sind 5% Zinsen in 5 Jahren. Garantiert.

Ihre nächste BfG: **Hanau**, Am Freiheitsplatz 14, Telefon 2 44 45

Ausgezeichnet mit der 2. Goldmedaille für hervorragende modische Leistung.

PELZ MODELLE HOFFMANN

HANAU - GLOCKENSTRASSE 21
(zwischen Marktplatz und Hauptpost)
TELEFON (06181) 259206

Bücher zur Unterhaltung
Bücher zur Information

Reiseführer und Karten

Ihr Urlaub beginnt in Ihrer Buchhandlung!

Bücher bei Dausien

Die Buchhandlung im Europa-Haus
Hanau, Nürnberger Straße 22, Telefon 2 23 16

Eine blaue und eine weiße bzw. naturfarbene Jeans für zusammen nur 100,— DM aus unserem aktuellen Warenangebot.

Neueste Hosenmodelle in verschiedenen Stoffarten wie: Blue Denim, Canvas und Cord.

Achten Sie auf die blau-weißen Etiketten an diesen Hosen und Jeans!

HANAU ROSENSTRASSE 19

Ihre Stadtwerke

Kundeneigen - kundennah

Wir sind nicht nur Partner und Nachbarn aller Bürger — wir sind auch ein Unternehmen im Eigentum aller Bürger. In der Leistungsbereitschaft wie in der Wirtschaftlichkeit unterliegen wir der bürgerschaftlichen Kontrolle und Mitgestaltung.

Und weil wir direkt am Ort sind, sind wir bestens vertraut mit Ihren Interessen, Wünschen und Problemen. Das gibt Ihnen die Sicherheit für eine reibungslose Energie- und Wasserversorgung rund um die Uhr. Und garantiert Ihnen eine wirtschaftliche, rationale Arbeit.

Das Geld, das wir in unserer Stadt erwirtschaften, bleibt hier bei uns.

Für Einrichtungen und Vorhaben, die uns allen auch in Zukunft das Leben leichter machen.

Wer könnte Sie also besser versorgen als wir.

Stadtwerke Hanau GmbH

PHILIPP REITZ

SCHREIBWAREN — BÜRO- UND ZEICHENBEDARF
GESCHENKARTIKEL — SCHULBEDARF

INH. WALTER SCHRECKER
SEIT 1903

6450 HANAU AM MAIN — STERNSTRASSE 9—13
TELEFON 0 61 81/2 17 57

Blumenhaus Konrad Hölzinger

Inh.: Peter und Reingard Hölzinger OHG

Pflanzen direkt aus dem Treibhaus. Kranzbinderei und bepflanzte Schalen.
6450 Hanau 1, Friedrich-Ebert-Anlage 2, Telefon (06181) 22167

6450 Hanau

675 Jahre Stadt Hanau

Mei gut' alt Hanau

Ach, uff mei Hanau bin ich ganz versesse,
Uff mei alt Heimatstadt an Kinzig un am Maa.
Un hab ich alles annere aach längst vergesse,
Vor meine Aage steht se wie se einstmals war.
Mit ihre Winkelcher un traute Gasse,
de scheene alte Häuser, dem „Parad"
Un aach de Marktplatz könnt sich sehe lasse
Mit de scheene Brunne, die er einstmals hat.

Wie oft hat mer an Wochetage
Do billig Butter eigekaaft, un Rettich un Salat
Un ganze Körb voll Eier haamgetrage,
Die mer vor wenig Geld erstanne hat.
Un bei de dicke Weiwer aus dem Owerhesse
do gab es Käs, die weit mer schon geroche,
un Gäns un Hinkel aach net zu vergesse,
un Bohne, frisch am Morjend erst gebroche.
Un Schnittlauch un Radiescher, scheene rote,
un Salbei, Thymian un Bohnekraut,
un aus der Bulau erste Frühlingsbote
von gelwe Schlisselblume manchen Strauß.

Die Bauersleut, mit ihre Gäul un Wage,
die hawwe uff dem Heumarkt Halt gemacht,
Un in der „Schwedisch Kron" ihrm hungerige Mage
des zugefiehrt, was von dahaam se mitgebracht.
Un in dem „Löwegärtche", dem goldne Fass un den drei Hase
tate se dann aach so manches Schöppche blase.

Die Stadtleut hatte dodergege
ihr Stammlokale annerwärts
Die ginge in des „Mohr", ins Brehme un in Hoseträger
bein Heiner Reis, in die Zentralhall oder in des Herz.
Zum Bader, in de Anker oder in de Rappe
in den Gambrinus oder in die Quell
Zum Dippche Jost tat aach so mancher dappe
un aach der Kaiser Friedrich war zur Stell.
In der Eul, im grüne Bäumche, in der Gerst un aach ins Biege
Do konnt mer was fürn Dorscht un aach fürn Hunger kriege.

Was war des doch so herrlich herzerlawend
Wenn en Verein en Ball hat aagesetzt
Un vorher im Familieawend
mit em Theaterstück die Leut ergötzt.
Wenn gor der „rote Müller" is erschiene
sei Couple hot gesunge, Witz gemacht,
Do howwe uffgehellt sich alle Miene,
do hot der ganze Saal sich schepp gelacht.

Un fing dem Grimm sein Johann a zu singe
„Juchheisa mei Dirndl" do gab es Applaus
Un tat er gar den August noch mitbringe,
do bog vor Lache sich das ganze Haus.

Ja, der Humor ist net zu korz gekomme
's ward ausgeheckt so mancher dolle Streich
Von manchem Original hat mer vernomme.
Erinnert Ihr an „Gickel King" noch Euch?
Un an den Weissbinner, den Löschegruber,
von dem die alte Hanauer erzählt,
daß er nebst Bleiweiß, Öl un Lack un Farbe
noch zwaa Faß Referenze hat bestellt?

Un aach die Goldschmied all, in ihre Kabinette,
die hawwe manchen Schabernack vollfihrt,
Wenn zwische goldne Armreif, Brosche, Kette
der listig Schalk im Nacke sich gerührt.

Ja, unser Hanau des wor Euch a Stadt,
so lieb und traut, so voller Poesie,
un unser ganz schee Jugendzeit, die hat
sich abgespielt in ihre Mauern hie.

Wie oft sin mir doch dorch die Milch geloffe
zum haamlich Stelldichei, ganz welt-entrückt.
Am Hexepfad, do hommer uns getroffe,
un wenn aans kam, do sin mer ausgerückt.

Un sonntags morjens in den neue Kleider
do sin mer in de Krämergass spaziert
Hin un her un immer weiter,
un hawwe mit de Aage heiß poussiert.

Was warn mer so fidel, so ohne Sorje,
so voller Freud un Jugendseligkeit.
In Deine Mauern, Hanau, warn mir wohlgeborje.
Jetzt liegt des alles hinner uns sooo weit.

Doch lass Dich gutes altes Hanau heut dich grieße
aus guter, alter, treuer Freunde Mund.
Un muß mei Lewe ich aach fern von Dir beschließe,
dir beib ich treu bis uff die letzte Stund.
Un aans, des werd bestimmt ich net vergesse:
Mit unserm Hanau konnt so leicht kaa anner Stadt sich messe.

Gronau, Krs. Hanau 1950

Nachtrag 1977

Des war vor iwwer 25 Johr,
Ob's widder jetzt so schee is, wie es einstmals war?
Es ist widder ganz, mer kriegt aach widder alles
un in alle Ecke.

Doch so wie damals tut's aam net mehr schmecke.
No ja, mir sin jo aach net mehr so schee
mit graue Hoorn un falsche Zäh
Un im Gesicht mit Falte.
Mir sin ietzt die „ganz Alte".

Marie Hoch
Niederdorfelden

Neugestaltet: Der Großauheimer Rochusplatz. Er bildet nach wie vor den Mittelpunkt des großen Stadtteiles.

Das moderne Hanau
Eine Bilderseite von Hans-Peter Merlau

Klein-Auheimer Schmuckstück: die Alte Fasanerie.

Einer der markanten Punkte Steinheims: Die Gedächtniskirche

Viel Grün und ein vielgestaltiger Neubau: Ein Blick, der sich an der Corniceliusstraße bietet.

Blickpunkt auch während der Jubiläumsfeierlichkeiten: Das Deutsche Goldschmiedehaus, Hanaus gute Stube.

Jetzt rund fünf Jahre in Betrieb: Die erste städtische Hochgarage. Hier ein Blick von der Sternstraße aus.

Von erheblicher Bedeutung: Der Hanauer Hauptbahnhof. Der Neubau entstand vor mehr als zehn Jahren.

675 Jahre Stadt Hanau

Wertschätzung für Hanauer Herren

(Fortsetzung von der Vorseite)

genug; alle sechs bei der Krönung anwesenden Kurfürsten gaben ihre Zustimmung zu diesem Akt (denn die Reichsministerialen galten als „Reichseigentum", in dessen Veräußerung die Kurfürsten willigen mußten). Manche stellten sogar mehrere Urkunden in dieser Sache aus, ein Zeichen, wie sehr sie Reinhard am Herzen lag, aber auch, welch hoher Reputation sich der Hanauer bei den Spitzen des Reiches erfreute.

Die königliche Gnade blieb Reinhard treu. Rudolf betraute ihn für einige Jahre mit dem wichtigen Amt des Landvogts in der Wetterau, einer Position, die ohne ein enges Vertrauensverhältnis undenkbar war. Reinhard gewann damit eine Schlüsselstellung für die Neuorganisation und Verwaltung des arg zusammengeschmolzenen Reichsguts in diesem wichtigen Gebiet. Ferner wies der König dem Hanauer teilweise bedeutende Geldsummen zu und betraute ihn mit wichtigen Aufgaben. Kein Zweifel, daß Reinhard zum Kreis der bedeutenden und ergebenen Anhänger des ersten Habsburgers zählt; in unserem Gebiet war er einer der wichtigsten.

Reinhard starb 1281. Ihm folgte sein Sohn Ulrich I., der schon eine Zeitlang Mitregent seines Vaters gewesen zu sein scheint. Auch ihm schien die Gnadensonne König Rudolfs; übrigens bestätigte er auf dem Hoftag zu Würzburg 1287 Ulrich und seiner Mutter Adelheid nochmals ausdrücklich die Standeserhebung von 1287.

Als der erste Habsburger 1291 in Speyer starb, war trotz jahrelanger Bemühungen die Frage seiner Nachfolge ungeklärt. Rudolf hatte alles getan, um seinem Sohn Albrecht die Thronfolge zu verschaffen. Aber nach seinem Tod ließen die Kurfürsten fast ein Jahr verstreichen und wählten dann den wenig mächtigen Grafen Adolf von Nassau, in dem sie eine Marionette für ihre eigensüchtigen Pläne sahen, zum König.

Auf diesen neuen Herrscher mußte sich Ulrich, der Günstling Rudolfs, nun also einstellen. Er war mit dem Nassauer verwandt — Adolf nennt ihn gelegentlich seinen consanguineus —, aber zunächst kam kein gutes Verhältnis zwischen ihnen zustande. Schuld daran war der Erzbischof von Mainz, Gerhard, wieder ein Eppsteiner. Ihm mußte König Adolf am Tag seiner Krönung in Aachen versprechen, er werde Ulrich von Hanau nie als Ritter oder Rat aufnehmen und dem Erzbischof gegen ihn beistehen, wenn dieser es wünsche — ein Zeichen, wie sehr Adolf im Schlepptau des Mainzers war, andererseits aber auch, welche Bedeutung man Ulrich beimaß. Doch kamen die Dinge bald ins reine. Ulrich weilte gelegentlich am Hof des Königs und erhielt von ihm auch eine in unserem Zusammenhang wichtige Urkunde.

Adolf konnte sich auf die Dauer nicht halten. Als er seine Machtbasis in Thüringen ausweiten wollte, geriet er mit den Kurfürsten in Streit. Sie setzten ihn ab und wählten im Juni 1298 den Albrecht von Habsburg zum König, den sie 1291 verschmäht hatten, weil er ihnen zu mächtig gewesen war. Und in der Tat war Albrecht der einzige, der die nötigen Mittel besaß, um mit Adolf in einen Streit um die Krone einzutreten. Die Entscheidung fiel dann sehr schnell. Wenige Tage nach Adolfs Absetzung kam es bei Göllheim in der Pfalz zu einer Reiterschlacht. Adolf fiel, tapfer kämpfend. Also behielt Herzog Albrecht die walstat und gewan roemischs reiche des tages mit gewalt, schreibt der Fortsetzer der Sächsischen Weltchronik.

Albrecht war ein willensstarker, fähiger Herrscher wie sein Vater Rudolf, aber ganz ohne dessen Leutseligkeit und Popularität. Als harter Landesherr von Österreich und Steiermark war er verhaßt, aber gefürchtet. „Der König war nach seiner Person ein bäurischer Mann und hatte nur ein Auge und einen sehr unwirschen Anblick" — so die einzige Schilderung seines Äußeren, die wir besitzen (15). Die rheinischen Kurfürsten hatten unter ihm nichts zu lachen. Als sie gegen ihn konspirierten und ihn absetzen wollten wie Adolf von Nassau, da zeigte sich, daß der Habsburger andere Mittel besaß und aus anderem Holz geschnitzt war als sein Vorgänger. In den Jahren 1301 und 1302 warf er sie vom Norden der Reihe nach nieder. Die kurfürstliche Mitregierung im Reich war beseitigt, das Königtum hatte eine neue, ungeahnte Machtstellung erreicht.

Die guten Dienste des Hanauers

IV.

Auf der Höhe seines Triumphs erließ also Albrecht in Speyer unsere Stadtrechtsurkunde. Wie gesagt, hat Ulrich von Hanau, der heiklen Anfänge ungeachtet, mit König Adolf in freundlichen Beziehungen gelebt, soweit die spärlichen Zeugnisse erkennen lassen. Das hat ihm beim siegreichen Habsburger in keiner Weise geschadet, im Gegenteil. Schon 1300 wurde er, wie sein Vater unter König Rudolf, Landvogt in der Wetterau und von Albrecht beauftragt, ihm Anhänger zu werben. Im Kampf gegen seinen Widersacher Gerhard von Mainz war er die treibende Kraft (16). Wenn es in unserer Urkunde heißt, daß der König die guten Dienste des Hanauers in Erwartung noch besserer belohne, so ist dies in mittelalterlichen Königsurkunden gängige Formel, aber in unserem Fall sicher mehr als das und Ausdruck echter Dankbarkeit und Verbundenheit. Es ist schon bemerkenswert und ein Zeichen von persönlicher Fähigkeit und ins Gewicht fallender Macht gleichermaßen, wie sich Ulrich bei drei Königen in Gunst zu setzen und zu behaupten wußte. Eine ganze Anzahl von Verpfändungen und Verleihungen ist von Albrecht überliefert (17).

In besonderem Maß ließ sich Ulrich den Erwerb von Stadtrechts- und Marktprivilegien angelegen sein. Von drei Königen erwarb er vier solcher Urkunden. Die unsere für Hanau ist die vierte und letzte. Am 5. August 1288 gewährte ihm König Rudolf das erste Privileg für Windecken; auch hier sind die Verdienste Ulrichs der Grund, auch Windecken erhielt das Recht der Stadt Frankfurt, einen Wochenmarkt (donnerstags) und das Marktprivileg (18). Zwei Jahre später, am 4. Juli 1290, folgt Steinau: Wegen der Treue Ulrichs erhält es das Recht von Gelnhausen, einen Wochenmarkt (donnerstags) und das Marktprivileg (19). Rudolfs Nachfolger Adolf verleiht am 28. März 1295 wegen der Treue seines Blutsverwandten Ulrich dem Ort Babenhausen einen Wochenmarkt am Mittwoch und das Recht von Frankfurt (20). Die vier Urkunden für Windecken, Steinau, Babenhausen und schließlich Hanau stehen materiell und politisch in einem offensichtlichen Zusammenhang.

Der Festakt vom 2. Februar im Schloß Philippsruhe.

Zunächst zur Verleihung des Stadtrechts: Daß die vier verhältnismäßig kleinen Orte das Recht benachbarter Reichsstädte
(Fortsetzung nächste Seite)

Hanau von einst: In diesem Gebäudekomplex am Bängert (gegenüber der katholischen Kirche) war die Stadtbibliothek und nach dem Brand (1912) das Gymnasium (Hohe Landesschule) bis zum Neubau untergebracht. Im Hintergrund der Turm der alten Johanneskirche.

50 Jahre BETTENHAUSEN & VOLZ
Gebäudereinigungsgesellschaft mbH + Co KG.
Hanau · Meisterbetrieb · Donaustraße 8 · Telefon 19 18

Seit 5 Jahrzehnten reinigt nun schon die Firma Bettenhausen & Volz in den verschiedensten Städten in Hessen. Wir zählen seit Firmengründung zu den ältesten Gebäudereinigungsunternehmen in unserem Lande.

Wir sind die Raumpflege-Experten in Hanau

Die Fa. Bettenhausen & Volz ist ein großes Dienstleistungsunternehmen im Raum Hanau, Gelnhausen, Schlüchtern, Offenbach, Frankfurt und mit einer Zweigstelle in Darmstadt — verkauft Sauberkeit in einem breitgefächerten Angebot.

Für den Auftraggeber ist eigenes Reinigungspersonal nicht mehr interessant. Die Vergabe der Reinigungsaufgaben an spezialisierte Unternehmen entlastet die eigene Verwaltung und das Budget.

Unsere Auftraggeber sind Bund, Land, Gemeinden, Unternehmen der Privatwirtschaft aus Handel, Handwerk, Industrie, Verkehr und Versicherungen. Wir reinigen Büros, Schulen, Altenheime, Militärkasernen, Polizeibüros, Flughäfen, Kaufhäuser, Betriebsanlagen, Hotels, Restaurants und Rathäuser.

Gönnen Sie Ihren Füßen eine Erholung!

Unser Fachpersonal hilft Ihnen gerne bei der Auswahl fußgerechten Schuhwerks

Ihr Schuhhaus Beyer
Hanau - Langstr./Ecke Rosenstr.

675 Jahre Stadt Hanau

Die guten Dienste des Hanauers

(Fortsetzung von der Vorseite)

erhielten, machte sie zu einem herausgehobenen Rechtsbezirk und bot einen Anreiz, vom Land, wo dies nicht der Fall war, in diese Orte zu ziehen und damit deren Bedeutung zu stärken. Spätestens von jetzt an muß es hier Organe städtischer Selbstverwaltung gegeben haben, auch wenn wir sie uns noch bescheiden vorzustellen haben, einen Schultheiß, eine feste oder wechselnde Zahl von Schöffen oder Ratsmännern. Daß aber mit der Stadtrechtsverleihung ein Rechtszug verbunden war in dem Sinn, daß Bürger der vier Orte in Streitfragen untereinander oder gar gegen ihren Herrn nach Frankfurt oder Gelnhausen appellieren konnten, weil diese die Rechtsheimat waren — wir kennen dies aus der gleichzeitigen Ostkolonisation besonders für das Magdeburger und lübi-

Der Festakt vom 2. Februar im Schloß Philippsruhe.

sche Recht — ist nicht anzunehmen. Noch weniger kommt die Interpretation in Frage, daß die Orte nun etwa reichsunmittelbar werden sollten wie die Mutterrechtsstädte; das war keine Frage des Stadtrechts, sondern des Stadtherrn, und der war und blieb natürlich Ulrich von Hanau.

Nicht weniger wichtig als das Stadtrecht war das Marktrecht. Wenn in den vier Orten an einem bestimmten Tag im Wochenmarkt errichtet wurde, wenn vom König der ungehinderte Weg zu und von diesem Markt verbreitet wurde — natürlich nahmen die Herren von Hanau, gestützt auf dieses Privileg, im Notfall selbst den Marktschutz wahr, ohne daß dies hier ausdrücklich gesagt zu werden brauchte — so war auch dies ein Anreiz, vom Land in die Stadt zu kommen, zu verkaufen und zu kaufen. Die wirtschaftliche Bedeutung des Ortes — immer vorausgesetzt, der Markt fand bei der Bevölkerung auch Interesse und entwickelte sich — hob sich. Modern gesprochen, wurde durch Stadtrecht und Marktrecht die Mittelpunktfunktion der Orte gestärkt. Es ist auch nicht schwer zu erkennen, gegen wen sich diese Privilegien richteten. Ulrichs Gebiet wurde begrenzt bzw. unterbrochen durch die drei wetterauischen Rechtsstädte Friedberg, Gelnhausen und besonders das mächtig aufstrebende Frankfurt. Der Hanauer versuchte nun durch die Urkunden für seine vier wichtigsten Orte dem Sog, der von diesen Städten ausging, entgegenzuwirken. Zum Gegenbeweis diene die Urkunde Friedrichs II., der bereits 1220 den Markt von „Köbel" (wohl Marköbel) nach Gelnhausen verlegte; offenbar war er den Gelnhäusern ein Dorn im Auge (21). Jetzt wurde der Spieß umgedreht, denn zweifellos tat gerade die Trias Windekken, Steinau und Hanau der Stadt Gelnhausen, die durch sie sozusagen eingekreist wurde, Abbruch.

Wir sehen aus den genannten vier Urkunden, daß Ulrich eine zielstrebige und — über fünfzehn Jahre hin — auch zähe Städtepolitik für sein kleines Territorium trieb und seine guten Beziehungen zu drei Königen dafür benutzen konnte. Leider wissen wir nichts über die Vorverhandlungen und besonders über die Gegenwirkungen bei diesem großzügigen Konzept.

V.

Welche Bedeutung hat nun die Urkunde von Lichtmeß 1303 speziell für Hanau? Sicher keine dramatische in dem Sinn, daß nun mit einem Schlag etwas völlig Neues beginnt, gar eine zwangsläufige Entwicklung zu dem Hanau anfängt, wie wir es heute haben. Derartige Privilegien schaffen nicht jählings neue Verhältnisse. Sie eröffnen Möglichkeiten, von denen niemand wissen konnte, ob sie wirklich eintraten; oft genug taten sie es nicht. Für tatkräftige Herren wie Ulrich von Hanau waren es freilich willkommene Instrumente, ihr Herrschaftsgebiet innerlich zu kräftigen, wir sagen heute: die Infrastruktur zu verbessern. Für die Stellung Hanaus lernen wir aus unserer Urkunde mit den drei anderen, daß es noch kein bevorzugter Ort innerhalb des Territoriums war. In der Tat war ja Windecken bis ins 15. Jahrhundert der wichtigste Wohnort, während Hanau die Ehre zufiel, daß sich die Herren, seit 1429 Grafen, nach ihm nannten.

Das Frankfurter Tor. Federzeichnung von Dr. Siebert, Großauheim.

Hinter Frankfurt und Gelnhausen

Welcher Art das oppidum Hanau, das sich wohl im Lauf des 13. Jahrhunderts um die Herrenburg gebildet hatte, zur Zeit seiner Stadtrechtsverleihung war, läßt sich nicht beweisen. Der Terminus oppidum weist auf eine befestigte Ortschaft hin, sagt aber über die Größe nichts aus. Im Privileg für Babenhausen wird sogar Frankfurt oppidum genannt, das sonst gewöhnlich civitas heißt, und ebenso ist Gelnhausen im Privileg für Steinau oppidum. Es ist keine Frage, daß das damalige Hanau sich mit den gleichbenannten Frankfurt und Gelnhausen nicht messen konnte. Daß Babenhausen villa genannt wird, deutet auf noch bescheidenere Verhältnisse dort hin. Die Terminologie der Königsurkunden ist hier alles andere als scharf und taugt nur zu Spekulationen. Übrigens hängen die vier Urkunden, deren Inhalt so ähnlich ist, formal nicht voneinander ab in dem Sinn, daß eine der anderen als Vorlage gedient hätte. Desto entschiedener, um dies nochmals zu betonen, wird der durchgängige Wille des Herrn Ulrich sichtbar, seine Residenzorte rechtlich abzusichern.

Der grundsätzlichen Bedeutung des Privilegs von 1303 kommen wir vielleicht am ehesten dadurch nahe, daß wir es in Parallele zum zweiten bedeutsamen Ereignis der Hanauer Stadtgeschichte setzen, der Gründung der Neustadt dreihundert Jahre später. Beide Male stehen wir persönlich überaus fähige, zukunftsbewußte Landesherren am Werk, hier Ulrich I., um 1600 den Grafen Philipp Ludwig II. Natürlich lebte Philipp Ludwig in einer ganz anderen Welt. Er war auf die Mitarbeit seiner Neusiedler angewiesen, ihnen mehr ein Partner als ein Herr. Um 1300 waren die Verhältnisse viel kleiner und die Gewichte anders verteilt: Hier ist uns allein die herrschaftliche Seite greifbar; die Persönlichkeit Ulrichs und seine Beziehungen waren es, die den Ausschlag gaben. Die Stadtbewohner bleiben noch ungreifbar im Dunkeln; sie werden kollektiv opidani genannt, kein Name ist uns überliefert. Aber die beiden Komponente, herrschaftliche und bürgerliche, sind doch auch damals schon vorhanden.

Versuchen wir das Privileg von Lichtmeß 1303 aus seiner Zeit heraus zu würdigen, so ist es, und allein das sichert ihm seinen Rang, die erste, dazu von einem König ausgestellte Urkunde, die den Ort Hanau als solchen betrifft und ihn zugleich zu einem Rechtsbezirk erhebt. Es war ein nüchterner Wegweiser in eine — was sich von selbst versteht — ungewisse Zukunft, ein Rahmen, der erst noch ausgefüllt werden wollte. Daß dies geschehen ist, Hanau sich so entwickelte, daß es Hauptresidenz und um 1600 Ansatz für die Symbiose mit der Neustadt werden konnte, dafür war die herrschaftliche Fürsorge der Herren und Grafen gewiß nötig. Aber getragen wurde diese Entwicklung doch von den opidani, den Bürgern. Ihnen gilt — vermittelt durch die von dem Stadtherrn Ulrich I. — die heute vor 675 Jahren ausgestellte Urkunde, in der wir das wichtigste Zeugnis der Hanauer Frühgeschichte zu sehen haben und allen Grund den Tag der Wiederkehr zu feiern.

Main-Partie mit Blick auf Hanau. Stahlstich von Carl Mayers Kunst-Anstalt in Nürnberg nach Zeichnung von Fritz Bamberger (Verlag von C. Etlinger in Würzburg. Aus „Album of Wilhelmsbad et de ses environs", Hanau um 1850).
Aus der Sammlung „Hanau in alten Ansichten", Dr.-Hans-Peters-Verlag, Hanau.

Welches Hanau meinen wir?

Eigenständige Entwicklungen in der Stadt – Von Dr. Eckhard Meise

Gestatten Sie, daß ich im Anschluß an den Vortrag von Dr. Günter Rauch und die Musik der Rüdigheimer Musikanten, durch die wir in eindrucksvoller Weise in die Zeit der Stadtrechtsverleihung zurückversetzt wurden, noch einige Worte zur hanauischen Geschichte sage.

Diese hanauische Geschichte in den Griff zu bekommen, bereitet erhebliche Schwierigkeiten. Denn welches Hanau meinen wir? Die Grafschaft Hanau? Doch welche? Die hanau-münzenbergischen Lande oder die hanau-lichtenbergischen Teile des Elsaß? Und wenn wir von der Stadt Hanau sprechen — welche Stadt ist es dann? Die Altstadt oder die Neustadt, die ja erst seit 1834 nach einer geglückten Gebietsreform eine kommunale Einheit bilden? Die Hinzuziehung der neuen Hanauer Stadtteile mit ihren eigenen Traditionen würde die Situation weiter komplizieren. Obgleich die Historie der gesamten hanauischen Teils aufs engste miteinander verflochten ist, gibt es doch auch erhebliche Unterschiede und durchaus eigenständige Entwicklungen. Lassen wir die genannten politisch-geographischen Unterscheidungen beiseite, so macht uns die Vielfalt der historischen Traditionen Schwierigkeiten, Hanaus Geschichte als Einheit zu begreifen.

Da ist zunächst die feudale Tradition, von der heute vornehmlich die Rede war. Im Gegensatz zu früheren Zeiten, als die Geschichtsschreibung historische Entwicklungen vor allem als das Wirken großer Persönlichkeiten zu erklären versuchte, gilt heute das Interesse überwiegend der Basis, den ökonomischen und sozialen Verhältnissen. Doch im Rahmen dieser vorgegebenen Verhältnisse haben das persönliche Wirken einzelner Herren und Grafen und auch die feudalen dynastischen Familienbeziehungen die Geschichte Hanaus bis in die Neuzeit hinein in hohem Maß beeinflußt.

Einige Beispiele seien genannt. Am deutlichsten sind für uns noch greifbar die Folgen des persönlichen Einsatzes Philipp Ludwigs II., des Initiators der Neustadt. Dieser Neustadt vor allem hat Hanau seine typische Entwicklung zum Industrie- und Handelszentrum zu verdanken; ohne die Neustadt wäre es vielleicht ein Städtchen etwa von der Größe Windeckens oder Steinaus geblieben. Oder nehmen wir die Verbindung zu Lichtenberg im Elsaß. Nichts, aber auch gar nichts, keine ökonomische und auch keine geographische Gegebenheit hätte den Anlaß dazu geben können, daß unser

(Fortsetzung nächste Seite)

HANAU UND VW

Gemessen an den 675 Jahren Stadt Hanau gibt es VW noch nicht lange. Aber für die Autofahrer in dieser Stadt steht VW seit nahezu 30 Jahren mit Rat und Tat zur Verfügung.

1966 ging die VW-Vertretung von der Firma HANKEL & SCHLEGEL auf die Firma GLÖCKLER über. Die Marke AUDI wurde mit ins Programm genommen.

Die Firma GLÖCKLER freut sich darauf, mit der Stadt Hanau und Ihren Einwohnern noch viele Jubiläen zu feiern.

Ihr Partner in Sachen VW und AUDI

GLÖCKLER
VW Audi PORSCHE

LAMBOYSTRASSE 32

Seb. TREUSCH

Inh.: G. Touet

Langstr. 81
Hanau
Tel. 06181/22434

675 Jahre Stadt Hanau

BRIEFMARKEN - MÜNZEN DER GANZEN WELT, AUCH IM ABONNEMENT

BEDARFSARTIKEL ALLER FÜHRENDEN FIRMEN:
SAFE, LINDNER, KA-BE, MICHEL, LEUCHTTURM, SCHAUBEK, PHILEX, BOREK USW.

LIEFERT ZUVERLÄSSIG
IHR FACHGESCHÄFT **BECKER** HANAU/MAIN
SEIT ÜBER 30 JAHREN HANAUER VORSTADT 13 - TEL. 2 27 33

Justitia und die letzten 100 Jahre
Vom Bangert in die Nußallee – Von Georg Wittenberger

Modernes und Altes gleichermaßen im Jahr des Jubiläums zu berücksichtigen und auch zu schätzen, ist eine Aufgabe, der sich jeder Bürger dieser Stadt annehmen sollte. Ohne Geschichte gibt es keine Gegenwart. Auch die Justiz hat sich im Laufe der Jahrzehnte gewandelt. Heute sind die „Hohen Herren", die im Namen des Volkes für den einzelnen schwerwiegende Entscheidungen treffen, nur noch an den schwarzen Roben zu erkennen. Darunter aber verbergen sich Menschen wie du und ich. Früher, da waren Perükke und Barett noch wichtig. Ohne diese „vornehmen Dinge" konnte kein Recht gesprochen werden. Und Richter und Anwälte waren, wie der Hanauer Anzeiger vor hundert Jahren einmal schrieb, „gebildete Elemente".

Nun, in Hanau war schon immer eine Gerichtsbarkeit anzutreffen. Da gibt es Urkunden, in denen von Miete für das Landgerichtslokal im Altstädter Rathaus im Jahre 1822 die Rede ist. Adressat der Forderungen war die Kurfürstliche Regierung.

Viel interessanter in der historischen Rückblende für die Justiz ist das Jahr 1878. Genau vor hundert Jahren verzeichnet die Chronik zahlreiche Ereignisse, die ihre Auswirkungen auf später noch haben sollten.

Da meldet beispielsweise der Hanauer Anzeiger am 8. Januar 1878, daß einige Einwohner dieser Stadt eine Petition verfaßt haben, damit das Landgericht in Hanau verbleibe und nicht nach Fulda verlegt werde. Der massiv vorgetragene Protest hat schließlich Erfolg. Wenige Tage später wird in Berlin beschlossen, daß das Landgericht in Hanau bleibt.

In der Gesetzessammlung für die Königlichen Preußischen Staaten findet sich im Jahre 1978 ein Gesetz, das die Errichtung von Oberlandesgerichten und Landgerichten verordnet. „Wir Wilhelm", so heißt es, „von Gottes Gnaden König von Preußen verordnen, unter Zustimmung beider Häuser des Landtages der Monarchie..." Und so steht es in dem Gesetz vom 4. März 1878 schwarz auf weiß, daß in Hanau ein Landgericht errichtet wird. „Urkundlich unter Unserer Höchsteigenhändigen Unterschrift und beigedrucktem Königlichem Insiegel..."

In der gleichen Gesetzessammlung findet der Chronist auch dieses: „Wir Wilhelm, von Gottes Gnaden König von Preußen, verordnen auf Grund des § 21 des Ausführungsgesetzes zum Deutschen Gerichtsverfassungsgesetz vom 24. April 1878, was folgt: Die Bezirke der durch die Verordnung vom 26. Juli 1878 errichteten Amtsgerichte werden nach Maßgabe des anliegenden Verzeichnisses gebildet. Diese Verordnung tritt gleichzeitig mit dem Deutschen Gerichtsverfassungsgesetz vom 27. Januar 1877 in Kraft." Ausgegeben wurde diese Verordnung am 5. Juli 1879. In dem Gesetzestext werden dem Landgerichtsbezirk Hanau angeführt, dem 22 Amtsgerichte von Bergen bis Fulda, von Hünfeld bis Orb angehören.

Zwei Zigeuner hingerichtet

Zum Amtsgericht Bergen gehören aus dem Kreis Hanau die Gemeindebezirke Bergen, Berkersheim, Bischofsheim, Fechenheim, Gronau, Preungesheim, Seckbach. Ferner die Gutsbezirke Dottenfelder Hof und Gronauer Hof. Zum Amtsgericht Hanau gehört der Kreis Hanau mit Ausschluß der zu den Amtsgerichten Bergen, Bockenheim, Langenselbold und Windecken gelegenen Teile. Das Amtsgericht Langenselbold umfaßt die Gemeindebezirke Hüttengesäß, Langendiebach, Langenselbold, Neuwiedermus, Ravolzhausen und Rückingen. Das Amtsgericht Windecken umfaßt den Stadtbezirk Windecken sowie die Gemeindebezirke Eichen, Erbstadt, Kilianstädten, Marköbel, Niederdorfelden, Oberdorfelden, Ostheim und Roßdorf; ferner noch den Gutsbezirk Beiersröder Hof.

Die Justiz im letzten Drittel des vorigen Jahrhunderts residiert in Hanau in einem zweistöckigen Gebäude in der Straße Im Bangert. Im zweiten Stock war das Gerichtsgefängnis untergebracht. Augenzeugen berichten noch heute von den Gefangenen, die zu Anfang des Jahrhunderts aus den Fenstern schauten. In dieses Gebäude zog nach dem Neubau für das Land- und Amtsgericht das Gymnasium. Noch andere Mieter hat das alte Gerichtsgebäude bis zum Zweiten Weltkrieg gesehen: Ein Teil des Lyceums war darin untergebracht, und auch Proberäume für das Stadttheater befanden sich darin. Im Bombenhagel des letzten Krieges sank das Gebäude Im Bangert in Schutt und Asche. Heute stehen dort Wohnhäuser.

In diesem Gebäude war das Hanauer Land- und Amtsgericht vor dem Jahre 1911 untergebracht. Im zweiten Stock war das Gefängnis. Nach dem Neubau an der Nußallee diente das Haus in der Straße am Bangert verschiedenen Zwecken. Das Gebäude wurde im Zweiten Weltkrieg zerstört. Heute stehen dort Wohnhäuser. Die Aufnahme entstand am 13. März 1939.

In eben diesem Gerichtsgebäude und Gefängnis hat zu Anfang des 20. Jahrhunderts auch die letzte Hinrichtung stattgefunden: Die Brüder Ebender, zwei Zigeuner, wurden vom Leben in den Tod befördert, weil sie zwischen Gelnhausen und Fulda einen Förster ermordet haben sollen.

Schon zu Anfang des Jahrhunderts werden Pläne für einen Neubau für Land- und Amtsgericht sowie für Gefängnis gehegt. So existieren Urkunden über die unentgeltliche Überlassung von zahlreichen Grundstücken an der Nußallee, an der Katharina-Belgica-Straße und am Fischerhüttenweg an den preußischen Justizfiskus. In einem Protokoll des Königl. Preuß. Landgerichts Hanau vom 5. März 1906 werden Einzelheiten darüber berichtet. Am interessantesten aber ist Paragraph 6 dieses Vertrages: „Der Justizfiskus verpflichtet sich, für den Fall, daß während der gegenwärtigen Gerichtsverfassung der Sitz des Landgerichtes von Hanau verlegt werden sollte, an die Stadtgemeinde eine Entschädigung von 200 000 Mark zu zahlen." Unterzeichnet und gesiegelt von Landgerichtspräsident Geheimen Oberjustizrat Louis Koppen, Ersten Staatsanwalt Max Lehmann

Reich verziert: das Treppenhaus des Landgerichtsgebäudes in der Nußallee. Im Zweiten Weltkrieg sank das Haus im Bombenhagel in Trümmer.

(Fortsetzung nächste Seite)

Ein KAUFRING Haus

Sie kaufen gut und sparen viel

Tolle Angebote zum Maimarkt

Profitieren Sie von unserer Leistungsstärke!

WELTKUGEL Ein KAUFRING Haus

Hanau – Fußgängerbereich Hammerstraße

Wir handeln
damit Ihre Heizung
100%ig versorgt ist

● Heizöl extra leicht
● Kohlen - Briketts
● Brennerwartung
● Tankreinigung
● Einbau von Kunststoffinnenhüllen

RAAB KARCHER
Hanau, Canthalstraße 6-8, Telefon 06181/3721

675 Jahre Stadt Hanau

AUTO-WOLFF
ALFA-ROMEO-VERTRAGSHÄNDLER

ERSATZTEILLAGER — KUNDENDIENST — BERATUNG
VERKAUF

Philippsruher Allee 1-3 / Am Westbahnhof
TELEFON 2 35 00 UND 4 64 21

Vor langer Zeit: Das Brüder-Grimm-Café befand sich am Marktplatz (Ecke Paradiesgasse). Links daneben die Brüder-Grimm-Buchhandlung (Inhaber: Ernst Schoele). Heute befindet sich in dem Eckhaus das Hutgeschäft Koubek.

Justitia und die letzten 100 Jahre...
(Fortsetzung von der Vorseite)

sowie Oberbürgermeister Dr. Eugen Gebeschus.
Ein weiterer Vertrag vom 19. Oktober 1909 regelt die Grünanlagen um „das Gebäude. So hat „der Justizfiskus gegen die Aufstellung von alten Grabdenkmälern des ehemaligen Deutschen Friedhofes auf diesem ihm gehörigen Geländestreifen wie auch in den städtischen Anlagen nichts einzuwenden." Und: „Die Rücklagen an der Katharina-Belgica-Straße und am Fischerhüttenweg legt der Justizfiskus als Vorgarten an, die Stadt Hanau übernimmt auf Wunsch die unentgeltliche Unterhaltung dieser Vorgärten." Unterzeichnet haben dieses Protokoll Landgerichtspräsident Fritz Schulte-Uffelage und Erster Staatsanwalt Max Lehmann sowie Bürgermeister Karl Hild.

52 Einzelzellen

Noch dauert es einige Zeit, doch schließlich beginnt der Bau. Die Baupläne mit Daten des Jahres 1911 für das Geschäftsgebäude des Landgerichts, der Staatsanwaltschaft und des Amtsgerichts in der Nußallee 17 (Grund und Boden aufgelassen am 1. November 1911) sowie für das Gefängnisgebäude mit Beamtenwohnhaus Katharina-Belgica-Straße existieren heute noch und werden im Archiv des Hessischen Justizministeriums in Wiesbaden verwahrt. Zwischen 1911 und 1912 muß dann wohl der Umzug von der Straße Im Bangert gewesen sein. Im Jahr 1912 nämlich brennt das Gymnasium in der Schirnstraße ab. Die Schulräume werden deswegen in das Gerichtsgebäude verlegt. Aus dem Jahre 1914 existieren zahlreiche Fotografien des neuen Gerichtskomplexes. 1932 wird ein Arbeitsschuppen am Gefängnis erbaut.
Aus einem Grundstücksverzeichnis des Gerichts- und des Gefängnisgebäudes in Hanau vom 1. April 1935 geht hervor, daß das 1911 vollendete Gebäude ein massiver Putzbau mit Fensterumrahmung aus Sandstein und Ziegeldach ist und 88 Geschäftsräume sowie 55 Nebenräume und zwei Wohnungen für den Hauswart und den Heizer hat. Genau angegeben sind die Zahl der Feuerlöscher — 3 — und der Fahnenstangen — eine eiserne auf dem Dach und eine hölzerne mit eisernen Haltern an der Südostfront des Mittelbaus. Das Gefängnis enthält 52 Einzelzellen und eine Gemeinschaftszelle für neun Personen. Beide Gebäude sind auf einem ehemaligen städtischen Friedhof errichtet.

Drei Präsidenten nach dem Krieg

Der Bereich des Landgerichtes Hanau, der seit 1879 bis Hünfeld reichte, wird am 1. Juli 1944 verkleinert. Im Zweiten Weltkrieg sinkt das Gebäude in der Nußallee in Trümmer. Die meisten Akten verbrennen, so daß geschichtliche Nachforschungen sehr schwierig sind.

Nah dem Krieg nehmen folgende Amtsgerichte, die noch zum Landgericht Hanau gehören, ihre Arbeit wieder auf: Bad Orb 1. August 1945, Gelnhausen 11. Juli 1945, Langenselbold 1. Oktober 1945, Salmünster 1. Januar 1946, Schlüchtern 1. November 1945, Steinau 1. Januar 1946, Wächtersbach 10. Juli 1945 und Windekken 8. September 1945. Das Amtsgericht Hanau residiert ab dem 1. September 1945 in der alten Schule in Kesselstadt, das Landgericht im Keller in der Nußallee.

Doch auch die Justiz ist nicht von Reformen verschont. Beispiel: Die Amtsgerichte Orb und Salmünster werden am 1. Juli 1968 aufgelöst. Anderes Beispiel: Die Zweigstelle Langenselbold wird 1971 aufgelöst.

Heute ist das Gerichtsgebäude an der Nußallee wieder zu klein geworden. Die Staatsanwaltschaft ist schon seit längerer Zeit ausgesiedelt und hat sich in einem Wohnhaus unweit davon einquartiert.

Drei Präsidenten hat das Landgericht Hanau seit 1945 gesehen. Vom 1. September 1945 bis zum 31. März 1960 stand Dr. Felix Lesser an der Spitze. Ihm folgte vom 1. April 1960 bis zum 30. September 1973 Dr. Gerhard Otto. Und seit dem 1. Oktober 1973 hat Ernst Weigand das hohe Amt des Landgerichtspräsidenten inne.

PEUGEOT
Das attraktive Pkw-Programm für jeden Anspruch

Peugeot baut Limousinen von 44 bis 144 PS. Vom 104-Viertürer mit großer Heckklappe bis zum noblen Sechszylinder 604 V 6 TI. Break- und Dieselversionen, Coupés, Kabrios u. Transporter.

Bitte nehmen Sie Platz zur Probefahrt!

PEUGEOT
Bekenntnis zur Qualität

Autohaus KEMMERER

6450 Hanau 7-Steinheim, an der B 45 (neben toom-Markt)
Telefon 0 61 81/6 16 46

● UNSER KUNDIENDIENST — IHRE SICHERHEIT ●

Eingangsfront des Landgerichtsgebäudes in der Nußallee. Die Aufnahme stammt aus dem Jahre 1914.

SHOPPING **TRIC TRAC** ... MODE IN IHRER SCHÖNSTEN FORM

Conditorei
Confiserie
Backwaren
Beilstein's Backstube
SPITZE

Internationale Backspezialitäten

Conditorei	Confiserie	Brot	Brötchen
Span. Vanille	Sahne-Trüffel	Spezialität:	Züricher Butterweck
Sacher-Torte	Honig-Trüffel	Fränk. Bauernleib'l	Käsebrötchen
Lübecker-Nuß	Mandelsplitter	Saftkornbrot	Laugenbrötchen
Sarah-Bernard	Marzipanpralinen	(mit ganzen,	Schinkenbrötchen
Prinzess-Torte	Nougatpralinen	gewaschenen,	Speckbrötchen
Marzipan-Torte		keimfähigen	Zwiebelbrötchen
Butterkuchen		Roggenkörnern)	
Kirmeskuchen		Batard de Champagne	
Rahmkuchen		Baguetts	
Brioches		Zwiebelbrot, Buttertoast	

HANAU / MAIN
BANGERTSTR. 8
TEL. 22465

675 Jahre Stadt Hanau

Ihre neue Sonnenbrille — Ihre neue Brille
ganz individuell
Unsere Augen-Optiker-Meister beraten Sie fachgerecht.

WILLY BAUMBACH
Inhaber I. Frickel
OPTIK — FOTO — HÖRGERÄTE

Hanau — Am Markt 7
Telefon 06181/21885

Schwerhörige
Wir beraten Sie unverbindlich und individuell in allen Fragen von Hörmitteln. Anpassung und Betreuung nach dem neuesten Stand der Hörgeräte-Technik. Weltbekannte Markenfabrikate verschiedenster Modelle stehen zur Verfügung.

Selbstverwaltung als Voraussetzung für den demokratischen Geist

In der heutigen Stadt ist engagierte und aktive Teilnahme möglichst vieler Bürger an der Lösung der anstehenden Probleme notwendig – Von Oberbürgermeister Hans Martin

Einen ersten Höhepunkt erreichte der Reigen der Veranstaltungen zum 675jährigen Bestehen der Stadt Hanau, als am 2. Februar ein Festakt im Schloß Philippsruhe stattfand. Dabei hielt Oberbürgermeister Hans Martin eine Rede, die nachfolgend — um einige Passagen der Begrüßung gekürzt — im Wortlaut wiedergegeben wird:

Heute, auf den Tag, sind es 675 Jahre, daß König Albrecht I. aus dem Hause Habsburg dem Gemeinwesen Hanau — damals noch Hanowe genannt — die Stadtrechte verlieh. Die Stadtrechtsurkunde trägt das Datum des 2. Februar 1303. Ich darf Sie, die Sie heute abend mit uns gemeinsam der Stadtrechtserhebung als dem für die Geschichte Hanaus entscheidenden Ereignis gedenken wollen, im Namen des Hanauer Geschichtsvereins und der Stadt Hanau sehr herzlich begrüßen...

...ich möchte den heutigen Abend als den Auftakt einer langen, bunten Reihe von Veranstaltungen, Ereignissen und Aktivitäten anläßlich des 675. Geburtstages der Stadt Hanau nicht vorübergehen lassen, ohne meinen Dank all denen auszusprechen, die sich dankenswerterweise bereit gefunden haben, in welcher Form auch immer, in den vor uns liegenden Monaten aktiv mitzutun.

Ich meine, daß der heutige Abend als der offizielle Beginn der Jubiläumsfeierlichkeiten den richtigen Anlaß darstellt, ungezählten Hanauer Bürgern, Institutionen, Verbänden, Vereinen und Organisationen ganz herzlich zu danken. Zu danken einmal für eine Vielzahl von höchst beachtenswerten Vorschlägen für die Gestaltung dieses für unsere Stadt so ganz besonderen Jahres und zu danken insbesondere für die große Bereitschaft, selbst einen eigenen Beitrag zu leisten. Ich gestehe, daß hier meine Erwartungen weit übertroffen worden sind. Die Veranstaltungen für Hanauer Bürger während der nächsten Monate werden so zum ganz überwiegenden Teil Veranstaltungen von Hanauer Bürgern sein.

Und es sind dies Hanauer Bürger aus der gesamten Stadt. Die Veranstaltungen des Jubiläumsjahres gewinnen dadurch zusätzliches besonderes Gewicht, daß sie von den Bürgern aus den neuen Stadtteilen nicht nur begrüßt, sondern auch ganz maßgeblich mitgestaltet werden. Dies beweist, gelegentlichen Unkenrufen zum Trotz, daß wir hinsichtlich der Integration und des Zusammenwachsens unserer Stadt auf dem richtigen Wege sind. Auch darauf, an einem festlichen Abend wie dem heutigen einen Gedanken zu verwenden und denen Dank auszusprechen, die zu dieser Entwicklung mit beigetragen haben, scheint mir angezeigt...

Gedanken zu dem Phänomen Stadt

Gestatten Sie mir, daß ich einige wenige Gedanken auf das Heute verwende. Einige wenige Gedanken, die sich auch einmal nicht mit der Stadt Hanau im Konkreten befassen — diese ist Ihnen allen ja in ihrer Entwicklung gegenwärtig und Gegenstand Ihrer aufmerksamen Beobachtung —, sondern Gedanken zu dem Phänomen „Stadt" im allgemeinen, mit ihrer Beziehung zum Staatsganzen wie zu dem einzelnen Bürger.

Ich möchte dabei zu Beginn insbesondere den Jüngeren unter uns ins Gedächtnis rufen, daß nach dem Ende des 2. Weltkrieges die Städte und Gemeinden der alleinigen Träger des entstehenden freiheitlich-demokratischen Gemeinwesens Bundesrepublik Deutschland waren. Schon aus dieser Tatsache folgt ihre besondere Bedeutung für unseren Staat, die bis heute nicht geringer geworden, sondern gewachsen ist. Und die Tatsache, daß die Städte mit Fug und Recht als Hort freiheitlichen Gedankengutes und der Selbstbestimmung der Bürger „verdächtig" waren — muß ich in diesem Zusammenhang schon sagen —, ist ja so etwas völlig Neues nicht: Bereits im Jahre 1896 hieß es in einer Stellungnahme der Reichsregierung in Berlin zu der Gründung des „Preußischen Städtetages": „... Überall hat die städtische Selbstverwaltung den Drang nach freier Selbstbestimmung der Städte genährt. Es liegt die Gefahr nahe, daß der Preußische Städtetag derartigen Bestrebungen einen neuen Stützpunkt gewährt."

Wurde nicht bereits hier, wenn auch unfreiwillig, den Städten ein Kompliment gemacht, das ihnen auch in unseren Tagen ernsthafte Verpflichtung sein muß? Ernsthafte Verpflichtung um so mehr, als ihre Freiheiten heute von Gesetzes wegen garantiert sind. Ich verweise auf Artikel 28 (2) des Grundgesetzes und für

Hochbetrieb: Die Ecke von Freiheitsplatz, Hammer- und Sternstraße, die derzeit als Fußgängerzone hergerichtet wird.

Hessen auf Artikel 137 der Hessischen Verfassung.

Welch einen langen, und das dürfen wir sagen, einen erfolgreichen Weg haben wir von dem Tag der Stadtrechtsgründung bis heute zurückgelegt! Freiheiten, darunter verstand man seinerzeit etwas ganz Besonderes, Privilegien, derer sich durchaus nicht jedermann erfreuen durfte. Nur wer auf besonders Wohlverhalten hinweisen konnte und sich so eine besonders huldvolle Behandlung seines Landesherren, Königs oder Kaisers verdient hatte, durfte auf bevorzugte, eben auf privilegierte Behandlung rechnen. Dies galt für die einzelne Person ebenso wie für Gemeinwesen.

Beträchtlicher Freiheitsraum

Heute wird jeder Stadt und jeder Gemeinde ein ganz beträchtlicher Freiheitsraum zugestanden. Wie groß dieser ist, zeigt uns sehr deutlich neben einem Blick auf die Geschichte in unserem Land ein Vergleich mit der Situation in den meisten anderen westlichen Demokratien. Dort sind die Städte und Gemeinden weitgehend nur Außenstellen der Zentralverwaltung mit wenig eigenem Spielraum.

In der Bundesrepublik stellt die kommunale Selbstverwaltung eine der tragenden Säulen unserer freiheitlich-demokratischen Staatsordnung dar. Die kommunale Selbstverwaltung erlaubt es dem Bürger, politische Abläufe unmittelbar verfolgen und durch seine Einflußnahme auf vielerlei Weise kontrollieren zu können. Sie spornt ihn zu aktiver Mitarbeit in vielfältiger Form an, die das wichtigste Lebenselement der Demokratie ist.

Im Jahre 2000 werden rund 75 Prozent der Bundesbürger in Städten leben. Das was Sie hier vor Ort tagtäglich an praktischer Demokratie miterleben, an Toleranz der politischen Gruppen im Umgang miteinander, an sozialer Verantwortung allen Mitgliedern der Gesellschaft gegenüber, an freiheitlichem Geist und an der Möglichkeit kritischer Stimmen, sich Gehör zu schaffen, das insgesamt wird ihre Einstellung zu unserem Staatswesen prägen, wird darüber entscheiden, ob sie bereit sind, sich mit ihm zu identifizieren, sich für unseren Staat einzusetzen. Der Staat, jedenfalls unser freiheitlich-demokratischer Staat, braucht als einen tragenden Pfeiler in jeder Hinsicht starke, funktionsfähige und lebenstüchtige Städte. Er, das heißt die Menschen in diesem Lande, konkret wir, brauchen — um es auf einem Nenner zu bringen — die intakte kommunale Selbstverwaltung. Hier haben sich die Grundsätze und Ideale, die für unser Staatswesen von Bedeutung sind, tagtäglich unmittelbar vor dem kritischen Auge der Bürger zu bewähren. In einem modernen Staatswesen, das notgedrungen für den einzelnen immer undurchschaubarer wird, ist die

Der Festakt vom 2. Februar im Schloß Philippsruhe.

Brand der Marienkirche in den Bombennächten des März 1945. Gemälde von Wolf Nagel.

freie, selbstverwaltete Stadt der Garant dafür, daß der Bürger immer die Möglichkeit findet, die Reaktionen der Politiker auf die geäußerten Erwartungen und Bedürfnisse zu überprüfen, um seine Reaktion eben diesen Politikern gegenüber entsprechend gestalten zu können.

Die Stadt — eine Schule der Demokratie,
(Fortsetzung nächste Seite)

Das Autohaus Ihres Vertrauens
BERNHARD HELLMANN
Simca-Chrysler-Vertragshändler

HANAU - Matthias-Daßbach-Straße 14 - Telefon 3 11 33 — Martin-Luther-King-Straße 8 - Telefon 8 10 67

Metzgerei Paul Roth OHG Hanau

Seit dem Jahre 1909 im Dienste unserer Kunden bei der Herstellung und dem Verkauf erstklassiger Fleisch- und Wurstwaren.

Freigerichtstraße — Mühlstraße — Hospitalstraße

675 Jahre Stadt Hanau

Ältestes Fachgeschäft am Platze!

Mit langjährigen Erfahrungen aus einer Wasserpflanzengärtnerei in den Jahren 1934—1964 und einem Tierpark und Tierhandel von 1954—1964.

Unser reichhaltiges Programm umfaßt:
EHEIM FILTER
in allen Größen und alle Ersatzteile
TURBELLE FILTER
500/1000/2000 Liter Leistung
Durchlüfter, Regelheizer, Regler, Lampen, Leuchtstoffröhren
AQUARIEN
in den Größen 40, 50, 60, 70, 80, 100, 120 cm
Aqua Elox Leichtmetall gold und silber elox.
Glas geklebt — V II A pol.
**AQUARIENSCHRÄNKE —
AQUARIENTRUHEN**, modern und antik
Wasserpflanzen, Fische, Vögel, Käfige, Kleintiere und Futtermittel
alles Zubehör für die Tierhaltung in großer Auswahl

Wenn Sie etwas in unserem Laden nicht sehen, fragen Sie, unser Lager ist groß, und wir können beim besten Willen nicht alles im Laden zeigen.

Seit 1927

Zoo Mengel
645 HANAU · NORDSTR. 54-58

Beträchtlicher Freiheitsraum

(Fortsetzung von der Vorseite)

wenn Sie so wollen. Oder mit dem Antworttext der Bundesregierung auf eine Anfrage ausgedrückt: „Die kommunale Selbstverwaltung ist eine unerläßliche Voraussetzung für den demokratischen Geist im deutschen Volke."

Die Städte sind sich ihrer Mitverantwortung für das Staatsganze bewußt. Sie werden ihr dann besonders wirksam entsprechen können, wenn der ihnen zugebilligte Freiraum für kommunale Entscheidungen erhalten und da, wo erforderlich, erweitert werden kann, wenn die bisherigen Aufgaben bei den Städten bleiben, nicht nur aus Tradition, sondern weil sie hier sachgerecht, schnell, kostensparend und bürgernah erfüllt werden können und wenn schließlich, als unabdingbare Voraussetzung für das oben Gesagte, für alle Städte eine auf Dauer gesicherte Finanzausstattung erreicht wird.

Das wichtigste Element, auf das die Städte heute und in Zukunft lebensnotwendig angewiesen sind, wollen sie die ihnen zukommende Rolle im Staat ausfüllen, ist die engagierte und aktive Teilnahme möglichst vieler Bürger an der Lösung der anstehenden Probleme. Ebenso wenig wie die Städte bloße Objekte staatlicher Politik sein wollen und sein dürfen, sind die Bürger Objekte der Kommunalpolitik. Ebenso wie der freiheitliche Staat die Freiheit und Selbständigkeit der Städte und Gemeinden bejaht, müssen diese die kritische Mitwirkung und Kontrolle möglichst vieler Bürger wollen und bejahen.

Diese Mitwirkung des einzelnen gilt es weiter zu stärken. So ist die Feststellung von Professor Alexander Mitscherlich in seinem 1965 erschienenen Werk „Anstiftung zum Unfrieden", als Warnung zu verstehen, wenn er sagt: „Es ist eine ausgesprochene Denkfaulheit, zu erwarten, die Stadt werde ganz von selbst ihre von Generation zu Generation langsam verwirklichte Funktion weiter erfüllen, der Ort der Selbstbefreiung des Menschen zu sein."

Ich bin zuversichtlich, daß der heutige Abend wie die vor uns liegenden zahlreichen Veranstaltungen auch in diese Richtung wirken: Den Hanauer Bürgern über die Beschäftigung mit der Geschichte ihrer Stadt Veranlassung zu geben, über deren heutige Situation nachzudenken und daran mitzuarbeiten, diese unsere Stadt Hanau zukünftig noch schöner, noch stärker, noch lebenswerter zu machen und damit in dem in aller Kürze aufgezeigten Sinn auch einen positiven Beitrag zur gesamtgesellschaftlichen und politischen Situation der Bundesrepublik Deutschland zu leisten.

Stadtrechtsurkunde wichtiges Zeugnis der Hanauer Frühgeschichte

Das Privileg von 1303 ist von grundsätzlicher Bedeutung – Der Vortrag des Historikers Dr. Günter Rauch beim Festakt am 2. Februar 1978

Die deutsche Übersetzung der lateinischen Königsurkunde wurde vor 675 Jahren in Speyer ausgestellt von einem König zugunsten eines Ortes für die Verdienste eines Edelherrn. Versuchen wir uns in die damalige Zeit zu versetzen und betrachten wir den großen und den kleinen Rahmen, in den diese Urkunde gehört, das Reich und die Herrschaft Hanau.

I.

Das Reich — nicht deutsches, sondern Reich der Römer genannt — hatte damals eine schwere Krisenepoche hinter sich. Wir müssen Jahrzehnte zurückgreifen, um das verständlich zu machen. Das letzte der drei Herrscherhäuser, welche das Hochmittelalter geprägt hatten, waren die Staufer gewesen. Der letzte große Staufenkaiser, Friedrich II. (1212–1250), der Enkel Barbarossas, hatte von seiner Mutter das süditalienisch-sizilische Nor-

Der Festakt vom 2. Februar im Schloß Philippsruhe.

mannenreich geerbt und weilte seit 1220 fast ununterbrochen in Italien; nur noch einmal kam er für zwei Jahre nach Deutschland. Unter ihm brach der jahrhundertelange Kampf zwischen Kaisertum und Papsttum am Vorherrschaft und Gleichberechtigung im Abendland noch einmal mit grandiosester Heftigkeit aus. Seit 1239 war der Kaiser im Kirchenbann. Er starb unbesiegt, aber sein Tod 1250 — mit dem für uns das Hochmittelalter ausklingt und das Spätmittelalter beginnt — bedeutete zugleich das Ende des hochmittelalterlichen Kaisertums. Erst 1312 sollte es, unter völlig veränderten Bedingungen, wieder einen Kaiser geben.

In Deutschland ließ sich Friedrich II. während seiner drei Jahrzehnte langen Abwesenheit durch zwei Söhne vertreten. Den einen, Heinrich, setzte er 1235 selbst ab, weil ihm er für zwei Jahre eine zu selbständige Politik trieb; der zweite, Konrad IV., 1237 gewählt, war viel zu jung, um sich durchsetzen zu können. Seit 1246 hatte es Gegenkönige in Deutschland, gegen die er sich kaum zu behaupten vermochte. Nach dem Tod seines Vaters 1250 zog auch er nach Italien, starb dort bereits 1254. Sein Gegner in Deutschland, Wilhelm von Holland machte Ansätze zur Wiedererrichtung der Königsgewalt, aber er überlebte seinen staufischen Gegner nur wenig: 1256 wurde er in einem Wintergefecht von den Friesen erschlagen. Erst 1257 kam es zu einer neuen Königswahl, einer Doppelwahl, die dazu auf zwei Ausländer fiel: König Alfons von Kastilien und Richard von Cornwall, den Bruder des englischen Königs. Alfons kam nie nach Deutschland, Richard zwar viermal, aber immer nur kurz und nie in rechtsrheinische Gebiete. Er starb im April 1272. Es sollte anderthalb Jahre dauern, bis ein neuer König gewählt wurde. Man hat die Zeit seit den vierziger Jahren bis 1273 das „Interregnum" genannt. Und wenn es auch sicher in Deutschland Zeiten gegeben hat, die ebenso schlimm und noch schlimmer waren, so konnte doch im Reich über viele Jahrzehnte hin von einer übergreifenden, integrierenden Königsgewalt keine Rede sein.

II.

In der Spätzeit der Staufer treten die edelfreien Herren von Hanau in das Licht der Geschichte. Erst 1234 erscheint ein Hanauer als Zeuge in einer Königsurkunde. Aus dem gleichen Jahr stammt auch die erste urkundliche Nennung eines Hanauer Herrn: Ego Reinardus de Hagenow ... Nähere Verbindung mit den Herrschern lassen sich für die Hanauer nicht nachweisen — zum Unterschied etwa von den benachbarten, gleichfalls edelfreien Herren von Büdingen — ganz anders als nach 1273. Aber neben und unabhängig von der Reichsgewalt gewannen die Hanauer in diesen Jahrzehnten eine achtbare Stellung. Es war dies die Verdienst der ersten historisch einigermaßen plastisch erkennbaren, bedeutenden Persönlichkeit des Hauses, Reinhards I. († 1281), des Sohnes des eben genannten Reinhard. Und es war das besondere Glück der Familie, daß für etwa 130 Jahre in Reinhard und seinem Sohn, Enkel und Urenkel Ulrich I. († 1305/06), Ulrich II. († 1346) und Ulrich III. († 1369/70) hintereinander vier Männer von überdurchschnittlicher Tatkraft und Fähigkeit zur Regierung kamen.

Die Wetterau, das Land nördlich von Hanau, im Westen vom Taunus, im Osten vom Vogelsberg begrenzt, war während der Stauferzeit eine „Königslandschaft", eine terra imperii gewesen, in der die königliche Herrschaft besonders intensiviert worden war. Desto verhängnisvoller mußte sich der geschilderte Zusammenbruch des Reichsgewalt hier auswirken.

In Ermangelung einer tatkräftigen Zentralgewalt bemühten sich die territorialen Mächte, wenigstens einigermaßen für sichere Zustände zu sorgen. Führend war dabei der mächtigste und auch vornehmste Reichsfürst des Gebiets, der Erzbischof von Mainz, Werner von Eppstein (1259–1284). Er ist der Mann, welcher die so folgenreiche Verbindung des Hauses Hanau mit der Reichsspitze anbahnte, zu einer Zeit, als noch niemand dies ahnen konnte. 1260, nach seiner Wahl zum Erzbischof, zog er über die Alpen nach Rom zum Papst. Begleitet wurde er auf dieser nicht ungefährlichen Reise von Reinhard von Hanau, dem er sich dafür in folgenden Jahr mit einer Belehnung erkenntlich zeigte; er erwähnt dabei die Treue und die Gefahren für Leib und Gut, die Reinhard auf sich genommen habe und nennt diesen seinen Blutsverwandten (consanguineus). Nun gab auf dieser Romreise noch ein anderer das Geleit, von Straßburg bis zu den Alpen: Graf Rudolf von Habsburg, der der künftige deutsche König werden sollte. Spätestens seit dieser Zeit also haben Rudolf und Reinhard einander gekannt, sicher auch geschätzt. Möglicherweise hat der Romzug des Mainzer Erzbischofs von 1620 das Glück des Hauses Hanau gemacht.

*Schloß Hanau. Unsigniertes Kupferstich, Frankfurt 1626.
Aus der Sammlung „Hanau in alten Stichen", Dr.-Hans-Peters-Verlag, Hanau.*

Wertschätzung für Hanauer Herren

III.

Anfang Oktober 1273 wurde Rudolf von Habsburg, unter maßgeblicher Beteiligung des Erzbischofs Werner, zum Römischen König gewählt und am 24. Oktober in Aachen gekrönt. Vom ersten Tag seiner Regierung an bewies er ein besondere Wertschätzung der Hanauer Herren. Zunächst — und es sind doch bindet ja immer am meisten — ging es um eine persönliche Angelegenheit. Reinhard von Hanau hatte reich geheiratet, aber nicht standesgemäß. Seine Frau war Adelheid von Münzenberg, eine der sechs Erbinnen des 1255 im Mannesstamm ausgestorbenen Ge- schlechts. Die Münzenberger hatte in der Wetterau eine so gut wie fürstengleiche Stellung, aber — sie waren vom Stand her Reichsministerialen und daher persönlich unfrei. In Aachen also als solchen Ehen dem mindere Partner folgten, drohte der Sohn Ulrich in den Ministerialenstand abzusinken, Reinhard der letzte edelfreie Hanauer zu werden. König Rudolf schaffte diesen Defekt aus der Welt: Am Tag nach seiner Krönung, also einer seiner allerersten Regierungsakte, verlieh er Adelheid und ihrem Sohn Ulrich den Stand der Edelfreien. Und nicht

(Fortsetzung nächste Seite)

Wir freuen uns auf Ihren Besuch und beraten Sie jederzeit gerne in unseren Fachabteilungen

Leichte luftige Kinderschuhe von **Solidus**
für lose Einlagen

Schuhsorgen? Fußbeschwerden?
Alles für die Füße
Unsere Meisterwerkstätte für orth. Schuhtechnik versorgt Sie mit:
Orth. Maßschuhen
für alle Deformitäten
Fußeinlagen
nach Maß und Gips
Orth. Zurichtung an Normalschuhen

Hörbehindert?

WIR LÖSEN IHR PROBLEM
Täglich unverbindliche Ausprobe mit modernstem Testgerät in
angenehmer Atmosphäre
Ständige Betreuung in Ihrem Meisterbetrieb für Hörgeräte-Akustik

**Stütz- und Gummistrümpfe auch in Hosenform
Stützmieder
Leibbinden
Angora-Rheuma Wäsche**
Reiche Auswahl

Schuhe und Sandalen von

0278/Ideal

...und alle überstehen ihren Arbeitstag leichter

Ständiges Lager von Nachtstühlen, Zimmer-, Falt- u. Elektrofahrstühlen. Gehgestelle u. sonstige Hilfen f. Behinderte.

LIEFERANT SÄMTLICHER KRANKENKASSEN UND VERSORGUNGSBEHÖRDEN

Sanitätshaus **Reutershahn und Kompa** Ecke Rosen-/Langstraße, Telefon 2 47 04

Eine Zäsur in der Entwicklung Hanaus nach dem Zweiten Weltkrieg brachte die Bildung des Main-Kinzig-Kreises im Jahre 1974.
Als nunmehr kreiszugehörige Stadt konnte Hanau angesichts seiner wachsenden Größe und Bedeutung einen Sonderstatus behalten.

Beilage des „Hanauer Anzeiger" und der „Langenselbolder Zeitung"

MAIN-KINZIG-KREIS

Zusammenschluß
der Stadt Hanau, des Landkreises Hanau,
der Landkreise Gelnhausen und Schlüchtern
am 1. Juli 1974.

Main-Kinzig-Gesetz in Kraft

Mit dem heutigen Tage, dem 1. 7. 1974, ist das vom Landtag beschlossene Gesetz zur Neugliederung der Landkreise Hanau, Gelnhausen und Schlüchtern sowie der Stadt Hanau in Kraft getreten. Damit haben die bisherigen Landkreise ihre eigenständige Existenz verloren und sind im neuen Großkreis Main-Kinzig aufgegangen. Auch die Stadt Hanau gehört diesem neuen Verwaltungsgebilde an. Sie ist um die Städte Großauheim und Steinheim, die Gemeinde Klein-Auheim und um den Ortsteil Hohe Tanne der bisherigen Gemeinde Wachenbuchen vergrößert worden, hat dabei aber gleichzeitig ihre Kreisfreiheit verloren. Hanau wird als Sitz der Kreisverwaltung Hauptstadt des Main-Kinzig-Kreises sein, während in den bisherigen Kreisstädten Gelnhausen und Schlüchtern Teile der Verwaltung verbleiben sollen.

Gleichzeitig haben die Landräte der bisherigen drei Kreise ihre Funktionen als gewählte Chefs ihrer Kreisverwaltungen verloren und werden ihre Aufgaben bis zu den gesetzlich vorgeschriebenen Nachwahlen für den Kreistag des Main-Kinzig-Kreises im kommenden Herbst als Staatsbeauftragte wahrnehmen. Der Hanauer Oberbürgermeister behält diese Amtsbezeichnung für die Dauer seiner Wahlzeit bei.

Der Main-Kinzig-Kreis ist Rechtsnachfolger der bisherigen Landkreise. Das Gesetz bestimmt, daß die Haushaltspläne der Kreise auf der Grundlage der dort erlassenen Haushaltssatzungen bis zum Ende des Rechnungsjahres 1974 vom Main-Kinzig-Kreis weitergeführt werden. In entsprechender Form gilt diese Bestimmung auch für die neu gegliederten Gemeinden des Großkreises.

Die Stadt Bergen-Enkheim (bisher Kreis Hanau) wird noch bis zum 1. Januar 1977 dem Main-Kinzig-Kreis angehören und dann in die Stadt Frankfurt eingegliedert.

Zwischen Main, Spessart, Rhön und Vogelsberg
Mit 365 000 Einwohnern der größte hessische Landkreis — Überblick über Größenordnungen und Strukturen

Die Landkreise Gelnhausen, Hanau und Schlüchtern, die zusammen mit der bisher kreisfreien Stadt Hanau den Main-Kinzig-Kreis bilden, entstanden 1821. Der ebenfalls zu diesem Zeitpunkt geschaffene Landkreis Salmünster wurde bereits 1830 wieder aufgelöst und teilweise nach Schlüchtern, zum größeren Teil aber in den Kreis Gelnhausen eingegliedert. 1886 war die Stadt Hanau, die jetzt in den Main-Kinzig-Kreis eingegliedert worden ist, als selbständige Stadt aus dem Landkreis Hanau ausgegliedert worden.

Mit der Bildung der neuen Kreise im Land Hessen ändert sich auch die Kreiszugehörigkeit einiger Gemeinden. Der Main-Kinzig-Kreis wird um die vorher zum Kreis Offenbach gehörenden Gemeinden Klein-Auheim und Steinheim erweitert, die in die Stadt Hanau eingegliedert werden. Zum 1. Januar 1977 soll die Stadt Bergen-Enkheim aus dem Main-Kinzig-Kreis nach Frankfurt eingegliedert werden. Bis zu diesem Zeitpunkt verbleibt die Stadt Bergen-Enkheim im Main-Kinzig-Kreis.

Gebiet und Bevölkerung

Der Main-Kinzig-Kreis umfaßt mit einer Fläche von 1 413 qkm bzw. 141 300 ha 6,7 % der Gesamtfläche Hessens und liegt damit nach den Kreisen Waldeck-Frankenberg (1 848 qkm), Schwalm-Eder (1 538 qkm) und Vogelsberg (1 459 qkm) an vierter Stelle.

Während der ebene Westteil des in West-Ost-Richtung gestreckten Kreises noch direkt zum Rhein-Main-Verdichtungsgebiet zählt und weit in die Wetterau reicht, grenzt der nordöstliche Teil unmittelbar an die Höhenzüge der hessischen Rhön. Im Norden schließt sich der Vogelsberg und im Südosten der Spessart an. Das Kreisgebiet wird der Länge nach von der Kinzig durchflossen, die bei der Kreisstadt Hanau in den Main mündet.

Mit mehr als 365 000 Einwohnern, das sind 6,6 % der hessischen Wohnbevölkerung, ist der Main-Kinzig-Kreis bevölkerungsmäßig der mit Abstand größte Landkreis Hessens. Die Einwohnerzahl stieg seit 1970 um 16 560 oder 4,7 % an, wobei die Zuwachsraten in den westlichen Teil des Kreisgebietes (ehemaliger Landkreis Hanau) am höchsten waren.

Mit 259 Einwohner je qkm (Land Hessen 263, Landkreise Hessens 201) steht der Landkreis Main-Kinzig bereits an 7. Stelle im Land Hessen, trotz noch nicht beendeter Verwaltungsreform. Damit steht bereits jetzt fest, daß der Main-Kinzig-Kreis einer der überdurchschnittlich dicht besiedelten Landkreise im Land Hessen ist. Der Landkreis besteht ab nunmehr aus 31 Gemeinden, 1970 waren es noch 132.

Wirtschaft — Steuerkraft

Der Main-Kinzig-Kreis wird nicht nur nach der Bevölkerungszahl, sondern auch nach dem Wirtschaftspotential der größte hessische Landkreis sein.

1970 wurde im Kreisgebiet (Gebietsstand 1. 7. 74) ein Bruttoinlandprodukt von 3,363 Mrd. DM erwirtschaftet, (Groß-Gerau 2,428 Mrd. DM, Offenbach 2,310 Mrd. DM) etwa 935 Mill. DM mehr als im wirtschaftsstarken Landkreis Groß-Gerau.

Die kommunale Steuereinnahmekraft je Einwohner im Jahre 1972 bildet hier die Grundlage. Diese betrug 344 DM und entspricht dem Durchschnitt der Landkreise des Landes Hessen (346 DM). Im Landkreisvergleich liegt der Main-Kinzig-Kreis an 7. Stelle nach den Kreisen Groß-Gerau (597 DM), Offenbach (502 DM), Hochtaunus (446 DM), Main-Taunus (438 DM), Rheingau (411 DM) und Dillkreis (383 DM) nach vorläufiger Berechnung.

Erwerbstätigkeit und Sozialstruktur

Im Main-Kinzig-Kreis wohnten 1970 (lt. Volkszählung) 158 000 Erwerbstätige. Kein anderer Landkreis in Hessen hat auch nur annähernd ein so großes Arbeitskräftepotential. Die ermittelten Ergebnisse aus dem Volkszählungsjahr setzten sich mit geringen Abweichungen auch bis zum jetzigen Zeitpunkt fort. 54,1 % der Erwerbstätigen sind im produzierenden Gewerbe tätig. Mehr als im Landesdurchschnitt (52,1 %) bzw. Landkreisdurchschnitt (48,6 %). Der Anteil der Land- und Forstwirtschaft (5,7 %) ist dagegen gering (Land Hessen 6,3 %, Landkreise Hessens 8,6 %). 18,4 % der Erwerbstätigen sind im Wirtschaftsbereich Handel und Verkehr und 21,8 % im Dienstleistungsbereich beschäftigt. Die Vergleichsergebnisse wurden im Land Hessen mit 18,4 % im Handel und Verkehr und 26,6 % im Dienstleistungsbereich ermittelt. In den Landkreisen des Landes Hessen ergab der Durchschnitt 16,4 % und 22,8 %.

Von den im Main-Kinzig-Kreis wohnenden Erwerbstätigen sind 47,3 % Arbeiter (Land Hessen 43,9 %) sowie 38,3 % Angestellte und Beamte (Land Hessen 41,2 %), 9 % Selbständige (Land Hessen 9,2 %) und 5,4 % mithelfende Familienangehörige (Land Hessen 5,8 %). Auf 100 Einwohner kommen im Main-Kinzig-Kreis 45,2 % Erwerbstätige (Land Hessen 44,6 %) und Landkreise Hessens 43,6 %).

Arbeitsstätten

Mit 122 885 Beschäftigten in 12 823 nichtlandwirtschaftlichen Arbeitsstätten, ist der Main-Kinzig-Kreis der einzige hessische Landkreis, der mehr als 100 000 Beschäftigte in diesem Bereich hat. Die Beschäftigtendichte mit 352 Beschäftigten auf 1 000 Einwohner liegt über dem Landkreisdurchschnitt von 326 Beschäftigten je 1 000 Einwohner.

Der Main-Kinzig-Kreis hat mit 132 Industriebeschäftigten je 1 000 Einwohnern eine über dem Durchschnitt liegende Industriedichte.

Die Elektroindustrie ist mit 9 100 Beschäftigten die bedeutenste Industriegruppe. Es folgen die gummi-asbestverarbeitende Industrie mit 7 700 und der Maschinenbau mit 5 200 Beschäftigten. Auch die kunststoffverarbeitende Industrie mit 3 500, die NE-Metallindustrie mit 2 600, die chemische Industrie mit 2 400 und die Metallwarenindustrie mit 2 300 Beschäftigten sind die wichtigsten Industriegruppen.

Erzeugt werden elektrische Industrieöfen, Meß- und Regelgeräte, Gefrierschränke, Kraftfahrzeugreifen, Weichgummiwaren, hydraulische Pressen, Bodenbeläge und verschiedene Metall-Legierungen.

Ähnlich der Bevölkerungsdichte tritt auch beim Industriebesatz in dem Main-Kinzig-Kreis ein deutliches West-Ost-Gefälle zutage. Mehr als die Hälfte der Industriebeschäftigten des Kreises (34 000) arbeiten in den ehemaligen Landkreis Hanau und der Stadt Hanau. Allein rund 2 800 Industriebeschäftigte sind in der neuen Großgemeinde Maintal tätig, etwas über 2 000 in Bad Soden-Salmünster. Weitere Industriestandorte sind Gelnhausen Stadt (1 800 Beschäftigte), Schlüchtern Stadt (1 500 Beschäftigte) und Steinau Stadt (1 600 Beschäftigte).

Die Land- und Forstwirtschaft

Der Main-Kinzig-Kreis hat eine Gemarkungsfläche von 141 300 ha, das sind 6,7 % der Fläche des Landes Hessen. 56 473 ha (39,9 %) werden von 5 367 Betrieben landwirtschaftlich genutzt. Die landwirtschaftlich genutzte Fläche gliedert sich in 30 164 ha (53,4 %) Ackerland, 24 494 ha (43,4 %) Wiesen und Weiden und 1 815 ha (3,2 %) sonstige Flächen. 53 245 ha (37,7 %) der Gemarkungsfläche besteht aus Waldfläche.

31 Städte und Gemeinden

Der Main-Kinzig-Kreis wird sich von jetzt an aus 31 Städten und Gemeinden zusammensetzen. Ein großer Teil der Gemeinden hatte bereits in den vergangenen Jahren die Möglichkeit zu freiwilligen Zusammenschlüssen genutzt. Weitere Großgemeinden sind nunmehr durch Gesetz entstanden. Der Großkreis ist damit in folgende Städte und Gemeinden aufgeteilt:

Stadt Hanau

Bisheriger Landkreis Hanau:
  Die Städte
  Maintal
  Nidderau
  Bergen-Enkheim (bis 31. 12. 76)
  Die Gemeinden
  Bruchköbel
  Erlensee
  Großkrotzenburg
  Hammersbach
  Langenselbold
  Neuberg
  Niederdorfelden
  Rodenbach
  Ronneburg
  Schöneck

Bisheriger Landkreis Gelnhausen:
  Die Städte
  Gelnhausen
  Bad Orb
  Wächtersbach
  Die Gemeinden
  Biebergemünd
  Birstein
  Brachttal
  Flörsbachtal
  Freigericht
  Gründau
  Hasselroth
  Jossgrund
  Linsengericht

Bisheriger Landkreis Schlüchtern:
  Die Städte
  Schlüchtern
  Bad Soden-Salmünster
  Steinau
  Die Gemeinden
  Sinntal
  Züntersbach

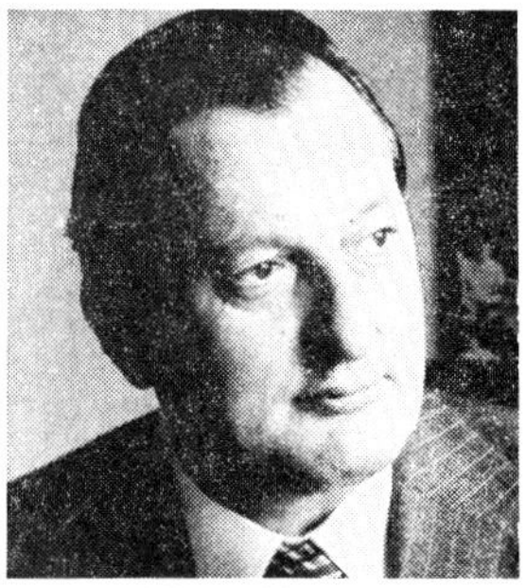

Viele Probleme im großen Kreis gelöst

Vor zehn Jahren ist der Main-Kinzig-Kreis durch Zusammenschluß der Landkreise Hanau, Gelnhausen und Schlüchtern und der vorher kreisfreien Stadt Hanau gebildet worden. In dem vergangenen Jahrzehnt habe ich mich bemüht, in einem Gebiet, das von der Stadtgrenze Frankfurts bis an den Distelrasen, von Sinntal bis Maintal reicht, Bürgernähe zu verwirklichen.

Natürlich kann auch ein zu groß geratener Kreis verwaltet werden. Dazu ist aber ständiger Kontakt mit den Menschen nötig, weil Entscheidungen nicht allein nach Aktenlage gefällt werden dürfen, sondern in enger Verbindung mit den betroffenen Bürgern erfolgen sollen.

Große Teile der Bevölkerung des Main-Kinzig-Kreises haben vor zehn Jahren den Zusammenschluß abgelehnt, und nur durch ein Landesgesetz konnte der neue Kreis gebildet werden. Einwohner des Main-Kinzig-Kreises erwarten trotzdem von uns, daß wir die Probleme der Gegenwart lösen, und die Verwaltung des Kreises wurde auch mit vielen Schwierigkeiten fertig, die sie als alte Verpflichtung bei der Bildung des Großkreises übernommen hat.

So schmerzlich der Verlust von gewohnten Bindungen gewesen ist, wir dürfen nicht in Nostalgie verharren, sondern müssen auch in den neuen Grenzen für die Bürger wirken und den heimatlichen Raum nach dem Willen der Bürger gestalten.

Hans Rüger
Landrat des Main-Kinzig-Kreises

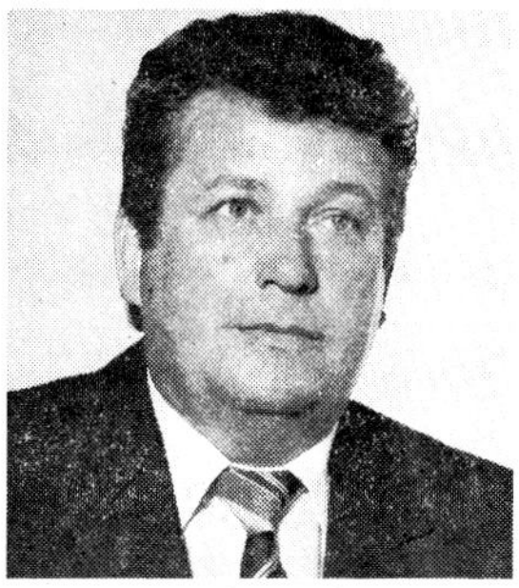

Denkanstöße sind wertvoll

Als Vorsitzender der CDU-Kreistagsfraktion Main-Kinzig – das Amt habe ich seit 1975 inne und kenne allein schon aus diesem Grund die Entwicklung des Großkreises mit den anfänglichen Schwierigkeiten – durfte ich auch den Aufbau des neuen kommunalen Gebildes mitgestalten. Deshalb begrüße ich die Initiative im Main-Kinzig-Kreis, zu dessen „Zehnjährigem" eine Dokumentation zu erstellen.

Die Voraussetzungen für ein Gelingen sind gut, denn gerade der Lokalredakteur muß zwangsläufig in und mit dem Kreis leben. Er kennt die unterschiedliche Mentalität der Menschen aus Vogelsberg und Spessart und derjenigen, die am Rande des Großraums Rhein-Main leben.

Er muß lokalgefärbte Nuancen erkennen, um objektiv berichten zu können. So wird ihm nicht verborgen bleiben, daß es sicher noch Mitbürger im Kreis gibt, die – aus ihrem Blickwinkel sicher zu Recht – die Zusammenlegung der ehemaligen Altkreise Hanau, Gelnhausen und Schlüchtern noch heute bedauern und eine andere Lösung vorgezogen hätten.

Die vorliegende Abhandlung hat ihre Aufgabe voll erfüllt, wenn Denkanstöße gegeben werden, sich einmal näher mit diesem Kreis zu befassen, oder einfach neu zugezogenen Bürgern eine erste Annäherung mit ihrer neuen Heimat ermöglicht wird. Ich bin sicher, daß dies gelingt.

Walter Kurzkurt
Vorsitzender der CDU-Kreistagsfraktion

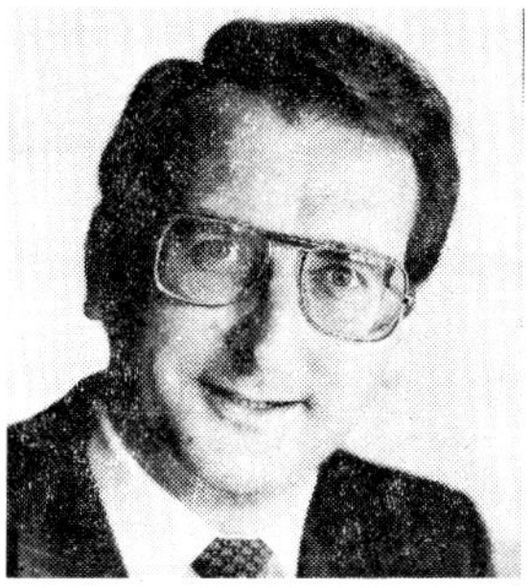

Den Kreis zu einer Einheit machen

Der Main-Kinzig-Kreis besteht nun seit zehn Jahren. Die ehemaligen Kreisteile Hanau, Hanau-Land, Gelnhausen und Schlüchtern sind mittlerweile zu einer politischen Einheit geworden. Diese politische Einheit haben wir Sozialdemokraten gewollt. Es ging uns aber nicht nur um die politische Einheit, sondern wir wollten einen Kreis, in dem sich die Menschen näherkommen.

Ich begrüße es außerordentlich, daß zum zehnjährigen Bestehen des Kreises eine Sonderbeilage erscheint. Damit erhält der Bürger Informationen über Größe und Struktur des Kreises, die wichtig für seine eigene Beurteilung sind.

Seit Bestehen des Main-Kinzig-Kreises haben die Sozialdemokraten nicht die politische Verantwortung. Allerdings bin ich sicher, daß meine Partei die Kreistagswahl am 10. März gewinnen wird.

Ein sozialdemokratisch-geführter Main-Kinzig-Kreis wird sich dafür einsetzen, den sozialen Ausgleich in unserem Kreis zu fördern, eine aktive Strukturpolitik zu betreiben und bei Investitionen zu berücksichtigen. Ich bin der Spitzenkandidat meiner Partei für die anstehende Kreistagswahl und werde alles daransetzen, diesen Main-Kinzig-Kreis zu einem einheitlichen Ganzen zu gestalten, in dem Sie sich wohl fühlen zu können.

Karl Eyerkaufer
SPD-Fraktionsvorsitzender im Kreistag

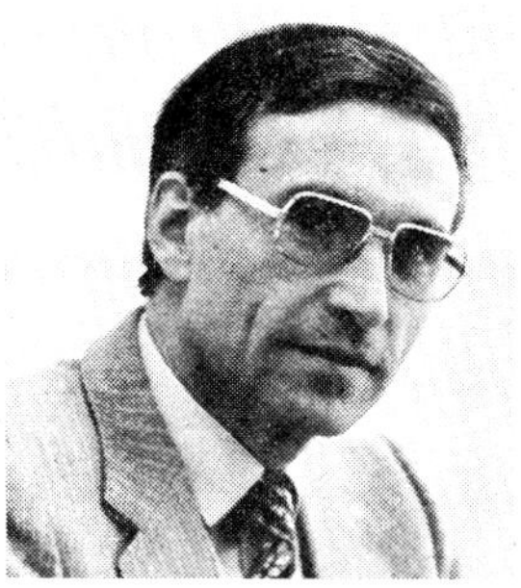

Main-Kinzig-Kreis ist „Heimat" geworden

Mehr geschmäht als gelobt bei seiner Geburt, von vielen auch nur uninteressiert hingenommen, waren die Voraussetzungen für den Main-Kinzig-Kreis, zur Selbständigkeit heranzuwachsen, nicht die besten.

Gute und schlechte Feen hatten dem Kind der Gebiets- und Verwaltungsreform ihre Wünsche in die Wiege gegeben. Ohne Zusammenschluß wäre bei der Entwicklung der früheren Kreisteile manches vielleicht besser, anderes sicher schlechter gegangen.

Nur noch wenige Bürger stellen dazu heute noch Fragen. Für die meisten ist der Main-Kinzig-Kreis zur täglichen Selbstverständlichkeit und zur Heimat geworden.

Das zehnjährige Bestehen gibt Anlaß, die Gemeinsamkeiten des Landes entlang der Kinzig in Erinnerung zu rufen, die in Geschichte und Tradition weit über zehn Jahre Gebietsreform hinaus in kurhessische und preußische Zeit reichen.

Es ist zu begrüßen, daß zum „Zehnjährigen" des Main-Kinzig-Kreises eine auflagenstarke Zeitungsbeilage eine Epoche der jungen Kreisgeschichte widerspiegeln soll.

Dies gibt den Bürgern Gelegenheit, die strukturelle Vielfalt des großen Kreises deutlicher zu erkennen und zu würdigen.

Dr. Gerhard Morlock
Fraktionsvorsitzender der FDP im Kreistag

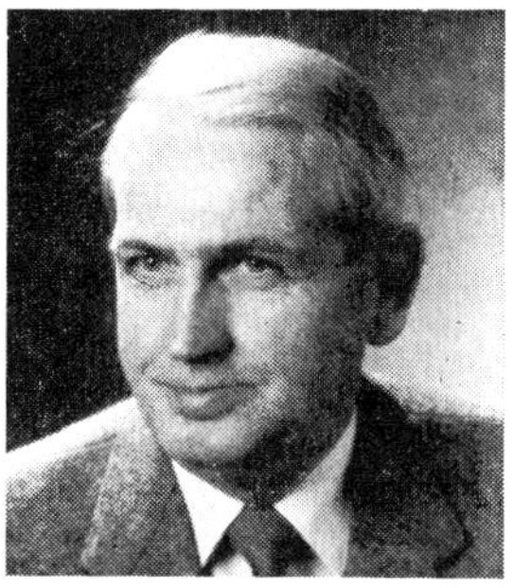

Miteinander und nicht gegeneinander

In einer Gebietskörperschaft sind zehn Jahre kein nennenswerter Zeitraum. Wenn es aber die ersten zehn Jahre eines nicht nur unter Kommunalpolitikern, sondern auch in der Bevölkerung noch immer umstrittenen neuen Kreises sind, der mit 366 000 Einwohnern der größte im Lande Hessen ist, dann sind diese Jahre einen Rückblick wert.

Als Vorsitzender des Kreistages seit seiner Konstituierung im Jahre 1974 habe ich die außergewöhnlichen Probleme dieses Kreises kennengelernt und mitgetragen.

Leider sind die in den vormals kleineren Gebietskörperschaften vorhandenen persönlichen Beziehungen zu den anstehenden Problemen und der Abgeordneten untereinander der Entfremdung in der Größe zum Opfer gefallen.

Ich begrüße deshalb die Absicht, in dieser Sonderbeilage unseren sehr unterschiedlich strukturierten Main-Kinzig-Kreis all seinen Bewohnern ausführlich vorzustellen.

Denn nur was man kennt, kann man auch verstehen und zutreffend werten. Alle aber, die in den Gemeinden und im Kreise Verantwortung tragen, müssen sich bewußt sein, daß kommunale Selbstverwaltung miteinander und nicht gegeneinander heißt.

Hermann-Gregor Pfeifer
Vorsitzender des Kreistags

Ein Großkreis mit einer Vielfalt von Problemen

Main-Kinzig-Kreis von seiner Gründung unter starkem finanziellem Druck — Drei unterschiedlich strukturierte Regionen

Zehn Jahre jung oder alt, wie man es nimmt, ist in diesem Jahr jener bevölkerungsreichste Landkreis in Hessen geworden, und noch immer scheint von Maintal bis Schlüchtern bei vielen Bürgern, aber auch bei so manchem Politiker, der eigene Kirchturm der alles begrenzende Horizont geblieben zu sein.

Der in den vergangenen Jahren von politischen Querelen gebeutelte Großkreis kann gerade aus finanzieller Sicht mit einem krank geborenen Kind verglichen werden, das zwar schwache Zeichen einer leichten Genesung zeigt, aber bei unvorhersehbaren größeren Belastungen sofort einen folgenträchtigen Rückfall erleiden kann.

Es war ein denkwürdiger Sonntag, jener 27. Oktober 1974, der den von den späteren Siegern nie erhofften, von den Favoriten im politischen Geschäft niemals erwarteten, politischen Erdrutsch brachte.

Der glühende Verfechter eines zu bildenden Großkreises in der Main-Kinzig-Region, der damalige Landrat des Kreises Hanau, Martin Woythal (SPD), erlitt den bittersten Schlag seiner bis dahin steilen Karriere als Politiker. Die Wahlberechtigten gaben der CDU mit 48,6 Prozent der Stimmen das Vertrauen. Die SPD kam trotz ihrer Hochburgen im wählerstarken Hanauer Raum nur auf 41,9 Prozent, die FDP konnte mit 6,3 Prozent und damit Präsenz in einem zu bildenden „Großkreis-Kreistag" zufrieden sein.

Mit dieser Kommunalwahl im Zusammenhang mit der vom Land Hessen beschlossenen Gebietsreform war ein Schlußstrich auch unter den engagierten Kampf einiger Kommunen gezogen, die mit Vehemenz ihre Selbständigkeit verteidigt hatten.

1975: Wahl von Rüger zum Landrat

Mit dem Christdemokraten Hans Rüger, vormals Landrat in Gelnhausen, wählte im Kreistag die absolute CDU-Mehrheit im Januar 1975 zusammen mit der inzwischen kooperationsbereiten FDP den ersten und bis heute einzigen Landrat des Großkreises, dem ein hauptamtlicher Erster Kreisbeigeordneter mit dem Juristen Dr. Hermann Schönfelder (CDU) und ein weiterer hauptamtlicher Beigeordneter mit dem Bauexperten Heinz-Dieter Becker (FDP) zur Seite gestellt wurden.

Der herb enttäuschte Martin Woythal mußte sich auf die Position des SPD-Fraktionsvorsitzenden im Kreistag zurückziehen. Schwer war in der Folgezeit die Aufgabe des Kreisausschusses, die Verwaltung unter Einbeziehung der ehemals selbständigen Behörden in Hanau, Gelnhausen und Schlüchtern neu zu gliedern.

1976: 60-Millionen-Haushaltsloch

Ein Jahr später, 1976, verzichtete Martin Woythal auf den SPD-Fraktionsvorsitz im Kreistag, Karl Eyerkaufer wurde sein Nachfolger. Der Ex-Landrat Woythal bezog eine Niederlage in der Abstimmung um den Parteivorsitz gegen den Hanauer Hans Heimerl und verschwand bald total in der politischen Versenkung.

Doch auch in der CDU kam es in diesem Jahr zu einer Kampfabstimmung, in der Dieter Hussing als Bewerber um die Bundestagskandidatur gegen Richard Bayha unterlag. Bei der Bundestagswahl selbst wurde Bayha allerdings vom Hanauer SPD-Politiker Gerhard Flämig klar geschlagen.

Die leidige Phase der Kreditprozesse, die spätere Finag-Affäre, nahm im Jahr 1976 ihren Anfang, der Haushalt des Kreises hatte inzwischen ein 60-Millionen-Loch, und weitere 18 Millionen „Miese" zeichneten sich bereits für das Folgejahr ab.

1977: FDP nicht im Kreistag

1977 stand wieder die Kommunalwahl ins Haus: Die CDU verteidigte die absolute Mehrheit im Kreistag mit 46 Sitzen, die SPD erhielt 41 Mandate, die FDP scheiterte an der Fünf-Prozent-Hürde. Der Biebergemünder Hermann-Gregor Pfeifer (CDU) wurde wieder zum Kreistagsvorsitzenden gewählt. Die CDU überließ der SPD nicht einen Ausschußvorsitz.

1978: Jahr vieler Worte

1978 war aus politischer Sicht im Kreisgebiet ein Jahr vieler Worte und weniger Handlungen. Der Streit des CDU/FDP-geführten Kreises mit der Finanzierungsgesellschaft Finag um deren dem ehemaligen Kreis Hanau gewährten, von der Verwaltung gekündigten Krediten spitzte sich zu. Der Kreistag verabschiedete einen Schulentwicklungsplan, einen Sportstättenleitplan und stellte die ersten Weichen für den Bau einer Müllverbrennungsanlage in Langenselbold. In diese Phase fiel die Landtagswahl, die die CDU im Kreisgebiet vorn sah.

1979: Vergleich kostet Kreis Millionen

Die „Finag-Affäre" blieb auch im Jahr 1979 ein „Dauerbrenner" bis zum 19. Oktober, als der Kreistag einen Vergleich beschloß, der der Finag eine Schadensabfindung von 6,5 Millionen Mark zubilligte. Daraufhin forderte die SPD im Kreistag den Rücktritt von Landrat Hans Rüger und des Ersten Kreisbeigeordneten Schönfelder, ein Ansinnen, das von der Kreistagsmehrheit abgelehnt wurde. Die Europawahl sah im Kreis die SPD in Front, die CDU hielt gegenüber anderen Wahlen ihre Balance, die FDP erlitt einen Rückschlag.

Im November 1979 wurde die erste Teilstrecke der A 66 von Frankfurt-Ost bis Hanau-West freigegeben. Harte Kontroversen zwischen den politischen Lagern löste die Müllbeseitigung aus.

1980: Müllstreit spitzt sich zu

Im Jahr 1980 spitzte sich der „Müllstreit" zu. Die SPD startete im Kreistag einen „Enthüllungsversuch", ohne durchschlagenden Erfolg. Am 12. September 1980 wurden Landrat Rüger und der Kreisbeigeordnete Becker vom Kreistag gegen die Stimmen der SPD wiedergewählt. Der Erste Kreisbeigeordnete Schönfelder war von der CDU nicht mehr zur Wiederwahl vorgeschlagen worden, weil er nicht mehr „wollte oder konnte". Schönfelder und Rüger hatten schon seit geraumer Zeit zueinander ein getrübtes Verhältnis.

Eine groteske Situation bot sich beim Beschluß zur Wiederwahl der Hauptamtlichen: In der Steinheimer Kulturhalle waren Rüger und Becker nach Auffassung der SPD bei der Personaldiskussion nicht außer „Hör- und Sichtweite" gewesen. Die „Zeremonie" wurde in der nächsten Kreistagssitzung wiederholt, in der auch die beiden Hauptamtlichen gewählt wurden.

1981: Neuer Erster Kreisbeigeordneter

Auch im Jahr 1981 blieb die Müllbeseitigung eine „Lunte", die entzündet wurde, um politische Explosionen auszulösen. Am 22. März schritten die Bürger erneut zur Kommunalwahl: Die FDP nahm der CDU zwei, der SPD drei Mandate ab und war wieder als dritte Kraft im Kreistag, ohne daß jedoch die absolute Mehrheit der CDU verlorenging. Am 30. März lief die Ära Schönfelder aus, Dr. Otto Aden (CDU), der „Mann aus Rheinland-Pfalz", wurde neuer Erster Kreisbeigeordneter.

Streiks und Entlassungen in Hanauer Betrieben, eine Hochwasserkatastrophe mit Millionenschäden, Krawalle beim Pfingsttreffen der Jugendlichen in Ronneburg mit Polizeieinsatz, Verletzten und Sachbeschädigungen waren Tiefpunkte, die Präsentation des Main-Kinzig-Kreises auf der Grünen Woche in Berlin war ein Lichtblick in einem düsteren Jahr 1981.

1982: Explosion in Bruchköbel

Die Explosion einer Kosmetikfabrik in Bruchköbel am 9. Februar mit drei Toten und 13 Millionen Sachschaden leitete in dramatischer Weise das Jahr 1982 ein. Dieses Ereignis überschattete lange Zeit alle anderen Vorkommnisse im Main-Kinzig-Kreis, führte aber zu einer Solidarisierung der Bürger von Main und Kinzig, was sich in zahlreichen spontanen Hilfeleistungen niederschlug.

Die Landtagswahl wies im Kreisgebiet die CDU als strahlenden Sieger aus. Sie gewann drei der vier Wahlkreise. Landrat Hans Rüger setzte, eingedenk der schlechten Finanzverhältnisse, den „Rotstift" an, erntete jedoch als „Sparkommissar" massive Kritik der Sozialdemokraten, die den Ansatz des streichenden Stiftes im Sozial- und Schulbereich scharf verurteilten.

Die Entlassung eines Behördenmitarbeiters, der im Zusammenhang mit der Müllbeseitigung Geld genommen haben soll, schlug hohe Wogen. 10 000 Arbeitslose, 8000 Kurzarbeiter und 10 000 Sozialhilfeempfänger warfen düstere Schatten auf das Kreisgebiet. Im Nachtragshaushalt dokumentierte ein Sechs-Millionen-Defizit erneut die schlechte Finanzlage.

Die große Kinzigtalsperre bei Bad Soden-Salmünster erfuhr ihren ersten Probestau, die A 66 die Freigabe eines weiteren Teilabschnittes von Rothenbergen nach Gelnhausen-Ost. Das Pfingsttreffen in Ronneburg verlief diesmal friedlich, der Hessentag lockte viele tausend Besucher nach Wächtersbach.

1983: Konkurs der Wibau

Der Wibau-Konkurs mit all seinen negativen Begleiterscheinungen, vor allem dem Verlust von 1200 Arbeitsplätzen, war der erste Tiefpunkt des Jahres 1983. Der politische Bereich verzeichnete zwei Wahlen in einem Jahr: Mit Richard Bayha setzte sich bei der Wahl zum Bundestag erstmals ein CDU-Kandidat direkt gegen seinen SPD-Kontrahenten durch. Der Sozialdemokrat Bernd Reuter war jedoch gut auf der Liste abgesichert und blieb in Bonn.

Bei der Landtagswahl am 25. September drehten die Sozialdemokraten den Spieß um und gewannen alle drei Wahlkreise, die erstmals deckungsgleich mit den Grenzen des Main-Kinzig-Kreises waren.

Die CDU erlebte in Maintal ihre große Pleite im Zusammenhang mit der Bürgermeisterwahl. Der Kreistagsabgeordnete Mathes verließ die Reihen der Christdemokraten, nimmt seit dieser Zeit im Kreistag sein Mandat parteifrei war und raubte damit der CDU die absolute Mehrheit.

Die Gasversorgung der Kreiswerke Hanau ging an die Frankfurter Main-Gas über und brachte 15 Millionen Mark in die stark strapazierte Kreisklasse. Mit der Freigabe des A-66-Teilstückes vom Hanauer Westzubringer bis zum Langenselbolder Dreieck präsentierte sich die neue Autobahn als durchgehende Verbindung von Frankfurt nach Gelnhausen.

1984: Im Zeichen der Kommunalwahlen

Die Auseinandersetzungen um eine Umwidmung einer integrierten in eine additive Gesamtschule in Maintal und der Gesetzentwurf zur flächendeckenden Einführung der Förderstufe spülten den ständig schwellenden Schulstreit nun im laufenden Jahr 1984 an die Oberfläche. Die Parteien im Kreisgebiet sortierten ihre „Munition" für die Kommunalwahl im März kommenden Jahres.

Landrat Rüger und die CDU kritisieren seit geraumer Zeit die Hessische Landesregierung wegen Verschleppung von Genehmigungsverfahren für im Kreis ansässige Firmen und beschwören die Gefahr, daß es zu einer Industrie-Abwanderung kommt. Die CDU im Kreistag wurde erneut geschwächt, weil ein weiterer Maintaler Abgeordneter ihr den Rücken gedreht hat und nun „freier Mandatsträger" ist. Im übrigen ist der Wahlkampf in vollem Gange . . .

Dieter Groos

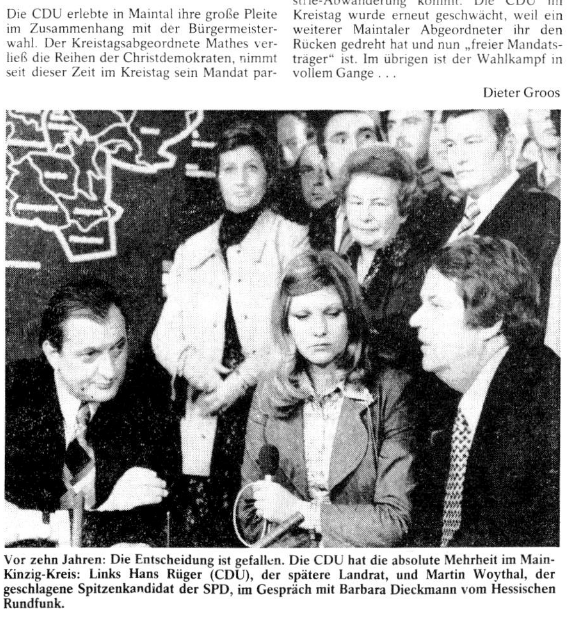

Vor zehn Jahren: Die Entscheidung ist gefallen. Die CDU hat die absolute Mehrheit im Main-Kinzig-Kreis: Links Hans Rüger (CDU), der spätere Landrat, und Martin Woythal, der geschlagene Spitzenkandidat der SPD, im Gespräch mit Barbara Dieckmann vom Hessischen Rundfunk.

Die Karte auf der Titelseite wurde uns vom Katasteramt zur Verfügung gestellt.

10 Jahre Main-Kinzig-Kreis

Eine Sonderbeilage des „Hanauer Anzeiger", Hanau, des „Gelnhäuser Bote", Freigericht-Altenmittlau, und des „Bergwinkel-Bote", Freigericht-Somborn.

Redaktion und Gestaltung: Dieter Groos, Hanau.

Auflage: 130 000 Exemplare.

Hergestellt im Druck- und Verlagshaus Hanauer Anzeiger, Hanau.

Wechselweise Sitzungen in den drei Kreisteilen

In zehn Jahren trat der Kreistag 88mal zusammen

Die jüngste Sitzung in der Stadthalle von Bad Soden-Salmünster einbezogen, hat der Main-Kinzig-Kreistag in den zehn Jahren seit der Gebietsreform 88mal getagt. Gemäß der hessischen Landkreisordnung setzt sich das höchste politische Organ des bevölkerungsreichsten Landkreises in Hessen nach der Rubrik „zwischen 300 001 und 400 000 Einwohner" aus 87 Kreistagsabgeordneten zusammen.

Nach Absprache im Präsidium sind Tagungsorte des Gremiums jeweils wechselweise die Bürgerhäuser oder Stadthallen in den Kreisteilen Hanau, Gelnhausen und Schlüchtern.

Die Sitzungen des Kreistages sind in der Regel ganztägig, jeweils freitags von 9 Uhr an. In der ersten Legislaturperiode (1974 bis 1977) tagte der Kreistag 26mal, in der zweiten (1977 bis 1981) 36mal und in der laufenden Periode 26mal.

Diesmal haben die Bürger des Main-Kinzig-Kreises bereits den Kreistag in seiner derzeitigen Abgeordnetenstärke gewählt, wobei jeweils der CDU die meisten Mandate zugesprochen wurden, an zweiter Stelle folgte die SPD und an dritter die FDP, die allerdings in der Legislaturperiode von 1977 bis 1981 dem Kreistag nicht angehörte, weil sie die Fünf-Prozent-Hürde nicht überspringen konnte.

Als der Kreistag nach der Gebietsreform am 27. Oktober 1974 zum ersten Mal gewählt war, zogen 44 CDU-Abgeordnete mit der absoluten Mehrheit, 38 SPD-Parlamentarier und fünf Liberale in das Gremium.

Mit 46 Sitzen behauptete die CDU auch bei der Wahl am 20. März 1977 gegenüber 41 SPD-Abgeordneten bei Abwesenheit der FDP die absolute Mehrheit, die die Christdemokraten auch zunächst am 22. März 1981 mit 44 Sitzen (38 SPD und fünf FDP) noch halten konnte, ehe sich dann die CDU nach Parteiaustritt von zwei ihrer Abgeordneten, die nun partei- und fraktionslos im Kreistag sitzen, nur noch mit der einfachen Mehrheit gegenüber 38 SPD-Vertretern und fünf Liberalen begnügen mußte.

Getreu seiner Hauptsatzung hat der Main-Kinzig-Kreistag zur Vorbereitung seiner Beschlüsse sieben Ausschüsse gebildet: Haupt- und Finanzausschuß, Kulturpolitischer Ausschuß, Bauausschuß, Ausschuß für Soziales und Familienfragen, Jugend- und Sportausschuß, Struktur-, Wirtschafts- und Verkehrsausschuß und Agrar- und Umweltausschuß. Jeder Ausschuß ist mit 15 Kreistagsabgeordneten besetzt, die Sitzverteilung ist analog der im Kreistag gegebenen Mehrheiten.

So stellt die CDU-Fraktion augenblicklich acht Ausschußmitglieder, die SPD sechs und die FDP einen Vertreter. Als die Liberalen nicht im Kreistag vertreten waren, saßen acht CDU-Abgeordnete sieben SPD-Parlamentariern gegenüber. Die Sitzungen der Kreistagsausschüsse sind öffentlich. dg

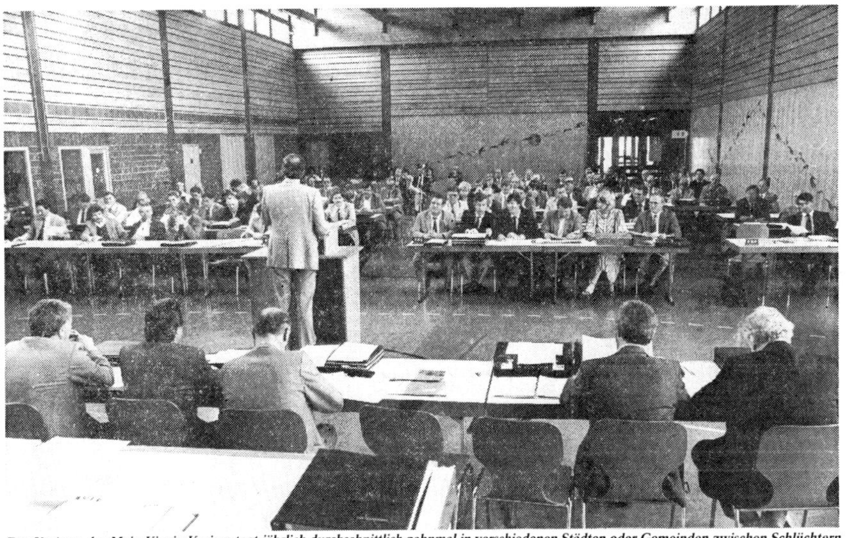

Der Kreistag des Main-Kinzig-Kreises tagt jährlich durchschnittlich zehnmal in verschiedenen Städten oder Gemeinden zwischen Schlüchtern und Maintal. Links die SPD-Fraktion, in der Mitte die CDU, rechts die FDP.

Viele Probleme gemeistert

Die CDU umreißt ihre Fraktionsarbeit im Kreistag

Völlig neue und zu Beginn der Existenz des Main-Kinzig-Kreises fast als unüberwindlich erscheinende Probleme standen am Anfang des Großkreises, der die ehemaligen Altkreise Hanau, Gelnhausen und Schlüchtern umfaßt. Der CDU war das geplante Kreisgebilde zu groß. Ihr schwebte eine Lösung vor, Hanau-Land, Hanau-Stadt sowie Gelnhausen und Schlüchtern als eigenständige Kreise zu installieren. Es kam anders und nach nun zehn Jahren kann ein Rückblick aus Sicht der CDU-Fraktion im Kreistag gezogen werden.

Durch die unterschiedliche Struktur brachten die drei ehemaligen Landkreise auch hohe finanzielle Belastungen mit Altschulden in Millionenhöhe in den neuen Kreis ein. Wichtigste Aufgabe war daher in den ersten Jahren die Sanierung und Konsolidierung der Finanzen des Kreises. So gelang es erst zu Beginn der achtziger Jahre, die neuen Haushaltsdefizite kontinuierlich abzubauen und zwischenzeitlich sogar ausgeglichene Haushalte vorzulegen.

Große Probleme gab es auch auf dem Gebiet der Müllentsorgung, da bestehende Mülldeponien vor allem im Altkreis Hanau in ihrer Kapazität fast ausgeschöpft waren. Durch die Errichtung einer Deponie in Neuberg sowie entsprechende Ausstattung und Nutzung der Deponien Gelnhausen-Hailer und Schlüchtern-Hohenzell, konnte das Kreisgebiet weiter entsorgt werden.

Hohe Investitionen wurden auch für den Ausbau zahlreicher Kreisstraßen, die Beseitigung schienengleicher Bahnübergänge und Brückenbauten getätigt. Viele Hindernisse z. B. langwierige Verhandlunge bei Grundstückskäufen im Zusammenhang mit dem Ausbau der A 66 waren zu überwinden. Diese Autobahn wird im Bereich des Kreisgebietes in absehbarer Zeit fertiggestellt sein und den Berufspendlern, die täglich in das Rhein-Main-Ballungsgebiet fahren, Entlastung bringen, ebenso wie den Anwohnern in den Gemeinden, die heute infolge des Durchgangsverkehrs noch stark belastet sind.

Im Bereich der Schulen gelang es mit Hilfe des vom Kreistag beschlossenen Schulentwicklungsplanes, kleine Grundschulen zu erhalten und weitere Experimente wie z. B. weitere integrierte Gesamtschulen und Förderstufen bis heute zu verhindern. Millionenbeträge gab der Main-Kinzig-Kreis für Erweiterungs- und Neubauten von Schul-Sportanlagen und Schulturnhallen aus.

Mit auf Initiative der CDU wurden verschiedene Projekte für Jugendliche verwirklicht. So bietet z. B. das Jugendbildungswerk Main-Kinzig vielfältige Veranstaltungsprogramme. Weiterhin sollen die Freizeiten für Kinder, Jugendliche und Familien genannt werden. Außerdem wurde ein Kindergartenentwicklungsplan beschlossen.

Hilfe für ältere Mitbürger erfolgte durch eine Modellstudie über ältere Menschen. Der daraus resultierende „Silberne Plan" hat den Ausbau der Altenhilfe im Kreis zur Folge. Weiterhin sind „Essen auf Rädern", Verbände und Altenfreizeiten zu nennen, für die der Kreis jährlich finanzielle Unterstützung leistet. Ein in letzter Zeit beschlossenes Hilfssystems ist ein „Hausnotruftelefon", welches älteren Menschen ermöglicht, in ihrer gewohnten Umgebung bleiben zu können und trotzdem jederzeit Hilfe in der Nähe ist.

Die Bedeutung der Sportvereine in ihrer Erfüllung gesellschaftlicher Aufgaben wurde von uns früh erkannt und in Form von Zuschüssen an Sportvereine und Sportverbände gewürdigt. Diese Hilfe erfaßt Kosten für die Beschäftigung von Übungsleitern, Anschaffung von Sportgeräten oder Mittel zur Förderung des Leistungssports. Jährlich gibt der Kreis auch ca. 10 000 Mark für den Behindertensport aus.

Zwar wird der Umweltschutz hier an letzter Stelle erwähnt, er genießt jedoch in unseren Programmen und politischen Auffassung eine hohe Priorität. Soweit der Umweltschutz in den Bereich des Kreises fällt, ist alles unternommen worden, um zur Erhaltung der Natur beizutragen.

Es sollen hier nur Maßnahmen zur Rekultivierung ehemaliger gemeindeeigener Müllplätze, denkmalpflegerische Maßnahmen oder Anregungen bei Sanierungsmaßnahmen in alten Ortskernen genannt werden.

In den zurückliegenden Jahren hat die CDU den Landrat und den Kreisausschuß in ihren Initiativen gestützt. Die finanzielle Gesundung hat gezeigt, daß dies der richtige Weg war, den es weiterzugehen gilt.

Kreistag wählte bisher drei Bürgerbeauftragte

Dreimal hat der Kreistag schon einen Bürgerbeauftragten (BB) gewählt, der Anliegen und Beschwerden aus der Bürgerschaft entgegenzunehmen und, falls sie berechtigt erscheinen, auf ihre Erledigung hinzuwirken hat. Als Aufgabe ist dem Bürgerbeauftragten vorgegeben, als Vermittler zwischen dem Bürger und der Kreisverwaltung in den Fällen aufzutreten, in denen es Kreisbewohnern nicht gelingt, die Berechtigung ihrer Forderungen gegenüber der Verwaltung geltend zu machen und durchzusetzen. Der Bürgerbeauftragte ist nur dem Kreistag verantwortlich und handelt nach eigenem pflichtgemäßem Ermessen. Die Amtszeit des Bürgerbeauftragten entspricht der Legislaturperiode des Kreistages. Eine einmalige Wiederwahl ist möglich. Über seine ehrenamtliche Tätigkeit erstattet er dem Kreistag halbjährlich einen Bericht.

Bevölkerungsreichster hessischer Landkreis

Als bevölkerungsreichster hessischer Landkreis mit mehr als 370 000 Einwohnern in zehn Städten und 19 Gemeinden hat der Main-Kinzig-Kreis eine Ausdehnung von 1398 Quadratkilometern. Er umfaßt den östlichen Teil des Rhein-Main-Ballungsraumes, das Tal der Kinzig in voller Länge, den nördlichen Spessart, den südlichen Vogelsberg und die vordere Rhön. 43 Prozent der Fläche werden landwirtschaftlich genutzt, der Waldanteil beträgt ebenfalls 43 Prozent. Das Gebiet südlich der Kinzig gehört größtenteils zum Naturpark Hessischer Spessart.

Geschichtsträchtiges Kreisgebiet

Der Main-Kinzig-Kreis ist geschichtsträchtiges Land. Die Ursprünge des Schlüchterner Klosters reichen ins 8. Jahrhundert. Kaiser Barbarossa ließ beim Engpaß in Gelnhausen seine Kaiserpfalz bauen und erhob die Siedlung im mittleren Kinzigtal 1170 zur Freien Reichsstadt. Glaubensflüchtlinge aus den Niederlanden und aus Frankreich trugen wesentlich zum wirtschaftlichen Aufschwung Hanaus bei. Die Vergangenheit hat viele Zeugen in diesem Gebiet hinterlassen: So das prächtige Schloß Philippsruhe in Hanau, die Marienkirche und die Kaiserpfalz in Gelnhausen, das Kloster in Schlüchtern, die Schlösser der Ysenburger und Isenburger in Birstein, Wächtersbach und Meerholz, die Ruine auf dem Steckelberg bei Schlüchtern, das Schloß der Grafen von Hanau in Steinau an der Straße und das Deutsche Goldschmiedehaus in Hanau.

„Engagiert und sachlich"

Die SPD-Kreistagsfraktion analysiert ihre politische Arbeit

Der Main-Kinzig-Kreis besteht nun seit zehn Jahren. In dieser Zeit haben die Sozialdemokraten stets eine engagierte, aber immer auch sachbezogene Arbeit im Parlament geleistet. Seit 1974 versuchten die Sozialdemokraten durch ihre Politik, die von der Struktur her recht unterschiedlichen ehemaligen Kreisteile Hanau, Gelnhausen und Schlüchtern zu einem einheitlichen Ganzen zusammenzufügen.

Seit zehn Jahren bestimmt jedoch die CDU, die 1974 die Mehrheit der Mandate im Parlament des Main-Kinzig-Kreises erreichte, die Richtlinien der Politik in unserem Kreis. Trotz ihrer absoluten Mehrheit gingen die Christdemokraten eine Koalition mit der FDP ein. Als einen der Schwerpunkte politischer Arbeit setzte die SPD-Fraktion in den vergangenen Jahren den Bereich der Müllentsorgung. Seit Jahren fordert sie eine umweltfreundlichere und kostengünstigere Müllverwertung. Die CDU/FDP-Koalition jedoch verschließt sich den SPD-Argumenten. Sie will eine Müllverbrennungsanlage für mehr als 100 Millionen Mark bauen.

Sozialdemokraten haben sich dagegen gewehrt, daß das Vermögen des Kreises – das Altenzentrum Rodenbach, das Jugendzentrum Ronneburg, das Schullandheim Bernau, das Kreisruheheim Gelnhausen, die zum Verkauf anstanden – verschleudert wurde.

In diesem Jahr hat die SPD in mehreren Kreistagssitzungen die Situation arbeitsloser Jugendlicher angesprochen und verstärkt Anstrengungen der öffentlichen Hand und der Wirtschaft gefordert. Mit den Stimmen aller Fraktionen wurde beschlossen, Teile der früheren Wibau-Firma in Gründau-Rothenbergen als überbetriebliche Ausbildungsstätte anzukaufen und Lehrlinge hierin auszubilden. Dies war auch nur möglich, da das Land Hessen zum Kauf dieser Einrichtungen und auch zum laufenden Betrieb erhebliche Zuschüsse gegeben hat.

Auch forderte die SPD im Kreistag einen Bericht über Kindesmißhandlungen, die Ausdehnung des Meßnetzes zur Erfassung der Luftverunreinigung und die Vorlage eines Berichts über die Auswirkungen der Bonner Regierungspolitik auf die Haushaltssituation des Main-Kinzig-Kreises. Schwerpunktthemen der Arbeit der Sozialdemokraten werden weiterhin sein: Ausbildungssituation junger Menschen, Arbeitsplatzsicherung sowie konkrete Maßnahmen der öffentlichen Hand für den Umweltschutz.

Sozialdemokraten betrachten auch das Thema Frieden nicht nur unter bundespolitischem Aspekt, sondern der Bürger in diesem Kreis hat nach ihrer Auffassung auch das Recht zu erfahren, wie der örtliche Kreistagsabgeordnete zu der Einrichtung von weiteren militärischen Einrichtungen im Main-Kinzig-Kreis steht. Die SPD-Kreistagsfraktion hat hierzu eine klare Meinung. Das Thema Frieden muß im Kreistag erörtert werden, die SPD lehnt ein weiteres Ansteigen von militärischen Einrichtungen in diesem Kreis ab, die Bevölkerung leidet schon jetzt unter unzumutbaren Belastungen.

Im Falle der Regierungsübernahme im kommenden Jahr werden Sozialdemokraten als symbolischen Beschluß, der ein Ausdruck gegen den Rüstungswahn in Ost und West sein soll, im Kreistag einen Antrag einbringen, wonach der Main-Kinzig-Kreis zur atom-, biologisch- und chemisch-waffenfreien Zone erklärt wird.

Die Kreistags-, Fraktions- und Ausschußsitzungen finden jeweils an verschiedenen Orten im Main-Kinzig-Kreis statt, lange Fahrtwege muß dabei der Abgeordnete in Kauf nehmen.

In der Regel tagt der Kreistag einmal monatlich, hierzu finden drei vorbereitende Fraktionssitzungen sowie mindestens eine Ausschußsitzung und eine interne Arbeitskreissitzung statt.

26 Jahre im Kreistag

Der Hanauer CDU-Abgeordnete Hans Preissler (Stadtteil Klein-Auheim) ist der dienstälteste Kreistagsabgeordnete. Insgesamt 26 Jahre leistet er parlamentarische Arbeit, zunächst im Kreistag Offenbach und dann nach Inkrafttreten der Gebietsreform im Main-Kinzig-Kreistag.

Drei Abgeordnete 20 Jahre und mehr im Kreistag

Der CDU-Abgeordnete Hugo Metzler (Bad Orb) gehört 20 Jahre dem Kreistag an. Die SPD-Parlamentarier Josef Sigulla (Maintal) und Albert Hof (Freigericht) sind sogar schon 24 Jahre Mandatsträger.

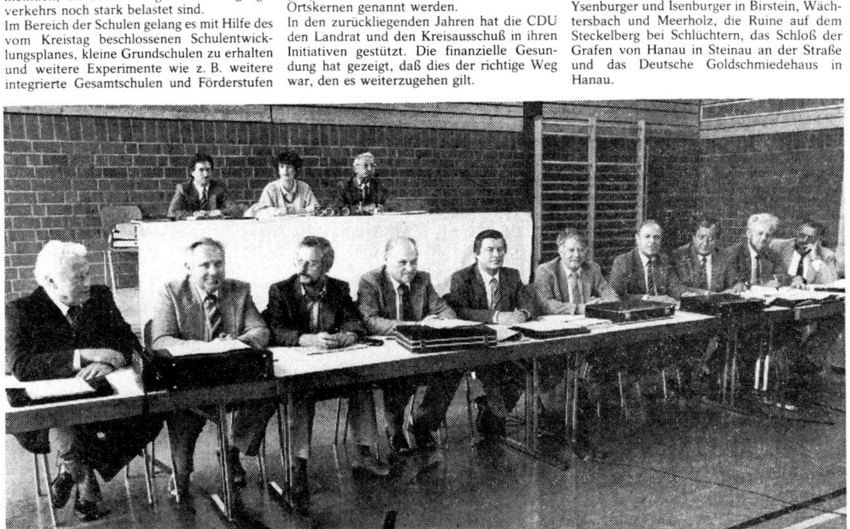

Der Kreisausschuß des Main-Kinzig-Kreises, der aus drei hauptamtlichen Wahlbeamten (rechts im Bild) mit dem Landrat an der Spitze und acht ehrenamtlichen Kreisbeigeordneten besteht, führt die Verwaltung des Main-Kinzig-Kreises politisch. Im Gegensatz zum Kreistag sind die Sitzungen des Kreisausschusses nicht öffentlich. Hinten im Bild der Kreistagsvorsitzende Hermann-Gregor Pfeifer (rechts) mit seinen Mitarbeitern

„Die rührigste Kraft"

Fraktionschef Morlock zu Aktivitäten der FDP im Kreistag

„Ein großer Kreis – eine große Chance!" Unter diesem Motto trat die Kreis-FDP 1974 zur Wahl des ersten Kreistages des Main-Kinzig-Kreises an. Es war der Leitsatz der „Steinauer Beschlüsse", des FDP-Wahlprogramms, das die damals noch selbständigen Kreisverbände Hanau-Land, Hanau-Stadt, Gelnhausen und Schlüchtern am 31. August 1974 gemeinsam und mit großer Mehrheit beschlossen hatten.

Als Chance begriff die FDP die Bildung des Main-Kinzig-Kreises. Nachdem die umstrittene Entscheidung über die Gebietsreform gefallen war, sollte die Diskussion um deren Vor- und Nachteile oder sogar die Wiederauflösung des Kreises beendet und statt dessen zielstrebig die Zusammenführung der Kreisteile begonnen werden. Liberale Vorstellungen über die Organisation des Kreises und seine Aufgaben bildeten daher auch die Leitlinie des Wahlprogramms.

Unter ihrem Spitzenkandidaten Heinz-Dieter Becker, Hammersbach, zog die FDP-Fraktion mit fünf Abgeordneten, entsprechend 6,3 Prozent der Stimmen, in den ersten Kreistag des Main-Kinzig-Kreises ein. Sie entschied sich für eine Zusammenarbeit mit der CDU und stimmte für Hans Rüger als ersten Landrat des Kreises, um auf der Basis einer breiten Mehrheit der Kreispolitik Stabilität zu geben und die Voraussetzungen zum Aufbau des Main-Kinzig-Kreises zu schaffen. Nach der Wahl von Heinz-Dieter Becker in den Kreisausschuß übernahm Peter Katletz (Bad Soden-Salmünster) die Führung der Fraktion.

Bei der Wahl 1977 verfehlte die FDP mit 4,98 Prozent der Stimmen den Wiedereinzug in den Kreistag, die Wähler stellten jedoch 1981 mit 5,8 Prozent und fünf Mandaten für die FDP den alten Zustand wieder her. Die neue Fraktion, die von Dr. Gerhard Morlock, Hanau, geführt wird ist, gemessen an der Zahl ihrer Mandate, wohl die rührigste Kraft im Kreistag. 17 Anträge (ohne die Haushaltberatungen) und verschiedene Anfragen berührten alle Themen der Kreispolitik.

Aus dem sozialpolitischen Bereich messen die Liberalen der Forderung nach Ausbau der gemeindenahen Psychiatrie im Main-Kinzig-Kreis besondere Bedeutung zu. Die Zuschüsse an die freien Träger der Wohlfahrtsverbände wurden auf Antrag der FDP angehoben und der Fortbestand der Erziehungsberatungsstelle in Gelnhausen gesichert. Die FDP unterstütze die Einrichtung einer Drogenberatung in Gelnhausen und wünscht den Ausbau des Pflegeheims am Altenzentrum Rodenbach zu einer geriatrischen Rehabilitationsklinik.

Initiativen im Umweltbereich befaßten sich mit der Verwertung von Klärschlamm, der Einsammlung von Sondermüll und der Luftbelastung im Kreisgebiet, der Unterstützung naturschutztreibender Verbände durch erhöhte Zuweisungen z. B. für den Vogelschutz und die Forderung, gefährdete Naturräume zu erfassen und besser zu schützen. Dies ist nur ein Auszug aus dem Bereich der Fraktions-Aktivitäten der Liberalen".

Verwaltungsstellen des Main-Kinzig-Kreises in Bild und Wort

Das LANDRATSAMT IN DER EHEMALIGEN KREISSTADT SCHLÜCHTERN in dem verschiedene Verwaltungsstellen untergebracht sind.

Bürgernähe in einem großen Kreis

Auf kurzen Wegen Behördengänge erledigen: deshalb blieben die drei Landratsämter in den Kreisteilen Anlaufstellen für die Bürger im Kreis.

Das LANDRATSAMT HANAU an der Eugen-Kaiser-Straße 9 ist Sitz der Kreisverwaltung. In dem Gebäude befinden sich auch die Dienstzimmer des Landrates und der hauptamtlichen Beigeordneten. Auch der Kreisausschuß tagt vornehmlich wöchentlich hier.

Das LANDRATSAMT IN GELNHAUSEN an der Barbarossastraße 20 ist oft am Vormittag auch Anlaufstelle für die Dienstgeschäfte des Landrats.

Im KREISWERKE-HOCHHAUS gegenüber dem Landratsamt Hanau sind von der ersten bis siebten Etage Dienststellen der Kreisverwaltung untergebracht.

Zum Herausnehmen und Aufheben

Die PFÖRTNER in den Landratsämtern (unser Bild entstand in Hanau im Altbau an der Eugen-Kaiser-Straße) geben den Besuchern Auskunft über die Wege zu den Dienststellen.

KREISKRANKENHÄUSER in Gelnhausen (unser Bild) und Schlüchtern, das Stadtkrankenhaus und das St.-Vinzenz-Krankenhaus in Hanau sowie zwei weitere, kleinere Krankenhäuser in Bad Orb und Bad Soden-Salmünster sind zur Versorgung für die Bürger des Main-Kinzig-Kreises vorhanden. Kreiskrankenhaus Gelnhausen, Herzbachweg 14, Tel. 0 60 51/8 71. – Kreiskrankenhaus Schlüchtern, Kurfürstenstraße 17, Tel. 0 66 61/8 11. – Stadtkrankenhaus Hanau, Leimenstraße 20, Tel. 0 61 81/29 61. – St.-Vinzenz-Krankenhaus, Hanau, Nußallee 28, Tel. 0 61 81/27 21. – Krankenhaus Salmünster, Bad Sodener Straße 18, Tel. 0 60 56/80 11. – Krankenhaus Bad Orb, Frankfurter Straße 2, Tel. 0 60 52/20 25.

Die „Mannschaften" der TELEFONZENTRALEN in Hanau, Gelnhausen und Schlüchtern stellen Kontakte zwischen Bürgern und Dienststelle der Kreisverwaltung her. Die Rufnummern für die drei Landratsämter: Hanau: 0 61 81/29 21. – Gelnhausen: 0 60 51/8 51. – Schlüchtern: 0 66 61/8 20.

Hanau in der Symbiose von Vergangenheit und Gegenwart: alte und neue Brunnen als Symbole lebendigen Wirkens in einer einst totgesagten Stadt, aber auch historische, im Krieg verschont gebliebene Bausubstanz, die nach ihrer Renovierung jetzt unter Denkmalschutz steht.

Hanauer Baudenkmäler:

Wasserturm, Philippsruher Allee

Wilhelmstraße 3

Wilhelmstraße 1

HA-Fotos: Stefan Lotz

Arbeitersiedlung am Hasenpfad 3–5

Häuserzeile Corniceliusstraße

Ehemalige „Officier- Speiseanstalt", Lamboystraße 52

Moderner Denkmalschutz für historische Hanauer Gebäude

Hanau (wi). – Vor vielen Jahren noch als alt verschrien, gelten heute historische Gebäude als „in". Das Bewußtsein in der Bevölkerung, das von den Altvorderen Übernommene zu bewahren, hat sich erheblich gewandelt. Doch schon immer hat eine kleine Gruppe versucht, historische Gebäude zu schützen, sie dem Schutz des Gesetzes anzuvertrauen. Bereits um die Jahrhundertwende wurden die ersten Denkmalschutzgesetze erlassen. Nach dem Zweiten Weltkrieg verschwanden in der Aufbauphase wichtige Zeitdokumente. In Deutschland wurden in dieser Zeit mehr Objekte vernichtet als Jahre zuvor durch die Bomben. Derzeit laufen hessenweit die Arbeiten an Denkmaltopographien, an Bestandsaufnahmen der historisch wertvollen Gebäude. Grundlage dafür sind bereits vor Jahren erstellte Listen. Auch für den Bereich der Stadt Hanau gibt es bereits eine Zusammenstellung, die Grundlage bei Genehmigungsverfahren in den zuständigen Ämtern war. Wenn die neue Topographie druckfertig vorliegt – der Wetteraukreis besitzt bereits einen solchen Katalog –, dann sind endlich vernünftige Grundlagen geschaffen worden, einen modernen Denkmalschutz zu betreiben. Der „Hanauer Anzeiger" stellt auf dieser Seite mehrere Objekte vor, die seit vielen Jahren dem Schutz des Gesetzes anvertraut sind.

In der Corniceliusstraße

Wilhelmstraße 2

Zum roten Löwen, Landstraße 4

Corniceliusstraße

Alte und neue Hanauer Brunnen

Der Marktbrunnen

Am Kanaltorplatz

Fotos: Gerhard Greiner

Justitiabrunnen, Altstädter Markt

Im Schloßpark Philippsruhe

Schwanenbrunnen, Beethovenplatz

„Die sechs Schwäne" von Albrecht Glenz

Schloßbrunnen

Basaltbrunnen, Krämerstraße

Nahezu vierzig Jahre nach dem schweren Bombenangriff wurde die Stadt von einem Unglück betroffen, das die Hanauer schmerzlich bewegte: Das Schloß Philippsruhe, das den letzten Krieg weitgehend unbeschädigt überstanden hatte und in den Jahren nach 1945 der Stadtverwaltung als vorübergehendes Domizil diente, fiel zum Teil einem Großbrand zum Opfer.

14.15 Uhr: Rauchschwaden erreichen den Glockenturm.

In einer Wohnung im linken Seitenflügel ist das Feuer ausgebrochen.

Bereitschaftspolizei birgt das Museumsinventar.

Die Feuerwehr bei der Brandbekämpfung am Hauptgebäude.

Durchnäßt versuchen die Helfer, noch zu retten, was zu retten ist.

Fotos: Stefan Lotz (7), Hans-Jürgen Heck (2).

Oberbürgermeister Helmut Kuhn im Bildersaal des Schlosses.

Auch er schlug Alarm: Gaststättenpächter Michael Korff.

Die Flammen greifen unaufhörlich auf den Mitteltrakt und den Glockenturm über.

16.15 Uhr: Die Wehren haben den Glockenturm nicht mehr retten können.

Format

Vielleicht ist das wirklich ein neuer Weg zu einem vereinigten Europa: über das Bett. Alle anderen Wege haben ja bisher mehr oder weniger in eine Sackgasse geführt. Und wie heißt es doch: den Seinen gibt's der Herr im Schlaf. Die Seinen müßten also ihren Kopf auf das „kuschelig weiche Kissen im Europaformat“ betten. Wenn auch sonst Format fehlt, das Kissen hat es; auf vierzig mal achtzig Zentimetern kann sich nun ganz Europa gesundschlafen, es muß nur aufgepaßt werden, daß die Vereinigung nicht verpennt wird. Es träumt dann das kuschelig weiche Fräulein Lieschen Müller auf dem Europakissen von ihrem italienischen Urlaubsfreund Franco Bollo, der natürlich auch seinen Kopf auf europäisches Format bettet.

Es wäre ein Anfang. Wenn alle Europäer schon mal Kopfkissen im Europaformat besitzen, sind sie vielleicht eher bereit, gemeinsam von Europa wenigstens einmal zu träumen, und nicht nur Fräulein Müller von Signor Bollo. Träume, heißt es zwar, seien nur Schäume, aber der Dichter Hebbel läßt durchaus nicht alle Hoffnung beim Träumen fahren, denn er sagte: „Da spielt in unser Weinen ein Lächeln hold hinein.“

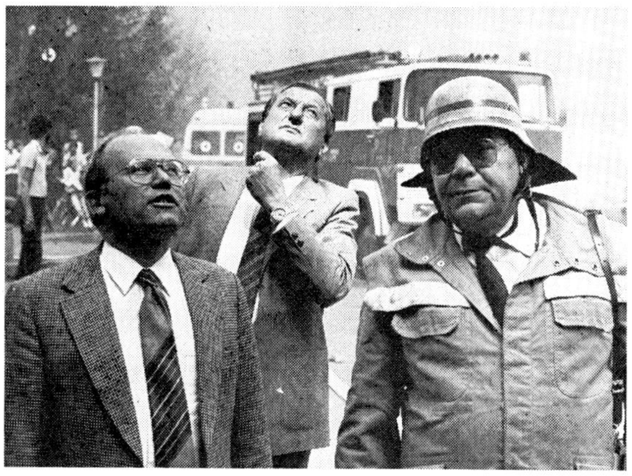

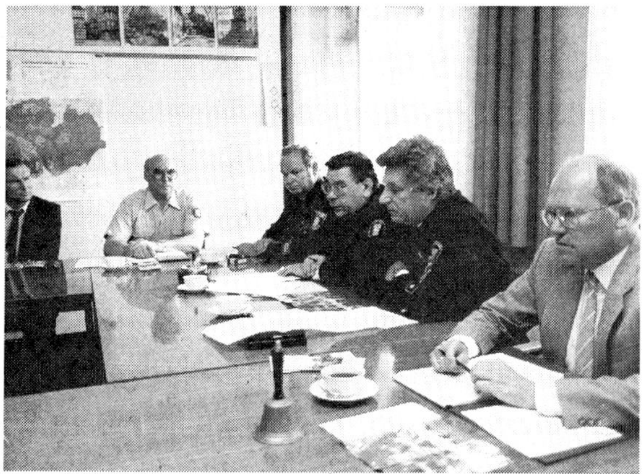

Unser linkes Bild enstand am Dienstag gegen 14.30 Uhr. Noch glauben die Verantwortlichen Helmut Kuhn (links), Landrat Rüger (Mitte) und Stadtbrandinspektor Zeiger (rechts) den Brand im Dachstuhl des Schlosses Philippsruhe rasch unter Kontrolle zu bringen. Das rechte Bild entstand auf der gestrigen Pressekonferenz. Neben Oberbürgermeister Kuhn (rechts) Oberbrandrat Herdt von der Frankfurter Berufsfeuerwehr. neben ihm Stadtbrandinspektor Zeiger. Im Hintergrund Ernst Steidel, der den Einsatz der Polizeikräfte geleitet hatte.

Brandbekämpfung war äußerst schwierig

Pressekonferenz des Oberbürgermeisters zum Feuer im Historischen Museum – Fachleute gaben Auskunft

Von unserem Redaktionsmitglied Werner Kurz

Hanau. – Betroffenheit, Trauer, ja Zorn prägt noch immer die Stimmung unter den Hanauer Bürgern, die sich gestern um das Schloß Philippsruhe herum einen Eindruck von den immensen Schäden verschaffen wollten. Während im Inneren des Schloßgebäudes die Feuerwehr Sicherungsarbeiten durchführte und das Wasser das noch allenthalben von den Wänden rann absaugte, waren schon am Morgen die Spezialisten des Landeskriminalamtes und der Feuerversicherung in der Brandruine unterwegs. Zur gleichen Zeit hatte Oberbürgermeister Helmut Kuhn zu einer Pressekonferenz geladen.

Stadtbrandinspektor Zeiger gab zunächst einen Überblick über den zeitlichen Ablauf des Einsatzes am Schloß Philippsruhe. Kurz nach 14 Uhr sei vom Hausmeister des Schlosses der Feuerwache in der Friedrich-Ebert-Anlage telefonisch mitgeteilt worden, daß Rauch aus dem Dach des Mitteltraktes käme. Um 14.04 sei Alarm ausgelöst worden und die ständige Bereitschaft sei ausgerückt. Um 14.07 Uhr habe man die Wehren von Steinheim und Klein-Auheim alarmiert, um 14.13 Uhr Großauheim. um 14.30 Uhr sei man mit einer Leiterbühne, 2 Drehleitern, 2 Tanklöschfahrzeuen und 4 Löschfahrzeugen vor Ort gewesen.

Äußerst schwierige Löscharbeiten

Die Löscharbeiten hätten sich als äußerst schwierig erwiesen. Zunächst habe man feststellen müssen, ob in der Wohnung, in der man den Brandherd vermutet habe, noch irgendwelche Personen gewesen seien. Nach Auskunft von Oberbürgermeister Kuhn sei jedoch unmittelbar nach dem Eintreffen der ersten Wehrmänner, schon sicher gewesen, daß sich niemand mehr in der Wohnung aufhalte. Nachdem man schon auf der Fahrt zum Schloß gesehen habe – so Stadtbrandinspektor Zeiger weiter – daß man mit den ausgerückten Kräften nicht Herr des Brandes werden könne, habe man rundum die Wehren alarmiert.

„Erst nachdem sicher war, daß kein Mensch mehr in der Wohnung war, konnten wir massiv den Brand bekämpfen“, sagte Zeiger.

Über die Brandursache konnte auf der Pressekonferenz gestern morgen noch nichts näheres erfahren werden. Jedenfalls sei der Brand in einer Wohnung auf der Südseite des Mittelbaues entstanden, habe sich durch die Decke gefressen und habe von dort auf den Dachstuhl übergegriffen, verlautete.

Oberbrandrat Herdt von der Frankfurter Berufsfeuerwehr schilderte die Schwierigkeiten bei Bränden in solchen historischen Gebäuden: „Es gibt dort selbstverständlich keine Brandschutzvorrichtungen, wie sie für Neubauten vorgeschrieben sind. Der Brand im Schloß Philippsruhe schwelte zunächst unter dem Dachstuhl. Diese Schwelgase entwickeln Temperaturen bis zu 1000 Grad.“ So habe sich der Schwelbrand durch den gesamten Dachstuhl bis auf die Ostseite des Schlosses fortgesetzt und sei schließlich an verschiedenen Stellen ausgebrochen. Um 15,21 Uhr sei die Frankfurter Wehr alarmiert worden und schon 14 Minuten später sei man am Schloß gewesen. Um 16.31 Uhr habe man schließlich den Brand unter Kontrolle gehabt.

Das Museum geräumt

Wie Brandmeister Zeiger weiter ausführte, sei man zunächst von außen an den Brand nicht herangekommen. Zuerst hätten die Wehrmänner versucht, von innen her der Flammen Herr zu werden. Dies habe sich als äußerst schwierig erwiesen. Nachdem der Brand auf den Turm übergegriffen habe, sei man zu einem Wasserangriff übergangen.

Inzwischen habe die Bereitschaftspolizei und amerikanisches Militär die Räumung des Museums durchgeführt. Ab 18 Uhr habe man begonnen, mit Wasserstaubsaugern das Löschwasser, das in großen Mengen durch die Decken kam, abzusaugen. Da bereits einige Decken nachzugeben drohten, habe man das technische Hilfswerk angefordert. „Die erheblichen Mengen von Löschwasser haben enorme Schäden verursacht“, sagte der Brandinspektor. „Wir mußten auf Geräte der Frankfurter Berufsfeuerwehr zurückgreifen um der Wassermassen Herr zu werden.“ Ab 18 Uhr habe man noch Nachlöscharbeiten durchgeführt.

Nachdem ein Statiker für den Turm – oder vielmehr dessen Gerippe – keine unmittelbare Einsturzgefahr bestätigt hatte, habe man mit den Aufräumungsarbeiten begonnen. Allerdings mußte gegen Mitternacht die Turmspitze – eine Fahnenstange – abgenommen werden, da sie herabzustürzen drohte. Dazu mußte ein 60-Meter-Teleskopkran herbeigeholt werden.

Oberbrandrat Herdt aus Frankfurt, der nach dem Eintreffen der Frankfurter Wehr zusammen mit Zeiger den Einsatz gemeinsam leitete, schloß mit der Feststellen: „Nur wenn man mit massiven Kräften binnen 10 Minuten nach Ausbruch eines solchen Brandes tätig wird, gibt es eine Chance.“ Die Unzugänglichkeit des Dachstuhles, die Holzbauweise mit zolldicken Bohlen und Teerpappe lasse der Feuerwehr kaum eine Chance, wenn es erst einmal zu einer solch starken Hitzeentwicklung gekommen sei. Zwar könne es eine Lösung sein, das Dach von außen zu öffnen, doch Im Falle Philippsruhe sei dies technisch einfach nicht machbar gewesen.

Keine befriedigende Antwort

Die Tatsache allerdings, daß zwischen dem Erkennen der Gefahr und der Alarmierung der Frankfurter Berufsfeuerwehr fast eineinhalb Stunden vergingen, konnte Brandinspektor Zeiger den anwesenden Journalisten nicht befriedigend erklären. Auf die Frage ob es zuträfe, daß er, Zeiger, gesagt habe: „Den Brand kriegen wir alleine unter Kontrolle!“ wies er entschieden zurück. „Glauben sie doch nicht solche Märchen“, wies er die Journalistenrunde zurecht, auch als Zeugen angeboten wurden, die eine solche Äußerung Zeigers auf ihren Eid nehmen würden. Darunter ist ein bekannter Hanauer Künstler, der im Schloß sein Atelier hat.

Im weiteren Verlauf der Pressekonferenz drehte sich alles um diese anderthalb Stunden. Diplomatisch wollte Oberbrandrat Herdt keine Auskunft geben, „was gewesen wäre wenn“. Schließlich mußte sich Brandinspektor Zeiger auch noch fragen lassen, ob denn zu irgendeiner Zeit ein Brandschutzgutachten über das Schloß vorgelegt worden sei. Hier kam sowohl der Brandinspektor als auch der Oberbürgermeister in Bedrängnis. Auf den Brand im Jahre 1982 angesprochen und die damals erhobenen Forderungen konnte Kuhn keine Auskunft geben. Kulturamstsleiter Dr. Günter Rauch erwies sich ebenfalls als nicht informiert: „Ich hatte noch keine Zeit, in meinen Unterlagen nachzusehen.“

Schließlich ging es noch um die aktuellen Brandschutzeinrichtungen im Schloß Philippsruhe. Auf die Frage, ob man denn dort Steigleitungen mit Anschlüssen für die Feuerwehr habe, antwortete Zeiger: „In Gebäuden dieser Art ist dies nicht üblich.“ Allerdings konnten sich der Hanauer Anzeiger am späten Mittwochvormittag davon überzeugen, daß solche Steigleitungen sehr wohl vorhanden sind. Ein Anschluß befindet sich keine fünf Meter von dem mutmaßlichen Brandherd entfernt.

Wir haben Betriebsferien vom 6.–18. August
BETTEN-KAISER

Widersprüchliche Aussagen

Abschließend wies Oberbürgermeister Helmut Kuhn noch einmal auf den guten Ablauf der Rettungsaktion für das Museumsinventar hin. Besonders dankte er der Bereitschaftspolizei und der US-Army für ihre Hilfe. Allerdings kam es am Ende der Pressekonferenz fast zu einem Eklat als Michael Korff, Betreiber der „Orangerie im Schloß“ und einer der ersten, die den Brand gemeldet hatten, sowohl die Darstellung des Stadtbrandinspektors über die Löscharbeiten als auch den Bericht des Oberbürgermeisters über die Bergung der Exponate in Frage stellte. Tatsächlich gibt es einige Widersprüche zwischen der Darstellung des Stadtoberhaupts und den Berichten von Journalisten, die als Augenzeugen den Beginn der Bergungsaktion miterlebt hatten.

Im Grunde genommen brachte die Pressekonferenz des Oberbürgermeisters am gestrigen Mittwoch keine konkreten Auskünfte, die geklärt hätten, warum die Frankfurter Berufsfeuerwehr erst so spät gerufen wurde. Wie der Hanauer Anzeiger mittlerweile aus gut informierten Kreisen des Landratsamtes erfuhr, soll Stadtbrandinspektor Zeiger auch erst gegen 16 Uhr den Kreisbrandinspektor von dem Brand informiert haben.

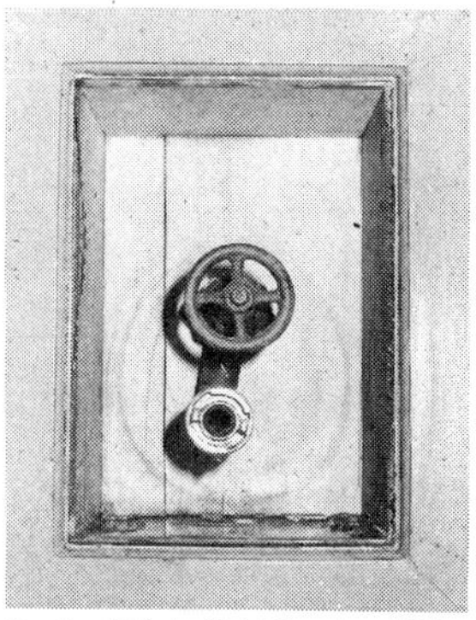

Der Anschluß der Steigleitung im seitlichen Treppenhaus, nur wenige Meter vom mutmaßlichen Brandherd entfernt, dessen Existenz der Stadtbrandinspektor auf der gestrigen Pressekonferenz rundweg abstritt.

Kind leicht verletzt

Schöneck. –Nachdem ein achtjähriges Mädchen am Mittwoch um 18.10 Uhr in der Hessenstraße in Oberdorfelden an einer Reihe geparkter Personenwagen vorbeigefahren war, stieß es gegen ein ausscherendes Auto. Das Kind stürzte und zog sich Schürfwunden zu. Es entstand geringer Sachschaden.

Lob für schnellen Einsatz

Brand im Schloß: Landrat warnt vor voreiligen Schuldzuweisungen

Main-Kinzig-Kreis/Hanau (dg). – „Ich habe die Sache in die Hand genommen, weil gerade keiner da war, der Anweisungen geben konnte.“ So der Landrat gestern in der Kreispressekonferenz zu seinem Verhalten während des Brandes am Dienstag im Schloß Philippsruhe. Unter anderem habe er dem Hanauer Stadtbrandinspektor Zeiger auferlegt, „sämtliche erreichbaren Feuerwehren zwischen Langenselbold und Frankfurt“ zur Verstärkung heranzuholen, die Frankfurter eingeschlossen. Diese Anweisung habe er gegen 14.50 Uhr gegeben, sagte Rüger. Die Frage eines Pressevertreters, warum die Frankfurter Feuerwehr erst um 15.21 Uhr informiert worden sei, konnte der Landrat gestern nicht beantworten.

Als „alter Brandfachmann“ stellte Rüger in der Kreispressekonferenz fest, die Schnelligkeit, mit der die Feuerwehren nach Alarmauslösung um 13.55 Uhr an der Brandstelle auf dem Gelände des Schlosses Philippsruhe erschienen seien, habe ihn beeindruckt. Aus dem Protokoll gehe hervor, daß die ersten Feuerwehr-Fahrzeuge bereits um 14.13 Uhr und 14.14 Uhr „vor Ort“ gewesen seien.

Zur Effektivität des Einsatzes, zu möglichen Engpässen oder Fehlverhalten wollte Rüger sich nicht äußern. Er warnte davor, voreilige Schlüsse zu ziehen, die zu einer Verurteilung an der Brandbekämpfung Beteiligter führen könnten. „Sie haben unter den gegebenen Umständen ihr Bestes gegeben“.

Da es keine Möglichkeit gegeben habe, frühzeitig das Dach des Schlosses aufzubrechen, ohne daß Lebensgefahr für Wehrmänner bestanden hätte, das Feuer nach oben frei werden zu lassen, erübrige sich eine weitere Diskussion. „Schon gegen 14.30 Uhr hätten tausend Feuerwehrleute nichts mehr erreicht,“ meint der Landrat.

Rüger lobte den Einsatz aller Helfer, die sich engagiert um die Rettung der historischen Kunstgegenstände bemüht hätten. Dies gelte auch für seinen und den Fahrer des Oberbürgermeisters.

Weil der Landrat den Einsatz der Bereitschaftspolizei verfügt habe – dies liege normalerweise im Kompetenzbereich des Innenministers – habe es einen kurzen telefonischen Disput mit dessen Behörde in Wiesbaden gegeben, sagte Rüger. „Ich konnte jedoch nicht anders handeln.“

Der Landrat verwies auch auf die Zuständigkeit des Hanauer Oberbürgermeisters für den Einsatz am Brandort. „Doch weil ich nun schon einmal da war, habe ich die Sache in die Hand genommen“, sagte Rüger, der zu bedenken gibt, ob es richtig sei, daß im Schloß Philippsruhe Leute wohnen.

Hans Kreogel im Krankenhaus

Hanau. Hans Kreogel, langjähriger wissenschaftlicher Mitarbeiter am Historischen Museum, liegt weiterhin im Krankenhaus. Am Dienstag hatte er angesichts des Museumbrandes einen Zusammenbruch erlitten. Auch Dr. Anton Merk zeigte sich erschüttert. Richard Schaffer, der dritte im Bunde des Museum-Teams, den der Hanauer Anzeiger gestern an seinem spanischen Urlaubsort telefonisch erreichte, war entsetzt. Pfarrer Heinz Kurz, der Vorsitzende des Hanauer Geschichtsvereins sagte gegenüber dieser Zeitung, er sei schockiert über die Katastrophe: „150 Jahre lang hat der Geschichtsverein gesammelt – und jetzt dieses.“ Auch Hauptamtsleiter Karl-Heinz Hoppe, der seinen Urlaub abgebrochen hat, stand gestern wortlos vor den Trümmern des Museums.

Spendenaktion der VOLKSBANK HANAU für Schloß Philippsruhe

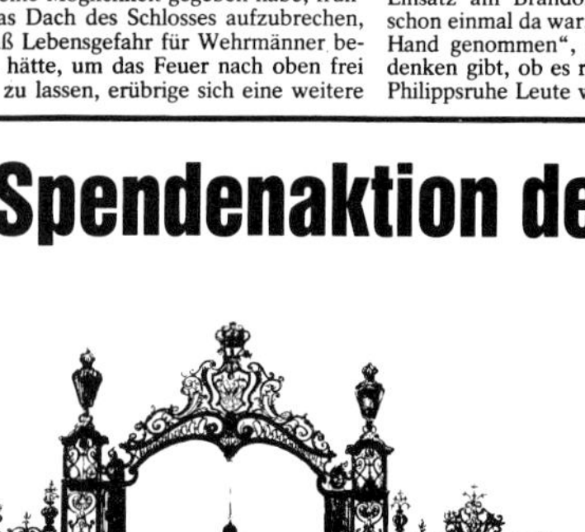

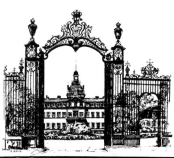

Auf Veranlassung vieler unserer Kunden haben wir für die Instandsetzung des durch den Großbrand vom 7. August 1984 teilweise zerstörten „Herzstücks von Hanau“ ein Spendenkonto unter

11111116 (BLZ 506 900 00)

eingerichtet, damit „unser Hanauer Schloß“ bald wieder im alten Glanz erstrahlt.
2000,– DM sind uns schon in den ersten Stunden zugegangen.

Ihre VOLKSBANK HANAU eG

Hanau · Krämerstraße 12

Hanau-Weststadt · Bruchköbel · Erlensee · Rodenbach

Volksbank Hanau eG

. . . und so hatte vor mehr als einem halben Jahrhundert die wechselvolle Geschichte für diese Stadt mit dem ihr drohenden Schicksal begonnen:
Die Machtergreifung 1933 durch die Nationalsozialisten, deren Politik schließlich zum Zweiten Weltkrieg mit allen seinen Folgen führte.

Vom Nachtasyl zur Reichskanzlei

Gedanken zum 50. Jahrestag der „Machtergreifung“ – Wie war es möglich, daß Hitler Reichskanzler wurde?

Von unserem Mitarbeiter Friedrich K. Wiebe

Bonn (ppl). – Wer sich 50 Jahre nach dem 30. Januar 1933 mit Hitlers „Machtergreifung“ auseinandersetzt, ohne dabei unbequeme Wahrheiten zu scheuen, gerät in Gefahr, gelangweiltes Abwenden oder gar feindselige Ablehnung hervorzurufen. Beide Reaktionen haben dieselbe Wurzel: den Wunsch „mit diesen Dingen“ endlich in Frieden gelassen zu werden. Es sprechen aber gewichtige Gründe dagegen, dieses unheilvollen Tages allenfalls flüchtig zu gedenken, um dann möglichst rasch zu den Geschäften des Tages zurückzukehren.

Einen davon hat der weltkundige Politiker Carlo Schmid einmal etwa so formuliert: Wir können vom Ausland nur verlangen zu vergessen, wenn wir selbst nicht vergessen. Kein Zweifel, die zwölf Jahre der Herrschaft Hitlers, vor allem die Schrecknisse seiner Kriegszüge, sind auch nach einem halben Jahrhundert nicht aus dem Gedächtnis der Welt verschwunden. Darüber darf uns die Freundlichkeit, die uns im Ausland überwiegend begegnet, nicht hinwegtäuschen. Sie hat meist nüchterne Gründe der Zweckmäßigkeit, und wo sie mehr als das bedeutet, gilt sie zunächst einmal nur den Individuen.

Tiefe Zäsur

Ein weiterer zwingender Grund sich des 30. Januar 1933 nachdenklich zu erinnern, ist die Tatsache, daß dieser Tag nicht nur für die Deutschen, sondern für die ganze Welt die bisher tiefste Zäsur unseres Jahrhunderts gebracht hat. Zumindest für die lebende Generation bedeutet er wohl das folgenschwerste Datum. Angefangen mit dem Zweiten Weltkrieg, den es ohne Hitler vielleicht gar nicht gegeben hätte, bis hin zur Teilung der Welt in die Machtsphären zweier Supermächte, hinter der die Bedrohung der Menschheit durch apokalyptische Schrecken steht, gibt es praktisch kein übernationales Problem, dessen Wurzel nicht auch in dem Mann aus Braunau zu suchen wäre. Vielleicht ist es wirklich so, wie Sebastian Haffner in seinen „Anmerkungen zu Hitler“ geschrieben hat: Man müsse wohl bis zu Alexander dem Großen zurückgehen, um in der Geschichte jemanden zu finden, „der in einer unterdurchschnittlichen Lebenszeit die Welt so grundstürzend und nachhaltig verändert hat wie Hitler“. Zugleich aber weist Haffner zu Recht mit Nachdruck darauf hin, daß es niemals jemanden gegeben hat, „der so wie Hitler mit einer Gewaltleistung ohnegleichen das genaue Gegenteil von dem bewirkt hat, was er bewirken wollte“.

Dieser in der Tat einzigartige, in totalem Debakel endende Widerspruch müßte eigentlich den Bankrotteur Hitler im Abgrund geschichtlicher Vergessenheit versinken lassen, wenn sein Scheitern nicht einen so fürchterlichen Preis gefordert hätte. Uns aber bewahrt diese Erkenntis vor der Gefahr, in ihm ein Genie zu sehen oder ihn auch nur über Gebühr zu dämonisieren.

„Dämonisch“ könnte man an dem Manne, den Hindenburg vor 50 Jahren zum Reichskanzler berief, vielleicht seinen von ihm selbst immer wieder gerühmten „unbeugsamen“ Willen nennen; er hat ihn aus der obskuren Tiefe des Wiener Obdachlosen-Asyls bis an die Spitze des Deutschen Reiches geführt. Ans Dämonische streifte gewiß auch seine Gabe, als Redner die Massen wie durch Hypnose zu fanatisieren; das war es denn auch, was dem Sprecher eines unbedeutenden Münchner Polit-Grüppchens den Eintritt in die große Politik eröffnete. Alles andere an Hitlers Persönlichkeit war zumindest von deprimierender Banalität; im Kernbereich des Menschlichen war er ohne Zweifel sogar „entartet“, um seine eigene makabre Vokabel zu benutzen.

Die Deutschen jener Generation, die sich noch mitverantwortlich fühlt, schämt sich ganz überwiegend heute dieses Mannes. Für die Jungen, nur vom Hörensagen Unterrichteten ist das, was 1933 begann, meist schlechthin unbegreiflich. Beide Gruppen unterliegen deshalb leicht dem Irrtum, Hitler sei eine Art Naturkatastrophe gewesen, die unverschuldet und unabwendbar über uns gekommen sei. Damit wird dann häufig die Hoffnung verbunden, „so etwas“ werde sich nicht wiederholen.

Günstiger Nährboden

Daß ein Mann solchen Zuschnitts zu solcher Bedeutung gelangen konnte, wird nur dann begreiflich, wenn man weiß, welch überaus günstigen Nährboden Hitler in der Weimarer Republik vorfand. Der Rhythmus, den der „braune Trommler“ schlug, war genau jener, den weite Volkskreise, und vielfach gerade die maßgebenden, nur allzu freudig hörten. Dieser Trommler, der 1923 mit seinem Münchner Putschversuch kläglich gescheitert war, erkannte in der Landsberger Festungshaft, daß er nur mit dem Anschein von Legalität groß werden könne. Dafür boten ihm die Weimarer Verfassung und auch jene Kreise, die sie hätten verteidigen sollen, genügend Mittel. Vom Süden bis zum Norden, kreuz und quer durchs Reichsgebiet schlug er in den nächsten Jahren den Generalmarsch des nationalistischen Ressentiments mit dem Grundton „Kampf dem Schanddiktat von Versailles“. Damit verband er die Wirbel des völkischen Rassismus, den er in der Wiener Asyl-Zeit aus den Parolen von Politikern wie Lueger und Schönerer gierig in sich eingesogen hatte, für den aber auch in Deutschland von Männern wie Adolf Stoecker oder Houston Stuart Chamberlain der Boden vorbereitet war.

Indessen, das bis zu Hitler führende Kapitel deutscher Geschichte beginnt, genau betrachtet, schon früher, damals nämlich, als die Volkserhebung von 1848 zusammenbrach und sich die deutschen Einzelstaaten auf einen anderen politischen Weg begaben als das übrige Westeuropa. Während sich dort demokratische Staatswesen herausbildeten, regierte in Deutschland, vor allem in dem 1871 zur Vormacht gewordenen Preußen ein nur mit demokratischen Feigenblättern verhüllter Absolutismus. Im Ersten Weltkrieg glaubte Deutschland, das sich gegenüber den inzwischen zu kolonialen Weltreichen gewordenen Nachbarn als „verspätete“ Nation ansah, den Vorsprung zumindest aufholen zu können.

Um so schwerer wirkte dann der Schock von 1918, der nicht nur das Scheitern aller Weltmachthoffnungen, sondern darüber hinaus eine als schmachvoll empfundene nationale Reduzierung ohnegleichen brachte. Hier hatte die „Dolchstoß“-Legende ihre Wurzeln, hier aber auch die tiefe Feindschaft, die weithin dem neuen Regime, der Weimarer Republik, entgegenschlug. Von Anfang an hatte dieser Staat keine echte Chance, denn er blieb bis 1933 das, was man zu Recht eine „Republik ohne Republikaner“ genannt hat.

Tödliche Geburtsfehler

Die Gefährdung der Republik begann schon in ihrer Geburtsstunde, als die neue Staatsführung, aus Angst vor Infiltrationen aus dem bolschewistischen Osten, ausgerechnet jene militärischen Kräfte des alten Regimes zu Hilfe rief, die ihre geschworenen Feinde waren. Auch in der Folge überließ die Reichsregierung allzu vertrauensselig in der Verwaltung und im Rechtswesen wichtige Positionen weitgehend den aus dem kaiserlichen Beamtentum stammenden antidemokratischen Kräften.

Dazu kam nicht zuletzt die Unvernunft der Sieger von 1918, die der jungen Demokratie im Versailler Vertrag und in den Reparationsdiktaten Lasten aufbürdeten, die sie zu tragen außerstande war. Wirtschaftliches Elend, wachsende Massenarbeitslosigkeit, instabile Regierungen mit ständig wechselnden Koalitionen bewirkten, daß es seit Anfang 1930 praktisch kein wirklich demokratisches Regime mehr in Berlin gab. An seine Stelle trat ein Präsidialregime, das durch den bekannten Verfassungsartikel 48 dem Reichspräsidenten die Vollmacht gab, anstelle des Parlaments durch „Notverordnungen“ zu regieren, ein Verfahren, das eine Art von Einübung in das spätere autoritäre Regiment der Nationalsozialisten bedeutet hat. Sein erster Exekutor war Heinrich Brüning, der mit unsinnigen Sparmaßnahmen das allgemeine Elend verschlimmerte. Was auf ihn folgte, ist durch die Namen Papen und Schleicher gekennzeichnet und nur noch ein einziges, von Hitler kräftig angeheiztes verwirrendes Intrigenspiel, in dem der Ruf nach dem „starken Mann“ immer lauter wurde.

Irrtum mit fürchterlichen Folgen

Während in der Wahl-Gefolgschaft des „Trommlers“ nicht etwa die vom Elend am stärksten betroffene Arbeiterschaft, sondern das Kleinbürgertum dominierte, hatten Kreise der Großindustrie und der Banken die Hitler-Partei schon längere Zeit im stillen finanziell subventioniert. Sie verbanden sich nun mit den ihnen vor allem nahestehenden Deutschnationalen Hugenbergs zu der Entschlossenheit, Hitler auf den Schild des Reichskanzlers heben zu lassen. Man glaubte, gewiß zu sein, diesen im Grunde über die Achsel angesehenen politisch „Halbwilden“ im Gefüge einer Koalition mit Bürgerlich-Nationalen an festem Zügel führen und mit ihm als Stoßkeil die eigenen Ziele erreichen zu können.

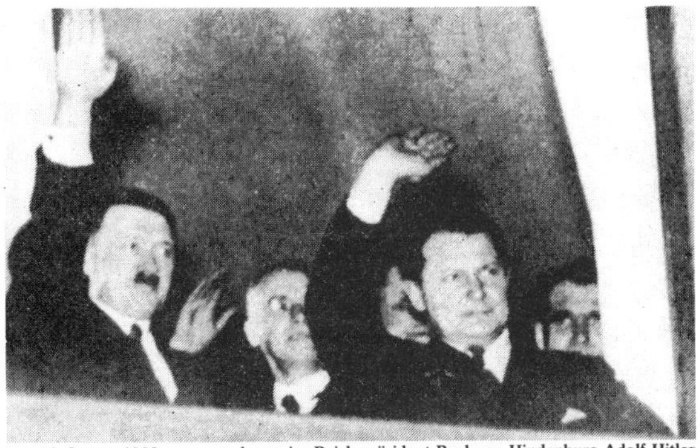

Am 30. Januar 1933 ernannte der greise Reichspräsident Paul von Hindenburg Adolf Hitler zum Reichskanzler. Hier Adolf Hitler und Hermann Göring (rechts) am Fenster der Reichskanzlei, die am Abend des 30. Januar 1933 den Fackelzug der SA abnehmen.

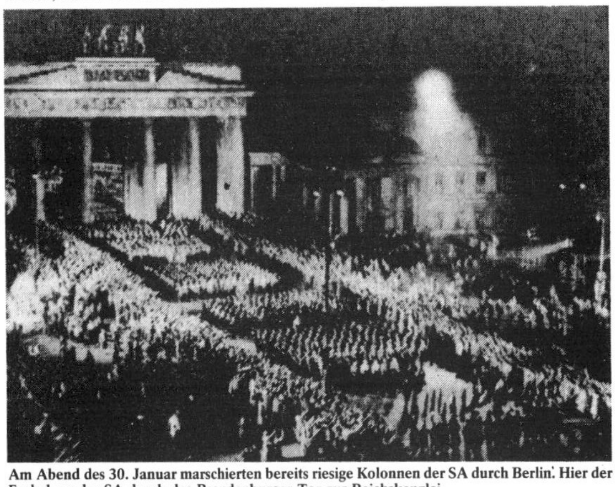

Am Abend des 30. Januar marschierten bereits riesige Kolonnen der SA durch Berlin. Hier der Fackelzug der SA durch das Brandenburger Tor zur Reichskanzlei.

Daß diese Erwartung ein Irrtum mit fürchterlichen Folgen war, ist allbekannt. Er führte, wie man weiß, von den Freudenfeuern des Fackelzuges, der dem von Hindenburg endlich Berufenen am 30. Januar 1933 vor der Reichskanzlei dargebracht wurde, bis zu dem ungeheuren Flammenmeer über ganz Deutschland, als am 30. April 1945 der „Führer“ im Bunker unter dieser Reichskanzlei sein gescheitertes Leben selbst beendete.

Offen bleibt für uns die Frage, ob Hitler, wenn schon kein unabwendbares Naturereignis, so doch eine Art unvermeidliche Folge unserer Geschichte gewesen sei. Der um die Erforschung des Nationalsozialismus verdiente Historiker Karl Dietrich Bracher widerlegt in seinem grundlegenden Werk „Die deutsche Diktatur“ diese These ganz entschieden. Er weist nach, daß Deutschland allen Hemmnissen zum Trotz doch immer die Möglichkeit gehabt habe, sich anders, nämlich für eine demokratische Entwicklung zu entscheiden. Das führt zu einem deprimierenden Schluß: Das Zusammentreffen antiwestlichen Denkens und des im Wilhelminismus am stärksten ausgeprägten nationalistisch-imperialistischen Sendungsgefühls mit dem nahezu dämonischen Machtwillen Hitlers und seinem völkischen Rassenwahn – das war es, was uns und die Welt ins Unglück gestürzt hat. Damit ist aber auch klar, wo in dieser Konstellation unser deutscher Teil Verantwortung zu finden ist. Dies zu erkennen und daraus die Folgerungen zu ziehen, ist die einzige Garantie dafür, daß sich ein katastrophaler Tag wie der 30. Januar 1933 nicht wiederholt.

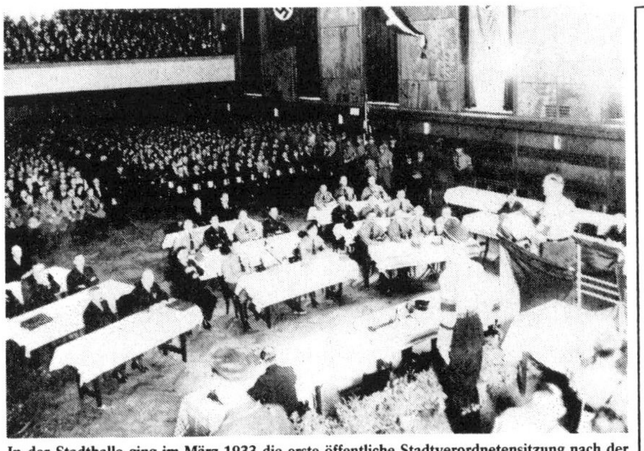

In der Stadthalle ging im März 1933 die erste öffentliche Stadtverordnetensitzung nach der Machtübernahme über die Bühne, die bereits ganz von der NSDAP beherrscht wurde.

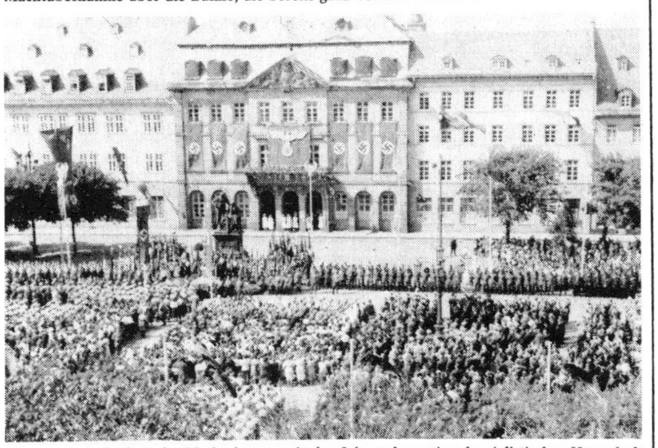

Hanaus „gute Stube“, der Marktplatz, war in den Jahren der nationalsozialistischen Herrschaft neben dem Paradeplatz, dem heutigen Freiheitsplatz, immer wieder Schauplatz großer Kundgebungen und Aufmärsche der Parteigliederungen. Im Hintergrund die mit Hakenkreuzfahnen dekorierte Rathaus-Fassade, die nach ihrer teilweisen Zerstörung im Krieg wieder in ihrer ursprünglichen Form aufgebaut worden ist. Aufn.: Archiv, Stadt- und Kreis-Bildstelle

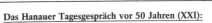

Das Hanauer Tagesgespräch vor 50 Jahren (XXI):

Am 30. Januar 1933 blieb in Hanau alles ruhig

Am 30. Januar 1933 herrschte in Hanau trübes Nieselwetter. Der klirrende Frost hatte nachgelassen, auf dem Main trieben Eisschollen. Der Hanauer Anzeiger war noch mit der Schlagzeile „Nach dem Rücktritt der Reichsregierung – Papen prüft die Möglichkeit einer parlamentarischen Mehrheitsbildung“ erschienen. Doch in den Mittagsnachrichten des Rundfunks war schon die Meldung durchgekommen, Hitler sei Reichskanzler. Wer nun annimmt, die Hanauer seien daraufhin in Massen voller Empörung zusammengeströmt, um spontan gegen die Machtübernahme Hitlers zu protestieren, der irrt. Hanau blieb ruhig.

Die Sozialdemokraten Jean Ruth und Gertrud Steinhauser, Tochter des langjährigen Redakteurs der „Hanauer Volksstimme“, Hans Kargl, erinnern sich, daß sie an jenem schicksalsschweren Montag zu einer Ausschußsitzung der Sozialistischen Arbeiterjugend nach Frankfurt fuhren und daß diese Sitzung abgebrochen wurde, als die Neuigkeit von Hitlers Kanzlerschaft bekannt wurde. An der Frankfurter Hauptwache kam es zu Rempeleien zwischen Anhängern der NSDAP, der KPD und der SPD, die – jeder für seine Partei – Sammelbüchsen schwangen und sich beschimpften. Doch die Polizei brauchte nicht einzuschreiten.

In den Nachmittagsstunden füllten sich Straßen und Plätze auch in Hanau. Trotz des trüben Wetters drängte es vor allem diejenigen, die kein Radiogerät besaßen (und das waren damals die meisten!) das Neueste von den Zeitungsausrufern zu erfahren. Der Hanauer Anzeiger berichtete am Tage danach, „die Ernennung Adolf Hitlers zum Reichskanzler bzw. die neue Kabinettsbildung habe am 30. Januar schon den ganzen Nachmittag über zu einem gesteigerten Verkehr und lebhaften Erörterungen“ auf den Straßen und Plätzen der Stadt geführt: „Am Abend zwischen 8 und 9 Uhr veranstaltete die NSDAP auf dem Marktplatz ein Platzkonzert ihrer SA-Kapelle. Das Konzert, in dessen Verlauf zwei hiesige nationalsozialistische Führer in kurzen Ansprachen auf die große Bedeutung der Stunde und die führende Stellung der NSDAP im nationalen Befreiungskampfe hinwiesen, verlief bei starker Beteiligung in völliger Ruhe und Ordnung. Zu Gegenkundgebungen oder Störungen kam es an keiner Stelle. Nach Beendigung des Konzertes marschierten die Teilnehmer in geschlossenem Zuge auf den Heumarkt, wo die Auflösung erfolgte. In der Stadt selbst herrschte gleichfalls vollkommene Ruhe.“

Frau Else Krause aus Bruchköbel erinnert sich, es sei ein ziemlich armseliges Häufchen frierender Nazis gewesen, die da – einige mit bruzzelnden Fackeln – im Regen durch Hanau zogen. Die meisten Leute hätten in den Gaststätten oder zu Hause am Radio gesessen, das „in Abänderung des Programmes“ aus Berlin den gewaltigen Fackelzug am Reichspräsidenten und am neu ernannten Reichskanzler vorbei, übertrug.

Es wäre jedoch falsch, würde man annehmen, daß niemand in Hanau die Bedeutung der Stunde erkannte. Frühere Reichsbannerleute erinnern sich, daß sie, als die Radionachricht von Hitlers Kanzlerschaft sich verbreitete, in die Geschäftsstelle der „Hanauer Volksstimme“, Ecke Römerstraße/Glockengasse, eilten. Dort trafen sich täglich die arbeitslosen Reichsbannerleute, nicht nur, um sich aufzuwärmen und zu diskutieren, sondern auch um da zu sein, wenn Hilfe notwendig wurde. Das war der Fall, wenn Beobachter meldeten, drüben in der Steinheimer Straße, wo die Arbeitslosen der SA „kaserniert“ waren, sei wieder einmal ein Schlägertrupp ausgerückt. An jenem 30. Januar 1933 herrschte in der engen Zeitungsstube Kampfstimmung. Manche Reichsbannerleute hatten ihre Stahlruten eingesteckt, einige besaßen sogar Revolver. Sie rechneten mit Alarm im Reichsgebiet und sie wußten, daß im „Rappen“ die Männer vom Roten Frontkämpferbund ebenfalls beisammensaßen und auf Anweisungen von oben warteten. In Mainz, Mannheim, Halle, Schweinfurth, Düsseldorf und Königsberg war es zur gleichen Stunde zu harten Zusammenstößen mit der SA gekommen. Doch in Hanau blieb es ruhig.

In der Redaktion der „Volksstimme“ schrillte das Telefon. Eine Meldung vom SPD-Parteivorstand wurde durchgegeben: „Aufruf an das arbeitende Volk! Wir führen unseren Kampf auf dem Boden der Verfassung. Die politischen und sozialen Rechte des Volkes, die in Verfassung und Gesetz verankert sind, werden wir gegen jeden Angriff mit allen Mitteln verteidigen. Jeder Versuch der Regierung, ihre Macht gegen die Verfassung anzuwenden oder zu behaupten, wird auf den äußersten Widerstand der Arbeiterklasse und aller freiheitlich gesinnten Volkskreise stoßen. Zu diesem entscheidenden Kampf sind alle Kräfte bereitzuhalten. Undiszipliniertes Vorgehen einzelner Organisationen oder Gruppen auf eigene Faust würde der gesamten Arbeiterklasse den schwersten Schaden bereiten. Seid diszipliniert und einig!“

Im Gewerkschaftshaus an der Mühlstraße saßen die Funktionäre des Gewerkschaftsringes zusammen und beratschlagten, was zu tun sei. Auch hier ging bald eine Nachricht aus Berlin ein: Die gewerkschaftlichen Spitzenorganisationen, der ADGB, der AfA-Bund, der Gesamtverband der Christlichen Gewerkschaften und die Gewerkschaft Deutscher Arbeiter-, Angestellten- und Beamtenverbände (GDA) richteten an ihre Mitglieder einen Aufruf.

Unter Hinweis auf die geänderte politische Lage betonten sie, die Lebensinteressen der gesamten Arbeitnehmerschaft stünden auf dem Spiel. Um Angriffe gegen Verfassung und Volksrechte im Ernstfall wirksam abzuwehren, sei kühles Blut und Besonnenheit erstes Gebot: „Laßt euch nicht zu voreiligen und darum schädlichen Einzelaktionen verleiten!“ Es gehört wenig Phantasie dazu, sich auszumalen, daß auch unter den Hanauer „Zentrumsleuten“, die sich in allen fünf Wahlen des Jahres 1932 auf ihre Wählerschaft so fest verlassen konnten, manch einer sorgenvoll fragte, wie das wohl weitergehen werde. Viele Hanauer aber meinten: „Gebt dem Hitler eine Chance, vielleicht schafft er wirklich Arbeit, Brot und Frieden. . .“ gfg

Das Hanauer Tagesgespräch vor 50 Jahren (XXII):

Gleichzeitig Wahlkampf und Karnevalskampagne

Anfang Februar 1933 war Hanau „vergrippt" Mehrere Schulen blieben wegen der Grippewelle geschlossen. In der Bürgerschaft, vor allem unter den Arbeitern und den Erwerbslosen aber brodelte es seit Hitlers Machtergreifung.

Am 3. Februar hatten SPD und „Eiserne Front" zu einer Kundgebung in den Saalbau in der Mühlstraße unter dem Motto „Das Dritte Reich ohne Schminke" eingeladen. Der ehemalige Abgeordnete der NSDAP, Hermann W. Schaefer, der als Enthüller der Boxheimer Dokumente den illegalen militärischen Charakter von Hitlers Kampfverbänden SA und SS nachgewiesen hatte, wollte dort sprechen. Doch die Kundgebung kam nicht zustande – man kann heute nur vermuten, warum der Redner „verhindert" war. Jedenfalls hat Schaefer wenig später sein mutiges Eintreten für die Demokratie, von den Nationalsozialisten als Verrat gebrandmarkt, mit seinem Leben gebüßt. Diese Kundgebung war als der örtliche Auftakt des abermaligen Reichstagswahlkampfes gedacht, denn auf Drängen Hitlers und Hugenbergs hatte Reichspräsident v. Hindenburg am 1. Februar 1933 den am 6. November 1932 gewählten Reichstag schon wieder aufgelöst. Doch nun war alles anders.

Das Ausbleiben größerer Protestaktionen seitens der Eisernen Front und der Gewerkschaften – die sich auf „streng legale Linie" und „abwarten!" geeinigt hatten – erste Verhaftungen von kommunistischen Funktionären nur wenige Tage nach dem Regierungswechsel sowie das teilweise brutale Auftreten der SA und SS hatten viele Linkswähler verunsichert. Das katholische „Zentrum" diskutierte – ebenso wie die Deutsche Volkspartei – Bedingungen für eine Tolerierung des neuen Reichskanzlers. Der aber dachte gar nicht an eine Erweiterung seiner Koalition, sondern zog sofort alle Register der Propaganda. Dabei machte er sich als Reichskanzler den Zugang zu den Rundfunksendern zunutze. Am 10. Februar übertrugen alle deutschen Sender eine Großkundgebung Hitlers im Berliner Sportpalast. Unter dem tosenden Beifall seiner Anhänger rief Hitler dort aus: „Die Klassenspalter mögen es mir glauben, so lange der Allmächtige mich am Leben läßt, wird mein Entschluß und mein Wille, sie zu vernichten, ein unabänderlicher sein. Entweder der Marxismus siegt oder das deutsche Volk – und siegen wird Deutschland!"

Seine Gegner fragten ihn nach seinem Programm. Darauf könne er nur erwidern: „Nach euerer Wirtschaft, nach euerem Wirken, nach euerer Zersetzung muß man das deutsche Volk von Grund auf neu aufbauen ... Ich kann Ihnen nicht versprechen, daß dieser Aufstieg von selbst kommt, das Volk muß mitarbeiten ..." Zum Schluß wurde er pathetisch: „Deutsches Volk, gib uns vier Jahre Zeit und dann richte über uns! Wir haben kein anderes Ziel als zu dienen, was uns das Höchste auf Erden ist: unserem Volk! Das ist mein Glaube: Es wird wieder auferstehen ein neues Deutsches Reich der Größe, der Ehre, der Kraft und der Herrlichkeit und der Gerechtigkeit. Amen!"

Das niederländische Dankgebet „Wir treten zum beten vor Gott den Gerechten" ertönte im Rundfunk – und auch in Hanau staunten die einen, schüttelten die anderen die Köpfe über so viel Heuchelei und andere schämten sich ihrer Tränen nicht ... Wieder andere meinten, jetzt sei die Zeit aktiven Widerstandes gekommen.

Der Hanauer Anzeiger meldete: „Die Rundfunkübertragung der gestrigen Rede des Reichskanzlers wurde in Stuttgart durch einen Sabotageakt gestört. Unbekannte haben das Postkabel durchschlagen ..." Doch die Nationalsozialisten schlugen zurück. Fast täglich berichtete die Presse von Haussuchungen in KPD-Büros und -Redaktionen sowie von Verhaftungen von KPD-Funktionären.

Eine Antwort auf Hitlers Rede gab der preußische Innenminister Carl Severing (SPD) am 22. Februar 1933 in der überfüllten Hanauer Stadthalle. Er verwahrte sich gegen Hitlers Beschimpfungen der Weimarer Republik. Hitler habe, genau wie vor ihm Papen, den seitherigen Regierungen Unfähigkeit vorgeworfen, ohne klarzustellen, was denn nun sein Programm sei. Statt Propagandaphrasen hätte er eine Ankubelung der Wirtschaft und Arbeitsbeschaffungsmaßnahmen erwartet, sagte Severing. Auf alle Fälle würden die SPD, die Eiserne Front und die Gewerkschaften jedes Rezept, von welcher Seite es auch komme, unterstützen, das einer Behebung der Arbeitslosigkeit diene ...

Die Festlegung des Wahltermines brachte es mit sich, daß Wahlkampf und Karnevals-Kampagne zusammenfielen. Der „Bö-Bu-Ba" der 1893er-Carnevalisten in der Stadthalle war gut besucht. In den Sitzungen der Karnevalisten wurden die politischen Ereignisse glossiert. Mancher alte Hanauer erinnert sich, daß die ganze Bedeutung des Machtwechsels in Berlin keineswegs allen Leuten klar war. „Der Hitler wird in ein paar Monaten genauso abgewirtschaftet haben wie die anderen Kanzler vor ihm" war eine gängige Meinung.

Doch Hitler dachte offensichtlich gar nicht daran, sich an die üblichen demokratischen Gepflogenheiten zu halten. Am 22. Januar brüllte er in der überfüllten Frankfurter Festhalle ganz offen ins Mikrophon: „Die Vertreter des verflossenen Systems werden keine Gelegenheit mehr haben, beim Aufbau der neuen deutschen Volksgemeinschaft mitzureden. Das junge Deutschland ist aufgestanden und es will von diesen Leuten nichts mehr wissen."

Er sei dafür eingetreten, daß „noch einmal gewählt wird, obwohl es einfacher gewesen wäre, mich durch einen Kuhhandel tolerieren zu lassen". Er wolle dem Volk zum Bewußtsein bringen, daß der 30. Januar ein Wendepunkt sei, nicht nur für die Regierung, sondern für die deutsche Nation. Und dann wurde Hitler ganz deutlich: „Ganz gleich, wie am 5. März das Votum ausfallen wird, das deutsche Volk wird nicht mehr in die Hände seiner Verderber zurückfallen ...!"

Damit gab Hitler seinen politischen Gegnern Munition für den Wahlkampf, der nun erneut mit großer Härte und Brutalität in seine Endphase ging. Die Linksparteien und die Bürgerlichen zitierten Hitler, der Ende Oktober 1932 in Königsberg gesagt hatte, daß die NSDAP, einmal zur Macht gekommen, diese nicht mehr aus den Händen lassen werde, und sie zitierten den SA-Chef Ernst Röhm mit seiner Rede vom 18. August 1932 in München: „Wir kennen keine Parität, keine Objektivität zwischen deutschen Männern und volksfremdem Gesindel. Wir kennen keinen Kompromiß, wir wollen ein neues Deutschland, ein Vaterland der Ehre, der Freiheit und der Größe, ein Volk gleicher starker Gesinnung, einen Staat der Helden und nicht der Händler ..."

Wohlgemerkt – das waren keine Geheimreden. Das wurde öffentlich verkündet und in fast allen Zeitungen abgedruckt. So konnte kein Wähler, der am 5. März 1933 Hitler oder Hugenberg seine Stimme gab, behaupten, er habe nicht gewußt, was er damit tat.

-gfg-

Das Hanauer Tagesgespräch vor 50 Jahren (XXIV):

In Hanau klare Mehrheit gegen Hitlerkoalition

Der 5. März 1933, an dem das deutsche Volk zum letzten Male einen Reichstag und die Preußen zugleich auch einen neuen Landtag frei wählten, ist in Hanau ruhig verlaufen. Der Hanauer Anzeiger kommentierte die Wahlbeteiligung von 91 Prozent: „Ein Wahlkampf, wie er an Intensität und Schärfe wohl noch niemals in Deutschland geführt worden ist, liegt hinter uns. Mit allen Mitteln der Propaganda, die unser technisches Zeitalter in so reichem Maße hervorgebracht hat, wurde er geführt, um auch den letzten Wähler an die Urne zu bringen ..." Zahlreiche Häuser der Stadt, so schrieb die Heimatzeitung weiter, hätten am Wahltage geflaggt. „Vor allem sah man Hakenkreuz- und schwarz-weiß-rote Fahnen, erstmalig auch Hilfspolizei in Pelzmänteln mit weißen Armbinden, immer zusammen mit Beamten der Schutzpolizei auftretend. Am Vorabend der Wahl habe sich ein langer Fackelzug durch die Straßen der Stadt bewegt, organisiert von den Anhängern der Regierungsparteien, die zuvor auf dem Marktplatz über Lautsprecher die Rede des Reichskanzlers Hitler angehört hatten.

Für die Regierungsparteien NSDAP und DNVP muß das Hanauer Ergebnis der Reichstagswahl enttäuschend gewesen sein. Im Gegensatz zum Reichsgebiet insgesamt erzielte die Regierungskoalition in Hanau nur 11 967 Stimmen (NSDAP: 10 599, DNVP: 1368). Die Oppositionsparteien erreichten 15 094 (SPD: 3892, KPD: 7128, Zentrum: 2266, DVP: 885, Christl.-Soz. 510, Staatspart.: 408, Bauernp.: 5) und damit in unserer Stadt die absolute Mehrheit.

Im Landkreis Hanau betrug die Wahlbeteiligung sogar 92 Prozent. Die NSDAP erreichte dort 13 819, die DNVP 662, die Regierungskoalition also zusammen 14 481. Die Opposition aber errang trotz allenthalben spürbarer Behinderung der gegen die Regierung gerichteten Wahlpropaganda 20 618 Stimmen (SPD: 7514, KPD: 9651, Zentr.: 2575, DVP: 281, Christl.-Soz.: 396, Staatspart.: 187, Bauernp.: 14).

Ganz anders sah es im Reich aus. Von den 647 Reichstagssitzen besetzten nun die NSDAP 288, die Deutschnationalen 52, so daß die Regierungskoalition über die absolute Mehrheit verfügte. Die SPD war von 121 auf 120 in etwa stabil geblieben, die KPD von 100 auf 81 abgesunken. Die beiden katholischen Parteien „Zentrum" und Bayr. Volkspartei hatten sogar von 90 auf 92 zugenommen. Was dies Ergebnis bedeutete, beschrieb der Hanauer Anzeiger am 7. März 1933 in einem heute noch lesenswerten Kommentar:

„Ein Geschichtsschreiber wird als wichtigste Tatsache dieser Wahl die Feststellung aufzeichnen, daß zwischen dem ersten Angriff auf das parlamentarische System, äußerlich sichtbar durch die Entlassung Brünings, bis zum vollendeten Siege nur neun Monate liegen, die gekennzeichnet sind durch die Übergangskabinette Papen und Schleicher ... Die zweite Feststellung betrifft die Schaffung klarer Mehrheitsverhältnisse. Die NS-Bewegung kann mit ihrer Stärke sich jede Mehrheit bilden, die sie will ... Zur verfassungsändernden Mehrheit bedarf sie allerdings noch des Restes der bürgerlichen Mitte, wie er fast ausschließlich durch die beiden katholischen Parteien dargestellt wird. Es wird lediglich im Einzelnen darauf ankommen, worauf sich die Verfassungsänderung bezieht ... Die dritte Feststellung: Adolf Hitler ist nicht nur gleich seinen Freunden Frick und Göring in sämtlichen 35 Wahlkreisen gewählt worden, seine Anhängerschar gewährt ihm so viel Stimmen, daß er im Falle einer Reichspräsidentenwahl schon mit seiner Nominierung als gewählt angesehen werden darf. Er ist legal zur Macht gelangt und legal durch das Votum des Volkes in dieser Macht bestätigt worden. Darüber hinaus hat er fast schon eine Blankovollmacht erhalten, die Dinge in Deutschland so zu formen, wie er es für angebracht hält ..."

Nach dem Zweiten Weltkrieg ist vielfach der Eindruck erweckt worden, Hitler sei durch Wahlbetrug und rohe Gewaltakte seiner „braunen Horden" an die Macht gekommen. In Interviews zu klären, ob die Wahlen am 5. März 1933 frei und geheim waren, nachdem in Hanau Aussagen bekannt wurden, der Wähler habe sich nur mit Mut in eine Wahlzelle getraut, die Masse habe „offen" abgestimmt. Seriöse Nachforschungen ergaben aber eindeutig, daß dies erst auf spätere „Wahlen" und „Volksabstimmungen" zutrifft, die Hitler von Zeit zu Zeit anordnete, um sich dem Ausland gegenüber ein demokratisches Mäntelchen umzuhängen (Dr. Goebbels: „Wir haben hier die wahre Demokratie!")

In Hanau leben aber noch genügend Zeugen, die bestätigen, daß in jenen Märztagen die Wahllokale mit den Vertretern aller großen Parteien außer den Kommunisten besetzt waren und daß die Stimmzettel grundsätzlich in den Wahlzellen angekreuzt wurden.

Doch nun weiter im Text des Hanauer Anzeiger: „Ist der Einbruch in die marxistische Front geglückt? Zum ersten Male kann diese Frage mit Ja beantwortet werden. Zwar ist der eigentliche Nutznießer der nach dem Reichstagsbrand einsetzenden Aktion gegen die Kommunisten die Sozialdemokratie insofern gewesen, als ihr zweifellos eine ganze Menge KPD-Stimmen zugeflossen ist. Aber die bisherige Gesamtmacht der marxistischen Parteien hat ein Zehntel an Umfang eingebüßt, die in dem Millionenzufluß zu Hitler enthalten sein müssen ... Der Parlamentarismus in der bisher üblichen Erscheinungs- und Betätigungsform ist vorüber ... Auch Deutschland tritt nun in den Kreis der Staaten, in denen das Parlament seine bisherige machtpolitische Rolle an eine starke politische Regierung abgeben mußte ..."

Bedeutungsschwer fügte der Kommentar damals hinzu: „Jenseits von allen geschichtlichen Betrachtungen bleibt aber der Wunsch offen, daß die hochgespannten Erwartungen, die das deutsche Volk an dieses Wahlergebnis knüpft, in einer Weise erfüllt werden mögen, daß kein Mißbehagen, wenn nicht noch mehr, in absehbarer Zeit entsteht ..."

Wir wissen heute, daß noch viel mehr als Mißbehagen entstand, nämlich eine Kriegshölle und ein Zusammenbruch bis dahin ungekannten Ausmaßes. Doch das sahen damals nur wenige voraus. Und die standen auf den Verhaftungslisten der „Hilfspolizei", wenn sie darüber irgendwann einmal offen gesprochen oder geschrieben hatten. Sie wanderten, wie der Hanauer NSDAP-Kreisleiter Löser es damals ausdrückte, „ins Loch". Doch vorerst ließ man noch das Pflänzlein Hoffnung keimen, denn schon acht Tage später, am 12. März 1933, waren in ganz Preußen Kommunalwahlen. Deren Ergebnis wurde allerdings für Hanaus kommunales Schicksal entscheidend!

-gfg-

ZEITTAFEL

Kommunalpolitische und politische Ereignisse im Zeitraum von 40 Jahren

Hanau	Bundesrepublik
1945 Schwere Luftangriffe am 6. Januar und 19. März auf Hanau mit der Folge einer 87prozentigen Zerstörung der Innenstadt. Besetzung durch amerikanische Truppen am 28. März. Bildung eines freiwilligen Ehrendienstes zur Trümmerbeseitigung. Dr. Kurt Blaum, anschließend Karl Molitor zu Oberbürgermeistern berufen. Dann wird Dr. Hermann Krause, der spätere gewählte Bürgermeister, vorübergehend kommissarischer Oberbürgermeister.	**1945** Bedingungslose Kapitulation (8. Mai); Teilung Deutschlands in vier Besatzungszonen; Machtübernahme des Alliierten Kontrollrats; Potsdamer Konferenz und Beginn der Austreibung der Deutschen östlich der Oder-Neiße-Linie.
1946 Neu- und Wiedergründung demokratischer Parteien. Erste demokratische Kommunalwahl und Zusammentritt der Stadtverordnetenversammlung; Karl Rehbein (SPD) erster gewählter Hanauer Oberbürgermeister; Heinrich Fischer der erste Stadtverordnetenvorsteher.	**1946** Die britische und die amerikanische Zone schließen sich zur Bizone zusammen. Wieder- und Neugründung der Parteien.
1947 Nach den Aufräumungsarbeiten Beginn des Wiederaufbaus. Omnibusse der Hanauer Straßenbahn AG nehmen unter provisorischen Bedingungen ihren fahrplanmäßigen Betrieb auf. Peter Röthel wird Stadtverordnetenvorsteher.	**1947** Mit der Bekanntgabe des Marshallplans beginnt eine der größten Hilfsaktionen zum Wiederaufbau Europas; Vorbereitungen zur Bildung von Landesregierungen.
1948 Die Hanauer Wirtschaft hat in Teilen wieder mit der regelmäßigen Produktion begonnen. Instandsetzung des Versorgungs- und Entsorgungsnetzes macht Fortschritte. Noch immer warten Tausende von Evakuierten auf Wohnungen und auf die Rückkehr nach Hanau.	**1948** Konferenzen der drei Militärgouverneure der westlichen Besatzungszonen mit den elf Ministerpräsidenten zur Bildung einer Verfassunggebenden Versammlung; der Parlamentarische Rat tritt zusammen; Währungsreform.
1949 Aufstellung des ersten städtischen Bebauungsplanes in Hessen zeigt seine Auswirkungen. In der Innenstadt entstehen die ersten Geschäfte. Nach Verabschiedung der neuen Pressegesetze durch die Hessische Landesregierung ist das Wiedererscheinen des „Hanauer Anzeiger" vom 1. September an möglich.	**1949** Besatzungsstatut für Deutschland; Ratifikation des Grundgesetzes der Bundesrepublik; Lastenausgleich wird eingeleitet; erste Bundestagswahl; Konrad Adenauer wird erster Bundeskanzler; Theodor Heuss erster Bundespräsident.
1950 Wiederaufbau der Stadthalle unter Zugrundelegung des alten Grundrisses als ehemaliger Bestandteil des Stadtschlosses kann abgeschlossen werden. Dadurch wieder größere Veranstaltungen der Hanauer Vereine und Organisationen möglich. Das Kulturleben mit Theater- und Konzertveranstaltungen kann sich wieder voll entfalten.	**1950** Oder-Neiße-Abkommen zwischen Polen und der DDR; Bekanntgabe des Schumann-Plans; Rationierung wird aufgehoben; Bundestag stimmt dem Beitritt zum Europarat zu.
1951 Nach langen Verhandlungen wird es der Stadt ermöglicht, das Schloß und den Schloßpark Philippsruhe vom landgräflichen Haus Hessen-Rumpenheim käuflich zu erwerben. Die Kaufsumme beträgt 500 000 Mark. Staatliche Zeichenakademie findet mit ihren Ausstellungen wieder Beachtung.	**1951** Gründung der Montanunion; Beginn eines bundesdeutschen Fernsehprogramms; Interzonen-Handelsabkommen tritt in Kraft.
1952 Der weltbekannte Komponist Paul Hindemith besucht seine Geburtsstadt Hanau und dirigiert seine „Mathis"-Symphonie. Der Deutsche Turntag wird in Hanau begangen. Festakt in der Ruine der Niederländisch-Wallonischen Kirche. Wiederaufgebaute katholische Stadtpfarrkirche „Mariae Namen", Im Bangert, eingeweiht.	**1952** Bildung der Bundesanstalt für Arbeit in Nürnberg; Helgoland wieder unter deutscher Verwaltung; Unterzeichnung des Deutschlandvertrages mit den drei westlichen Siegermächten.
1953 Das erste hessische Dorfgemeinschaftshaus – auf Initiative des Ministers für Arbeit und Wirtschaft, des späteren Hanauer Oberbürgermeisters Heinrich Fischer – in der damals noch selbständigen Gemeinde und dem heutigen Stadtteil Mittelbuchen wird eingeweiht. Das traditionelle Lamboyfest findet inzwischen wieder großen Zuspruch.	**1953** Aufstand der Arbeiter in Ost-Berlin und in der DDR; Londoner Schuldenabkommen; Bundestagswahl und CDU/CSU-FDP-Regierung unter Adenauer.
1954 Hanau hat wieder über 40 000 Einwohner. Der wirtschaftliche Aufschwung hält an. Industrie und Handel mit wachsenden Umsätzen; erstmals Anzeichen von Arbeitskräftemangel. Im Lamboy-Bezirk entsteht ein Evangelisches Gemeindezentrum, die Mariengemeinde feiert Richtfest. Schweres Eisenbahnunglück am Hafenplatz mit vier Toten und 97 Verletzten.	**1954** Berliner Konferenz über die Deutschlandfrage; Produktion in der Bundesrepublik hat sich gegenüber 1936 verdoppelt; es wird erstmals von einem „Wirtschaftswunder" gesprochen; Theodor Heuss wiedergewählt.
1955 Das Arbeitsamt meldet ein Jahr der Vollbeschäftigung. Der Wohnungsbau steht weiterhin im Vordergrund. Zahlreiche neue Projekte, aber dennoch fast 5000 Wohnungsuchende. Fertigstellung der wiederaufgebauten Mainbrücke nach Steinheim und des Schullandheimes Rückersbach. Johannesgemeinde baut Gemeindezentrum.	**1955** Inkrafttreten der Pariser Verträge und Anerkennung der Souveränität der Bundesrepublik Deutschland; deutsch-amerikanischer Vertrag über gegenseitige Verteidigungshilfe; Aufnahme diplomatischer Beziehungen mit UdSSR; formelle Mitgliedschaft in der Nato.
1956 Großauheim, damals noch selbständige Gemeinde, inzwischen Stadtteil von Hanau, feiert die Stadterhebung. Der nach Ablauf der ersten Amtszeit wiedergewählte Oberbürgermeister Karl Rehbein stirbt; Heinrich Fischer wird zu seinem Nachfolger gewählt.	**1956** Einführung der allgemeinen Wehrpflicht; Kommunistische Partei für verfassungswidrig erklärt.
1957 Mit einem Spendenaufruf wird der Wiederaufbau eines Teiles der Niederländisch-Wallonischen Kirche eingeleitet. Erste Aufbaumaßnahmen auf dem Gelände der heutigen Martin-Luther-Stiftung. Am Freiheitsplatz entstehen neue Wohngebäude. 350-Jahr-Feier der Hohen Landesschule.	**1957** Das Saarland wird nach Abstimmung ein Land der Bundesrepublik; Unterzeichnung der Römischen Verträge; Gründung von EWG und EURATOM; der Bundestag wählt Adenauer zum dritten Mal zum Bundeskanzler.
1958 Das wiederaufgebaute Altstädter Rathaus wird als Deutsches Goldschmiedehaus eingeweiht. Dabei Besuch des damaligen Bundespräsidenten Heuss in Hanau; Errichtung des Mahnmals für die Opfer des Nationalsozialismus und des Krieges in der Martin-Luther-Anlage. Zum ersten Mal wird das Hanauer Bürgerfest zur Erinnerung an den Wiederaufbau gefeiert.	**1958** Verkehrssünderkartei in Flensburg nimmt ihre Arbeit auf; UdSSR kündigt den Viermächte-Status für Berlin.

Hanau	Bundesrepublik

1959 Der inzwischen zum Freiheitsplatz umgetaufte ehemalige Paradeplatz wird umgebaut und im Zuge des zunehmenden Straßenverkehrs zum Großparkplatz ausgeweitet; Eröffnung des ersten kombinierten Hallen- und Gartenbades der Bundesrepublik, das später den Namen Heinrich-Fischer-Bad erhält. Errichtung des zweiten Hanauer Realgymnasiums am Schloßgarten, der heutigen Karl-Rehbein-Schule. Oskar Ott wird zum Stadtverordnetenvorsteher gewählt.

1960 Auf dem umgestalteten Freiheitsplatz wird der Omnibus-Bahnhof als zentraler Kreuzungspunkt für die städtischen Omnibuslinien und die Landomnibusse seiner Bestimmung übergeben. Hanau erhält Anschluß an die neugebaute Autobahn Frankfurt–Würzburg.

1961 Beseitigung des schienengleichen Bahnübergangs „Friedberger Übergang" durch eine Unterführung. Im Stadion Wilhelmsbad, dem heutigen Herbert-Dröse-Stadion, wird eine Zuschauertribüne errichtet.

1962 Herbert Dröse wird zum Oberbürgermeister gewählt. An der Mühlstraße entsteht das neue AOK-Gebäude. Auf dem Hauptfriedhof entsteht ein Ehrenfeld zum Gedenken an die Kriegstoten; die Christus-Gemeinde und die Heilig-Geist-Gemeinde bauen neue Kirchen.

1963 Baubeginn in den neu erschlossenen Wohngebieten Tümpelgarten und Alter Rückinger Weg. Hanau wird Standort der Hessischen Bereitschaftspolizei. Die Stadt Hanau richtet den Hessentag aus.

1964 Das neuerbaute Rathaus am Marktplatz kann bezogen werden. Dadurch werden die Räume des Schlosses Philippsruhe bis auf noch wenige verbliebene Behörden – wie das Standesamt – für andere Zwecke frei. Städteverschwisterung mit der französischen Stadt Neuilly-sur-Seine.

1965 Der Wiederaufbau des Historischen barocken Altbaues im Hanauer Rathaus am Marktplatz wird beendet. Baubeginn im neu erschlossenen Wohngebiet Weststadt/Burgallee. Bau des Bettenhochhauses am Stadtkrankenhaus. Hans Mathes wird zum Stadtverordnetenvorsteher gewählt.

1966 Der Marktplatz wird neugestaltet und erhält eine Tiefgarage; Umbau der Stadthalle und Erweiterung durch einen Bürgerhaus-Anbau. Der Hanauer Hauptbahnhof wird neu gestaltet und aus seinem „Inseldasein" erlöst. Der spätere Oberbürgermeister Hans Martin wird zum Nachfolger des langjährigen Bürgermeisters Dr. Hermann Krause gewählt.

1967 Im Schloß Philippsruhe wird das Historische Museum mit den zum größten Teil über den Krieg geretteten Beständen eröffnet. An der Landstraße zwischen Kesselstadt und Dörnigheim wird eine Gruppenkläranlage errichtet. In Wilhelmsbad wird das alte Scheunentheater restauriert.

1968 Neubau der Kaufmännischen Schulen. Der erweiterte Wildpark des heutigen Hanauer Stadtteils Klein-Auheim in der ehemaligen Fasanerie wird eröffnet. Für Hanau und den Stadtteil Kesselstadt werden erste Pläne für eine Stadtsanierung ausgearbeitet.

1969 Erweiterungsbau und Schwesternwohnheim beim Hanauer Stadtkrankenhaus ihrer Bestimmung übergeben. Bau des Fernheizwerkes in der Weststadt. Friedenskirche in Kesselstadt baut Gemeindezentrum. Beim Bürgerfest wird Partnerschaft mit der englischen Stadt Dartford besiegelt. Bundespräsident Gustav Heinemann besucht Gesamtschule in Großauheim. Comoedienhaus Wilhelmsbad wird eröffnet.

1970 Die damals selbständige Stadt Steinheim, seit der Gebietsreform Stadtteil von Hanau, kann ihr 650jähriges Bestehen feiern. Im gärtnerisch neugestalteten Schloßgarten wird neben dem Bürgerhausanbau ein Musikpavillon errichtet.

1971 Neubau der Kinzigbrücke mit Fußgängerunterführung in der Vorstadt. Grünes Licht für den Bau des ersten Hanauer Parkhauses. An den Güntherteichen entsteht eine neue Grundschule. Bauarbeiten an der Gesamtschule Weststadt beginnen. Oberbürgermeister Dröse gibt vorzeitigen Rücktritt bekannt.

1972 Hans Martin wird als Nachfolger von Herbert Dröse zum Oberbürgermeister gewählt. Helmut Drechsler wird Bürgermeister. Beseitigung des schienengleichen Bahnübergangs am Nordbahnhof durch eine Straßenüberführung. Neubau der Main-Kinzig-Sporthalle. In der Hammerstraße wird die erste innerstädtische Fußgängerzone eingerichtet. Die Gemeinde Mittelbuchen wird durch freiwilligen Anschluß Stadtteil von Hanau.

1973 Einweihung der Sporthalle an den Kaufmännischen Schulen. Das Parkhaus Innenstadt West in Betrieb. Beseitigung des schienengleichen Bahnübergangs an der Kastanienallee durch Straßenüberführung. Baubeginn im Gewerbegebiet Nord. Der ehemalige Hanauer Oberbürgermeister Heinrich Fischer stirbt.

1959 Heinrich Lübke wird zum neuen Bundespräsidenten gewählt; Saarland wird auch wirtschaftlich in die Bundesrepublik eingegliedert.

1960 Gesetz über Beendigung der Wohnungszwangswirtschaft; Zweites Deutsches Fernsehen wird gegründet; Willy Brandt zum Kanzlerkandidaten der SPD gewählt.

1961 Errichtung der Berliner Mauer; Vierter Deutscher Bundestag gewählt; Konrad Adenauer wird zum vierten Mal Bundeskanzler.

1962 Schwerste Sturmflut an der Nordseeküste seit mehr als hundert Jahren; Spiegel-Affäre wegen Landesverratsverdachts; Begeisterter Empfang für Frankreichs Staatspräsident de Gaulle in Bonn; Rücktritt von Bundesverteidigungsminister Strauß und Regierungsumbildung.

1963 Deutsch-französischer Freundschaftsvertrag unterzeichnet; Handelsvertrag zwischen Bundesrepublik und Polen; Rücktritt Adenauers, Ludwig Erhard wird neuer Bundeskanzler. Theodor Heuss stirbt.

1964 Willy Brandt wird als SPD-Vorsitzender Nachfolger des verstorbenen Erich Ollenhauer; erstes europäisches Frachtschiff mit Atomantrieb „Otto Hahn" vom Stapel gelaufen; Wiederwahl von Heinrich Lübke zum Bundespräsidenten.

1965 Diplomatische Beziehungen zwischen Bundesrepublik und Israel; Wahl zum fünften Deutschen Bundestag mit abermaligem CDU/CSU-Erfolg; Erhard als Bundeskanzler wiedergewählt.

1966 FDP-Minister treten zurück und lösen Regierungskrise aus; große Koalition gebildet, Kurt Georg Kiesinger (CDU) wird Bundeskanzler und Willy Brandt (SPD) Vizekanzler und Außenminister.

1967 Aufnahme diplomatischer Beziehungen mit Rumänien als erstem Mitgliedsland des Warschauer Pakts; Anklageerhebung im Contergan-Prozeß; Adenauer stirbt im Alter von 91 Jahren.

1968 Notstandsgesetze im Bundestag verabschiedet; Konferenz über europäische Währungskrise in Bonn.

1969 Rücktritt von Bundestagspräsident Gerstenmaier; erste Herzverpflanzung in Deutschland; Dr. Gustav Heinemann zum Bundespräsidenten und Nachfolger Lübkes gewählt; nach der Bundestagswahl bilden SPD und FDP sozial-liberale Regierung unter Bundeskanzler Willy Brandt; Atomwaffensperrvertrag unterzeichnet.

1970 Treffen von Bundeskanzler Brandt und DDR-Ministerpräsident Stoph in Erfurt; Gewaltverzichtsvertrag zwischen Bundesrepublik und UdSSR in Moskau unterzeichnet; Grundlagenvertrag zwischen Bundesrepublik und Polen.

1971 Abschluß des Viermächte-Abkommens über Berlin; neues Betriebsverfassungsgesetz verabschiedet; Brandt erhält Friedensnobelpreis. Rainer Barzel wird Kanzlerkandidat von CDU/CSU.

1972 Rentenreform verabschiedet; Ostverträge im Bundestag angenommen; Mißtrauensvotum gegen Bundeskanzler Brandt gescheitert. 20. Olympische Sommerspiele in München im Schatten eines Terroristenanschlages; Grundlagenvertrag mit der DDR unterzeichnet; vorgezogene Neuwahlen zum Bundestag bringen SPD/FDP-Erfolg, Brandt wird erneut Bundeskanzler.

1973 Rainer Barzel legt sein Amt als CDU/CSU-Fraktionsvorsitzender nieder; Karl Carstens wird Nachfolger; Breschnjew besucht Bundesrepublik; 0,8-Promille-Grenze für Autofahrer; Radikalenerlaß tritt in Kraft; Energiekrise.

Hanau	Bundesrepublik
1974 Nach der Kommunalwahl wird mit Hans-Jürgen Pohl erstmals ein Christdemokrat Stadtverordnetenvorsteher. Durch die Gebietsreform wird die Stadt Hanau kreisangehörige Stadt mit Sonderstatus; Eingliederung der Städte Großauheim mit Wolfgang und Steinheim sowie der Gemeinde Klein-Auheim und des Wachenbuchener Ortsteiles Hohe Tanne nach Hanau.	**1974** Walter Scheel wird zum vierten Bundespräsidenten gewählt. Bundestag verabschiedet Vertrag über Nichtverbreitung von Kernwaffen. Volljährigkeitsalter von 21 auf 18 Jahre herabgesetzt. Bundeskanzler Brandt tritt zurück, Helmut Schmidt zum Nachfolger gewählt. Fußballweltmeisterschaft in der Bundesrepublik. Genscher neuer FDP-Vorsitzender.
1975 Erweiterung der Anne-Frank-Schule und der Eugen-Kaiser-Schule. Errichtung der Sozialstation Klein-Auheim und der Freibadeanlage Lindenau/Großauheim. Am Kurt-Blaum-Platz entsteht eine neue Straßenkreuzung. Fertigstellung des ersten hessischen Albert-Schweitzer-Kinderdorfes im Pedro-Jung-Park. Der „Hanauer Anzeiger" begeht sein 250jähriges Jubiläum als Tageszeitung mit Bundespräsident Walter Scheel als Ehrengast.	**1975** Helmut Kohl wird Kanzlerkandidat der CDU/CSU; Bundespräsident Scheel besucht als erstes deutsches Staatsoberhaupt nach dem Krieg die UdSSR.
1976 Die Otto-Hahn-Schule erhält eine Sporthalle. Neubau der Kläranlage Klein-Auheim und Erschließung des Baugebietes Kirchberg in Mittelbuchen. Beseitigung des schienengleichen Bahnübergangs Westbahnhof.	**1976** Bundestag verabschiedet Neuregelung des Paragraphen 218; Mitbestimmungsgesetz tritt in Kraft; Gustav Heinemann stirbt im Alter von 76 Jahren; Wahl zum achten Deutschen Bundestag; Helmut Schmidt bleibt Bundeskanzler; Holger Börner wird Nachfolger des zurückgetretenen Hessischen Ministerpräsidenten Albert Osswald.
1977 Neubau der Feuerwache als Feuerwehrhauptstützpunkt. Das Fernmeldeamt 4 der Bundespost wird nach Hanau verlegt. Die Reinhardskirche in Kesselstadt wird zum Bürgerhaus umgebaut. Der Rathaus-Turm am Marktplatz erhält ein Glockenspiel.	**1977** Der frühere Bundeskanzler Ludwig Erhard stirbt; Terroristenanschläge beunruhigen die Öffentlichkeit; Helmut Schmidt besucht Polen; erste Tagung der Nord-Süd-Kommission in Bonn.
1978 Neubau der Hohen Landesschule am Alten Rückinger Weg. Neubau einer Sport- und Mehrzweckhalle in Klein-Auheim und Erwerb des Steinheimer Schlosses sowie Beginn der dort notwendigen Renovierung. Einrichtung einer Fußgängerzone in der Sternstraße. Die Stadt Hanau kann ihr 675jähriges Jubiläum feiern. Wolfgang Strecke wird zum Bürgermeister und Stadtkämmerer gewählt.	**1978** Schmidt nimmt Umbildung des Kabinetts vor und beruft sechs neue Minister; Bundestag beschließt neue Anti-Terror-Gesetze; deutsch-deutscher Verkehrsvertrag über Bau einer Autobahn nach Berlin unterzeichnet.
1979 Ankauf und Renovierung des Gebäudes „Hanauer Hof" für die Volkshochschule und Ausbau des Herbert-Dröse-Stadions. Erweiterung des Stadtkrankenhauses und Einrichtung einer interdisziplinären Intensivstation sowie Erweiterung der Ludwig-Geißler-Schule.	**1979** Stahlstreik wird beigelegt; Karl Carstens wird zum neuen Bundespräsidenten gewählt; Strauß Kanzlerkandidat der Unionsparteien; Bundestag schafft die Verjährung für Morddelikte ab.
1980 Erweiterungsbau für die Karl-Rehbein-Schule, Erweiterung der Sportanlage an der Pumpstation und Neubau des Kinderhortes in der Weststadt. In Steinheim wird die historische Stadtmauer saniert. Ausbau der Frankfurter Landstraße und der Straßen im Baugebiet Burgallee. Das Gruppenklärwerk wird durch eine chemisch-biologische Anlage erweitert.	**1980** Das Nationale Olympische Komitee der Bundesrepublik beschließt wegen Afghanistan Boykott der Olympischen Spiele in Moskau; Bundeskanzler Schmidt und Außenminister Genscher führen Gespräche mit Sowjet-Spitze in Moskau; Erfolg der sozial-liberalen Koalition bei Bundestagswahl; Helmut Schmidt wieder Bundeskanzler.
1981 Erweiterung des Stadtkrankenhauses und der Stadtbücherei. Neubau der Polizeidirektion. Der Stadtteil Großauheim begeht sein 1175jähriges Jubiläum.	**1981** Hessens Wirtschaftsminister Karry wird ermordet; Bundeskanzler Schmidt besucht Washington; Demonstrationen gegen Bau der Startbahn West in Frankfurt beginnen; Treffen Schmidt–Honecker in der DDR.
1982 Das Deutsche Goldschmiedehaus wird nach einer umfangreichen Renovierung neu eröffnet. Altstadt-Sanierung in Steinheim. Neuerrichtung des Historischen Nürnberger Tores wegen des Neubaus des Einkaufszentrums „familyland". Neubau der Sportanlage „In den Tannen", Sanierung des Heinrich-Fischer-Bades und Neubau eines Feuerwehrgerätehauses in Steinheim.	**1982** Schmidt stellt Vertrauensfrage; SPD-FDP-Bündnis zerfällt; Helmut Kohl (CDU) durch Mißtrauensvotum neuer Bundeskanzler. Erstmals mehr als zwei Millionen Arbeitslose. Kohl stellt die Vertrauensfrage, um Weg für Bundestagsneuwahlen zu ebnen.
1983 Erweiterung des Historischen Museums im Schloß Philippsruhe. Eröffnung des Volkskunde- und Heimatmuseums Großauheim und Eröffnung des Puppenmuseums in Wilhelmsbad. Erweiterung der Otto-Hahn-Schule. Umgestaltung der Freiheitsplatz-Westseite mit der Brunnenanlage „Die sechs Schwäne". Die Begegnungsstätte Tümpelgarten wird ihrer Bestimmung übergeben.	**1983** Hans-Jochen Vogel wird SPD-Kanzler-Kandidat; Bundesverfassungsgericht gibt Weg für vorgezogene Bundestagswahl frei; Wahlsieg für Regierung Kohl/Genscher. Warnstreiks im öffentlichen Dienst. SPD gewinnt Hessen-Wahl. Erste Anklageerhebung in der Flick-Affäre.
1984 Als Nachfolger von Hans Martin übernimmt mit dem neugewählten Oberbürgermeister Helmut Kuhn erstmals ein Christdemokrat in Hanau das Amt des Stadtoberhauptes. Weitere Maßnahmen zur Verkehrsberuhigung in der Innenstadt. Neue Mainbrücke für Bundesstraße 43 vollendet. Teile des Schlosses Philippsruhe durch Großbrand vernichtet. Neugestaltung des Marktplatzes abgeschlossen.	**1984** Kießling-Affäre erregt Bonn. Ministerpräsidenten ebnen Weg für Privatfernsehen. Mehrere Auslandsbesuche Kohls, darunter USA und Israel. Arbeitskämpfe in der Metall- und Druckindustrie. SPD und Grüne wählen Börner wieder zum Ministerpräsidenten in Hessen. Richard von Weizsäcker neuer Bundespräsident als Nachfolger von Karl Carstens. Rainer Barzel tritt zurück, Philipp Jenninger wird neuer Bundestagspräsident.
1985 Auch in Hanau werden mit mehreren Veranstaltungen die Feierlichkeiten zum 200. Geburtstag der Brüder Grimm eingeleitet. Der Wahlkampf wirft seine Schatten voraus.	**1985** Harter Winter mit arktischen Temperaturen. Höhenflug des Dollar wirkt sich auch in der Bundesrepublik aus. Bangemann tritt Nachfolge Genschers als FDP-Vorsitzender an. Mehrere Kommunal- und Landtagswahlen.

(Die Zusammenstellung kann keinen Anspruch auf Vollständigkeit erheben.)

Die Zeiten überdauert – das 1896 eingeweihte Nationaldenkmal der Brüder Grimm auf dem Marktplatz.
In diesem und im nächsten Jahr, zum 200. Geburtstag von Jacob und Wilhelm Grimm, dürfte es zum Ziel vieler Besucher aus aller Welt werden.
Hanau nach 40 Jahren – im Buch der bewegten Geschichte dieser Stadt wird ein neues Kapitel aufgeschlagen.